2011

YUNNAN FINANCIAL STATISTICS

云南金融统计编辑委员会 

云南出版集团有限责任公司
云南人民出版社有限责任公司

《云南金融统计-2011》

编委会和编辑部人员

如有印装质量问题，请联系：15925210876 调换。

#《云南金融统计-2011》

协办单位

中国工商银行云南省分行

中国农业银行云南省分行

中国建设银行云南省分行

云南省农村信用社

富滇银行

恒丰银行昆明分行

中国人寿保险股份有限公司云南省分公司

中国信达资产管理股份有限公司云南省分公司

ICBC 中国工商银行 云南省分行

党委书记、行长：许海

中国工商银行云南省分行在总行和云南省委、省政府及人民银行和银监局的正确领导下，紧紧围绕“向强行迈进”的战略目标，切实践行“持续发展是硬道理、增盈创效是硬指标、同业领先是硬本领、合规经营是硬保障”的经营理念，坚定“没有工行竞争不来的客户、没有工行竞争不到的项目、没有工行竞争不了的业务”的发展信念，转变发展方式，抢抓发展机遇，深化改革创新，拓展优质市场，提升服务能力，增强竞争能力，推动各项业务的全面协调可持续发展，朝着建设盈利能力强、竞争能力强、管理质量高、服务水平高、队伍素质高的西部一流现代商业银行目标迈进。截止2010年12月末，人民币各项存款余额1762.2亿元，各项贷款余额1241.1亿元，全年实现拨备前利润39.87亿元。

省委副书记李纪恒到工商银行云南省分行调研

支持地方经济建设，实现跨越式发展：

加快改革发展步伐，坚定服务地方经济发展的思想不动摇，认真贯彻落实省委、省政府的部署，在支持地方经济社会发展的过程中实现自身的跨越式发展，经济效益快速增长，巩固“发展最快、运行高效、质量优良、服务卓越”的良好银行形象。紧紧围绕云南省“建设绿色经济强省、民族文化强省和中国面向西南开放的桥头堡”战略目标，积极研究与布署，加大金融服务力度，支持中国-东盟自由贸易区、大湄公河次区域经济合作、昆明新机场、中缅油气管道码头工程、管道工程、云南至缅甸、泰国的国际通道和省内高速公路网、快速

省委常委、宣传部部长张田欣到工商银行云南省分行调研

省政府副省长曹建方到工商银行云南省分行调研

铁路网、支线机场等一系列云南省重点项目的建设，为云南省经济腾飞做出积极贡献。

加强业务创新，树立服务意识：

在巩固传统存贷业务的基础上，积极进行各项新业务的创新。先后在投行业务、信用卡业务、电子银行业务、贵金属业务、中间业务、电子汇兑业务等多个领域研发了一系列新兴业务，树立了工商银行在新业务领域的领先优势。同时遵循“以客户为中心、为客户创造价值”的服务理念，进一步巩固“上级为下级，领导为员工，二线为一线，全行为客户”的“大服务”格局，完善服务体系建设，提升客户经理的履职能力，全面提升“软实力”，在服务全省经济建设的同时，让工商银行“成熟、稳健、规范、透明、值得信赖”的品牌形象不断深入人心。

工商银行云南省分行全体领导班子

云南省跨界贸易人民币结算试点启动仪式

加强企业文化建设，注重履行社会责任：

持续开展企业文化体系的深度传播工作，推进企业文化建设。进一步树立“以人为本”的现代管理思想，大力倡导“尊重员工、依靠员工、关心员工、理解员工”的人本文化，引导员工将个人职业发展、自我价值实现有机融入全行改革发展之中，深入开展文明创建活动，巩固创建成果，推动全行企业文化建设。同时注重履行社会责任，争做优秀企业公民，积极支持云南偏远山区的经济建设与救灾工作，先后向云南干旱灾区捐款69.75万元和价值52万元的桶装水及其他物资。

抗震救灾捐款

中国农业银行
AGRICULTURAL BANK OF CHINA

加快有效发展 夯实管理基础 提升价值创造
农行云南省分行2010年各项业务经营再上新台阶

云南分行宇如钧行长（左一）为财富管理中心揭牌

2010年，是我国经济发展形势较为复杂的一年，也是农业银行成功股改上市、实现历史性跨越的一年。一年来，农行云南省分行坚持以邓小平理论和“三个代表”重要思想为指导，以3510发展战略为总纲，深入贯彻落实科学发展观，紧紧围绕“发展、改革、控险”三大主题，积极实施“发展、转型、创新、控险、强管、增效”的业务经营方针，切实推进经营战略转型和管理变革，深入践行服务“三农”使命，着力提升价值创造力和可持续发展能力，各项业务经营实现了速度、结构、质量、效益的协调统一发展。

农行项俊波董事长（左三）深入昆明螺蛳湾调研

一、各项业务经营再上新台阶

截至年末，全行各项存款余额达2280亿元，比年初增加340亿元，存量、增量分别在全国农行排名第12位和第14位；各项贷款余额为1561亿元，净增196亿元，存量、增量分别在全国农行排名第10位和第15位；清收自营不良贷款19.3亿元和委托资产8.7亿元，分别在全国农行排名第7位和第8位；实现中间业务收入10.5亿元，较上年增长30%，在全国农行排名第17位；实现拨备前和拨备后利润52.8亿元和45.1亿元，增幅分别为24.2%和18.4%，分别在全国农行排名第8位和第10位；实现经济增加值15.57亿元，在全国农行排名第12位。在全省四大行中，农行云南省分行各项存款存量、增量占比分别为33.3%和33.8%，均排名第1位；贷款存量、增量占比分别为33%和27%，分别排第1位和第2位；中间业务收入占比为28.7%，排名第2位；拨备前利润占比为36.2%，排名第1位，有效巩固和提升了省内主流银行的地位。

农行张云行长出席云南省跨境贸易人民币结算试点启动会议并作重要讲话

二、“三农”和县域业务发展取得新成效

2010年，农行云南省分行积极实施县域“蓝海”市场发展战略，坚持“抓两头、带中间”，稳步推进“三农”金融事业部制改革，切实加大对“三农”和县域的信贷投入，“三农”和县域业务发展成效明显。截至年末，“三农”县域业务板块各项存款、贷款增幅分别达18.9%和15.7%，分别高于全行存款、贷款平均增幅1.3和

1.5个百分点；实现的拨备前和拨备后利润分别占全行两项利润的58%和64%。新发放惠农卡84.7万张，激活率达98.8%，高出全国农行平均水平4.2个百分点；农户小额贷款净增12.5亿元；先后在勐腊、巧家全部或部分代理新农保业务,在安宁等11个县（市）全部或部分代理新农合业务，累计实现资金归集11.2亿元。

贷款支持“菜蓝子”工程

三、业务经营转型实现新突破

全行经营转型步伐明显加快，截至年末，7个省内重点城市行的各项存款增量、贷款增量及中间业务收入在全行的占比分别为34%、55%和71%，其业务支柱和效益支撑作用进一步显现；全行AA级以上法人客户贷款占法人客户贷款总数的92%，同比提高2.3个百分点；小企业贷款增幅达19%，个人贷款同比多增27亿元，个人贵宾客户净增14万户；个人住房贷款增量、人民币结算收入、投行业务收入、代理保险手续费收入、跨境人民币结算业务量等近30项业务在省内四行市场份额排名第1位；自主开发了23个新产品，其中卷烟销售电子结算系统实现了全面支持贷记卡业务，被总行定位为“创新型试点业务”在全国推广；省总工会经费管理项目，荣获总行产品创新三等奖。

公众教育E活动向群众发放宣传资料

四、全面风险管理水平得到新提升

全面加强风险管理体系及合规文化建设，初步建立起内控管理及案件防范的长效机制。截至年末，全行集中审计发现问题综合整改率达98%；到期贷款现金收回率达98.4%，同比提高1.2个百分点；退出潜在风险客户贷款9.2亿元；会计主管和监管员的及时核销率分别达99.3%和99.9%；一级分行内控综合评价为二类行，较上年上升一个等级；二级分行、县支行中一类行占比分别达50%和71.9%，同比分别提高13和23个百分点。

“心系三农 刷卡有礼”惠农活动启动仪式

五、党建和队伍建设得到进一步加强

在省、市、县三级行开展了领导班子和领导干部履职监督检查活动；按照上级行统一部署，稳步推进创先争优活动；建立并完善省分行、二级分行党委成员党建联系点制度，加强对联系点党建工作的督导；严格党风廉政建设责任制考核，有效提升领导干部履行“一岗双责”的能力和水平；加大班子结构调整、干部交流等工作力度，进一步优化班子学历、年龄和专业结构；举办各类培训50期，培训干部员工近1.6万人次，切实提高了全行干部员工的综合素质。

省分行本部员工捐款支持抗旱救灾

中国建设银行
China Construction Bank
云南省分行

抢抓机遇 精细管理

2010年5月13日，中国民营企业金融服务战略合作论坛在云南省召开，国家工信部部长李毅中、建总行副行长庞秀生及受邀100余名中小企业家出席论坛

2010年，围绕又好又快的发展主题，建行云南省分行重点推进业务发展方式的转变和结构调整工作，经营管理业绩突出。截止2010年末，建行云南省分行一般性存款余额1799亿元，比年初新增257亿元；各项贷款余额1159亿元，比年初新增136亿元；全年实现中间业务收入10.34亿元，同比增长40%，新增额和增幅均居同业第一；实现拨备前利润32.9亿元，增幅10.6%；“五级分类”不良不良率0.82%，资产质量持续向好。

对公条线重创新、推转型，多渠道满足客户需求。积极适应宏观形势和政策变化要求，信贷投放主要投向运输、电力、教育、铁路等行业，重点支持城镇污水和生活垃圾处理、新机场、昆绕城、滇池综合治理、小湾等项目。在下半年信贷规模紧张的情况下，依托年金、信托理财产品、短期融资券、中期票据业务，股权投资顾问、境

2010年9月1日，建行与缅甸经济银行跨境人民币代理结算协议签字仪式在云南瑞丽隆重举行

2010年3月19日，建行云南省分行与昆明市工信委签署合作协议，旨在促进银、政、企三方在非公经济领域的通力合作，搭建银行与企业间的友好合作平台，解决中小企业融资难题，加快其发展步伐。

2010年4月20日，建行云南省分行与省教育厅在云南文山学院联合举行“中国建设银行少数民族地区大学生成才计划奖（助）学金”启动暨颁奖仪式。总行出资750万元在未来5年内向我省2500名少数民族地区贫困大学生提供资助。总行零售业务总监杜亚军出席。

内外IPO、产业基金等投行新产品，有效解决客户资金需求。同时加快保理、国内信用证、跨境人民币结算等业务发展。

2010年11月28日，建行云南省分行参加2010云南银行业公众教育服务日活动

个人条线加强营销和服务，市场竞争力明显提升。推进联动交叉营销和产品组合营销，深化中差别化服务，顺利完成77个零售网点二代转型。强化创新，自主研发销售大成专户理财、宏源券商集合资产管理计划，持续开展“基金定投定未来”，“建行夺金”等系列营销活动，建行“行家理财”品牌规模效应凸现。个人贷款方面，有效支持大型居住社区，介入经适房、公租房、限价房和中小套型普通商品房项目；积极跟进国家住房保障政策，以建业支行成为昆明市住房公积金贷款支持保障性住房建设唯一试点银行为契机，推进住房保障市场金融服务。全省房贷业务及昆明地区个贷业务保持同业领先，非昆明地区房贷新增同业第一。

2010年10月18日，建行昆明北市区财富中心正式开业

全年新获表彰全国级青年文明号1个，总行级青年文明号3个，省分行级青年文明号13个。面对百年不遇的旱灾，全行组织捐款390万，其中个人捐款190万。持续推进少数民族地区大学生成才计划和“兴边富民”对口帮扶。荣获“2010年云南金融百姓口碑榜——最佳电子银行”奖、云南金融理财博览会“最佳组织奖”及“最具人气奖”。

2010年4月20日，建行云南省分行在文山学院举行抗旱救灾捐款仪式，将凝聚着建设银行爱心的20万元捐款带给文山人民

2010年6月1日,建行云南省分行与昆明市儿童医院健康龙卡启动仪式

云南省农村信用社
YUNNAN RURAL CREDIT COOPERATIVES

六年多来，省联社领导班子和全省农村信用社两万一千名干部员工，肩负着省委、省政府的重托，凭着执着的信念和顽强的意志，以改革为动力，以科技为引领，以创新求发展，以管理防风险，以服务树形象，打破了阻碍发展的一个个"瓶颈"，在各级、各地党委、政府、社会各界和农民朋友心中树起了"农村金融主力军"的丰碑，云南省农村信用社完成了凤凰涅槃的浴火重生。

六年的心血和汗水，凝聚成一串串令人鼓舞的数据。

截止2011年10月末，全省农村信用社（含农村合作银行，下同）资产总额3778.53亿元，为改革前的4.31倍；存款余额3050.05亿元，贷款余额1935.73亿元，分别为2004年改革前的5.53倍和5.05倍，人民币存贷款规模跃居全省金融机构第一位，居西部农信社第二位；实现财务收入157亿元，净利润31.8亿，为改革前的79.5倍；不良贷款占比3.54%，比2006年净下降66.7亿元；129个县实现县县盈余，历年亏损挂帐9.53亿元全部消化完毕；股本金68.4亿元；资本充足率达到10.36%；拨备覆盖率190.61%，其中，贷款损失准备充足率达251.96%，抗风险能力大幅增强，各项综合指标列全国农信系统第十一位……以上成绩的取得，是云南省委、省政府正确领导的结果，是省金融办、财政、人行、银监、税务等有关部门大力关心、支持和帮助的结果，也是全省二万一千名信合员工开拓进取、努力工作的结果。

◎ 服务创新惠三农

全省农村信用社情系"三农"，旗帜鲜明地坚持"立足三农，服务城乡，支持中小企业，促进地方经济社会发展"的市场定位，积极发挥"农村金融主力军"作用，通过实施"惠农金桥行动计划"，积极创新金融产品，持续加大涉农贷款投放，为"三农"发展提供了个性化、多元化的金融服务。

涉农贷款增长图（亿元）

年份	2004	2005	2006	2007	2008	2009	2010	2011
涉农贷款	317.5	386.9	483.6	630	802	[illegible]	1290.69	1382

注：2011年数据截止10月末

惠及"三农"，涉农贷款投放逐年增加

在产品创新上，农信社根据"三农"和中小企业等客户的金融服务需求，为其"量身定做"了金碧惠农卡、农户小额建房贷款、林权抵押贷款等一系列具有本土化、特色化的金融服务产品，推进农村信用体系建设。同时，省联社依托科技网络的支撑，充分发挥"网络联结城乡，服务点多面广"的优势，与烟草、税务、水利、移民、电信、保险、证券、公用事业服务等部门建立了广泛和深入的合作关系，不断加大中间业务产品创新，加大中小企业信贷投入，鼓励创业推出"贷免扶补"小额创业贷款等措施和产品，有力促进了"三农"和县域经济发展。

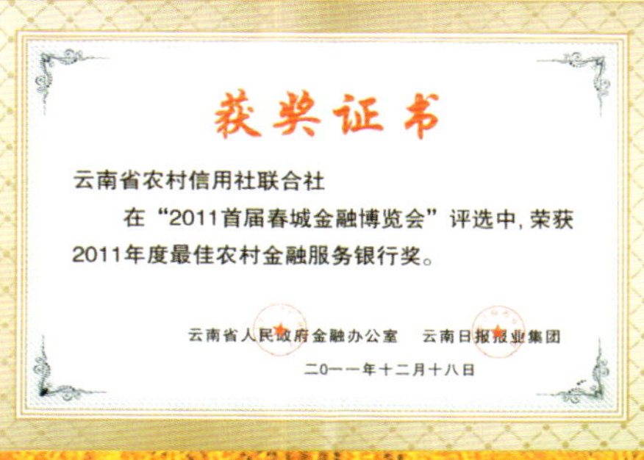
获奖证书

云南省农村信用社联合社

在"2011首届春城金融博览会"评选中，荣获2011年度最佳农村金融服务银行奖。

云南省人民政府金融办公室　云南日报报业集团

二〇一一年十二月十八日

◎ 科技创新促发展

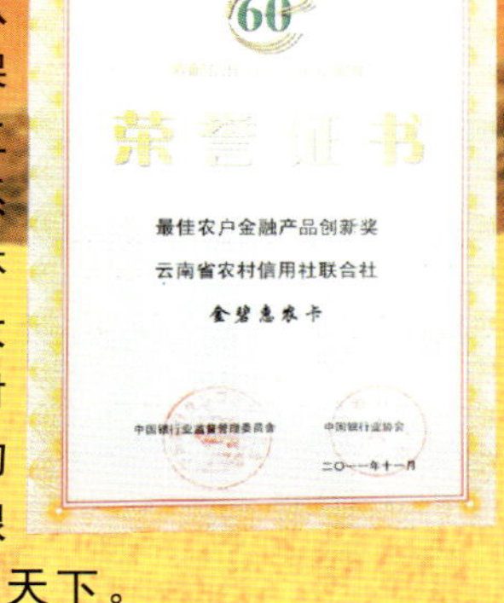

省联社高度重视信息化建设，树立“科技兴社”理念，举全省之力，从人、财、物、政策等各个方面加大科技投入，建成了省、州（市）、县三级架构的信息网络系统，2381个营业网点全面联网，实现了全省数据大集中；建立了社内汇兑，大、小额支付系统，农信银资金清算系统，网上支付跨行清算系统，银联支付系统，支票影像系统等多渠道、多层次、广覆盖的支付结算体系；建成了财务管理、信贷管理、经营决策支持、办公自动化和风险预警五大系统，实现了依靠科技提升管理水平。同时，依托先进的业务系统云南省农村信用社开发了“金碧惠农卡”、“金碧校园卡”、“金碧财大卡”、“浩宏物流卡”、“VIP铂金卡”、“金碧贷记卡”等十几个卡品种；推出了网上银行、手机银行、电话银行等电子化渠道，使广大客户实现足不出户就可以汇通天下。

◎ 履行社会责任

多年来，全省农村信用社积极参与各类社会公益活动，开展扶贫济困送温暖，为贫困地区修路、建桥、助学、灾后重建等项目建设捐款累计达1580万元，较好地承担了社会责任，体现了农信社强烈的社会责任感，树立了良好的形象。

◇ 抗震救灾

为支持“5.12汶川地震”灾区的恢复重建，全省农信社单位和个人累计捐款570.8万元；在2010年我省“百年一遇“的旱灾中，干部员工捐款达715.92万元；同时，开辟抗旱救灾金融服务“绿色通道”，全力支持抗旱救灾。

◇ 扶危济困

几年来，省联社直接投入普洱市墨江县景星乡的扶贫资金68.3万元、信贷资金3200万元，对景星乡的文化教育、家居改造、道路交通、特色产业等给予扶贫资金和信贷支持，改善了村容村貌和农民的生产生活条件，扶持了养猪、茶叶等一批特色产业发展。

◇ 捐资助学

省联社成立了“景星扶贫教育奖励基金”，自2008—2011年，连续四年发动干部员工捐款197575元，对考上高中、大学的贫困学子分别给予每人一次性500元和2000元的奖励，鼓励和帮助学生完成学业、报效家乡。

云南省农村信用社扶贫教育基金发放仪式

◇ 承担111个金融空白乡镇的网点建设服务

农信社始终坚持服务“三农”宗旨，从履行社会责任，支持边疆民族地区“三农”和经济发展的高度，积极承担了111个原金融服务“空白”乡镇网点的建设任务，为实现全省“乡乡有金融服务”做出了突出贡献。目前，111个网点存贷款余额分别达到了5.6亿元和4.9亿元，极大地方便了边远山区群众的生产生活。

◎ 总体发展目标

★ 管理体制改革取得实质性突破　★ 核心监管指标和财务健康度明显改善
★ 内控有效加强，经营依法合规　★ 科技信息化和服务水平明显提高
★ 创新能力和竞争实力明显增强　★ 党建和企业文化建设的保障作用明显增强

“十二五”期间，省政府对全省农村信用社的发展提出了“5463的发展目标”：到2015年，存款达到5000亿元，贷款达到4000亿元，利润达到60亿元，交缴税收达到30亿元。

根据省政府的指导，省联社制定了全省农村信用社“十二五”期间的业务发展目标：

★ 经营规模稳步增长　★ 资产质量明显提高　★ 经营效益稳步提高
★ 电子化水平不断提升　★ 金碧卡市场占有率提高　★ 安全经营保障度提高

富滇银行 FUDIAN BANK

省委书记白恩培和老挝副总理宋沙瓦·凌沙瓦为富滇银行老挝代表处共同揭牌

2010年，富滇银行全面贯彻党的十七大、十七届四中、五中全会和省委八届八次、九次全会精神，在省委、省政府的正确领导下，在省财政厅、省金融办、人民银行昆明中心支行和云南银监局的指导、帮助下，坚持以科学的发展观统领全局，以持续稳健的发展方式夯实品牌地位，通过积极履行社会责任、坚持具有富滇特色的经营创新、管理创新、产品创新，打造新经济环境下的新型地方商业银行，全面完成省委、省政府下达的目标任务，为实现我省经济又好又快发展作出了积极贡献。

截至2010年12月31日，全行：

★ 本外币资产总额709.85亿元，较上年同期增加176.71亿元，增幅为33.15%；较2007年同期增加384.02亿元，增幅为117.86%；

★ 负债总额674.81亿元，较上年同期增加173.17亿元，增幅为 34.52%；较2007年同期增加370.88亿元，增幅为122.03%；

★ 所有者权益35.04亿元，较上年同期增加3.54亿元，增幅为 11.24%；较2007年同期增加13.15亿元，增幅为60.07%；

★ 本外币全口径存款余额565.91亿元，较上年同期增加 110.55亿元，增幅为24.28%；较2007年同期增加318.81亿元，增幅为129.02%；

★ 本外币各项贷款余额361.33亿元，较上年同期增加67.75亿元，增幅为23.08%；较2007年同期增加189.88亿元，增幅为110.75%；

★ 拨备前利润8.78亿元，较上年同期增加2.73亿元，增幅为 45.11%；较2007年同期增加5.95亿元，增幅为210.25%。

领导关心篇

★ 5月13日 中共云南省省委副书记李纪恒一行到富滇银行小企业信贷专营中心和培训中心检查指导工作。

★ 11月17日 中国云南——老挝经贸合作项目签约暨富滇银行老挝代表处揭牌仪式在老挝Lao Plaza酒店隆重举行。老挝常务副总理宋沙瓦凌沙瓦和云南省省委书记白恩培为富滇银行老挝代表处共同揭牌。

省委副书记李纪恒一行在富滇银行小企业信贷专营中心调研

业务发展、机构扩展篇

★ 3月28日 富滇银行个人存款突破100亿元大关。

★ 5月7日 普洱分行在云南省普洱市成立。

★ 6月7日 富滇银行首只支持中小企业发展的理财产品——“富业成长”中小企业集合理财计划Ⅰ号正式面向社会公众发行。

★ 6月11日 小企业信贷专营中心贷款突破1亿元关口。

★ 7月26日 富滇银行完成纸质票据系统整合至电子商业汇票系统的系统切换，标志着富滇银行电子商业汇票业务的全面开展。

★ 7月27日 富滇银行与老挝外贸银行签订《人民币清算账户协议》。

★ 7月28日　中国银监会正式批复同意富滇银行设立老挝代表处（银监复〔2010〕347号），富滇银行在全国149家城市商业银行中率先走出国门。

★ 8月6日　昭通分行在云南省昭通市成立。

★ 9月1日　富滇银行与美国首都银行签署《富滇银行与美国首都银行的战略合作协议》。

★ 9月29日　香格里拉分行在云南省迪庆州香格里拉县成立。

★ 10月19日　红河河口支行成立。

★ 10月22日　丽江古城富滇村镇银行在云南省丽江市成立。

★ 10月26日　中国银监会正式批复同意富滇银行成立重庆分行。

★ 12月6日　昭通昭阳富滇村镇银行青岗岭支行成立。

★ 12月18日　丽江古城富滇村镇银行大东乡服务站成立。

★ 12月28日　富滇银行科技创新金融服务中心成立庆典暨“创富动力”金融服务产品发布会在翠湖宾馆金色大厅举行。

社会责任篇

★ 2月23日　富滇银行为全省抗旱救灾捐赠人民币100万元。

★ 3月10日　富滇银行职工向灾区捐款233,723.50元。

★ 5月1日　以富滇银行命名的“富滇科技楼”在沧源县民族中学揭牌。

★ 12月10日　富滇银行参与云南省减灾委员会举办的“送温暖、献爱心”社会捐助活动，捐款118,443元，衣物905件。

荣誉篇

★ 1月30日　富滇银行“银行承兑汇票四方协议营销案例”在2009年度“中国金融营销奖”评选活动中荣获“城商行及农村金融机构金融产品十佳奖”。

★ 3月30日　富滇银行昆明正义路支行被评为“住房公积金贷款业务金牌网点”。

★ 4月9日　总行营业部、昆明西山支行、昆明中山支行、昆明官渡支行、昆明宜良支行、昆明白塔支行、昆明呈贡支行、昆明高新支行、昆明轻联支行分别被授予“云南省工人先锋号”荣誉称号。

★ 4月23日　富滇银行被国家外汇管理局云南省分局评为“2009年度银行执行外汇管理规定考核A级单位”，并荣获“2009年度云南省外汇统计工作三等奖”。

★ 5月22日　富滇银行被云南省委、省政府授予“2009年度社会扶贫先进集体”荣誉称号。

★ 7月　富滇银行被省直机关工委评为“省直单位党建工作优秀单位”。

★ 8月7日　由《银行家》杂志社主办的“后危机时代的银行业转型暨2010中国商业银行竞争力评价报告发布会”上，富滇银行荣获“最佳管理创新城市商业银行奖”。

★ 10月26日　在2010云南金融理财博览会上，富滇银行“‘富业成长’中小企业集合信托理财产品”获“最受欢迎理财产品奖”，“‘富惠百家融通天下’理财团队”获“2010云南十大金牌理财团队奖”，昆明白塔支行、昆明西苑支行获“四星级服务网点奖”，昆明广场支行、昆明中山支行、昆明国防支行获“五星级服务网点奖”，富滇银行荣获博览会现场“最高人气奖”和“最佳组织奖”。

★ 11月8日　富滇银行荣获“2009—2010年云南省地税机关代收工会经费工作先进集体”荣誉称号。

★ 12月6日　由《理财周报》主办的“2010中国零售银行峰会”上，富滇银行荣获“中国十大最佳城市商业银行奖”，富滇银行“富滇稳健债券系列理财产品”荣获“中国十大最佳理财产品奖”。

★ 12月22日　在云南省银行业协会、都市时报社共同主办的“2010年云南金融百姓口碑榜活动”中，富滇银行荣获“服务中小企业特别奖”。

富滇银行荣获“中国十大最佳理财产品奖”

富滇银行获云南省银行业协会、都市时报社主办的“2010年金融百姓口碑榜活动”的“服务中小企业特别奖”

云南金融统计
YUNNAN FINANCIAL STATISTICS

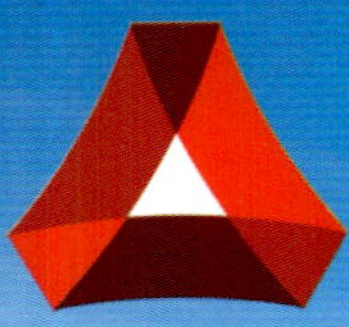

展无限
广发银行与您一路同航

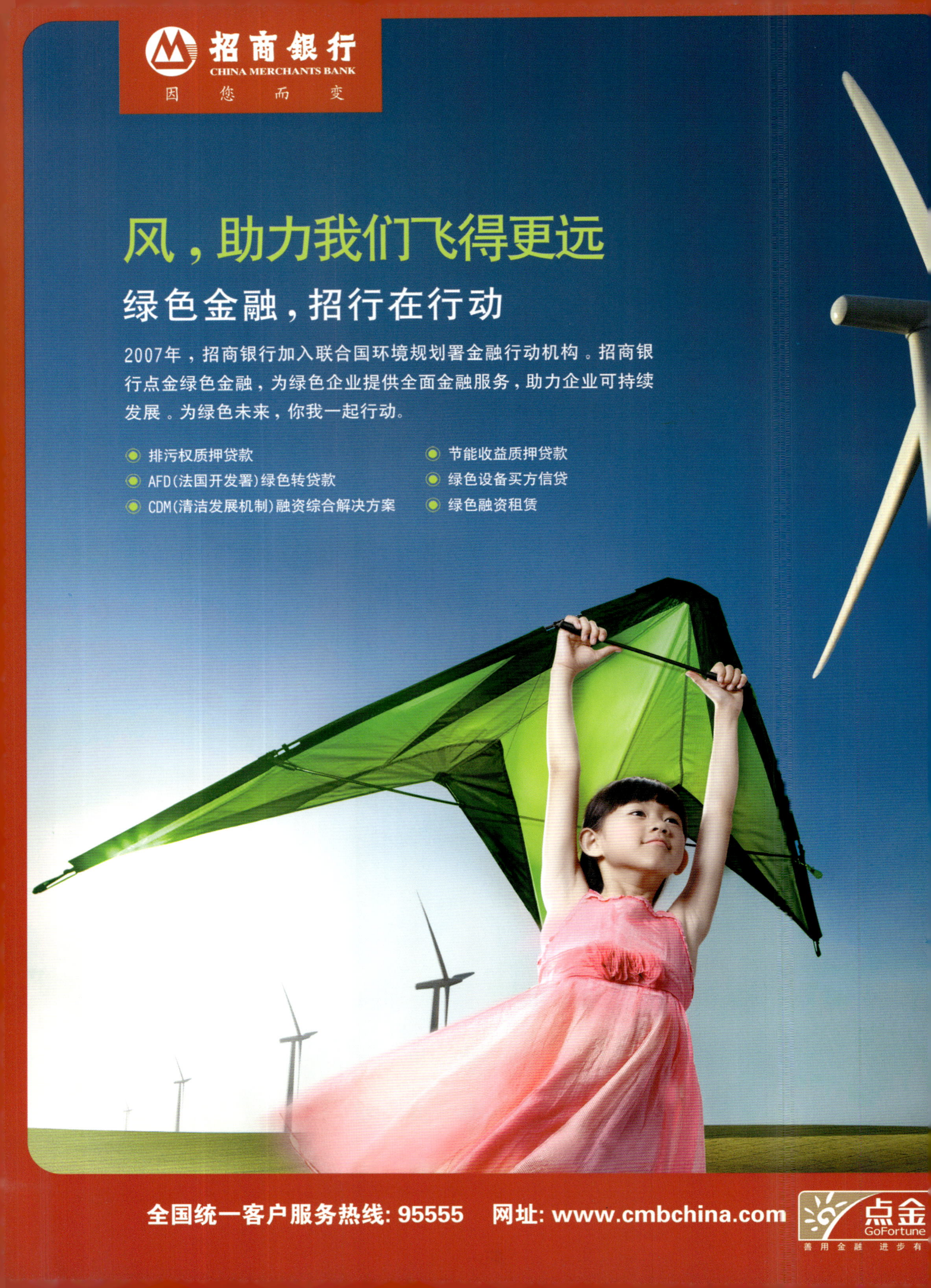
招商银行
CHINA MERCHANTS BANK
因 您 而 变
风，助力我们飞得更远
绿色金融，招行在行动
2007年，招商银行加入联合国环境规划署金融行动机构。招商银行点金绿色金融，为绿色企业提供全面金融服务，助力企业可持续发展。为绿色未来，你我一起行动。
排污权质押贷款
AFD(法国开发署)绿色转贷款
CDM(清洁发展机制)融资综合解决方案
节能收益质押贷款
绿色设备买方信贷
绿色融资租赁
全国统一客户服务热线：95555 网址：www.cmbchina.com
点金
GoFortune
善用金融 进步有

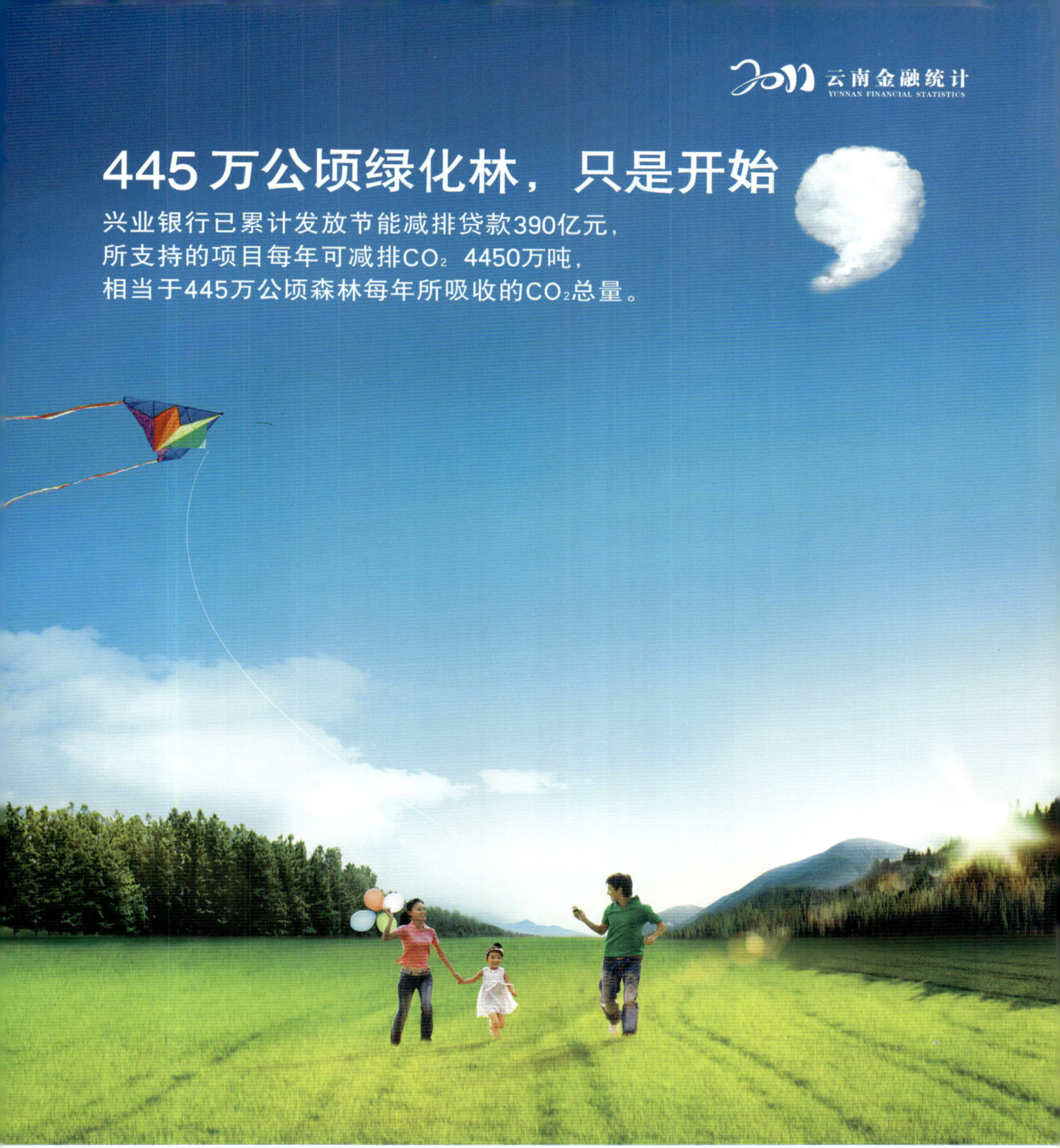
云南金融统计
YUNNAN FINANCIAL STATISTICS
445万公顷绿化林，只是开始
兴业银行已累计发放节能减排贷款390亿元，
所支持的项目每年可减排CO2 4450万吨，
相当于445万公顷森林每年所吸收的CO2总量。

中国人寿保险股份有限公司 云南省分公司
China Life Insurance Company Limited Yunnan Branch

中共云南省委书记白恩培亲切接见阮建设总经理

省政协副主席曾华（右二）、普洱市委副书记朱飞云（左一）、国寿慈善基金会副秘书长钟凡（右一）、云南分公司总经理阮建设共同为国寿新塘小学揭牌

保险大学云南分校成立

2010年，中国人寿云南省分公司在省委、省政府、保监局及总部的正确领导下，认真贯彻落实省委八届八次、九次全会、全国保险工作会议精神，以科学发展观为统领，按照总部的部署，结合云南实际，制定了“快速壮大销售队伍；强势调整业务结构；全方位强化风险管控；有效提升核心竞争力；确保市场主导地位”五大发展方略为总体工作思路，积极应对自然灾害带来的不利因素影响，努力化挑战为机遇，变压力为动力，迎难而上，顽强拼搏，业务发展实现了新的跨越，公司全面建设跃上新的台阶。

截止到2010年12月31日，全年实现总保费45.66亿元，同比增长22.41%，牢牢捍卫了市场第一的主导地位。各项关键指标增幅均保持两位数以上，保费总量在全国系统排23位，与云南在全国的社会经济地位保持同一水平，跨入全国中等公司行列，极大地鼓舞了全省系统广大员工。

2010年我司在促进地方经济发展、全面履行国有企业社会责任以及规范化经营管理方面做出的

相知多年 值得托付

突出表现得到了各级党委、政府的肯定和社会各界的好评，先后被省委、省人民政府评为“2009年度社会扶贫先进集体”；在云南保险、银行业协会主办的“2010年云南金融百姓口碑”评选活动中荣获“最受百姓信赖的保险品牌”；公司高规格信息技术建设被中国电信评为“样板机房”；公司优秀的企业文化建设被《保险文化》评为“2010年中国保险文化管理创新大奖”。公司党委书记、总经理阮建设被授予昆明市“百强优秀企业家”称号，并获“2010年中国保险杰出领导力奖”。

2011年，云南国寿将在省委、省政府的正确领导下，抓住此次“桥头堡”建设难得的机遇，不断开创云南国寿科学发展的新局面。

云南省分公司阮建设总经理为抗震救灾车队授旗

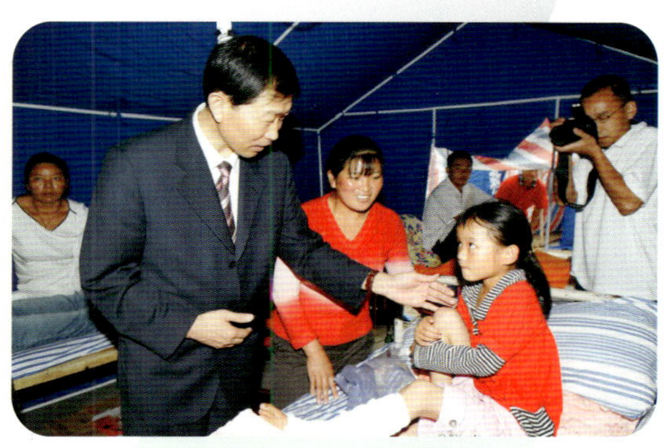

阮建设总经理看望盈江震区灾民

欢迎抗震救灾车队凯旋

云南国寿勐海县兴边富民工程

云南分公司“迎司庆·庆华诞”文艺汇演

中国信达资产管理股份有限公司 云南省分公司

诚信为本 达济天下

总经理：陈卫红

信达公司核心理念

胸怀服务社会理想
坚守诚信为本理念
铸造世界知名品牌

【中国信达资产管理股份有限公司成立】

中国信达资产管理股份有限公司是经国务院批准，具有独立法人资格的国有独资金融企业。公司注册资本251亿元人民币，是在四大国有资产管理公司中率先进行股份制改革的

【中国信达云南省分公司】

信达云南省分公司组建于2001年，是信达在云南省的唯一派出机构，其前身为中国信达资产管理公司昆明办事处，公司于2010年改制后，正式更名为中国信达资产管理公司云南省分公司

【云南分公司可提供的服务项目】

依托总公司不良资产收购与处置、受托管理处置、问题机构托管清算、上市保荐、证券发行与承销、基金、投资、租赁、信托、保险、财务与投资咨询等多种金融平台以及遍布全国的机构和网络，为企业提供好良好的多功能金融服务

【云南分公司的品牌优势】

信达云南省分公司具有较好的资产处置与管理品牌优势，拥有先进的管理平台和专业技术力量，以及完备的管理运作规范。公司于2006年第一批通过BSI和CCIC两家权威机构的ISO9001：2000认证；2008年4月，通过BSI和ISCCC两家国际、国内权威认证机构的ISO27001和ISO20000认证；2009年持续推进ISO9001：2008的质量认证改进工作

【云南分公司的业务优势】

信达云南省分公司所管理和处置的资产涉及云南省大多数行业，通过10年来收购、管理、代理和处置不良资产的实践，积累了丰富的资产管理、运作经验，奠定了扎实的管理基础，培养了一支业务精湛、经验丰富的技术型队伍，拥有管理、财务、投融资、资产评估及证券等方面的各项专业人才。同时，通过对近万户以上企业的交流与分析，对企业在管理、财务、项目投资以及发展规划方面有较深刻的认识。

【云南分公司取得的成绩】

自公司1999年成立以来，累计接收和管理的不良资产达150余亿元，处置各类资产98余亿元，实施债转股32.36亿元，接受委托代理处置不良资产20.43亿元。各项业务在银监会、审计署、财政专员和人民银行的监督管理下进行，并多次赢得监管部门好评。

信达云南省分公司先后受到中央金融工委、中国银监会、云南省政府和总公司的表彰，公司7个集体、先后15人次荣获多项荣誉称号。2007年被中国金融工会全国委员会授予“全国金融五一劳动奖状”，同年被昆明市委市政府评为“市级文明单位”。

2011 云南金融统计
YUNNAN FINANCIAL STATISTICS

企业

道生于平和安静，德生于坚强执着，慈生于博爱真诚，善生于感恩包容，福生于快乐满足，喜生于健康成就。祥之文化源于心中的感动并将其愿望表达得淋漓尽致……

地址：昆明市鱼翅路538号（红联新村1号）
电话：0871-8253334　　传真：8253199

银联卡
6228 8888 8888 8888
VALID THRU 10/12
CARDHOLDER NAME
UnionPay
银联
95516
客户服务热线
www.unionpay.com

UnionPay
银联

编者说明

一、资料编制原则

本书的编制坚持真实反映2010年金融统计指标的设置原貌，以机构为主线，时间为辅线的原则分两部分进行布局。

第一部分资料为金融统计情况。反映各机构2010年末信贷运行情况、大中小型企业情况、涉农贷款情况，并设置了“期末余额”、“比年初增减额”和“比年初增减%”三种属性；反映的是全金融机构、中资全国性大型银行、中资全国性四家大型银行、中资全国性中小型银行、中资区域性中小金融机构、农村合作机构等六类机构的数据；以及各县域机构的全金融机构人民币数据。

第二部分资料为时间序列表。反映的是2010年全金融机构的数据，选择了“信贷运行情况主要指标、贷款按行业分类、房地产贷款投向、消费明细情况”等主要报表指标加工而成。

·期末余额：为存量概念，反映该统计指标期末的数据存量。

·比年初增减额：为流量概念，反映该统计指标2010年1月1日以来变化情况。

·比年初增减%：为增长幅度，反映该统计指标自2010年1月1日以来的变化幅度。

二、统计制度主要调整说明

2010年统计制度主要有以下调整：1.增设非居民交易对手统计指标；2.全面调整“短期贷款”和“中长期贷款”统计指标，终止原有的贷款分类指标，增设了具有主体分类标志的贷款指标，单独设立普通并购贷款、银团贷款、贸易融资等统计指标；3.调整贷款按行业分类中“个人贷款及透支”统计内容。

三、主要统计指标解释

·各项存款：金融机构资金来源的主要项目，包括企业存款、财政存款、机关团体存款、储蓄存款、农业存款、其他存款等。

·企业存款：指金融机构吸收的各种所有者形式、各行业企业单位的存款，包括活期存款和定期存款。

·财政存款：中国人民银行和金融机构代理的各项机关财政预算内存款。

·机关团体存款：中国人民银行和金融机构办理的各项机关团体存款。

·储蓄存款：金融机构吸收城镇居民和农户的个人储蓄存款，包括活期储蓄存款和定期储蓄存款。

·农业存款：农村集体单位、乡镇企业、各种专业户和承包户的生产周转金、积累基金等，主要是农业银行和农村信用社吸收的农业企业存款。

·信托存款：根据存款单位或个人的申请，委托代营或运营的资金。

·其他存款：表中各项存款项下列示的各类存款之外的存款。

·各项贷款：金融机构资金运用的主要项目，包括境内贷款和境外贷款。其中境内贷款包括短期贷款、中长期贷款、信托贷款、票据融资、各项垫款等。

·短期贷款：金融机构发放的期限在1年以下（含1年）的用于流动资金的贷款。

·中长期贷款：金融机构发放的期限在1年以上的贷款。

· 个人贷款：金融机构发放给个人用于生产经营或消费的贷款。

· 个人经营性贷款：金融机构发放给个人用于其合法经营和投资的贷款。

· 单位普通贷款：金融机构对除个人以外的非金融机构（包括企事业单位、机关团体、部队等）发放的除普通并购贷款、银团贷款、贸易融资、融资租赁、境外筹资转贷款、信用卡及帐户透支之外的贷款；

· 单位经营贷款：金融机构向企（事）业法人或国家规定可以作为借款人的其他组织发放的，用于合法日常生产经营的贷款；

· 普通并购贷款：金融机构向并购方或其子公司发放的，用于支付并购交易价款的贷款；

· 银团贷款：由两家或两家以上金融机构基于相同贷款条件，依据同一贷款协议，按约定时间和比例，向借款人提供的贷款；

· 贸易融资：金融机构为客户提供的与贸易结算相关的融资或信用便利，不包括金融机构以银团贷款方式向单位借款人发放的，用于贸易融资的贷款；

· 票据融资：商业票据的贴现和转贴现形成的资金运用。

· 各项垫款：金融机构因开展信用业务未能履约而发生的垫款。

四、汇总类机构涵盖范围

· 全金融机构：包括人民银行、中资全国性大型银行、中资全国性中小型银行、中资区域性中小金融机构、财务公司、信托投资公司、外资银行；

· 中资全国性大型银行：工商银行、农业银行、中国银行、建设银行、国家开发银行、交通银行、中国邮政储蓄银行；

· 中资全国性四家大型银行：包括工商银行、农业银行、中国银行、建设银行；

· 中资全国性中小型银行：包括农业发展银行、进出口银行、中信银行、光大银行、华夏银行、广东发展银行、深圳发展银行、招商银行、上海浦东发展银行、兴业银行、民生银行、恒丰银行；

· 中资区域性中小金融机构：包括富滇银行、曲靖城市商业银行、玉溪城市商业银行、村镇银行、农村合作机构。

目 录

一、金融运行综述……1
二、银行业金融统计情况……5
（一）云南省金融统计运行情况……7
2-1-1 云南省金融机构（含外资）本外币信贷运行情况表……8
2-1-2 云南省金融机构（不含外资）本外币信贷运行情况表……9
2-1-3 云南省金融机构（含外资）人民币信贷运行情况表……10
2-1-4 云南省金融机构（不含外资）人民币信贷运行情况表……11
2-1-5 云南省中资全国性大型银行人民币信贷运行情况表……12
2-1-6 云南省中资全国性四家大型银行人民币信贷运行情况表……13
2-1-7 云南省中资全国性中小型银行人民币信贷运行情况表……14
2-1-8 云南省中资区域性中小金融机构人民币信贷运行情况表……15
2-1-9 云南省农村合作机构人民币信贷运行情况表……16
2-1-10 云南省金融机构（含外资）外汇信贷运行情况表……17
2-1-11 云南省金融机构（不含外资）外汇信贷运行情况表……18
2-1-12 云南省中资全国性大型银行外汇信贷运行情况表……19
2-1-13 云南省中资全国性四家大型银行外汇信贷运行情况表……20
2-1-14 云南省中资全国性中小型银行外汇信贷运行情况表……21
2-1-15 云南省中资区域性中小金融机构外汇信贷运行情况表……22
2-1-16 云南省大中小型企业情况统计表……23
2-1-17 云南省涉农贷款汇总统计表……25
2-1-18 全国金融机构人民币存贷款分地区表……26
2-1-19 西部省区金融机构人民币存贷款分地区表……27
（二）各州市金融统计运行情况……29
1.本外币信贷运行情况统计……31
2-2-1-1 昆明市金融机构（不含外资）本外币信贷运行情况表……32
2-2-1-2 昭通市金融机构（不含外资）本外币信贷运行情况表……33
2-2-1-3 曲靖市金融机构（不含外资）本外币信贷运行情况表……34
2-2-1-4 玉溪市金融机构（不含外资）本外币信贷运行情况表……35
2-2-1-5 红河州金融机构（不含外资）本外币信贷运行情况表……36
2-2-1-6 文山州金融机构（不含外资）本外币信贷运行情况表……37
2-2-1-7 普洱市金融机构（不含外资）本外币信贷运行情况表……38

2-2-1-8 版纳州金融机构（不含外资）本外币信贷运行情况表……39
2-2-1-9 楚雄州金融机构（不含外资）本外币信贷运行情况表……40
2-2-1-10 大理州金融机构（不含外资）本外币信贷运行情况表……41
2-2-1-11 保山市金融机构（不含外资）本外币信贷运行情况表……42
2-2-1-12 德宏州金融机构（不含外资）本外币信贷运行情况表……43
2-2-1-13 丽江市金融机构（不含外资）本外币信贷运行情况表……44
2-2-1-14 怒江州金融机构（不含外资）本外币信贷运行情况表……45
2-2-1-15 迪庆州金融机构（不含外资）本外币信贷运行情况表……46
2-2-1-16 临沧市金融机构（不含外资）本外币信贷运行情况表……47
2.人民币信贷运行情况统计……49
2-2-2-1 昆明市金融机构（不含外资）人民币信贷运行情况表……50
2-2-2-2 昭通市金融机构（不含外资）人民币信贷运行情况表……51
2-2-2-3 曲靖市金融机构（不含外资）人民币信贷运行情况表……52
2-2-2-4 玉溪市金融机构（不含外资）人民币信贷运行情况表……53
2-2-2-5 红河州金融机构（不含外资）人民币信贷运行情况表……54
2-2-2-6 文山州金融机构（不含外资）人民币信贷运行情况表……55
2-2-2-7 普洱市金融机构（不含外资）人民币信贷运行情况表……56
2-2-2-8 版纳州金融机构（不含外资）人民币信贷运行情况表……57
2-2-2-9 楚雄州金融机构（不含外资）人民币信贷运行情况表……58
2-2-2-10 大理州金融机构（不含外资）人民币信贷运行情况表……59
2-2-2-11 保山市金融机构（不含外资）人民币信贷运行情况表……60
2-2-2-12 德宏州金融机构（不含外资）人民币信贷运行情况表……61
2-2-2-13 丽江市金融机构（不含外资）人民币信贷运行情况表……62
2-2-2-14 怒江州金融机构（不含外资）人民币信贷运行情况表……63
2-2-2-15 迪庆州金融机构（不含外资）人民币信贷运行情况表……64
2-2-2-16 临沧市金融机构（不含外资）人民币信贷运行情况表……65
2-2-2-17 昆明市中资全国性大型银行人民币信贷运行情况表……66
2-2-2-18 昭通市中资全国性大型银行人民币信贷运行情况表……67
2-2-2-19 曲靖市中资全国性大型银行人民币信贷运行情况表……68
2-2-2-20 玉溪市中资全国性大型银行人民币信贷运行情况表……69
2-2-2-21 红河州中资全国性大型银行人民币信贷运行情况表……70
2-2-2-22 文山州中资全国性大型银行人民币信贷运行情况表……71
2-2-2-23 普洱市中资全国性大型银行人民币信贷运行情况表……72

2-2-2-24 版纳州中资全国性大型银行人民币信贷运行情况表……73
2-2-2-25 楚雄州中资全国性大型银行人民币信贷运行情况表……74
2-2-2-26 大理州中资全国性大型银行人民币信贷运行情况表……75
2-2-2-27 保山市中资全国性大型银行人民币信贷运行情况表……76
2-2-2-28 德宏州中资全国性大型银行人民币信贷运行情况表……77
2-2-2-29 丽江市中资全国性大型银行人民币信贷运行情况表……78
2-2-2-30 怒江州中资全国性大型银行人民币信贷运行情况表……79
2-2-2-31 迪庆州中资全国性大型银行人民币信贷运行情况表……80
2-2-2-32 临沧市中资全国性大型银行人民币信贷运行情况表……81
2-2-2-33 昆明市中资全国性四家大型银行人民币信贷运行情况表……82
2-2-2-34 昭通市中资全国性四家大型银行人民币信贷运行情况表……83
2-2-2-35 曲靖市中资全国性四家大型银行人民币信贷运行情况表……84
2-2-2-36 玉溪市中资全国性四家大型银行人民币信贷运行情况表……85
2-2-2-37 红河州中资全国性四家大型银行人民币信贷运行情况表……86
2-2-2-38 文山州中资全国性四家大型银行人民币信贷运行情况表……87
2-2-2-39 普洱市中资全国性四家大型银行人民币信贷运行情况表……88
2-2-2-40 版纳州中资全国性四家大型银行人民币信贷运行情况表……89
2-2-2-41 楚雄州中资全国性四家大型银行人民币信贷运行情况表……90
2-2-2-42 大理州中资全国性四家大型银行人民币信贷运行情况表……91
2-2-2-43 保山市中资全国性四家大型银行人民币信贷运行情况表……92
2-2-2-44 德宏州中资全国性四家大型银行人民币信贷运行情况表……93
2-2-2-45 丽江市中资全国性四家大型银行人民币信贷运行情况表……94
2-2-2-46 怒江州中资全国性四家大型银行人民币信贷运行情况表……95
2-2-2-47 迪庆州中资全国性四家大型银行人民币信贷运行情况表……96
2-2-2-48 临沧市中资全国性四家大型银行人民币信贷运行情况表……97
2-2-2-49 昆明市中资全国性中小型银行人民币信贷运行情况表……98
2-2-2-50 昭通市中资全国性中小型银行人民币信贷运行情况表……99
2-2-2-51 曲靖市中资全国性中小型银行人民币信贷运行情况表……100
2-2-2-52 玉溪市中资全国性中小型银行人民币信贷运行情况表……101
2-2-2-53 红河州中资全国性中小型银行人民币信贷运行情况表……102
2-2-2-54 文山州中资全国性中小型银行人民币信贷运行情况表……103
2-2-2-55 普洱市中资全国性中小型银行人民币信贷运行情况表……104
2-2-2-56 版纳州中资全国性中小型银行人民币信贷运行情况表……105

2-2-2-57 楚雄州中资全国性中小型银行人民币信贷运行情况表……106
2-2-2-58 大理州中资全国性中小型银行人民币信贷运行情况表……107
2-2-2-59 保山市中资全国性中小型银行人民币信贷运行情况表……108
2-2-2-60 德宏州中资全国性中小型银行人民币信贷运行情况表……109
2-2-2-61 丽江市中资全国性中小型银行人民币信贷运行情况表……110
2-2-2-62 怒江州中资全国性中小型银行人民币信贷运行情况表……111
2-2-2-63 迪庆州中资全国性中小型银行人民币信贷运行情况表……112
2-2-2-64 临沧市中资全国性中小型银行人民币信贷运行情况表……113
2-2-2-65 昆明市农村合作机构人民币信贷运行情况表……114
2-2-2-66 昭通市农村合作机构人民币信贷运行情况表……115
2-2-2-67 曲靖市农村合作机构人民币信贷运行情况表……116
2-2-2-68 玉溪市农村合作机构人民币信贷运行情况表……117
2-2-2-69 红河州农村合作机构人民币信贷运行情况表……118
2-2-2-70 文山州农村合作机构人民币信贷运行情况表……119
2-2-2-71 普洱市农村合作机构人民币信贷运行情况表……120
2-2-2-72 版纳州农村合作机构人民币信贷运行情况表……121
2-2-2-73 楚雄州农村合作机构人民币信贷运行情况表……122
2-2-2-74 大理州农村合作机构人民币信贷运行情况表……123
2-2-2-75 保山市农村合作机构人民币信贷运行情况表……124
2-2-2-76 德宏州农村合作机构人民币信贷运行情况表……125
2-2-2-77 丽江市农村合作机构人民币信贷运行情况表……126
2-2-2-78 怒江州农村合作机构人民币信贷运行情况表……127
2-2-2-79 迪庆州农村合作机构人民币信贷运行情况表……128
2-2-2-80 临沧市农村合作机构人民币信贷运行情况表……129
3.外汇信贷运行情况统计……131
2-2-3-1 昆明市金融机构（不含外资）外汇信贷运行情况表……132
2-2-3-2 昭通市金融机构（不含外资）外汇信贷运行情况表……133
2-2-3-3 曲靖市金融机构（不含外资）外汇信贷运行情况表……134
2-2-3-4 玉溪市金融机构（不含外资）外汇信贷运行情况表……135
2-2-3-5 红河州金融机构（不含外资）外汇信贷运行情况表……136
2-2-3-6 文山州金融机构（不含外资）外汇信贷运行情况表……137
2-2-3-7 普洱市金融机构（不含外资）外汇信贷运行情况表……138
2-2-3-8 版纳州金融机构（不含外资）外汇信贷运行情况表……139

2-2-3-9 楚雄州金融机构（不含外资）外汇信贷运行情况表……140
2-2-3-10 大理州金融机构（不含外资）外汇信贷运行情况表……141
2-2-3-11 保山市金融机构（不含外资）外汇信贷运行情况表……142
2-2-3-12 德宏州金融机构（不含外资）外汇信贷运行情况表……143
2-2-3-13 丽江市金融机构（不含外资）外汇信贷运行情况表……144
2-2-3-14 怒江州金融机构（不含外资）外汇信贷运行情况表……145
2-2-3-15 迪庆州金融机构（不含外资）外汇信贷运行情况表……146
2-2-3-16 临沧市金融机构（不含外资）外汇信贷运行情况表……147
2-2-3-17 昆明市中资全国性大型银行外汇信贷运行情况表……148
2-2-3-18 昭通市中资全国性大型银行外汇信贷运行情况表……149
2-2-3-19 曲靖市中资全国性大型银行外汇信贷运行情况表……150
2-2-3-20 玉溪市中资全国性大型银行外汇信贷运行情况表……151
2-2-3-21 红河州中资全国性大型银行外汇信贷运行情况表……152
2-2-3-22 文山州中资全国性大型银行外汇信贷运行情况表……153
2-2-3-23 普洱市中资全国性大型银行外汇信贷运行情况表……154
2-2-3-24 版纳州中资全国性大型银行外汇信贷运行情况表……155
2-2-3-25 楚雄州中资全国性大型银行外汇信贷运行情况表……156
2-2-3-26 大理州中资全国性大型银行外汇信贷运行情况表……157
2-2-3-27 保山市中资全国性大型银行外汇信贷运行情况表……158
2-2-3-28 德宏州中资全国性大型银行外汇信贷运行情况表……159
2-2-3-29 丽江市中资全国性大型银行外汇信贷运行情况表……160
2-2-3-30 怒江州中资全国性大型银行外汇信贷运行情况表……161
2-2-3-31 迪庆州中资全国性大型银行外汇信贷运行情况表……162
2-2-3-32 临沧市中资全国性大型银行外汇信贷运行情况表……163
2-2-3-33 昆明市中资全国性四家大型银行外汇信贷运行情况表……164
2-2-3-34 昭通市中资全国性四家大型银行外汇信贷运行情况表……165
2-2-3-35 曲靖市中资全国性四家大型银行外汇信贷运行情况表……166
2-2-3-36 玉溪市中资全国性四家大型银行外汇信贷运行情况表……167
2-2-3-37 红河州中资全国性四家大型银行外汇信贷运行情况表……168
2-2-3-38 文山州中资全国性四家大型银行外汇信贷运行情况表……169
2-2-3-39 普洱市中资全国性四家大型银行外汇信贷运行情况表……170
2-2-3-40 版纳州中资全国性四家大型银行外汇信贷运行情况表……171
2-2-3-41 楚雄州中资全国性四家大型银行外汇信贷运行情况表……172

2-2-3-42 大理州中资全国性四家大型银行外汇信贷运行情况表……173
2-2-3-43 保山市中资全国性四家大型银行外汇信贷运行情况表……174
2-2-3-44 德宏州中资全国性四家大型银行外汇信贷运行情况表……175
2-2-3-45 丽江市中资全国性四家大型银行外汇信贷运行情况表……176
2-2-3-46 怒江州中资全国性四家大型银行外汇信贷运行情况表……177
2-2-3-47 迪庆州中资全国性四家大型银行外汇信贷运行情况表……178
2-2-3-48 临沧市中资全国性四家大型银行外汇信贷运行情况表……179
2-2-3-49 昆明市中资全国性中小型银行外汇信贷运行情况表……180
2-2-3-50 曲靖市中资全国性中小型银行外汇信贷运行情况表……181
2-2-3-51 玉溪市中资全国性中小型银行外汇信贷运行情况表……182
2-2-3-52 丽江市中资全国性中小型银行外汇信贷运行情况表……183
4.大中小型企业情况统计……185
2-2-4-1 昆明市大中小型企业情况统计表……186
2-2-4-2 昭通市大中小型企业情况统计表……188
2-2-4-3 曲靖市大中小型企业情况统计表……189
2-2-4-4 玉溪市大中小型企业情况统计表……190
2-2-4-5 红河州大中小型企业情况统计表……191
2-2-4-6 文山州大中小型企业情况统计表……192
2-2-4-7 普洱市大中小型企业情况统计表……193
2-2-4-8 版纳州大中小型企业情况统计表……194
2-2-4-9 楚雄州大中小型企业情况统计表……195
2-2-4-10 大理州大中小型企业情况统计表……196
2-2-4-11 保山市大中小型企业情况统计表……197
2-2-4-12 德宏州大中小型企业情况统计表……198
2-2-4-13 丽江市大中小型企业情况统计表……199
2-2-4-14 怒江州大中小型企业情况统计表……200
2-2-4-15 迪庆州大中小型企业情况统计表……201
2-2-4-16 临沧市大中小型企业情况统计表……202
5.涉农贷款统计……203
2-2-5-1 昆明市涉农贷款汇总统计表……204
2-2-5-2 昭通市涉农贷款汇总统计表……205
2-2-5-3 曲靖市涉农贷款汇总统计表……206
2-2-5-4 玉溪市涉农贷款汇总统计表……207

2-2-5-5 红河州涉农贷款汇总统计表……208
2-2-5-6 文山州涉农贷款汇总统计表……209
2-2-5-7 普洱市涉农贷款汇总统计表……210
2-2-5-8 版纳州涉农贷款汇总统计表……211
2-2-5-9 楚雄州涉农贷款汇总统计表……212
2-2-5-10 大理州涉农贷款汇总统计表……213
2-2-5-11 保山市涉农贷款汇总统计表……214
2-2-5-12 德宏州涉农贷款汇总统计表……215
2-2-5-13 丽江市涉农贷款汇总统计表……216
2-2-5-14 怒江州涉农贷款汇总统计表……217
2-2-5-15 迪庆州涉农贷款汇总统计表……218
2-2-5-16 临沧市涉农贷款汇总统计表……219
（三）各县市区金融统计运行情况……221
2-3-1 官渡区金融机构人民币信贷运行情况表……222
2-3-2 西山区金融机构人民币信贷运行情况表……223
2-3-3 东川区金融机构人民币信贷运行情况表……224
2-3-4 呈贡县金融机构人民币信贷运行情况表……225
2-3-5 晋宁县金融机构人民币信贷运行情况表……226
2-3-6 富民县金融机构人民币信贷运行情况表……227
2-3-7 宜良县金融机构人民币信贷运行情况表……228
2-3-8 石林县金融机构人民币信贷运行情况表……229
2-3-9 嵩明县金融机构人民币信贷运行情况表……230
2-3-10 禄劝县金融机构人民币信贷运行情况表……231
2-3-11 寻甸县金融机构人民币信贷运行情况表……232
2-3-12 安宁县金融机构人民币信贷运行情况表……233
2-3-13 昭阳区金融机构人民币信贷运行情况表……234
2-3-14 鲁甸县金融机构人民币信贷运行情况表……235
2-3-15 巧家县金融机构人民币信贷运行情况表……236
2-3-16 盐津县金融机构人民币信贷运行情况表……237
2-3-17 大关县金融机构人民币信贷运行情况表……238
2-3-18 永善县金融机构人民币信贷运行情况表……239
2-3-19 绥江县金融机构人民币信贷运行情况表……240
2-3-20 镇雄县金融机构人民币信贷运行情况表……241

2-3-21 彝良县金融机构人民币信贷运行情况表……242
2-3-22 威信县金融机构人民币信贷运行情况表……243
2-3-23 水富县金融机构人民币信贷运行情况表……244
2-3-24 麒麟区金融机构人民币信贷运行情况表……245
2-3-25 马龙县金融机构人民币信贷运行情况表……246
2-3-26 陆良县金融机构人民币信贷运行情况表……247
2-3-27 师宗县金融机构人民币信贷运行情况表……248
2-3-28 罗平县金融机构人民币信贷运行情况表……249
2-3-29 富源县金融机构人民币信贷运行情况表……250
2-3-30 会泽县金融机构人民币信贷运行情况表……251
2-3-31 沾益县金融机构人民币信贷运行情况表……252
2-3-32 宣威市金融机构人民币信贷运行情况表……253
2-3-33 红塔区金融机构人民币信贷运行情况表……254
2-3-34 江川县金融机构人民币信贷运行情况表……255
2-3-35 澄江县金融机构人民币信贷运行情况表……256
2-3-36 通海县金融机构人民币信贷运行情况表……257
2-3-37 华宁县金融机构人民币信贷运行情况表……258
2-3-38 易门县金融机构人民币信贷运行情况表……259
2-3-39 峨山县金融机构人民币信贷运行情况表……260
2-3-40 新平县金融机构人民币信贷运行情况表……261
2-3-41 元江县金融机构人民币信贷运行情况表……262
2-3-42 个旧市金融机构人民币信贷运行情况表……263
2-3-43 开远市金融机构人民币信贷运行情况表……264
2-3-44 蒙自县金融机构人民币信贷运行情况表……265
2-3-45 屏边县金融机构人民币信贷运行情况表……266
2-3-46 建水县金融机构人民币信贷运行情况表……267
2-3-47 石屏县金融机构人民币信贷运行情况表……268
2-3-48 弥勒县金融机构人民币信贷运行情况表……269
2-3-49 泸西县金融机构人民币信贷运行情况表……270
2-3-50 元阳县金融机构人民币信贷运行情况表……271
2-3-51 红河县金融机构人民币信贷运行情况表……272
2-3-52 金平县金融机构人民币信贷运行情况表……273
2-3-53 绿春县金融机构人民币信贷运行情况表……274

2-3-54 河口县金融机构人民币信贷运行情况表……275
2-3-55 文山市金融机构人民币信贷运行情况表……276
2-3-56 砚山县金融机构人民币信贷运行情况表……277
2-3-57 西畴县金融机构人民币信贷运行情况表……278
2-3-58 麻栗坡县金融机构人民币信贷运行情况表……279
2-3-59 马关县金融机构人民币信贷运行情况表……280
2-3-60 丘北县金融机构人民币信贷运行情况表……281
2-3-61 广南县金融机构人民币信贷运行情况表……282
2-3-62 富宁县金融机构人民币信贷运行情况表……283
2-3-63 思茅区金融机构人民币信贷运行情况表……284
2-3-64 宁洱县金融机构人民币信贷运行情况表……285
2-3-65 墨江县金融机构人民币信贷运行情况表……286
2-3-66 景东县金融机构人民币信贷运行情况表……287
2-3-67 景谷县金融机构人民币信贷运行情况表……288
2-3-68 镇沅县金融机构人民币信贷运行情况表……289
2-3-69 江城县金融机构人民币信贷运行情况表……290
2-3-70 孟连县金融机构人民币信贷运行情况表……291
2-3-71 澜沧县金融机构人民币信贷运行情况表……292
2-3-72 西盟县金融机构人民币信贷运行情况表……293
2-3-73 景洪市金融机构人民币信贷运行情况表……294
2-3-74 勐海县金融机构人民币信贷运行情况表……295
2-3-75 勐腊县金融机构人民币信贷运行情况表……296
2-3-76 楚雄市金融机构人民币信贷运行情况表……297
2-3-77 双柏县金融机构人民币信贷运行情况表……298
2-3-78 牟定县金融机构人民币信贷运行情况表……299
2-3-79 南华县金融机构人民币信贷运行情况表……300
2-3-80 姚安县金融机构人民币信贷运行情况表……301
2-3-81 大姚县金融机构人民币信贷运行情况表……302
2-3-82 永仁县金融机构人民币信贷运行情况表……303
2-3-83 元谋县金融机构人民币信贷运行情况表……304
2-3-84 武定县金融机构人民币信贷运行情况表……305
2-3-85 禄丰县金融机构人民币信贷运行情况表……306
2-3-86 大理市金融机构人民币信贷运行情况表……307

2-3-87 漾濞县金融机构人民币信贷运行情况表……308
2-3-88 祥云县金融机构人民币信贷运行情况表……309
2-3-89 宾川县金融机构人民币信贷运行情况表……310
2-3-90 弥渡县金融机构人民币信贷运行情况表……311
2-3-91 南涧县金融机构人民币信贷运行情况表……312
2-3-92 巍山县金融机构人民币信贷运行情况表……313
2-3-93 永平县金融机构人民币信贷运行情况表……314
2-3-94 云龙县金融机构人民币信贷运行情况表……315
2-3-95 洱源县金融机构人民币信贷运行情况表……316
2-3-96 剑川县金融机构人民币信贷运行情况表……317
2-3-97 鹤庆县金融机构人民币信贷运行情况表……318
2-3-98 隆阳区金融机构人民币信贷运行情况表……319
2-3-99 施甸县金融机构人民币信贷运行情况表……320
2-3-100 腾冲县金融机构人民币信贷运行情况表……321
2-3-101 龙陵县金融机构人民币信贷运行情况表……322
2-3-102 昌宁县金融机构人民币信贷运行情况表……323
2-3-103 瑞丽市金融机构人民币信贷运行情况表……324
2-3-104 潞西市金融机构人民币信贷运行情况表……325
2-3-105 梁河县金融机构人民币信贷运行情况表……326
2-3-106 盈江县金融机构人民币信贷运行情况表……327
2-3-107 陇川县金融机构人民币信贷运行情况表……328
2-3-108 古城区金融机构人民币信贷运行情况表……329
2-3-109 玉龙县金融机构人民币信贷运行情况表……330
2-3-110 永胜县金融机构人民币信贷运行情况表……331
2-3-111 华坪县金融机构人民币信贷运行情况表……332
2-3-112 宁蒗县金融机构人民币信贷运行情况表……333
2-3-113 泸水县金融机构人民币信贷运行情况表……334
2-3-114 福贡县金融机构人民币信贷运行情况表……335
2-3-115 贡山县金融机构人民币信贷运行情况表……336
2-3-116 兰坪县金融机构人民币信贷运行情况表……337
2-3-117 香格里拉县金融机构人民币信贷运行情况表……338
2-3-118 德钦县金融机构人民币信贷运行情况表……339
2-3-119 维西县金融机构人民币信贷运行情况表……340

2-3-120 临翔区金融机构人民币信贷运行情况表……341
2-3-121 凤庆县金融机构人民币信贷运行情况表……342
2-3-122 云县金融机构人民币信贷运行情况表……343
2-3-123 永德县金融机构人民币信贷运行情况表……344
2-3-124 镇康县金融机构人民币信贷运行情况表……345
2-3-125 双江县金融机构人民币信贷运行情况表……346
2-3-126 耿马县金融机构人民币信贷运行情况表……347
2-3-127 沧源县金融机构人民币信贷运行情况表……348
2-3-128 云南省各县市区各项存款统计表……349
2-3-129 云南省各县市区各项贷款统计表……350
2-3-130 云南省各县市区储蓄存款统计表……351
三、金融统计部分指标时间序列表……353
（一）信贷运行情况主要指标时间序列表（人民币）……355
3-1-1 云南省信贷运行情况主要指标时间序列表……356
3-1-2 昆明市信贷运行情况主要指标时间序列表……357
3-1-3 昭通市信贷运行情况主要指标时间序列表……358
3-1-4 曲靖市信贷运行情况主要指标时间序列表……359
3-1-5 玉溪市信贷运行情况主要指标时间序列表……360
3-1-6 红河州信贷运行情况主要指标时间序列表……361
3-1-7 文山州信贷运行情况主要指标时间序列表……362
3-1-8 普洱市信贷运行情况主要指标时间序列表……363
3-1-9 版纳州信贷运行情况主要指标时间序列表……364
3-1-10 楚雄州信贷运行情况主要指标时间序列表……365
3-1-11 大理州信贷运行情况主要指标时间序列表……366
3-1-12 保山市信贷运行情况主要指标时间序列表……367
3-1-13 德宏州信贷运行情况主要指标时间序列表……368
3-1-14 丽江市信贷运行情况主要指标时间序列表……369
3-1-15 怒江州信贷运行情况主要指标时间序列表……370
3-1-16 迪庆州信贷运行情况主要指标时间序列表……371
3-1-17 临沧市信贷运行情况主要指标时间序列表……372
（二）贷款按行业分类统计时间序列表（人民币）……373
3-2-1 云南省贷款按行业分类统计时间序列表……374
3-2-2 昆明市贷款按行业分类统计时间序列表……375

3-2-3 昭通市贷款按行业分类统计时间序列表……376
3-2-4 曲靖市贷款按行业分类统计时间序列表……377
3-2-5 玉溪市贷款按行业分类统计时间序列表……378
3-2-6 红河州贷款按行业分类统计时间序列表……379
3-2-7 文山州贷款按行业分类统计时间序列表……380
3-2-8 普洱市贷款按行业分类统计时间序列表……381
3-2-9 版纳州贷款按行业分类统计时间序列表……382
3-2-10 楚雄州贷款按行业分类统计时间序列表……383
3-2-11 大理州贷款按行业分类统计时间序列表……384
3-2-12 保山市贷款按行业分类统计时间序列表……385
3-2-13 德宏州贷款按行业分类统计时间序列表……386
3-2-14 丽江市贷款按行业分类统计时间序列表……387
3-2-15 怒江州贷款按行业分类统计时间序列表……388
3-2-16 迪庆州贷款按行业分类统计时间序列表……389
3-2-17 临沧市贷款按行业分类统计时间序列表……390
（三）房地产贷款投向统计时间序列表（人民币）……391
3-3-1 云南省房地产贷款投向统计时间序列表……392
3-3-2 昆明市房地产贷款投向统计时间序列表……393
3-3-3 昭通市房地产贷款投向统计时间序列表……394
3-3-4 曲靖市房地产贷款投向统计时间序列表……395
3-3-5 玉溪市房地产贷款投向统计时间序列表……396
3-3-6 红河州房地产贷款投向统计时间序列表……397
3-3-7 文山州房地产贷款投向统计时间序列表……398
3-3-8 普洱市房地产贷款投向统计时间序列表……399
3-3-9 版纳州房地产贷款投向统计时间序列表……400
3-3-10 楚雄州房地产贷款投向统计时间序列表……401
3-3-11 大理州房地产贷款投向统计时间序列表……402
3-3-12 保山市房地产贷款投向统计时间序列表……403
3-3-13 德宏州房地产贷款投向统计时间序列表……404
3-3-14 丽江市房地产贷款投向统计时间序列表……405
3-3-15 怒江州房地产贷款投向统计时间序列表……406
3-3-16 迪庆州房地产贷款投向统计时间序列表……407
3-3-17 临沧市房地产贷款投向统计时间序列表……408

（四）消费贷款明细情况统计时间序列表（人民币）……409
3-4-1 云南省消费贷款明细情况统计表……410
3-4-2 昆明市消费贷款明细情况统计表……411
3-4-3 昭通市消费贷款明细情况统计表……412
3-4-4 曲靖市消费贷款明细情况统计表……413
3-4-5 玉溪市消费贷款明细情况统计表……414
3-4-6 红河州消费贷款明细情况统计表……415
3-4-7 文山州消费贷款明细情况统计表……416
3-4-8 普洱市消费贷款明细情况统计表……417
3-4-9 版纳州消费贷款明细情况统计表……418
3-4-10 楚雄州消费贷款明细情况统计表……419
3-4-11 大理州消费贷款明细情况统计表……420
3-4-12 保山市消费贷款明细情况统计表……421
3-4-13 德宏州消费贷款明细情况统计表……422
3-4-14 丽江市消费贷款明细情况统计表……423
3-4-15 怒江州消费贷款明细情况统计表……424
3-4-16 迪庆州消费贷款明细情况统计表……425
3-4-17 临沧市消费贷款明细情况统计表……426
四、云南经济调查主要指标……427
（一）云南省银行家问卷调查……429
4-1-1 云南省银行家问卷调查机构名录……430
4-1-2 云南省银行家问卷调查当期指数表（2010）……431
4-1-3 云南省银行家问卷调查预期指数表（2010）……431
（二）云南省工业企业景气调查……433
4-2-1 云南省工业企业景气调查企业名录……434
4-2-2 云南省企业家问卷调查当期指数表（2009）……436
4-2-3 云南省企业家问卷调查预期指数表（2009）……436
4-2-4 云南省企业家问卷调查当期指数表（2010）……437
4-2-5 云南省企业家问卷调查预期指数表（2010）……437
（三）云南省城镇储户问卷调查……439
4-3-1 大理市城镇储户问卷调查机构名录……440
4-3-2 大理市城镇储户问卷调查指数本期时序表（2009-2010）……441
4-3-3 大理市城镇储户问卷调查指数预期时序表（2009-2010）……441
（四）云南省企业商品交易价格调查企业名录……443

五、云南省经济、证券业、保险业运行主要指标……………………………………………………………449
5-1 云南省经济运行主要指标（2010）……………………………………………………………450
5-2 云南省证券业主要指标表（2006-2010）……………………………………………………451
5-3 云南省保险业主要指标表（2010）……………………………………………………………452

一、金融运行综述

云南金融统计

YUNNAN FINANCIAL STATISTICS

云南省2010年金融运行综述

2010年，云南省金融部门继续贯彻落实适度宽松的货币政策，为支持地方经济巩固向好发挥关键作用。全年金融运行总体平稳，融资渠道进一步拓宽，服务水平稳步提升，金融支持全省经济社会发展成效突出。

一、银行业发展稳健，贷款规模突破万亿

2010 年，云南省银行业保持健康较快发展态势，存贷款规模较快增长。

（一）网点布局明显优化，规模不断壮大

2010年，全省大力增加农村地区银行业网点，基本实现金融服务空白乡镇银行网点的全覆盖，进出口银行、恒丰银行在昆明设立分支机构，小额贷款公司得到发展，银行组织体系日趋完备，网点城乡布局得到改善。全省银行业总资产增长20.0%，资产规模逐步扩大，不良贷款率下降0.6个百分点，资产质量持续改善。2010 年，银行业金融机构税后利润增长28.7%，年末拨备覆盖率达到122.6%，比上年末提高32.1个百分点，银行业盈利能力、抗风险能力进一步增强。

（二）存款增势缓步回落，企业存款少增明显

2010 年，云南省本外币存款同比增长20.6%，总体呈增速放缓之势。居民储蓄存款增长平稳，同比增长22.5%，但企业存款仅增长13.2%，增幅回落了23.6个百分点，贷款受托支付规定导致银行派生存款减少是主要影响因素。社会储蓄倾向回落，全年新增企业和储蓄存款中定期存款的占比仅为29.0%。外汇存款保持较年初增长22.5%，较上年增加1.8 亿美元。

（三）贷款增长均衡适度，信贷结构逐步优化

2010 年，全省贷款均衡合理增长，信贷增长逐步向常态回归，人民币贷款增长20.4%，增幅比上年下降13.5个百分点。贷款余额年内首次突破万亿，在西部十二省区中列第四位。月度贷款增长较为平均，四个季度末月贷款增量占全年的21.3%，比上年下降35.6个百分点，贷款投放的均衡性增强。

在投资快速增长、住房需求旺盛、银行偏好收益稳定的中长期贷款等因素影响下，全年中长期贷款增长38.3%，高于各项贷款平均增速17.9个百分点，增量占全部贷款增量的94.8%。近8成的新增企业贷款投向交通物流、制造、能源、市政建设等行业，全省个人消费贷款余额同比增长32.1%。薄弱环节的信贷支持力度不断增强，全省新增涉农贷款、中小企业贷款占全省贷款增量的比重分别为38.9%、30.5%，创业小额担保贷款增长1.1倍，促进就业效果显著。随着全省外贸迅速回升，企业“走出去”进程加快，年末外汇贷款同比增长86%。

（四）融资渠道进一步拓宽，表外融资增长迅速

面对信贷供给受限同需求旺盛之间的矛盾，金融机构通过承销债券、转让信贷资产腾出增长空间新投放贷款、开展银信合作等多种方式增加表外融资，全年表外业务融资超过580 亿元，在提供多样化的融资手段的同时，促进了中间业务的快速增长。

二、证券业较快发展，上市公司效益良好

2010 年，云南资本市场保持良好发展势头，市场规模、制度建设、体系结构、秩序维护取得积极进展，全省运用资本市场配置资源的能力提升。

（一）证券市场交易活跃，市场参与程度加深

制度日趋完善、市场投资品种丰富和通胀预期加强激发了投资者投资热情，2010 年云南省股票新增开户数17.4 万户，证券市场累计总成交金额为8664.8 亿元。年末，A 股、基金托管市值131.1亿元，增长18%。

（二）上市公司业绩稳定增长，直接融资快速增加

随着证券市场融资功能的逐步恢复，年内全省2家企业成功首发上市，新增直接融资56亿元。年末，共有28家境内上市公司和1家香港上市企业，境内公司总市值较上年增长7.24%，上市公司经营业绩增长稳定，实现营业总收入和净利润分别增长43%和36.7%。

（三）证券机构稳步发展，经营效益良好

红塔证券大力开展业务创新，太平洋证券经营管理日益规范，本土券商发展势头稳定。68家证券营业部实现手续费收入15.3亿元。股指期货的推出和大宗商品的剧烈波动推动期货交易迅速增长，期货市场代理交易额同比增长167.6%，两家法人期货公司经营业绩良好，全年净利润增长1.1倍。

三、保险业积极创新，社会保障功能增强

2010年，云南保险业加快业务创新，开办了一系列政策性保险品种，增强了保险支农功能。

（一）保险业规模较快增长，保险公司效益良好

2010年末，云南省共有保险公司27家，保险专业中介机构94家，保险从业人员达6.9万人。年末保险业总资产达327.2亿元，较年初增加56.8亿元。全年保险机构保费收入增长30.9%，财产险、人身险保费收入分别增长36.3%、27.2%，保持快速增长。产险公司承保利润率达9.2%，列全国第4位。

（二）创新业务快速发展，服务"三农"作用明显

农业保险产品日趋丰富，开办了烤烟、水稻、林木、能繁母猪、奶牛等承保业务，全年累计支付赔款3亿元，受益农户28.9万家；为全省443.4万农户承保政策性农房保险，赔款支出1430万元，试点开办了政策性森林火灾保险，保险支持农村经济发展、保障农村财产安全的效果明显。

（三）建立参与社会管理的新机制，增强保险服务社会功能

保险企业积极发展各类责任、意外保险业务，利用保险机制积极参与社会风险管理，开展新农合补充保险试点，服务人群约100万，积极参与城镇居民医疗保险、民政救助等领域，保险成为云南省多层次医疗保障体系建设的重要参与者。年末，全省保险密度较上年提高118元/人,保险深度提高0.1个百分点，保障功能明显增强。

四、直接融资快速发展，金融市场交易活跃

2010年，云南省直接融资比重大幅上升，金融市场交易活跃，金融产品创新取得积极进展，服务水平明显提升。

（一）直接融资规模迅速扩张，债券融资创新高

2010年，在国家大力发展直接融资政策支持下，企业年末累计直接融资达414亿元，同比增长130.8%，年末直接融资比重达18.3%，比上年末提高10.8个百分点。企业债券融资同比上升2.68倍，企业利用债券市场融资的能力增强。

（二）货币市场参与程度提高

2010年云南省金融市场总体运行平稳，辖内市场成员在银行间市场累计成交同比增长40.3%。其中，信用拆借累计成交增长2.06倍；债券回购累计成交增长44.6%；现券买卖累计成交增长25.5%。银行间市场日益成为全省金融机构重要的融资和投资平台。

（三）票据市场量减价升，余额持续萎缩

2010年，金融机构压票保贷，通过增加票据签发量和频繁买卖票据，在控制票据规模的同时保持利润增长，全年票据承兑额增长34.4%，票据融资规模逐步萎缩，年末余额下降40.1%，票据贴现、转贴现利率保持上升趋势。人民银行适时运用再贴现工具，引导商业银行加大对中小企业和"三农"的支持，全年累计办理再贴现39.1亿元。

（四）金融产品创新取得积极进展

2010年，金融机构以农村金融为主线不断加大创新力度，累计推出30多种涉农信贷创新产品，探索发展农村土地承包经营权抵押，橡胶、核桃、甘蔗等经济林果收益权抵押等担保方式，其中，林权抵押贷款余额实现翻番。地方法人金融机构积极开发各类理财产品，增强融资服务功能，累计发售信托类、货币市场工具类产品10期，金额达16亿元。

（五）金融服务水平明显提升

云南省支付环境持续改善，现代化支付体系安全稳定运行，日均处理业务6.8万笔、清算资金693亿元；银行卡应用从城市向农村加快推进，全年银行卡跨行交易金额增长62.2%。财税库银横向联网加快试点推广，在部分地市实现了税款入库的实时到账。

二、银行业金融统计情况

（一）全省金融统计情况

2-1-1 云南省金融机构（含外资）本外币信贷运行情况表

二○一○年十二月三十一日　　　　单位：万元

栏目 项目名称	期末余额	比年初		栏目 项目名称	期末余额	比年初	
		增减	增减%			增减	增减%
一、各项存款	134788609	23043947	20.62	一、各项贷款	107059870	18520402	20.92
1.企事业单位存款	45029196	6342530	16.39	1.短期贷款	27029587	2071339	8.3
(1)活期存款	35933703	5760104	19.09	2.中长期贷款	77718927	17226810	28.48
(2)定期存款	9095493	582426	6.84	3.信托贷款			
2.储蓄存款	57446417	10482977	22.32	4.委托贷款	34000	34000	
(1)活期储蓄	29019932	6235619	27.37	5.其他贷款	624473	235032	60.35
(2)定期储蓄	28426485	4247358	17.57	6.票据融资	1598040	−1097839	−40.72
3.信托存款				7.各项垫款	54842	51061	
4.委托存款	385533	73059	23.38	二、有价证券及投资	1978754	−623817	−23.97
5.其他存款	31927463	6145381	23.84				
二、所有者权益	3656535	1131322	44.8				
其中：实收资本	1062795	360530	51.34				
三、其他	−29406521	−6278684	27.15				
资金来源总计	109038624	17896585	19.64	资金运用总计	109038624	17896585	19.64

2-1-2 云南省金融机构（不含外资、证券）本外币信贷收支月报表

二〇一〇年十二月三十一日 单位：万元

栏目 项目名称	期末余额	比年初增减	比年初增减%	栏目 项目名称	期末余额	比年初增减	比年初增减%
一、各项存款	134762260	23021088	20.6	一、各项贷款	107019429	18485362	20.88
1.企事业单位存款	45007812	6323601	16.35	1.短期贷款	27024411	2070363	8.3
⑴活期存款	35930797	5759653	19.09	2.中长期贷款	77683662	17192745	28.42
⑵定期存款	9077015	563948	6.62	3.信托贷款			
2.储蓄存款	57442058	10479203	22.31	4.委托贷款	34000	34000	
⑴活期储蓄	29019399	6235258	27.37	5.其他贷款	624473	235032	60.35
⑵定期储蓄	28422659	4243945	17.55	6.票据融资	1598040	–1097839	–40.72
3.信托存款				7.各项垫款	54842	51061	1350.47
4.委托存款	385533	73059	23.38	二、有价证券及投资	1978754	–623817	–23.97
5.其他存款	31926858	6145225	23.84				
二、所有者权益	3637549	1131670	45.16				
其中：实收资本	1044517	360787	52.77				
三、其他	–29401626	–6291213	27.22				
资金来源总计	108998183	17861545	19.6	资金运用总计	108998183	17861545	19.6

2-1-3 云南省金融机构（含外资）人民币信贷运行情况表

二〇一〇年十二月三十一日　　　　单位：万元

项目名称	期末余额	比年初 增减	比年初 增减%	项目名称	期末余额	比年初 增减	比年初 增减%
一、各项存款	134140661	22941809	20.63	一、各项贷款	105713604	17911927	20.4
1.企业存款	44645577	6200760	16.13	（一）境内贷款	105668604	17868307	20.35
⑴活期存款	35600894	5607853	18.7	1.短期贷款	26716390	1903549	7.67
⑵定期存款	9044683	592907	7.02	（1）个人贷款及透支	6392106	1182045	22.69
2.财政存款	3277718	–97998	–2.9	其中：个人消费贷款	1099479	49410	4.71
3.机关团体存款	13726565	2737300	24.91	（2）单位贷款及透支	19068072	104579	0.55
4.储蓄存款	57199663	10513421	22.52	其中：经营贷款	18354252	776407	4.42
⑴活期储蓄	28944988	6239629	27.48	固定资产贷款	706888	–674089	–48.81
⑵定期储蓄	28254675	4273792	17.82	（3）普通并购贷款	12012	12012	
5.农业存款	7549157	1732423	29.78	（4）银团贷款	36650	31150	
6.信托存款				（5）贸易融资	1207550	573763	90.53
7.委托存款	385534	74858	24.1	2.中长期贷款	77265333	16977536	28.16
8.其他存款	7356447	1781045	31.94	（1）个人贷款	18057301	4395454	32.17
二、金融债券	83	4	5.1	其中：个人消费贷款	12433388	2916222	30.64
三、应付及暂收款	1978039	305314	18.25	（2）单位贷款	57810133	11949246	26.06
其中：应付利息	889790	90328	11.3	其中：经营贷款	16719632	4057252	32.04
四、同业往来(来源方)	950583	–153518	–13.9	固定资产贷款	41069838	7372531	23.71
其中：境外同业往来	28840	12360	75	（3）普通并购贷款	142998	61218	74.86
五、行内资金往来(来源方)				（4）银团贷款	919990	356926	63.39
六、各项准备	1913940	367259	23.74	（5）贸易融资	334912	214693	178.59
其中：贷款损失准备	1835805	406106	28.41	3.信托贷款			
七、所有者权益	3636896	1130794	45.12	4.融资租赁			
其中：实收资本	1054517	360787	52.01	5.委托贷款	34000	34000	
八、其他	–13960816	–2209870	18.81	6.票据融资	1598039	–1097839	–40.72
				其中：贴现	1598039	–1097839	–40.72
				7.各项垫款	54842	51061	
				（二）境外贷款	45000	43620	
				二、有价证券及投资	1975575	–526996	–24.09
				三、应收及预付款	356786	38293	12.02
				其中：应收利息	225434	1312	0.59
				四、同业往来(运用方)	377714	225485	148.12
				其中：境外同业往来			49.82
				五、行内资金往来(运用方)	17566309	4402275	33.44
				六、金银占款			
				七、外汇占款	31508	28829	
				八、固定资产	1562723	201684	14.82
				九、库存现金	1068497	197777	22.71
				十、投资性房地产	6669	2517	60.62
资金来源总计	128659385	22381792	21.06	资金运用总计	128659385	22381792	21.06

2-1-4 云南省金融机构（不含外资）人民币信贷运行情况表

二〇一〇年十二月三十一日　　单位：万元

项目名称	期末余额	比年初增减	比年初增减%	项目名称	期末余额	比年初增减	比年初增减%
一、各项存款	134114884	22918617	20.61	一、各项贷款	105687767	17891490	20.38
1.企业存款	44624227	6181829	16.08	（一）境内贷款	105642767	17847870	20.33
⑴活期存款	35598022	5607401	18.7	1.短期贷款	26711214	1902574	7.67
⑵定期存款	9026205	574428	6.8	（1）个人贷款及透支	6392102	1182041	22.69
2.财政存款	3277718	-97998	-2.9	其中：个人消费贷款	1099474	49406	4.71
3.机关团体存款	13726565	2737300	24.91	（2）单位贷款及透支	19062901	103608	0.55
4.储蓄存款	57195525	10509402	22.51	其中：经营贷款	18354252	776407	4.42
⑴活期储蓄	28944571	6239285	27.48	固定资产贷款	706888	-674089	-48.81
⑵定期储蓄	28250954	4270117	17.81	（3）普通并购贷款	12012	12012	
5.农业存款	7549157	1732423	29.78	（4）银团贷款	36650	31150	
6.信托存款				（5）贸易融资	1207550	573763	90.53
7.委托存款	385534	74858	24.1	2.中长期贷款	77244671	16958074	28.13
8.其他存款	7356157	1780802	31.94	（1）个人贷款	18057301	4395454	32.17
二、金融债券	83	4	5.1	其中：个人消费贷款	12433388	2916222	30.64
三、应付及暂收款	1977906	305193	18.25	（2）单位贷款	57789471	11929784	26.01
其中：应付利息	889670	90215	11.28	其中：经营贷款	16719632	4057252	32.04
四、同业往来(来源方)	953748	-151276	-13.69	固定资产贷款	41069838	7872531	23.71
其中：境外同业往来	28840	12360	75	（3）普通并购贷款	142998	61218	74.86
五、行内资金往来(来源方)				（4）银团贷款	919990	356926	63.39
六、各项准备	1913940	367259	23.74	（5）贸易融资	334912	214693	178.59
其中：贷款损失准备	1835805	406106	28.41	3.信托贷款			
七、所有者权益	3627938	1131308	45.31	4.融资租赁			
其中：实收资本	1044517	360787	52.77	5.委托贷款	34000	34000	
八、其他	-13955271	-2209905	18.82	6.票据融资	1598039	-1097839	-40.72
				其中：贴现	1598039	-1097839	-40.72
				7.各项垫款	54842	51061	
				（二）境外贷款	45000	43620	
				二、有价证券及投资	1975575	-626996	-24.09
				三、应收及预付款	356645	38163	11.98
				其中：应收利息	225296	1185	0.53
				四、同业往来(运用方)	377714	225485	148.12
				其中：境外同业往来			49.82
				五、行内资金往来(运用方)	17566309	4402275	33.44
				六、金银占款			
				七、外汇占款	31508	28829	
				八、固定资产	1562670	201632	14.81
				九、库存现金	1068370	197804	22.72
				十、投资性房地产	6669	2517	60.62
资金来源总计	128633226	22361199	21.04	资金运用总计	128633226	22361199	21.04

2-1-5 云南省中资全国性大型银行人民币信贷运行情况表

二〇一〇年十二月三十一日　　单位：万元

栏目 项目名称	期末余额	比年初		栏目 项目名称	期末余额	比年初	
		增减	增减%			增减	增减%
一、各项存款	78602402	11802693	17.67	一、各项贷款	63023619	9436098	17.61
1.企业存款	27099054	3087910	12.86	（一）境内贷款	62978619	9391098	17.52
⑴活期存款	23095048	2978490	14.81	1、短期贷款	11371875	–108357	–0.94
⑵定期存款	4004006	109420	2.81	（1）个人贷款及透支	1058202	171062	19.28
2.机关团体存款	12130607	2471578	25.59	其中：个人消费贷款	302968	66536	28.14
3.储蓄存款	35820798	5398727	17.75	（2）单位普通贷款及透支	9229106	–913395	–9.01
⑴活期储蓄	18288598	3296332	21.99	其中：经营性贷款	8710114	–227987	–2.55
⑵定期储蓄	17532200	2102394	13.63	固定资产贷款	518965	–685391	–56.91
4.农业存款	53378	20005	59.94	（3）普通并购贷款			
5.其他存款	3498565	824474	30.83	（4）银团贷款	2500	–3000	–54.55
二、代理财政性存款	83812	40142	91.92	（5）贸易融资	1082067	636976	143.11
三、金融债券	83	4	5.1	2.中长期贷款	51000067	9773886	23.71
四、应付及暂收款	1021150	122704	13.66	（1）个人贷款	9836258	2196126	28.74
其中：应付及预提利息	428200	3948	0.93	其中：个人消费贷款	8815065	1959717	28.59
五、卖出回购资产				（2）单位普通贷款	40552733	7291247	21.92
六、向中央银行借款				其中：经营贷款	8322347	1490788	21.82
七、同业往来	1786398	–711016	–28.47	固定资产贷款	32230386	5800458	21.95
1.同业存放	1786398	–711016	–28.47	（3）普通并购贷款	111950	30170	36.89
其中：境外同业存放	28840	12360	75	（4）银团贷款	498940	256376	105.69
2.同业拆借				（5）贸易融资	187	–32	–14.67
其中：境外同业拆借				3.票据融资	564869	–312567	–35.62
八、行内资金往来				其中：贴现	564869	–312567	–35.62
九、委托存款及委托投资基金(净)	121407	58643	93.43	4.各项垫款	41808	38136	
1.委托存款及委托投资基金	5329815	2093157	64.67	（二）境外贷款	45000	45000	
2.减：委托贷款及委托投资	5208407	2034514	64.1	二、有价证券及投资	258025	–91175	–26.11
十、代理金融机构委托贷款基金	447828	31500	7.57	三、应收及预付款	201270	10241	5.36
其中：中央银行委托贷款基金	10			其中：应收利息	150572	–7230	–4.58
十一、各项准备	771637	177309	29.83	四、买入返售资产	54330	–119426	–68.73
其中：贷款损失准备	735402	164330	28.78	五、存放中央准备金存款	680550	–124846	–15.5
十二、所有者权益	1208719	289183	31.45	六、存放中央银行特种存款			
其中：实收资本				七、缴存中央银行财政性存款	143404	72744	102.95
十三、其他	–425837	2681502	–86.3	八、同业往来	194716	150740	342.77
				1.存放同业	194716	150870	344.08
				其中：存放境外同业			
				2.拆放同业		–130	–100
				其中：拆放境外同业			
				九、行内资金往来	18131528	5043179	38.53
				十、代理金融机构贷款	447828	31500	7.57
				其中：代理人行专项贷款	10		
				十一、库存现金	471150	73484	18.48
				十二、外汇占款	11180	10125	
				十三、投资性房地产			
资金来源总计	83617599	14492663	20.97	资金运用总计	83617599	14492663	20.97

2-1-6 云南省中资全国性四家大型银行人民币信贷运行情况表

二〇一〇年十二月三十一日　　　　单位：万元

项目名称	期末余额	比年初		项目名称	期末余额	比年初	
		增减	增减%			增减	增减%
一、各项存款	68550261	10057253	17.19	一、各项贷款	47915471	7226213	17.76
1.企业存款	22958757	2678431	13.21	（一）境内贷款	47915471	7226213	17.76
⑴活期存款	19897426	2676908	15.54	1、短期贷款	9856830	262689	2.74
⑵定期存款	3061331	1523	0.05	（1）个人贷款及透支	993620	178332	21.87
2.机关团体存款	11861985	2348050	24.68	其中：个人消费贷款	296849	69855	30.77
3.储蓄存款	30896516	4380664	16.52	（2）单位普通贷款及透支	7781142	−549620	−6.6
⑴活期储蓄	16040298	2766562	20.84	其中：经营性贷款	7597381	−478782	−5.93
⑵定期储蓄	14856218	1614102	12.19	固定资产贷款	183735	−70821	−27.82
4.农业存款	52032	23804	84.33	（3）普通并购贷款			
5.其他存款	2780971	626305	29.07	（4）银团贷款		−3000	−100
二、代理财政性存款	83812	40532	93.65	（5）贸易融资	1082067	636976	143.11
三、金融债券	83	4	5.1	2.中长期贷款	37666570	7288015	23.99
四、应付及暂收款	910227	92517	11.31	（1）个人贷款	9231528	2040821	28.38
其中：应付及预提利息	396576	−3836	−0.96	其中：个人消费贷款	8327777	1857859	28.72
五、卖出回购资产				（2）单位普通贷款	28093806	5070955	22.03
六、向中央银行借款				其中：经营贷款	7253325	1250684	20.84
七、同业往来	1750933	−421305	−19.39	固定资产贷款	20840481	3820271	22.45
1.同业存放	1750933	−421305	−19.39	（3）普通并购贷款	111950	30170	36.89
其中：境外同业存放	28246	11766	71.4	（4）银团贷款	229100	146100	176.02
2.同业拆借				（5）贸易融资	187	−32	−14.67
其中：境外同业拆借				3.票据融资	357382	−355806	−49.89
八、行内资金往来				其中：贴现	357382	−355806	−49.89
九、委托存款及委托投资基金(净)	1600	−6608	−80.5	4.各项垫款	34688	31316	
1.委托存款及委托投资基金	4953862	1827535	58.46	（二）境外贷款			
2.减：委托贷款及委托投资	4952261	1834143	58.82	二、有价证券及投资	258025	−91175	−26.11
十、代理金融机构委托贷款基金	447818	31500	7.57	三、应收及预付款	163399	−1318	−0.8
其中：中央银行委托贷款基金				其中：应收利息	129337	−11149	−7.94
十一、各项准备	739849	165805	28.88	四、买入返售资产		−173756	−100
其中：贷款损失准备	703614	152826	27.75	五、存放中央准备金存款	543039	−122875	−18.45
十二、所有者权益	881328	213936	32.06	六、存放中央银行特种存款			
其中：实收资本				七、缴存中央银行财政性存款	143404	72995	103.67
十三、其他	−433578	−82192	23.39	八、同业往来	177586	149751	
				1.存放同业	177586	149881	
				其中：存放境外同业			49.82
				2.拆放同业		−130	−100
				其中：拆放境外同业			
				九、行内资金往来	22872695	2927130	14.68
				十、代理金融机构贷款	447318	31500	7.57
				其中：代理人行专项贷款			
				十一、库存现金	399766	62848	18.65
				十二、外汇占款	11132	10128	
				十三、投资性房地产			
资金来源总计	72932333	10091442	16.06	资金运用总计	72932333	10091442	16.06

2-1-7 云南省中资全国性中小型银行人民币信贷运行情况表

二〇一〇年十二月三十一日　　　　单位：万元

栏目 项目名称	期末余额	比年初		栏目 项目名称	期末余额	比年初	
		增减	增减%			增减	增减%
一、各项存款	20314231	3812516	23.1	一、各项贷款	21920972	4366513	24.87
1.企业存款	12745753	2014076	18.77	（一）境内贷款	21920972	4367893	24.88
⑴活期存款	9263595	1786797	23.9	1、短期贷款	7445392	1079606	16.96
⑵定期存款	3482159	227279	6.98	（1）个人贷款及透支	892928	429259	92.58
2.机关团体存款	717398	–51669	–6.72	其中：个人消费贷款	475367	119400	33.54
3.储蓄存款	3180999	922927	40.87	（2）单位普通贷款及透支	6409970	696548	12.19
⑴活期储蓄	1598299	595060	59.31	其中：经营性贷款	6304672	648178	11.46
⑵定期储蓄	1582699	327867	26.13	固定资产贷款	103564	47064	83.3
4.农业存款	307	–15247	–98.03	（3）普通并购贷款	12012	12012	
5.其他存款	3669774	942430	34.55	（4）银团贷款	5000	5000	
二、代理财政性存款	192468	–3157	–1.61	（5）贸易融资	125482	–63213	–33.5
三、金融债券				2.中长期贷款	14120714	4037160	40.04
四、应付及暂收款	282699	37543	15.31	（1）个人贷款	2232649	595438	36.37
其中：应付及预提利息	89808	22966	34.36	其中：个人消费贷款	1898999	479689	33.8
五、卖出回购资产				（2）单位普通贷款	11155842	3145000	39.26
六、向中央银行借款	5100	5100		其中：经营贷款	3800472	1040132	37.68
七、同业往来	2573876	685704	36.32	固定资产贷款	7355370	2104867	40.09
1.同业存放	2573876	685704	36.32	（3）普通并购贷款	31048	31048	
其中：境外同业存放				（4）银团贷款	366450	50950	16.15
2.同业拆借				（5）贸易融资	334725	214725	178.94
其中：境外同业拆借				3.票据融资	350255	–753485	–68.27
八、行内资金往来	467741	467741		其中：贴现	350255	–753485	–68.27
九、委托存款及委托投资基金(净)	181701	–9379	–4.91	4.各项垫款	4612	4612	
1.委托存款及委托投资基金	1267213	402843	46.61	（二）境外贷款		–1380	–100
2.减：委托贷款及委托投资	1085512	412221	61.22	二、有价证券及投资	49873	12834	34.65
十、代理金融机构委托贷款基金	533			三、应收及预付款	79859	25853	47.87
其中：中央银行委托贷款基金				其中：应收利息	27828	6801	32.35
十一、各项准备	200527	40983	25.69	四、买入返售资产	1205869	309362	34.51
其中：贷款损失准备	196817	40823	26.17	五、存放中央准备金存款	590222	163405	38.28
十二、所有者权益	419819	120445	40.23	六、存放中央银行特种存款			
其中：实收资本				七、缴存中央银行财政性存款	935	–1676	–64.19
十三、其他	–471362	–487069	–3100.84	八、同业往来	206963	–170825	–45.22
				1.存放同业	170963	–206825	–54.75
				其中：存放境外同业			
				2.拆放同业	36000	36000	
				其中：拆放境外同业			
				九、行内资金往来		–92703	–100
				十、代理金融机构贷款	533		
				其中：代理人行专项贷款			
				十一、库存现金	93622	40494	76.22
				十二、外汇占款	17305	17171	
				十三、投资性房地产	1180		
资金来源总计	24167333	4670428	23.95	资金运用总计	24167333	4670428	23.95

2-1-8 云南省中资区域性中小金融机构人民币信贷运行情况表

二〇一〇年十二月三十一日 单位：万元

项目名称	期末余额	比年初增减	比年初增减%	项目名称	期末余额	比年初增减	比年初增减%
一、各项存款	32058099	7069583	28.29	一、各项贷款	20592330	3938034	23.65
1.企业存款	4522474	822899	22.24	（一）境内贷款	20592330	3938034	23.65
⑴活期存款	3148774	751510	31.35	1、短期贷款	7804447	841824	12.09
⑵定期存款	1373700	71389	5.48	（1）个人贷款及透支	4440972	581719	15.07
2.机关团体存款	878559	317391	56.56	其中：个人消费贷款	321139	–136530	–29.83
3.储蓄存款	18193729	4187749	29.9	（2）单位普通贷款及透支	3350325	246955	7.96
⑴活期储蓄	9057674	2347893	34.99	其中：经营性贷款	3265966	282717	9.48
⑵定期储蓄	9136055	1839856	25.22	固定资产贷款	84359	–35762	–29.77
4.农业存款	7495472	1727665	29.95	（3）普通并购贷款			
5.其他存款	967865	13878	1.45	（4）银团贷款	13150	13150	
二、代理财政性存款	68345	37001	118.05	（5）贸易融资			
三、金融债券				2.中长期贷款	12097470	3120608	34.76
四、应付及暂收款	663965	148750	28.87	（1）个人贷款	5988395	1603890	36.58
其中：应付及预提利息	371149	62787	20.36	其中：个人消费贷款	1719324	476816	38.38
五、卖出回购资产	943885	116308	14.05	（2）单位普通贷款	6054476	1467118	31.98
六、向中央银行借款	87800	27900	46.58	其中：经营贷款	4596814	1526332	49.71
七、同业往来	627430	175903	38.96	固定资产贷款	1457662	–59214	–3.9
1.同业存放	585851	162403	38.35	（3）普通并购贷款			
其中：境外同业存放				（4）银团贷款	54600	49600	
2.同业拆借	41579	13500	48.08	（5）贸易融资			
其中：境外同业拆借				3.票据融资	681990	–32712	–4.58
八、行内资金往来	97478	80461		其中：贴现	681990	–32712	–4.58
九、委托存款及委托投资基金(净)	48442	–8429	–14.82	4.各项垫款	8423	8314	
1.委托存款及委托投资基金	1725021	736139	74.44	（二）境外贷款			
2.减：委托贷款及委托投资	1676579	744568	79.89	二、有价证券及投资	1656860	–549722	–24.91
十、代理金融机构委托贷款基金	546	–58	–9.6	三、应收及预付款	73832	2400	3.36
其中：中央银行委托贷款基金	200			其中：应收利息	46603	1320	2.92
十一、各项准备	940607	147797	18.64	四、买入返售资产	1406411	294481	26.48
其中：贷款损失准备	902418	199784	28.43	五、存放中央准备金存款	9455096	3974883	72.53
十二、所有者权益	1858038	662341	55.39	六、存放中央银行特种存款			
其中：实收资本	954517	310787	48.28	七、缴存中央银行财政性存款	22565	3320	17.25
十三、其他	–566610	–76912	15.71	八、同业往来	3108165	629378	25.39
				1.存放同业	3000916	524398	21.17
				其中：存放境外同业			
				2.拆放同业	107249	104980	
				其中：拆放境外同业			
				九、行内资金往来			
				十、代理金融机构贷款	609	–4	–0.65
				其中：代理人行专项贷款	150		
				十一、库存现金	503594	83823	19.97
				十二、外汇占款	3023	1534	103.02
				十三、投资性房地产	5489	2517	84.69
资金来源总计	36828025	8380645	29.46	资金运用总计	36828025	8380645	29.46

2-1-9 云南省农村合作机构人民币信贷运行情况表

二〇一〇年十二月三十一日　　　　单位：万元

栏目 项目名称	期末余额	比年初		栏目 项目名称	期末余额	比年初	
		增减	增减%			增减	增减%
一、各项存款	25015497	5506004	28.22	一、各项贷款	16125161	3003833	22.89
1.企业存款	546140	–18259	–3.24	（一）境内贷款	16125161	3003833	22.89
⑴活期存款	167	167		1、短期贷款	6540593	671512	11.44
⑵定期存款	545973	–18426	–3.26	（1）个人贷款及透支	4105374	450324	12.32
2.机关团体存款	307472	96749	45.91	其中：个人消费贷款	262508	–144000	–35.42
3.储蓄存款	16608630	3704623	28.71	（2）单位普通贷款及透支	2432619	218588	9.87
⑴活期储蓄	8287554	2116971	34.31	其中：经营性贷款	2380971	252953	11.89
⑵定期储蓄	8321076	1587652	23.58	固定资产贷款	51648	–34365	–39.95
4.农业存款	7486824	1731899	30.09	（3）普通并购贷款			
5.其他存款	66431	–9008	–11.94	（4）银团贷款	2600	2600	
二、代理财政性存款	44037	15936	56.71	（5）贸易融资			
三、金融债券				2.中长期贷款	9538053	2405110	33.72
四、应付及暂收款	554786	114466	26	（1）个人贷款	5466165	1385823	33.96
其中：应付及预提利息	343842	54837	18.97	其中：个人消费贷款	1333954	307746	29.99
五、卖出回购资产		–506500	–100	（2）单位普通贷款	4041388	988787	32.39
六、向中央银行借款	64200	7300	12.83	其中：经营贷款	3396337	1280729	60.54
七、同业往来	67113	8340	14.19	固定资产贷款	645051	–291942	–31.16
1.同业存放	59534	8840	17.44	（3）普通并购贷款			
其中：境外同业存放				（4）银团贷款	30500	30500	
2.同业拆借	7579	–500	–6.19	（5）贸易融资			
其中：境外同业拆借				3.票据融资	46515	–72789	–61.01
八、行内资金往来	94836	80059		其中：贴现	46515	–72789	–61.01
九、委托存款及委托投资基金(净)	41164	2243	5.76	4.各项垫款			
1.委托存款及委托投资基金	1225643	1043928		（二）境外贷款			
2.减：委托贷款及委托投资	1184479	1041685		二、有价证券及投资	429652	–708936	–62.26
十、代理金融机构委托贷款基金	346	–58	–14.36	三、应收及预付款	44264	–6024	–11.98
其中：中央银行委托贷款基金				其中：应收利息	21154	–5590	–20.9
十一、各项准备	774964	119162	18.17	四、买入返售资产	31500	–274810	–89.72
其中：贷款损失准备	757474	170684	29.09	五、存放中央准备金存款	8120184	3575103	78.66
十二、所有者权益	1386411	581206	72.18	六、存放中央银行特种存款			
其中：实收资本	624154	283006	82.96	七、缴存中央银行财政性存款	9187	4211	84.63
十三、其他	–399469	–53785	15.56	八、同业往来	2441763	217859	9.8
				1.存放同业	2440514	217879	9.8
				其中：存放境外同业			
				2.拆放同业	1249	–20	–1.58
				其中：拆放境外同业			
				九、行内资金往来			
				十、代理金融机构贷款	259	–4	–1.52
				其中：代理人行专项贷款			
				十一、库存现金	441915	63141	16.67
				十二、外汇占款			
				十三、投资性房地产			
资金来源总计	27643885	5874373	26.98	资金运用总计	27643885	5874373	26.98

2-1-10 云南省金融机构（含外资）外汇信贷运行情况表

二○一○年十二月三十一日　　　　单位：万美元

项目名称	期末余额	比年初增减	比年初增减%	项目名称	期末余额	比年初增减	比年初增减%
一、各项存款	97837	17903	22.4	一、各项贷款	203281	95230	88.13
1.单位活期存款	50253	23810	90.04	（一）境内贷款	170525	62474	57.82
其中：中资企业存款(活期)	18886	2973	18.68	1.境内短期贷款	47291	25996	122.08
外商投资企业存款(活期)	13409	10849		其中：中资企业贷款(短期)	47180	26397	127.01
2.单位定期存款	7672	−1304	−14.53	外商投资企业贷款(短期)			
其中：中资企业存款(定期)	2515	−3424	−57.65	2.境内中长期贷款	28940	−781	−2.63
外商投资企业存款(定期)	387	153	65.07	其中：中资企业贷款(中长期)	26584	−865	−3.15
3.储蓄存款	37259	−3337	−8.22	外商投资企业贷款(中长期)	1155	1155	
其中：定期存款	25943	−3091	−10.64	3.进出口贸易融资	88856	37320	72.42
4.信托存款				4.票据融资			
5.委托存款		−264	−100.05	其中：贴现			
6.其他类存款	2575	−1015	−28.27	5.融资租赁			
7.境外存款	79	12	18.4	6.信托贷款			
二、境外筹资	1913	186	10.77	7.委托贷款			
三、同业存放	3019	1582	110.06	8.各项垫款			
其中：境外同业存放	2460	1630	196.42	9.境外筹资转贷款	5437	−61	−1.12
四、应付及暂收款	3663	2353	179.55	（二）境外贷款	32756	32756	
其中：应付及预提利息	198	−109	−35.56	二、有价证券及投资	480	480	
五、同业拆入	3574	3574		三、应收及预付款	2307	1650	251.22
其中：境外同业拆入	3574	3574		其中：应收及预付利息	715	494	223.41
六、外汇买卖	4819	4443		四、存放同业	191	−3	−1.49
其中：结售汇	4633	4273		其中：存放境外同业	191	−3	−1.49
七、境内联行存放	73941	58999	394.85	五、拆放同业			
八、境外联行存放	7000	6914		其中：拆放境外同业			
九、证券业务款项				六、存放境内联行			
十、各项准备	1110	112	11.2	七、存放境外联行			
其中：贷款损失准备	1110	112	11.2	八、证券业务占款			
十一、所有者权益	2965	167	5.96	九、库存现金	2824	371	15.13
其中：实收资本	1250						
十二、其他	9242	1497	19.33				
资金来源总计	209083	97728	87.76	资金运用总计	209083	97728	87.76

2-1-11 云南省金融机构（不含外资）外汇信贷运行情况表

二○一○年十二月三十一日 单位：万美元

栏目 项目名称	期末余额	比年初		栏目 项目名称	期末余额	比年初	
		增减	增减%			增减	增减%
一、各项存款	97751	17949	22.49	一、各项贷款	201076	93025	86.09
1.单位活期存款	50248	23810	90.06	（一）境内贷款	168320	60269	55.78
其中：中资企业存款(活期)	18886	2973	18.68	1.境内短期贷款	47291	25996	122.08
外商投资企业存款(活期)	13404	10849		其中：中资企业贷款(短期)	47180	26397	127.01
2.单位定期存款	7672	–1304	–14.53	外商投资企业贷款(短期)			
其中：中资企业存款(定期)	2515	–3424	–57.65	2.境内中长期贷款	26735	–2986	–10.05
外商投资企业存款(定期)	387	153	65.07	其中：中资企业贷款(中长期)	25534	–1915	–6.98
3.储蓄存款	37225	–3302	–8.15	外商投资企业贷款(中长期)			
其中：定期存款	25927	–3053	–10.53	3.进出口贸易融资	88856	37320	72.42
4.信托存款				4.票据融资			
5.委托存款		–264	–100.05	其中：贴现			
6.其他类存款	2575	–1015	–28.27	5.融资租赁			
7.境外存款	31	24	305.96	6.信托贷款			
二、境外筹资	1913	186	10.77	7.委托贷款			
三、同业存放	3160	1679	113.42	8.各项垫款			
其中：境外同业存放	2460	1630	196.42	9.境外筹资转贷款	5437	–61	–1.12
四、应付及暂收款	3631	2366	186.97	（二）境外贷款	32756	32756	
其中：应付及预提利息	180	–128	–41.57	二、有价证券及投资	480	480	
五、同业拆入	3574	3574		三、应收及预付款	2258	1610	248.6
其中：境外同业拆入	3574	3574		其中：应收及预付利息	678	460	211.36
六、外汇买卖	4819	4443		四、存放同业	166	33	24.49
其中：结售汇	4633	4273		其中：存放境外同业	166	33	24.49
七、境内联行存放	71655	56839	383.63	五、拆放同业			
八、境外联行存放				其中：拆放境外同业			
九、证券业务款项				六、存放境内联行			
十、各项准备	1110	112	11.2	七、存放境外联行			
其中：贷款损失准备	1110	112	11.2	八、证券业务占款			
十一、所有者权益	1451	97	7.14	九、库存现金	2785	351	14.42
其中：实收资本							
十二、其他	17702	8254	87.37				
资金来源总计	206765	95499	85.83	资金运用总计	206765	95499	85.83

2-1-12 云南省中资全国性大型银行外汇信贷运行情况表

二〇一〇年十二月三十一日　　单位：万美元

项目名称	期末余额	比年初增减	比年初增减%	项目名称	期末余额	比年初增减	比年初增减%
一、各项存款	67737	7538	12.52	一、各项贷款	166740	79087	90.23
1.单位活期存款	28662	8021	38.86	（一）境内贷款	133984	46332	52.86
其中：中资存款	16447	3021	22.51	1.境内短期贷款	41541	23154	125.93
外商投资企业存款	141	−392	−73.51	其中：中资企业贷款	41429	23335	128.97
2.单位定期存款	5118	2322	83.04	外商投资企业贷款			
其中：中资企业存款	330	−1048	−76.08	2.境内中长期贷款	26219	−2444	−8.53
外商投资企业存款	27	−207	−88.39	其中：中资企业贷款	25018	−1916	−7.12
3.储蓄存款	32677	−2692	−7.61	外商投资企业贷款			
其中：定期存款	22717	−2426	−9.65	3.进出口贸易融资	60787	25682	73.16
4.其他存款	1249	−136	−9.84	4.票据融资			
5.境外存款	31	24	305.96	其中：贴现			
二、境内中长期筹资				5.各项垫款			
三、卖出回购资产				6.境外筹资转贷款	5437	−61	−1.12
四、境外筹资	1913	186	10.77	（二）境外贷款	32756	32756	
五、向中央银行借款				二、投资			
六、中央银行存款				1.购买有价证券			
七、应付及暂收款	1419	677	91.25	其中：购买境外有价证券			
其中：应付及预提利息	144	−105	−42.14	2.其他投资			
八、同业存放	12359	8061	187.51	其中：投资境外			
（1）境内同业存放	9899	6430	185.38	三、应收及预付款	749	467	165.91
（2）境外同业存放	2460	1630	196.42	其中：应收及预付利息	568	394	225.78
九、同业拆入				四、买入返售资产			
（1）境内同业拆入				五、存放中央银行			
（2）境外同业拆入				其中：缴存准备金			
十、委托基金存款（净）	−413	−289	232	六、存放同业	564	86	17.93
十一、外汇买卖	1766	1610		（1）存放境内同业	564	90	19.01
其中：结售汇	1705	1561		（2）存放境外同业		−4	−100
十二、境内联行存放	72945	57288	365.91	七、拆放同业			
十三、境外联行存放				（1）拆放境内同业			
十四、各项准备	897	472	111	（2）拆放境外同业			
其中：贷款损失准备	897	472	111	八、存放境内联行			
十五、所有者权益	1173	−188	−13.81	九、存放境外联行			
其中：实收资本				十、库存现金	2360	386	19.57
十六、其他	10616	4671	78.57				
资金来源总计	170413	80027	88.54	资金运用总计	170413	80027	88.54

2-1-13 云南省中资全国性四家大型银行外汇信贷运行情况表

二〇一〇年十二月三十一日　　单位：万美元

项目名称	期末余额	比年初增减	比年初增减%	项目名称	期末余额	比年初增减	比年初增减%
一、各项存款	60277	9279	18.19	一、各项贷款	83318	25600	44.35
1.单位活期存款	26002	8613	49.53	（一）境内贷款	83318	25600	44.35
其中：中资存款	15346	2827	22.58	1.境内短期贷款	6403	794	14.16
外商投资企业存款	137	–348	–71.73	其中：中资企业贷款	6291	975	18.34
2.单位定期存款	5098	3467	212.51	外商投资企业贷款			
其中：中资企业存款	310	97	45.37	2.境内中长期贷款	12053	–3076	–20.33
外商投资企业存款	27	–207	–88.39	其中：中资企业贷款	10851	–2549	–19.02
3.储蓄存款	28019	–2671	–8.7	外商投资企业贷款			
其中：定期存款	18875	–2415	–11.34	3.进出口贸易融资	59426	27944	88.76
4.其他存款	1158	–123	–9.59	4.票据融资			
5.境外存款	1	–7	–92.5	其中：贴现			
二、境内中长期筹资				5.各项垫款			
三、卖出回购资产				6.境外筹资转贷款	5437	–61	–1.12
四、境外筹资	1913	186	10.77	（二）境外贷款			
五、向中央银行借款				二、投资			
六、中央银行存款				1.购买有价证券			
七、应付及暂收款	500	–108	–17.76	其中：购买境外有价证券			
其中：应付及预提利息	119	–100	–45.57	2.其他投资			
八、同业存放	6359	3743	143.1	其中：投资境外			
（1）境内同业存放	4529	2743	153.61	三、应收及预付款	417	265	175.09
（2）境外同业存放	1830	1000	120.48	其中：应收及预付利息	396	267	205.63
九、同业拆入				四、买入返售资产			
（1）境内同业拆入				五、存放中央银行			
（2）境外同业拆入				其中：缴存准备金			
十、委托基金存款（净）	–488	39	–7.32	六、存放同业	271	108	65.65
十一、外汇买卖	1758	1610	1084.71	（1）存放境内同业	271	112	70.15
其中：结售汇	1705	1561	1082.87	（2）存放境外同业		–4	–100
十二、境内联行存放	6444	6444		七、拆放同业			
十三、境外联行存放				（1）拆放境内同业			
十四、各项准备	818	412	101.68	（2）拆放境外同业			
其中：贷款损失准备	818	412	101.68	八、存放境内联行		–675	–100
十五、所有者权益	247	–616	–71.35	九、存放境外联行			
其中：实收资本				十、库存现金	1994	361	22.08
十六、其他	8172	4669	133.32				
资金来源总计	86001	25658	42.52	资金运用总计	86001	25658	42.52

2-1-14 云南省中资全国性中小型银行外汇信贷运行情况表

二〇一〇年十二月三十一日　　单位：万美元

项目名称 \ 栏目	期末余额	比年初		项目名称 \ 栏目	期末余额	比年初	
		增减	增减%			增减	增减%
一、各项存款	28483	10278	56.46	一、各项贷款	33962	14674	76.08
1.单位活期存款	20904	15440	282.57	（一）境内贷款	33962	14674	76.08
其中：中资存款	1771	–681	–27.77	1.境内短期贷款	5377	3237	151.26
外商投资企业存款	13263	11242		其中：中资企业贷款	5377	3457	180.06
2.单位定期存款	2361	–3819	–61.79	外商投资企业贷款			
其中：中资企业存款	1992	–2569	–56.32	2.境内中长期贷款	516	–542	–51.23
外商投资企业存款	360	360		其中：中资企业贷款	516	1	0.19
3.储蓄存款	3893	–465	–10.67	外商投资企业贷款			
其中：定期存款	2578	–488	–15.91	3.进出口贸易融资	28069	11980	74.46
4.其他存款	1324	–878	–39.88	4.票据融资			
5.境外存款				其中：贴现			
二、境内中长期筹资				5.各项垫款			
三、卖出回购资产				6.境外筹资转贷款			
四、境外筹资				（二）境外贷款			
五、向中央银行借款				二、投资			
六、中央银行存款				1.购买有价证券			
七、应付及暂收款	2197	1690	333.01	其中：购买境外有价证券			
其中：应付及预提利息	27	–16	–37.49	2.其他投资			
八、同业存放	103	–2	–1.9	其中：投资境外			
（1）境内同业存放	103	–2	–1.9	三、应收及预付款	1486	1126	312.66
（2）境外同业存放				其中：应收及预付利息	86	49	132.07
九、同业拆入	3574	2551	249.36	四、买入返售资产			
（1）境内同业拆入		–1023	–100	五、存放中央银行			
（2）境外同业拆入	3574	3574		其中：缴存准备金			
十、委托基金存款（净）	413	25	6.42	六、存放同业	1636	919	128.18
十一、外汇买卖	2620	2594		（1）存放境内同业	1636	919	128.18
其中：结售汇	2611	2596		（2）存放境外同业			
十二、境内联行存放				七、拆放同业			
十三、境外联行存放				（1）拆放境内同业			
十四、各项准备	212	–360	–62.93	（2）拆放境外同业			
其中：贷款损失准备	212	–360	–62.93	八、存放境内联行	1290	449	53.48
十五、所有者权益	207	361	–234.8	九、存放境外联行			
其中：实收资本				十、库存现金	374	–14	–3.67
十六、其他	939	19	2.1				
资金来源总计	38748	17155	79.45	资金运用总计	38748	17155	79.45

2-1-15 云南省中资区域性中小金融机构外汇信贷运行情况表

二〇一〇年十二月三十一日　　　　单位：万美元

栏目 项目名称	期末余额	比年初		栏目 项目名称	期末余额	比年初	
		增减	增减%			增减	增减%
一、各项存款	1531	396	34.89	一、各项贷款	374	-737	-66.34
1.单位活期存款	681	349	105.12	（一）境内贷款	374	-737	-66.34
其中：中资存款	668	632		1.境内短期贷款	374	-395	-51.37
外商投资企业存款				其中：中资企业贷款	374	-395	-51.37
2.单位定期存款	193	193		外商投资企业贷款			
其中：中资企业存款	193	193		2.境内中长期贷款			
外商投资企业存款				其中：中资企业贷款			
3.储蓄存款	655	-146	-18.23	外商投资企业贷款			
其中：定期存款	631	-139	-18.05	3.进出口贸易融资		-342	-100
4.其他存款	2			4.票据融资			
5.境外存款				其中：贴现			
二、境内中长期筹资				5.各项垫款			
三、卖出回购资产				6.境外筹资转贷款			
四、境外筹资				（二）境外贷款			
五、向中央银行借款				二、投资	480	480	
六、中央银行存款				1.购买有价证券			
七、应付及暂收款	15	-1	-6.25	其中：购买境外有价证券			
其中：应付及预提利息	9	-7	-43.75	2.其他投资	480	480	
八、同业存放	500	500		其中：投资境外			
（1）境内同业存放	500	500		三、应收及预付款	23	17	283.33
（2）境外同业存放				其中：应收及预付利息	23	17	283.33
九、同业拆入	200	-250	-55.56	四、买入返售资产			
（1）境内同业拆入	200	-250	-55.56	五、存放中央银行	78	-13	-14.29
（2）境外同业拆入				其中：缴存准备金	78	-13	-14.29
十、委托基金存款（净）				六、存放同业	3530	1340	61.19
十一、外汇买卖	433	240	124.35	（1）存放境内同业	3364	1303	63.22
其中：结售汇	317	116	57.71	（2）存放境外同业	166	37	28.68
十二、境内联行存放				七、拆放同业	200	200	
十三、境外联行存放				（1）拆放境内同业	200	200	
十四、各项准备				（2）拆放境外同业			
其中：贷款损失准备				八、存放境内联行			
十五、所有者权益	71	-76	-51.7	九、存放境外联行			
其中：实收资本				十、库存现金	52	-21	-28.77
十六、其他	1987	457	29.87				
资金来源总计	4737	1266	36.47	资金运用总计	4737	1266	36.47

2-1-16 云南省大中小型企业情况统计表

二〇一〇年十二月三十一日　　单位：万元

项目名称 栏目	贷款余额	比年初增减	项目名称 栏目	贷款余额	比年初增减
1.1境内大型企业贷款合计	37132516	5133467	1.2.20国际组织		
1.1.1农、林、牧、淮业	134200	-15100	1.3境内小型企业贷款合计	15205830	2797977
1.1.2采矿业	1706941	172706	1.3.1农、林、牧、渔业	1088906	-46897
1.1.3制造业	4947991	457909	1.3.2采矿业	708407	17981
1.1.4电力、燃气及水的生产和供应业	10016992	324477	1.3.3制造业	1482777	463034
1.1.5建筑业	795674	256474	1.3.4电力、燃气及水的生产和供应业	1625299	-27754
1.1.6交通运输、仓储和邮政业	9861811	3292857	1.3.5建筑业	1562708	475894
1.1.7信息传输、计算机服务和软件业	264941	58316	1.3.6交通运输、仓储和邮政业	826471	-223683
1.1.8批发和零售业	295564	14132	1.3.7信息传输、计算机服务和软件业	42793	8673
1.1.9住宿和餐饮业	32980	22535	1.3.8批发和零售业	2647338	987683
1.1.10金融业		-90000	1.3.9住宿和餐饮业	234085	36879
1.1.11房地产业	932367	480602	1.3.10金融业	86115	15636
1.1.12租赁和商务服务业	1206555	113515	1.3.11房地产业	783664	38196
1.1.13科学研究、技术服务和地质勘查业	35000	-1000	1.3.12租赁和商务服务业	1253155	247348
1.1.14水利、环境和公共设施管理业	6614446	133527	1.3.13科学研究、技术服务和地质勘查业	35524	22207
1.1.15居民服务和其他服务业	86000	-106648	1.3.14水利、环境和公共设施管理业	2315461	766458
1.1.16教育业	107800	-4600	1.3.15居民服务和其他服务业	176565	-12277
1.1.17卫生、社会保障和社会福利业	71234	26314	1.3.16教育业	77385	-5041
1.1.18文化、体育和娱乐业	22020	-2550	1.3.17卫生、社会保障和社会福利业	77656	22565
1.1.19公共管理和社会组织			1.3.18文化、体育和娱乐业	31442	-6709
1.1.20国际组织			1.3.19公共管理和社会组织	150079	17783
1.2境内中型企业贷款合计	20488227	2652593	1.3.20国际组织		
1.2.1农、林、牧、渔业	433708	-34887	1.4其中：单户授信小于500万的境内小型企业贷款合计	1684976	-278857
1.2.2采矿业	1111661	223081	1.4.1农、林、牧、渔业	334959	-170741
1.2.3制造业	3210765	678828	1.4.2采矿业	167821	-39413
1.2.4电力、燃气及水的生产和供应业	3687414	370455	1.4.3制造业	333378	46790
1.2.5建筑业	1093996	336988	1.4.4电力、燃气及水的生产和供应业	111479	-114428
1.2.6交通运输、仓储和邮政业	2647285	93593	1.4.5建筑业	137963	-11176
1.2.7信息传输、计算机服务和软件业	70264	-3606	1.4.6交通运输、仓储和邮政业	40150	4472
1.2.8批发和零售业	1788538	454091	1.4.7信息传输、计算机服务和软件业	11146	5342
1.2.9住宿和餐饮业	64259	-2470	1.4.8批发和零售业	319401	55575
1.2.10金融业	81000	56400	1.4.9住宿和餐饮业	47388	4972
1.2.11房地产业	2092703	229831	1.4.10金融业	541	-8545
1.2.12租赁和商务服务业	1103820	32384	1.4.11房地产	38605	-15303
1.2.13科学研究、技术服务和地质勘查业	54668	17206	1.4.12租赁和商务服务业	31324	-20422
1.2.14水利、环境和公共设施管理业	2501968	305475	1.4.13科学研究、技术服务和地质勘察业	4724	547
1.2.15居民服务和其他服务业	164103	-107989	1.4.14水利、环境和公共设施管理业	41304	14582
1.2.16教育业	226676	14056	1.4.15居民服务和其他服务业	33589	-16051
1.2.17卫生、社会保障和社会福利业	52665	14601	1.4.16教育业	4233	-5043
1.2.18文化、体育和娱乐业	39420	-4184	1.4.17卫生、社会保障和社会福利业	15697	-6272
1.2.19公共管理和社会组织	63315	-21260	1.4.18文化、体育和娱乐业	5496	-2574

2-1-16 云南省大中小型企业情况统计表

二〇一〇年十二月三十一日　　单位：万元

项目名称　栏目	贷款余额	比年初增减	项目名称　栏目	贷款余额	比年初增减
1.4.19公共管理和社会组织	5779	-1170	3.4.3抵（质）押贷款	1176461	-243994
1.4.20国际组织			4.1境内大型企业逾期贷款	55287	-5565
2.1境内大型企业贷款合计	37132516	5133467	4.2境内中型企业逾期贷款	166801	-6543
2.1.1正常类贷款	34360154	4571664	4.3境内小型企业逾期贷款	262736	21184
2.1.2关注类贷款	2687075	561769	4.4 其中：单户授信小于500户的境内小型企业逾期贷款	80581	-14509
2.1.3次级类贷款	34295	135	5.1境内大型企业表外授信额	3048861	-210242
2.1.4可疑类贷款	41992	-100	5.1.1其中：票据承兑	1586360	367126
2.1.5损失类贷款	9000		5.2境内中型企业表外授信额	3171670	586533
2.2境内中型企业贷款合计	20488227	2652593	5.2.1其中：票据承兑	2759004	578119
2.2.1正常类贷款	18240499	2203688	5.3境内小型企业表外授信额	2422051	487308
2.2.2关注类贷款	1828744	449753	5.3.1其中：票据承兑	2259032	404600
2.2.3次级类贷款	191056	-34478	5.4 其中：单户授信小于500万户的境内小型企业表外授信额	348295	145096
2.2.4可疑类贷款	203494	20746	5.4.1其中：票据承兑	273390	91289
2.2.5损失类贷款	24434	12884	6.1境内大型关停企业贷款	3315	3315
2.3境内小型企业贷款合计	15205830	2797977	6.2境内中型关停企业贷款	24853	3844
2.3.1正常类贷款	13121932	2611250	6.3境内小型关停企业贷款	46066	-9633
2.3.2关注类贷款	1551528	264952	6.4 其中：单户授信小于500万的境内小型关停企业贷款	21321	-2866
2.3.3次级类贷款	256446	-44173	7.1境内大型企业票据贴现	389072	-682167
2.3.4可疑类贷款	213672	-20869	7.2境内中型企业票据贴现	624854	-19189
2.3.5损失类贷款	62251	-13183	7.3境内小型企业票据贴现	502982	9353
2.4 其中：单户授信小于500万户的境内小型企业贷款合计	1684976	-278857	7.4 其中：单户授信小于500万的境内小型企业票据贴现	81961	-44971
2.4.1正常类贷款	1348914	-208989	8境内小型企业授信户数		
2.4.2关注类贷款	198233	-23273	9 其中：单户授信小于500万的境内小型企业授信户数		
2.4.3次级类贷款	38674	-29972	10.1境内大型企业贷款合计	[illegible]7132516	5133467
2.4.4可疑类贷款	65554	-4521	10.1.1国有控股企业	[illegible]1449735	3225337
2.4.5损失类贷款	33601	-12103	10.1.2集体控股企业	3768593	1377000
3.1境内大型企业贷款合计	37132516	5133467	10.1.3私人控股企业	1692441	552908
3.1.1信用贷款	17549129	876920	10.1.4港澳台商控股企业	149998	35598
3.1.2保证贷款	4879195	204885	10.1.5外商控股企业	71748	-57375
3.1.3抵（质）押贷款	14704191	4051662	10.2境内中型企业贷款合计	[illegible]0488227	2652593
3.2境内中型企业贷款合计	20488227	2652593	10.2.1国有控股企业	[illegible]0188957	-1239825
3.2.1信用贷款	4924164	-115923	10.2.2集体控股企业	3259297	742769
3.2.2保证贷款	5356800	1333784	10.2.3私人控股企业	6676829	3067620
3.2.3抵（质）押贷款	10207263	1434731	10.2.4港澳台商控股企业	146806	-30009
3.3境内小型企业贷款合计	15205830	2797977	10.2.5外商控股企业	216338	112037
3.3.1信用贷款	3736642	436390	10.3境内小型企业贷款合计	[illegible]5205830	2797977
3.3.2保证贷款	3935180	858869	10.3.1国有控股企业	5949825	560092
3.3.3抵（质）押贷款	7534008	1502719	10.3.2集体控股企业	1365585	116181
3.4 其中：单户授信小于500万的境内小型企业贷款合计	1684976	-278857	10.3.3私人控股企业	7794282	2111585
3.4.1信用贷款	102378	-6290	10.3.4港澳台商控股企业	71418	31095
3.4.2保证贷款	406136	-28574	10.3.5外商控股企业	24720	-20975

2-1-17 云南省涉农贷款汇总统计表

二〇一〇年十二月三十一日　　单位：万元

项目名称	本季余额	当年新增额	比去年同期增减幅度	比去年同期增减额
涉农贷款	36021660	6710568	22.89	6710568
一、按用途分类	36021660	6710568	22.89	6710568
（一）农林牧渔业贷款	9059168	804141	9.74	804141
（二）农用物资和农副产品流通贷款	2217944	349020	18.57	349020
（三）农村基础设施建设贷款	9564657	1073386	12.64	1073386
（四）农产品加工贷款	1189703	67799	6.04	67799
（五）农业生产资料制造贷款	1832266	423847	30.09	423847
（六）农田基本建设贷款	1258988	713142	130.65	713142
（七）农业科技贷款	146295	57224	64.25	57224
（八）其他	10752639	3222010	42.79	3222010
二、按城乡地域分类	36021660	6710568	22.89	6710568
（一）农村贷款	25753320	5433191	26.74	5433191
1、农户贷款	9383037	2363634	33.67	2363634
2、农村企业及各类组织贷款	16370283	3069558	23.08	3069558
（二）城市企业及各类组织涉农贷款	10268339	1277377	14.21	1277377
三、按受贷主体分类	36021660	6710568	22.89	6710568
（一）农户贷款	9383037	2363634	33.67	2363634
（二）企业贷款	24384949	4347048	21.69	4347048
1、农村企业贷款	14868989	3032724	25.62	3032724
其中：农村中小企业贷款	7262511	1964373	37.03	1964373
2、城市企业涉农贷款	9515959	1314324	16.03	1314324
（三）各类非企业组织贷款	2253674	–113	–0.01	–113
1、农村各类组织贷款	1501294	36833	2.52	36833
2、城市各类组织涉农贷款	752380	–36947	–4.68	–36947
附：全金融机构贷款	105687767	17891490	20.38	17891490

2-1-18 全国金融机构人民币存贷款分地区表

二〇一〇年十二月三十一日　　　　单位：亿元

项目名称	各项存款					项目名称	各项贷款				
栏目	本月余额	增加额比年初	增减幅度%		同比增幅位次	栏目	本月余额	增加额比年初	增减幅度%		同比增幅位次
			比年初	同比					比年初	同比	
全　国	718233	120481	20.16	20.20		全　国	479196	79451	19.88	19.90	
总　行	22705	4297	23.34	23.50		总　行	17006	2172	14.64	14.90	
北　京	64454	10184	18.77	18.80	22	北　京	29564	4143	16.30	16.30	30
天　津	16143	2593	19.14	19.20	21	天　津	13112	2468	23.19	23.20	10
河　北	26099	3740	16.73	16.70	29	河　北	15756	2632	20.05	20.10	23
山　西	18576	2877	18.33	18.30	25	山　西	9634	1823	23.34	23.30	8
内　蒙	10279	1905	22.75	22.80	12	内　蒙	7919	1627	25.86	25.90	4
辽　宁	27373	4614	20.27	20.30	20	辽　宁	18690	3140	20.19	20.20	22
吉　林	9607	1289	15.50	15.50	31	吉　林	7206	971	15.57	15.60	31
黑龙江	12836	1814	16.46	16.50	30	黑龙江	7230	1242	20.74	20.70	18
上　海	49847	7572	17.91	17.90	28	上　海	30573	4369	16.67	16.70	29
江　苏	58984	10134	20.75	20.70	16	江　苏	42121	6824	19.33	19.30	24
浙　江	53437	9104	20.54	20.50	19	浙　江	45288	7290	19.19	19.20	25
安　徽	16366	3057	22.97	23.00	10	安　徽	11454	2164	23.29	23.30	9
福　建	18309	3607	24.53	24.50	8	福　建	15231	2871	23.23	23.20	11
江　西	11846	2550	27.43	27.40	4	江　西	7757	1408	22.13	22.20	12
山　东	41105	6407	18.47	18.50	24	山　东	30723	4761	18.34	18.30	27
河　南	23149	3974	20.72	20.70	17	河　南	15871	2434	18.11	18.10	28
湖　北	21522	4016	22.94	22.90	11	湖　北	14133	2473	21.21	21.20	17
湖　南	16554	2603	18.66	18.70	23	湖　南	11304	1933	20.63	20.60	19
广　东	79958	12216	18.03	18.00	27	广　东	47192	7509	18.92	18.90	26
广　西	11747	2164	22.58	22.60	13	广　西	8868	1599	22.00	22.00	13
海　南	4173	1065	34.27	34.30	1	海　南	2265	534	30.35	30.90	2
重庆市	13455	2525	23.10	23.10	9	重庆市	10888	2122	24.21	24.20	6
四　川	30300	5323	21.31	21.30	14	四　川	19130	3444	21.95	22.00	14
贵　州	7364	1466	24.86	24.90	7	贵　州	5748	1091	23.43	23.40	7
云　南	13414	2294	20.63	20.60	18	云　南	10571	1791	20.40	20.40	21
西　藏	1296	268	26.07	26.10	5	西　藏	301	53	21.37	21.60	15
陕　西	16456	2520	18.08	18.20	26	陕　西	10033	1691	20.27	20.60	20
甘　肃	7115	1234	20.98	21.00	15	甘　肃	4433	783	21.45	21.50	16
青　海	2320	534	29.90	29.90	2	青　海	1823	424	30.21	30.30	3
宁　夏	2574	516	25.07	25.00	6	宁　夏	2399	481	25.08	25.10	5
新　疆	8870	2019	29.47	29.50	3	新　疆	4973	1184	31.25	31.30	1

2-1-19 西部省区金融机构人民币存贷款分地区表

二〇一〇年十二月三十一日　　单位：亿元

栏目 项目名称	本月存款余额	增加额比年初	增减幅度%		同比增幅位次
			比年初	同比	
内蒙	10279	1905	22.75	22.80	7
广西	11747	2164	22.58	22.60	8
重庆市	13455	2525	23.10	23.10	6
四川	30300	5323	21.31	21.30	9
贵州	7364	1466	24.86	24.90	5
云南	13414	2294	20.63	20.60	11
西藏	1296	268	26.07	26.10	3
陕西	16456	2520	18.08	18.20	12
甘肃	7115	1234	20.98	21.00	10
青海	2320	534	29.90	29.90	1
宁夏	2574	516	25.07	25.00	4
新疆	8870	2019	29.47	29.50	2

栏目 项目名称	本月贷款余额	增加额比年初	增减幅度%		同比增幅位次
			比年初	同比	
内蒙	7919	1627	25.86	25.90	3
广西	8868	1599	22.00	22.00	7
重庆市	10888	2122	24.21	24.20	5
四川	19130	3444	21.96	22.00	8
贵州	5748	1091	23.43	23.40	6
云南	10571	1791	20.40	20.40	12
西藏	301	53	21.37	21.60	9
陕西	10033	1691	20.27	20.60	11
甘肃	4433	783	21.45	21.50	10
青海	1823	424	30.31	30.30	2
宁夏	2399	481	25.08	25.10	4
新疆	4973	1184	31.25	31.30	1

（二）各州市金融统计情况

1.本外币信贷运行情况统计

2-2-1-1 昆明市金融机构（不含外资）本外币信贷运行情况表

汇率:6.6227　　　　二○一○年十二月三十一日　　　　单位：万元

项目名称 \ 栏目	期末余额	比年初		项目名称 \ 栏目	期末余额	比年初	
		增减	增减%			增减	增减%
一、各项存款	67940497	8972820	15.22	一、各项贷款	66311667	11081885	20.07
1.企事业单位存款	28304635	3528815	14.24	1.短期贷款	14734608	919940	6.66
⑴活期存款	21695777	2883981	15.33	2.中长期贷款	49742938	11002444	28.4
⑵定期存款	6608858	644835	10.81	3.信托贷款			
2.储蓄存款	23619041	4164886	21.41	4.委托贷款	34000	34000	
⑴活期储蓄	10947418	2177694	24.83	5.其他贷款	619391	242617	64.39
⑵定期储蓄	12671623	1987192	18.6	6.票据融资	1146867	–1149796	–50.06
3.信托存款				7.各项垫款	33863	32679	
4.委托存款	332497	41221	14.15	二、有价证券及投资	1360615	–74000	–5.16
5.其他存款	15684323	1237897	8.57				
二、所有者权益	1955043	513821	35.65				
其中：实收资本	501843	130975	35.32				
三、其他	–2223258	1521244	–40.63				
资金来源总计	67672282	11007885	19.43	资金运用总计	67672282	11007885	19.43

2-2-1-2 昭通市金融机构（不含外资）本外币信贷运行情况表

汇率:6.6227　　二○一○年十二月三十一日　　单位：万元

项目名称	期末余额	比年初增减	比年初增减%	项目名称	期末余额	比年初增减	比年初增减%
一、各项存款	5205425	1342937	34.77	一、各项贷款	2863358	729949	34.22
1.企事业单位存款	1104756	205866	22.9	1.短期贷款	869750	125222	16.82
⑴活期存款	919007	205714	28.84	2.中长期贷款	1986910	604305	43.71
⑵定期存款	185749	152	0.08	3.信托贷款			
2.储蓄存款	2348419	476702	25.47	4.委托贷款			
⑴活期储蓄	1290340	289399	28.91	5.其他贷款			
⑵定期储蓄	1058079	187303	21.51	6.票据融资	6697	421	6.71
3.信托存款				7.各项垫款			
4.委托存款	12002	10424	660.45	二、有价证券及投资	867	–4914	–85
5.其他存款	1740247	649945	59.61				
二、所有者权益	113783	39981	54.17				
其中：实收资本	34214	9761	39.92				
三、其他	–2454984	–657883	36.61				
资金来源总计	2864225	725035	33.89	资金运用总计	2864225	725035	33.89

2-2-1-3 曲靖市金融机构（不含外资）本外币信贷运行情况表

汇率:6.6227　　二〇一〇年十二月三十一日　　单位：万元

项目名称	期末余额	比年初增减	比年初增减%	项目名称	期末余额	比年初增减	比年初增减%
一、各项存款	10174171	1814936	21.71	一、各项贷款	6299319	1033820	19.63
1.企事业单位存款	3082294	382877	14.18	1.短期贷款	2217423	436642	24.52
⑴活期存款	2680915	358880	15.46	2.中长期贷款	3890116	571637	17.23
⑵定期存款	401379	23997	6.36	3.信托贷款			
2.储蓄存款	5101185	886939	21.05	4.委托贷款			
⑴活期储蓄	2621637	533431	25.54	5.其他贷款		-2451	-100
⑵定期储蓄	2479548	353508	16.63	6.票据融资	191780	27993	17.09
3.信托存款				7.各项垫款			
4.委托存款	10718	6918	182.03	二、有价证券及投资	-19628	-28527	-320.57
5.其他存款	1979973	538202	37.33				
二、所有者权益	291114	105806	57.1				
其中：实收资本	85137	46079	117.98				
三、其他	-4185595	-915448	27.99				
资金来源总计	6279691	1005293	19.06	资金运用总计	6279691	1005293	19.06

2-2-1-4 玉溪市金融机构（不含外资）本外币信贷运行情况表

汇率:6.6227　　二〇一〇年十二月三十一日　　单位：万元

项目名称	期末余额	比年初增减	比年初增减%	项目名称	期末余额	比年初增减	比年初增减%
一、各项存款	8195175	1179585	16.81	一、各项贷款	4656750	851800	22.39
1.企事业单位存款	2965091	306906	11.55	1.短期贷款	1742075	204516	13.3
⑴活期存款	2078282	485968	30.52	2.中长期贷款	2854495	676266	31.05
⑵定期存款	886810	−179062	−16.8	3.信托贷款			
2.储蓄存款	3759379	559253	17.48	4.委托贷款			
⑴活期储蓄	1584240	270380	20.58	5.其他贷款	165	−165	−49.97
⑵定期储蓄	2175140	288872	15.31	6.票据融资	60016	−28020	−31.83
3.信托存款				7.各项垫款		−797	−100
4.委托存款	8082	5397	200.98	二、有价证券及投资	217325	14082	6.93
5.其他存款	1462623	308030	26.68				
二、所有者权益	229500	69491	43.43				
其中：实收资本	79445	27685	53.49				
三、其他	−3550600	−383193	12.1				
资金来源总计	4874075	865883	21.6	资金运用总计	4874075	865883	21.6

2-2-1-5 红河州金融机构（不含外资）本外币信贷运行情况表

汇率:6.6227　　二〇一〇年十二月三十一日　　单位：万元

项目名称	期末余额	比年初增减	比年初增减%	项目名称	期末余额	比年初增减	比年初增减%
一、各项存款	8860238	1980442	28.79	一、各项贷款	4883189	777604	18.94
1.企事业单位存款	2086720	371249	21.64	1.短期贷款	1542113	95907	6.63
⑴活期存款	1785071	318157	21.69	2.中长期贷款	3298527	693240	26.61
⑵定期存款	301649	53092	21.36	3.信托贷款			
2.储蓄存款	4613223	818680	21.58	4.委托贷款			
⑴活期储蓄	2298309	498281	27.68	5.其他贷款			
⑵定期储蓄	2314914	320400	16.06	6.票据融资	42549	–11543	–21.34
3.信托存款				7.各项垫款			
4.委托存款	2260	191	9.24	二、有价证券及投资	1463	–53651	–97.34
5.其他存款	2158036	790322	57.78				
二、所有者权益	211276	73960	53.86				
其中：实收资本	54262	20687	61.61				
三、其他	–4186861	–1330449	46.58				
资金来源总计	4884653	723954	17.4	资金运用总计	4884653	723954	17.4

2-2-1-6 文山州金融机构（不含外资）本外币信贷运行情况表

汇率:6.6227　　二〇一〇年十二月三十一日　　单位：万元

栏目 项目名称	期末余额	比年初		栏目 项目名称	期末余额	比年初	
		增减	增减%			增减	增减%
一、各项存款	3872979	845236	27.92	一、各项贷款	2718742	397834	17.14
1.企事业单位存款	680809	82409	13.77	1.短期贷款	458575	-116303	-20.23
⑴活期存款	639331	63841	11.09	2.中长期贷款	2235169	507263	29.36
⑵定期存款	41478	18569	81.05	3.信托贷款			
2.储蓄存款	2042359	411126	25.2	4.委托贷款			
⑴活期储蓄	1256882	299863	31.33	5.其他贷款	282	-2654	-90.4
⑵定期储蓄	785477	111263	16.5	6.票据融资	24397	9327	61.9
3.信托存款				7.各项垫款	320	200	166.67
4.委托存款	754	3071	-132.55	二、有价证券及投资	93	-1742	-94.93
5.其他存款	1149057	348630	43.56				
二、所有者权益	109040	43148	65.48				
其中：实收资本	39009	17492	81.29				
三、其他	-1263183	-492292	63.86				
资金来源总计	2718835	396092	17.05	资金运用总计	2718835	396092	17.05

2-2-1-7 普洱市金融机构（不含外资）本外币信贷运行情况表

汇率:6.6227　　二〇一〇年十二月三十一日　　单位：万元

项目名称 \ 栏目	期末余额	比年初		项目名称 \ 栏目	期末余额	比年初	
		增减	增减%			增减	增减%
一、各项存款	3641348	912820	33.5	一、各项贷款	2320049	415947	21.8
1.企事业单位存款	686968	189201	38.0	1.短期贷款	707441	83906	13.5
⑴活期存款	620976	166899	36.8	2.中长期贷款	1612558	333571	26.1
⑵定期存款	65992	22302	51.1	3.信托贷款			
2.储蓄存款	1827047	350684	23.8	4.委托贷款			
⑴活期储蓄	1022033	237187	30.2	5.其他贷款			
⑵定期储蓄	805014	113498	16.4	6.票据融资	50	−1530	−96.8
3.信托存款				7.各项垫款			
4.委托存款	5586	1315	30.8	二、有价证券及投资	905	−2067	−69.6
5.其他存款	1121747	371619	49.5				
二、所有者权益	89319	26787	42.8				
其中：实收资本	28001	11190	66.6				
三、其他	−1409712	−525727	59.5				
资金来源总计	2320954	413880	21.7	资金运用总计	2320954	413880	21.7

2-2-1-8 版纳州金融机构（不含外资）本外币信贷运行情况表

汇率:6.6227　　二〇一〇年十二月三十一日　　单位：万元

栏目 项目名称	期末余额	比年初		栏目 项目名称	期末余额	比年初	
		增减	增减%			增减	增减%
一、各项存款	2570681	549340	27.18	一、各项贷款	1452936	251413	20.92
1.企事业单位存款	622544	139542	28.89	1.短期贷款	269747	24561	10.02
⑴活期存款	568260	143812	33.88	2.中长期贷款	1183059	228321	23.91
⑵定期存款	54284	-4270	-7.29	3.信托贷款			
2.储蓄存款	1498481	319987	27.15	4.委托贷款			
⑴活期储蓄	846044	220380	35.22	5.其他贷款			
⑵定期储蓄	652437	99606	18.02	6.票据融资	130	-1469	-91.87
3.信托存款				7.各项垫款			
4.委托存款	3238	995	44.35	二、有价证券及投资	981	-1881	-65.71
5.其他存款	446418	88817	24.84				
二、所有者权益	59694	25563	74.9				
其中：实收资本	16368	7326	81.02				
三、其他	-1176458	-325371	38.23				
资金来源总计	1453917	249532	20.72	资金运用总计	1453917	249532	20.72

2-2-1-9 楚雄州金融机构（不含外资）本外币信贷运行情况表

汇率:6.6227　　二〇一〇年十二月三十一日　　单位：万元

栏目 / 项目名称	期末余额	比年初增减	比年初增减%	栏目 / 项目名称	期末余额	比年初增减	比年初增减%
一、各项存款	4382748	648565	17.37	一、各项贷款	2652176	488515	22.58
1.企事业单位存款	1140990	26081	2.34	1.短期贷款	727456	59957	8.98
⑴活期存款	980174	96300	10.90	2.中长期贷款	1895768	413600	27.91
⑵定期存款	160817	-70219	-30.39	3.信托贷款			
2.储蓄存款	2286944	384956	20.24	4.委托贷款			
⑴活期储蓄	1187523	219561	22.68	5.其他贷款			
⑵定期储蓄	1099420	165395	17.71	6.票据融资	28953	14957	106.87
3.信托存款				7.各项垫款			
4.委托存款	2723	1163	74.56	二、有价证券及投资	8197	-1127	-12.08
5.其他存款	952091	236366	33.02				
二、所有者权益	111909	48400	76.21				
其中：实收资本	46934	30494	185.49				
三、其他	-1834284	-209577	12.90				
资金来源总计	2660373	487388	22.43	资金运用总计	2660373	487388	22.43

2-2-1-10 大理州金融机构（不含外资）本外币信贷运行情况表

汇率:6.6227　　二〇一〇年十二月三十一日　　单位：万元

栏目 项目名称	期末余额	比年初		栏目 项目名称	期末余额	比年初	
		增减	增减%			增减	增减%
一、各项存款	5980836	1274978	27.09	一、各项贷款	3901011	717676	22.54
1.企事业单位存款	1194149	239024	25.03	1.短期贷款	1610326	167015	11.57
(1)活期存款	1017957	224572	28.31	2.中长期贷款	2258840	557849	32.80
(2)定期存款	176192	14452	8.94	3.信托贷款			
2.储蓄存款	3226410	596611	22.69	4.委托贷款			
(1)活期储蓄	1678971	386793	29.93	5.其他贷款	4635	-2315	-33.31
(2)定期储蓄	1547438	209818	15.69	6.票据融资	6551	-23852	-78.45
3.信托存款				7.各项垫款	20660	18979	
4.委托存款	1857	883	90.58	二、有价证券及投资	1456	-4810	-76.76
5.其他存款	1558420	438461	39.15				
二、所有者权益	187075	59910	47.11				
其中：实收资本	61368	18110	41.87				
三、其他	-2265444	-622022	37.85				
资金来源总计	3902467	712866	22.35	资金运用总计	3902467	712866	22.35

2-2-1-11 保山市金融机构（不含外资）本外币信贷运行情况表

汇率:6.6227　　二○一○年十二月三十一日　　单位：万元

项目名称	期末余额	比年初增减	比年初增减%	项目名称	期末余额	比年初增减	比年初增减%
一、各项存款	3475446	868773	33.33	一、各项贷款	2286986	457535	25.01
1.企事业单位存款	710797	235606	49.58	1.短期贷款	555246	53770	10.72
⑴活期存款	676116	223635	49.42	2.中长期贷款	1730049	403248	30.39
⑵定期存款	34680	11970	52.71	3.信托贷款			
2.储蓄存款	1919041	362228	23.27	4.委托贷款			
⑴活期储蓄	963346	223742	30.25	5.其他贷款			
⑵定期储蓄	955695	138486	16.95	6.票据融资	1692	517	43.99
3.信托存款				7.各项垫款			
4.委托存款	1974	1342	212.22	二、有价证券及投资	-253	-1781	-116.55
5.其他存款	843634	269597	46.71				
二、所有者权益	88106	29015	49.1				
其中：实收资本	29899	15238	103.94				
三、其他	-1276819	-442034	52.95				
资金来源总计	2286733	455753	24.89	资金运用总计	2286733	455753	24.89

2-2-1-12 德宏州金融机构（不含外资）本外币信贷运行情况表

汇率:6.6227　　二〇一〇年十二月三十一日　　单位：万元

项目名称 \ 栏目	期末余额	比年初		项目名称 \ 栏目	期末余额	比年初	
		增减	增减%			增减	增减%
一、各项存款	2911546	802434	38.05%	一、各项贷款	1622510	306696	23.31%
1.企事业单位存款	416519	92760	28.65%	1.短期贷款	413021	82451	24.94%
⑴活期存款	347599	76761	28.34%	2.中长期贷款	1209359	224145	22.75%
⑵定期存款	68921	15999	30.23%	3.信托贷款			
2.储蓄存款	1835994	458626	33.30%	4.委托贷款			
⑴活期储蓄	1134071	351544	44.92%	5.其他贷款			
⑵定期储蓄	701923	107082	18.00%	6.票据融资	130	100	333.33%
3.信托存款				7.各项垫款			
4.委托存款	1913	1475	336.76%	二、有价证券及投资	–692	–2255	–144.24%
5.其他存款	657120	249573	61.24%				
二、所有者权益	61677	17354	39.15%				
其中：实收资本	16363	2583	18.74%				
三、其他	–1351405	–515346	61.64%				
资金来源总计	1621818	304442	23.11%	资金运用总计	1621818	304442	23.11%

2-2-1-13 丽江市金融机构（不含外资）本外币信贷运行情况表

汇率:6.6227　　二〇一〇年十二月三十一日　　单位：万元

栏目 项目名称	期末余额	比年初		栏目 项目名称	期末余额	比年初	
		增减	增减%			增减	增减%
一、各项存款	2979200	789870	36.08	一、各项贷款	1939227	413042	27.06
1.企事业单位存款	825857	230522	38.72	1.短期贷款	448548	–36557	–7.54
⑴活期存款	758447	211273	38.61	2.中长期贷款	1445815	422684	41.31
⑵定期存款	67410	19249	39.97	3.信托贷款			
2.储蓄存款	1475189	301955	25.74	4.委托贷款			
⑴活期储蓄	931017	226415	32.13	5.其他贷款			
⑵定期储蓄	544172	75540	16.12	6.票据融资	44864	26915	149.96
3.信托存款				7.各项垫款			
4.委托存款	106	10	10.42	二、有价证券及投资	990	–819	–45.27
5.其他存款	678048	257383	61.18				
二、所有者权益	69577	22107	46.57				
其中：实收资本	21611	10566	95.66				
三、其他	–1108559	–399754	56.40				
资金来源总计	1940217	412223	26.98	资金运用总计	1940217	412223	26.98

2-2-1-14 怒江州金融机构（不含外资）本外币信贷运行情况表

汇率:6.6227　　二〇一〇年十二月三十一日　　单位：万元

项目名称	期末余额	比年初增减	比年初增减%	项目名称	期末余额	比年初增减	比年初增减%
一、各项存款	915781	199620	27.87	一、各项贷款	514453	79683	18.33
1.企事业单位存款	235057	46222	24.48	1.短期贷款	174668	14883	9.31
⑴活期存款	233357	55898	31.5	2.中长期贷款	338785	69028	25.59
⑵定期存款	1701	–9676	–85.05	3.信托贷款			
2.储蓄存款	338560	63873	23.25	4.委托贷款			
⑴活期储蓄	240271	48843	25.52	5.其他贷款			
⑵定期储蓄	98289	15030	18.05	6.票据融资	1000	–4227	–80.87
3.信托存款				7.各项垫款			
4.委托存款	635	276	76.8	二、有价证券及投资	486	–363	–42.79
5.其他存款	341528	89248	35.38				
二、所有者权益	10250	–478	–4.45				
其中：实收资本	4521	1447	47.07				
三、其他	–411093	–119822	41.14				
资金来源总计	514939	79320	18.21	资金运用总计	514939	79320	18.21

2-2-1-15 迪庆州金融机构（不含外资）本外币信贷运行情况表

汇率:6.6227　　　　二〇一〇年十二月三十一日　　　　单位：万元

栏目 / 项目名称	期末余额	比年初		栏目 / 项目名称	期末余额	比年初	
		增减	增减%			增减	增减%
一、各项存款	1200334	336739	38.99	一、各项贷款	873596	170830	24.31
1.企事业单位存款	464505	172624	59.14	1.短期贷款	142095	21442	17.77
⑴活期存款	449436	170732	61.26	2.中长期贷款	731237	149124	25.62
⑵定期存款	15069	1892	14.36	3.信托贷款			
2.储蓄存款	360960	72661	25.2	4.委托贷款			
⑴活期储蓄	275304	66770	32.02	5.其他贷款			
⑵定期储蓄	85655	5891	7.39	6.票据融资	264	264	
3.信托存款				7.各项垫款			
4.委托存款	1	-28	-96.71	二、有价证券及投资	344	-91	-20.9
5.其他存款	374869	91482	32.28				
二、所有者权益	25824	15843	158.73				
其中：实收资本	4632	2472	114.44				
三、其他	-352218	-181843	106.73				
资金来源总计	873940	170739	24.28	资金运用总计	873940	170739	24.28

2-2-1-16 临沧市金融机构（不含外资）本外币信贷运行情况表

汇率:6.6227　　二〇一〇年十二月三十一日　　单位：万元

项目名称	期末余额	比年初增减	比年初增减%	项目名称	期末余额	比年初增减	比年初增减%
一、各项存款	2455856	503391	25.78	一、各项贷款	1681358	269031	19.05
1.企事业单位存款	486120	74506	18.10	1.短期贷款	411321	−66989	−14.01
⑴活期存款	480093	73838	18.18	2.中长期贷款	1270037	336020	35.98
⑵定期存款	6027	668	12.47	3.信托贷款			
2.储蓄存款	1189828	250826	26.71	4.委托贷款			
⑴活期储蓄	741992	185262	33.28	5.其他贷款			
⑵定期储蓄	447835	65564	17.15	6.票据融资			
3.信托存款				7.各项垫款			
4.委托存款	1186	−1594	−57.33	二、有价证券及投资	834	−964	−53.60
5.其他存款	778722	179652	29.99				
二、所有者权益	58284	20115	52.70				
其中：实收资本	16110	6882	74.58				
三、其他	−831947	−255438	44.31				
资金来源总计	1682192	268067	18.96	资金运用总计	1682192	268067	18.96

2.人民币信贷运行情况统计

2-2-2-1 昆明市金融机构（不含外资）人民币信贷运行情况表

二〇一〇年十二月三十一日　　单位：万元

栏目 / 项目名称	期末余额	比年初 增减	比年初 增减%	栏目 / 项目名称	期末余额	比年初 增减	比年初 增减%
一、各项存款	67395135	8900777	15.22	一、各项贷款	64985749	10477846	19.22
1.企业存款	27978999	3423799	13.94	（一）境内贷款	64940749	10434226	19.14
(1)活期存款	21415607	2763175	14.81	1.短期贷款	14422074	749570	5.48
(2)定期存款	6563392	660624	11.19	（1）个人贷款及透支	1797010	561428	45.44
2.财政存款	859324	−1418612	−62.28	其中：个人消费贷款	700423	184189	35.68
3.机关团体存款	6599509	1242235	23.19	（2）单位贷款及透支	11791277	−153870	−1.29
4.储蓄存款	23415460	4186272	21.77	其中：经营贷款	11260834	443676	4.1
(1)活期储蓄	10887593	2176665	24.99	固定资产贷款	530443	−597118	−52.96
(2)定期储蓄	12527867	2009607	19.11	（3）普通并购贷款	12012	12012	
5.农业存款	2569259	293811	12.91	（4）银团贷款	23500	18000	327.27
6.信托存款				（5）贸易融资	798275	312000	64.16
7.委托存款	329274	43106	15.06	2.中长期贷款	49303947	10767773	27.94
8.其他存款	5643309	1130167	25.04	（1）个人贷款	7639558	1687552	28.35
二、金融债券	78	9	13.59	其中：个人消费贷款	6616768	1412719	27.15
三、应付及暂收款	1029067	145415	16.46	（2）单位贷款	40376376	8455062	26.49
其中：应付利息	401999	40124	11.09	其中：经营贷款	10537066	2623569	33.15
四、同业往来(来源方)	871372	−184548	−17.48	固定资产贷款	29839309	5831494	24.29
其中：境外同业往来	16083	7869	95.8	（3）普通并购贷款	142998	61218	74.86
五、行内资金往来(来源方)				（4）银团贷款	810290	349226	75.74
六、各项准备	885101	196282	28.5	（5）贸易融资	334725	214714	178.91
其中：贷款损失准备	825951	183759	28.61	3.信托贷款			
七、所有者权益	1915184	484316	33.85	4.融资租赁			
其中：实收资本	501843	130975	35.32	5.委托贷款	34000	34000	
八、其他	−3099036	−268073	9.47	6.票据融资	1146865	−1149796	−50.06
				其中：贴现	1146865	−1149796	−50.06
				7.各项垫款	33863	32679	2760.89
				（二）境外贷款	45000	43620	3160.87
				二、有价证券及投资	1357437	−77179	−5.38
				三、应收及预付款	217837	24396	12.61
				其中：应收利息	136681	811	0.6
				四、同业往来(运用方)	47564	534	1.14
				其中：境外同业往来			
				五、行内资金往来(运用方)	1357441	−1352221	−49.9
				六、金银占款			
				七、外汇占款	32120	29608	1178.73
				八、固定资产	623660	93265	17.58
				九、库存现金	371127	78114	26.66
				十、投资性房地产	3968	−184	−4.43
资金来源总计	68996901	9274179	15.53	资金运用总计	68996901	9274179	15.53

2-2-2-2 昭通市金融机构（不含外资）人民币信贷运行情况表

二〇一〇年十二月三十一日　　　　单位：万元

栏目 项目名称	期末余额	比年初		栏目 项目名称	期末余额	比年初	
		增减	增减%			增减	增减%
一、各项存款	5203518	1341744	34.74	一、各项贷款	2863358	729949	34.22
1.企业存款	1103594	204725	22.78	（一）境内贷款	2863358	729949	34.22
⑴活期存款	917845	204573	28.68	1.短期贷款	869750	125222	16.82
⑵定期存款	185749	152	0.08	（1）个人贷款及透支	250121	-9142	-3.53
2.财政存款	369488	232940	170.59	其中：个人消费贷款	18881	-236	-1.24
3.机关团体存款	621523	213935	52.49	（2）单位贷款及透支	567929	87364	18.18
4.储蓄存款	2347674	476651	25.48	其中：经营贷款	557224	112391	25.27
⑴活期储蓄	1290030	289205	28.9	固定资产贷款	10705	-25000	-70.02
⑵定期储蓄	1057644	187446	21.54	（3）普通并购贷款			
5.农业存款	603228	164509	37.5	（4）银团贷款	1300	1300	
6.信托存款				（5）贸易融资	50400	45700	972.34
7.委托存款	12002	10424	660.45	2.中长期贷款	1986910	604305	43.71
8.其他存款	146008	38560	35.89	（1）个人贷款	687940	197307	40.21
二、金融债券	2			其中：个人消费贷款	316575	67088	26.89
三、应付及暂收款	78698	18896	31.6	（2）单位贷款	1297471	405498	45.46
其中：应付利息	35201	3371	10.59	其中：经营贷款	449349	172743	62.45
四、同业往来(来源方)	612	404	194.92	固定资产贷款	848122	232755	37.82
其中：境外同业往来				（3）普通并购贷款			
五、行内资金往来(来源方)				（4）银团贷款	1500	1500	
六、各项准备	64923	11889	22.42	（5）贸易融资			
其中：贷款损失准备	62870	10893	20.96	3.信托贷款			
七、所有者权益	113774	40010	54.24	4.融资租赁			
其中：实收资本	34214	9761	39.92	5.委托贷款			
八、其他	-1084794	-521499	92.58	6.票据融资	6697	421	6.71
				其中：贴现	6697	421	6.71
				7.各项垫款			
				（二）境外贷款			
				二、有价证券及投资	867	-4914	-85
				三、应收及预付款	6862	1064	18.34
				其中：应收利息	4832	1393	40.52
				四、同业往来(运用方)			
				其中：境外同业往来			
				五、行内资金往来(运用方)	1386134	142599	11.47
				六、金银占款			
				七、外汇占款			
				八、固定资产	61434	10058	19.58
				九、库存现金	58077	12690	27.96
				十、投资性房地产			
资金来源总计	4376732	891445	25.58	资金运用总计	4376732	891445	25.58

2-2-2-3 曲靖市金融机构（不含外资）人民币信贷运行情况表

二〇一〇年十二月三十一日　　　　单位：万元

项目名称	期末余额	比年初增减	比年初增减%	项目名称	期末余额	比年初增减	比年初增减%
一、各项存款	10166414	1813542	21.71	一、各项贷款	6299319	1036271	19.69
1.企业存款	3078919	381104	14.13	（一）境内贷款	6299319	1036271	19.69
⑴活期存款	2677540	357107	15.39	1.短期贷款	2217423	436642	24.52
⑵定期存款	401379	23997	6.36	（1）个人贷款及透支	920381	106351	13.06
2.财政存款	385109	313131	435.04	其中：个人消费贷款	71207	−121805	−63.11
3.机关团体存款	609281	49718	8.89	（2）单位贷款及透支	1185083	255421	27.47
4.储蓄存款	5096892	887390	21.08	其中：经营贷款	1162111	283069	32.2
⑴活期储蓄	2620147	533341	25.56	固定资产贷款	21238	−29382	−58.04
⑵定期储蓄	2476745	354049	16.68	（3）普通并购贷款			
5.农业存款	636836	124272	24.25	（4）银团贷款			
6.信托存款				（5）贸易融资	111958	74870	201.87
7.委托存款	10718	6918	182.03	2.中长期贷款	3890116	571637	17.23
8.其他存款	348657	51009	17.14	（1）个人贷款	1362399	377032	38.26
二、金融债券				其中：个人消费贷款	835264	198740	31.22
三、应付及暂收款	165555	27475	19.9	（2）单位贷款	2488517	204404	8.95
其中：应付利息	83233	6177	8.02	其中：经营贷款	942471	−16020	−1.67
四、同业往来(来源方)	4494	3638	425.01	固定资产贷款	1546046	220424	16.63
其中：境外同业往来				（3）普通并购贷款			
五、行内资金往来(来源方)				（4）银团贷款	39200	−9800	−20
六、各项准备	175493	46220	35.75	（5）贸易融资			
其中：贷款损失准备	174086	70747	68.46	3.信托贷款			
七、所有者权益	291015	105809	57.13	4.融资租赁			
其中：实收资本	85137	46079	117.98	5.委托贷款			
八、其他	−1602339	−360827	29.06	6.票据融资	191780	27993	17.09
				其中：贴现	191780	27993	17.09
				7.各项垫款			
				（二）境外贷款			
				二、有价证券及投资	−19623	−28527	−320.57
				三、应收及预付款	20792	3874	22.9
				其中：应收利息	13029	3911	42.89
				四、同业往来(运用方)			
				其中：境外同业往来			
				五、行内资金往来(运用方)	2579943	596504	28.63
				六、金银占款			
				七、外汇占款	−2	−2	
				八、固定资产	104928	10725	11.38
				九、库存现金	112578	14309	14.56
				十、投资性房地产	2701	2701	
资金来源总计	9200631	1635857	21.62	资金运用总计	9200631	1635857	21.62

2-2-2-4 玉溪市金融机构（不含外资）人民币信贷运行情况表

二〇一〇年十二月三十一日　　　　单位：万元

项目名称	期末余额	比年初增减	比年初增减%	项目名称	期末余额	比年初增减	比年初增减%
一、各项存款	8160064	1166375	16.68	一、各项贷款	4656585	851965	22.39
1.企业存款	2943040	292686	11.04	（一）境内贷款	4656585	851965	22.39
⑴活期存款	2061346	476859	30.10	1.短期贷款	1742075	204516	13.30
⑵定期存款	881695	-184174	-17.28	（1）个人贷款及透支	488946	49887	11.36
2.财政存款	37361	-5871	-13.58	其中：个人消费贷款	38825	4969	14.68
3.机关团体存款	564886	9823	1.77	（2）单位贷款及透支	1214161	122742	11.25
4.储蓄存款	3746560	560065	17.58	其中：经营贷款	1191438	120534	11.26
⑴活期储蓄	1580625	270059	20.61	固定资产贷款	22723	2208	10.76
⑵定期储蓄	2165936	290006	15.46	（3）普通并购贷款			
5.农业存款	606227	206217	51.55	（4）银团贷款	10550	10550	
6.信托存款				（5）贸易融资	28417	21337	301.36
7.委托存款	8076	5675	236.41	2.中长期贷款	2854495	676266	31.05
8.其他存款	253914	97779	62.62	（1）个人贷款	933977	302408	47.88
二、金融债券	2			其中：个人消费贷款	588192	188038	46.99
三、应付及暂收款	109006	20763	23.53	（2）单位贷款	1912018	370358	24.02
其中：应付利息	57327	4247	8.00	其中：经营贷款	662155	157960	31.33
四、同业往来(来源方)	23338	15759	207.91	固定资产贷款	1249863	212398	20.47
其中：境外同业往来				（3）普通并购贷款			
五、行内资金往来(来源方)				（4）银团贷款	8500	3500	70.00
六、各项准备	90294	16768	22.80	（5）贸易融资			
其中：贷款损失准备	86934	16564	23.54	3.信托贷款			
七、所有者权益	229349	69388	43.38	4.融资租赁			
其中：实收资本	79445	27685	53.49	5.委托贷款			
八、其他	-1295326	-485190	59.89	6.票据融资	60016	-28020	-31.83
				其中：贴现	60016	-28020	-31.83
				7.各项垫款		-797	-100.00
				（二）境外贷款			
				二、有价证券及投资	217325	14082	6.93
				三、应收及预付款	15062	2979	24.66
				其中：应收利息	8410	-1057	-11.16
				四、同业往来(运用方)	89700	-6672	-6.92
				其中：境外同业往来			
				五、行内资金往来(运用方)	2189698	-70844	-3.13
				六、金银占款			
				七、外汇占款	164	158	2715.35
				八、固定资产	83201	3571	4.48
				九、库存现金	64992	8622	15.30
				十、投资性房地产			
资金来源总计	7316728	803862	12.34	资金运用总计	7316728	803862	12.34

2-2-2-5 红河州金融机构（不含外资）人民币信贷运行情况表

二〇一〇年十二月三十一日　　单位：万元

项目名称	期末余额	比年初增减	比年初增减%	项目名称	期末余额	比年初增减	比年初增减%
一、各项存款	8846785	1976737	28.77	一、各项贷款	4882527	780185	19.02
1.企业存款	2079425	365574	21.33	（一）境内贷款	4882527	780185	19.02
⑴活期存款	1777776	312483	21.33	1.短期贷款	1541451	98488	6.83
⑵定期存款	301649	53092	21.36	（1）个人贷款及透支	595052	134374	29.17
2.财政存款	318043	179671	129.85	其中：个人消费贷款	57558	29776	107.18
3.机关团体存款	966073	273678	39.53	（2）单位贷款及透支	895920	−71244	−7.37
4.储蓄存款	4607071	819476	21.64	其中：经营贷款	843900	−61053	−6.75
⑴活期储蓄	2296377	498569	27.73	固定资产贷款	52020	−10191	−16.38
⑵定期储蓄	2310694	320908	16.13	（3）普通并购贷款			
5.农业存款	497479	118222	31.17	（4）银团贷款	1200	1200	
6.信托存款				（5）贸易融资	49279	34158	225.90
7.委托存款	2260	191	9.24	2.中长期贷款	3298527	693240	26.61
8.其他存款	376435	219924	140.52	（1）个人贷款	1327715	291143	28.09
二、金融债券				其中：个人消费贷款	766166	221749	40.73
三、应付及暂收款	109550	27184	33.00	（2）单位贷款	1970312	401597	25.60
其中：应付利息	71491	11914	20.00	其中：经营贷款	861347	253884	41.79
四、同业往来(来源方)	11855	4048	51.85	固定资产贷款	1108965	147713	15.37
其中：境外同业往来	9469	4270	82.12	（3）普通并购贷款			
五、行内资金往来(来源方)				（4）银团贷款	500	500	
六、各项准备	101363	18622	22.51	（5）贸易融资			
其中：贷款损失准备	99027	18403	22.83	3.信托贷款			
七、所有者权益	211197	73973	53.91	4.融资租赁			
其中：实收资本	54262	20687	61.61	5.委托贷款			
八、其他	−1101944	−242051	28.15	6.票据融资	42549	−11543	−21.34
				其中：贴现	42549	−11543	−21.34
				7.各项垫款			
				（二）境外贷款			
				二、有价证券及投资	1463	−53651	−97.34
				三、应收及预付款	12218	−2146	−14.94
				其中：应收利息	10121	−2813	−21.75
				四、同业往来(运用方)	25345	25345	
				其中：境外同业往来			49.82
				五、行内资金往来(运用方)	3072162	1087949	54.83
				六、金银占款			
				七、外汇占款	−20	−20	
				八、固定资产	99560	11246	12.73
				九、库存现金	85550	9605	12.65
				十、投资性房地产			
资金来源总计	8178805	1858513	29.41	资金运用总计	8178805	1858513	29.41

2-2-2-6 文山州金融机构（不含外资）人民币信贷运行情况表

二○一○年十二月三十一日　　单位：万元

项目名称	期末余额	比年初增减	比年初增减%	项目名称	期末余额	比年初增减	比年初增减%
一、各项存款	3873605	849039	28.07	一、各项贷款	2718460	400488	17.28
1.企业存款	679527	81558	13.64	（一）境内贷款	2718460	400488	17.28
⑴活期存款	638050	62989	10.95	1.短期贷款	458575	−116303	−20.23
⑵定期存款	41478	18569	81.05	（1）个人贷款及透支	143500	−131950	−47.90
2.财政存款	141496	68637	94.20	其中：个人消费贷款	29431	−89818	−75.32
3.机关团体存款	654766	156971	31.53	（2）单位贷款及透支	283945	−6116	−2.11
4.储蓄存款	2041194	416081	25.60	其中：经营贷款	279445	−3146	−1.11
⑴活期储蓄	1256509	304725	32.02	固定资产贷款	4500	−2970	−39.76
⑵定期储蓄	784686	111356	16.54	（3）普通并购贷款			
5.农业存款	298180	104119	53.65	（4）银团贷款			
6.信托存款				（5）贸易融资	31130	21763	232.34
7.委托存款	3984	2707	212.03	2.中长期贷款	2235169	507263	29.36
8.其他存款	54457	18966	53.44	（1）个人贷款	1014930	289417	39.89
二、金融债券				其中：个人消费贷款	631812	136066	27.45
三、应付及暂收款	41250	4233	11.44	（2）单位贷款	1210239	207847	20.74
其中：应付利息	20600	2690	15.02	其中：经营贷款	532709	−62287	−10.47
四、同业往来(来源方)	97	1	0.80	固定资产贷款	677530	270134	66.31
其中：境外同业往来				（3）普通并购贷款			
五、行内资金往来(来源方)				（4）银团贷款	10000	10000	
六、各项准备	81293	16180	24.85	（5）贸易融资			
其中：贷款损失准备	80619	16220	25.19	3.信托贷款			
七、所有者权益	109032	43141	65.47	4.融资租赁			
其中：实收资本	39009	17492	81.29	5.委托贷款			
八、其他	−508804	−154666	43.67	6.票据融资	24397	9327	61.90
				其中：贴现	24397	9327	61.90
				7.各项垫款	320	200	166.67
				（二）境外贷款			
				二、有价证券及投资	93	−1742	−94.93
				三、应收及预付款	6566	1264	23.85
				其中：应收利息	5019	1196	31.30
				四、同业往来(运用方)			
				其中：境外同业往来			
				五、行内资金往来(运用方)	769646	348189	82.62
				六、金银占款			
				七、外汇占款		−3	−120.48
				八、固定资产	56858	2599	4.79
				九、库存现金	44849	7134	18.92
				十、投资性房地产			
资金来源总计	3596473	757929	26.70	资金运用总计	3596473	757929	26.70

2-2-2-7 普洱市金融机构（不含外资）人民币信贷运行情况表

二〇一〇年十二月三十一日　　单位：万元

栏目 / 项目名称	期末余额	比年初 增减	比年初 增减%	栏目 / 项目名称	期末余额	比年初 增减	比年初 增减%
一、各项存款	3639065	912805	33.5	一、各项贷款	2320049	415947	21.8
1.企业存款	686173	189014	38.0	（一）境内贷款	2320049	415947	21.8
⑴活期存款	620379	166911	36.8	1.短期贷款	707441	83906	13.5
⑵定期存款	65793	22103	50.6	（1）个人贷款及透支	266853	47128	21.5
2.财政存款	184067	112381	156.8	其中：个人消费贷款	12370	2950	31.3
3.机关团体存款	479635	121207	33.8	（2）单位贷款及透支	430017	35307	9.0
4.储蓄存款	1825561	350854	23.8	其中：经营贷款	424899	37313	9.6
⑴活期储蓄	1021577	237180	30.2	固定资产贷款	5118	−2006	−28.2
⑵定期储蓄	803983	113674	16.5	（3）普通并购贷款			
5.农业存款	433024	132525	44.1	（4）银团贷款			
6.信托存款				（5）贸易融资	10571	1471	16.2
7.委托存款	5586	1315	30.8	2.中长期贷款	1612558	333571	26.1
8.其他存款	25019	5509	28.2	（1）个人贷款	636870	201438	46.3
二、金融债券				其中：个人消费贷款	284269	94885	50.1
三、应付及暂收款	39291	7503	23.6	（2）单位贷款	975689	132133	15.7
其中：应付利息	23551	3110	15.2	其中：经营贷款	254161	149486	142.8
四、同业往来(来源方)	8907	1863	26.5	固定资产贷款	721527	−17353	−2.4
其中：境外同业往来				（3）普通并购贷款			
五、行内资金往来(来源方)				（4）银团贷款			
六、各项准备	74681	11370	18.0	（5）贸易融资			
其中：贷款损失准备	74470	11254	17.8	3.信托贷款			
七、所有者权益	89281	26746	42.8	4.融资租赁			
其中：实收资本	28001	11190	66.6	5.委托贷款			
八、其他	−526555	−142601	37.1	6.票据融资	50	−1530	−96.8
				其中：贴现	50	−1530	−96.8
				7.各项垫款			
				（二）境外贷款			
				二、有价证券及投资	905	−2067	−69.6
				三、应收及预付款	4830	533	12.4
				其中：应收利息	3873	866	28.8
				四、同业往来(运用方)	67414	62131	1176.1
				其中：境外同业往来			
				五、行内资金往来(运用方)	844677	332855	65.0
				六、金银占款			
				七、外汇占款	1	1	15842.6
				八、固定资产	51915	5143	11.0
				九、库存现金	34878	3142	9.9
				十、投资性房地产			
资金来源总计	3324669	817686	32.6	资金运用总计	3324669	817686	32.6

2-2-2-8 版纳州金融机构（不含外资）人民币信贷运行情况表

二〇一〇年十二月三十一日　　单位：万元

项目名称	期末余额	比年初增减	比年初增减%	项目名称	期末余额	比年初增减	比年初增减%
一、各项存款	2568812	549671	27.22	一、各项贷款	1452936	251413	20.92
1.企业存款	622463	139777	28.96	（一）境内贷款	1452936	251413	20.92
⑴活期存款	568209	144046	33.96	1.短期贷款	269747	24561	10.02
⑵定期存款	54254	−4269	−7.3	（1）个人贷款及透支	82085	23456	40.01
2.财政存款	34116	2212	6.93	其中：个人消费贷款	10685	4690	78.23
3.机关团体存款	258846	67094	34.99	（2）单位贷款及透支	183522	−746	−0.4
4.储蓄存款	1496695	320077	27.2	其中：经营贷款	183282	−986	−0.53
⑴活期储蓄	845512	220323	35.24	固定资产贷款	240	240	
⑵定期储蓄	651183	99754	18.09	（3）普通并购贷款			
5.农业存款	104018	−439	−0.42	（4）银团贷款			
6.信托存款				（5）贸易融资	4140	1850	80.79
7.委托存款	3238	995	44.35	2.中长期贷款	1183059	228321	23.91
8.其他存款	49435	19956	67.7	（1）个人贷款	557868	113200	25.46
二、金融债券				其中：个人消费贷款	213044	38000	21.71
三、应付及暂收款	24146	3896	19.24	（2）单位贷款	625191	115121	22.57
其中：应付利息	14587	1601	12.33	其中：经营贷款	84391	40278	91.31
四、同业往来(来源方)	133	63	89.1	固定资产贷款	540800	74843	16.06
其中：境外同业往来				（3）普通并购贷款			
五、行内资金往来(来源方)				（4）银团贷款			
六、各项准备	34423	4746	15.99	（5）贸易融资			
其中：贷款损失准备	33878	4744	16.28	3.信托贷款			
七、所有者权益	59703	25586	74.99	4.融资租赁			
其中：实收资本	16368	7326	81.02	5.委托贷款			
八、其他	−140081	66206	−32.09	6.票据融资	130	−1469	−91.87
				其中：贴现	130	−1469	−91.87
				7.各项垫款			
				（二）境外贷款			
				二、有价证券及投资	981	−1881	−65.71
				三、应收及预付款	3609	−429	−10.63
				其中：应收利息	2952	−392	−11.73
				四、同业往来(运用方)			
				其中：境外同业往来			
				五、行内资金往来(运用方)	1013901	385390	61.32
				六、金银占款			
				七、外汇占款	−3	−4	
				八、固定资产	37638	2344	6.64
				九、库存现金	38076	13744	56.48
				十、投资性房地产			
资金来源总计	2547137	650167	34.27	资金运用总计	2547137	650167	34.27

2-2-2-9 楚雄州金融机构（不含外资）人民币信贷运行情况表

二〇一〇年十二月三十一日　　　　单位：万元

项目名称	期末余额	比年初增减	比年初增减%	项目名称	期末余额	比年初增减	比年初增减%
一、各项存款	4379830	648529	17.38	一、各项贷款	2652176	488515	22.58
1.企业存款	1139980	25679	2.30	（一）境内贷款	2652176	488515	22.58
⑴活期存款	979164	95898	10.86	1.短期贷款	727456	59957	8.98
⑵定期存款	160817	-70219	-30.39	（1）个人贷款及透支	276829	46612	20.25
2.财政存款	177618	93296	110.64	其中：个人消费贷款	21439	8300	63.17
3.机关团体存款	392246	49509	14.45	（2）单位贷款及透支	447262	10480	2.40
4.储蓄存款	2285118	385173	20.27	其中：经营贷款	442762	7780	1.79
⑴活期储蓄	1187111	219552	22.69	固定资产贷款	4500	2700	150.00
⑵定期储蓄	1098007	165620	17.76	（3）普通并购贷款			
5.农业存款	313968	65009	26.11	（4）银团贷款			
6.信托存款				（5）贸易融资	3365	2865	573.06
7.委托存款	2723	1163	74.56	2.中长期贷款	1895768	413600	27.91
8.其他存款	68175	28700	72.70	（1）个人贷款	823369	212431	34.77
二、金融债券				其中：个人消费贷款	444412	121589	37.66
三、应付及暂收款	61838	12180	24.53	（2）单位贷款	1072399	201169	23.09
其中：应付利息	32078	1757	5.79	其中：经营贷款	457813	140390	44.23
四、同业往来(来源方)	333	74	28.72	固定资产贷款	614586	60779	10.97
其中：境外同业往来				（3）普通并购贷款			
五、行内资金往来(来源方)				（4）银团贷款			
六、各项准备	58216	13459	30.07	（5）贸易融资			
其中：贷款损失准备	56887	12504	28.17	3.信托贷款			
七、所有者权益	111919	48364	76.10	4.融资租赁			
其中：实收资本	46934	30494	185.49	5.委托贷款			
八、其他	-591644	-204081	52.66	6.票据融资	28953	14957	106.87
				其中：贴现	28953	14957	106.87
				7.各项垫款			
				（二）境外贷款			
				二、有价证券及投资	8197	-1127	-12.08
				三、应收及预付款	7860	-2892	-26.90
				其中：应收利息	6517	-2298	-26.07
				四、同业往来(运用方)	14430	14430	
				其中：境外同业往来			
				五、行内资金往来(运用方)	1219195	3821	0.31
				六、金银占款			
				七、外汇占款	-10	-10	
				八、固定资产	61447	7235	13.35
				九、库存现金	57198	8554	17.59
				十、投资性房地产			
资金来源总计	4020492	518526	14.81	资金运用总计	4020492	518526	14.81

2-2-2-10 大理州金融机构（不含外资）人民币信贷运行情况表

二〇一〇年十二月三十一日　　单位：万元

项目名称	期末余额	比年初增减	比年初增减%	项目名称	期末余额	比年初增减	比年初增减%
一、各项存款	5975291	1275535	27.14	一、各项贷款	3896376	719992	22.67
1.企业存款	1193244	239212	25.07	（一）境内贷款	3896376	719992	22.67
⑴活期存款	1017052	224760	28.37	1.短期贷款	1610326	167015	11.57
⑵定期存款	176192	14452	8.94	（1）个人贷款及透支	807380	157822	24.30
2.财政存款	256479	117904	85.08	其中：个人消费贷款	42775	245	0.58
3.机关团体存款	660323	134690	25.62	（2）单位贷款及透支	797853	5833	0.74
4.储蓄存款	3221770	596979	22.74	其中：经营贷款	746443	17908	2.46
⑴活期储蓄	1677598	386761	29.96	固定资产贷款	51410	−12075	−19.02
⑵定期储蓄	1544172	210218	15.76	（3）普通并购贷款			
5.农业存款	512719	159731	45.25	（4）银团贷款	100	100	
6.信托存款				（5）贸易融资	4993	3260	188.17
7.委托存款	1857	883	90.58	2.中长期贷款	2258840	557849	32.80
8.其他存款	128899	26137	25.43	（1）个人贷款	643582	161506	33.50
二、金融债券				其中：个人消费贷款	454567	117924	35.03
三、应付及暂收款	72461	−2583	−3.44	（2）单位贷款	1615071	396365	32.52
其中：应付利息	46377	5530	13.54	其中：经营贷款	655909	150111	29.68
四、同业往来(来源方)	221	−638	−74.27	固定资产贷款	959162	246254	34.54
其中：境外同业往来				（3）普通并购贷款			
五、行内资金往来(来源方)				（4）银团贷款			
六、各项准备	95247	21496	29.15	（5）贸易融资	187	−21	−10.32
其中：贷款损失准备	92722	21769	30.68	3.信托贷款			
七、所有者权益	187006	59942	47.17	4.融资租赁			
其中：实收资本	61368	18110	41.87	5.委托贷款			
八、其他	−756182	−171987	29.44	6.票据融资	6551	−23852	−78.45
				其中：贴现	6551	−23852	−78.45
				7.各项垫款	20660	18979	1129.36
				（二）境外贷款			
				二、有价证券及投资	1456	−4810	−76.76
				三、应收及预付款	13983	5600	66.81
				其中：应收利息	9756	3859	65.43
				四、同业往来(运用方)	540	−20	−3.57
				其中：境外同业往来			
				五、行内资金往来(运用方)	1532014	444984	40.94
				六、金银占款			
				七、外汇占款	−4	−10	−178.94
				八、固定资产	75167	6205	9.00
				九、库存现金	54512	9824	21.98
				十、投资性房地产			
资金来源总计	5574044	1181765	26.91	资金运用总计	5574044	1181765	26.91

2-2-2-11 保山市金融机构（不含外资）人民币信贷运行情况表

二〇一〇年十二月三十一日　　单位：万元

项目名称	期末余额	比年初增减	比年初增减%	项目名称	期末余额	比年初增减	比年初增减%
一、各项存款	3469462	865750	33.25	一、各项贷款	2286986	457535	25.01
1.企业存款	710391	236132	49.79	（一）境内贷款	2286986	457535	25.01
⑴活期存款	675711	224161	49.64	1.短期贷款	555246	53770	10.72
⑵定期存款	34680	11970	52.71	（1）个人贷款及透支	248216	45460	22.42
2.财政存款	185371	113463	157.79	其中：个人消费贷款	10025	2719	37.22
3.机关团体存款	399349	59444	17.49	（2）单位贷款及透支	282830	6260	2.26
4.储蓄存款	1917215	362430	23.31	其中：经营贷款	282677	6642	2.41
⑴活期储蓄	962743	223822	30.29	固定资产贷款	153	-382	-71.4
⑵定期储蓄	954472	138608	16.99	（3）普通并购贷款			
5.农业存款	204632	72504	54.87	（4）银团贷款			
6.信托存款				（5）贸易融资	24200	2050	9.26
7.委托存款	1974	1342	212.22	2.中长期贷款	1730049	403248	30.39
8.其他存款	50531	20435	67.9	（1）个人贷款	745936	174503	30.54
二、金融债券				其中：个人消费贷款	351754	91857	35.34
三、应付及暂收款	50243	8660	20.83	（2）单位贷款	984113	228745	30.28
其中：应付利息	32678	3860	13.39	其中：经营贷款	223036	90985	68.9
四、同业往来(来源方)	427	48	12.72	固定资产贷款	761077	137760	22.1
其中：境外同业往来	65	65		（3）普通并购贷款			
五、行内资金往来(来源方)				（4）银团贷款			
六、各项准备	54046	10624	24.47	（5）贸易融资			
其中：贷款损失准备	53787	10610	24.57	3.信托贷款			
七、所有者权益	88097	29001	49.08	4.融资租赁			
其中：实收资本	29899	15238	103.94	5.委托贷款			
八、其他	-356950	-8823	2.53	6.票据融资	1692	517	43.99
				其中：贴现	1692	517	43.99
				7.各项垫款			
				（二）境外贷款			
				二、有价证券及投资	-253	-1781	-116.55
				三、应收及预付款	4707	-56.91	69.91
				其中：应收利息	3321	-57.55	55.18
				四、同业往来(运用方)	60002	-7.77	
				其中：境外同业往来			
				五、行内资金往来(运用方)	875232	-1.16	77.67
				六、金银占款			
				七、外汇占款	-11		
				八、固定资产	49568	7.79	7.72
				九、库存现金	29094	-14.78	5.07
				十、投资性房地产			
资金来源总计	3305325	905260	37.72	资金运用总计	3305325	905260	37.72

2-2-2-12 德宏州金融机构（不含外资）人民币信贷运行情况表

二〇一〇年十二月三十一日　　单位：万元

栏目 项目名称	期末余额	比年初增减	比年初增减%	栏目 项目名称	期末余额	比年初增减	比年初增减%
一、各项存款	2904898	803077	38.21	一、各项贷款	1622510	306696	23.31
1.企业存款	413876	92533	28.80	（一）境内贷款	1622510	306696	23.31
⑴活期存款	344955	76535	28.51	1.短期贷款	413021	82451	24.94
⑵定期存款	68920	15999	30.23	（1）个人贷款及透支	212903	80776	61.14
2.财政存款	55258	-6840	-11.01	其中：个人消费贷款	12544	-3473	-21.68
3.机关团体存款	311391	88789	39.89	（2）单位贷款及透支	189075	-4368	-2.26
4.储蓄存款	1831991	459443	33.47	其中：经营贷款	188688	-2305	-1.21
⑴活期储蓄	1131441	352265	45.21	固定资产贷款	387	-2063	-84.22
⑵定期储蓄	700550	107178	18.06	（3）普通并购贷款			
5.农业存款	158936	58555	58.33	（4）银团贷款			
6.信托存款				（5）贸易融资	11043	6043	120.86
7.委托存款	1913	1475	336.76	2.中长期贷款	1209359	224145	22.75
8.其他存款	131533	109122	486.90	（1）个人贷款	439964	98992	29.03
二、金融债券				其中：个人消费贷款	170919	41641	32.21
三、应付及暂收款	30517	7582	33.06	（2）单位贷款	769395	125153	19.43
其中：应付利息	18812	4339	29.98	其中：经营贷款	112504	13209	13.30
四、同业往来(来源方)	3219	157	5.11	固定资产贷款	656890	111944	20.54
其中：境外同业往来	3219	157	5.11	（3）普通并购贷款			
五、行内资金往来(来源方)				（4）银团贷款			
六、各项准备	39397	3095	8.52	（5）贸易融资			
其中：贷款损失准备	38205	2946	8.35	3.信托贷款			
七、所有者权益	61656	17357	39.18	4.融资租赁			
其中：实收资本	16363	2583	18.74	5.委托贷款			
八、其他	-242857	13300	-5.19	6.票据融资	130	100	333.33
				其中：贴现	130	100	333.33
				7.各项垫款			
				（二）境外贷款			
				二、有价证券及投资	-692	-2255	-144.24
				三、应收及预付款	3364	-369	-9.89
				其中：应收利息	2599	50	1.96
				四、同业往来(运用方)	36000	36000	
				其中：境外同业往来			
				五、行内资金往来(运用方)	1078543	497693	85.68
				六、金银占款			
				七、外汇占款			
				八、固定资产	35231	3170	9.89
				九、库存现金	21874	3633	19.91
				十、投资性房地产			
资金来源总计	2796831	844568	43.26	资金运用总计	2796831	844568	43.26

2-2-2-13 丽江市金融机构（不含外资）人民币信贷运行情况表

二〇一〇年十二月三十一日　　　　单位：万元

项目名称	期末余额	比年初增减	比年初增减%	项目名称	期末余额	比年初增减	比年初增减%
一、各项存款	2976171	789098	36.08	一、各项贷款	1939227	413042	27.06
1.企业存款	824280	229830	38.66	（一）境内贷款	1939227	413042	27.06
⑴活期存款	756869	210581	38.55	1.短期贷款	448548	-36557	-7.54
⑵定期存款	67410	19249	39.97	（1）个人贷款及透支	137341	58057	73.23
2.财政存款	53937	36176	203.67	其中：个人消费贷款	30303	21133	230.45
3.机关团体存款	382169	132008	52.77	（2）单位贷款及透支	304108	-92596	-23.34
4.储蓄存款	1473745	301815	25.75	其中：经营贷款	302119	-93884	-23.71
⑴活期储蓄	930085	226190	32.13	固定资产贷款	1961	1261	180.17
⑵定期储蓄	543660	75625	16.16	（3）普通并购贷款			
5.农业存款	194931	75715	63.51	（4）银团贷款			
6.信托存款				（5）贸易融资	7100	-2019	-22.14
7.委托存款	106	10	10.42	2.中长期贷款	1445815	422684	41.31
8.其他存款	47002	13544	40.48	（1）个人贷款	568286	142181	33.37
二、金融债券				其中：个人消费贷款	357617	102767	40.32
三、应付及暂收款	31509	4726	17.65	（2）单位贷款	827529	278503	50.73
其中：应付利息	16138	2051	14.56	其中：经营贷款	221283	49460	28.79
四、同业往来(来源方)	13418	13418		固定资产贷款	606246	229043	60.72
其中：境外同业往来				（3）普通并购贷款			
五、行内资金往来(来源方)				（4）银团贷款	50000	2000	4.17
六、各项准备	55269	7284	15.18	（5）贸易融资			
其中：贷款损失准备	54703	7261	15.30	3.信托贷款			
七、所有者权益	69560	22091	46.54	4.融资租赁			
其中：实收资本	21611	10566	95.66	5.委托贷款			
八、其他	-310988	-79992	34.63	6.票据融资	44864	26915	149.96
				其中：贴现	44864	26915	149.96
				7.各项垫款			
				（二）境外贷款			
				二、有价证券及投资	990	-819	-45.27
				三、应收及预付款	4586	84	1.86
				其中：应收利息	3193	1196	59.86
				四、同业往来(运用方)			
				其中：境外同业往来			
				五、行内资金往来(运用方)	824132	335361	68.79
				六、金银占款			
				七、外汇占款		-4	-100.00
				八、固定资产	39815	2467	6.61
				九、库存现金	26189	5995	29.69
				十、投资性房地产			
资金来源总计	2834940	756625	36.41	资金运用总计	2834940	756625	36.41

2-2-2-14 怒江州金融机构（不含外资）人民币信贷运行情况表

二〇一〇年十二月三十一日 单位：万元

栏目 项目名称	期末余额	比年初增减	比年初增减%	栏目 项目名称	期末余额	比年初增减	比年初增减%
一、各项存款	915738	199615	27.87	一、各项贷款	514453	79683	18.33
1.企业存款	235057	46222	24.48	（一）境内贷款	514453	79683	18.33
⑴活期存款	233357	55898	31.5	1.短期贷款	174668	14883	9.31
⑵定期存款	1701	-9676	-85.05	（1）个人贷款及透支	37655	12661	50.66
2.财政存款	57991	16863	41	其中：个人消费贷款	18699	11666	165.9
3.机关团体存款	207545	52054	33.48	（2）单位贷款及透支	112012	-8279	-6.88
4.储蓄存款	338517	63869	23.25	其中：经营贷款	112012	-7778	-6.49
⑴活期储蓄	240232	48838	25.52	固定资产贷款		-501	-100
⑵定期储蓄	98285	15031	18.05	（3）普通并购贷款			
5.农业存款	66642	22303	50.3	（4）银团贷款			
6.信托存款				（5）贸易融资	25000	10500	72.41
7.委托存款	635	276	76.8	2.中长期贷款	338785	69028	25.59
8.其他存款	9351	-1972	-17.41	（1）个人贷款	70813	6557	10.2
二、金融债券				其中：个人消费贷款	47696	8796	22.61
三、应付及暂收款	9103	1775	24.22	（2）单位贷款	267973	62471	30.4
其中：应付利息	4494	654	17.04	其中：经营贷款	54516	-9243	-14.5
四、同业往来(来源方)				固定资产贷款	213456	71714	50.59
其中：境外同业往来				（3）普通并购贷款			
五、行内资金往来(来源方)				（4）银团贷款			
六、各项准备	13244	6164	87.05	（5）贸易融资			
其中：贷款损失准备	13242	6163	87.06	3.信托贷款			
七、所有者权益	10254	-478	-4.45	4.融资租赁			
其中：实收资本	4521	1447	47.07	5.委托贷款			
八、其他	-136469	-50322	58.41	6.票据融资	1000	-4227	-80.87
				其中：贴现	1000	-4227	-80.87
				7.各项垫款			
				（二）境外贷款			
				二、有价证券及投资	486	-363	-42.79
				三、应收及预付款	1821	530	41.11
				其中：应收利息	981	249	33.97
				四、同业往来(运用方)			
				其中：境外同业往来			
				五、行内资金往来(运用方)	268216	73645	37.85
				六、金银占款			
				七、外汇占款			
				八、固定资产	17086	690	4.21
				九、库存现金	9807	2568	35.48
				十、投资性房地产			
资金来源总计	811869	156754	23.93	资金运用总计	811869	156754	23.93

2-2-2-15 迪庆州金融机构(不含外资)人民币信贷运行情况表

二〇一〇年十二月三十一日　　　　单位:万元

栏目 项目名称	期末余额	比年初		栏目 项目名称	期末余额	比年初	
		增减	增减%			增减	增减%
一、各项存款	1185537	324229	37.64	一、各项贷款	873596	170830	24.31
1.企业存款	449782	160123	55.28	(一)境内贷款	873596	170830	24.31
⑴活期存款	434713	158232	57.23	1.短期贷款	142095	21442	17.77
⑵定期存款	15069	1892	14.36	(1)个人贷款及透支	34401	18522	116.65
2.财政存款	49375	-984	-1.95	其中:个人消费贷款	13133	10402	380.99
3.机关团体存款	200855	45337	29.15	(2)单位贷款及透支	91345	-9529	-9.45
4.储蓄存款	360885	72652	25.21	其中:经营贷款	90345	-10229	-10.17
⑴活期储蓄	275233	66762	32.02	固定资产贷款	1000	700	233.33
⑵定期储蓄	85652	5890	7.38	(3)普通并购贷款			
5.农业存款	120118	48549	67.84	(4)银团贷款			
6.信托存款				(5)贸易融资	16349	12449	319.21
7.委托存款	1	-28	-96.71	2.中长期贷款	731237	149124	25.62
8.其他存款	4521	-1419	-23.9	(1)个人贷款	148547	20819	16.3
二、金融债券				其中:个人消费贷款	93836	16050	20.63
三、应付及暂收款	9645	828	9.39	(2)单位贷款	582690	128305	28.24
其中:应付利息	3406	14	0.4	其中:经营贷款	343039	183601	115.16
四、同业往来(来源方)	12	-633	-98.14	固定资产贷款	239651	-55296	-18.75
其中:境外同业往来				(3)普通并购贷款			
五、行内资金往来(来源方)				(4)银团贷款			
六、各项准备	30806	2137	7.45	(5)贸易融资			
其中:贷款损失准备	30664	2018	7.04	3.信托贷款			
七、所有者权益	25818	15842	158.8	4.融资租赁			
其中:实收资本	4632	2472	114.44	5.委托贷款			
八、其他	-153306	-44772	41.25	6.票据融资	264	264	
				其中:贴现	264	264	
				7.各项垫款			
				(二)境外贷款			
				二、有价证券及投资	344	-91	-20.9
				三、应收及预付款	3983	546	15.89
				其中:应收利息	1788	-42	-2.27
				四、同业往来(运用方)		-483	-100
				其中:境外同业往来			
				五、行内资金往来(运用方)	185632	118723	177.44
				六、金银占款			
				七、外汇占款	-2	-2	
				八、固定资产	19997	3637	22.23
				九、库存现金	14962	4471	42.62
				十、投资性房地产			
资金来源总计	1098512	297631	37.16	资金运用总计	1098512	297631	37.16

2-2-2-16 临沧市金融机构（不含外资）人民币信贷运行情况表

二〇一〇年十二月三十一日　　单位：万元

项目名称	期末余额	比年初增减	比年初增减%	项目名称	期末余额	比年初增减	比年初增减%
一、各项存款	2454559	502094	25.72	一、各项贷款	1681358	269031	19.05
1.企业存款	485475	73861	17.94	（一）境内贷款	1681358	269031	19.05
(1)活期存款	479448	73193	18.02	1.短期贷款	411321	−66989	−14.01
(2)定期存款	6027	668	12.47	（1）个人贷款及透支	93429	−19401	−17.20
2.财政存款	112681	47637	73.24	其中：个人消费贷款	11170	−16301	−59.34
3.机关团体存款	418169	40809	10.81	（2）单位贷款及透支	286563	−73053	−20.31
4.储蓄存款	1189176	250174	26.64	其中：经营贷款	286073	−73527	−20.45
(1)活期储蓄	741757	185026	33.23	固定资产贷款	490	490	
(2)定期储蓄	447419	65147	17.04	（3）普通并购贷款			
5.农业存款	228959	86821	61.08	（4）银团贷款			
6.信托存款				（5）贸易融资	31329	25465	434.26
7.委托存款	1186	−1594	−57.33	2.中长期贷款	1270037	336020	35.98
8.其他存款	18913	4385	30.18	（1）个人贷款	455546	118969	35.35
二、金融债券				其中：个人消费贷款	260498	58312	28.84
三、应付及暂收款	27301	4333	18.86	（2）单位贷款	814491	217052	36.33
其中：应付利息	13370	39	0.30	其中：经营贷款	327884	119127	57.06
四、同业往来(来源方)	15310	4970	48.07	固定资产贷款	486607	97925	25.19
其中：境外同业往来				（3）普通并购贷款			
五、行内资金往来(来源方)				（4）银团贷款			
六、各项准备	57155	9375	19.62	（5）贸易融资			
其中：贷款损失准备	56862	9355	19.69	3.信托贷款			
七、所有者权益	58231	20062	52.56	4.融资租赁			
其中：实收资本	16110	6882	74.58	5.委托贷款			
八、其他	−292471	−22779	8.45	6.票据融资			
				其中：贴现			
				7.各项垫款			
				（二）境外贷款			
				二、有价证券及投资	834	−964	−53.60
				三、应收及预付款	3888	934	31.61
				其中：应收利息	2787	245	9.63
				四、同业往来(运用方)	36719	34627	
				其中：境外同业往来			
				五、行内资金往来(运用方)	514739	196319	61.65
				六、金银占款			
				七、外汇占款			
				八、固定资产	37948	4104	12.13
				九、库存现金	44599	14004	45.77
				十、投资性房地产			
资金来源总计	2320084	518055	28.75	资金运用总计	2320084	518055	28.75

2-2-2-17 昆明市中资全国性大型银行人民币信贷运行情况表

二〇一〇年十二月三十一日　　　　单位：万元

栏目 项目名称	期末余额	比年初		栏目 项目名称	期末余额	比年初	
		增减	增减%			增减	增减%
一、各项存款	37204188	5136092	16.02	一、各项贷款	39044023	371711	17.26
1.企业存款	14253886	1345994	10.43	（一）境内贷款	38999023	326711	17.13
⑴活期存款	11668762	1130949	10.73	1、短期贷款	5879784	262938	-7.79
⑵定期存款	2585124	215045	9.07	（1）个人贷款及透支	219726	6393	16.11
2.机关团体存款	5576610	1209348	27.69	其中：个人消费贷款	136303	5680	18.66
3.储蓄存款	15180590	2247456	17.38	（2）单位普通贷款及透支	4984712	201385	-15.28
⑴活期储蓄	7226335	1203731	19.99	其中：经营性贷款	4579289	146247	-5.43
⑵定期储蓄	7954255	1043726	15.1	固定资产贷款	405424	55139	-61.07
4.农业存款	10818	-2579	-19.25	（3）普通并购贷款			
5.其他存款	2182284	335873	18.19	（4）银团贷款	2500		-54.55
二、代理财政性存款	42539	33857	389.95	（5）贸易融资	672846	55160	125.76
三、金融债券	78	9	13.59	2.中长期贷款	32814533	-10767	24.86
四、应付及暂收款	506860	49011	10.7	（1）个人贷款	4387464	56139	24.07
其中：应付及预提利息	200105	-7865	-3.78	其中：个人消费贷款	4159581	47677	23.25
五、卖出回购资产				（2）单位普通贷款	27915379	-116166	23.97
六、向中央银行借款				其中：经营贷款	4203833	-188648	33.11
七、同业往来	1440155	-950100	-39.75	固定资产贷款	23711545	72482	22.48
1.同业存放	1440155	-950100	-39.75	（3）普通并购贷款	111950	12950	36.89
其中：境外同业存放	16083	7869	95.8	（4）银团贷款	399740	36320	174.61
2.同业拆借				（5）贸易融资		-11	-100
其中：境外同业拆借				3.票据融资	233878	87739	-55.41
八、行内资金往来				其中：贴现	233878	87739	-55.41
九、委托存款及委托投资基金(净)	105326	49833	89.8	4.各项垫款	20828	-13200	
1.委托存款及委托投资基金	3263657	1770560	118.58	（二）境外贷款	45000	45000	
2.减：委托贷款及委托投资	3158331	1720728	119.69	二、有价证券及投资	244932	-1091	-0.19
十、代理金融机构委托贷款基金	357230	12000	3.48	三、应收及预付款	109955	-259392	1.07
其中：中央银行委托贷款基金	10			其中：应收利息	86546	-240876	-8.47
十一、各项准备	355507	121663	52.03	四、买入返售资产			-100
其中：贷款损失准备	323484	108228	50.28	五、存放中央准备金存款	296936	-173270	-2.75
十二、所有者权益	672286	116850	21.04	六、存放中央银行特种存款			
其中：实收资本				七、缴存中央银行财政性存款	95762	18591	127.97
十三、其他	-131392	817922	-86.16	八、同业往来	134725	-2360	
				1.存放同业	134725	-2360	
				其中：存放境外同业			
				2.拆放同业			
				其中：拆放境外同业			
				九、行内资金往来	76572	76572	-84.56
				十、代理金融机构贷款	357230		3.48
				其中：代理人行专项贷款	10		
				十一、库存现金	180664	28801	20.79
				十二、外汇占款	11977	11395	
				十三、投资性房地产			
资金来源总计	40552777	5387136	15.32	资金运用总计	40552777	70956	15.32

2-2-2-18 昭通市中资全国性大型银行人民币信贷运行情况表

二〇一〇年十二月三十一日　　单位：万元

栏目 / 项目名称	期末余额	比年初		栏目 / 项目名称	期末余额	比年初	
		增减	增减%			增减	增减%
一、各项存款	2999757	643596	27.32	一、各项贷款	1594564	412425	34.89
1.企业存款	951147	196360	26.02	（一）境内贷款	1594564	412425	34.89
⑴活期存款	788676	191080	31.97	1、短期贷款	429327	71240	19.89
⑵定期存款	162471	5280	3.36	（1）个人贷款及透支	16902	7741	84.5
2.机关团体存款	550847	162147	41.72	其中：个人消费贷款	3979	831	26.41
3.储蓄存款	1389504	273466	24.5	（2）单位普通贷款及透支	362025	17799	5.17
⑴活期储蓄	807622	175153	27.69	其中：经营性贷款	352025	41827	13.48
⑵定期储蓄	581883	98312	20.33	固定资产贷款	10000	-24000	-70.59
4.农业存款	1149	860	297.1	（3）普通并购贷款			
5.其他存款	107109	10764	11.17	（4）银团贷款			
二、代理财政性存款	4621	-9314	-66.84	（5）贸易融资	50400	45700	972.34
三、金融债券	2			2.中长期贷款	1158740	340783	41.66
四、应付及暂收款	41784	11411	37.57	（1）个人贷款	267098	73790	38.17
其中：应付及预提利息	16579	-55	-0.33	其中：个人消费贷款	193282	45885	31.13
五、卖出回购资产				（2）单位普通贷款	891642	266993	42.74
六、向中央银行借款				其中：经营贷款	314326	111538	55
七、同业往来	1548	-6815	-81.49	固定资产贷款	577316	155454	36.85
1.同业存放	1548	-6815	-81.49	（3）普通并购贷款			
其中：境外同业存放				（4）银团贷款			
2.同业拆借				（5）贸易融资			
其中：境外同业拆借				3.票据融资	6497	401	6.58
八、行内资金往来				其中：贴现	6497	401	6.58
九、委托存款及委托投资基金(净)	164	37	29.38	4.各项垫款			
1.委托存款及委托投资基金	138007	47602	52.65	（二）境外贷款			
2.减：委托贷款及委托投资	137843	47565	52.69	二、有价证券及投资	637	-1869	-74.58
十、代理金融机构委托贷款基金				三、应收及预付款	3878	997	34.59
其中：中央银行委托贷款基金				其中：应收利息	3635	1390	61.9
十一、各项准备	17278	2098	13.82	四、买入返售资产			
其中：贷款损失准备	16853	2114	14.35	五、存放中央准备金存款	8298	-18771	-69.34
十二、所有者权益	38848	9598	32.81	六、存放中央银行特种存款			
其中：实收资本				七、缴存中央银行财政性存款	6408	576	9.88
十三、其他	-16596	175813	-91.37	八、同业往来	1020	-58	-5.35
				1.存放同业	1020	-58	-5.35
				其中：存放境外同业			
				2.拆放同业			
				其中：拆放境外同业			
				九、行内资金往来	1450374	425890	41.57
				十、代理金融机构贷款			
				其中：代理人行专项贷款			
				十一、库存现金	22227	7233	48.24
				十二、外汇占款			
				十三、投资性房地产			
资金来源总计	3087406	826424	36.55	资金运用总计	3087406	826424	36.55

2-2-2-19 曲靖市中资全国性大型银行人民币信贷运行情况表

二〇一〇年十二月三十一日　　　　单位：万元

栏目 项目名称	期末余额	比年初		栏目 项目名称	期末余额	比年初	
		增减	增减%			增减	增减%
一、各项存款	5864606	490085	9.12	一、各项贷款	3477369	384525	12.43
1.企业存款	1956299	5628	0.29	（一）境内贷款	3477369	384525	12.43
⑴活期存款	1802570	77280	4.48	1、短期贷款	689636	166616	31.86
⑵定期存款	153729	−71651	−31.79	（1）个人贷款及透支	99343	16257	19.57
2.机关团体存款	585641	43140	7.95	其中：个人消费贷款	23984	10398	76.53
3.储蓄存款	3104055	401838	14.87	（2）单位普通贷款及透支	478387	75091	18.62
⑴活期储蓄	1628075	274144	20.25	其中：经营性贷款	478387	85091	21.64
⑵定期储蓄	1475980	127694	9.47	固定资产贷款		−10000	−100
4.农业存款	3269	1718	110.73	（3）普通并购贷款			
5.其他存款	215343	37760	21.26	（4）银团贷款			
二、代理财政性存款	15350	12764	493.66	（5）贸易融资	111905	75268	205.44
三、金融债券				2.中长期贷款	2717418	226015	9.07
四、应付及暂收款	90980	8068	9.73	（1）个人贷款	776341	189310	32.25
其中：应付及预提利息	39829	−2480	−5.86	其中：个人消费贷款	707597	176616	33.26
五、卖出回购资产				（2）单位普通贷款	1901877	46505	2.51
六、向中央银行借款				其中：经营贷款	626210	−106320	−14.51
七、同业往来	3071	209	7.32	固定资产贷款	1275667	152825	13.61
1.同业存放	3071	209	7.32	（3）普通并购贷款			
其中：境外同业存放				（4）银团贷款	39200	−9800	−20
2.同业拆借				（5）贸易融资			
其中：境外同业拆借				3.票据融资	70316	−8106	−10.34
八、行内资金往来				其中：贴现	70316	−8106	−10.34
九、委托存款及委托投资基金(净)	6222	2815	82.61	4.各项垫款			
1.委托存款及委托投资基金	253507	1410	0.56	（二）境外贷款			
2.减：委托贷款及委托投资	247284	−1405	−0.56	二、有价证券及投资	−23024	−28747	−502.31
十、代理金融机构委托贷款基金	15			三、应收及预付款	11996	271	2.31
其中：中央银行委托贷款基金				其中：应收利息	8379	442	5.57
十一、各项准备	54399	8306	18.02	四、买入返售资产			
其中：贷款损失准备	53648	8336	18.4	五、存放中央准备金存款	40228	−21920	−35.27
十二、所有者权益	81609	12505	18.1	六、存放中央银行特种存款			
其中：实收资本				七、缴存中央银行财政性存款	11571	10284	798.87
十三、其他	−33534	222557	−86.91	八、同业往来	2318	−136	−5.53
				1.存放同业	2318	−136	−5.53
				其中：存放境外同业			
				2.拆放同业			
				其中：拆放境外同业			
				九、行内资金往来	2521338	411793	19.52
				十、代理金融机构贷款	15		
				其中：代理人行专项贷款			
				十一、库存现金	40907	1240	3.13
				十二、外汇占款	−1	−1	
				十三、投资性房地产			
资金来源总计	6082718	757310	14.22	资金运用总计	6082718	757310	14.22

2-2-2-20 玉溪市中资全国性大型银行人民币信贷运行情况表

二○一○年十二月三十一日　　　　单位：万元

栏目 项目名称	期末余额	比年初		栏目 项目名称	期末余额	比年初	
		增减	增减%			增减	增减%
一、各项存款	4314319	392943	10.02	一、各项贷款	2328536	467000	25.09
1.企业存款	1604722	111842	7.49	（一）境内贷款	2328536	467000	25.09
⑴活期存款	1244666	212786	20.62	1、短期贷款	640262	95650	17.56
⑵定期存款	360056	−100944	−21.90	（1）个人贷款及透支	105998	13536	14.64
2.机关团体存款	503649	29537	6.23	其中：个人消费贷款	24785	2274	10.10
3.储蓄存款	2081131	224135	12.07	（2）单位普通贷款及透支	505848	60777	13.66
⑴活期储蓄	863211	99885	13.09	其中：经营性贷款	505848	60777	13.66
⑵定期储蓄	1217920	124250	11.36	固定资产贷款			
4.农业存款	2740	1489	119.04	（3）普通并购贷款			
5.其他存款	122077	25941	26.98	（4）银团贷款			
二、代理财政性存款	3775	652	20.89	（5）贸易融资	28417	21337	301.36
三、金融债券	2			2.中长期贷款	1638832	349544	27.11
四、应付及暂收款	59223	7380	14.24	（1）个人贷款	517437	190368	58.20
其中：应付及预提利息	26177	−263	−0.99	其中：个人消费贷款	471774	165464	54.02
五、卖出回购资产				（2）单位普通贷款	1121395	159176	16.54
六、向中央银行借款				其中：经营贷款	273215	−20589	−7.01
七、同业往来	38503	12005	45.30	固定资产贷款	848180	179765	26.89
1.同业存放	38503	12005	45.30	（3）普通并购贷款			
其中：境外同业存放				（4）银团贷款			
2.同业拆借				（5）贸易融资			
其中：境外同业拆借				3.票据融资	49442	22603	84.22
八、行内资金往来				其中：贴现	49442	22603	84.22
九、委托存款及委托投资基金(净)	7242	5327	278.24	4.各项垫款		−797	−100.00
1.委托存款及委托投资基金	242915	54076	28.64	（二）境外贷款			
2.减：委托贷款及委托投资	235673	48749	26.08	二、有价证券及投资	1780	−10173	−85.11
十、代理金融机构委托贷款基金				三、应收及预付款	7223	−2373	−24.73
其中：中央银行委托贷款基金				其中：应收利息	6038	−2651	−30.51
十一、各项准备	25581	3136	13.97	四、买入返售资产			
其中：贷款损失准备	25307	3133	14.13	五、存放中央准备金存款	56311	5041	9.83
十二、所有者权益	61457	10704	21.09	六、存放中央银行特种存款			
其中：实收资本				七、缴存中央银行财政性存款	2602	531	25.64
十三、其他	−32396	150134	−82.25	八、同业往来	4384	−952	−17.84
				1.存放同业	4384	−952	−17.84
				其中：存放境外同业			
				2.拆放同业			
				其中：拆放境外同业			
				九、行内资金往来	2048299	121980	6.33
				十、代理金融机构贷款			
				其中：代理人行专项贷款			
				十一、库存现金	28593	1250	4.57
				十二、外汇占款	−21	−21	
				十三、投资性房地产			
资金来源总计	4477707	582282	14.95	资金运用总计	4477707	582282	14.95

2-2-2-21 红河州中资全国性大型银行人民币信贷运行情况表

二○一○年十二月三十一日　　　　单位：万元

栏目 / 项目名称	期末余额	比年初		栏目 / 项目名称	期末余额	比年初	
		增减	增减%			增减	增减%
一、各项存款	5565172	1014960	22.31	一、各项贷款	2989556	349954	13.26
1.企业存款	1723258	188984	12.32	（一）境内贷款	2989556	349954	13.26
⑴活期存款	1529370	174208	12.86	1、短期贷款	721435	-71530	-9.02
⑵定期存款	193889	14776	8.25	（1）个人贷款及透支	75522	8760	13.12
2.机关团体存款	880045	240695	37.65	其中：个人消费贷款	19149	1150	6.39
3.储蓄存款	2613832	379052	16.96	（2）单位普通贷款及透支	596633	-114448	-16.09
⑴活期储蓄	1324875	248116	23.04	其中：经营性贷款	545643	-110448	-16.83
⑵定期储蓄	1288957	130936	11.31	固定资产贷款	50990	-4000	-7.27
4.农业存款	1687	46	2.77	（3）普通并购贷款			
5.其他存款	346350	206184	147.10	（4）银团贷款			
二、代理财政性存款	1081	-774	-41.74	（5）贸易融资	49279	34158	225.90
三、金融债券				2.中长期贷款	2225773	433227	24.17
四、应付及暂收款	57265	11973	26.44	（1）个人贷款	738922	209172	39.49
其中：应付及预提利息	37709	5967	18.80	其中：个人消费贷款	657230	198185	43.17
五、卖出回购资产				（2）单位普通贷款	1486851	224055	17.74
六、向中央银行借款				其中：经营贷款	624471	166608	36.39
七、同业往来	12001	3557	42.12	固定资产贷款	862380	57447	7.14
1.同业存放	12001	3557	42.12	（3）普通并购贷款			
其中：境外同业存放	9469	4270	82.12	（4）银团贷款			
2.同业拆借				（5）贸易融资			
其中：境外同业拆借				3.票据融资	42349	-11743	-21.71
八、行内资金往来				其中：贴现	42349	-11743	-21.71
九、委托存款及委托投资基金(净)	191	115	151.44	4.各项垫款			
1.委托存款及委托投资基金	306434	36842	13.67	（二）境外贷款			
2.减：委托贷款及委托投资	306243	36727	13.63	二、有价证券及投资	902	-8799	-90.70
十、代理金融机构委托贷款基金				三、应收及预付款	8554	-4559	-34.77
其中：中央银行委托贷款基金				其中：应收利息	7712	-4656	-37.64
十一、各项准备	35961	7335	25.62	四、买入返售资产			
其中：贷款损失准备	35130	7325	26.34	五、存放中央准备金存款	37181	-14952	-28.68
十二、所有者权益	83309	18281	28.11	六、存放中央银行特种存款			
其中：实收资本				七、缴存中央银行财政性存款	2376	1170	96.97
十三、其他	-29239	-15663	115.37	八、同业往来			49.82
				1.存放同业			49.82
				其中：存放境外同业			49.82
				2.拆放同业			
				其中：拆放境外同业			
				九、行内资金往来	2658047	715800	36.85
				十、代理金融机构贷款			
				其中：代理人行专项贷款			
				十一、库存现金	29145	1191	4.26
				十二、外汇占款	-20	-20	
				十三、投资性房地产			
资金来源总计	5725741	1039784	22.19	资金运用总计	5725741	1039784	22.19

2-2-2-22 文山州中资全国性大型银行人民币信贷运行情况表

二〇一〇年十二月三十一日　　　　单位：万元

项目名称	期末余额	比年初增减	比年初增减%	项目名称	期末余额	比年初增减	比年初增减%
一、各项存款	2597908	478028	22.55	一、各项贷款	1899912	280701	17.34
1.企业存款	630491	76992	13.91	（一）境内贷款	1899912	280701	17.34
⑴活期存款	591319	57094	10.69	1、短期贷款	272657	5469	2.05
⑵定期存款	39173	19898	103.23	（1）个人贷款及透支	69407	-7284	-9.50
2.机关团体存款	643941	160387	33.17	其中：个人消费贷款	8719	2164	33.02
3.储蓄存款	1274360	222515	21.15	（2）单位普通贷款及透支	172120	-9010	-4.97
⑴活期储蓄	805556	169765	26.70	其中：经营性贷款	172120	-4160	-2.36
⑵定期储蓄	468803	52749	12.68	固定资产贷款		-4850	-100.00
4.农业存款	1699	-33	-1.93	（3）普通并购贷款			
5.其他存款	47417	18168	62.11	（4）银团贷款			
二、代理财政性存款	4351	368	9.23	（5）贸易融资	31130	21763	232.34
三、金融债券				2.中长期贷款	1602538	265704	19.88
四、应付及暂收款	18213	2601	16.66	（1）个人贷款	588559	73616	14.30
其中：应付及预提利息	7656	714	10.29	其中：个人消费贷款	499163	69475	16.17
五、卖出回购资产				（2）单位普通贷款	1003980	182089	22.15
六、向中央银行借款				其中：经营贷款	454297	-91774	-16.81
七、同业往来	6563	-32018	-82.99	固定资产贷款	549683	273863	99.29
1.同业存放	6563	-32018	-82.99	（3）普通并购贷款			
其中：境外同业存放				（4）银团贷款	10000	10000	
2.同业拆借				（5）贸易融资			
其中：境外同业拆借				3.票据融资	24397	9327	61.90
八、行内资金往来				其中：贴现	24397	9327	61.90
九、委托存款及委托投资基金(净)	5	-521	-99.01	4.各项垫款	320	200	166.67
1.委托存款及委托投资基金	141441	5578	4.11	（二）境外贷款			
2.减：委托贷款及委托投资	141435	6098	4.51	二、有价证券及投资	3	-1742	-99.83
十、代理金融机构委托贷款基金				三、应收及预付款	5160	1024	24.76
其中：中央银行委托贷款基金				其中：应收利息	4972	1149	30.06
十一、各项准备	38089	4350	12.89	四、买入返售资产			
其中：贷款损失准备	37940	4365	13.00	五、存放中央准备金存款	5381	-1362	-20.20
十二、所有者权益	45816	16546	56.53	六、存放中央银行特种存款			
其中：实收资本				七、缴存中央银行财政性存款	3919	1841	88.61
十三、其他	-18057	175885	-90.69	八、同业往来	1488	53	3.68
				1.存放同业	1488	53	3.68
				其中：存放境外同业			
				2.拆放同业			
				其中：拆放境外同业			
				九、行内资金往来	756809	359159	90.32
				十、代理金融机构贷款			
				其中：代理人行专项贷款			
				十一、库存现金	20217	5568	38.01
				十二、外汇占款		-3	-120.48
				十三、投资性房地产			
资金来源总计	2692889	645239	31.51	资金运用总计	2692889	645239	31.51

2-2-2-23 普洱市中资全国性大型银行人民币信贷运行情况表

二〇一〇年十二月三十一日　　　　单位：万元

项目名称＼栏目	期末余额	比年初		项目名称＼栏目	期末余额	比年初	
		增减	增减%			增减	增减%
一、各项存款	2056158	433492	26.7	一、各项贷款	1266157	212509	20.2
1.企业存款	625221	174659	38.8	（一）境内贷款	1266157	212509	20.2
⑴活期存款	575951	160300	38.6	1、短期贷款	280327	38653	16.0
⑵定期存款	49269	14359	41.1	（1）个人贷款及透支	28763	10927	61.3
2.机关团体存款	457644	109889	31.6	其中：个人消费贷款	5262	606	13.0
3.储蓄存款	946281	141857	17.6	（2）单位普通贷款及透支	240992	26255	12.2
⑴活期储蓄	519011	92081	21.6	其中：经营性贷款	240992	26255	12.2
⑵定期储蓄	427269	49776	13.2	固定资产贷款			
4.农业存款	4920	2461	100.1	（3）普通并购贷款			
5.其他存款	22093	4625	26.5	（4）银团贷款			
二、代理财政性存款	5	–45	–89.7	（5）贸易融资	10571	1471	16.2
三、金融债券				2.中长期贷款	985780	175386	21.6
四、应付及暂收款	14502	898	6.6	（1）个人贷款	249223	92547	59.1
其中：应付及预提利息	7735	722	10.3	其中：个人消费贷款	206144	87125	73.2
五、卖出回购资产				（2）单位普通贷款	736558	82839	12.7
六、向中央银行借款				其中：经营贷款	142938	76102	113.9
七、同业往来	8166	4678	134.1	固定资产贷款	593619	6737	1.1
1.同业存放	8166	4678	134.1	（3）普通并购贷款			
其中：境外同业存放				（4）银团贷款			
2.同业拆借				（5）贸易融资			
其中：境外同业拆借				3.票据融资	50	–1530	–96.8
八、行内资金往来	16349	9716	146.5	其中：贴现	50	–1530	–96.8
九、委托存款及委托投资基金(净)	120	–7	–5.3	4.各项垫款			
1.委托存款及委托投资基金	131243	19289	17.2	（二）境外贷款			
2.减：委托贷款及委托投资	131123	19296	17.3	二、有价证券及投资	715	–2067	–74.3
十、代理金融机构委托贷款基金	20000		0.0	三、应收及预付款	3017	544	22.0
其中：中央银行委托贷款基金				其中：应收利息	2805	738	35.7
十一、各项准备	28452	3472	13.9	四、买入返售资产			
其中：贷款损失准备	28447	3474	13.9	五、存放中央准备金存款	17963	–13358	–42.6
十二、所有者权益	26487	1281	5.1	六、存放中央银行特种存款			
其中：实收资本				七、缴存中央银行财政性存款	938	703	298.7
十三、其他	–15766	122536	–88.6	八、同业往来	290	–422	–59.2
				1.存放同业	290	–422	–59.2
				其中：存放境外同业			
				2.拆放同业			
				其中：拆放境外同业			
				九、行内资金往来	832680	377485	82.9
				十、代理金融机构贷款	20000		
				其中：代理人行专项贷款			
				十一、库存现金	12712	625	5.2
				十二、外汇占款	1	1	15842.6
				十三、投资性房地产			
资金来源总计	2154473	576020	36.5	资金运用总计	2154473	576020	36.5

2-2-2-24 版纳州中资全国性大型银行人民币信贷运行情况表

二〇一〇年十二月三十一日　　单位：万元

项目名称	期末余额	比年初增减	比年初增减%	项目名称	期末余额	比年初增减	比年初增减%
一、各项存款	1927971	379994	24.55	一、各项贷款	919010	124686	15.70
1.企业存款	557162	136629	32.49	（一）境内贷款	919010	124686	15.70
⑴活期存款	520058	139218	36.56	1、短期贷款	179004	11190	6.67
⑵定期存款	37104	-2589	-6.52	（1）个人贷款及透支	30346	12631	71.30
2.机关团体存款	233250	47907	25.85	其中：个人消费贷款	6053	3510	138.00
3.储蓄存款	1097295	185535	20.35	（2）单位普通贷款及透支	144518	-3291	-2.23
⑴活期储蓄	649877	143515	28.34	其中：经营性贷款	144518	-3291	-2.23
⑵定期储蓄	447418	42020	10.37	固定资产贷款			
4.农业存款	1833	-155	-7.80	（3）普通并购贷款			
5.其他存款	38430	10078	35.55	（4）银团贷款			
二、代理财政性存款	1	-2617	-99.96	（5）贸易融资	4140	1850	80.79
三、金融债券			#DIV/0!	2.中长期贷款	739876	114964	18.40
四、应付及暂收款	14915	1832	14.01	（1）个人贷款	260864	57556	28.31
其中：应付及预提利息	8762	539	6.56	其中：个人消费贷款	185346	35533	23.72
五、卖出回购资产				（2）单位普通贷款	479012	57408	13.62
六、向中央银行借款				其中：经营贷款	47692	17982	60.53
七、同业往来	615	341	124.38	固定资产贷款	431320	39426	10.06
1.同业存放	615	341	124.38	（3）普通并购贷款			
其中：境外同业存放	3		-12.88	（4）银团贷款			
2.同业拆借				（5）贸易融资			
其中：境外同业拆借				3.票据融资	130	-1469	-91.87
八、行内资金往来				其中：贴现	130	-1469	-91.87
九、委托存款及委托投资基金(净)		-77	-100.00	4.各项垫款			
1.委托存款及委托投资基金	115917	19871	20.69	（二）境外贷款			
2.减：委托贷款及委托投资	115917	19949	20.79	二、有价证券及投资	21	-1881	-98.88
十、代理金融机构委托贷款基金				三、应收及预付款	2590	-362	-12.27
其中：中央银行委托贷款基金				其中：应收利息	2274	-370	-14.00
十一、各项准备	18174	583	3.31	四、买入返售资产			
其中：贷款损失准备	18128	575	3.28	五、存放中央准备金存款	6530	-10362	-61.34
十二、所有者权益	27581	10539	61.84	六、存放中央银行特种存款			
其中：实收资本				七、缴存中央银行财政性存款	319	-133	-29.36
十三、其他	-9622	120396	-92.60	八、同业往来	606	91	17.69
				1.存放同业	606	221	57.41
				其中：存放境外同业			
				2.拆放同业		-130	-100.00
				其中：拆放境外同业			
				九、行内资金往来	1029639	391249	61.29
				十、代理金融机构贷款			
				其中：代理人行专项贷款			
				十一、库存现金	20923	7705	58.29
				十二、外汇占款	-3	-4	-499.37
				十三、投资性房地产			
资金来源总计	1979635	510990	34.79	资金运用总计	1979635	510990	34.79

2-2-2-25 楚雄州中资全国性大型银行人民币信贷运行情况表

二〇一〇年十二月三十一日　　　　单位：万元

栏目 项目名称	期末余额	比年初 增减	比年初 增减%	栏目 项目名称	期末余额	比年初 增减	比年初 增减%
一、各项存款	2753352	241889	9.63	一、各项贷款	1498132	211494	16.44
1.企业存款	988189	-25539	-2.52	（一）境内贷款	1498132	211494	16.44
⑴活期存款	874435	47422	5.73	1、短期贷款	343484	18329	5.64
⑵定期存款	113754	-72960	-39.08	（1）个人贷款及透支	69085	11233	19.42
2.机关团体存款	357113	41403	13.11	其中：个人消费贷款	8530	318	3.87
3.储蓄存款	1341599	199423	17.46	（2）单位普通贷款及透支	271034	4230	1.59
⑴活期储蓄	668110	109133	19.52	其中：经营性贷款	271034	4230	1.59
⑵定期储蓄	673489	90290	15.48	固定资产贷款			
4.农业存款	995	-979	-49.59	（3）普通并购贷款			
5.其他存款	65457	27580	72.81	（4）银团贷款			
二、代理财政性存款	1099	-561	-33.80	（5）贸易融资	3365	2865	573.06
三、金融债券				2.中长期贷款	1127195	179708	18.97
四、应付及暂收款	37088	8099	27.94	（1）个人贷款	390231	95417	32.36
其中：应付及预提利息	15396	-373	-2.36	其中：个人消费贷款	347510	78043	28.96
五、卖出回购资产				（2）单位普通贷款	736964	84291	12.91
六、向中央银行借款				其中：经营贷款	312768	38046	13.85
七、同业往来	1881	1446	333.17	固定资产贷款	424196	46245	12.24
1.同业存放	1881	1446	333.17	（3）普通并购贷款			
其中：境外同业存放				（4）银团贷款			
2.同业拆借				（5）贸易融资			
其中：境外同业拆借				3.票据融资	27453	13457	96.16
八、行内资金往来				其中：贴现	27453	13457	96.16
九、委托存款及委托投资基金(净)	2115	1213	134.50	4.各项垫款			
1.委托存款及委托投资基金	138486	22857	19.77	（二）境外贷款			
2.减：委托贷款及委托投资	136371	21644	18.87	二、有价证券及投资	3901	-5163	-56.96
十、代理金融机构委托贷款基金				三、应收及预付款	4511	-2696	-37.41
其中：中央银行委托贷款基金				其中：应收利息	4204	-2242	-34.78
十一、各项准备	15587	2284	17.17	四、买入返售资产			
其中：贷款损失准备	15410	2480	19.18	五、存放中央准备金存款	31439	4933	18.61
十二、所有者权益	40658	7655	23.19	六、存放中央银行特种存款			
其中：实收资本				七、缴存中央银行财政性存款	2772	1351	95.14
十三、其他	-10500	124277	-92.21	八、同业往来	967	286	41.93
				1.存放同业	967	286	41.93
				其中：存放境外同业			
				2.拆放同业			
				其中：拆放境外同业			
				九、行内资金往来	1276168	174932	15.89
				十、代理金融机构贷款			
				其中：代理人行专项贷款			
				十一、库存现金	23400	1176	5.29
				十二、外汇占款	-10	-10	
				十三、投资性房地产			
资金来源总计	2841279	386302	15.74	资金运用总计	2841279	386302	15.74

2-2-2-26 大理州中资全国性大型银行人民币信贷运行情况表

二〇一〇年十二月三十一日　　单位：万元

项目名称	期末余额	比年初增减	比年初增减%	项目名称	期末余额	比年初增减	比年初增减%
一、各项存款	3687380	637846	20.92	一、各项贷款	2433767	456872	23.11
1.企业存款	1019252	217862	27.19	（一）境内贷款	2433767	456872	23.11
⑴活期存款	905285	176896	24.29	1、短期贷款	730220	73224	11.15
⑵定期存款	113967	40966	56.12	（1）个人贷款及透支	137783	31013	29.05
2.机关团体存款	599571	112192	23.02	其中：个人消费贷款	20259	5977	41.84
3.储蓄存款	1946583	287980	17.36	（2）单位普通贷款及透支	587445	38951	7.10
⑴活期储蓄	962858	183644	23.57	其中：经营性贷款	536245	46436	9.48
⑵定期储蓄	983725	104336	11.86	固定资产贷款	51200	-7485	-12.75
4.农业存款	3753	1444	62.51	（3）普通并购贷款			
5.其他存款	118221	18369	18.40	（4）银团贷款			
二、代理财政性存款	2565	526	25.83	（5）贸易融资	4993	3260	188.17
三、金融债券				2.中长期贷款	1676337	388521	30.17
四、应付及暂收款	39987	-6753	-14.45	（1）个人贷款	438679	103901	31.04
其中：应付及预提利息	23377	2082	9.78	其中：个人消费贷款	389608	93918	31.76
五、卖出回购资产				（2）单位普通贷款	1237471	284642	29.87
六、向中央银行借款				其中：经营贷款	380864	29360	8.35
七、同业往来	103389	99159	2344.38	固定资产贷款	856607	255282	42.45
1.同业存放	103389	99159	2344.38	（3）普通并购贷款			
其中：境外同业存放				（4）银团贷款			
2.同业拆借				（5）贸易融资	187	-21	-10.32
其中：境外同业拆借				3.票据融资	6551	-23852	-78.45
八、行内资金往来				其中：贴现	6551	-23852	-78.45
九、委托存款及委托投资基金(净)	11	-68	-85.70	4.各项垫款	20660	18979	1129.36
1.委托存款及委托投资基金	209507	34042	19.40	（二）境外贷款			
2.减：委托贷款及委托投资	209496	34110	19.45	二、有价证券及投资	816	-4810	-85.49
十、代理金融机构委托贷款基金				三、应收及预付款	10388	3589	52.79
其中：中央银行委托贷款基金				其中：应收利息	9206	3816	70.79
十一、各项准备	49318	12199	32.87	四、买入返售资产			
其中：贷款损失准备	49301	12458	33.82	五、存放中央准备金存款	24644	-16284	-39.79
十二、所有者权益	48867	17785	57.22	六、存放中央银行特种存款			
其中：实收资本				七、缴存中央银行财政性存款	4201	1306	45.12
十三、其他	-15398	165599	-91.49	八、同业往来	1706	3	0.16
				1.存放同业	1706	3	0.16
				其中：存放境外同业			
				2.拆放同业			
				其中：拆放境外同业			
				九、行内资金往来	1414010	481586	51.65
				十、代理金融机构贷款			
				其中：代理人行专项贷款			
				十一、库存现金	26590	4042	17.92
				十二、外汇占款	-4	-10	-178.94
				十三、投资性房地产			
资金来源总计	3916119	926294	30.98	资金运用总计	3916119	926294	30.98

2-2-2-27 保山市中资全国性大型银行人民币信贷运行情况表

二〇一〇年十二月三十一日　　单位：万元

栏目 项目名称	期末余额	比年初		栏目 项目名称	期末余额	比年初	
		增减	增减%			增减	增减%
一、各项存款	2054088	433104	26.72	一、各项贷款	1213194	171860	16.50
1.企业存款	585250	179168	44.12	（一）境内贷款	1213194	171860	16.50
⑴活期存款	565675	177173	45.60	1、短期贷款	237895	34261	16.82
⑵定期存款	19575	1995	11.35	（1）个人贷款及透支	43342	13484	45.16
2.机关团体存款	366508	58618	19.04	其中：个人消费贷款	7852	3523	81.39
3.储蓄存款	1058679	180545	20.56	（2）单位普通贷款及透支	170352	18726	12.35
⑴活期储蓄	538007	122061	29.35	其中：经营性贷款	170352	19106	12.63
⑵定期储蓄	520672	58484	12.65	固定资产贷款		-380	-100.00
4.农业存款	2621	163	6.62	（3）普通并购贷款			
5.其他存款	41031	14609	55.29	（4）银团贷款			
二、代理财政性存款	74	63	557.67	（5）贸易融资	24200	2050	9.26
三、金融债券				2.中长期贷款	973608	137082	16.39
四、应付及暂收款	23343	3822	19.58	（1）个人贷款	355852	94270	36.04
其中：应付及预提利息	12104	975	8.76	其中：个人消费贷款	318451	86359	37.21
五、卖出回购资产				（2）单位普通贷款	617756	42812	7.45
六、向中央银行借款				其中：经营贷款	114020	-7299	-6.02
七、同业往来	101376	98117	3011.25	固定资产贷款	503736	50111	11.05
1.同业存放	101376	98117	3011.25	（3）普通并购贷款			
其中：境外同业存放	65	65		（4）银团贷款			
2.同业拆借				（5）贸易融资			
其中：境外同业拆借				3.票据融资	1692	517	43.99
八、行内资金往来				其中：贴现	1692	517	43.99
九、委托存款及委托投资基金(净)			-40.84	4.各项垫款			
1.委托存款及委托投资基金	98555	14667	17.48	（二）境外贷款			
2.减：委托贷款及委托投资	98554	14667	17.48	二、有价证券及投资	-623	-1781	-153.78
十、代理金融机构委托贷款基金				三、应收及预付款	4088	1588	63.56
其中：中央银行委托贷款基金				其中：应收利息	3106	1069	52.46
十一、各项准备	12719	1249	10.89	四、买入返售资产			
其中：贷款损失准备	12610	1255	11.05	五、存放中央准备金存款	11371	3604	46.40
十二、所有者权益	26335	1188	4.72	六、存放中央银行特种存款			
其中：实收资本				七、缴存中央银行财政性存款	1240	-1184	-48.85
十三、其他	-20390	100278	-83.10	八、同业往来	1766	-295	-14.31
				1.存放同业	1766	-295	-14.31
				其中：存放境外同业			
				2.拆放同业			
				其中：拆放境外同业			
				九、行内资金往来	955494	463989	94.40
				十、代理金融机构贷款			
				其中：代理人行专项贷款			
				十一、库存现金	11028	52	0.47
				十二、外汇占款	-11	-11	
				十三、投资性房地产			
资金来源总计	2197546	637821	40.89	资金运用总计	2197546	637821	40.89

2-2-2-28 德宏州中资全国性大型银行人民币信贷运行情况表

二〇一〇年十二月三十一日　　单位：万元

栏目 项目名称	期末余额	比年初		栏目 项目名称	期末余额	比年初	
		增减	增减%			增减	增减%
一、各项存款	1952456	448285	29.80	一、各项贷款	974968	97283	11.08
1.企业存款	351543	63354	21.98	（一）境内贷款	974968	97283	11.08
⑴活期存款	293582	56470	23.82	1、短期贷款	179677	27674	18.21
⑵定期存款	57961	6885	13.48	（1）个人贷款及透支	69028	15152	28.12
2.机关团体存款	274869	52845	23.80	其中：个人消费贷款	11293	3506	45.02
3.储蓄存款	1197048	224182	23.04	（2）单位普通贷款及透支	99606	6479	6.96
⑴活期储蓄	725342	166985	29.91	其中：经营性贷款	99516	6389	6.86
⑵定期储蓄	471706	57196	13.80	固定资产贷款	90	90	
4.农业存款	211	64	43.83	（3）普通并购贷款			
5.其他存款	128786	107840	514.84	（4）银团贷款			
二、代理财政性存款	993	230	30.08	（5）贸易融资	11043	6043	120.86
三、金融债券				2.中长期贷款	795292	69640	9.60
四、应付及暂收款	18582	4787	34.70	（1）个人贷款	202374	33042	19.51
其中：应付及预提利息	12326	3137	34.13	其中：个人消费贷款	128470	23308	22.16
五、卖出回购资产				（2）单位普通贷款	592918	36598	6.58
六、向中央银行借款				其中：经营贷款	64700	−21831	−25.23
七、同业往来	8339	119	1.45	固定资产贷款	528217	58429	12.44
1.同业存放	8339	119	1.45	（3）普通并购贷款			
其中：境外同业存放	3219	157	5.11	（4）银团贷款			
2.同业拆借				（5）贸易融资			
其中：境外同业拆借				3.票据融资		−30	−100.00
八、行内资金往来				其中：贴现		−30	−100.00
九、委托存款及委托投资基金(净)				4.各项垫款			
1.委托存款及委托投资基金	65836	11915	22.10	（二）境外贷款			
2.减：委托贷款及委托投资	65836	11915	22.10	二、有价证券及投资	−822	−2135	−162.56
十、代理金融机构委托贷款基金	70583	19500	38.17	三、应收及预付款	2763	90	3.35
其中：中央银行委托贷款基金				其中：应收利息	2274	−126	−5.24
十一、各项准备	20372	−843	−3.97	四、买入返售资产			
其中：贷款损失准备	19357	−843	−4.17	五、存放中央准备金存款	4497	−9302	−67.41
十二、所有者权益	29217	7083	32.00	六、存放中央银行特种存款			
其中：实收资本				七、缴存中央银行财政性存款	2080	473	29.43
十三、其他	−8775	−531	6.45	八、同业往来			
				1.存放同业			
				其中：存放境外同业			
				2.拆放同业			
				其中：拆放境外同业			
				九、行内资金往来	1026426	370744	56.54
				十、代理金融机构贷款	70583	19500	38.17
				其中：代理人行专项贷款			
				十一、库存现金	11273	1976	21.25
				十二、外汇占款			
				十三、投资性房地产			
资金来源总计	2091767	478629	29.67	资金运用总计	2091767	478629	29.67

2-2-2-29 丽江市中资全国性大型银行人民币信贷运行情况表

二〇一〇年十二月三十一日　　　　单位：万元

栏目 项目名称	期末余额	比年初		栏目 项目名称	期末余额	比年初	
		增减	增减%			增减	增减%
一、各项存款	1938306	292544	17.78	一、各项贷款	1203136	125520	11.65
1.企业存款	650539	84249	14.88	（一）境内贷款	1203136	125520	11.65
⑴活期存款	596759	77475	14.92	1、短期贷款	287716	-88879	-23.60
⑵定期存款	53779	6774	14.41	（1）个人贷款及透支	26654	8516	46.96
2.机关团体存款	292074	61232	26.53	其中：个人消费贷款	6730	3723	123.79
3.储蓄存款	956550	142589	17.52	（2）单位普通贷款及透支	253962	-95376	-27.30
⑴活期储蓄	603834	112253	22.84	其中：经营性贷款	252674	-96664	-27.67
⑵定期储蓄	352716	30336	9.41	固定资产贷款	1261	1261	
4.农业存款	1780	396	28.64	（3）普通并购贷款			
5.其他存款	37364	4077	12.25	（4）银团贷款			
二、代理财政性存款	18	-62	-77.71	（5）贸易融资	7100	-2019	-22.14
三、金融债券				2.中长期贷款	906471	211745	30.48
四、应付及暂收款	16049	626	4.06	（1）个人贷款	325518	75894	30.40
其中：应付及预提利息	7949	563	7.62	其中：个人消费贷款	284320	72985	34.54
五、卖出回购资产				（2）单位普通贷款	530953	133852	33.71
六、向中央银行借款				其中：经营贷款	126752	7257	6.07
七、同业往来	50093	50091		固定资产贷款	404201	126595	45.60
1.同业存放	50093	50091		（3）普通并购贷款			
其中：境外同业存放				（4）银团贷款	50000	2000	4.17
2.同业拆借				（5）贸易融资			
其中：境外同业拆借				3.票据融资	8949	2653	42.15
八、行内资金往来				其中：贴现	8949	2653	42.15
九、委托存款及委托投资基金(净)	7	-9	-55.83	4.各项垫款			
1.委托存款及委托投资基金	51668	9435	22.34	（二）境外贷款			
2.减：委托贷款及委托投资	51661	9444	22.37	二、有价证券及投资	840	-819	-49.36
十、代理金融机构委托贷款基金				三、应收及预付款	3435	1045	43.73
其中：中央银行委托贷款基金				其中：应收利息	2922	946	47.87
十一、各项准备	30102	859	2.94	四、买入返售资产			
其中：贷款损失准备	29805	859	2.97	五、存放中央准备金存款	7339	-12689	-63.35
十二、所有者权益	32508	5627	20.93	六、存放中央银行特种存款			
其中：实收资本				七、缴存中央银行财政性存款	1340	626	87.70
十三、其他	-837354	-233668	38.71	八、同业往来	308	-451	-59.43
				1.存放同业	308	-451	-59.43
				其中：存放境外同业			
				2.拆放同业			
				其中：拆放境外同业			
				九、行内资金往来			
				十、代理金融机构贷款			
				其中：代理人行专项贷款			
				十一、库存现金	13332	2780	26.35
				十二、外汇占款		-4	-100.00
				十三、投资性房地产			
资金来源总计	1229729	116008	10.42	资金运用总计	1229729	116008	10.42

2-2-2-30 怒江州中资全国性大型银行人民币信贷运行情况表

二〇一〇年十二月三十一日　　单位：万元

项目名称	期末余额	比年初增减	比年初增减%	项目名称	期末余额	比年初增减	比年初增减%
一、各项存款	681642	126904	22.88	一、各项贷款	378380	60101	18.88
1.企业存款	217251	38457	21.51	（一）境内贷款	378380	60101	18.88
⑴活期存款	215651	48133	28.73	1、短期贷款	131233	6466	5.18
⑵定期存款	1601	−9676	−85.8	（1）个人贷款及透支	12913	4876	60.67
2.机关团体存款	205804	50617	32.62	其中：个人消费贷款	8107	2761	51.66
3.储蓄存款	250559	38595	18.21	（2）单位普通贷款及透支	93320	−8910	−8.72
⑴活期储蓄	172215	28504	19.83	其中：经营性贷款	93320	−8910	−8.72
⑵定期储蓄	78344	10091	14.78	固定资产贷款			
4.农业存款	49	−9	−15.03	（3）普通并购贷款			
5.其他存款	7979	−756	−8.65	（4）银团贷款			
二、代理财政性存款	95	−254	−72.85	（5）贸易融资	25000	10500	72.41
三、金融债券				2.中长期贷款	246146	57862	30.73
四、应付及暂收款	7420	1535	26.08	（1）个人贷款	44635	5524	14.12
其中：应付及预提利息	3667	629	20.72	其中：个人消费贷款	38761	4272	12.39
五、卖出回购资产				（2）单位普通贷款	201512	52338	35.09
六、向中央银行借款				其中：经营贷款	39355	−19685	−33.34
七、同业往来	159	43	37.39	固定资产贷款	162156	72023	79.91
1.同业存放	159	43	37.39	（3）普通并购贷款			
其中：境外同业存放				（4）银团贷款			
2.同业拆借				（5）贸易融资			
其中：境外同业拆借				3.票据融资	1000	−4227	−80.87
八、行内资金往来				其中：贴现	1000	−4227	−80.87
九、委托存款及委托投资基金(净)			−55.11	4.各项垫款			
1.委托存款及委托投资基金	60241	11698	24.1	（二）境外贷款			
2.减：委托贷款及委托投资	60241	11698	24.1	二、有价证券及投资	456	−363	−44.36
十、代理金融机构委托贷款基金				三、应收及预付款	1049	262	33.38
其中：中央银行委托贷款基金				其中：应收利息	974	249	34.3
十一、各项准备	9363	4454	90.72	四、买入返售资产			
其中：贷款损失准备	9361	4453	90.72	五、存放中央准备金存款	10198	3266	47.13
十二、所有者权益	4313	−1727	−28.6	六、存放中央银行特种存款			
其中：实收资本				七、缴存中央银行财政性存款	409	−98	−19.38
十三、其他	−8827	15807	−64.17	八、同业往来	365	165	82.28
				1.存放同业	365	165	82.28
				其中：存放境外同业			
				2.拆放同业			
				其中：拆放境外同业			
				九、行内资金往来	299137	82711	38.22
				十、代理金融机构贷款			
				其中：代理人行专项贷款			
				十一、库存现金	4170	719	20.85
				十二、外汇占款			
				十三、投资性房地产			
资金来源总计	694163	146762	26.81	资金运用总计	694163	146762	26.81

2-2-2-31 迪庆州中资全国性大型银行人民币信贷运行情况表

二〇一〇年十二月三十一日　　单位：万元

项目名称	期末余额	比年初增减	比年初增减%
一、各项存款	848680	222330	35.50
1.企业存款	417090	140903	51.02
⑴活期存款	402020	139011	52.85
⑵定期存款	15069	1892	14.36
2.机关团体存款	180084	36390	25.32
3.储蓄存款	233032	32324	16.10
⑴活期储蓄	178318	31020	21.06
⑵定期储蓄	54714	1304	2.44
4.农业存款	15177	14924	
5.其他存款	3298	−2211	−40.13
二、代理财政性存款	148	70	90.30
三、金融债券			
四、应付及暂收款	6962	754	12.15
其中：应付及预提利息	2227	165	7.98
五、卖出回购资产			
六、向中央银行借款			
七、同业往来			
1.同业存放			
其中：境外同业存放			
2.同业拆借			
其中：境外同业拆借			
八、行内资金往来			
九、委托存款及委托投资基金(净)	1	−14	−93.66
1.委托存款及委托投资基金	34461	11566	50.51
2.减：委托贷款及委托投资	34461	11580	50.61
十、代理金融机构委托贷款基金			
其中：中央银行委托贷款基金			
十一、各项准备	25290	821	3.35
其中：贷款损失准备	25267	821	3.36
十二、所有者权益	16006	11708	272.35
其中：实收资本			
十三、其他	−236852	−119060	101.08
资金来源总计	660235	116609	21.45

项目名称	期末余额	比年初增减	比年初增减%
一、各项贷款	646851	114332	21.47
（一）境内贷款	646851	114332	21.47
1、短期贷款	96829	8784	9.98
（1）个人贷款及透支	10198	381	3.88
其中：个人消费贷款	2176	222	11.39
（2）单位普通贷款及透支	70282	−4046	−5.44
其中：经营性贷款	70282	−4046	−5.44
固定资产贷款			
（3）普通并购贷款			
（4）银团贷款			
（5）贸易融资	16349	12449	319.21
2.中长期贷款	549958	105484	23.73
（1）个人贷款	82831	6614	8.68
其中：个人消费贷款	72218	6827	10.44
（2）单位普通贷款	467127	98870	26.85
其中：经营贷款	317675	171868	117.87
固定资产贷款	149452	−72998	−32.82
（3）普通并购贷款			
（4）银团贷款			
（5）贸易融资			
3.票据融资	64	64	
其中：贴现	64	64	
4.各项垫款			
（二）境外贷款			
二、有价证券及投资	304	−91	−23.02
三、应收及预付款	3275	928	39.56
其中：应收利息	1776	20	1.17
四、买入返售资产			
五、存放中央准备金存款	2435	398	19.55
六、存放中央银行特种存款			
七、缴存中央银行财政性存款	2457	95	4.02
八、同业往来	282	245	659.55
1.存放同业	282	245	659.55
其中：存放境外同业			
2.拆放同业			
其中：拆放境外同业			
九、行内资金往来			
十、代理金融机构贷款			
其中：代理人行专项贷款			
十一、库存现金	4634	704	17.90
十二、外汇占款	−2	−2	
十三、投资性房地产			
资金运用总计	660235	116609	21.45

2-2-2-32 临沧市中资全国性大型银行人民币信贷运行情况表

二〇一〇年十二月三十一日　　单位：万元

项目名称	期末余额	比年初增减	比年初增减%	项目名称	期末余额	比年初增减	比年初增减%
一、各项存款	1430052	171395	13.62	一、各项贷款	1053578	128523	13.89
1.企业存款	423271	46014	12.20	（一）境内贷款	1053578	128523	13.89
⑴活期存款	418056	44377	11.88	1、短期贷款	261532	−8752	−3.24
⑵定期存款	5215	1637	45.76	（1）个人贷款及透支	33493	−5565	−14.25
2.机关团体存款	388725	22768	6.22	其中：个人消费贷款	9717	4299	79.34
3.储蓄存款	602067	96848	19.17	（2）单位普通贷款及透支	196710	−28652	−12.71
⑴活期储蓄	395115	78499	24.79	其中：经营性贷款	196710	−28636	−12.71
⑵定期储蓄	206952	18349	9.73	固定资产贷款			
4.农业存款	674	192	39.92	（3）普通并购贷款			
5.其他存款	15315	5571	57.18	（4）银团贷款			
二、代理财政性存款	7097	5238	281.78	（5）贸易融资	31329	25465	434.26
三、金融债券				2.中长期贷款	792047	137275	20.97
四、应付及暂收款	11661	−636	−5.17	（1）个人贷款	198706	33900	20.57
其中：应付及预提利息	5276	−1348	−20.35	其中：个人消费贷款	148332	24422	19.71
五、卖出回购资产				（2）单位普通贷款	593341	103376	21.10
六、向中央银行借款				其中：经营贷款	244231	58916	31.79
七、同业往来	10541	8151	341.00	固定资产贷款	349110	44460	14.59
1.同业存放	10541	8151	341.00	（3）普通并购贷款			
其中：境外同业存放				（4）银团贷款			
2.同业拆借				（5）贸易融资			
其中：境外同业拆借				3.票据融资			
八、行内资金往来	31771	−6083	−16.07	其中：贴现			
九、委托存款及委托投资基金(净)	2	−1		4.各项垫款			
1.委托存款及委托投资基金	76328	20220	36.04	（二）境外贷款			
2.减：委托贷款及委托投资	76326	20221	36.04	二、有价证券及投资	734	−964	−56.76
十、代理金融机构委托贷款基金				三、应收及预付款	3143	422	15.51
其中：中央银行委托贷款基金				其中：应收利息	2786	244	9.62
十一、各项准备	34236	4135	13.74	四、买入返售资产			
其中：贷款损失准备	34146	4088	13.60	五、存放中央准备金存款	5852	768	15.11
十二、所有者权益	23150	7837	51.17	六、存放中央银行特种存款			
其中：实收资本				七、缴存中央银行财政性存款	4307	1731	67.20
十三、其他	−6499	−182	2.88	八、同业往来			
				1.存放同业			
				其中：存放境外同业			
				2.拆放同业			
				其中：拆放境外同业			
				九、行内资金往来			
				十、代理金融机构贷款			
				其中：代理人行专项贷款			
				十一、库存现金			
				十二、外汇占款			
				十三、投资性房地产			
资金来源总计	1542010	189853	14.04	资金运用总计	1542010	189853	14.04

2-2-2-33 昆明市中资全国性四家大型银行人民币信贷运行情况表

二〇一〇年十二月三十一日　　　　单位：万元

栏目 / 项目名称	期末余额	比年初		栏目 / 项目名称	期末余额	比年初	
		增减	增减%			增减	增减%
一、各项存款	30986840	4268765	15.98	一、各项贷款	24859285	3686678	17.41
1.企业存款	10977089	1175371	11.99	（一）境内贷款	24859285	3686678	17.41
⑴活期存款	9157334	1065527	13.17	1、短期贷款	4527263	−100380	−2.17
⑵定期存款	1819755	109844	6.42	（1）个人贷款及透支	208500	39259	23.2
2.机关团体存款	5396727	1138495	26.74	其中：个人消费贷款	132171	23654	21.8
3.储蓄存款	13108849	1806742	15.99	（2）单位普通贷款及透支	3645922	−511454	−12.3
⑴活期储蓄	6240532	993486	18.93	其中：经营性贷款	3575723	−489997	−12.05
⑵定期储蓄	6868317	813256	13.43	固定资产贷款	70194	−21457	−23.41
4.农业存款	9984	703	7.57	（3）普通并购贷款			
5.其他存款	1494191	147455	10.95	（4）银团贷款		−3000	−100
二、代理财政性存款	42539	34247		（5）贸易融资	672846	374815	125.76
三、金融债券	78	9	13.59	2.中长期贷款	20162073	4122899	25.71
四、应付及暂收款	424981	33208	8.48	（1）个人贷款	3993596	762742	23.61
其中：应付及预提利息	179156	−12647	−6.59	其中：个人消费贷款	3810643	718257	23.23
五、卖出回购资产				（2）单位普通贷款	15915431	3188898	25.06
六、向中央银行借款				其中：经营贷款	3283293	782129	31.27
七、同业往来	1404735	−660469	−31.98	固定资产贷款	12632133	2406768	23.54
1.同业存放	1404735	−660469	−31.98	（3）普通并购贷款	111950	30170	36.89
其中：境外同业存放	15489	7275	88.57	（4）银团贷款	141100	141100	
2.同业拆借				（5）贸易融资		−11	−100
其中：境外同业拆借				3.票据融资	156231	−348775	−69.06
八、行内资金往来				其中：贴现	156231	−348775	−69.06
九、委托存款及委托投资基金(净)	378	−5559	−93.63	4.各项垫款	13709	12933	
1.委托存款及委托投资基金	2928218	1527481	109.05	（二）境外贷款			
2.减：委托贷款及委托投资	2927840	1533041	109.91	二、有价证券及投资	244932	−475	−0.19
十、代理金融机构委托贷款基金	357220	12000	3.48	三、应收及预付款	74781	−7925	−9.58
其中：中央银行委托贷款基金				其中：应收利息	65711	−11605	−15.01
十一、各项准备	332606	114587	52.56	四、买入返售资产		−173756	−100
其中：贷款损失准备	300582	101152	50.72	五、存放中央准备金存款	185696	−2327	−1.24
十二、所有者权益	356503	38206	12	六、存放中央银行特种存款			
其中：实收资本				七、缴存中央银行财政性存款	95762	54006	129.34
十三、其他	−94967	−23235	32.39	八、同业往来	132638	130792	
				1.存放同业	132638	130792	
				其中：存放境外同业			
				2.拆放同业			
				其中：拆放境外同业			
				九、行内资金往来	7703243	74316	0.97
				十、代理金融机构贷款	357220	12000	3.48
				其中：代理人行专项贷款			
				十一、库存现金	145427	27363	23.18
				十二、外汇占款	11923	11086	
				十三、投资性房地产			
资金来源总计	33810913	3811758	12.71	资金运用总计	33810913	3811758	12.71

2-2-2-34 昭通市中资全国性四家大型银行人民币信贷运行情况表

二〇一〇年十二月三十一日　　单位：万元

栏目 项目名称	期末余额	比年初		栏目 项目名称	期末余额	比年初	
		增减	增减%			增减	增减%
一、各项存款	2729264	566912	26.22	一、各项贷款	1583902	408679	34.77
1.企业存款	919823	178234	24.03	（一）境内贷款	1583902	408679	34.77
⑴活期存款	757404	173007	29.6	1、短期贷款	427892	71335	20.01
⑵定期存款	162418	5227	3.33	（1）个人贷款及透支	15467	7836	102.69
2.机关团体存款	550847	162147	41.72	其中：个人消费贷款	3918	851	27.74
3.储蓄存款	1150339	214910	22.97	（2）单位普通贷款及透支	362025	17799	5.17
⑴活期储蓄	665457	136387	25.78	其中：经营性贷款	352025	41827	13.48
⑵定期储蓄	484882	78523	19.32	固定资产贷款	10000	−24000	−70.59
4.农业存款	1146	857	296.51	（3）普通并购贷款			
5.其他存款	107109	10764	11.17	（4）银团贷款			
二、代理财政性存款	4621	−9314	−66.84	（5）贸易融资	50400	45700	972.34
三、金融债券	2			2.中长期贷款	1149513	336942	41.47
四、应付及暂收款	39066	8477	27.71	（1）个人贷款	257871	69950	37.22
其中：应付及预提利息	15810	−383	−2.37	其中：个人消费贷款	192877	45484	30.86
五、卖出回购资产				（2）单位普通贷款	891642	266993	42.74
六、向中央银行借款				其中：经营贷款	314326	111538	55
七、同业往来	1548	−6815	−81.49	固定资产贷款	577316	155454	36.85
1.同业存放	1548	−6815	−81.49	（3）普通并购贷款			
其中：境外同业存放				（4）银团贷款			
2.同业拆借				（5）贸易融资			
其中：境外同业拆借				3.票据融资	6497	401	6.58
八、行内资金往来				其中：贴现	6497	401	6.58
九、委托存款及委托投资基金(净)	164	37	29.38	4.各项垫款			
1.委托存款及委托投资基金	137228	46940	51.99	（二）境外贷款			
2.减：委托贷款及委托投资	137064	46903	52.02	二、有价证券及投资	637	−1869	−74.58
十、代理金融机构委托贷款基金				三、应收及预付款	3859	991	34.53
其中：中央银行委托贷款基金				其中：应收利息	3635	1391	61.96
十一、各项准备	17235	2055	13.54	四、买入返售资产			
其中：贷款损失准备	16810	2071	14.06	五、存放中央准备金存款	8086	−17973	−68.97
十二、所有者权益	38625	9375	32.05	六、存放中央银行特种存款			
其中：实收资本				七、缴存中央银行财政性存款	6408	576	9.88
十三、其他	−16631	−3883	30.46	八、同业往来			
				1.存放同业			
				其中：存放境外同业			
				2.拆放同业			
				其中：拆放境外同业			
				九、行内资金往来	1196242	171758	16.77
				十、代理金融机构贷款			
				其中：代理人行专项贷款			
				十一、库存现金	14761	4683	46.47
				十二、外汇占款			
				十三、投资性房地产			
资金来源总计	2813894	566845	25.23	资金运用总计	2813894	566845	25.23

2-2-2-35 曲靖市中资全国性四家大型银行人民币信贷运行情况表

二○一○年十二月三十一日　　　　单位：万元

栏目/项目名称	期末余额	比年初增减	比年初增减%	栏目/项目名称	期末余额	比年初增减	比年初增减%
一、各项存款	5266384	404587	8.32	一、各项贷款	3173067	364886	12.99
1.企业存款	1797739	4620	0.26	（一）境内贷款	3173067	364886	12.99
⑴活期存款	1675145	70976	4.42	1、短期贷款	630286	147910	30.66
⑵定期存款	122594	−66356	−35.12	（1）个人贷款及透支	93937	17282	22.54
2.机关团体存款	566000	30910	5.78	其中：个人消费贷款	23812	11121	87.63
3.储蓄存款	2693726	324447	13.69	（2）单位普通贷款及透支	424444	55360	15
⑴活期储蓄	1489816	230182	18.27	其中：经营性贷款	424444	65360	18.2
⑵定期储蓄	1203910	94265	8.5	固定资产贷款		−10000	−100
4.农业存款	3259	1708	110.07	（3）普通并购贷款			
5.其他存款	205659	42903	26.36	（4）银团贷款			
二、代理财政性存款	15350	12764	493.66	（5）贸易融资	111905	75268	205.44
三、金融债券				2.中长期贷款	2499295	220273	9.67
四、应付及暂收款	84942	7127	9.16	（1）个人贷款	715161	182544	34.27
其中：应付及预提利息	36832	−2668	−6.75	其中：个人消费贷款	660693	172151	35.24
五、卖出回购资产				（2）单位普通贷款	1756133	44728	2.61
六、向中央银行借款				其中：经营贷款	597710	−95320	−13.75
七、同业往来	3046	310	11.32	固定资产贷款	1158424	140048	13.75
1.同业存放	3046	310	11.32	（3）普通并购贷款			
其中：境外同业存放				（4）银团贷款	28000	−7000	−20
2.同业拆借				（5）贸易融资			
其中：境外同业拆借				3.票据融资	43486	−3297	−7.05
八、行内资金往来				其中：贴现	43486	−3297	−7.05
九、委托存款及委托投资基金(净)	319	283	793	4.各项垫款			
1.委托存款及委托投资基金	245233	−2867	−1.16	（二）境外贷款			
2.减：委托贷款及委托投资	244915	−3150	−1.27	二、有价证券及投资	−23024	−28747	−502.31
十、代理金融机构委托贷款基金	15			三、应收及预付款	11955	293	2.51
其中：中央银行委托贷款基金				其中：应收利息	8374	444	5.6
十一、各项准备	51539	7361	16.66	四、买入返售资产			
其中：贷款损失准备	50788	7390	17.03	五、存放中央准备金存款	33730	−24616	−42.19
十二、所有者权益	74362	11528	18.35	六、存放中央银行特种存款			
其中：实收资本				七、缴存中央银行财政性存款	11571	10284	798.87
十三、其他	−42953	−579	1.37	八、同业往来			
				1.存放同业			
				其中：存放境外同业			
				2.拆放同业			
				其中：拆放境外同业			
				九、行内资金往来	2211643	120735	5.77
				十、代理金融机构贷款	15		
				其中：代理人行专项贷款			
				十一、库存现金	34043	546	1.63
				十二、外汇占款	−1	−1	
				十三、投资性房地产			
资金来源总计	5453004	443381	8.85	资金运用总计	5453004	443381	8.85

2-2-2-36 玉溪市中资全国性四家大型银行人民币信贷运行情况表

二〇一〇年十二月三十一日　　单位：万元

项目名称	期末余额	比年初增减	比年初增减%	项目名称	期末余额	比年初增减	比年初增减%
一、各项存款	3818821	415410	12.21	一、各项贷款	2107589	465405	28.34
1.企业存款	1442451	158440	12.34	（一）境内贷款	2107589	465405	28.34
⑴活期存款	1134404	249369	28.18	1、短期贷款	609000	89364	17.20
⑵定期存款	308047	-90929	-22.79	（1）个人贷款及透支	99955	12450	14.23
2.机关团体存款	495828	44701	9.91	其中：个人消费贷款	23759	2190	10.15
3.储蓄存款	1758316	184788	11.74	（2）单位普通贷款及透支	480628	55577	13.08
⑴活期储蓄	761203	83872	12.38	其中：经营性贷款	480628	55577	13.08
⑵定期储蓄	997113	100917	11.26	固定资产贷款			
4.农业存款	2404	1202	99.98	（3）普通并购贷款			
5.其他存款	119823	26279	28.09	（4）银团贷款			
二、代理财政性存款	3775	652	20.89	（5）贸易融资	28417	21337	301.36
三、金融债券	2			2.中长期贷款	1455832	360069	32.86
四、应付及暂收款	55273	6237	12.72	（1）个人贷款	486002	184663	61.28
其中：应付及预提利息	24226	-568	-2.29	其中：个人消费贷款	447226	161371	56.45
五、卖出回购资产				（2）单位普通贷款	969830	175406	22.08
六、向中央银行借款				其中：经营贷款	273215	19411	7.65
七、同业往来	38503	12005	45.30	固定资产贷款	696615	155995	28.85
1.同业存放	38503	12005	45.30	（3）普通并购贷款			
其中：境外同业存放				（4）银团贷款			
2.同业拆借				（5）贸易融资			
其中：境外同业拆借				3.票据融资	42757	16768	64.52
八、行内资金往来				其中：贴现	42757	16768	64.52
九、委托存款及委托投资基金(净)	46	-932	-95.34	4.各项垫款		-797	-100.00
1.委托存款及委托投资基金	234182	46840	25.00	（二）境外贷款			
2.减：委托贷款及委托投资	234136	47772	25.63	二、有价证券及投资	1780	-10173	-85.11
十、代理金融机构委托贷款基金				三、应收及预付款	7152	-2429	-25.35
其中：中央银行委托贷款基金				其中：应收利息	6001	-2675	-30.84
十一、各项准备	23409	2253	10.65	四、买入返售资产			
其中：贷款损失准备	23135	2250	10.78	五、存放中央准备金存款	46834	2254	5.06
十二、所有者权益	55138	7799	16.47	六、存放中央银行特种存款			
其中：实收资本				七、缴存中央银行财政性存款	2602	531	25.64
十三、其他	-38040	-100	0.26	八、同业往来	3613	-550	-13.21
				1.存放同业	3613	-550	-13.21
				其中：存放境外同业			
				2.拆放同业			
				其中：拆放境外同业			
				九、行内资金往来	1761285	-12360	-0.70
				十、代理金融机构贷款			
				其中：代理人行专项贷款			
				十一、库存现金	26094	668	2.63
				十二、外汇占款	-21	-21	
				十三、投资性房地产			
资金来源总计	3956926	443324	12.62	资金运用总计	3956926	443324	12.62

2-2-2-37 红河州中资全国性四家大型银行人民币信贷运行情况表

二〇一〇年十二月三十一日　　　　单位：万元

项目名称	期末余额	比年初增减	比年初增减%	项目名称	期末余额	比年初增减	比年初增减%
一、各项存款	5565172	1014960	22.31	一、各项贷款	2989555	349954	13.26
1.企业存款	1723258	188984	12.32	（一）境内贷款	2989555	349954	13.26
⑴活期存款	1529370	174208	12.86	1、短期贷款	721435	-71530	-9.02
⑵定期存款	193889	14776	8.25	（1）个人贷款及透支	75522	8760	13.12
2.机关团体存款	880045	240695	37.65	其中：个人消费贷款	19149	1150	6.39
3.储蓄存款	2613832	379052	16.96	（2）单位普通贷款及透支	596633	-114448	-16.09
⑴活期储蓄	1324875	248116	23.04	其中：经营性贷款	545643	-110448	-16.83
⑵定期储蓄	1288957	130936	11.31	固定资产贷款	50990	-4000	-7.27
4.农业存款	1687	46	2.77	（3）普通并购贷款			
5.其他存款	346350	206184	147.10	（4）银团贷款			
二、代理财政性存款	1081	-774	-41.74	（5）贸易融资	49279	34158	225.90
三、金融债券				2.中长期贷款	2225773	433227	24.17
四、应付及暂收款	57265	11973	26.44	（1）个人贷款	738922	209172	39.49
其中：应付及预提利息	37709	5967	18.80	其中：个人消费贷款	657230	198185	43.17
五、卖出回购资产				（2）单位普通贷款	1486851	224055	17.74
六、向中央银行借款				其中：经营贷款	624471	166608	36.39
七、同业往来	12001	3557	42.12	固定资产贷款	862380	57447	7.14
1.同业存放	12001	3557	42.12	（3）普通并购贷款			
其中：境外同业存放	9469	4270	82.12	（4）银团贷款			
2.同业拆借				（5）贸易融资			
其中：境外同业拆借				3.票据融资	42349	-11743	-21.71
八、行内资金往来				其中：贴现	42349	-11743	-21.71
九、委托存款及委托投资基金(净)	191	115	151.44	4.各项垫款			
1.委托存款及委托投资基金	306434	36842	13.67	（二）境外贷款			
2.减：委托贷款及委托投资	306243	36727	13.63	二、有价证券及投资	902	-8799	-90.70
十、代理金融机构委托贷款基金				三、应收及预付款	8554	-4559	-34.77
其中：中央银行委托贷款基金				其中：应收利息	7712	-4656	-37.64
十一、各项准备	35961	7335	25.62	四、买入返售资产			
其中：贷款损失准备	35130	7325	26.34	五、存放中央准备金存款	37181	-14952	-28.68
十二、所有者权益	83309	18281	28.11	六、存放中央银行特种存款			
其中：实收资本				七、缴存中央银行财政性存款	2376	1170	96.97
十三、其他	-29239	-15663	115.37	八、同业往来			49.82
				1.存放同业			49.82
				其中：存放境外同业			49.82
				2.拆放同业			
				其中：拆放境外同业			
				九、行内资金往来	2658047	715800	36.85
				十、代理金融机构贷款			
				其中：代理人行专项贷款			
				十一、库存现金	29115	1191	4.26
				十二、外汇占款	-20	-20	
				十三、投资性房地产			
资金来源总计	5725741	1039784	22.19	资金运用总计	5725741	1039784	22.19

2-2-2-38 文山州中资全国性四家大型银行人民币信贷运行情况表

二〇一〇年十二月三十一日　　　　单位：万元

项目名称	期末余额	比年初增减	比年初增减%	项目名称	期末余额	比年初增减	比年初增减%
一、各项存款	2321330	391516	20.29	一、各项贷款	1881067	276331	17.22
1.企业存款	604602	53903	9.79	（一）境内贷款	1881067	276331	17.22
⑴活期存款	565480	33895	6.38	1、短期贷款	267577	5819	2.22
⑵定期存款	39123	20008	104.67	（1）个人贷款及透支	64327	-6934	-9.73
2.机关团体存款	643913	160370	33.17	其中：个人消费贷款	8611	2304	36.53
3.储蓄存款	1023699	159109	18.40	（2）单位普通贷款及透支	172120	-9010	-4.97
⑴活期储蓄	680004	130401	23.73	其中：经营性贷款	172120	-4160	-2.36
⑵定期储蓄	343695	28708	9.11	固定资产贷款		-4850	-100.00
4.农业存款	1699	-33	-1.93	（3）普通并购贷款			
5.其他存款	47417	18168	62.11	（4）银团贷款			
二、代理财政性存款	4351	368	9.23	（5）贸易融资	31130	21763	232.34
三、金融债券				2.中长期贷款	1588773	260985	19.66
四、应付及暂收款	17219	1887	12.31	（1）个人贷款	574793	68896	13.62
其中：应付及预提利息	7687	424	5.84	其中：个人消费贷款	489293	65060	15.34
五、卖出回购资产				（2）单位普通贷款	1003980	182089	22.15
六、向中央银行借款				其中：经营贷款	454297	-91774	-16.81
七、同业往来	6563	-32018	-82.99	固定资产贷款	549683	273863	99.29
1.同业存放	6563	-32018	-82.99	（3）普通并购贷款			
其中：境外同业存放				（4）银团贷款	10000	10000	
2.同业拆借				（5）贸易融资			
其中：境外同业拆借				3.票据融资	24397	9327	61.90
八、行内资金往来				其中：贴现	24397	9327	61.90
九、委托存款及委托投资基金(净)	5	-521	-99.01	4.各项垫款	320	200	166.67
1.委托存款及委托投资基金	140419	4830	3.56	（二）境外贷款			
2.减：委托贷款及委托投资	140414	5351	3.96	二、有价证券及投资	3	-1742	-99.83
十、代理金融机构委托贷款基金				三、应收及预付款	5080	959	23.26
其中：中央银行委托贷款基金				其中：应收利息	4943	1132	29.69
十一、各项准备	37949	4210	12.48	四、买入返售资产			
其中：贷款损失准备	37800	4226	12.59	五、存放中央准备金存款	5310	-1232	-18.83
十二、所有者权益	45341	16070	54.90	六、存放中央银行特种存款			
其中：实收资本				七、缴存中央银行财政性存款	3919	1841	88.61
十三、其他	-20260	644	-3.08	八、同业往来	1	-7	-83.86
				1.存放同业	1	-7	-83.86
				其中：存放境外同业			
				2.拆放同业			
				其中：拆放境外同业			
				九、行内资金往来	498461	100811	25.35
				十、代理金融机构贷款			
				其中：代理人行专项贷款			
				十一、库存现金	18657	5198	38.63
				十二、外汇占款		-3	-120.48
				十三、投资性房地产			
资金来源总计	2412498	382157	18.82	资金运用总计	2412498	382157	18.82

2-2-2-39 普洱市中资全国性四家大型银行人民币信贷运行情况表

二〇一〇年十二月三十一日　　　　单位：万元

栏目 项目名称	期末余额	比年初		栏目 项目名称	期末余额	比年初	
		增减	增减%			增减	增减%
一、各项存款	1895829	404636	27.1	一、各项贷款	1254639	208100	19.9
1.企业存款	610860	165046	37.0	（一）境内贷款	1254639	208100	19.9
⑴活期存款	561591	149187	36.2	1、短期贷款	275448	37586	15.8
⑵定期存款	49269	15859	47.5	（1）个人贷款及透支	23885	9860	70.3
2.机关团体存款	457633	109894	31.6	其中：个人消费贷款	5170	762	17.3
3.储蓄存款	800333	122615	18.1	（2）单位普通贷款及透支	240992	26255	12.2
⑴活期储蓄	463988	83340	21.9	其中：经营性贷款	240992	26255	12.2
⑵定期储蓄	336345	39276	13.2	固定资产贷款			
4.农业存款	4910	2455	100.0	（3）普通并购贷款			
5.其他存款	22093	4625	26.5	（4）银团贷款			
二、代理财政性存款	5	-45	-89.7	（5）贸易融资	10571	1471	16.2
三、金融债券				2.中长期贷款	979141	172044	21.3
四、应付及暂收款	13740	33	0.2	（1）个人贷款	242583	89205	58.2
其中：应付及预提利息	7539	595	8.6	其中：个人消费贷款	204921	86253	72.7
五、卖出回购资产				（2）单位普通贷款	736553	82839	12.7
六、向中央银行借款				其中：经营贷款	142933	76102	113.9
七、同业往来	8166	4678	134.1	固定资产贷款	593619	6737	1.1
1.同业存放	8166	4678	134.1	（3）普通并购贷款			
其中：境外同业存放				（4）银团贷款			
2.同业拆借				（5）贸易融资			
其中：境外同业拆借				3.票据融资	50	-1530	-96.8
八、行内资金往来	16349	9716	146.5	其中：贴现	50	-1530	-96.8
九、委托存款及委托投资基金(净)	120	-7	-5.3	4.各项垫款			
1.委托存款及委托投资基金	130317	18478	16.5	（二）境外贷款			
2.减：委托贷款及委托投资	130197	18485	16.5	二、有价证券及投资	715	-2067	-74.3
十、代理金融机构委托贷款基金	20000		0.0	三、应收及预付款	2983	512	20.7
其中：中央银行委托贷款基金				其中：应收利息	2804	738	35.7
十一、各项准备	28384	3404	13.6	四、买入返售资产			
其中：贷款损失准备	28379	3406	13.6	五、存放中央准备金存款	17818	-12540	-41.3
十二、所有者权益	26454	1248	4.9	六、存放中央银行特种存款			
其中：实收资本				七、缴存中央银行财政性存款	938	703	298.7
十三、其他	-16265	370	-2.2	八、同业往来			
				1.存放同业			
				其中：存放境外同业			
				2.拆放同业			
				其中：拆放境外同业			
				九、行内资金往来	683297	228102	50.1
				十、代理金融机构贷款	20000		0.0
				其中：代理人行专项贷款			
				十一、库存现金	12391	1221	10.9
				十二、外汇占款	1	1	15842.6
				十三、投资性房地产			
资金来源总计	1992782	424033	27.0	资金运用总计	1992782	424033	27.0

2-2-2-40 版纳州中资全国性四家大型银行人民币信贷运行情况表

二〇一〇年十二月三十一日

单位：万元

项目名称	期末余额	比年初增减	比年初增减%	项目名称	期末余额	比年初增减	比年初增减%
一、各项存款	1736066	316259	22.27	一、各项贷款	906335	115273	14.57
1.企业存款	533585	113633	27.06	（一）境内贷款	906335	115273	14.57
⑴活期存款	496766	116237	30.55	1、短期贷款	175470	9933	6
⑵定期存款	36819	−2603	−6.6	（1）个人贷款及透支	26812	11374	73.68
2.机关团体存款	233200	48857	26.5	其中：个人消费贷款	6047	3531	140.36
3.储蓄存款	929017	143845	18.32	（2）单位普通贷款及透支	144518	−3291	−2.23
⑴活期储蓄	555366	117830	26.93	其中：经营性贷款	144518	−3291	−2.23
⑵定期储蓄	373652	26015	7.48	固定资产贷款			
4.农业存款	1833	−155	−7.8	（3）普通并购贷款			
5.其他存款	38430	10078	35.55	（4）银团贷款			
二、代理财政性存款	1	−2617	−99.96	（5）贸易融资	4140	1850	80.79
三、金融债券				2.中长期贷款	730736	106809	17.12
四、应付及暂收款	14479	891	6.55	（1）个人贷款	251724	49401	24.42
其中：应付及预提利息	8890	340	3.97	其中：个人消费贷款	185036	35235	23.52
五、卖出回购资产				（2）单位普通贷款	479012	57408	13.62
六、向中央银行借款				其中：经营贷款	47692	17982	60.53
七、同业往来	615	341	124.38	固定资产贷款	431320	39426	10.06
1.同业存放	615	341	124.38	（3）普通并购贷款			
其中：境外同业存放	3		−12.88	（4）银团贷款			
2.同业拆借				（5）贸易融资			
其中：境外同业拆借				3.票据融资	130	−1469	−91.87
八、行内资金往来				其中：贴现	130	−1469	−91.87
九、委托存款及委托投资基金(净)		−77	−100	4.各项垫款			
1.委托存款及委托投资基金	111355	15501	16.17	（二）境外贷款			
2.减：委托贷款及委托投资	111355	15579	16.27	二、有价证券及投资	21	−1881	−98.88
十、代理金融机构委托贷款基金				三、应收及预付款	2519	−385	−13.27
其中：中央银行委托贷款基金				其中：应收利息	2273	−368	−13.95
十一、各项准备	18119	527	3	四、买入返售资产			
其中：贷款损失准备	18072	520	2.96	五、存放中央准备金存款	6470	−10086	−60.92
十二、所有者权益	27201	10159	59.61	六、存放中央银行特种存款			
其中：实收资本				七、缴存中央银行财政性存款	319	−133	−29.36
十三、其他	−9618	−881	10.08	八、同业往来		−131	−99.97
				1.存放同业		−1	−94.79
				其中：存放境外同业			
				2.拆放同业		−130	−100
				其中：拆放境外同业			
				九、行内资金往来	853164	214774	33.64
				十、代理金融机构贷款			
				其中：代理人行专项贷款			
				十一、库存现金	18038	7173	66.03
				十二、外汇占款	−3	−4	−499.37
				十三、投资性房地产			
资金来源总计	1786862	324601	22.2	资金运用总计	1786862	324601	22.2

2-2-2-41 楚雄州中资全国性四家大型银行人民币信贷运行情况表

二〇一〇年十二月三十一日　　单位：万元

项目名称	期末余额	比年初增减	比年初增减%	项目名称	期末余额	比年初增减	比年初增减%
一、各项存款	2306886	187793	8.86	一、各项贷款	1296430	211370	19.48
1.企业存款	811374	−16698	−2.02	（一）境内贷款	1296430	211370	19.48
⑴活期存款	741332	31833	4.49	1、短期贷款	310340	20650	7.13
⑵定期存款	70042	−48532	−40.93	（1）个人贷款及透支	64791	11364	21.27
2.机关团体存款	353851	39872	12.70	其中：个人消费贷款	8316	278	3.46
3.储蓄存款	1092762	153149	16.30	（2）单位普通贷款及透支	242184	6420	2.72
⑴活期储蓄	559364	87463	18.53	其中：经营性贷款	242184	6420	2.72
⑵定期储蓄	533399	65686	14.04	固定资产贷款			
4.农业存款	994	−878	−46.89	（3）普通并购贷款			
5.其他存款	47904	12348	34.73	（4）银团贷款			
二、代理财政性存款	1099	−561	−33.80	（5）贸易融资	3365	2865	573.06
三、金融债券				2.中长期贷款	962859	131335	23.20
四、应付及暂收款	33182	7726	30.35	（1）个人贷款	349566	35283	32.27
其中：应付及预提利息	13808	−535	−3.73	其中：个人消费贷款	311779	70494	29.22
五、卖出回购资产				（2）单位普通贷款	613292	96052	18.57
六、向中央银行借款				其中：经营贷款	227781	45422	24.91
七、同业往来	1861	1427	328.75	固定资产贷款	385511	50630	15.12
1.同业存放	1861	1427	328.75	（3）普通并购贷款			
其中：境外同业存放				（4）银团贷款			
2.同业拆借				（5）贸易融资			
其中：境外同业拆借				3.票据融资	23231	9386	67.79
八、行内资金往来				其中：贴现	23231	9386	67.79
九、委托存款及委托投资基金(净)	356	145	69.08	4.各项垫款			
1.委托存款及委托投资基金	125037	20850	20.01	（二）境外贷款			
2.减：委托贷款及委托投资	124681	20705	19.91	二、有价证券及投资	3901	−5163	−56.96
十、代理金融机构委托贷款基金				三、应收及预付款	4426	−2761	−38.41
其中：中央银行委托贷款基金				其中：应收利息	4197	−2242	−34.82
十一、各项准备	13521	1472	12.22	四、买入返售资产			
其中：贷款损失准备	13344	1668	14.29	五、存放中央准备金存款	25305	2233	9.68
十二、所有者权益	35468	7786	28.13	六、存放中央银行特种存款			
其中：实收资本				七、缴存中央银行财政性存款	2772	1351	95.14
十三、其他	−19055	−669	3.64	八、同业往来			
				1.存放同业			
				其中：存放境外同业			
				2.拆放同业			
				其中：拆放境外同业			
				九、行内资金往来	1020820	−2778	−0.27
				十、代理金融机构贷款			
				其中：代理人行专项贷款			
				十一、库存现金	19674	878	4.67
				十二、外汇占款	−10	−10	
				十三、投资性房地产			
资金来源总计	2373318	205120	9.46	资金运用总计	2373318	205120	9.46

2-2-2-42 大理州中资全国性四家大型银行人民币信贷运行情况表

二〇一〇年十二月三十一日　　单位：万元

项目名称	期末余额	比年初增减	比年初增减%	项目名称	期末余额	比年初增减	比年初增减%
一、各项存款	3401929	531919	18.53	一、各项贷款	2416816	450209	22.89
1.企业存款	984661	187730	23.56	（一）境内贷款	2416816	450209	22.89
⑴活期存款	877694	152664	21.06	1、短期贷款	723897	72512	11.13
⑵定期存款	106967	35066	48.77	（1）个人贷款及透支	131460	30301	29.95
2.机关团体存款	577878	90499	18.57	其中：个人消费贷款	20173	5948	41.81
3.储蓄存款	1717418	233880	15.77	（2）单位普通贷款及透支	587445	38951	7.10
⑴活期储蓄	832988	147669	21.55	其中：经营性贷款	536245	46436	9.48
⑵定期储蓄	884430	86211	10.80	固定资产贷款	51200	-7485	-12.75
4.农业存款	3750	1441	62.41	（3）普通并购贷款			
5.其他存款	118221	18369	18.40	（4）银团贷款			
二、代理财政性存款	2565	526	25.83	（5）贸易融资	4993	3260	188.17
三、金融债券				2.中长期贷款	1665708	382570	29.82
四、应付及暂收款	38386	-7459	-16.27	（1）个人贷款	428051	97950	29.67
其中：应付及预提利息	22809	1814	8.64	其中：个人消费贷款	385761	91915	31.28
五、卖出回购资产				（2）单位普通贷款	1237471	284642	29.87
六、向中央银行借款				其中：经营贷款	380864	29360	8.35
七、同业往来	103389	99159	2344.38	固定资产贷款	856607	255282	42.45
1.同业存放	103389	99159	2344.38	（3）普通并购贷款			
其中：境外同业存放				（4）银团贷款			
2.同业拆借				（5）贸易融资	187	-21	-10.32
其中：境外同业拆借				3.票据融资	6551	-23852	-78.45
八、行内资金往来				其中：贴现	6551	-23852	-78.45
九、委托存款及委托投资基金(净)	11	-68	-85.70	4.各项垫款	20660	18979	1129.36
1.委托存款及委托投资基金	208681	33343	19.02	（二）境外贷款			
2.减：委托贷款及委托投资	208669	33411	19.06	二、有价证券及投资	816	-4810	-85.49
十、代理金融机构委托贷款基金				三、应收及预付款	10367	3571	52.53
其中：中央银行委托贷款基金				其中：应收利息	9195	3806	70.62
十一、各项准备	49216	12098	32.59	四、买入返售资产			
其中：贷款损失准备	49199	12357	33.54	五、存放中央准备金存款	23448	-15295	-39.48
十二、所有者权益	48076	16995	54.68	六、存放中央银行特种存款			
其中：实收资本				七、缴存中央银行财政性存款	4201	1306	45.12
十三、其他	-17732	-1453	8.93	八、同业往来			
				1.存放同业			
				其中：存放境外同业			
				2.拆放同业			
				其中：拆放境外同业			
				九、行内资金往来	1145220	212796	22.82
				十、代理金融机构贷款			
				其中：代理人行专项贷款			
				十一、库存现金	24976	3949	18.78
				十二、外汇占款	-4	-10	-178.94
				十三、投资性房地产			
资金来源总计	3625840	651716	21.91	资金运用总计	3625840	651716	21.91

2-2-2-43 保山市中资全国性四家大型银行人民币信贷运行情况表

二〇一〇年十二月三十一日　　　　单位：万元

栏目 项目名称	期末余额	比年初		栏目 项目名称	期末余额	比年初	
		增减	增减%			增减	增减%
一、各项存款	1914197	401017	26.50	一、各项贷款	1203676	168116	16.23
1.企业存款	572217	171132	42.67	（一）境内贷款	1203676	168116	16.23
⑴活期存款	553105	169320	44.12	1、短期贷款	233229	33615	16.84
⑵定期存款	19112	1812	10.48	（1）个人贷款及透支	38677	12839	49.69
2.机关团体存款	366257	59498	19.40	其中：个人消费贷款	7763	3527	83.26
3.储蓄存款	932166	154837	19.92	（2）单位普通贷款及透支	170352	18726	12.35
⑴活期储蓄	483703	108554	28.94	其中：经营性贷款	170352	19106	12.63
⑵定期储蓄	448463	46283	11.51	固定资产贷款		−380	−100.00
4.农业存款	2527	941	59.32	（3）普通并购贷款			
5.其他存款	41031	14609	55.29	（4）银团贷款			
二、代理财政性存款	74	63	557.67	（5）贸易融资	24200	2050	9.26
三、金融债券				2.中长期贷款	968755	133984	16.05
四、应付及暂收款	22110	3955	21.79	（1）个人贷款	350999	91172	35.09
其中：应付及预提利息	11398	816	7.71	其中：个人消费贷款	317429	85460	36.84
五、卖出回购资产				（2）单位普通贷款	617756	42812	7.45
六、向中央银行借款				其中：经营贷款	114020	−7299	−6.02
七、同业往来	101376	98117	3011.25	固定资产贷款	503736	50111	11.05
1.同业存放	101376	98117	3011.25	（3）普通并购贷款			
其中：境外同业存放	65	65		（4）银团贷款			
2.同业拆借				（5）贸易融资			
其中：境外同业拆借				3.票据融资	1692	517	43.99
八、行内资金往来				其中：贴现	1692	517	43.99
九、委托存款及委托投资基金(净)			−40.84	4.各项垫款			
1.委托存款及委托投资基金	98330	14537	17.35	（二）境外贷款			
2.减：委托贷款及委托投资	98330	14537	17.35	二、有价证券及投资	−623	−1781	−153.78
十、代理金融机构委托贷款基金				三、应收及预付款	4055	1557	62.37
其中：中央银行委托贷款基金				其中：应收利息	3105	1068	52.45
十一、各项准备	12631	1161	10.12	四、买入返售资产			
其中：贷款损失准备	12522	1167	10.27	五、存放中央准备金存款	11198	3717	49.68
十二、所有者权益	26123	976	3.88	六、存放中央银行特种存款			
其中：实收资本				七、缴存中央银行财政性存款	1240	−1184	−48.85
十三、其他	−20609	−2331	12.75	八、同业往来	1334	−354	−20.99
				1.存放同业	1334	−354	−20.99
				其中：存放境外同业			
				2.拆放同业			
				其中：拆放境外同业			
				九、行内资金往来	824831	333326	67.82
				十、代理金融机构贷款			
				其中：代理人行专项贷款			
				十一、库存现金	10204	−428	−4.02
				十二、外汇占款	−11	−11	
				十三、投资性房地产			
资金来源总计	2055902	502958	32.39	资金运用总计	2055902	502958	32.39

2-2-2-44 德宏州中资全国性四家大型银行人民币信贷运行情况表

二〇一〇年十二月三十一日　　单位：万元

栏目 项目名称	期末余额	比年初		栏目 项目名称	期末余额	比年初	
		增减	增减%			增减	增减%
一、各项存款	1952456	448285	29.80	一、各项贷款	974968	97283	11.08
1.企业存款	351543	63354	21.98	（一）境内贷款	974968	97283	11.08
⑴活期存款	293582	56470	23.82	1、短期贷款	179677	27674	18.21
⑵定期存款	57961	6885	13.48	（1）个人贷款及透支	69028	15152	28.12
2.机关团体存款	274869	52845	23.80	其中：个人消费贷款	11293	3506	45.02
3.储蓄存款	1197048	224182	23.04	（2）单位普通贷款及透支	99606	6479	6.96
⑴活期储蓄	725342	166985	29.91	其中：经营性贷款	99516	6389	6.86
⑵定期储蓄	471706	57196	13.80	固定资产贷款	90	90	
4.农业存款	211	64	43.83	（3）普通并购贷款			
5.其他存款	128786	107840	514.84	（4）银团贷款			
二、代理财政性存款	993	230	30.08	（5）贸易融资	11043	6043	120.86
三、金融债券				2.中长期贷款	795292	69640	9.60
四、应付及暂收款	18582	4787	34.70	（1）个人贷款	202374	33042	19.51
其中：应付及预提利息	12326	3137	34.13	其中：个人消费贷款	128470	23308	22.16
五、卖出回购资产				（2）单位普通贷款	592918	36598	6.58
六、向中央银行借款				其中：经营贷款	64700	−21831	−25.23
七、同业往来	8339	119	1.45	固定资产贷款	528217	58429	12.44
1.同业存放	8339	119	1.45	（3）普通并购贷款			
其中：境外同业存放	3219	157	5.11	（4）银团贷款			
2.同业拆借				（5）贸易融资			
其中：境外同业拆借				3.票据融资		−30	−100.00
八、行内资金往来				其中：贴现		−30	−100.00
九、委托存款及委托投资基金(净)				4.各项垫款			
1.委托存款及委托投资基金	65836	11915	22.10	（二）境外贷款			
2.减：委托贷款及委托投资	65836	11915	22.10	二、有价证券及投资	−822	−2135	−162.56
十、代理金融机构委托贷款基金	70583	19500	38.17	三、应收及预付款	2763	90	3.35
其中：中央银行委托贷款基金				其中：应收利息	2274	−126	−5.24
十一、各项准备	20372	−843	−3.97	四、买入返售资产			
其中：贷款损失准备	19357	−843	−4.17	五、存放中央准备金存款	4497	−9302	−67.41
十二、所有者权益	29217	7083	32.00	六、存放中央银行特种存款			
其中：实收资本				七、缴存中央银行财政性存款	2080	473	29.43
十三、其他	−8775	−531	6.45	八、同业往来			
				1.存放同业			
				其中：存放境外同业			
				2.拆放同业			
				其中：拆放境外同业			
				九、行内资金往来	1026426	370744	56.54
				十、代理金融机构贷款	70583	19500	38.17
				其中：代理人行专项贷款			
				十一、库存现金	11273	1976	21.25
				十二、外汇占款			
				十三、投资性房地产			
资金来源总计	2091767	478629	29.67	资金运用总计	2091767	478629	29.67

2-2-2-45 丽江市中资全国性四家大型银行人民币信贷运行情况表

二〇一〇年十二月三十一日　　单位：万元

栏目 项目名称	期末余额	比年初		栏目 项目名称	期末余额	比年初	
		增减	增减%			增减	增减%
一、各项存款	1817860	266613	17.19	一、各项贷款	1189790	120870	11.31
1.企业存款	644718	81678	14.51	（一）境内贷款	1189790	120870	11.31
⑴活期存款	591109	74904	14.51	1、短期贷款	286175	−88399	−23.6
⑵定期存款	53609	6774	14.46	（1）个人贷款及透支	25113	8996	55.81
2.机关团体存款	290439	59607	25.82	其中：个人消费贷款	6693	3738	126.51
3.储蓄存款	843609	120903	16.73	（2）单位普通贷款及透支	253962	−95376	−27.3
⑴活期储蓄	544659	100382	22.59	其中：经营性贷款	252674	−96664	−27.67
⑵定期储蓄	298950	20521	7.37	固定资产贷款	1261	1261	
4.农业存款	1730	347	25.07	（3）普通并购贷款			
5.其他存款	37364	4077	12.25	（4）银团贷款			
二、代理财政性存款	18	−62	−77.71	（5）贸易融资	7100	−2019	−22.14
三、金融债券				2.中长期贷款	894666	206616	30.03
四、应付及暂收款	15005	−205	−1.35	（1）个人贷款	313713	70764	29.13
其中：应付及预提利息	7406	449	6.45	其中：个人消费贷款	277104	69164	33.26
五、卖出回购资产				（2）单位普通贷款	530953	133852	33.71
六、向中央银行借款				其中：经营贷款	126752	7257	6.07
七、同业往来	50093	50091		固定资产贷款	404201	126595	45.6
1.同业存放	50093	50091		（3）普通并购贷款			
其中：境外同业存放				（4）银团贷款	50000	2000	4.17
2.同业拆借				（5）贸易融资			
其中：境外同业拆借				3.票据融资	3949	2653	42.15
八、行内资金往来				其中：贴现	3949	2653	42.15
九、委托存款及委托投资基金(净)	7	−9	−55.83	4.各项垫款			
1.委托存款及委托投资基金	51560	9355	22.17	（二）境外贷款			
2.减：委托贷款及委托投资	51553	9364	22.2	二、有价证券及投资	840	−819	−49.36
十、代理金融机构委托贷款基金				三、应收及预付款	3425	1035	43.32
其中：中央银行委托贷款基金				其中：应收利息	2922	946	47.85
十一、各项准备	30037	793	2.71	四、买入返售资产			
其中：贷款损失准备	29739	794	2.74	五、存放中央准备金存款	6909	−12162	−63.77
十二、所有者权益	32313	5432	20.21	六、存放中央银行特种存款			
其中：实收资本				七、缴存中央银行财政性存款	1340	626	87.7
十三、其他	−8489	740	−8.02	八、同业往来			
				1.存放同业			
				其中：存放境外同业			
				2.拆放同业			
				其中：拆放境外同业			
				九、行内资金往来	721657	211096	41.35
				十、代理金融机构贷款			
				其中：代理人行专项贷款			
				十一、库存现金	12882	2751	27.16
				十二、外汇占款		−4	−100
				十三、投资性房地产			
资金来源总计	1936842	323393	20.04	资金运用总计	1936842	323393	20.04

2-2-2-46 怒江州中资全国性四家大型银行人民币信贷运行情况表

二〇一〇年十二月三十一日　　单位：万元

项目名称	期末余额	比年初增减	比年初增减%	项目名称	期末余额	比年初增减	比年初增减%
一、各项存款	640080	104071	19.42	一、各项贷款	378121	60093	18.9
1.企业存款	198725	20134	11.27	（一）境内贷款	378121	60093	18.9
⑴活期存款	197194	29879	17.86	1、短期贷款	130975	6459	5.19
⑵定期存款	1531	−9746	−86.43	（1）个人贷款及透支	12655	4869	62.53
2.机关团体存款	205804	50617	32.62	其中：个人消费贷款	8107	2772	51.96
3.储蓄存款	227524	34085	17.62	（2）单位普通贷款及透支	93320	−8910	−8.72
⑴活期储蓄	159614	26245	19.68	其中：经营性贷款	93320	−8910	−8.72
⑵定期储蓄	67910	7841	13.05	固定资产贷款			
4.农业存款	48	−9	−15.91	（3）普通并购贷款			
5.其他存款	7979	−756	−8.65	（4）银团贷款			
二、代理财政性存款	95	−254	−72.85	（5）贸易融资	25000	10500	72.41
三、金融债券				2.中长期贷款	246146	57862	30.73
四、应付及暂收款	7219	1279	21.52	（1）个人贷款	44635	5524	14.12
其中：应付及预提利息	3604	615	20.57	其中：个人消费贷款	38761	4272	12.39
五、卖出回购资产				（2）单位普通贷款	201512	52338	35.09
六、向中央银行借款				其中：经营贷款	39355	−19685	−33.34
七、同业往来	159	43	37.39	固定资产贷款	162156	72023	79.91
1.同业存放	159	43	37.39	（3）普通并购贷款			
其中：境外同业存放				（4）银团贷款			
2.同业拆借				（5）贸易融资			
其中：境外同业拆借				3.票据融资	1000	−4227	−80.87
八、行内资金往来				其中：贴现	1000	−4227	−80.87
九、委托存款及委托投资基金(净)				4.各项垫款			
1.委托存款及委托投资基金	60241	11704	24.11	（二）境外贷款			
2.减：委托贷款及委托投资	60241	11704	24.11	二、有价证券及投资	456	−363	−44.36
十、代理金融机构委托贷款基金				三、应收及预付款	1049	263	33.38
其中：中央银行委托贷款基金				其中：应收利息	974	249	34.3
十一、各项准备	9362	4453	90.71	四、买入返售资产			
其中：贷款损失准备	9360	4452	90.71	五、存放中央准备金存款	10195	3481	51.85
十二、所有者权益	4054	−1986	−32.88	六、存放中央银行特种存款			
其中：实收资本				七、缴存中央银行财政性存款	409	−98	−19.38
十三、其他	−8641	−1915	28.47	八、同业往来			
				1.存放同业			
				其中：存放境外同业			
				2.拆放同业			
				其中：拆放境外同业			
				九、行内资金往来	258132	41706	19.27
				十、代理金融机构贷款			
				其中：代理人行专项贷款			
				十一、库存现金	3965	611	18.21
				十二、外汇占款			
				十三、投资性房地产			
资金来源总计	652328	105692	19.33	资金运用总计	652328	105692	19.33

2-2-2-47 迪庆州中资全国性四家大型银行人民币信贷运行情况表

二○一○年十二月三十一日　　单位：万元

项目名称	期末余额	比年初增减	比年初增减%	项目名称	期末余额	比年初增减	比年初增减%
一、各项存款	767096	163115	27.01	一、各项贷款	646651	114441	21.5
1.企业存款	362840	86856	31.47	（一）境内贷款	646651	114441	21.5
⑴活期存款	347861	85054	32.36	1、短期贷款	96629	8893	10.14
⑵定期存款	14979	1802	13.67	（1）个人贷款及透支	9998	490	5.15
2.机关团体存款	179970	36276	25.25	其中：个人消费贷款	2149	224	11.64
3.储蓄存款	205811	27270	15.27	（2）单位普通贷款及透支	70282	−4046	−5.44
⑴活期储蓄	158274	27151	20.71	其中：经营性贷款	70282	−4046	−5.44
⑵定期储蓄	47537	118	0.25	固定资产贷款			
4.农业存款				（3）普通并购贷款			
5.其他存款	15176	14924	5909.09	（4）银团贷款			
二、代理财政性存款	3298	−2211	−40.13	（5）贸易融资	16349	12449	319.21
三、金融债券	148	70	90.3	2.中长期贷款	549958	105484	23.73
四、应付及暂收款				（1）个人贷款	82831	6614	8.68
其中：应付及预提利息	6725	587	9.56	其中：个人消费贷款	72218	6827	10.44
五、卖出回购资产	2100	155	7.96	（2）单位普通贷款	467127	98870	26.85
六、向中央银行借款				其中：经营贷款	317675	171868	117.87
七、同业往来				固定资产贷款	149452	−72998	−32.82
1.同业存放				（3）普通并购贷款			
其中：境外同业存放				（4）银团贷款			
2.同业拆借				（5）贸易融资			
其中：境外同业拆借				3.票据融资	64	64	
八、行内资金往来				其中：贴现	64	64	
九、委托存款及委托投资基金(净)	1	−14	−93.66	4.各项垫款			
1.委托存款及委托投资基金	34461	11566	50.51	（二）境外贷款			
2.减：委托贷款及委托投资	34461	11580	50.61	二、有价证券及投资			
十、代理金融机构委托贷款基金				三、应收及预付款	304	−91	−23.02
其中：中央银行委托贷款基金				其中：应收利息	2998	652	27.79
十一、各项准备	25271	802	3.28	四、买入返售资产	1775	20	1.16
其中：贷款损失准备	25248	802	3.28	五、存放中央准备金存款			
十二、所有者权益	14956	10657	247.9	六、存放中央银行特种存款	2426	400	19.72
其中：实收资本				七、缴存中央银行财政性存款			
十三、其他	−154839	−58838	61.29	八、同业往来	2457	95	4.02
				1.存放同业			
				其中：存放境外同业			
				2.拆放同业			
				其中：拆放境外同业			
				九、行内资金往来			
				十、代理金融机构贷款			
				其中：代理人行专项贷款			
				十一、库存现金	4524	885	24.32
				十二、外汇占款	−2	−2	
				十三、投资性房地产			
资金来源总计	659358	116379	21.43	资金运用总计	659358	116379	21.43

2-2-2-48 临沧市中资全国性四家大型银行人民币信贷运行情况表

二〇一〇年十二月三十一日　　单位：万元

栏目 项目名称	期末余额	比年初		栏目 项目名称	期末余额	比年初	
		增减	增减%			增减	增减%
一、各项存款	1430052	171395	13.62	一、各项贷款	1053578	128523	13.89
1.企业存款	423271	46014	12.20	（一）境内贷款	1053578	128523	13.89
⑴活期存款	418056	44377	11.88	1、短期贷款	261532	–8752	–3.24
⑵定期存款	5215	1637	45.76	（1）个人贷款及透支	33493	–5565	–14.25
2.机关团体存款	388725	22768	6.22	其中：个人消费贷款	9717	4299	79.34
3.储蓄存款	602067	96848	19.17	（2）单位普通贷款及透支	196710	–28652	–12.71
⑴活期储蓄	395115	78499	24.79	其中：经营性贷款	196710	–28636	–12.71
⑵定期储蓄	206952	18349	9.73	固定资产贷款			
4.农业存款	674	192	39.92	（3）普通并购贷款			
5.其他存款	15315	5571	57.18	（4）银团贷款			
二、代理财政性存款	7097	5238	281.78	（5）贸易融资	31329	25465	434.26
三、金融债券				2.中长期贷款	792047	137275	20.97
四、应付及暂收款	11661	–636	–5.17	（1）个人贷款	198706	33900	20.57
其中：应付及预提利息	5276	–1348	–20.35	其中：个人消费贷款	148332	24422	19.71
五、卖出回购资产				（2）单位普通贷款	593341	103376	21.10
六、向中央银行借款				其中：经营贷款	244231	58916	31.79
七、同业往来	10541	8151	341.00	固定资产贷款	349110	44460	14.59
1.同业存放	10541	8151	341.00	（3）普通并购贷款			
其中：境外同业存放				（4）银团贷款			
2.同业拆借				（5）贸易融资			
其中：境外同业拆借				3.票据融资			
八、行内资金往来	31771	–6083	–16.07	其中：贴现			
九、委托存款及委托投资基金(净)	2	–1		4.各项垫款			
1.委托存款及委托投资基金	76328	20220	36.04	（二）境外贷款			
2.减：委托贷款及委托投资	76326	20221	36.04	二、有价证券及投资	734	–964	–56.76
十、代理金融机构委托贷款基金				三、应收及预付款	3143	422	15.51
其中：中央银行委托贷款基金				其中：应收利息	2786	244	9.62
十一、各项准备	34236	4135	13.74	四、买入返售资产			
其中：贷款损失准备	34146	4088	13.60	五、存放中央准备金存款	5852	768	15.11
十二、所有者权益	23150	7837	51.17	六、存放中央银行特种存款			
其中：实收资本				七、缴存中央银行财政性存款	4307	1731	67.20
十三、其他	–6499	–182	2.88	八、同业往来			
				1.存放同业			
				其中：存放境外同业			
				2.拆放同业			
				其中：拆放境外同业			
				九、行内资金往来			
				十、代理金融机构贷款			
				其中：代理人行专项贷款			
				十一、库存现金			
				十二、外汇占款			
				十三、投资性房地产			
资金来源总计	1542010	189853	14.04	资金运用总计	1542010	189853	14.04

2-2-2-49 昆明市中资全国性中小型银行人民币信贷运行情况表

二〇一〇年十二月三十一日　　　　单位：万元

栏目 / 项目名称	期末余额	比年初 增减	比年初 增减%	栏目 / 项目名称	期末余额	比年初 增减	比年初 增减%
一、各项存款	17759380	3017686	20.47	一、各项贷款	17936503	3225599	21.93
1.企业存款	10851506	1467311	15.64	（一）境内贷款	17936503	3226979	21.94
⑴活期存款	7663435	1298323	20.4	1、短期贷款	6041122	873081	16.89
⑵定期存款	3188071	168988	5.6	（1）个人贷款及透支	827596	376408	83.43
2.机关团体存款	622459	-55374	-8.17	其中：个人消费贷款	453927	107005	30.84
3.储蓄存款	2832129	764866	37	（2）单位普通贷款及透支	5071085	542476	11.98
⑴活期储蓄	1415361	507814	55.95	其中：经营性贷款	4967521	495840	11.09
⑵定期储蓄	1416769	257052	22.17	固定资产贷款	103564	47064	83.3
4.农业存款	305	-15237	-98.04	（3）普通并购贷款	12012	12012	
5.其他存款	3452981	856120	32.97	（4）银团贷款	5000	5000	
二、代理财政性存款	79815	-4890	-5.77	（5）贸易融资	125429	-62815	-33.37
三、金融债券				2.中长期贷款	11643324	3094957	36.21
四、应付及暂收款	256512	35211	15.91	（1）个人贷款	2126111	530645	33.26
其中：应付及预提利息	84634	21849	34.8	其中：个人消费贷款	1814004	424297	30.53
五、卖出回购资产				（2）单位普通贷款	8784990	2267590	34.79
六、向中央银行借款	5100	5100		其中：经营贷款	3532830	940418	36.28
七、同业往来	2144565	294010	15.89	固定资产贷款	5252160	1327171	33.81
1.同业存放	2144565	294010	15.89	（3）普通并购贷款	31048	31048	
其中：境外同业存放				（4）银团贷款	366450	50950	16.15
2.同业拆借				（5）贸易融资	334725	214725	178.94
其中：境外同业拆借				3.票据融资	247445	-745672	-75.08
八、行内资金往来				其中：贴现	247445	-745672	-75.08
九、委托存款及委托投资基金(净)	177520	-13560	-7.1	4.各项垫款	4612	4612	
1.委托存款及委托投资基金	1235935	373765	43.35	（二）境外贷款		-1380	-100
2.减：委托贷款及委托投资	1058415	387324	57.72	二、有价证券及投资	49831	12833	34.69
十、代理金融机构委托贷款基金	420			三、应收及预付款	74184	21233	40.1
其中：中央银行委托贷款基金				其中：应收利息	26263	5652	27.42
十一、各项准备	191795	36387	23.41	四、买入返售资产	1205869	309362	34.51
其中：贷款损失准备	188101	36231	23.86	五、存放中央准备金存款	468319	133261	39.77
十二、所有者权益	349363	94730	37.2	六、存放中央银行特种存款			
其中：实收资本				七、缴存中央银行财政性存款	927	-1536	-62.36
十三、其他	-193401	-225202		八、同业往来	203585	-69361	-25.41
				1.存放同业	167585	-105361	-38.6
				其中：存放境外同业			
				2.拆放同业	36000	36000	
				其中：拆放境外同业			
				九、行内资金往来	739053	-437608	-37.19
				十、代理金融机构贷款	420		
				其中：代理人行专项贷款			
				十一、库存现金	74078	28698	63.24
				十二、外汇占款	17120	16992	
				十三、投资性房地产	1180		
资金来源总计	20771070	3239471	18.48	资金运用总计	20771070	3239471	18.48

2-2-2-50 昭通市中资全国性中小型银行人民币信贷运行情况表

二〇一〇年十二月三十一日　　单位：万元

项目名称	期末余额	比年初增减	比年初增减%	项目名称	期末余额	比年初增减	比年初增减%
一、各项存款	90780	-10308	-10.2	一、各项贷款	300934	122577	68.73
1.企业存款	81509	-10133	-11.06	（一）境内贷款	300934	122577	68.73
⑴活期存款	81059	-10583	-11.55	1、短期贷款	88884	48707	121.23
⑵定期存款	450	450		（1）个人贷款及透支			
2.机关团体存款	6372	-2593	-28.93	其中：个人消费贷款			
3.储蓄存款				（2）单位普通贷款及透支	88884	48707	121.23
⑴活期储蓄				其中：经营性贷款	88884	48707	121.23
⑵定期储蓄				固定资产贷款			
4.农业存款				（3）普通并购贷款			
5.其他存款	2899	2418	502.61	（4）银团贷款			
二、代理财政性存款	10839	788	7.84	（5）贸易融资			
三、金融债券				2.中长期贷款	212050	73870	53.46
四、应付及暂收款	227	103	82.2	（1）个人贷款			
其中：应付及预提利息	5	5		其中：个人消费贷款			
五、卖出回购资产				（2）单位普通贷款	212050	73870	53.46
六、向中央银行借款				其中：经营贷款			
七、同业往来	23000	23000		固定资产贷款	212050	73870	53.46
1.同业存放	23000	23000		（3）普通并购贷款			
其中：境外同业存放				（4）银团贷款			
2.同业拆借				（5）贸易融资			
其中：境外同业拆借				3.票据融资			
八、行内资金往来	179377	108699	153.8	其中：贴现			
九、委托存款及委托投资基金(净)				4.各项垫款			
1.委托存款及委托投资基金				（二）境外贷款			
2.减：委托贷款及委托投资				二、有价证券及投资			
十、代理金融机构委托贷款基金				三、应收及预付款	2	-2	-53.94
其中：中央银行委托贷款基金				其中：应收利息			
十一、各项准备				四、买入返售资产			
其中：贷款损失准备				五、存放中央准备金存款	8543	2124	33.08
十二、所有者权益	7768	4037	108.21	六、存放中央银行特种存款			
其中：实收资本				七、缴存中央银行财政性存款			
十三、其他	-1094	-420	62.28	八、同业往来	50	14	38.57
				1.存放同业	50	14	38.57
				其中：存放境外同业			
				2.拆放同业			
				其中：拆放境外同业			
				九、行内资金往来			
				十、代理金融机构贷款			
				其中：代理人行专项贷款			
				十一、库存现金	1367	1186	656.1
				十二、外汇占款			
				十三、投资性房地产			
资金来源总计	310897	125898	68.05	资金运用总计	310897	125898	68.05

2-2-2-51 曲靖市中资全国性中小型银行人民币信贷运行情况表

二〇一〇年十二月三十一日　　　　单位：万元

项目名称	期末余额	比年初增减	比年初增减%	项目名称	期末余额	比年初增减	比年初增减%
一、各项存款	760936	352085	86.12	一、各项贷款	835105	302182	56.7
1.企业存款	476025	227377	91.45	（一）境内贷款	835105	302182	56.7
⑴活期存款	401888	185387	85.63	1、短期贷款	389384	178713	84.83
⑵定期存款	74137	41990	130.62	（1）个人贷款及透支	42127	33781	404.76
2.机关团体存款	6458	2014	45.32	其中：个人消费贷款	11583	4200	56.85
3.储蓄存款	162248	105047	183.65	（2）单位普通贷款及透支	347204	145330	71.99
⑴活期储蓄	85502	51108	148.6	其中：经营性贷款	345470	143596	71.13
⑵定期储蓄	76746	53938	236.5	固定资产贷款			
4.农业存款				（3）普通并购贷款			
5.其他存款	116204	17646	17.9	（4）银团贷款			
二、代理财政性存款	10137	1894	22.97	（5）贸易融资	53	-398	-88.25
三、金融债券				2.中长期贷款	374663	115393	44.51
四、应付及暂收款	4288	1913	80.57	（1）个人贷款	78063	41693	114.63
其中：应付及预提利息	1443	521	56.47	其中：个人消费贷款	59178	34788	142.63
五、卖出回购资产				（2）单位普通贷款	296600	73700	33.06
六、向中央银行借款				其中：经营贷款	99000	6000	6.45
七、同业往来	155000	147000	1837.5	固定资产贷款	197600	67700	52.12
1.同业存放	155000	147000	1837.5	（3）普通并购贷款			
其中：境外同业存放				（4）银团贷款			
2.同业拆借				（5）贸易融资			
其中：境外同业拆借				3.票据融资	71059	8076	12.82
八、行内资金往来	71068	-57588	-44.76	其中：贴现	71059	8076	12.82
九、委托存款及委托投资基金(净)	4181	4181		4.各项垫款			
1.委托存款及委托投资基金	24278	24278		（二）境外贷款			
2.减：委托贷款及委托投资	20097	20097		二、有价证券及投资			
十、代理金融机构委托贷款基金				三、应收及预付款	1159	618	114.26
其中：中央银行委托贷款基金				其中：应收利息	846	760	875.79
十一、各项准备	2867	1409	96.65	四、买入返售资产			
其中：贷款损失准备	2851	1401	96.63	五、存放中央准备金存款	18345	7	0.04
十二、所有者权益	15190	7184	89.73	六、存放中央银行特种存款			
其中：实收资本				七、缴存中央银行财政性存款	8	-139	-94.56
十三、其他	-158063	-148872	1619.86	八、同业往来	1618	-362	-18.26
				1.存放同业	1618	-362	-18.26
				其中：存放境外同业			
				2.拆放同业			
				其中：拆放境外同业			
				九、行内资金往来			
				十、代理金融机构贷款			
				其中：代理人行专项贷款			
				十一、库存现金	9368	6900	279.57
				十二、外汇占款	-1	-1	
				十三、投资性房地产			
资金来源总计	865603	309205	55.57	资金运用总计	865603	309205	55.57

2-2-2-52 玉溪市中资全国性中小型银行人民币信贷运行情况表

二〇一〇年十二月三十一日　　单位：万元

项目名称	期末余额	比年初增减	比年初增减%	项目名称	期末余额	比年初增减	比年初增减%
一、各项存款	930712	127174	15.83	一、各项贷款	753302	136572	22.14
1.企业存款	636922	61534	10.69	（一）境内贷款	753302	136572	22.14
⑴活期存款	441236	60210	15.80	1、短期贷款	289655	31815	12.34
⑵定期存款	195686	1325	0.68	（1）个人贷款及透支	15913	11779	284.92
2.机关团体存款	53595	−19467	−26.64	其中：个人消费贷款	2679	1022	61.69
3.储蓄存款	163052	29444	22.04	（2）单位普通贷款及透支	273742	20036	7.90
⑴活期储蓄	78397	17097	27.89	其中：经营性贷款	273742	20036	7.90
⑵定期储蓄	84655	12347	17.08	固定资产贷款			
4.农业存款	2	−10	−83.33	（3）普通并购贷款			
5.其他存款	77142	55673	259.32	（4）银团贷款			
二、代理财政性存款	4737	−137	−2.80	（5）贸易融资			
三、金融债券				2.中长期贷款	462706	151456	48.66
四、应付及暂收款	7529	3530	88.29	（1）个人贷款	18983	13608	253.18
其中：应付及预提利息	3530	428	13.78	其中：个人消费贷款	18734	13522	259.41
五、卖出回购资产				（2）单位普通贷款	443723	137848	45.07
六、向中央银行借款				其中：经营贷款	139828	66400	90.43
七、同业往来	45116	22999	103.99	固定资产贷款	303895	71448	30.74
1.同业存放	45116	22999	103.99	（3）普通并购贷款			
其中：境外同业存放				（4）银团贷款			
2.同业拆借				（5）贸易融资			
其中：境外同业拆借				3.票据融资	941	−46699	−98.02
八、行内资金往来				其中：贴现	941	−46699	−98.02
九、委托存款及委托投资基金(净)				4.各项垫款			
1.委托存款及委托投资基金	7000	4800	218.18	（二）境外贷款			
2.减：委托贷款及委托投资	7000	4800	218.18	二、有价证券及投资	42	1	3.55
十、代理金融机构委托贷款基金				三、应收及预付款	4104	3782	1174.54
其中：中央银行委托贷款基金				其中：应收利息	437	229	110.19
十一、各项准备	3323	646	24.11	四、买入返售资产			
其中：贷款损失准备	3323	650	24.30	五、存放中央准备金存款	36644	15032	69.55
十二、所有者权益	21744	10446	92.46	六、存放中央银行特种存款			
其中：实收资本				七、缴存中央银行财政性存款		−1	−92.31
十三、其他	−93218	−103136	−1039.91	八、同业往来	664	−680	−50.59
				1.存放同业	664	−680	−50.59
				其中：存放境外同业			
				2.拆放同业			
				其中：拆放境外同业			
				九、行内资金往来	118699	−95715	−44.64
				十、代理金融机构贷款			
				其中：代理人行专项贷款			
				十一、库存现金	6302	2351	59.48
				十二、外汇占款	186	180	3088.77
				十三、投资性房地产			
资金来源总计	919942	61522	7.17	资金运用总计	919942	61522	7.17

2-2-2-53 红河州中资全国性中小型银行人民币信贷运行情况表

二○一○年十二月三十一日　　　　单位：万元

栏目 项目名称	期末余额	比年初		栏目 项目名称	期末余额	比年初	
		增减	增减%			增减	增减%
一、各项存款	140500	75860	117.36	一、各项贷款	260196	62435	31.57
1.企业存款	133840	71219	113.73	（一）境内贷款	260196	62435	31.57
⑴活期存款	129340	66719	106.55	1、短期贷款	72626	−21759	−23.05
⑵定期存款	4500	4500		（1）个人贷款及透支			
2.机关团体存款	240	116	94.05	其中：个人消费贷款			
3.储蓄存款	4461	4461		（2）单位普通贷款及透支	72626	−21759	−23.05
⑴活期储蓄	4406	4406		其中：经营性贷款	72626	−21759	−23.05
⑵定期储蓄	55	55		固定资产贷款			
4.农业存款				（3）普通并购贷款			
5.其他存款	1959	63	3.32	（4）银团贷款			
二、代理财政性存款	21142	11885	128.39	（5）贸易融资			
三、金融债券				2.中长期贷款	187370	83994	81.25
四、应付及暂收款	49	24	97.43	（1）个人贷款			
其中：应付及预提利息	17	17		其中：个人消费贷款			
五、卖出回购资产				（2）单位普通贷款	187370	83994	81.25
六、向中央银行借款				其中：经营贷款			
七、同业往来				固定资产贷款	187370	83994	81.25
1.同业存放				（3）普通并购贷款			
其中：境外同业存放				（4）银团贷款			
2.同业拆借				（5）贸易融资			
其中：境外同业拆借				3.票据融资	200	200	
八、行内资金往来	108071	−16955	−13.56	其中：贴现	200	200	
九、委托存款及委托投资基金(净)				4.各项垫款			
1.委托存款及委托投资基金				（二）境外贷款			
2.减：委托贷款及委托投资				二、有价证券及投资			
十、代理金融机构委托贷款基金				三、应收及预付款	59	−18	−23.71
其中：中央银行委托贷款基金				其中：应收利息	39	−22	−36.79
十一、各项准备				四、买入返售资产			
其中：贷款损失准备				五、存放中央准备金存款	3378	107	3.28
十二、所有者权益	6269	2756	78.48	六、存放中央银行特种存款			
其中：实收资本				七、缴存中央银行财政性存款			
十三、其他	−11369	−10336	1000.67	八、同业往来	218	−10	−4.45
				1.存放同业	218	−10	−4.45
				其中：存放境外同业			
				2.拆放同业			
				其中：拆放境外同业			
				九、行内资金往来			
				十、代理金融机构贷款			
				其中：代理人行专项贷款			
				十一、库存现金	810	721	811.36
				十二、外汇占款			
				十三、投资性房地产			
资金来源总计	264662	63234	31.39	资金运用总计	264662	63234	31.39

2-2-2-54 文山州中资全国性中小型银行人民币信贷运行情况表

二〇一〇年十二月三十一日　　　　单位：万元

栏目 项目名称	期末余额	比年初		栏目 项目名称	期末余额	比年初	
		增减	增减%			增减	增减%
一、各项存款	30070	-6298	-17.32	一、各项贷款	135091	18577	15.94
1.企业存款	29381	-5565	-15.93	（一）境内贷款	135091	18577	15.94
⑴活期存款	29381	-5565	-15.93	1、短期贷款	68601	6377	10.25
⑵定期存款				（1）个人贷款及透支			
2.机关团体存款	36	-56	-61.26	其中：个人消费贷款			
3.储蓄存款				（2）单位普通贷款及透支	68601	6377	10.25
⑴活期储蓄				其中：经营性贷款	68601	6377	10.25
⑵定期储蓄				固定资产贷款			
4.农业存款				（3）普通并购贷款			
5.其他存款	653	-676	-50.85	（4）银团贷款			
二、代理财政性存款	11621	2765	31.23	（5）贸易融资			
三、金融债券				2.中长期贷款	66490	12200	22.47
四、应付及暂收款	155	1	0.52	（1）个人贷款			
其中：应付及预提利息	6	6		其中：个人消费贷款			
五、卖出回购资产				（2）单位普通贷款	66490	12200	22.47
六、向中央银行借款				其中：经营贷款			
七、同业往来	5000	5000		固定资产贷款	66490	12200	22.47
1.同业存放	5000	5000		（3）普通并购贷款			
其中：境外同业存放				（4）银团贷款			
2.同业拆借				（5）贸易融资			
其中：境外同业拆借				3.票据融资			
八、行内资金往来	88494	16497	22.91	其中：贴现			
九、委托存款及委托投资基金(净)				4.各项垫款			
1.委托存款及委托投资基金				（二）境外贷款			
2.减：委托贷款及委托投资				二、有价证券及投资			
十、代理金融机构委托贷款基金				三、应收及预付款	1		-1.09
其中：中央银行委托贷款基金				其中：应收利息			
十一、各项准备				四、买入返售资产			
其中：贷款损失准备				五、存放中央准备金存款	771	61	8.66
十二、所有者权益	2455	537	27.99	六、存放中央银行特种存款			
其中：实收资本				七、缴存中央银行财政性存款			
十三、其他	-1788	99	-5.25	八、同业往来			
				1.存放同业			
				其中：存放境外同业			
				2.拆放同业			
				其中：拆放境外同业			
				九、行内资金往来			
				十、代理金融机构贷款			
				其中：代理人行专项贷款			
				十一、库存现金	144	-37	-20.62
				十二、外汇占款			
				十三、投资性房地产			
资金来源总计	136006	18602	15.84	资金运用总计	136006	18602	15.84

2-2-2-55 普洱市中资全国性中小型银行人民币信贷运行情况表

二〇一〇年十二月三十一日　　　　单位：万元

栏目 项目名称	期末余额	比年初		栏目 项目名称	期末余额	比年初	
		增减	增减%			增减	增减%
一、各项存款	76574	38032	98.7	一、各项贷款	177158	26860	17.9
1.企业存款	52696	14879	39.3	（一）境内贷款	177158	26860	17.9
⑴活期存款	44296	6479	17.1	1、短期贷款	62525	-3373	-5.1
⑵定期存款	8400	8400		（1）个人贷款及透支	319	319	
2.机关团体存款	6788	6608		其中：个人消费贷款	130	130	
3.储蓄存款	15077	15077		（2）单位普通贷款及透支	62206	-3692	-5.6
⑴活期储蓄	7373	7373		其中：经营性贷款	62206	-3692	-5.6
⑵定期储蓄	7704	7704		固定资产贷款			
4.农业存款	13	13		（3）普通并购贷款			
5.其他存款	2000	1455	266.9	（4）银团贷款			
二、代理财政性存款	9117	-847	-8.5	（5）贸易融资			
三、金融债券				2.中长期贷款	114633	30233	35.8
四、应付及暂收款	210	178	566.0	（1）个人贷款	719	719	
其中：应付及预提利息	107	107		其中：个人消费贷款	217	217	
五、卖出回购资产				（2）单位普通贷款	113914	29514	35.0
六、向中央银行借款				其中：经营贷款	814	-686	-45.7
七、同业往来	28400	20900	278.7	固定资产贷款	113100	30200	36.4
1.同业存放	28400	20900	278.7	（3）普通并购贷款			
其中：境外同业存放				（4）银团贷款			
2.同业拆借				（5）贸易融资			
其中：境外同业拆借				3.票据融资			
八、行内资金往来	96591	-1901	-1.9	其中：贴现			
九、委托存款及委托投资基金(净)				4.各项垫款			
1.委托存款及委托投资基金				（二）境外贷款			
2.减：委托贷款及委托投资				二、有价证券及投资			
十、代理金融机构委托贷款基金				三、应收及预付款	30	30	
其中：中央银行委托贷款基金				其中：应收利息	30	30	
十一、各项准备				四、买入返售资产			
其中：贷款损失准备				五、存放中央准备金存款	8032	1626	25.4
十二、所有者权益	3642	-167	-4.4	六、存放中央银行特种存款			
其中：实收资本				七、缴存中央银行财政性存款			
十三、其他	3152	4661	-308.9	八、同业往来	129	54	72.3
				1.存放同业	129	54	72.3
				其中：存放境外同业			
				2.拆放同业			
				其中：拆放境外同业			
				九、行内资金往来	31624	31624	
				十、代理金融机构贷款			
				其中：代理人行专项贷款			
				十一、库存现金	713	563	1337.6
				十二、外汇占款			
				十三、投资性房地产			
资金来源总计	217686	60857	38.8	资金运用总计	217686	60857	38.8

2-2-2-56 版纳州中资全国性中小型银行人民币信贷运行情况表

二〇一〇年十二月三十一日　　单位：万元

栏目 项目名称	期末余额	比年初		栏目 项目名称	期末余额	比年初	
		增减	增减%			增减	增减%
一、各项存款	41858	3658	9.58	一、各项贷款	106515	20852	24.34
1.企业存款	40659	2706	7.13	（一）境内贷款	106515	20852	24.34
⑴活期存款	39659	1706	4.49	1、短期贷款	26605	7	0.03
⑵定期存款	1000	1000		（1）个人贷款及透支			
2.机关团体存款	1194	1051	736.79	其中：个人消费贷款			
3.储蓄存款				（2）单位普通贷款及透支	26605	7	0.03
⑴活期储蓄				其中：经营性贷款	26605	7	0.03
⑵定期储蓄				固定资产贷款			
4.农业存款				（3）普通并购贷款			
5.其他存款	5	–98	–95.15	（4）银团贷款			
二、代理财政性存款	3583	592	19.8	（5）贸易融资			
三、金融债券				2.中长期贷款	79910	20845	35.29
四、应付及暂收款	81	–13	–13.49	（1）个人贷款			
其中：应付及预提利息				其中：个人消费贷款			
五、卖出回购资产				（2）单位普通贷款	79910	20845	35.29
六、向中央银行借款				其中：经营贷款			
七、同业往来	13000	13000		固定资产贷款	79910	20845	35.29
1.同业存放	13000	13000		（3）普通并购贷款			
其中：境外同业存放				（4）银团贷款			
2.同业拆借				（5）贸易融资			
其中：境外同业拆借				3.票据融资			
八、行内资金往来	48026	3570	8.03	其中：贴现			
九、委托存款及委托投资基金(净)				4.各项垫款			
1.委托存款及委托投资基金				（二）境外贷款			
2.减：委托贷款及委托投资				二、有价证券及投资			
十、代理金融机构委托贷款基金				三、应收及预付款	3	3	
其中：中央银行委托贷款基金				其中：应收利息	3	3	
十一、各项准备				四、买入返售资产			
其中：贷款损失准备				五、存放中央准备金存款	1502	1202	401.28
十二、所有者权益	2381	1269	114.08	六、存放中央银行特种存款			
其中：实收资本				七、缴存中央银行财政性存款			
十三、其他	–739	40	–5.16	八、同业往来	61	60	
				1.存放同业	61	60	
				其中：存放境外同业			
				2.拆放同业			
				其中：拆放境外同业			
				九、行内资金往来			
				十、代理金融机构贷款			
				其中：代理人行专项贷款			
				十一、库存现金	110	–1	–0.55
				十二、外汇占款			
				十三、投资性房地产			
资金来源总计	108191	22117	25.7	资金运用总计	108191	22117	25.7

2-2-2-57 楚雄州中资全国性中小型银行人民币信贷运行情况表

二〇一〇年十二月三十一日　　　　单位：万元

栏目 项目名称	期末余额	比年初增减	比年初增减%	栏目 项目名称	期末余额	比年初增减	比年初增减%
一、各项存款	43666	−22495	−34.00	一、各项贷款	208187	24898	13.58
1.企业存款	41791	−23184	−35.68	（一）境内贷款	208187	24898	13.58
⑴活期存款	38476	−17776	−31.60	1、短期贷款	80287	1598	2.03
⑵定期存款	3315	−5407	−61.99	（1）个人贷款及透支			
2.机关团体存款	289	−21	−6.82	其中：个人消费贷款			
3.储蓄存款				（2）单位普通贷款及透支	80287	1598	2.03
⑴活期储蓄				其中：经营性贷款	80287	1598	2.03
⑵定期储蓄				固定资产贷款			
4.农业存款				（3）普通并购贷款			
5.其他存款	1585	710	81.10	（4）银团贷款			
二、代理财政性存款	6599	1000	17.85	（5）贸易融资			
三、金融债券				2.中长期贷款	127900	23300	22.28
四、应付及暂收款	89	−3	−3.37	（1）个人贷款			
其中：应付及预提利息	47	14	44.24	其中：个人消费贷款			
五、卖出回购资产				（2）单位普通贷款	127900	23300	22.28
六、向中央银行借款				其中：经营贷款			
七、同业往来	17000	17000		固定资产贷款	127900	23300	22.28
1.同业存放	17000	17000		（3）普通并购贷款			
其中：境外同业存放				（4）银团贷款			
2.同业拆借				（5）贸易融资			
其中：境外同业拆借				3.票据融资			
八、行内资金往来	137697	28125	25.67	其中：贴现			
九、委托存款及委托投资基金(净)				4.各项垫款			
1.委托存款及委托投资基金				（二）境外贷款			
2.减：委托贷款及委托投资				二、有价证券及投资			
十、代理金融机构委托贷款基金				三、应收及预付款	7	−46	−86.32
其中：中央银行委托贷款基金				其中：应收利息	7	−46	−87.14
十一、各项准备				四、买入返售资产			
其中：贷款损失准备				五、存放中央准备金存款	877	−47	−5.13
十二、所有者权益	5617	937	20.03	六、存放中央银行特种存款			
其中：实收资本				七、缴存中央银行财政性存款			
十三、其他	−1402	59	−4.07	八、同业往来	128	−11	−7.78
				1.存放同业	128	−11	−7.78
				其中：存放境外同业			
				2.拆放同业			
				其中：拆放境外同业			
				九、行内资金往来			
				十、代理金融机构贷款			
				其中：代理人行专项贷款			
				十一、库存现金	66	−170	−71.97
				十二、外汇占款			
				十三、投资性房地产			
资金来源总计	209266		13.34	资金运用总计	209266	24623	13.34

2-2-2-58 大理州中资全国性中小型银行人民币信贷运行情况表

二〇一〇年十二月三十一日　　单位：万元

项目名称	期末余额	比年初增减	比年初增减%	项目名称	期末余额	比年初增减	比年初增减%
一、各项存款	42443	4162	10.87	一、各项贷款	139247	15015	12.09
1.企业存款	36815	296	0.81	（一）境内贷款	139247	15015	12.09
⑴活期存款	36815	363	1.00	1、短期贷款	63877	7595	13.50
⑵定期存款		-67	-100.00	（1）个人贷款及透支			
2.机关团体存款	1919	862	81.49	其中：个人消费贷款			
3.储蓄存款	2146	2146		（2）单位普通贷款及透支	63877	7595	13.50
⑴活期储蓄	1035	1035		其中：经营性贷款	63877	7595	13.50
⑵定期储蓄	1111	1111		固定资产贷款			
4.农业存款				（3）普通并购贷款			
5.其他存款	1564	858	121.62	（4）银团贷款			
二、代理财政性存款	13844	-1497	-9.76	（5）贸易融资			
三、金融债券				2.中长期贷款	75370	7420	10.92
四、应付及暂收款	473	140	42.07	（1）个人贷款			
其中：应付及预提利息				其中：个人消费贷款			
五、卖出回购资产				（2）单位普通贷款	75370	7420	10.92
六、向中央银行借款				其中：经营贷款			
七、同业往来				固定资产贷款	75370	7420	10.92
1.同业存放				（3）普通并购贷款			
其中：境外同业存放				（4）银团贷款			
2.同业拆借				（5）贸易融资			
其中：境外同业拆借				3.票据融资			
八、行内资金往来	83805	14211	20.42	其中：贴现			
九、委托存款及委托投资基金(净)				4.各项垫款			
1.委托存款及委托投资基金				（二）境外贷款			
2.减：委托贷款及委托投资				二、有价证券及投资			
十、代理金融机构委托贷款基金				三、应收及预付款		-3	-100.00
其中：中央银行委托贷款基金				其中：应收利息			
十一、各项准备				四、买入返售资产			
其中：贷款损失准备				五、存放中央准备金存款	3035	2049	207.81
十二、所有者权益	2897	45	1.58	六、存放中央银行特种存款			
其中：实收资本				七、缴存中央银行财政性存款			
十三、其他	-991	117	-10.54	八、同业往来	21	-10	-31.70
				1.存放同业	21	-10	-31.70
				其中：存放境外同业			
				2.拆放同业			
				其中：拆放境外同业			
				九、行内资金往来			
				十、代理金融机构贷款			
				其中：代理人行专项贷款			
				十一、库存现金	167	126	308.23
				十二、外汇占款			
				十三、投资性房地产			
资金来源总计	142470	17178	13.71	资金运用总计	142470	17178	13.71

2-2-2-59 保山市中资全国性中小型银行人民币信贷运行情况表

二〇一〇年十二月三十一日　　　　单位：万元

栏目 / 项目名称	期末余额	比年初		栏目 / 项目名称	期末余额	比年初	
		增减	增减%			增减	增减%
一、各项存款	96408	51286	113.66	一、各项贷款	281807	142079	101.68
1.企业存款	94491	50991	117.22	（一）境内贷款	281807	142079	101.68
⑴活期存款	94491	50991	117.22	1、短期贷款	60507	−10221	−14.45
⑵定期存款				（1）个人贷款及透支			
2.机关团体存款	525	231	78.53	其中：个人消费贷款			
3.储蓄存款				（2）单位普通贷款及透支	60507	−10221	−14.45
⑴活期储蓄				其中：经营性贷款	60507	−10221	−14.45
⑵定期储蓄				固定资产贷款			
4.农业存款				（3）普通并购贷款			
5.其他存款	1393	64	4.78	（4）银团贷款			
二、代理财政性存款	2720	−1542	−36.18	（5）贸易融资			
三、金融债券				2.中长期贷款	221300	152300	220.72
四、应付及暂收款	66	16	32.87	（1）个人贷款			
其中：应付及预提利息				其中：个人消费贷款			
五、卖出回购资产				（2）单位普通贷款	221300	152300	220.72
六、向中央银行借款				其中：经营贷款			
七、同业往来				固定资产贷款	221300	152300	220.72
1.同业存放				（3）普通并购贷款			
其中：境外同业存放				（4）银团贷款			
2.同业拆借				（5）贸易融资			
其中：境外同业拆借				3.票据融资			
八、行内资金往来	178785	87354	95.54	其中：贴现			
九、委托存款及委托投资基金(净)				4.各项垫款			
1.委托存款及委托投资基金				（二）境外贷款			
2.减：委托贷款及委托投资				二、有价证券及投资			
十、代理金融机构委托贷款基金				三、应收及预付款		−7	−100.00
其中：中央银行委托贷款基金				其中：应收利息		−7	−100.00
十一、各项准备				四、买入返售资产			
其中：贷款损失准备				五、存放中央准备金存款	209	−366	−63.62
十二、所有者权益	6013	3948	191.24	六、存放中央银行特种存款			
其中：实收资本				七、缴存中央银行财政性存款			
十三、其他	−1792	69	−3.72	八、同业往来	84	−528	−86.30
				1.存放同业	84	−528	−86.30
				其中：存放境外同业			
				2.拆放同业			
				其中：拆放境外同业			
				九、行内资金往来			
				十、代理金融机构贷款			
				其中：代理人行专项贷款			
				十一、库存现金	100	−46	−31.64
				十二、外汇占款			
				十三、投资性房地产			
资金来源总计	282200	141132	100.05	资金运用总计	282200	141132	100.05

2-2-2-60 德宏州中资全国性中小型银行人民币信贷运行情况表

二〇一〇年十二月三十一日　　单位：万元

项目名称	期末余额	比年初增减	比年初增减%	项目名称	期末余额	比年初增减	比年初增减%
一、各项存款	41881	10069	31.65	一、各项贷款	193352	66238	52.11
1.企业存款	39733	9131	29.84	（一）境内贷款	193352	66238	52.11
⑴活期存款	34433	4331	14.39	1、短期贷款	79742	-12062	-13.14
⑵定期存款	5300	4800	960.00	（1）个人贷款及透支			
2.机关团体存款	420	-1	-0.15	其中：个人消费贷款			
3.储蓄存款				（2）单位普通贷款及透支	79742	-12062	-13.14
⑴活期储蓄				其中：经营性贷款	79742	-12062	-13.14
⑵定期储蓄				固定资产贷款			
4.农业存款				（3）普通并购贷款			
5.其他存款	1728	939	118.96	（4）银团贷款			
二、代理财政性存款	3905	-5571	-58.79	（5）贸易融资			
三、金融债券				2.中长期贷款	113480	78170	221.38
四、应付及暂收款	438	66	17.66	（1）个人贷款			
其中：应付及预提利息	11	11		其中：个人消费贷款			
五、卖出回购资产				（2）单位普通贷款	113480	78170	221.38
六、向中央银行借款				其中：经营贷款			
七、同业往来	33000	33000		固定资产贷款	113480	78170	221.38
1.同业存放	33000	33000		（3）普通并购贷款			
其中：境外同业存放				（4）银团贷款			
2.同业拆借				（5）贸易融资			
其中：境外同业拆借				3.票据融资	130	130	
八、行内资金往来	111870	26034	30.33	其中：贴现	130	130	
九、委托存款及委托投资基金(净)				4.各项垫款			
1.委托存款及委托投资基金				（二）境外贷款			
2.减：委托贷款及委托投资				二、有价证券及投资			
十、代理金融机构委托贷款基金				三、应收及预付款	23	-16	-40.70
其中：中央银行委托贷款基金				其中：应收利息			
十一、各项准备				四、买入返售资产			
其中：贷款损失准备				五、存放中央准备金存款	250	-714	-74.05
十二、所有者权益	4196	1885	81.61	六、存放中央银行特种存款			
其中：实收资本				七、缴存中央银行财政性存款			
十三、其他	-1563	21	-1.32	八、同业往来			
				1.存放同业			
				其中：存放境外同业			
				2.拆放同业			
				其中：拆放境外同业			
				九、行内资金往来			
				十、代理金融机构贷款			
				其中：代理人行专项贷款			
				十一、库存现金	100	-4	-3.76
				十二、外汇占款			
				十三、投资性房地产			
资金来源总计	193726	65504	51.09	资金运用总计	193726	65504	51.09

2-2-2-61 丽江市中资全国性中小型银行人民币信贷运行情况表

二〇一〇年十二月三十一日　　单位：万元

栏目 / 项目名称	期末余额	比年初 增减	比年初 增减%	栏目 / 项目名称	期末余额	比年初 增减	比年初 增减%
一、各项存款	204394	177123	649.49	一、各项贷款	263121	153920	140.95
1.企业存款	156206	129202	478.44	（一）境内贷款	263121	153920	140.95
⑴活期存款	146506	119502	442.52	1、短期贷款	37983	9348	32.65
⑵定期存款	9700	9700		（1）个人贷款及透支	7291	7291	
2.机关团体存款	22402	22307		其中：个人消费贷款	7173	7173	
3.储蓄存款	16963	16963		（2）单位普通贷款及透支	30692	2057	7.18
⑴活期储蓄	13599	13599		其中：经营性贷款	30692	2057	7.18
⑵定期储蓄	3364	3364		固定资产贷款			
4.农业存款				（3）普通并购贷款			
5.其他存款	8822	8651	5058.73	（4）银团贷款			
二、代理财政性存款	4019	145	3.74	（5）贸易融资			
三、金融债券				2.中长期贷款	194858	114292	141.86
四、应付及暂收款	1055	575	119.69	（1）个人贷款	9492	9492	
其中：应付及预提利息	115	115		其中：个人消费贷款	7083	7083	
五、卖出回购资产				（2）单位普通贷款	185366	104800	130.08
六、向中央银行借款				其中：经营贷款	9000	9000	
七、同业往来	31795	31795		固定资产贷款	176366	95800	118.91
1.同业存放	31795	31795		（3）普通并购贷款			
其中：境外同业存放				（4）银团贷款			
2.同业拆借				（5）贸易融资			
其中：境外同业拆借				3.票据融资	30280	30280	
八、行内资金往来				其中：贴现	30280	30280	
九、委托存款及委托投资基金(净)				4.各项垫款			
1.委托存款及委托投资基金				（二）境外贷款			
2.减：委托贷款及委托投资				二、有价证券及投资			
十、代理金融机构委托贷款基金	113			三、应收及预付款	229	229	
其中：中央银行委托贷款基金				其中：应收利息	229	229	
十一、各项准备	2542	2542		四、买入返售资产			
其中：贷款损失准备	2542	2542		五、存放中央准备金存款	10495	9355	820.42
十二、所有者权益	2261	-132	-5.52	六、存放中央银行特种存款			
其中：实收资本				七、缴存中央银行财政性存款			
十三、其他	28551	-47905	-62.66	八、同业往来	100	24	31.63
				1.存放同业	100	24	31.63
				其中：存放境外同业			
				2.拆放同业			
				其中：拆放境外同业			
				九、行内资金往来	113		
				十、代理金融机构贷款			
				其中：代理人行专项贷款			
				十一、库存现金	67[illegible]	615	
				十二、外汇占款			
				十三、投资性房地产			
资金来源总计	274730	164143	148.43	资金运用总计	274730	164143	148.43

2-2-2-62 怒江州中资全国性中小型银行人民币信贷运行情况表

二〇一〇年十二月三十一日 单位：万元

项目名称	期末余额	比年初增减	比年初增减%	项目名称	期末余额	比年初增减	比年初增减%
一、各项存款	18270	8029	78.41	一、各项贷款	59101	5628	10.53
1.企业存款	17706	7765	78.12	（一）境内贷款	59101	5628	10.53
⑴活期存款	17706	7765	78.12	1、短期贷款	14401	780	5.72
⑵定期存款				（1）个人贷款及透支			
2.机关团体存款	486	228	88.41	其中：个人消费贷款			
3.储蓄存款				（2）单位普通贷款及透支	14401	780	5.72
⑴活期储蓄				其中：经营性贷款	14401	780	5.72
⑵定期储蓄				固定资产贷款			
4.农业存款				（3）普通并购贷款			
5.其他存款	78	36	85.93	（4）银团贷款			
二、代理财政性存款	1386	-646	-31.78	（5）贸易融资			
三、金融债券				2.中长期贷款	44700	4849	12.17
四、应付及暂收款	17	2	14.01	（1）个人贷款			
其中：应付及预提利息				其中：个人消费贷款			
五、卖出回购资产				（2）单位普通贷款	44700	4849	12.17
六、向中央银行借款				其中：经营贷款			
七、同业往来				固定资产贷款	44700	4849	12.17
1.同业存放				（3）普通并购贷款			
其中：境外同业存放				（4）银团贷款			
2.同业拆借				（5）贸易融资			
其中：境外同业拆借				3.票据融资			
八、行内资金往来	39867	-469	-1.16	其中：贴现			
九、委托存款及委托投资基金(净)				4.各项垫款			
1.委托存款及委托投资基金				（二）境外贷款			
2.减：委托贷款及委托投资				二、有价证券及投资			
十、代理金融机构委托贷款基金				三、应收及预付款			
其中：中央银行委托贷款基金				其中：应收利息			
十一、各项准备				四、买入返售资产			
其中：贷款损失准备				五、存放中央准备金存款	953	837	723.23
十二、所有者权益	902	-446	-33.11	六、存放中央银行特种存款			
其中：实收资本				七、缴存中央银行财政性存款			
十三、其他	-315	32	-9.23	八、同业往来	73	37	101.81
				1.存放同业	73	37	101.81
				其中：存放境外同业			
				2.拆放同业			
				其中：拆放境外同业			
				九、行内资金往来			
				十、代理金融机构贷款			
				其中：代理人行专项贷款			
				十一、库存现金			
				十二、外汇占款			
				十三、投资性房地产			
资金来源总计	60127	6502	12.13	资金运用总计	60127	6502	12.13

2-2-2-63 迪庆州中资全国性中小型银行人民币信贷运行情况表

二〇一〇年十二月三十一日　　单位：万元

项目名称	期末余额	比年初增减	比年初增减%	项目名称	期末余额	比年初增减	比年初增减%
一、各项存款	27256	13395	96.64	一、各项贷款	97692	16604	20.48
1.企业存款	27007	13534	100.46	（一）境内贷款	97692	16604	20.48
⑴活期存款	27007	13534	100.46	1、短期贷款	15063	-5596	-27.09
⑵定期存款				（1）个人贷款及透支			
2.机关团体存款	170	-5	-2.99	其中：个人消费贷款			
3.储蓄存款				（2）单位普通贷款及透支	15063	-5596	-27.09
⑴活期储蓄				其中：经营性贷款	15063	-5596	-27.09
⑵定期储蓄				固定资产贷款			
4.农业存款				（3）普通并购贷款			
5.其他存款	80	-134	-62.68	（4）银团贷款			
二、代理财政性存款	338	-53	-13.65	（5）贸易融资			
三、金融债券				2.中长期贷款	82429	22000	36.41
四、应付及暂收款	38	1	2.82	（1）个人贷款			
其中：应付及预提利息				其中：个人消费贷款			
五、卖出回购资产				（2）单位普通贷款	82429	22000	36.41
六、向中央银行借款				其中：经营贷款	2000	2000	
七、同业往来				固定资产贷款	80429	20000	33.1
1.同业存放				（3）普通并购贷款			
其中：境外同业存放				（4）银团贷款			
2.同业拆借				（5）贸易融资			
其中：境外同业拆借				3.票据融资	200	200	
八、行内资金往来				其中：贴现	200	200	
九、委托存款及委托投资基金(净)				4.各项垫款			
1.委托存款及委托投资基金				（二）境外贷款			
2.减：委托贷款及委托投资				二、有价证券及投资			
十、代理金融机构委托贷款基金				三、应收及预付款		-5	-100
其中：中央银行委托贷款基金				其中：应收利息			
十一、各项准备				四、买入返售资产			
其中：贷款损失准备				五、存放中央准备金存款	391	-125	-24.21
十二、所有者权益	2065	115	5.88	六、存放中央银行特种存款			
其中：实收资本				七、缴存中央银行财政性存款			
十三、其他	68488	3019	4.61	八、同业往来	56	-15	-20.77
				1.存放同业	56	-15	-20.77
				其中：存放境外同业			
				2.拆放同业			
				其中：拆放境外同业			
				九、行内资金往来			
				十、代理金融机构贷款			
				其中：代理人行专项贷款			
				十一、库存现金	45	17	62
				十二、外汇占款			
				十三、投资性房地产			
资金来源总计	98184	16476	20.16	资金运用总计	98184	16476	20.16

2-2-2-64 临沧市中资全国性中小型银行人民币信贷运行情况表

二〇一〇年十二月三十一日 单位：万元

栏目 项目名称	期末余额	比年初增减	比年初增减%	栏目 项目名称	期末余额	比年初增减	比年初增减%
一、各项存款	52738	16692	46.31	一、各项贷款	186578	39394	26.77
1.企业存款	49921	17465	53.81	（一）境内贷款	186578	39394	26.77
⑴活期存款	49921	17465	53.81	1、短期贷款	57328	−22206	−27.92
⑵定期存款				（1）个人贷款及透支			
2.机关团体存款	609	−1005	−62.25	其中：个人消费贷款			
3.储蓄存款				（2）单位普通贷款及透支	57328	−22206	−27.92
⑴活期储蓄				其中：经营性贷款	57328	−22206	−27.92
⑵定期储蓄				固定资产贷款			
4.农业存款				（3）普通并购贷款			
5.其他存款	2208	232	11.73	（4）银团贷款			
二、代理财政性存款	8667	−7044	−44.83	（5）贸易融资			
三、金融债券				2.中长期贷款	129250	61600	91.06
四、应付及暂收款	125	−22	−14.82	（1）个人贷款			
其中：应付及预提利息				其中：个人消费贷款			
五、卖出回购资产				（2）单位普通贷款	129250	61600	91.06
六、向中央银行借款				其中：经营贷款	17000	17000	
七、同业往来	78000	78000		固定资产贷款	112250	44600	65.93
1.同业存放	78000	78000		（3）普通并购贷款			
其中：境外同业存放				（4）银团贷款			
2.同业拆借				（5）贸易融资			
其中：境外同业拆借				3.票据融资			
八、行内资金往来	47246	−48329	−50.57	其中：贴现			
九、委托存款及委托投资基金(净)				4.各项垫款			
1.委托存款及委托投资基金				（二）境外贷款			
2.减：委托贷款及委托投资				二、有价证券及投资			
十、代理金融机构委托贷款基金				三、应收及预付款	83	83	
其中：中央银行委托贷款基金				其中：应收利息			
十一、各项准备				四、买入返售资产			
其中：贷款损失准备				五、存放中央准备金存款	1856	−129	−6.49
十二、所有者权益	3925	−92	−2.28	六、存放中央银行特种存款			
其中：实收资本				七、缴存中央银行财政性存款			
十三、其他	−1821	184	−9.18	八、同业往来	226	11	5.30
				1.存放同业	226	11	5.30
				其中：存放境外同业			
				2.拆放同业			
				其中：拆放境外同业			
				九、行内资金往来			
				十、代理金融机构贷款			
				其中：代理人行专项贷款			
				十一、库存现金	137	30	28.72
				十二、外汇占款			
				十三、投资性房地产			
资金来源总计	188880	39390	26.35	资金运用总计	188880	39390	26.35

2-2-2-65 昆明市农村合作机构人民币信贷运行情况表

二〇一〇年十二月三十一日　　单位：万元

栏目 项目名称	期末余额	比年初增减	比年初增减%	栏目 项目名称	期末余额	比年初增减	比年初增减%
一、各项存款	7123584	1249361	21.27	一、各项贷款	4689952	943149	25.17
1.企业存款	195251	10096	5.45	（一）境内贷款	4689952	943149	25.17
⑴活期存款	4	4		1、短期贷款	1697043	266698	18.65
⑵定期存款	195247	10092	5.45	（1）个人贷款及透支	584420	109358	23.02
2.机关团体存款	37639	15680	71.41	其中：个人消费贷款	66289	50244	313.14
3.储蓄存款	4315565	919971	27.09	（2）单位普通贷款及透支	1112623	157340	16.47
⑴活期储蓄	1784999	395701	28.48	其中：经营性贷款	1094168	168495	18.2
⑵定期储蓄	2530566	524270	26.13	固定资产贷款	18455	-11155	-37.67
4.农业存款	2553079	318614	14.26	（3）普通并购贷款			
5.其他存款	22050	-15000	-40.49	（4）银团贷款			
二、代理财政性存款	6703	3724	125.01	（5）贸易融资			
三、金融债券				2.中长期贷款	2956735	741660	33.48
四、应付及暂收款	164291	36728	28.79	（1）个人贷款	716739	164617	29.82
其中：应付及预提利息	99313	20341	25.76	其中：个人消费贷款	333495	87137	35.37
五、卖出回购资产				（2）单位普通贷款	2209996	547043	32.9
六、向中央银行借款		-4000	-100	其中：经营贷款	1891045	520907	38.02
七、同业往来	8701	479	5.83	固定资产贷款	318951	26136	8.93
1.同业存放	8328	479	6.1	（3）普通并购贷款			
其中：境外同业存放				（4）银团贷款	30000	30000	
2.同业拆借	373			（5）贸易融资			
其中：境外同业拆借				3.票据融资	36174	-65209	-64.32
八、行内资金往来				其中：贴现	36174	-65209	-64.32
九、委托存款及委托投资基金(净)	5150	-16495	-76.21	4.各项垫款			
1.委托存款及委托投资基金	47133	7427	18.7	（二）境外贷款			
2.减：委托贷款及委托投资	41983	23922	132.45	二、有价证券及投资	2200	-221261	-99.02
十、代理金融机构委托贷款基金				三、应收及预付款	10313	-1358	-11.64
其中：中央银行委托贷款基金				其中：应收利息	3826	262	7.35
十一、各项准备	198033	16230	8.93	四、买入返售资产		-57000	-100
其中：贷款损失准备	193062	16832	9.55	五、存放中央准备金存款	1652753	564971	51.94
十二、所有者权益	414966	189011	83.65	六、存放中央银行特种存款			
其中：实收资本	164149	80975	97.36	七、缴存中央银行财政性存款	739	642	661.86
十三、其他	-123370	-32905	36.37	八、同业往来	730175	624606	591.65
				1.存放同业	730175	624606	591.65
				其中：存放境外同业			
				2.拆放同业			
				其中：拆放境外同业			
				九、行内资金往来	634647	-422579	-39.97
				十、代理金融机构贷款			
				其中：代理人行专项贷款			
				十一、库存现金	77272	10963	16.53
				十二、外汇占款			
				十三、投资性房地产			
资金来源总计	7798058	1442133	22.69	资金运用总计	7798058	1442133	22.69

2-2-2-66 昭通市农村合作机构人民币信贷运行情况表

二〇一〇年十二月三十一日　　单位：万元

项目名称	期末余额	比年初增减	比年初增减%	项目名称	期末余额	比年初增减	比年初增减%
一、各项存款	1593701	355438	28.7	一、各项贷款	907864	151268	19.99
1.企业存款	22831	−5575	−19.63	（一）境内贷款	907864	151268	19.99
⑴活期存款	3	3		1、短期贷款	337868	5655	1.7
⑵定期存款	22828	−5578	−19.64	（1）个人贷款及透支	228926	−18845	−7.61
2.机关团体存款	14164	4243	42.77	其中：个人消费贷款	13905	−1535	−9.94
3.储蓄存款	943336	192276	25.6	（2）单位普通贷款及透支	107642	23200	27.47
⑴活期储蓄	471722	106445	29.14	其中：经营性贷款	106937	24200	29.25
⑵定期储蓄	471614	85831	22.25	固定资产贷款	705	−1000	−58.65
4.农业存款	602004	163604	37.32	（3）普通并购贷款			
5.其他存款	11366	890	8.5	（4）银团贷款	1300	1300	
二、代理财政性存款	140	−555	−79.86	（5）贸易融资			
三、金融债券				2.中长期贷款	569796	145593	34.32
四、应付及暂收款	36436	7167	24.49	（1）个人贷款	417945	121785	41.12
其中：应付及预提利息	18491	3303	21.75	其中：个人消费贷款	122076	20531	20.22
五、卖出回购资产				（2）单位普通贷款	151851	23808	18.59
六、向中央银行借款				其中：经营贷款	108095	35377	48.65
七、同业往来	6986	−9	−0.13	固定资产贷款	43756	−11569	−20.91
1.同业存放	198	−9	−4.35	（3）普通并购贷款			
其中：境外同业存放				（4）银团贷款			
2.同业拆借	6788			（5）贸易融资			
其中：境外同业拆借				3.票据融资	200	20	11.11
八、行内资金往来				其中：贴现	200	20	11.11
九、委托存款及委托投资基金(净)	11841	10388	714.93	4.各项垫款			
1.委托存款及委托投资基金	47203	18235	62.95	（二）境外贷款			
2.减：委托贷款及委托投资	35362	7847	28.52	二、有价证券及投资	230		
十、代理金融机构委托贷款基金	104	−95	−47.74	三、应收及预付款	2863	−17	−0.59
其中：中央银行委托贷款基金				其中：应收利息	1081	−81	−6.97
十一、各项准备	47445	9710	25.73	四、买入返售资产			
其中：贷款损失准备	45817	8698	23.43	五、存放中央准备金存款	630763	384393	156.02
十二、所有者权益	61468	25636	71.54	六、存放中央银行特种存款			
其中：实收资本	29214	9761	50.18	七、缴存中央银行财政性存款	943	333	54.59
十三、其他	−26343	−2512	10.54	八、同业往来	103028	103000	
				1.存放同业	103028	103000	
				其中：存放境外同业			
				2.拆放同业			
				其中：拆放境外同业			
				九、行内资金往来	52205	−237524	−81.98
				十、代理金融机构贷款	112	−4	−3.45
				其中：代理人行专项贷款			
				十一、库存现金	33770	3719	12.38
				十二、外汇占款			
				十三、投资性房地产			
资金来源总计	1731778	405168	30.54	资金运用总计	1731778	405168	30.54

2-2-2-67 曲靖市农村合作机构人民币信贷运行情况表

二〇一〇年十二月三十一日　　　　单位：万元

栏目 项目名称	期末余额	比年初		栏目 项目名称	期末余额	比年初	
		增减	增减%			增减	增减%
一、各项存款	2313767	468557	25.39	一、各项贷款	1587571	297730	23.08
1.企业存款	33115	8314	33.52	（一）境内贷款	1587571	297730	23.08
⑴活期存款	1	1		1、短期贷款	922616	71140	8.35
⑵定期存款	33114	8313	33.52	（1）个人贷款及透支	708454	41820	6.27
2.机关团体存款	17182	4564	36.17	其中：个人消费贷款	28773	-135631	-82.5
3.储蓄存款	1622621	330403	25.57	（2）单位普通贷款及透支	214162	29320	15.86
⑴活期储蓄	781443	176967	29.28	其中：经营性贷款	212972	46407	27.86
⑵定期储蓄	841178	153436	22.31	固定资产贷款	1190	-17087	-93.49
4.农业存款	633566	122564	23.99	（3）普通并购贷款			
5.其他存款	7283	2712	59.33	（4）银团贷款			
二、代理财政性存款	24830	12914	108.38	（5）贸易融资			
三、金融债券				2.中长期贷款	664955	226590	51.69
四、应付及暂收款	61607	15792	34.47	（1）个人贷款	474146	137326	40.77
其中：应付及预提利息	36165	6102	20.3	其中：个人消费贷款	50012	-15346	-23.48
五、卖出回购资产				（2）单位普通贷款	190809	89264	87.91
六、向中央银行借款	30000	13000	76.47	其中：经营贷款	166803	89545	115.9
七、同业往来				固定资产贷款	24006	-281	-1.16
1.同业存放				（3）普通并购贷款			
其中：境外同业存放				（4）银团贷款			
2.同业拆借				（5）贸易融资			
其中：境外同业拆借				3.票据融资			
八、行内资金往来				其中：贴现			
九、委托存款及委托投资基金(净)	315	-78	-19.85	4.各项垫款			
1.委托存款及委托投资基金	9210	3197	53.17	（二）境外贷款			
2.减：委托贷款及委托投资	8895	3275	58.27	二、有价证券及投资	770		
十、代理金融机构委托贷款基金		-11	-100	三、应收及预付款	2025	150	8
其中：中央银行委托贷款基金				其中：应收利息	16	-5	-23.81
十一、各项准备	101798	29801	41.39	四、买入返售资产			
其中：贷款损失准备	101162	54310	115.92	五、存放中央准备金存款	724546	122519	20.35
十二、所有者权益	143107	68245	91.16	六、存放中央银行特种存款			
其中：实收资本	58093	39646	214.92	七、缴存中央银行财政性存款	21[illegible]	-188	-47.24
十三、其他	-23763	-5761	32	八、同业往来	102		
				1.存放同业	102		
				其中：存放境外同业			
				2.拆放同业			
				其中：拆放境外同业			
				九、行内资金往来	283251	180701	176.21
				十、代理金融机构贷款			
				其中：代理人行专项贷款			
				十一、库存现金	53186	1547	3
				十二、外汇占款			
				十三、投资性房地产			
资金来源总计	2651661	602459	29.4	资金运用总计	2651661	602459	29.4

2-2-2-68 玉溪市农村合作机构人民币信贷运行情况表

二〇一〇年十二月三十一日　　单位：万元

栏目 项目名称	期末余额	比年初		栏目 项目名称	期末余额	比年初	
		增减	增减%			增减	增减%
一、各项存款	2159262	512703	31.14	一、各项贷款	1304664	205173	18.66
1.企业存款	123354	19482	18.76	（一）境内贷款	1304664	205173	18.66
⑴活期存款				1、短期贷款	655991	62033	10.44
⑵定期存款	123354	19482	18.76	（1）个人贷款及透支	350909	24572	7.53
2.机关团体存款	7642	−246	−3.12	其中：个人消费贷款	7956	1878	30.90
3.储蓄存款	1420301	290617	25.73	（2）单位普通贷款及透支	305082	37461	14.00
⑴活期储蓄	605250	143810	31.17	其中：经营性贷款	291422	32551	12.57
⑵定期储蓄	815051	146807	21.97	固定资产贷款	13660	4910	56.11
4.农业存款	601392	203409	51.11	（3）普通并购贷款			
5.其他存款	6573	−559	−7.84	（4）银团贷款			
二、代理财政性存款	408	186	83.78	（5）贸易融资			
三、金融债券				2.中长期贷款	645667	146222	29.28
四、应付及暂收款	37630	9295	32.80	（1）个人贷款	378976	85568	29.16
其中：应付及预提利息	25121	4648	22.70	其中：个人消费贷款	88807	3508	4.11
五、卖出回购资产				（2）单位普通贷款	266691	60654	29.44
六、向中央银行借款				其中：经营贷款	227832	104268	84.38
七、同业往来	770	518	205.56	固定资产贷款	38859	−43614	−52.88
1.同业存放	770	518	205.56	（3）普通并购贷款			
其中：境外同业存放				（4）银团贷款			
2.同业拆借				（5）贸易融资			
其中：境外同业拆借				3.票据融资	3006	−3082	−50.62
八、行内资金往来				其中：贴现	3006	−3082	−50.62
九、委托存款及委托投资基金(净)	834	348	71.60	4.各项垫款			
1.委托存款及委托投资基金	37863	16247	75.16	（二）境外贷款			
2.减：委托贷款及委托投资	37029	15899	75.24	二、有价证券及投资	44613	−3091	−6.48
十、代理金融机构委托贷款基金				三、应收及预付款	2770	632	29.56
其中：中央银行委托贷款基金				其中：应收利息	1193	626	110.41
十一、各项准备	52781	11662	28.36	四、买入返售资产			
其中：贷款损失准备	51930	11455	28.30	五、存放中央准备金存款	710386	284053	66.63
十二、所有者权益	103198	40012	63.32	六、存放中央银行特种存款			
其中：实收资本	51320	25337	97.51	七、缴存中央银行财政性存款	77	−156	−66.95
十三、其他	−21835	−671	3.17	八、同业往来	173133	132755	328.78
				1.存放同业	173133	132755	328.78
				其中：存放境外同业			
				2.拆放同业			
				其中：拆放境外同业			
				九、行内资金往来	70192	−49617	−41.41
				十、代理金融机构贷款			
				其中：代理人行专项贷款			
				十一、库存现金	27213	4304	18.79
				十二、外汇占款			
				十三、投资性房地产			
资金来源总计	2333048	574053	32.64	资金运用总计	2333048	574053	32.64

2-2-2-69 红河州农村合作机构人民币信贷运行情况表

二〇一〇年十二月三十一日　　　　单位：万元

栏目 项目名称	期末余额	比年初		栏目 项目名称	期末余额	比年初	
		增减	增减%			增减	增减%
一、各项存款	2191079	468298	27.18	一、各项贷款	1443827	263405	22.31
1.企业存款	51867	-8729	-14.41	（一）境内贷款	1443827	263405	22.31
⑴活期存款				1、短期贷款	709612	171730	31.93
⑵定期存款	51867	-8729	-14.41	（1）个人贷款及透支	513251	127272	32.97
2.机关团体存款	37451	9114	32.16	其中：个人消费贷款	38307	28923	308.22
3.储蓄存款	1601327	346069	27.57	（2）单位普通贷款及透支	195161	43258	28.48
⑴活期储蓄	817061	203540	33.18	其中：经营性贷款	194131	49449	34.18
⑵定期储蓄	784266	142529	22.21	固定资产贷款	1030	-6191	-85.74
4.农业存款	495789	118173	31.29	（3）普通并购贷款			
5.其他存款	4645	3671	376.90	（4）银团贷款	1200	1200	
二、代理财政性存款	1413	-24	-1.67	（5）贸易融资			
三、金融债券				2.中长期贷款	734215	91675	14.27
四、应付及暂收款	49150	13611	38.30	（1）个人贷款	570904	67907	13.50
其中：应付及预提利息	32070	5065	18.76	其中：个人消费贷款	94329	12052	14.65
五、卖出回购资产				（2）单位普通贷款	162811	23268	16.67
六、向中央银行借款				其中：经营贷款	147196	34596	30.72
七、同业往来	5183	2395	85.90	固定资产贷款	15615	-11328	-42.04
1.同业存放	5183	2395	85.90	（3）普通并购贷款			
其中：境外同业存放				（4）银团贷款	500	500	
2.同业拆借				（5）贸易融资			
其中：境外同业拆借				3.票据融资			
八、行内资金往来				其中：贴现			
九、委托存款及委托投资基金(净)	2075	72	3.59	4.各项垫款			
1.委托存款及委托投资基金	2191	3	0.14	（二）境外贷款			
2.减：委托贷款及委托投资	116	-69	-37.30	二、有价证券及投资	561	-44852	-98.76
十、代理金融机构委托贷款基金		-6	-100.00	三、应收及预付款	3071	2022	192.76
其中：中央银行委托贷款基金				其中：应收利息	2129	1741	448.71
十一、各项准备	65161	11046	20.41	四、买入返售资产			
其中：贷款损失准备	63656	10837	20.52	五、存放中央准备金存款	749832	312810	71.58
十二、所有者权益	117537	50022	74.09	六、存放中央银行特种存款			
其中：实收资本	54262	20687	61.61	七、缴存中央银行财政性存款	76	58	322.22
十三、其他	-32788	-4982	17.92	八、同业往来	78212	75125	
				1.存放同业	78212	75125	
				其中：存放境外同业			
				2.拆放同业			
				其中：拆放境外同业			
				九、行内资金往来	75320	-73279	-49.31
				十、代理金融机构贷款			
				其中：代理人行专项贷款			
				十一、库存现金	47911	4343	11.25
				十二、外汇占款			
				十三、投资性房地产			
资金来源总计	2398810	540432	29.08	资金运用总计	2398810	540432	29.08

2-2-2-70 文山州农村合作机构人民币信贷运行情况表

二〇一〇年十二月三十一日　　单位：万元

项目名称	期末余额	比年初增减	比年初增减%	项目名称	期末余额	比年初增减	比年初增减%
一、各项存款	1067805	298120	38.73	一、各项贷款	662984	94881	16.70
1.企业存款	2305	−1329	−36.57	（一）境内贷款	662984	94881	16.70
⑴活期存款				1、短期贷款	97282	−134176	−57.97
⑵定期存款	2305	−1329	−36.57	（1）个人贷款及透支	68798	−125313	−64.56
2.机关团体存款	6079	−1431	−19.05	其中：个人消费贷款	19537	−92701	−82.59
3.储蓄存款	757907	196271	34.95	（2）单位普通贷款及透支	28484	−8863	−23.73
⑴活期储蓄	444306	138762	45.41	其中：经营性贷款	23984	−10743	−30.94
⑵定期储蓄	313601	57509	22.46	固定资产贷款	4500	1880	71.76
4.农业存款	295702	103373	53.75	（3）普通并购贷款			
5.其他存款	5812	1236	27.01	（4）银团贷款			
二、代理财政性存款	1509	699	86.30	（5）贸易融资			
三、金融债券				2.中长期贷款	565702	229057	68.04
四、应付及暂收款	21347	146	0.69	（1）个人贷款	425933	215499	102.41
其中：应付及预提利息	12911	1948	17.77	其中：个人消费贷款	132211	66289	100.56
五、卖出回购资产				（2）单位普通贷款	139769	13558	10.74
六、向中央银行借款				其中：经营贷款	78412	29487	60.27
七、同业往来	13072	6491	98.63	固定资产贷款	61357	−15929	−20.61
1.同业存放	13072	6491	98.63	（3）普通并购贷款			
其中：境外同业存放				（4）银团贷款			
2.同业拆借				（5）贸易融资			
其中：境外同业拆借				3.票据融资			
八、行内资金往来				其中：贴现			
九、委托存款及委托投资基金(净)	3979	3217	422.18	4.各项垫款			
1.委托存款及委托投资基金	7721	2574	50.01	（二）境外贷款			
2.减：委托贷款及委托投资	3742	−643	−14.66	二、有价证券及投资	90		
十、代理金融机构委托贷款基金	150	−1	−0.66	三、应收及预付款	1307	142	12.19
其中：中央银行委托贷款基金				其中：应收利息	47	47	
十一、各项准备	42999	11767	37.68	四、买入返售资产			
其中：贷款损失准备	42474	11791	38.43	五、存放中央准备金存款	381873	234858	159.75
十二、所有者权益	56689	25634	82.54	六、存放中央银行特种存款			
其中：实收资本	35509	17492	97.09	七、缴存中央银行财政性存款	1221	1053	626.79
十三、其他	−21413	−357	1.70	八、同业往来	13253	7627	135.57
				1.存放同业	13253	7627	135.57
				其中：存放境外同业			
				2.拆放同业			
				其中：拆放境外同业			
				九、行内资金往来	101331	5527	5.77
				十、代理金融机构贷款	145		
				其中：代理人行专项贷款			
				十一、库存现金	23933	1628	7.30
				十二、外汇占款			
				十三、投资性房地产			
资金来源总计	1186137	345716	41.14	资金运用总计	1186137	345716	41.14

2-2-2-71 普洱市农村合作机构人民币信贷运行情况表

二〇一〇年十二月三十一日　　单位：万元

项目名称 \ 栏目	期末余额	比年初增减	比年初增减%
一、各项存款	1316680	327585	33.1
1.企业存款	8256	-524	-6.0
⑴活期存款	132	132	
⑵定期存款	8124	-656	-7.5
2.机关团体存款	15204	4709	44.9
3.储蓄存款	864203	193920	28.9
⑴活期储蓄	495193	137726	38.5
⑵定期储蓄	369010	56194	18.0
4.农业存款	428091	130051	43.6
5.其他存款	926	-571	-38.1
二、代理财政性存款		-10	-100.0
三、金融债券			
四、应付及暂收款	24579	6426	35.4
其中：应付及预提利息	15709	2281	17.0
五、卖出回购资产			
六、向中央银行借款			
七、同业往来	7963	657	9.0
1.同业存放	7963	657	9.0
其中：境外同业存放			
2.同业拆借			
其中：境外同业拆借			
八、行内资金往来			
九、委托存款及委托投资基金(净)	5466	1322	31.9
1.委托存款及委托投资基金	56634	12471	28.2
2.减：委托贷款及委托投资	51168	11149	27.9
十、代理金融机构委托贷款基金			
其中：中央银行委托贷款基金			
十一、各项准备	46229	7898	20.6
其中：贷款损失准备	46023	7780	20.3
十二、所有者权益	59152	25632	76.5
其中：实收资本	28001	11190	66.6
十三、其他	-18277	-4302	30.8
资金来源总计	1441792	365208	33.9

项目名称 \ 栏目	期末余额	比年初增减	比年初增减%
一、各项贷款	876734	176578	25.2
（一）境内贷款	876734	176578	25.2
1、短期贷款	364589	48626	15.4
（1）个人贷款及透支	237771	35882	17.8
其中：个人消费贷款	6978	2214	46.5
（2）单位普通贷款及透支	126818	12744	11.2
其中：经营性贷款	121700	14750	13.8
固定资产贷款	5118	-2006	-28.2
（3）普通并购贷款			
（4）银团贷款			
（5）贸易融资			
2.中长期贷款	512145	127952	33.3
（1）个人贷款	386928	108172	38.8
其中：个人消费贷款	77908	7543	10.7
（2）单位普通贷款	125217	19780	18.8
其中：经营贷款	110409	74070	203.8
固定资产贷款	14808	-54290	-78.6
（3）普通并购贷款			
（4）银团贷款			
（5）贸易融资			
3.票据融资			
其中：贴现			
4.各项垫款			
（二）境外贷款			
二、有价证券及投资	190		
三、应收及预付款	1783	-41	-2.3
其中：应收利息	1038	98	10.4
四、买入返售资产			
五、存放中央准备金存款	323480	145239	81.5
六、存放中央银行特种存款			
七、缴存中央银行财政性存款	159	9	6.0
八、同业往来	124679	110008	749.8
1.存放同业	124679	110008	749.8
其中：存放境外同业			
2.拆放同业			
其中：拆放境外同业			
九、行内资金往来	93313	-68439	-42.3
十、代理金融机构贷款			
其中：代理人行专项贷款			
十一、库存现金	21454	1854	9.5
十二、外汇占款			
十三、投资性房地产			
资金运用总计	1441792	365208	33.9

2-2-2-72 版纳州农村合作机构人民币信贷运行情况表

二〇一〇年十二月三十一日　　　　单位：万元

栏目 项目名称	期末余额	比年初		栏目 项目名称	期末余额	比年初	
		增减	增减%			增减	增减%
一、各项存款	513435	120731	30.74	一、各项贷款	385076	66040	20.7
1.企业存款	8150	−10680	−56.72	（一）境内贷款	385076	66040	20.7
⑴活期存款				1、短期贷款	62023	11248	22.15
⑵定期存款	8150	−10680	−56.72	（1）个人贷款及透支	50724	9810	23.98
2.机关团体存款	10542	4276	68.24	其中：个人消费贷款	4537	1085	31.43
3.储蓄存款	392323	128208	48.54	（2）单位普通贷款及透支	11299	1438	14.58
⑴活期储蓄	192246	73951	62.51	其中：经营性贷款	11059	1198	12.15
⑵定期储蓄	200077	54257	37.21	固定资产贷款	240	240	
4.农业存款	101607	−862	−0.84	（3）普通并购贷款			
5.其他存款	813	−211	−20.61	（4）银团贷款			
二、代理财政性存款	103	10	10.75	（5）贸易融资			
三、金融债券				2.中长期贷款	323053	54792	20.42
四、应付及暂收款	8906	1834	25.93	（1）个人贷款	295182	53822	22.3
其中：应付及预提利息	5665	903	18.96	其中：个人消费贷款	26723	1492	5.91
五、卖出回购资产				（2）单位普通贷款	27871	970	3.61
六、向中央银行借款	11000	−6000	−35.29	其中：经营贷款	26301	14398	120.96
七、同业往来	82	16	24.24	固定资产贷款	1570	−13428	−89.53
1.同业存放	82	16	24.24	（3）普通并购贷款			
其中：境外同业存放				（4）银团贷款			
2.同业拆借				（5）贸易融资			
其中：境外同业拆借				3.票据融资			
八、行内资金往来				其中：贴现			
九、委托存款及委托投资基金(净)	3238	1072	49.49	4.各项垫款			
1.委托存款及委托投资基金	3413	1071	45.73	（二）境外贷款			
2.减：委托贷款及委托投资	175	−1	−0.57	二、有价证券及投资	960		
十、代理金融机构委托贷款基金				三、应收及预付款	944	−139	−12.83
其中：中央银行委托贷款基金				其中：应收利息	604	−94	−13.47
十一、各项准备	16249	4163	34.44	四、买入返售资产			
其中：贷款损失准备	15750	4169	36	五、存放中央准备金存款	87031	12438	16.67
十二、所有者权益	28967	12898	80.27	六、存放中央银行特种存款			
其中：实收资本	16368	7326	81.02	七、缴存中央银行财政性存款	495	356	256.12
十三、其他	−8452	−241	2.94	八、同业往来	55279	55000	19713.26
				1.存放同业	55000	55000	
				其中：存放境外同业			
				2.拆放同业	279		
				其中：拆放境外同业			
				九、行内资金往来	27583	−4544	−14.14
				十、代理金融机构贷款			
				其中：代理人行专项贷款			
				十一、库存现金	16155	5332	49.27
				十二、外汇占款			
				十三、投资性房地产			
资金来源总计	573528	134483	30.63	资金运用总计	573528	134483	30.63

2-2-2-73 楚雄州农村合作机构人民币信贷运行情况表

二〇一〇年十二月三十一日　　　　单位：万元

栏目 项目名称	期末余额	比年初		栏目 项目名称	期末余额	比年初	
		增减	增减%			增减	增减%
一、各项存款	1311053	243287	22.78	一、各项贷款	866196	172462	24.86
1.企业存款	36360	761	2.14	（一）境内贷款	866196	172462	24.86
⑴活期存款	19	19		1、短期贷款	291697	28043	10.64
⑵定期存款	36341	742	2.08	（1）个人贷款及透支	198214	25849	15.00
2.机关团体存款	27488	772	2.89	其中：个人消费贷款	12354	7427	150.74
3.储蓄存款	933241	175565	23.17	（2）单位普通贷款及透支	93483	2194	2.40
⑴活期储蓄	513322	104802	25.65	其中：经营性贷款	89583	94	0.11
⑵定期储蓄	419919	70763	20.27	固定资产贷款	3900	2100	116.67
4.农业存款	312948	65962	26.71	（3）普通并购贷款			
5.其他存款	1016	227	28.77	（4）银团贷款			
二、代理财政性存款	529	344	185.95	（5）贸易融资			
三、金融债券				2.中长期贷款	572999	142919	33.23
四、应付及暂收款	24420	3843	18.68	（1）个人贷款	421739	105616	33.41
其中：应付及预提利息	16479	1959	13.49	其中：个人消费贷款	89115	35758	67.02
五、卖出回购资产				（2）单位普通贷款	151260	37303	32.73
六、向中央银行借款	500	500		其中：经营贷款	144400	101699	238.17
七、同业往来	90	−93	−50.82	固定资产贷款	6860	−64396	−90.37
1.同业存放	90	−93	−50.82	（3）普通并购贷款			
其中：境外同业存放				（4）银团贷款			
2.同业拆借				（5）贸易融资			
其中：境外同业拆借				3.票据融资	1500	1500	
八、行内资金往来				其中：贴现	1500	1500	
九、委托存款及委托投资基金(净)	608	−50	−7.60	4.各项垫款			
1.委托存款及委托投资基金	11319	4568	67.66	（二）境外贷款			
2.减：委托贷款及委托投资	10711	4618	75.79	二、有价证券及投资	260		
十、代理金融机构委托贷款基金				三、应收及预付款	3192	−300	−8.59
其中：中央银行委托贷款基金				其中：应收利息	2156	−160	−6.91
十一、各项准备	42314	10860	34.53	四、买入返售资产			
其中：贷款损失准备	41162	9708	30.86	五、存放中央准备金存款	333487	154978	86.82
十二、所有者权益	56901	31082	120.38	六、存放中央银行特种存款			
其中：实收资本	38934	22494	136.82	七、缴存中央银行财政性存款	338	−188	−35.74
十三、其他	−20756	−282	1.38	八、同业往来	106322	101422	
				1.存放同业	105892	101422	
				其中：存放境外同业			
				2.拆放同业	430		
				其中：拆放境外同业			
				九、行内资金往来	73362	−145272	−66.45
				十、代理金融机构贷款	2		
				其中：代理人行专项贷款			
				十一、库存现金	32500	6389	24.47
				十二、外汇占款			
				十三、投资性房地产			
资金来源总计	1415659	289491	25.71	资金运用总计	1415659	289491	25.71

2-2-2-74 大理州农村合作机构人民币信贷运行情况表

二〇一〇年十二月三十一日　　　　单位：万元

项目名称	期末余额	比年初增减	比年初增减%	项目名称	期末余额	比年初增减	比年初增减%
一、各项存款	1840824	423041	29.84	一、各项贷款	1207462	187871	18.43
1.企业存款	52923	−33199	−38.55	（一）境内贷款	1207462	187871	18.43
⑴活期存款	4	4		1、短期贷款	808579	81683	11.24
⑵定期存款	52919	−33203	−38.55	（1）个人贷款及透支	665748	124046	22.90
2.机关团体存款	16717	−193	−1.14	其中：个人消费贷款	21745	−6341	−22.58
3.储蓄存款	1261206	298156	30.96	（2）单位普通贷款及透支	142731	−42463	−22.93
⑴活期储蓄	708036	198353	38.92	其中：经营性贷款	142521	−37873	−20.99
⑵定期储蓄	553170	99803	22.01	固定资产贷款	210	−4590	−95.63
4.农业存款	508966	158292	45.14	（3）普通并购贷款			
5.其他存款	1012	−15	−1.46	（4）银团贷款	100	100	
二、代理财政性存款	6849	1239	22.09	（5）贸易融资			
三、金融债券				2.中长期贷款	398883	106188	36.28
四、应付及暂收款	31458	3586	12.87	（1）个人贷款	195583	48415	32.90
其中：应付及预提利息	22876	3347	17.14	其中：个人消费贷款	56190	15361	37.62
五、卖出回购资产				（2）单位普通贷款	203300	57773	39.70
六、向中央银行借款	22700	15700	224.29	其中：经营贷款	176115	74221	72.84
七、同业往来	8320	−5990	−41.86	固定资产贷款	27185	−16448	−37.70
1.同业存放	8320	−5990	−41.86	（3）普通并购贷款			
其中：境外同业存放				（4）银团贷款			
2.同业拆借				（5）贸易融资			
其中：境外同业拆借				3.票据融资			
八、行内资金往来				其中：贴现			
九、委托存款及委托投资基金(净)	1846	951	106.26	4.各项垫款			
1.委托存款及委托投资基金	8981	2451	37.53	（二）境外贷款			
2.减：委托贷款及委托投资	7135	1500	26.62	二、有价证券及投资	640		0.00
十、代理金融机构委托贷款基金		−1	−100.00	三、应收及预付款	3394	1893	126.12
其中：中央银行委托贷款基金				其中：应收利息	352	−75	−17.56
十一、各项准备	45929	9297	25.38	四、买入返售资产			
其中：贷款损失准备	43421	9311	27.30	五、存放中央准备金存款	520307	236224	83.15
十二、所有者权益	125568	32867	35.45	六、存放中央银行特种存款			
其中：实收资本	55368	12110	27.99	七、缴存中央银行财政性存款	4381	2541	138.10
十三、其他	−40482	−9948	32.58	八、同业往来	106665	90335	553.18
				1.存放同业	106125	90355	572.95
				其中：存放境外同业			
				2.拆放同业	540	−20	−3.57
				其中：拆放境外同业			
				九、行内资金往来	173448	−52865	−23.36
				十、代理金融机构贷款			
				其中：代理人行专项贷款			
				十一、库存现金	26715	4743	21.59
				十二、外汇占款			
				十三、投资性房地产			
资金来源总计	2043012	470742	29.94	资金运用总计	2043012	470742	29.94

2-2-2-75 保山市农村合作机构人民币信贷运行情况表

二〇一〇年十二月三十一日　　　　单位：万元

栏目 项目名称	期末余额	比年初		栏目 项目名称	期末余额	比年初	
		增减	增减%			增减	增减%
一、各项存款	1065899	254538	31.37	一、各项贷款	728874	120375	19.78
1.企业存款	4826	224	4.87	（一）境内贷款	728874	120375	19.78
⑴活期存款	4	4		1、短期贷款	230549	21339	10.20
⑵定期存款	4822	220	4.78	（1）个人贷款及透支	201512	32188	19.01
2.机关团体存款	29350	8080	37.99	其中：个人消费贷款	2095	-780	-27.13
3.储蓄存款	829134	173372	26.44	（2）单位普通贷款及透支	29037	-10849	-27.20
⑴活期储蓄	409760	96362	30.75	其中：经营性贷款	28884	-10847	-27.30
⑵定期储蓄	419374	77010	22.49	固定资产贷款	153	-2	-1.29
4.农业存款	201999	72356	55.81	（3）普通并购贷款			
5.其他存款	590	506	602.38	（4）银团贷款			
二、代理财政性存款	4	3	300.00	（5）贸易融资			
三、金融债券				2.中长期贷款	498325	99036	24.80
四、应付及暂收款	26139	4495	20.77	（1）个人贷款	388214	79401	25.71
其中：应付及预提利息	20251	2723	15.54	其中：个人消费贷款	31957	4891	18.07
五、卖出回购资产				（2）单位普通贷款	110111	19635	21.70
六、向中央银行借款				其中：经营贷款	100516	89832	840.81
七、同业往来				固定资产贷款	9595	-70197	-87.97
1.同业存放				（3）普通并购贷款			
其中：境外同业存放				（4）银团贷款			
2.同业拆借				（5）贸易融资			
其中：境外同业拆借				3.票据融资			
八、行内资金往来				其中：贴现			
九、委托存款及委托投资基金(净)	1974	1342	212.34	4.各项垫款			
1.委托存款及委托投资基金	1974	1342	212.34	（二）境外贷款			
2.减：委托贷款及委托投资				二、有价证券及投资	370		0.00
十、代理金融机构委托贷款基金				三、应收及预付款	386	218	129.76
其中：中央银行委托贷款基金				其中：应收利息			
十一、各项准备	40286	10308	34.39	四、买入返售资产			
其中：贷款损失准备	40136	10288	34.47	五、存放中央准备金存款	281720	97431	52.87
十二、所有者权益	53593	21333	66.13	六、存放中央银行特种存款			
其中：实收资本	29899	15238	103.94	七、缴存中央银行财政性存款	147	147	
十三、其他	-14210	-986	7.46	八、同业往来	60002	58962	
				1.存放同业	60002	58962	
				其中：存放境外同业			
				2.拆放同业			
				其中：拆放境外同业			
				九、行内资金往来	85772	13346	18.43
				十、代理金融机构贷款			
				其中：代理人行专项贷款			
				十一、库存现金	16414	554	3.49
				十二、外汇占款			
				十三、投资性房地产			
资金来源总计	1173685	291033	32.97	资金运用总计	1173685	291033	32.97

2-2-2-76 德宏州农村合作机构人民币信贷运行情况表

二〇一〇年十二月三十一日　　单位：万元

项目名称	期末余额	比年初增减	比年初增减%	项目名称	期末余额	比年初增减	比年初增减%
一、各项存款	617293	190608	44.67	一、各项贷款	369333	61747	20.07
1.企业存款	2228	1263	1.31	（一）境内贷款	369333	61747	0.20
⑴活期存款				1、短期贷款	94240	10539	0.13
⑵定期存款	2228	1263	1.31	（1）个人贷款及透支	85413	10224	0.14
2.机关团体存款	497	373	3.01	其中：个人消费贷款	899	−7253	−0.89
3.储蓄存款	455651	130954	0.40	（2）单位普通贷款及透支	8827	315	0.04
⑴活期储蓄	291416	99620	0.52	其中：经营性贷款	8530	2468	0.41
⑵定期储蓄	164235	31334	0.24	固定资产贷款	297	−2153	−0.88
4.农业存款	158715	58482	0.58	（3）普通并购贷款			
5.其他存款	202	−464	−0.70	（4）银团贷款			
二、代理财政性存款	72	72		（5）贸易融资			
三、金融债券				2.中长期贷款	275093	51208	0.23
四、应付及暂收款	10841	2056	0.23	（1）个人贷款	226196	54923	0.32
其中：应付及预提利息	6146	960	0.19	其中：个人消费贷款	35326	11322	0.47
五、卖出回购资产				（2）单位普通贷款	48897	−3715	−0.07
六、向中央银行借款		−10900	−1.00	其中：经营贷款	33704	20940	1.64
七、同业往来		−500	−1.00	固定资产贷款	15193	−24655	−0.62
1.同业存放				（3）普通并购贷款			
其中：境外同业存放				（4）银团贷款			
2.同业拆借		−500	−1.00	（5）贸易融资			
其中：境外同业拆借				3.票据融资			
八、行内资金往来				其中：贴现			
九、委托存款及委托投资基金(净)	1913	1475	3.37	4.各项垫款			
1.委托存款及委托投资基金	5338	3270	1.58	（二）境外贷款			
2.减：委托贷款及委托投资	3425	1795	1.10	二、有价证券及投资	130	−120	−0.48
十、代理金融机构委托贷款基金	92	56	1.56	三、应收及预付款	445	−570	−0.56
其中：中央银行委托贷款基金				其中：应收利息	197	49	0.33
十一、各项准备	18969	3882	0.26	四、买入返售资产			
其中：贷款损失准备	18792	3733	0.25	五、存放中央准备金存款	234553	88704	0.61
十二、所有者权益	27342	7434	0.37	六、存放中央银行特种存款			
其中：实收资本	16363	2583	0.19	七、缴存中央银行财政性存款	203	−158	−0.44
十三、其他	−11219	−1756	0.19	八、同业往来	38000	38000	
				1.存放同业	38000	38000	
				其中：存放境外同业			
				2.拆放同业			
				其中：拆放境外同业			
				九、行内资金往来	15189	5023	0.49
				十、代理金融机构贷款			
				其中：代理人行专项贷款			
				十一、库存现金	7450	−199	−0.03
				十二、外汇占款			
				十三、投资性房地产			
资金来源总计	665303	192427	0.41	资金运用总计	665303	192427	0.41

2-2-2-77 丽江市农村合作机构人民币信贷运行情况表

二〇一〇年十二月三十一日　　单位：万元

项目名称 \ 栏目	期末余额	比年初		项目名称 \ 栏目	期末余额	比年初	
		增减	增减%			增减	增减%
一、各项存款	734501	238319	48.03	一、各项贷款	448235	108866	32.08
1.企业存款	3762	2606	225.43	（一）境内贷款	448235	108866	32.08
⑴活期存款				1、短期贷款	117584	37708	47.21
⑵定期存款	3762	2606	225.43	（1）个人贷款及透支	103131	41985	68.66
2.机关团体存款	44181	24957	129.82	其中：个人消费贷款	16135	9972	161.8
3.储蓄存款	493091	135122	37.75	（2）单位普通贷款及透支	14453	-4277	-22.84
⑴活期储蓄	305801	93486	44.03	其中：经营性贷款	13753	-4277	-23.72
⑵定期储蓄	187290	41636	28.59	固定资产贷款	700		
4.农业存款	193151	75319	63.92	（3）普通并购贷款			
5.其他存款	316	315	31500	（4）银团贷款			
二、代理财政性存款	126	-236	-65.19	（5）贸易融资			
三、金融债券				2.中长期贷款	325016	77176	31.14
四、应付及暂收款	14349	3469	31.88	（1）个人贷款	219006	42525	24.1
其中：应付及预提利息	8070	1369	20.43	其中：个人消费贷款	53146	9631	22.13
五、卖出回购资产				（2）单位普通贷款	106010	34651	48.56
六、向中央银行借款				其中：经营贷款	80331	28003	53.51
七、同业往来		-135	-100	固定资产贷款	25679	6648	34.93
1.同业存放		-135	-100	（3）普通并购贷款			
其中：境外同业存放				（4）银团贷款			
2.同业拆借				（5）贸易融资			
其中：境外同业拆借				3.票据融资	5635	-6018	-51.64
八、行内资金往来				其中：贴现	5635	-6018	-51.64
九、委托存款及委托投资基金(净)	106	10	10.42	4.各项垫款			
1.委托存款及委托投资基金	127	-176	-58.09	（二）境外贷款			
2.减：委托贷款及委托投资	21	-186	-89.86	二、有价证券及投资	150		
十、代理金融机构委托贷款基金				三、应收及预付款	884	-1229	-58.16
其中：中央银行委托贷款基金				其中：应收利息	3	-18	-85.71
十一、各项准备	22378	3636	19.4	四、买入返售资产			
其中：贷款损失准备	22109	3612	19.53	五、存放中央准备金存款	261731	133131	103.52
十二、所有者权益	30141	11945	65.65	六、存放中央银行特种存款			
其中：实收资本	16611	5566	50.39	七、缴存中央银行财政性存款	65	-8	-10.96
十三、其他	-12029	-2758	29.75	八、同业往来	43002	42995	
				1.存放同业	43002	42995	
				其中：存放境外同业			
				2.拆放同业			
				其中：拆放境外同业			
				九、行内资金往来	23782	-31642	-57.09
				十、代理金融机构贷款			
				其中：代理人行专项贷款			
				十一、库存现金	11723	2137	22.29
				十二、外汇占款			
				十三、投资性房地产			
资金来源总计	789572	254250	47.49	资金运用总计	789572	254250	47.49

2-2-2-78 怒江州农村合作机构人民币信贷运行情况表

二〇一〇年十二月三十一日　　单位：万元

项目名称	期末余额	比年初增减	比年初增减%	项目名称	期末余额	比年初增减	比年初增减%
一、各项存款	157200	47543	43.36	一、各项贷款	76972	13954	22.14
1.企业存款	100			（一）境内贷款	76972	13954	22.14
⑴活期存款				1、短期贷款	29033	7637	35.69
⑵定期存款	100			（1）个人贷款及透支	24742	7785	45.91
2.机关团体存款	1255	1209		其中：个人消费贷款	10592	8905	527.86
3.储蓄存款	87958	25274	40.32	（2）单位普通贷款及透支	4291	−148	−3.33
⑴活期储蓄	68017	20334	42.64	其中：经营性贷款	4291	353	8.96
⑵定期储蓄	19941	4940	32.93	固定资产贷款		−501	−100
4.农业存款	66593	22312	50.39	（3）普通并购贷款			
5.其他存款	1294	−1252	−49.18	（4）银团贷款			
二、代理财政性存款	124	−667	−84.32	（5）贸易融资			
三、金融债券				2.中长期贷款	47939	6317	15.18
四、应付及暂收款	1666	238	16.67	（1）个人贷款	26178	1033	4.11
其中：应付及预提利息	827	25	3.12	其中：个人消费贷款	8935	4524	102.56
五、卖出回购资产				（2）单位普通贷款	21761	5284	32.07
六、向中央银行借款		−1000	−100	其中：经营贷款	15161	10442	221.28
七、同业往来	418			固定资产贷款	6600	−5158	−43.87
1.同业存放				（3）普通并购贷款			
其中：境外同业存放				（4）银团贷款			
2.同业拆借	418			（5）贸易融资			
其中：境外同业拆借				3.票据融资			
八、行内资金往来				其中：贴现			
九、委托存款及委托投资基金(净)	635	276	76.88	4.各项垫款			
1.委托存款及委托投资基金	635	276	76.88	（二）境外贷款			
2.减：委托贷款及委托投资				二、有价证券及投资	30		
十、代理金融机构委托贷款基金				三、应收及预付款	772	268	53.17
其中：中央银行委托贷款基金				其中：应收利息	7		
十一、各项准备	3881	1710	78.77	四、买入返售资产			
其中：贷款损失准备	3881	1710	78.77	五、存放中央准备金存款	73313	42646	139.06
十二、所有者权益	5039	1696	50.73	六、存放中央银行特种存款			
其中：实收资本	4521	1447	47.07	七、缴存中央银行财政性存款			
十三、其他	−3293	−614	22.92	八、同业往来			
				1.存放同业			
				其中：存放境外同业			
				2.拆放同业			
				其中：拆放境外同业			
				九、行内资金往来	8946	−9535	−51.59
				十、代理金融机构贷款			
				其中：代理人行专项贷款			
				十一、库存现金	5637	1849	48.81
				十二、外汇占款			
				十三、投资性房地产			
资金来源总计	165670	49182	42.22	资金运用总计	165670	49182	42.22

2-2-2-79 迪庆州农村合作机构人民币信贷运行情况表

二〇一〇年十二月三十一日　　　　单位：万元

栏目 项目名称	期末余额	比年初		栏目 项目名称	期末余额	比年初	
		增减	增减%			增减	增减%
一、各项存款	244242	73534	43.08	一、各项贷款	128543	39384	44.17
1.企业存款				（一）境内贷款	128543	39384	44.17
⑴活期存款				1、短期贷款	29753	17804	149
⑵定期存款				（1）个人贷款及透支	23753	17691	291.83
2.机关团体存款	13246	1597	13.71	其中：个人消费贷款	10957	10180	
3.储蓄存款	124916	37391	42.72	（2）单位普通贷款及透支	6000	113	1.92
⑴活期储蓄	94383	33210	54.29	其中：经营性贷款	5000	-587	-10.51
⑵定期储蓄	30533	4181	15.87	固定资产贷款	1000	700	233.33
4.农业存款	104937	33621	47.14	（3）普通并购贷款			
5.其他存款	1143	925	424.31	（4）银团贷款			
二、代理财政性存款		-1606	-100	（5）贸易融资			
三、金融债券				2.中长期贷款	98790	21580	27.95
四、应付及暂收款	2637	65	2.53	（1）个人贷款	65656	14145	27.46
其中：应付及预提利息	1177	-153	-11.5	其中：个人消费贷款	21558	9163	73.92
五、卖出回购资产				（2）单位普通贷款	33134	7435	28.93
六、向中央银行借款				其中：经营贷款	23364	9733	71.4
七、同业往来	262	-467	-64.06	固定资产贷款	9770	-2298	-19.04
1.同业存放	262	-467	-64.06	（3）普通并购贷款			
其中：境外同业存放				（4）银团贷款			
2.同业拆借				（5）贸易融资			
其中：境外同业拆借				3.票据融资			
八、行内资金往来				其中：贴现			
九、委托存款及委托投资基金(净)		-14	-100	4.各项垫款			
1.委托存款及委托投资基金	92	-14	-13.21	（二）境外贷款			
2.减：委托贷款及委托投资	92			二、有价证券及投资	40		
十、代理金融机构委托贷款基金				三、应收及预付款	707	-378	-34.84
其中：中央银行委托贷款基金				其中：应收利息	11	-63	-85.14
十一、各项准备	5516	1316	31.33	四、买入返售资产			
其中：贷款损失准备	5397	1197	28.5	五、存放中央准备金存款	91257	52069	132.87
十二、所有者权益	7839	4112	110.33	六、存放中央银行特种存款			
其中：实收资本	4632	2472	114.44	七、缴存中央银行财政性存款			
十三、其他	-12753	34155	-72.81	八、同业往来	17175	16532	
				1.存放同业	17175	16532	
				其中：存放境外同业			
				2.拆放同业			
				其中：拆放境外同业			
				九、行内资金往来			
				十、代理金融机构贷款			
				其中：代理人行专项贷款			
				十一、库存现金	10021	3488	53.39
				十二、外汇占款			
				十三、投资性房地产			
资金来源总计	247743	111095	81.3	资金运用总计	247743	111095	81.3

2-2-2-80 临沧市农村合作机构人民币信贷运行情况表

二〇一〇年十二月三十一日　　单位：万元

栏目 项目名称	期末余额	比年初增减	比年初增减%	栏目 项目名称	期末余额	比年初增减	比年初增减%
一、各项存款	765172	234341	44.15	一、各项贷款	440874	100950	29.70
1.企业存款	812	-969	-54.41	（一）境内贷款	440874	100950	29.70
⑴活期存款				1、短期贷款	92134	-36195	-28.20
⑵定期存款	812	-969	-54.41	（1）个人贷款及透支	59608	-14000	-19.02
2.机关团体存款	28835	19045	194.54	其中：个人消费贷款	1449	-20587	-93.42
3.储蓄存款	505850	131054	34.97	（2）单位普通贷款及透支	32526	-22195	-40.56
⑴活期储蓄	304599	93902	44.57	其中：经营性贷款	32036	-22685	-41.46
⑵定期储蓄	201251	37152	22.64	固定资产贷款	490	490	
4.农业存款	228285	86629	61.15	（3）普通并购贷款			
5.其他存款	1390	-1418	-50.50	（4）银团贷款			
二、代理财政性存款	1227	-157	-11.34	（5）贸易融资			
三、金融债券				2.中长期贷款	348740	137145	64.81
四、应付及暂收款	15033	4202	38.80	（1）个人贷款	256840	85069	49.52
其中：应付及预提利息	8244	1278	18.35	其中：个人消费贷款	112166	33890	43.30
五、卖出回购资产				（2）单位普通贷款	91900	52076	130.77
六、向中央银行借款				其中：经营贷款	66653	43211	184.33
七、同业往来	15266	4978	48.39	固定资产贷款	25247	8865	54.11
1.同业存放	15266	4978	48.39	（3）普通并购贷款			
其中：境外同业存放				（4）银团贷款			
2.同业拆借				（5）贸易融资			
其中：境外同业拆借				3.票据融资			
八、行内资金往来				其中：贴现			
九、委托存款及委托投资基金(净)	1184	-1593	-57.36	4.各项垫款			
1.委托存款及委托投资基金	17809	2986	20.14	（二）境外贷款			
2.减：委托贷款及委托投资	16625	4579	38.01	二、有价证券及投资	100		
十、代理金融机构委托贷款基金				三、应收及预付款	662	431	186.58
其中：中央银行委托贷款基金				其中：应收利息			
十一、各项准备	22906	5226	29.56	四、买入返售资产			
其中：贷款损失准备	22702	5253	30.10	五、存放中央准备金存款	220840	57835	35.48
十二、所有者权益	30838	11999	63.69	六、存放中央银行特种存款			
其中：实收资本	16110	6882	74.58	七、缴存中央银行财政性存款	133	-230	-63.36
十三、其他	-14496	-3714	34.45	八、同业往来	103220	91898	811.68
				1.存放同业	103220	91898	811.68
				其中：存放境外同业			
				2.拆放同业			
				其中：拆放境外同业			
				九、行内资金往来	40750	-5601	-12.08
				十、代理金融机构贷款			
				其中：代理人行专项贷款			
				十一、库存现金	30551	9999	48.65
				十二、外汇占款			
				十三、投资性房地产			
资金来源总计	837130	255282	43.87	资金运用总计	837130	255282	43.87

3.外汇信贷运行情况统计

2-2-3-1 昆明市金融机构（不含外资）外汇信贷运行情况表

二〇一〇年十二月三十一日　　单位：万美元

项目名称	期末余额	比年初增减	比年初增减%	项目名称	期末余额	比年初增减	比年初增减%
一、各项存款	82347	13029	18.8	一、各项贷款	200208	94488	89.38
1.单位活期存款	42304	18965	81.26	（一）境内贷款	167452	61732	58.39
其中：中资企业存款(活期)	16967	1908	12.67	1.境内短期贷款	47191	26371	126.66
外商投资企业存款(活期)	12384	9868	392.24	其中：中资企业贷款(短期)	47180	26872	132.32
2.单位定期存款	6865	−2106	−23.47	外商投资企业贷款(短期)			
其中：中资企业存款(定期)	2515	−3424	−57.65	2.境内中长期贷款	26735	−2986	−10.05
外商投资企业存款(定期)	387	153	65.07	其中：中资企业贷款(中长期)	25534	−1915	−6.98
3.储蓄存款	30740	−2207	−6.7	外商投资企业贷款(中长期)			
其中：定期存款	21707	−2629	−10.8	3.进出口贸易融资	88789	38368	76.1
4.信托存款				4.票据融资			
5.委托存款	487	−261	−34.94	其中：贴现			
6.其他类存款	1920	−1386	−41.93	5.融资租赁			
7.境外存款	31	24	305.96	6.信托贷款			
二、境外筹资	1213	226	22.89	7.委托贷款			
三、同业存放	3056	1679	121.9	8.各项垫款			
其中：境外同业存放	2460	1630	196.42	9.境外筹资转贷款	4737	−21	−0.45
四、应付及暂收款	3551	2344	194.14	（二）境外贷款	32756	32756	
其中：应付及预提利息	155	−107	−40.7	二、有价证券及投资	480	480	
五、同业拆入	3574	3574		三、应收及预付款	2254	1618	254.38
其中：境外同业拆入	3574	3574		其中：应收及预付利息	674	457	211.29
六、外汇买卖	4905	4556		四、存放同业	166	37	28.2
其中：结售汇	4705	4367		其中：存放境外同业	166	37	28.2
七、境内联行存放	86891	63047	264.41	五、拆放同业			
八、境外联行存放				其中：拆放境外同业			
九、证券业务款项				六、存放境内联行			
十、各项准备	1110	123	12.48	七、存放境外联行			
其中：贷款损失准备	1110	123	12.48	八、证券业务占款			
十一、所有者权益	6019	4502	296.9	九、库存现金	1922	160	9.09
其中：实收资本							
十二、其他	12364	3703	42.75				
资金来源总计	205030	96782	89.41	资金运用总计	205030	96782	89.41

2-2-3-2 昭通市金融机构（不含外资）外汇信贷运行情况表

二〇一〇年十二月三十一日　　单位：万美元

项目名称＼栏目	期末余额	比年初增减	比年初增减%	项目名称＼栏目	期末余额	比年初增减	比年初增减%
一、各项存款	288	183	175.35	一、各项贷款			
1.单位活期存款	175	172		（一）境内贷款			
其中：中资企业存款(活期)	25	22		1.境内短期贷款			
外商投资企业存款(活期)	1		−3.33	其中：中资企业贷款(短期)			
2.单位定期存款				外商投资企业贷款(短期)			
其中：中资企业存款(定期)				2.境内中长期贷款			
外商投资企业存款(定期)				其中：中资企业贷款(中长期)			
3.储蓄存款	113	11	10.74	外商投资企业贷款(中长期)			
其中：定期存款	66	−19	−22.43	3.进出口贸易融资			
4.信托存款				4.票据融资			
5.委托存款				其中：贴现			
6.其他类存款				5.融资租赁			
7.境外存款				6.信托贷款			
二、境外筹资				7.委托贷款			
三、同业存放				8.各项垫款			
其中：境外同业存放				9.境外筹资转贷款			
四、应付及暂收款	1		33.28	（二）境外贷款			
其中：应付及预提利息		−1	−54.31	二、有价证券及投资			
五、同业拆入				三、应收及预付款			
其中：境外同业拆入				其中：应收及预付利息			
六、外汇买卖				四、存放同业			
其中：结售汇				其中：存放境外同业			
七、境内联行存放				五、拆放同业			
八、境外联行存放				其中：拆放境外同业			
九、证券业务款项				六、存放境内联行	272	173	173.78
十、各项准备				七、存放境外联行			
其中：贷款损失准备				八、证券业务占款			
十一、所有者权益	1	−4	−75.42	九、库存现金	19	6	49.06
其中：实收资本							
十二、其他		−1	−92.8				
资金来源总计	291	179	159.7	资金运用总计	291	179	159.7

2-2-3-3 曲靖市金融机构（不含外资）外汇信贷运行情况表

二〇一〇年十二月三十一日　　　　单位：万美元

栏目 项目名称	期末余额	比年初		栏目 项目名称	期末余额	比年初	
		增减	增减%			增减	增减%
一、各项存款	1171	239	25.69	一、各项贷款		-359	-100
1.单位活期存款	510	275	117.24	（一）境内贷款		-359	-100
其中：中资企业存款(活期)	369	168	83.62	1.境内短期贷款			
外商投资企业存款(活期)				其中：中资企业贷款(短期)			
2.单位定期存款				外商投资企业贷款(短期)			
其中：中资企业存款(定期)				2.境内中长期贷款			
外商投资企业存款(定期)				其中：中资企业贷款(中长期)			
3.储蓄存款	648	-47	-6.7	外商投资企业贷款(中长期)			
其中：定期存款	423	-67	-13.59	3.进出口贸易融资		-359	-100
4.信托存款				4.票据融资			
5.委托存款				其中：贴现			
6.其他类存款	14	11	418.12	5.融资租赁			
7.境外存款				6.信托贷款			
二、境外筹资				7.委托贷款			
三、同业存放				8.各项垫款			
其中：境外同业存放				9.境外筹资转贷款			
四、应付及暂收款	3	-8	-74.82	（二）境外贷款			
其中：应付及预提利息	3	-2	-47.39	二、有价证券及投资			
五、同业拆入				三、应收及预付款	1		1871.19
其中：境外同业拆入				其中：应收及预付利息	1		2204.5
六、外汇买卖				四、存放同业			
其中：结售汇				其中：存放境外同业			
七、境内联行存放				五、拆放同业			
八、境外联行存放				其中：拆放境外同业			
九、证券业务款项				六、存放境内联行	1101	530	92.81
十、各项准备		-8	-100	七、存放境外联行			
其中：贷款损失准备		-8	-100	八、证券业务占款			
十一、所有者权益	15		-0.7	九、库存现金	87	28	46.49
其中：实收资本							
十二、其他		-24	-100.42				
资金来源总计	1189	199	20.13	资金运用总计	1189	199	20.13

2-2-3-4 玉溪市金融机构（不含外资）外汇信贷运行情况表

二〇一〇年十二月三十一日　　单位：万美元

项目名称	期末余额	比年初增减	比年初增减%	项目名称	期末余额	比年初增减	比年初增减%
一、各项存款	5302	2094	65.29	一、各项贷款	25	-23	-48.42
1.单位活期存款	2557	1411	123.07	（一）境内贷款	25	-23	-48.42
其中：中资企业存款(活期)	80	-121	-60.23	1.境内短期贷款			
外商投资企业存款(活期)	1016	1016		其中：中资企业贷款(短期)			
2.单位定期存款	772	772		外商投资企业贷款(短期)			
其中：中资企业存款(定期)				2.境内中长期贷款			
外商投资企业存款(定期)				其中：中资企业贷款(中长期)			
3.储蓄存款	1936	-61	-3.04	外商投资企业贷款(中长期)			
其中：定期存款	1390	-124	-8.2	3.进出口贸易融资	25	-23	-48.42
4.信托存款				4.票据融资			
5.委托存款	1	-41	-97.86	其中：贴现			
6.其他类存款	36	13	58.06	5.融资租赁			
7.境外存款				6.信托贷款			
二、境外筹资				7.委托贷款			
三、同业存放	104	2	1.71	8.各项垫款			
其中：境外同业存放				9.境外筹资转贷款			
四、应付及暂收款	6	-6	-49.21	（二）境外贷款			
其中：应付及预提利息	6	-6	-49.21	二、有价证券及投资			
五、同业拆入				三、应收及预付款	2	1	205.71
其中：境外同业拆入				其中：应收及预付利息	2	2	936.15
六、外汇买卖	28	27	3212.64	四、存放同业			
其中：结售汇	28	28		其中：存放境外同业			
七、境内联行存放				五、拆放同业			
八、境外联行存放				其中：拆放境外同业			
九、证券业务款项				六、存放境内联行	5434	2066	61.32
十、各项准备		-1	-100	七、存放境外联行			
其中：贷款损失准备		-1	-100	八、证券业务占款			
十一、所有者权益	23	16	223.35	九、库存现金	201	88	78.17
其中：实收资本							
十二、其他	200		-0.24				
资金来源总计	5662	2132	60.38	资金运用总计	5662	2132	60.38

2-2-3-5 红河州金融机构（不含外资）外汇信贷运行情况表

二〇一〇年十二月三十一日　　单位：万美元

栏目 项目名称	期末余额	比年初		栏目 项目名称	期末余额	比年初	
		增减	增减%			增减	增减%
一、各项存款	2031	604	42.3	一、各项贷款	100	-375	-78.95
1.单位活期存款	1101	864	364.17	(一)境内贷款	100	-375	-78.95
其中：中资企业存款(活期)	650	519	396.55	1.境内短期贷款	100	-375	-78.95
外商投资企业存款(活期)	3	3		其中：中资企业贷款(短期)		-475	-100
2.单位定期存款				外商投资企业贷款(短期)			
其中：中资企业存款(定期)				2.境内中长期贷款			
外商投资企业存款(定期)				其中：中资企业贷款(中长期)			
3.储蓄存款	929	-89	-8.71	外商投资企业贷款(中长期)			
其中：定期存款	637	-55	-7.98	3.进出口贸易融资			
4.信托存款				4.票据融资			
5.委托存款				其中：贴现			
6.其他类存款	1	-172	-99.44	5.融资租赁			
7.境外存款				6.信托贷款			
二、境外筹资				7.委托贷款			
三、同业存放				8.各项垫款			
其中：境外同业存放				9.境外筹资转贷款			
四、应付及暂收款	17	7	72.75	(二)境外贷款			
其中：应付及预提利息	4	-3	-41.48	二、有价证券及投资			
五、同业拆入				三、应收及预付款			
其中：境外同业拆入				其中：应收及预付利息			
六、外汇买卖				四、存放同业			
其中：结售汇				其中：存放境外同业			
七、境内联行存放				五、拆放同业			
八、境外联行存放				其中：拆放境外同业			
九、证券业务款项				六、存放境内联行	2279	987	76.34
十、各项准备				七、存放境外联行			
其中：贷款损失准备				八、证券业务占款			
十一、所有者权益	12	-2	-11.7	九、库存现金	81	-4	-4.77
其中：实收资本							
十二、其他	400	-2	-0.45				
资金来源总计	2461	607	32.78	资金运用总计	2461	607	32.78

2-2-3-6 文山州金融机构（不含外资）外汇信贷运行情况表

二〇一〇年十二月三十一日　　　　单位：万美元

项目名称	期末余额	比年初增减	比年初增减%	项目名称	期末余额	比年初增减	比年初增减%
一、各项存款	−95	−560	−120.34	一、各项贷款	43	−387	−90.1
1.单位活期存款	193	131	207.48	（一）境内贷款	43	−387	−90.1
其中：中资企业存款(活期)	2	−1	−37.84	1.境内短期贷款			
外商投资企业存款(活期)				其中：中资企业贷款(短期)			
2.单位定期存款				外商投资企业贷款(短期)			
其中：中资企业存款(定期)				2.境内中长期贷款			
外商投资企业存款(定期)				其中：中资企业贷款(中长期)			
3.储蓄存款	176	−720	−80.38	外商投资企业贷款(中长期)			
其中：定期存款	119	−10	−7.71	3.进出口贸易融资	43	−387	−90.1
4.信托存款				4.票据融资			
5.委托存款	−488	39	−7.32	其中：贴现			
6.其他类存款	24	−8	−26.16	5.融资租赁			
7.境外存款				6.信托贷款			
二、境外筹资				7.委托贷款			
三、同业存放				8.各项垫款			
其中：境外同业存放				9.境外筹资转贷款			
四、应付及暂收款	1		−34.43	（二）境外贷款			
其中：应付及预提利息	1		−35.65	二、有价证券及投资			
五、同业拆入				三、应收及预付款	1	−4	−81.96
其中：境外同业拆入				其中：应收及预付利息	1	1	10334.07
六、外汇买卖				四、存放同业			
其中：结售汇				其中：存放境外同业			
七、境内联行存放	171	171		五、拆放同业			
八、境外联行存放				其中：拆放境外同业			
九、证券业务款项				六、存放境内联行		−3	−100
十、各项准备				七、存放境外联行			
其中：贷款损失准备				八、证券业务占款			
十一、所有者权益	1	1	420.84	九、库存现金	35	6	20.96
其中：实收资本							
十二、其他	1		53.74				
资金来源总计	79	−388	−83.15	资金运用总计	79	−388	−83.15

2-2-3-7 普洱市金融机构（不含外资）外汇信贷运行情况表

二〇一〇年十二月三十一日 单位：万美元

栏目 / 项目名称	期末余额	比年初		栏目 / 项目名称	期末余额	比年初	
		增减	增减%			增减	增减%
一、各项存款	345	13	3.8	一、各项贷款			
1.单位活期存款	90	1	1.0	（一）境内贷款			
其中：中资企业存款(活期)	15	–58	–79.2	1.境内短期贷款			
外商投资企业存款(活期)				其中：中资企业贷款(短期)			
2.单位定期存款	30	30		外商投资企业贷款(短期)			
其中：中资企业存款(定期)				2.境内中长期贷款			
外商投资企业存款(定期)				其中：中资企业贷款(中长期)			
3.储蓄存款	224	–18	–7.5	外商投资企业贷款(中长期)			
其中：定期存款	156	–21	–12.0	3.进出口贸易融资			
4.信托存款				4.票据融资			
5.委托存款				其中：贴现			
6.其他类存款				5.融资租赁			
7.境外存款				6.信托贷款			
二、境外筹资				7.委托贷款			
三、同业存放				8.各项垫款			
其中：境外同业存放				9.境外筹资转贷款			
四、应付及暂收款	1	–2	–69.8	（二）境外贷款			
其中：应付及预提利息	1	–1	–42.7	二、有价证券及投资			
五、同业拆入				三、应收及预付款			
其中：境外同业拆入				其中：应收及预付利息			
六、外汇买卖				四、存放同业		–1	–95.7
其中：结售汇				其中：存放境外同业			58.6
七、境内联行存放				五、拆放同业			
八、境外联行存放				其中：拆放境外同业			
九、证券业务款项				六、存放境内联行			
十、各项准备				七、存放境外联行			
其中：贷款损失准备				八、证券业务占款	294	23	8.4
十一、所有者权益	6	6		九、库存现金			
其中：实收资本							
十二、其他					58	–5	–8.4
资金来源总计	352	16	4.8	资金运用总计	352	16	4.8

2-2-3-8 版纳州金融机构（不含外资）外汇信贷运行情况表

二〇一〇年十二月三十一日　　单位：万美元

项目名称	期末余额	比年初增减	比年初增减%	项目名称	期末余额	比年初增减	比年初增减%
一、各项存款	282	-40	-12.39	一、各项贷款			
1.单位活期存款	8	-34	-81.64	（一）境内贷款			
其中：中资企业存款(活期)		-26	-99.04	1.境内短期贷款			
外商投资企业存款(活期)				其中：中资企业贷款(短期)			
2.单位定期存款	5		0.11	外商投资企业贷款(短期)			
其中：中资企业存款(定期)				2.境内中长期贷款			
外商投资企业存款(定期)				其中：中资企业贷款(中长期)			
3.储蓄存款	270	-5	-1.88	外商投资企业贷款(中长期)			
其中：定期存款	189	-16	-7.78	3.进出口贸易融资			
4.信托存款				4.票据融资			
5.委托存款				其中：贴现			
6.其他类存款		-1	-64.02	5.融资租赁			
7.境外存款				6.信托贷款			
二、境外筹资				7.委托贷款			
三、同业存放				8.各项垫款			
其中：境外同业存放				9.境外筹资转贷款			
四、应付及暂收款	1	-1	-49.48	（二）境外贷款			
其中：应付及预提利息	1	-1	-58.99	二、有价证券及投资			
五、同业拆入				三、应收及预付款		-1	-95.97
其中：境外同业拆入				其中：应收及预付利息			
六、外汇买卖				四、存放同业			
其中：结售汇				其中：存放境外同业			
七、境内联行存放				五、拆放同业			
八、境外联行存放				其中：拆放境外同业			
九、证券业务款项				六、存放境内联行	202	-44	-17.75
十、各项准备				七、存放境外联行			
其中：贷款损失准备				八、证券业务占款			
十一、所有者权益	-1	-3	-170.95	九、库存现金	80	-2	-2.61
其中：实收资本							
十二、其他							
资金来源总计	282	-47	-14.19	资金运用总计	282	-47	-14.19

2-2-3-9 楚雄州金融机构（不含外资）外汇信贷运行情况表

二〇一〇年十二月三十一日　　单位：万美元

项目名称	期末余额	比年初增减	比年初增减%	项目名称	期末余额	比年初增减	比年初增减%
一、各项存款	441	19	4.39	一、各项贷款			
1.单位活期存款	152	63	71.27	（一）境内贷款			
其中：中资企业存款(活期)	98	46	89.36	1.境内短期贷款			
外商投资企业存款(活期)				其中：中资企业贷款(短期)			
2.单位定期存款				外商投资企业贷款(短期)			
其中：中资企业存款(定期)				2.境内中长期贷款			
外商投资企业存款(定期)				其中：中资企业贷款(中长期)			
3.储蓄存款	276	-23	-7.86	外商投资企业贷款(中长期)			
其中：定期存款	213	-27	-11.09	3.进出口贸易融资			
4.信托存款				4.票据融资			
5.委托存款				其中：贴现			
6.其他类存款	13	-21	-62.97	5.融资租赁			
7.境外存款				6.信托贷款			
二、境外筹资				7.委托贷款			
三、同业存放				8.各项垫款			
其中：境外同业存放				9.境外筹资转贷款			
四、应付及暂收款	19	17	587.22	（二）境外贷款			
其中：应付及预提利息	1	-1	-51.32	二、有价证券及投资			
五、同业拆入				三、应收及预付款			
其中：境外同业拆入				其中：应收及预付利息			
六、外汇买卖				四、存放同业			
其中：结售汇				其中：存放境外同业			
七、境内联行存放				五、拆放同业			
八、境外联行存放				其中：拆放境外同业			
九、证券业务款项				六、存放境内联行	391	4	1.16
十、各项准备				七、存放境外联行			
其中：贷款损失准备				八、证券业务占款			
十一、所有者权益	-2	5	-75.97	九、库存现金	67	35	109.05
其中：实收资本							
十二、其他		-1	-100.00				
资金来源总计	458	40	9.46	资金运用总计	458	40	9.46

2-2-3-10 大理州金融机构（不含外资）外汇信贷运行情况表

二〇一〇年十二月三十一日　　　　单位：万美元

项目名称 \ 栏目	期末余额	比年初增减	比年初增减%	项目名称 \ 栏目	期末余额	比年初增减	比年初增减%
一、各项存款	837	-56	-6.30	一、各项贷款	700	-318	-31.24
1.单位活期存款	137	-23	-14.62	（一）境内贷款	700	-318	-31.24
其中：中资企业存款(活期)	60	41	208.94	1.境内短期贷款			
外商投资企业存款(活期)		-38	-100.00	其中：中资企业贷款(短期)			
2.单位定期存款				外商投资企业贷款(短期)			
其中：中资企业存款(定期)				2.境内中长期贷款			
外商投资企业存款(定期)				其中：中资企业贷款(中长期)			
3.储蓄存款	701	-33	-4.48	外商投资企业贷款(中长期)			
其中：定期存款	493	-44	-8.13	3.进出口贸易融资		-278	-100.00
4.信托存款				4.票据融资			
5.委托存款				其中：贴现			
6.其他类存款				5.融资租赁			
7.境外存款				6.信托贷款			
二、境外筹资	700	-40	-5.41	7.委托贷款			
三、同业存放				8.各项垫款			
其中：境外同业存放				9.境外筹资转贷款	700	-40	-5.41
四、应付及暂收款	3	-2	-46.19	（二）境外贷款			
其中：应付及预提利息	3	-2	-45.16	二、有价证券及投资			
五、同业拆入				三、应收及预付款		-2	-93.94
其中：境外同业拆入				其中：应收及预付利息		0	-78.69
六、外汇买卖				四、存放同业			
其中：结售汇				其中：存放境外同业			
七、境内联行存放				五、拆放同业			
八、境外联行存放				其中：拆放境外同业			
九、证券业务款项				六、存放境内联行	819	201	32.40
十、各项准备		-3	-100.00	七、存放境外联行			
其中：贷款损失准备		-3	-100.00	八、证券业务占款			
十一、所有者权益	10	-4	-29.75	九、库存现金	41	13	46.86
其中：实收资本							
十二、其他	10		-0.81				
资金来源总计	1560	-106	-6.37	资金运用总计	1560	-106	-6.37

2-2-3-11 保山市金融机构（不含外资）外汇信贷运行情况表

二〇一〇年十二月三十一日　　单位：万美元

项目名称	期末余额	比年初增减	比年初增减%	项目名称	期末余额	比年初增减	比年初增减%
一、各项存款	903	470	108.39	一、各项贷款			
1.单位活期存款	61	-75	-55.11	（一）境内贷款			
其中：中资企业存款(活期)	61	46	311.80	1.境内短期贷款			
外商投资企业存款(活期)				其中：中资企业贷款(短期)			
2.单位定期存款				外商投资企业贷款(短期)			
其中：中资企业存款(定期)				2.境内中长期贷款			
外商投资企业存款(定期)				其中：中资企业贷款(中长期)			
3.储蓄存款	276	-21	-7.19	外商投资企业贷款(中长期)			
其中：定期存款	185	-12	-6.31	3.进出口贸易融资			
4.信托存款				4.票据融资			
5.委托存款				其中：贴现			
6.其他类存款	566	566		5.融资租赁			
7.境外存款				6.信托贷款			
二、境外筹资				7.委托贷款			
三、同业存放				8.各项垫款			
其中：境外同业存放				9.境外筹资转贷款			
四、应付及暂收款	1	-1	-51.63	（二）境外贷款			
其中：应付及预提利息	1	-1	-50.00	二、有价证券及投资			
五、同业拆入				三、应收及预付款			
其中：境外同业拆入				其中：应收及预付利息			
六、外汇买卖				四、存放同业			
其中：结售汇				其中：存放境外同业			
七、境内联行存放				五、拆放同业			
八、境外联行存放				其中：拆放境外同业			
九、证券业务款项				六、存放境内联行	918	472	105.84
十、各项准备				七、存放境外联行			
其中：贷款损失准备				八、证券业务占款			
十一、所有者权益	1	2	200.00	九、库存现金	43	-1	-2.93
其中：实收资本							
十二、其他	55		-0.20				
资金来源总计	961	471	95.90	资金运用总计	961	471	95.90

2-2-3-12 德宏州金融机构（不含外资）外汇信贷运行情况表

二○一○年十二月三十一日　　单位：万美元

栏目 项目名称	期末余额	比年初增减	比年初增减%	栏目 项目名称	期末余额	比年初增减	比年初增减%
一、各项存款	1004	-64	-5.98	一、各项贷款			
1.单位活期存款	399	45	12.77	（一）境内贷款			
其中：中资企业存款(活期)	349	335	24.74	1.境内短期贷款			
外商投资企业存款(活期)				其中：中资企业贷款(短期)			
2.单位定期存款				外商投资企业贷款(短期)			
其中：中资企业存款(定期)				2.境内中长期贷款			
外商投资企业存款(定期)				其中：中资企业贷款(中长期)			
3.储蓄存款	604	-101	-14.37	外商投资企业贷款(中长期)			
其中：定期存款	207	-8	-3.60	3.进出口贸易融资			
4.信托存款				4.票据融资			
5.委托存款				其中：贴现			
6.其他类存款		-8	-100.00	5.融资租赁			
7.境外存款				6.信托贷款			
二、境外筹资				7.委托贷款			
三、同业存放				8.各项垫款			
其中：境外同业存放				9.境外筹资转贷款			
四、应付及暂收款	9	7	288.50	（二）境外贷款			
其中：应付及预提利息	1	-1	-34.66	二、有价证券及投资			
五、同业拆入				三、应收及预付款			
其中：境外同业拆入				其中：应收及预付利息			
六、外汇买卖				四、存放同业			
其中：结售汇				其中：存放境外同业			
七、境内联行存放				五、拆放同业			
八、境外联行存放				其中：拆放境外同业			
九、证券业务款项				六、存放境内联行	1030	-77	-6.97
十、各项准备				七、存放境外联行			
其中：贷款损失准备				八、证券业务占款			
十一、所有者权益	3			九、库存现金	86	17	25.54
其中：实收资本							
十二、其他	100	-2	-2.05				
资金来源总计	1116	-60	-5.07	资金运用总计	1116	-60	-5.07

2-2-3-13 丽江市金融机构（不含外资）外汇信贷运行情况表

二〇一〇年十二月三十一日　　单位：万美元

项目名称	期末余额	比年初增减	比年初增减%	项目名称	期末余额	比年初增减	比年初增减%
一、各项存款	457	127	38.36	一、各项贷款			
1.单位活期存款	238	109	83.7	（一）境内贷款			
其中：中资企业存款(活期)	128	48	61.16	1.境内短期贷款			
外商投资企业存款(活期)				其中：中资企业贷款(短期)			
2.单位定期存款				外商投资企业贷款(短期)			
其中：中资企业存款(定期)				2.境内中长期贷款			
外商投资企业存款(定期)				其中：中资企业贷款(中长期)			
3.储蓄存款	218	27	14.14	外商投资企业贷款(中长期)			
其中：定期存款	77	−10	−11.6	3.进出口贸易融资			
4.信托存款				4.票据融资			
5.委托存款				其中：贴现			
6.其他类存款	1	−9	−88.41	5.融资租赁			
7.境外存款				6.信托贷款			
二、境外筹资				7.委托贷款			
三、同业存放				8.各项垫款			
其中：境外同业存放				9.境外筹资转贷款			
四、应付及暂收款	11	10	839.25	（二）境外贷款			
其中：应付及预提利息			−49.55	二、有价证券及投资			
五、同业拆入				三、应收及预付款		−3	−99.98
其中：境外同业拆入				其中：应收及预付利息			
六、外汇买卖				四、存放同业			
其中：结售汇				其中：存放境外同业			
七、境内联行存放				五、拆放同业			
八、境外联行存放				其中：拆放境外同业			
九、证券业务款项				六、存放境内联行	443	138	45.44
十、各项准备				七、存放境外联行			
其中：贷款损失准备				八、证券业务占款			
十一、所有者权益	3	2	2330	九、库存现金	13	−7	−28.9
其中：实收资本							
十二、其他	−10	−11	−1804.69				
资金来源总计	460	128	38.48	资金运用总计	460	128	38.48

2-2-3-14 怒江州金融机构（不含外资）外汇信贷运行情况表

二〇一〇年十二月三十一日　　　　单位：万美元

项目名称	期末余额	比年初增减	比年初增减%	项目名称	期末余额	比年初增减	比年初增减%
一、各项存款	6	1	15.09	一、各项贷款			
1.单位活期存款				（一）境内贷款			
其中：中资企业存款(活期)				1.境内短期贷款			
外商投资企业存款(活期)				其中：中资企业贷款(短期)			
2.单位定期存款				外商投资企业贷款(短期)			
其中：中资企业存款(定期)				2.境内中长期贷款			
外商投资企业存款(定期)				其中：中资企业贷款(中长期)			
3.储蓄存款	6	1	15.58	外商投资企业贷款(中长期)			
其中：定期存款	1		-6.3	3.进出口贸易融资			
4.信托存款				4.票据融资			
5.委托存款				其中：贴现			
6.其他类存款				5.融资租赁			
7.境外存款				6.信托贷款			
二、境外筹资				7.委托贷款			
三、同业存放				8.各项垫款			
其中：境外同业存放				9.境外筹资转贷款			
四、应付及暂收款				（二）境外贷款			
其中：应付及预提利息				二、有价证券及投资			
五、同业拆入				三、应收及预付款			
其中：境外同业拆入				其中：应收及预付利息			
六、外汇买卖				四、存放同业			
其中：结售汇				其中：存放境外同业			
七、境内联行存放				五、拆放同业			
八、境外联行存放				其中：拆放境外同业			
九、证券业务款项				六、存放境内联行	2	2	925.62
十、各项准备				七、存放境外联行			
其中：贷款损失准备				八、证券业务占款			
十一、所有者权益				九、库存现金	4	-1	-24.5
其中：实收资本							
十二、其他							
资金来源总计	6	1	16.73	资金运用总计	6	1	16.73

2-2-3-15 迪庆州金融机构（不含外资）外汇信贷运行情况表

二〇一〇年十二月三十一日　　单位：万美元

栏目 / 项目名称	期末余额	比年初		栏目 / 项目名称	期末余额	比年初	
		增减	增减%			增减	增减%
一、各项存款	2234	1899	566.88	一、各项贷款			
1.单位活期存款	2223	1898	583.1	（一）境内贷款			
其中：中资企业存款(活期)				1.境内短期贷款			
外商投资企业存款(活期)				其中：中资企业贷款(短期)			
2.单位定期存款				外商投资企业贷款(短期)			
其中：中资企业存款(定期)				2.境内中长期贷款			
外商投资企业存款(定期)				其中：中资企业贷款(中长期)			
3.储蓄存款	11	2	17.42	外商投资企业贷款(中长期)			
其中：定期存款	1		50.1	3.进出口贸易融资			
4.信托存款				4.票据融资			
5.委托存款				其中：贴现			
6.其他类存款				5.融资租赁			
7.境外存款				6.信托贷款			
二、境外筹资				7.委托贷款			
三、同业存放				8.各项垫款			
其中：境外同业存放				9.境外筹资转贷款			
四、应付及暂收款				（二）境外贷款			
其中：应付及预提利息				二、有价证券及投资			
五、同业拆入				三、应收及预付款			
其中：境外同业拆入				其中：应收及预付利息			
六、外汇买卖				四、存放同业			
其中：结售汇				其中：存放境外同业			
七、境内联行存放				五、拆放同业			
八、境外联行存放				其中：拆放境外同业			
九、证券业务款项				六、存放境内联行	2234	1901	571.49
十、各项准备				七、存放境外联行			
其中：贷款损失准备				八、证券业务占款			
十一、所有者权益	1		17.58	九、库存现金	1	-2	-60.12
其中：实收资本							
十二、其他							
资金来源总计	2235	1899	565.08	资金运用总计	2235	1899	565.08

2-2-3-16 临沧市金融机构（不含外资）外汇信贷运行情况表

二〇一〇年十二月三十一日　　单位：万美元

项目名称＼栏目	期末余额	比年初增减	比年初增减%	项目名称＼栏目	期末余额	比年初增减	比年初增减%
一、各项存款	196	86	79.08	一、各项贷款			
1.单位活期存款	97	89	999.47	（一）境内贷款			
其中：中资企业存款(活期)	82	37	82.03	1.境内短期贷款			
外商投资企业存款(活期)				其中：中资企业贷款(短期)			
2.单位定期存款				外商投资企业贷款(短期)			
其中：中资企业存款(定期)				2.境内中长期贷款			
外商投资企业存款(定期)				其中：中资企业贷款(中长期)			
3.储蓄存款	98	-2	-2.18	外商投资企业贷款(中长期)			
其中：定期存款	63	-11	-14.76	3.进出口贸易融资			
4.信托存款				4.票据融资			
5.委托存款				其中：贴现			
6.其他类存款				5.融资租赁			
7.境外存款				6.信托贷款			
二、境外筹资				7.委托贷款			
三、同业存放				8.各项垫款			
其中：境外同业存放				9.境外筹资转贷款			
四、应付及暂收款	1	3	-128.38	（二）境外贷款			
其中：应付及预提利息				二、有价证券及投资			
五、同业拆入				三、应收及预付款			
其中：境外同业拆入				其中：应收及预付利息			
六、外汇买卖				四、存放同业			
其中：结售汇				其中：存放境外同业			
七、境内联行存放				五、拆放同业			
八、境外联行存放				其中：拆放境外同业			
九、证券业务款项				六、存放境内联行	163	-39	-19.18
十、各项准备				七、存放境外联行			
其中：贷款损失准备				八、证券业务占款			
十一、所有者权益	8	5	151.88	九、库存现金	41	20	93.78
其中：实收资本							
十二、其他		-14	-100.00				
资金来源总计	204	-19	-8.50	资金运用总计	204	-19	-8.50

2-2-3-17 昆明市中资全国性大型银行外汇信贷运行情况表

二〇一〇年十二月三十一日　　单位：万美元

栏目 项目名称	期末余额	比年初		栏目 项目名称	期末余额	比年初	
		增减	增减%			增减	增减%
一、各项存款	53339	3731	7.52	一、各项贷款	165881	80200	93.6
1.单位活期存款	22008	4327	24.47	(一)境内贷款	133125	47444	55.37
其中：中资存款	14698	2027	15.99	1.境内短期贷款	41441	23529	131.37
外商投资企业存款	137	-357	-72.22	其中：中资企业贷款	41429	23810	135.14
2.单位定期存款	4311	1520	54.46	外商投资企业贷款			
其中：中资企业存款	330	-1048	-76.08	2.境内中长期贷款	26219	-2444	-8.53
外商投资企业存款	27	-207	-88.39	其中：中资企业贷款	25018	-1916	-7.12
3.储蓄存款	26376	-1650	-5.89	外商投资企业贷款			
其中：定期存款	18658	-2063	-9.96	3.进出口贸易融资	60728	26380	76.8
4.其他存款	612	-489	-44.42	4.票据融资			
5.境外存款	31	24	305.96	其中：贴现			
二、境内中长期筹资				5.各项垫款			
三、卖出回购资产				6.境外筹资转贷款	4737	-21	-0.45
四、境外筹资	1213	226	22.89	(二)境外贷款	32756	32756	
五、向中央银行借款				二、投资			
六、中央银行存款				1.购买有价证券			
七、应付及暂收款	1339	653	95.26	其中：购买境外有价证券			
其中：应付及预提利息	120	-85	-41.56	2.其他投资			
八、同业存放	11946	7973	200.72	其中：投资境外			
(1)境内同业存放	9485	6343	201.85	三、应收及预付款	745	475	175.97
(2)境外同业存放	2460	1630	196.42	其中：应收及预付利息	564	391	225.82
九、同业拆入				四、买入返售资产			
(1)境内同业拆入				五、存放中央银行			
(2)境外同业拆入				其中：缴存准备金			
十、委托基金存款(净)	74	-286	-79.46	六、存放同业	225	-50	-18.1
十一、外汇买卖	1880	1749	1338.08	(1)存放境内同业	225	-49	-17.96
其中：结售汇	1805	1683	1370.14	(2)存放境外同业			-100
十二、境内联行存放	86717	62031	251.28	七、拆放同业			
十三、境外联行存放				(1)拆放境内同业			
十四、各项准备	897	475	112.68	(2)拆放境外同业			
其中：贷款损失准备	897	475	112.69	八、存放境内联行			
十五、所有者权益	5751	4238	280.02	九、存放境外联行			
其中：实收资本				十、库存现金	1527	207	15.7
十六、其他	5221	41	0.79				
资金来源总计	168378	80832	92.33	资金运用总计	168378	80832	92.33

2-2-3-18 昭通市中资全国性大型银行外汇信贷运行情况表

二〇一〇年十二月三十一日　　　　单位：万美元

栏目 项目名称	期末余额	比年初		栏目 项目名称	期末余额	比年初	
		增减	增减%			增减	增减%
一、各项存款	288	183	175.35	一、各项贷款			
1.单位活期存款	175	172		（一）境内贷款			
其中：中资存款	25	22	1013.1	1.境内短期贷款			
外商投资企业存款	1		−3.33	其中：中资企业贷款			
2.单位定期存款				外商投资企业贷款			
其中：中资企业存款				2.境内中长期贷款			
外商投资企业存款				其中：中资企业贷款			
3.储蓄存款	113	11	10.74	外商投资企业贷款			
其中：定期存款	66	−19	−22.43	3.进出口贸易融资			
4.其他存款				4.票据融资			
5.境外存款				其中：贴现			
二、境内中长期筹资				5.各项垫款			
三、卖出回购资产				6.境外筹资转贷款			
四、境外筹资				（二）境外贷款			
五、向中央银行借款				二、投资			
六、中央银行存款				1.购买有价证券			
七、应付及暂收款	1		33.28	其中：购买境外有价证券			
其中：应付及预提利息		−1	−54.31	2.其他投资			
八、同业存放	3		−0.07	其中：投资境外			
（1）境内同业存放	3		−0.07	三、应收及预付款			
（2）境外同业存放				其中：应收及预付利息			
九、同业拆入				四、买入返售资产			
（1）境内同业拆入				五、存放中央银行			
（2）境外同业拆入				其中：缴存准备金			
十、委托基金存款（净）				六、存放同业	3		−0.04
十一、外汇买卖				（1）存放境内同业	3		−0.04
其中：结售汇				（2）存放境外同业			
十二、境内联行存放				七、拆放同业			
十三、境外联行存放				（1）拆放境内同业			
十四、各项准备				（2）拆放境外同业			
其中：贷款损失准备				八、存放境内联行	272	173	173.78
十五、所有者权益	1	−4	−75.42	九、存放境外联行			
其中：实收资本				十、库存现金	19	6	49.06
十六、其他		−1	−92.72				
资金来源总计	293	179	156.13	资金运用总计	293	179	156.13

2-2-3-19 曲靖市中资全国性大型银行外汇信贷运行情况表

二〇一〇年十二月三十一日　　单位：万美元

栏目 项目名称	期末余额	比年初		栏目 项目名称	期末余额	比年初	
		增减	增减%			增减	增减%
一、各项存款	953	181	23.5	一、各项贷款			
1.单位活期存款	316	214	210.71	（一）境内贷款			
其中：中资存款	199	98	97.09	1.境内短期贷款			
外商投资企业存款				其中：中资企业贷款			
2.单位定期存款				外商投资企业贷款			
其中：中资企业存款				2.境内中长期贷款			
外商投资企业存款				其中：中资企业贷款			
3.储蓄存款	624	-44	-6.52	外商投资企业贷款			
其中：定期存款	404	-66	-13.96	3.进出口贸易融资			
4.其他存款	14	11	418.12	4.票据融资			
5.境外存款				其中：贴现			
二、境内中长期筹资				5.各项垫款			
三、卖出回购资产				6.境外筹资转贷款			
四、境外筹资				（二）境外贷款			
五、向中央银行借款				二、投资			
六、中央银行存款				1.购买有价证券			
七、应付及暂收款	3	-8	-74.82	其中：购买境外有价证券			
其中：应付及预提利息	3	-2	-47.39	2.其他投资			
八、同业存放	37	16	74	其中：投资境外			
（1）境内同业存放	37	16	74	三、应收及预付款	1		1870.95
（2）境外同业存放				其中：应收及预付利息	1		2204.21
九、同业拆入				四、买入返售资产			
（1）境内同业拆入				五、存放中央银行			
（2）境外同业拆入				其中：缴存准备金			
十、委托基金存款（净）				六、存放同业	9	-10	-52.76
十一、外汇买卖			-43.39	（1）存放境内同业	9	-10	-52.76
其中：结售汇				（2）存放境外同业			
十二、境内联行存放				七、拆放同业			
十三、境外联行存放				（1）拆放境内同业			
十四、各项准备				（2）拆放境外同业			
其中：贷款损失准备				八、存放境内联行	906	130	16.77
十五、所有者权益	5	-16	-76.32	九、存放境外联行			
其中：实收资本				十、库存现金	82	29	53.47
十六、其他		-24	-100				
资金来源总计	998	149	17.56	资金运用总计	998	149	17.56

2-2-3-20 玉溪市中资全国性大型银行外汇信贷运行情况表

二〇一〇年十二月三十一日　　单位：万美元

项目名称	期末余额	比年初增减	比年初增减%	项目名称	期末余额	比年初增减	比年初增减%
一、各项存款	4089	1140	38.65	一、各项贷款	16	-32	-66.64
1.单位活期存款	1521	380	33.28	（一）境内贷款	16	-32	-66.64
其中：中资存款	80	-121	-60.25	1.境内短期贷款			
外商投资企业存款				其中：中资企业贷款			
2.单位定期存款	772	772		外商投资企业贷款			
其中：中资企业存款				2.境内中长期贷款			
外商投资企业存款				其中：中资企业贷款			
3.储蓄存款	1778	-6	-0.36	外商投资企业贷款			
其中：定期存款	1249	-64	-4.84	3.进出口贸易融资	16	-32	-66.64
4.其他存款	17	-5	-23.95	4.票据融资			
5.境外存款				其中：贴现			
二、境内中长期筹资				5.各项垫款			
三、卖出回购资产				6.境外筹资转贷款			
四、境外筹资				（二）境外贷款			
五、向中央银行借款				二、投资			
六、中央银行存款				1.购买有价证券			
七、应付及暂收款	6	-4	-42.51	其中：购买境外有价证券			
其中：应付及预提利息	6	-4	-42.36	2.其他投资			
八、同业存放	279	61	27.84	其中：投资境外			
（1）境内同业存放	279	61	27.84	三、应收及预付款	2	1	195.53
（2）境外同业存放				其中：应收及预付利息	2	2	910.44
九、同业拆入				四、买入返售资产			
（1）境内同业拆入				五、存放中央银行			
（2）境外同业拆入				其中：缴存准备金			
十、委托基金存款（净）	1	-41	-97.86	六、存放同业	175	59	50.91
十一、外汇买卖				（1）存放境内同业	175	59	50.91
其中：结售汇				（2）存放境外同业			
十二、境内联行存放				七、拆放同业			
十三、境外联行存放				（1）拆放境内同业			
十四、各项准备		-1	-100	（2）拆放境外同业			
其中：贷款损失准备		-1	-100	八、存放境内联行	4224	1059	33.46
十五、所有者权益	23	12	116.41	九、存放境外联行			
其中：实收资本				十、库存现金	180	80	79.21
十六、其他	200		-0.16				
资金来源总计	4597	1167	34.01	资金运用总计	4597	1167	34.01

2-2-3-21 红河州中资全国性大型银行外汇信贷运行情况表

二〇一〇年十二月三十一日　　单位：万美元

项目名称	期末余额	比年初增减	比年初增减%	项目名称	期末余额	比年初增减	比年初增减%
一、各项存款	2031	604	42.3	一、各项贷款	100	−375	−78.95
1.单位活期存款	1101	864	364.17	（一）境内贷款	100	−375	−78.95
其中：中资存款	650	519	396.55	1.境内短期贷款	100	−375	−78.95
外商投资企业存款	3	3		其中：中资企业贷款		−475	−100
2.单位定期存款				外商投资企业贷款			
其中：中资企业存款				2.境内中长期贷款			
外商投资企业存款				其中：中资企业贷款			
3.储蓄存款	929	−89	−8.71	外商投资企业贷款			
其中：定期存款	637	−55	−7.98	3.进出口贸易融资			
4.其他存款	1	−172	−99.44	4.票据融资			
5.境外存款				其中：贴现			
二、境内中长期筹资				5.各项垫款			
三、卖出回购资产				6.境外筹资转贷款			
四、境外筹资				（二）境外贷款			
五、向中央银行借款				二、投资			
六、中央银行存款				1.购买有价证券			
七、应付及暂收款	17	7	72.75	其中：购买境外有价证券			
其中：应付及预提利息	4	−3	−41.48	2.其他投资			
八、同业存放			−99.78	其中：投资境外			
（1）境内同业存放				三、应收及预付款			
（2）境外同业存放				其中：应收及预付利息			
九、同业拆入				四、买入返售资产			
（1）境内同业拆入				五、存放中央银行			
（2）境外同业拆入				其中：缴存准备金			
十、委托基金存款（净）				六、存放同业	2279	987	76.34
十一、外汇买卖				（1）存放境内同业			
其中：结售汇				（2）存放境外同业			
十二、境内联行存放				七、拆放同业			
十三、境外联行存放				（1）拆放境内同业			
十四、各项准备				（2）拆放境外同业			
其中：贷款损失准备				八、存放境内联行			
十五、所有者权益	12	−2	−11.7	九、存放境外联行			
其中：实收资本				十、库存现金	81	−4	−4.77
十六、其他	400	−2	−0.45				
资金来源总计	2461	607	32.78	资金运用总计	2461	607	32.78

2-2-3-22 文山州中资全国性大型银行外汇信贷运行情况表

二〇一〇年十二月三十一日　　　　单位：万美元

项目名称	期末余额	比年初增减	比年初增减%	项目名称	期末余额	比年初增减	比年初增减%
一、各项存款	393	-598	-60.35	一、各项贷款	43	-387	-90.1
1.单位活期存款	193	131	207.48	（一）境内贷款	43	-387	-90.1
其中：中资存款	2	-1	-37.84	1.境内短期贷款			
外商投资企业存款				其中：中资企业贷款			
2.单位定期存款				外商投资企业贷款			
其中：中资企业存款				2.境内中长期贷款			
外商投资企业存款				其中：中资企业贷款			
3.储蓄存款	176	-720	-80.38	外商投资企业贷款			
其中：定期存款	119	-10	-7.71	3.进出口贸易融资	43	-387	-90.1
4.其他存款	24	-8	-26.16	4.票据融资			
5.境外存款				其中：贴现			
二、境内中长期筹资				5.各项垫款			
三、卖出回购资产				6.境外筹资转贷款			
四、境外筹资				（二）境外贷款			
五、向中央银行借款				二、投资			
六、中央银行存款				1.购买有价证券			
七、应付及暂收款	1		-34.43	其中：购买境外有价证券			
其中：应付及预提利息	1		-35.65	2.其他投资			
八、同业存放	2	-1	-25.1	其中：投资境外			
（1）境内同业存放	2	-1	-25.1	三、应收及预付款	1	-4	-81.96
（2）境外同业存放				其中：应收及预付利息	1	1	10334.07
九、同业拆入				四、买入返售资产			
（1）境内同业拆入				五、存放中央银行			
（2）境外同业拆入				其中：缴存准备金			
十、委托基金存款（净）	-488	39	-7.32	六、存放同业	2	-1	-25.12
十一、外汇买卖				（1）存放境内同业	2	-1	-25.12
其中：结售汇				（2）存放境外同业			
十二、境内联行存放	171	171		七、拆放同业			
十三、境外联行存放				（1）拆放境内同业			
十四、各项准备				（2）拆放境外同业			
其中：贷款损失准备				八、存放境内联行		-3	-100
十五、所有者权益	1	1	420.84	九、存放境外联行			
其中：实收资本				十、库存现金	35	6	20.96
十六、其他	1		14.55				
资金来源总计	81	-389	-82.75	资金运用总计	81	-389	-82.75

2-2-3-23 普洱市中资全国性大型银行外汇信贷运行情况表

二〇一〇年十二月三十一日　　单位：万美元

栏目 项目名称	期末余额	比年初		栏目 项目名称	期末余额	比年初	
		增减	增减%			增减	增减%
一、各项存款	345	13	3.8	一、各项贷款			
1.单位活期存款	90	1	1.0	（一）境内贷款			
其中：中资存款	15	−58	−79.2	1.境内短期贷款			
外商投资企业存款				其中：中资企业贷款			
2.单位定期存款	30	30		外商投资企业贷款			
其中：中资企业存款				2.境内中长期贷款			
外商投资企业存款				其中：中资企业贷款			
3.储蓄存款	224	−18	−7.5	外商投资企业贷款			
其中：定期存款	156	−21	−12.0	3.进出口贸易融资			
4.其他存款			−54.3	4.票据融资			
5.境外存款				其中：贴现			
二、境内中长期筹资				5.各项垫款			
三、卖出回购资产				6.境外筹资转贷款			
四、境外筹资				（二）境外贷款			
五、向中央银行借款				二、投资			
六、中央银行存款				1.购买有价证券			
七、应付及暂收款	1	−2	−69.8	其中：购买境外有价证券			
其中：应付及预提利息	1	−1	−42.7	2.其他投资			
八、同业存放				其中：投资境外			
（1）境内同业存放				三、应收及预付款			
（2）境外同业存放				其中：应收及预付利息			
九、同业拆入				四、买入返售资产			
（1）境内同业拆入				五、存放中央银行			
（2）境外同业拆入				其中：缴存准备金			
十、委托基金存款（净）				六、存放同业			
十一、外汇买卖				（1）存放境内同业			
其中：结售汇				（2）存放境外同业			
十二、境内联行存放				七、拆放同业			
十三、境外联行存放				（1）拆放境内同业			
十四、各项准备				（2）拆放境外同业			
其中：贷款损失准备				八、存放境内联行	294	23	8.4
十五、所有者权益	6	6	−1276.9	九、存放境外联行			
其中：实收资本				十、库存现金	58	−5	−8.4
十六、其他			−100.0				
资金来源总计	352	16	4.8	资金运用总计	352	16	4.8

2-2-3-24 版纳州中资全国性大型银行外汇信贷运行情况表

二○一○年十二月三十一日　　单位：万美元

项目名称	期末余额	比年初增减	比年初增减%	项目名称	期末余额	比年初增减	比年初增减%
一、各项存款	280	-38	-12.15	一、各项贷款			
1.单位活期存款	8	-34	-81.64	（一）境内贷款			
其中：中资存款		-26	-99.04	1.境内短期贷款			
外商投资企业存款				其中：中资企业贷款			
2.单位定期存款	5		0.11	外商投资企业贷款			
其中：中资企业存款				2.境内中长期贷款			
外商投资企业存款				其中：中资企业贷款			
3.储蓄存款	268	-4	-1.88	外商投资企业贷款			
其中：定期存款	187	-16	-7.78	3.进出口贸易融资			
4.其他存款				4.票据融资			
5.境外存款				其中：贴现			
二、境内中长期筹资		-1	-64.02	5.各项垫款			
三、卖出回购资产				6.境外筹资转贷款			
四、境外筹资				（二）境外贷款			
五、向中央银行借款			-100	二、投资			
六、中央银行存款				1.购买有价证券			
七、应付及暂收款	1	-1	-49.48	其中：购买境外有价证券			
其中：应付及预提利息	1	-1	-58.99	2.其他投资			
八、同业存放				其中：投资境外		-1	-95.97
（1）境内同业存放				三、应收及预付款			
（2）境外同业存放				其中：应收及预付利息			
九、同业拆入				四、买入返售资产			
（1）境内同业拆入				五、存放中央银行			
（2）境外同业拆入				其中：缴存准备金			
十、委托基金存款（净）				六、存放同业			
十一、外汇买卖				（1）存放境内同业			
其中：结售汇				（2）存放境外同业			
十二、境内联行存放				七、拆放同业			
十三、境外联行存放				（1）拆放境内同业			
十四、各项准备				（2）拆放境外同业			
其中：贷款损失准备				八、存放境内联行	202	-44	-17.75
十五、所有者权益	-1	-3	-170.95	九、存放境外联行			
其中：实收资本				十、库存现金	80	-2	-2.61
十六、其他							
资金来源总计	280	-45	-14.19	资金运用总计	280	-45	-14.19

2-2-3-25 楚雄州中资全国性大型银行外汇信贷运行情况表

二〇一〇年十二月三十一日

单位：万美元

栏目 项目名称	期末余额	比年初		栏目 项目名称	期末余额	比年初	
		增减	增减%			增减	增减%
一、各项存款	441	19	4.39	一、各项贷款			
1.单位活期存款	152	63	71.27	（一）境内贷款			
其中：中资存款	98	46	89.36	1.境内短期贷款			
外商投资企业存款				其中：中资企业贷款			
2.单位定期存款				外商投资企业贷款			
其中：中资企业存款				2.境内中长期贷款			
外商投资企业存款				其中：中资企业贷款			
3.储蓄存款	276	-23	-7.86	外商投资企业贷款			
其中：定期存款	213	-27	-11.09	3.进出口贸易融资			
4.其他存款	13	-21	-62.97	4.票据融资			
5.境外存款				其中：贴现			
二、境内中长期筹资				5.各项垫款			
三、卖出回购资产				6.境外筹资转贷款			
四、境外筹资				（二）境外贷款			
五、向中央银行借款				二、投资			
六、中央银行存款				1.购买有价证券			
七、应付及暂收款	19	17	587.22	其中：购买境外有价证券			
其中：应付及预提利息	1	-1	-51.32	2.其他投资			
八、同业存放	8		-1.55	其中：投资境外			
（1）境内同业存放	8		-1.55	三、应收及预付款			
（2）境外同业存放				其中：应收及预付利息			
九、同业拆入				四、买入返售资产			
（1）境内同业拆入				五、存放中央银行			
（2）境外同业拆入				其中：缴存准备金			
十、委托基金存款（净）				六、存放同业	8		-1.60
十一、外汇买卖				（1）存放境内同业	8		-1.60
其中：结售汇				（2）存放境外同业			
十二、境内联行存放				七、拆放同业			
十三、境外联行存放				（1）拆放境内同业			
十四、各项准备				（2）拆放境外同业			
其中：贷款损失准备				八、存放境内联行	391	4	1.16
十五、所有者权益	-2	5	-75.97	九、存放境外联行			
其中：实收资本				十、库存现金	67	35	109.05
十六、其他		-1	-100.00				
资金来源总计	466	39	9.25	资金运用总计	466	39	9.25

2-2-3-26 大理州中资全国性大型银行外汇信贷运行情况表

二〇一〇年十二月三十一日　　单位：万美元

项目名称 \ 栏目	期末余额	比年初		项目名称 \ 栏目	期末余额	比年初	
		增减	增减%			增减	增减%
一、各项存款	837	-56	-6.30	一、各项贷款	700	-318	-31.24
1.单位活期存款	137	-23	-14.62	（一）境内贷款	700	-318	-31.24
其中：中资存款	60	41	208.94	1.境内短期贷款			
外商投资企业存款		-38	-100.00	其中：中资企业贷款			
2.单位定期存款				外商投资企业贷款			
其中：中资企业存款				2.境内中长期贷款			
外商投资企业存款				其中：中资企业贷款			
3.储蓄存款	701	-33	-4.48	外商投资企业贷款			
其中：定期存款	493	-44	-8.13	3.进出口贸易融资		-278	-100.00
4.其他存款			-99.62	4.票据融资			
5.境外存款				其中：贴现			
二、境内中长期筹资				5.各项垫款			
三、卖出回购资产				6.境外筹资转贷款	700	-40	-5.41
四、境外筹资	700	-40	-5.41	（二）境外贷款			
五、向中央银行借款				二、投资			
六、中央银行存款				1.购买有价证券			
七、应付及暂收款	3	-2	-46.19	其中：购买境外有价证券			
其中：应付及预提利息	3	-2	-45.16	2.其他投资			
八、同业存放				其中：投资境外			
（1）境内同业存放				三、应收及预付款		-2	-93.94
（2）境外同业存放				其中：应收及预付利息			
九、同业拆入				四、买入返售资产			
（1）境内同业拆入				五、存放中央银行			
（2）境外同业拆入				其中：缴存准备金			
十、委托基金存款（净）				六、存放同业			
十一、外汇买卖				（1）存放境内同业			
其中：结售汇				（2）存放境外同业			
十二、境内联行存放				七、拆放同业			
十三、境外联行存放				（1）拆放境内同业			
十四、各项准备		-3	-100.00	（2）拆放境外同业			
其中：贷款损失准备		-3	-100.00	八、存放境内联行	819	201	32.40
十五、所有者权益	10	-4	-29.75	九、存放境外联行			
其中：实收资本				十、库存现金	41	13	46.86
十六、其他	10		-0.81				
资金来源总计	1560	-106	-6.37	资金运用总计	1560	-106	-6.37

2-2-3-27 保山市中资全国性大型银行外汇信贷运行情况表

二〇一〇年十二月三十一日　　单位：万美元

项目名称	期末余额	比年初增减	比年初增减%	项目名称	期末余额	比年初增减	比年初增减%
一、各项存款	903	470	108.39	一、各项贷款			
1.单位活期存款	61	-75	-55.11	（一）境内贷款			
其中：中资存款	61	46	311.80	1.境内短期贷款			
外商投资企业存款				其中：中资企业贷款			
2.单位定期存款				外商投资企业贷款			
其中：中资企业存款				2.境内中长期贷款			
外商投资企业存款				其中：中资企业贷款			
3.储蓄存款	276	-21	-7.19	外商投资企业贷款			
其中：定期存款	185	-12	-6.31	3.进出口贸易融资			
4.其他存款	566	566		4.票据融资			
5.境外存款				其中：贴现			
二、境内中长期筹资				5.各项垫款			
三、卖出回购资产				6.境外筹资转贷款			
四、境外筹资				（二）境外贷款			
五、向中央银行借款				二、投资			
六、中央银行存款				1.购买有价证券			
七、应付及暂收款	1	-1	-51.63	其中：购买境外有价证券			
其中：应付及预提利息	1	-1	-50.00	2.其他投资			
八、同业存放				其中：投资境外			
（1）境内同业存放				三、应收及预付款			
（2）境外同业存放				其中：应收及预付利息			
九、同业拆入				四、买入返售资产			
（1）境内同业拆入				五、存放中央银行			
（2）境外同业拆入				其中：缴存准备金			
十、委托基金存款（净）				六、存放同业			
十一、外汇买卖				（1）存放境内同业			
其中：结售汇				（2）存放境外同业			
十二、境内联行存放				七、拆放同业			
十三、境外联行存放				（1）拆放境内同业			
十四、各项准备				（2）拆放境外同业			
其中：贷款损失准备				八、存放境内联行	918	472	105.84
十五、所有者权益	1	2	200	九、存放境外联行			
其中：实收资本				十、库存现金	43	-1	-2.93
十六、其他	55		-0.20				
资金来源总计	961	471	95.90	资金运用总计	961	471	95.90

2-2-3-28 德宏州中资全国性大型银行外汇信贷运行情况表

二〇一〇年十二月三十一日　　单位：万美元

栏目 / 项目名称	期末余额	比年初 增减	比年初 增减%	栏目 / 项目名称	期末余额	比年初 增减	比年初 增减%
一、各项存款	1004	-64	-5.99	一、各项贷款			
1.单位活期存款	399	45	12.71	（一）境内贷款			
其中：中资存款	349	335	2392.86	1.境内短期贷款			
外商投资企业存款				其中：中资企业贷款			
2.单位定期存款				外商投资企业贷款			
其中：中资企业存款				2.境内中长期贷款			
外商投资企业存款				其中：中资企业贷款			
3.储蓄存款	604	-101	-14.33	外商投资企业贷款			
其中：定期存款	207	-8	-3.72	3.进出口贸易融资			
4.其他存款				4.票据融资			
5.境外存款				其中：贴现			
二、境内中长期筹资				5.各项垫款			
三、卖出回购资产				6.境外筹资转贷款			
四、境外筹资				（二）境外贷款			
五、向中央银行借款				二、投资			
六、中央银行存款				1.购买有价证券			
七、应付及暂收款	9	7	350.00	其中：购买境外有价证券			
其中：应付及预提利息	1	-1	-50.00	2.其他投资			
八、同业存放				其中：投资境外			
（1）境内同业存放				三、应收及预付款			
（2）境外同业存放				其中：应收及预付利息			
九、同业拆入				四、买入返售资产			
（1）境内同业拆入				五、存放中央银行			
（2）境外同业拆入				其中：缴存准备金			
十、委托基金存款（净）				六、存放同业			
十一、外汇买卖				（1）存放境内同业			
其中：结售汇				（2）存放境外同业			
十二、境内联行存放				七、拆放同业			
十三、境外联行存放				（1）拆放境内同业			
十四、各项准备				（2）拆放境外同业			
其中：贷款损失准备				八、存放境内联行	1030	-77	-6.96
十五、所有者权益	3			九、存放境外联行			
其中：实收资本				十、库存现金	86	17	24.64
十六、其他	100	-2	-1.96				
资金来源总计	1116	-60	-5.10	资金运用总计	1116	-60	-5.10

2-2-3-29 丽江市中资全国性大型银行外汇信贷运行情况表

二〇一〇年十二月三十一日　　单位：万美元

项目名称	期末余额	比年初增减	比年初增减%	项目名称	期末余额	比年初增减	比年初增减%
一、各项存款	397	67	20.21	一、各项贷款			
1.单位活期存款	179	50	38.19	（一）境内贷款			
其中：中资存款	128	48	61.16	1.境内短期贷款			
外商投资企业存款				其中：中资企业贷款			
2.单位定期存款				外商投资企业贷款			
其中：中资企业存款				2.境内中长期贷款			
外商投资企业存款				其中：中资企业贷款			
3.储蓄存款	217	26	13.61	外商投资企业贷款			
其中：定期存款	77	−10	−11.60	3.进出口贸易融资			
4.其他存款	1	−9	−88.41	4.票据融资			
5.境外存款				其中：贴现			
二、境内中长期筹资				5.各项垫款			
三、卖出回购资产				6.境外筹资转贷款			
四、境外筹资				（二）境外贷款			
五、向中央银行借款				二、投资			
六、中央银行存款				1.购买有价证券			
七、应付及暂收款	11	10	839.25	其中：购买境外有价证券			
其中：应付及预提利息			−49.55	2.其他投资			
八、同业存放	2	1	119.16	其中：投资境外			
（1）境内同业存放	2	1	119.16	三、应收及预付款		−3	
（2）境外同业存放				其中：应收及预付利息			
九、同业拆入				四、买入返售资产			
（1）境内同业拆入				五、存放中央银行			
（2）境外同业拆入				其中：缴存准备金			
十、委托基金存款（净）				六、存放同业	13	11	1055.51
十一、外汇买卖				（1）存放境内同业	13	11	1055.51
其中：结售汇				（2）存放境外同业			
十二、境内联行存放				七、拆放同业			
十三、境外联行存放				（1）拆放境内同业			
十四、各项准备				（2）拆放境外同业			
其中：贷款损失准备				八、存放境内联行	384	79	26.05
十五、所有者权益	2	1	1382.09	九、存放境外联行			
其中：实收资本				十、库存现金	16	−9	−36.87
十六、其他		−1	−100.00				
资金来源总计	412	78	23.49	资金运用总计	412	78	23.49

2-2-3-30 怒江州中资全国性大型银行外汇信贷运行情况表

二〇一〇年十二月三十一日　　　　单位：万美元

栏目 项目名称	期末余额	比年初	
		增减	增减%
一、各项存款	6	1	15.09
1.单位活期存款			
其中：中资企业存款			
外商投资企业存款			
2.单位定期存款			
其中：中资企业存款			
外商投资企业存款			
3.储蓄存款	6	1	15.58
其中：定期存款	1		-6.3
4.信托存款			
5.委托存款			
6.其他类存款			
7.境外存款			
二、境外筹资			
三、同业存放			
其中：境外同业存放			
四、应付及暂收款			
其中：应付及预提利息			
五、同业拆入			
其中：境外同业拆入			
六、外汇买卖			
其中：结售汇			
七、境内联行存放			
八、境外联行存放			
九、证券业务款项			
十、各项准备			
其中：贷款损失准备			
十一、所有者权益			
其中：实收资本			
十二、其他			
资金来源总计	6	1	16.73

栏目 项目名称	期末余额	比年初	
		增减	增减%
一、各项贷款			
（一）境内贷款			
1.境内短期贷款			
其中：中资企业贷款			
外商投资企业贷款			
2.境内中长期贷款			
其中：中资企业贷款			
外商投资企业贷款			
3.进出口贸易融资			
4.票据融资			
其中：贴现			
5.融资租赁			
6.信托贷款			
7.委托贷款			
8.各项垫款			
9.境外筹资转贷款			
（二）境外贷款			
二、有价证券及投资			
三、应收及预付款			
其中：应收及预付利息			
四、存放同业			
其中：存放境外同业			
五、拆放同业			
其中：拆放境外同业			
六、存放境内联行			
七、存放境外联行			
八、证券业务占款			
九、库存现金	2	2	925.62
资金运用总计	4	-1	-24.5
	6	1	16.73

2-2-3-31 迪庆州中资全国性大型银行外汇信贷运行情况表

二〇一〇年十二月三十一日　　单位：万美元

项目名称	期末余额	比年初增减	比年初增减%	项目名称	期末余额	比年初增减	比年初增减%
一、各项存款	2234	1899	566.88	一、各项贷款			
1.单位活期存款	2223	1898	583.1	（一）境内贷款			
其中：中资存款				1.境内短期贷款			
外商投资企业存款				其中：中资企业贷款			
2.单位定期存款				外商投资企业贷款			
其中：中资企业存款				2.境内中长期贷款			
外商投资企业存款				其中：中资企业贷款			
3.储蓄存款	11	2	17.42	外商投资企业贷款			
其中：定期存款	1		50.1	3.进出口贸易融资			
4.其他存款				4.票据融资			
5.境外存款				其中：贴现			
二、境内中长期筹资				5.各项垫款			
三、卖出回购资产				6.境外筹资转贷款			
四、境外筹资				（二）境外贷款			
五、向中央银行借款				二、投资			
六、中央银行存款				1.购买有价证券			
七、应付及暂收款				其中：购买境外有价证券			
其中：应付及预提利息				2.其他投资			
八、同业存放				其中：投资境外			
（1）境内同业存放				三、应收及预付款			
（2）境外同业存放				其中：应收及预付利息			
九、同业拆入				四、买入返售资产			
（1）境内同业拆入				五、存放中央银行			
（2）境外同业拆入				其中：缴存准备金			
十、委托基金存款（净）				六、存放同业			
十一、外汇买卖				（1）存放境内同业			
其中：结售汇				（2）存放境外同业			
十二、境内联行存放				七、拆放同业			
十三、境外联行存放				（1）拆放境内同业			
十四、各项准备				（2）拆放境外同业			
其中：贷款损失准备				八、存放境内联行	2234	1901	571.49
十五、所有者权益	1		17.58	九、存放境外联行			
其中：实收资本				十、库存现金	1	-2	-60.12
十六、其他							
资金来源总计	2235	1899	565.08	资金运用总计	2235	1899	565.08

2-2-3-32 临沧市中资全国性大型银行外汇信贷运行情况表

二○一○年十二月三十一日　　　　单位：万美元

项目名称	期末余额	比年初增减	比年初增减%	项目名称	期末余额	比年初增减	比年初增减%
一、各项存款	196	86	79.08	一、各项贷款			
1.单位活期存款	97	89		（一）境内贷款			
其中：中资存款	82	37	82.03	1.境内短期贷款			
外商投资企业存款				其中：中资企业贷款			
2.单位定期存款				外商投资企业贷款			
其中：中资企业存款				2.境内中长期贷款			
外商投资企业存款				其中：中资企业贷款			
3.储蓄存款	98	-2	-2.18	外商投资企业贷款			
其中：定期存款	63	-11	-14.76	3.进出口贸易融资			
4.其他存款				4.票据融资			
5.境外存款				其中：贴现			
二、境内中长期筹资				5.各项垫款			
三、卖出回购资产				6.境外筹资转贷款			
四、境外筹资				（二）境外贷款			
五、向中央银行借款				二、投资			
六、中央银行存款				1.购买有价证券			
七、应付及暂收款	1	3	-128.38	其中：购买境外有价证券			
其中：应付及预提利息				2.其他投资			
八、同业存放				其中：投资境外			
（1）境内同业存放				三、应收及预付款			
（2）境外同业存放				其中：应收及预付利息			
九、同业拆入				四、买入返售资产			
（1）境内同业拆入				五、存放中央银行			
（2）境外同业拆入				其中：缴存准备金			
十、委托基金存款（净）				六、存放同业			
十一、外汇买卖				（1）存放境内同业			
其中：结售汇				（2）存放境外同业			
十二、境内联行存放				七、拆放同业			
十三、境外联行存放				（1）拆放境内同业			
十四、各项准备				（2）拆放境外同业			
其中：贷款损失准备				八、存放境内联行	163	-39	-19.18
十五、所有者权益	8	5	151.88	九、存放境外联行			
其中：实收资本				十、库存现金	41	20	93.78
十六、其他		-14	-100.00				
资金来源总计	204	-19	-8.50	资金运用总计	204	-19	-8.50

2-2-3-33 昆明市中资全国性四家大型银行外汇信贷运行情况表

二〇一〇年十二月三十一日　　单位：万美元

栏目 项目名称	期末余额	比年初		栏目 项目名称	期末余额	比年初	
		增减	增减%			增减	增减%
一、各项存款	46236	5492	13.48	一、各项贷款	82460	26712	47.92
1.单位活期存款	19358	4842	33.36	（一）境内贷款	82460	26712	47.92
其中：中资存款	13607	1755	14.8	1.境内短期贷款	6303	1169	22.77
外商投资企业存款	133	−313	−70.14	其中：中资企业贷款	6291	1450	29.95
2.单位定期存款	4291	2665	163.86	外商投资企业贷款			
其中：中资企业存款	310	97	45.37	2.境内中长期贷款	12053	−3076	−20.33
外商投资企业存款	27	−207	−88.39	其中：中资企业贷款	10851	−2549	−19.02
3.储蓄存款	22063	−1520	−6.45	外商投资企业贷款			
其中：定期存款	15121	−1958	−11.47	3.进出口贸易融资	59367	28641	93.21
4.其他存款	523	−488	−48.25	4.票据融资			
5.境外存款	1	−7	−92.5	其中：贴现			
二、境内中长期筹资				5.各项垫款			
三、卖出回购资产				6.境外筹资转贷款	4737	−21	−0.45
四、境外筹资	1213	226	22.89	（二）境外贷款			
五、向中央银行借款				二、投资			
六、中央银行存款				1.购买有价证券			
七、应付及暂收款	421	−134	−24.22	其中：购买境外有价证券			
其中：应付及预提利息	95	−80	−45.72	2.其他投资			
八、同业存放	5945	3656	159.68	其中：投资境外			
（1）境内同业存放	4115	2656	181.98	三、应收及预付款	413	273	194.36
（2）境外同业存放	1830	1000	120.48	其中：应收及预付利息	392	264	205.49
九、同业拆入				四、买入返售资产			
（1）境内同业拆入				五、存放中央银行			
（2）境外同业拆入				其中：缴存准备金			
十、委托基金存款（净）				六、存放同业	35	−33	−48.47
十一、外汇买卖	1873	1750	1421.39	（1）存放境内同业	35	−32	−48.1
其中：结售汇	1805	1683	1373.64	（2）存放境外同业			−100
十二、境内联行存放	20075	11949	147.06	七、拆放同业			
十三、境外联行存放				（1）拆放境内同业			
十四、各项准备	818	416	103.37	（2）拆放境外同业			
其中：贷款损失准备	818	416	103.37	八、存放境内联行			
十五、所有者权益	4825	3811	375.96	九、存放境外联行			
其中：实收资本				十、库存现金	1276	251	24.51
十六、其他	2779	39	1.43				
资金来源总计	84183	27203	47.74	资金运用总计	84183	27203	47.74

2-2-3-34 昭通市中资全国性四家大型银行外汇信贷运行情况表

二〇一〇年十二月三十一日　　单位：万美元

项目名称	期末余额	比年初增减	比年初增减%	项目名称	期末余额	比年初增减	比年初增减%
一、各项存款	288	183	175.35	一、各项贷款			
1.单位活期存款	175	172	5821.88	（一）境内贷款			
其中：中资存款	25	22	1013.1	1.境内短期贷款			
外商投资企业存款	1		-3.33	其中：中资企业贷款			
2.单位定期存款				外商投资企业贷款			
其中：中资企业存款				2.境内中长期贷款			
外商投资企业存款				其中：中资企业贷款			
3.储蓄存款	113	11	10.74	外商投资企业贷款			
其中：定期存款	66	-19	-22.43	3.进出口贸易融资			
4.其他存款				4.票据融资			
5.境外存款				其中：贴现			
二、境内中长期筹资				5.各项垫款			
三、卖出回购资产				6.境外筹资转贷款			
四、境外筹资				（二）境外贷款			
五、向中央银行借款				二、投资			
六、中央银行存款				1.购买有价证券			
七、应付及暂收款	1		33.28	其中：购买境外有价证券			
其中：应付及预提利息		-1	-54.31	2.其他投资			
八、同业存放	3		-0.07	其中：投资境外			
（1）境内同业存放	3		-0.07	三、应收及预付款			
（2）境外同业存放				其中：应收及预付利息			
九、同业拆入				四、买入返售资产			
（1）境内同业拆入				五、存放中央银行			
（2）境外同业拆入				其中：缴存准备金			
十、委托基金存款（净）				六、存放同业	3		-0.04
十一、外汇买卖				（1）存放境内同业	3		-0.04
其中：结售汇				（2）存放境外同业			
十二、境内联行存放				七、拆放同业			
十三、境外联行存放				（1）拆放境内同业			
十四、各项准备				（2）拆放境外同业			
其中：贷款损失准备				八、存放境内联行	272	173	173.78
十五、所有者权益	1	-4	-75.42	九、存放境外联行			
其中：实收资本				十、库存现金	19	6	49.06
十六、其他		-1	-92.72				
资金来源总计	293	179	156.13	资金运用总计	293	179	156.13

2-2-3-35 曲靖市中资全国性四家大型银行外汇信贷运行情况表

二〇一〇年十二月三十一日　　单位：万美元

栏目 项目名称	期末余额	比年初		栏目 项目名称	期末余额	比年初	
		增减	增减%			增减	增减%
一、各项存款	924	264	40.08	一、各项贷款			
1.单位活期存款	306	292	2094.95	（一）境内贷款			
其中：中资存款	190	176	1285.18	1.境内短期贷款			
外商投资企业存款				其中：中资企业贷款			
2.单位定期存款				外商投资企业贷款			
其中：中资企业存款				2.境内中长期贷款			
外商投资企业存款				其中：中资企业贷款			
3.储蓄存款	605	−38	−5.95	外商投资企业贷款			
其中：定期存款	392	−57	−12.78	3.进出口贸易融资			
4.其他存款	14	11	418.19	4.票据融资			
5.境外存款				其中：贴现			
二、境内中长期筹资				5.各项垫款			
三、卖出回购资产				6.境外筹资转贷款			
四、境外筹资				（二）境外贷款			
五、向中央银行借款				二、投资			
六、中央银行存款				1.购买有价证券			
七、应付及暂收款	3	−5	−65.66	其中：购买境外有价证券			
其中：应付及预提利息	3	−2	−47.45	2.其他投资			
八、同业存放	37	16	74	其中：投资境外			
（1）境内同业存放	37	16	74	三、应收及预付款	1		2204.12
（2）境外同业存放				其中：应收及预付利息	1		2204.21
九、同业拆入				四、买入返售资产			
（1）境内同业拆入				五、存放中央银行			
（2）境外同业拆入				其中：缴存准备金			
十、委托基金存款（净）				六、存放同业	2		−10.84
十一、外汇买卖				（1）存放境内同业	2		−10.84
其中：结售汇				（2）存放境外同业			
十二、境内联行存放				七、拆放同业			
十三、境外联行存放				（1）拆放境内同业			
十四、各项准备				（2）拆放境外同业			
其中：贷款损失准备				八、存放境内联行	886	205	30.14
十五、所有者权益	5	−17	−76.96	九、存放境外联行			
其中：实收资本				十、库存现金	81	29	55.99
十六、其他		−24	−100				
资金来源总计	969	234	31.92	资金运用总计	969	234	31.92

2-2-3-36 玉溪市中资全国性四家大型银行外汇信贷运行情况表

二〇一〇年十二月三十一日　　单位：万美元

栏目 项目名称	期末余额	比年初增减	比年初增减%	栏目 项目名称	期末余额	比年初增减	比年初增减%
一、各项存款	3776	1039	37.96	一、各项贷款	16	-32	-66.64
1.单位活期存款	1521	380	33.29	(一)境内贷款	16	-32	-66.64
其中：中资存款	80	-121	-60.25	1.境内短期贷款			
外商投资企业存款				其中：中资企业贷款			
2.单位定期存款	772	772		外商投资企业贷款			
其中：中资企业存款				2.境内中长期贷款			
外商投资企业存款				其中：中资企业贷款			
3.储蓄存款	1467	-119	-7.52	外商投资企业贷款			
其中：定期存款	971	-164	-14.43	3.进出口贸易融资	16	-32	-66.64
4.其他存款	15	6	72.65	4.票据融资			
5.境外存款				其中：贴现			
二、境内中长期筹资				5.各项垫款			
三、卖出回购资产				6.境外筹资转贷款			
四、境外筹资				(二)境外贷款			
五、向中央银行借款				二、投资			
六、中央银行存款				1.购买有价证券			
七、应付及暂收款	6	-4	-42.92	其中：购买境外有价证券			
其中：应付及预提利息	6	-4	-42.78	2.其他投资			
八、同业存放	279	61	27.84	其中：投资境外			
(1)境内同业存放	279	61	27.84	三、应收及预付款	2	2	910.39
(2)境外同业存放				其中：应收及预付利息	2	2	910.44
九、同业拆入				四、买入返售资产			
(1)境内同业拆入				五、存放中央银行			
(2)境外同业拆入				其中：缴存准备金			
十、委托基金存款(净)				六、存放同业	85	54	171.77
十一、外汇买卖				(1)存放境内同业	85	54	171.77
其中：结售汇				(2)存放境外同业			
十二、境内联行存放				七、拆放同业			
十三、境外联行存放				(1)拆放境内同业			
十四、各项准备		-1	-100	(2)拆放境外同业			
其中：贷款损失准备		-1	-100	八、存放境内联行	4113	1074	35.33
十五、所有者权益	24	12	97.81	九、存放境外联行			
其中：实收资本				十、库存现金	68	9	16.12
十六、其他	200						
资金来源总计	4284	1106	34.82	资金运用总计	4284	1106	34.82

2-2-3-37 红河州中资全国性四家大型银行外汇信贷运行情况表

二〇一〇年十二月三十一日　　　　单位：万美元

栏目 项目名称	期末余额	比年初增减	比年初增减%	栏目 项目名称	期末余额	比年初增减	比年初增减%
一、各项存款	2031	604	42.3	一、各项贷款	100	-375	-78.95
1.单位活期存款	1101	864	364.17	（一）境内贷款	100	-375	-78.95
其中：中资存款	650	519	396.55	1.境内短期贷款	100	-375	-78.95
外商投资企业存款	3	3		其中：中资企业贷款		-475	-100
2.单位定期存款				外商投资企业贷款			
其中：中资企业存款				2.境内中长期贷款			
外商投资企业存款				其中：中资企业贷款			
3.储蓄存款	929	-89	-8.71	外商投资企业贷款			
其中：定期存款	637	-55	-7.98	3.进出口贸易融资			
4.其他存款	1	-172	-99.44	4.票据融资			
5.境外存款				其中：贴现			
二、境内中长期筹资				5.各项垫款			
三、卖出回购资产				6.境外筹资转贷款			
四、境外筹资				（二）境外贷款			
五、向中央银行借款				二、投资			
六、中央银行存款				1.购买有价证券			
七、应付及暂收款	17	7	72.75	其中：购买境外有价证券			
其中：应付及预提利息	4	-3	-41.48	2.其他投资			
八、同业存放				其中：投资境外			
（1）境内同业存放				三、应收及预付款			
（2）境外同业存放				其中：应收及预付利息			
九、同业拆入				四、买入返售资产			
（1）境内同业拆入				五、存放中央银行			
（2）境外同业拆入				其中：缴存准备金			
十、委托基金存款（净）				六、存放同业	2279	987	76.34
十一、外汇买卖				（1）存放境内同业			
其中：结售汇				（2）存放境外同业			
十二、境内联行存放				七、拆放同业			
十三、境外联行存放				（1）拆放境内同业			
十四、各项准备				（2）拆放境外同业			
其中：贷款损失准备				八、存放境内联行			
十五、所有者权益	12	-2	-11.7	九、存放境外联行			
其中：实收资本				十、库存现金	81	-4	-4.77
十六、其他	400	-2	-0.45				
资金来源总计	2461	607	32.78	资金运用总计	2461	[illegible]07	32.78

2-2-3-38 文山州中资全国性四家大型银行外汇信贷运行情况表

二〇一〇年十二月三十一日　　单位：万美元

项目名称 \ 栏目	期末余额	比年初		项目名称 \ 栏目	期末余额	比年初	
		增减	增减%			增减	增减%
一、各项存款	393	-598	-60.35	一、各项贷款	43	-387	-90.1
1.单位活期存款	193	131	207.48	（一）境内贷款	43	-387	-90.1
其中：中资存款	2	-1	-37.84	1.境内短期贷款			
外商投资企业存款				其中：中资企业贷款			
2.单位定期存款				外商投资企业贷款			
其中：中资企业存款				2.境内中长期贷款			
外商投资企业存款				其中：中资企业贷款			
3.储蓄存款	176	-720	-80.38	外商投资企业贷款			
其中：定期存款	119	-10	-7.71	3.进出口贸易融资	43	-387	-90.1
4.其他存款	24	-8	-26.16	4.票据融资			
5.境外存款				其中：贴现			
二、境内中长期筹资				5.各项垫款			
三、卖出回购资产				6.境外筹资转贷款			
四、境外筹资				（二）境外贷款			
五、向中央银行借款				二、投资			
六、中央银行存款				1.购买有价证券			
七、应付及暂收款	1		-34.43	其中：购买境外有价证券			
其中：应付及预提利息	1		-35.65	2.其他投资			
八、同业存放	2	-1	-25.1	其中：投资境外			
（1）境内同业存放	2	-1	-25.1	三、应收及预付款	1	-4	-81.96
（2）境外同业存放				其中：应收及预付利息	1	1	
九、同业拆入				四、买入返售资产			
（1）境内同业拆入				五、存放中央银行			
（2）境外同业拆入				其中：缴存准备金			
十、委托基金存款（净	-488	39	-7.32	六、存放同业	2	-1	-25.12
十一、外汇买卖				（1）存放境内同业	2	-1	-25.12
其中：结售汇				（2）存放境外同业			
十二、境内联行存放	171	171		七、拆放同业			
十三、境外联行存放				（1）拆放境内同业			
十四、各项准备				（2）拆放境外同业			
其中：贷款损失准备				八、存放境内联行		-3	-100
十五、所有者权益	1	1	420.84	九、存放境外联行			
其中：实收资本				十、库存现金	35	6	20.96
十六、其他	1		14.55				
资金来源总计	81	-389	-82.75	资金运用总计	81	-389	-82.75

2-2-3-39 普洱市中资全国性四家大型银行外汇信贷运行情况表

二〇一〇年十二月三十一日　　单位：万美元

栏目 项目名称	期末余额	比年初		栏目 项目名称	期末余额	比年初	
		增减	增减%			增减	增减%
一、各项存款	345	13	3.8	一、各项贷款			
1.单位活期存款	90	1	1.0	（一）境内贷款			
其中：中资存款	15	-58	-79.2	1.境内短期贷款			
外商投资企业存款				其中：中资企业贷款			
2.单位定期存款	30	30		外商投资企业贷款			
其中：中资企业存款				2.境内中长期贷款			
外商投资企业存款				其中：中资企业贷款			
3.储蓄存款	224	-18	-7.5	外商投资企业贷款			
其中：定期存款	156	-21	-12.0	3.进出口贸易融资			
4.其他存款			-54.3	4.票据融资			
5.境外存款				其中：贴现			
二、境内中长期筹资				5.各项垫款			
三、卖出回购资产				6.境外筹资转贷款			
四、境外筹资				（二）境外贷款			
五、向中央银行借款				二、投资			
六、中央银行存款				1.购买有价证券			
七、应付及暂收款	1	-2	-69.8	其中：购买境外有价证券			
其中：应付及预提利息	1	-1	-42.7	2.其他投资			
八、同业存放				其中：投资境外			
（1）境内同业存放				三、应收及预付款			
（2）境外同业存放				其中：应收及预付利息			
九、同业拆入				四、买入返售资产			
（1）境内同业拆入				五、存放中央银行			
（2）境外同业拆入				其中：缴存准备金			
十、委托基金存款（净）				六、存放同业			
十一、外汇买卖				（1）存放境内同业			
其中：结售汇				（2）存放境外同业			
十二、境内联行存放				七、拆放同业			
十三、境外联行存放				（1）拆放境内同业			
十四、各项准备				（2）拆放境外同业			
其中：贷款损失准备				八、存放境内联行	294	23	8.4
十五、所有者权益	6	6	-1276.9	九、存放境外联行			
其中：实收资本				十、库存现金	58	-5	-8.4
十六、其他			-100.0				
资金来源总计	352	16	4.8	资金运用总计	352	16	4.8

2-2-3-40 版纳州中资全国性四家大型银行外汇信贷运行情况表

二〇一〇年十二月三十一日　　单位：万美元

项目名称（栏目）	期末余额	比年初		项目名称（栏目）	期末余额	比年初	
		增减	增减%			增减	增减%
一、各项存款	280	-38	-12.15	一、各项贷款			
1.单位活期存款	8	-34	-81.64	（一）境内贷款			
其中：中资存款		-26	-99.04	1.境内短期贷款			
外商投资企业存款				其中：中资企业贷款			
2.单位定期存款	5		0.11	外商投资企业贷款			
其中：中资企业存款				2.境内中长期贷款			
外商投资企业存款				其中：中资企业贷款			
3.储蓄存款	268	-4	-1.88	外商投资企业贷款			
其中：定期存款	187	-16	-7.78	3.进出口贸易融资			
4.其他存款				4.票据融资			
5.境外存款				其中：贴现			
二、境内中长期筹资		-1	-64.02	5.各项垫款			
三、卖出回购资产				6.境外筹资转贷款			
四、境外筹资				（二）境外贷款			
五、向中央银行借款				二、投资			
六、中央银行存款				1.购买有价证券			
七、应付及暂收款	1	-1	-49.48	其中：购买境外有价证券			
其中：应付及预提利息	1	-1	-58.99	2.其他投资			
八、同业存放				其中：投资境外		-1	-95.97
（1）境内同业存放				三、应收及预付款			
（2）境外同业存放				其中：应收及预付利息			
九、同业拆入				四、买入返售资产			
（1）境内同业拆入				五、存放中央银行			
（2）境外同业拆入				其中：缴存准备金			
十、委托基金存款（净）				六、存放同业			
十一、外汇买卖				（1）存放境内同业			
其中：结售汇				（2）存放境外同业			
十二、境内联行存放				七、拆放同业			
十三、境外联行存放				（1）拆放境内同业			
十四、各项准备				（2）拆放境外同业			
其中：贷款损失准备				八、存放境内联行	202	-44	-17.75
十五、所有者权益	-1	-3	-170.95	九、存放境外联行			
其中：实收资本				十、库存现金	80	-2	-2.61
十六、其他							
资金来源总计	280	-45	-14.19	资金运用总计	280	-45	-14.19

2-2-3-41 楚雄州中资全国性四家大型银行外汇信贷运行情况表

二〇一〇年十二月三十一日　　单位：万美元

栏目 / 项目名称	期末余额	比年初		栏目 / 项目名称	期末余额	比年初	
		增减	增减%			增减	增减%
一、各项存款	426	17	4.05	一、各项贷款			
1.单位活期存款	152	63	71.12	（一）境内贷款			
其中：中资存款	98	46	89.14	1.境内短期贷款			
外商投资企业存款				其中：中资企业贷款			
2.单位定期存款				外商投资企业贷款			
其中：中资企业存款				2.境内中长期贷款			
外商投资企业存款				其中：中资企业贷款			
3.储蓄存款	261	−25	−8.85	外商投资企业贷款			
其中：定期存款	199	−28	−12.53	3.进出口贸易融资			
4.其他存款	13	−21	−62.98	4.票据融资			
5.境外存款				其中：贴现			
二、境内中长期筹资				5.各项垫款			
三、卖出回购资产				6.境外筹资转贷款			
四、境外筹资				（二）境外贷款			
五、向中央银行借款				二、投资			
六、中央银行存款				1.购买有价证券			
七、应付及暂收款	19	17	613.99	其中：购买境外有价证券			
其中：应付及预提利息	1	−1	−51.40	2.其他投资			
八、同业存放	8		−1.55	其中：投资境外			
（1）境内同业存放	8		−1.55	三、应收及预付款			
（2）境外同业存放				其中：应收及预付利息			
九、同业拆入				四、买入返售资产			
（1）境内同业拆入				五、存放中央银行			
（2）境外同业拆入				其中：缴存准备金			
十、委托基金存款（净）				六、存放同业	3		−0.06
十一、外汇买卖				（1）存放境内同业	3		−0.06
其中：结售汇				（2）存放境外同业			
十二、境内联行存放				七、拆放同业			
十三、境外联行存放				（1）拆放境内同业			
十四、各项准备				（2）拆放境外同业			
其中：贷款损失准备				八、存放境内联行	383	2	0.53
十五、所有者权益	−2	5	−76.01	九、存放境外联行			
其中：实收资本				十、库存现金	66	35	117.48
十六、其他		−1	−100.00				
资金来源总计	451	37	9.04	资金运用总计	451	37	9.04

2-2-3-42 大理州中资全国性四家大型银行外汇信贷运行情况表

二〇一〇年十二月三十一日　　单位：万美元

项目名称	期末余额	比年初增减	比年初增减%	项目名称	期末余额	比年初增减	比年初增减%
一、各项存款	837	-56	-6.30	一、各项贷款	700	-318	-31.24
1.单位活期存款	137	-23	-14.62	（一）境内贷款	700	-318	-31.24
其中：中资存款	60	41	208.94	1.境内短期贷款			
外商投资企业存款		-38	-100.00	其中：中资企业贷款			
2.单位定期存款				外商投资企业贷款			
其中：中资企业存款				2.境内中长期贷款			
外商投资企业存款				其中：中资企业贷款			
3.储蓄存款	701	-33	-4.48	外商投资企业贷款			
其中：定期存款	493	-44	-8.13	3.进出口贸易融资		-278	-100.00
4.其他存款				4.票据融资			
5.境外存款				其中：贴现			
二、境内中长期筹资				5.各项垫款			
三、卖出回购资产				6.境外筹资转贷款	700	-40	-5.41
四、境外筹资	700	-40	-5.41	（二）境外贷款			
五、向中央银行借款				二、投资			
六、中央银行存款				1.购买有价证券			
七、应付及暂收款	3	-2	-46.19	其中：购买境外有价证券			
其中：应付及预提利息	3	-2	-45.16	2.其他投资			
八、同业存放				其中：投资境外			
（1）境内同业存放				三、应收及预付款		-2	-93.94
（2）境外同业存放				其中：应收及预付利息			
九、同业拆入				四、买入返售资产			
（1）境内同业拆入				五、存放中央银行			
（2）境外同业拆入				其中：缴存准备金			
十、委托基金存款（净）				六、存放同业			
十一、外汇买卖				（1）存放境内同业			
其中：结售汇				（2）存放境外同业			
十二、境内联行存放				七、拆放同业			
十三、境外联行存放				（1）拆放境内同业			
十四、各项准备		-3	-100.00	（2）拆放境外同业			
其中：贷款损失准备		-3	-100.00	八、存放境内联行	819	201	32.40
十五、所有者权益	10	-4	-29.75	九、存放境外联行			
其中：实收资本				十、库存现金	41	13	46.86
十六、其他	10		-0.81				
资金来源总计	1560	-106	-6.37	资金运用总计	1560	-106	-6.37

2-2-3-43 保山市中资全国性四家大型银行外汇信贷运行情况表

二〇一〇年十二月三十一日　　　　单位：万美元

项目名称 \ 栏目	期末余额	比年初		项目名称 \ 栏目	期末余额	比年初	
		增减	增减%			增减	增减%
一、各项存款	903	470	108.39	一、各项贷款			
1.单位活期存款	61	−75	−55.11	（一）境内贷款			
其中：中资存款	61	46	311.80	1.境内短期贷款			
外商投资企业存款				其中：中资企业贷款			
2.单位定期存款				外商投资企业贷款			
其中：中资企业存款				2.境内中长期贷款			
外商投资企业存款				其中：中资企业贷款			
3.储蓄存款	276	−21	−7.19	外商投资企业贷款			
其中：定期存款	185	−12	−6.31	3.进出口贸易融资			
4.其他存款	566	566		4.票据融资			
5.境外存款				其中：贴现			
二、境内中长期筹资				5.各项垫款			
三、卖出回购资产				6.境外筹资转贷款			
四、境外筹资				（二）境外贷款			
五、向中央银行借款				二、投资			
六、中央银行存款				1.购买有价证券			
七、应付及暂收款	1	−1	−51.63	其中：购买境外有价证券			
其中：应付及预提利息	1	−1	−50.00	2.其他投资			
八、同业存放				其中：投资境外			
（1）境内同业存放				三、应收及预付款			
（2）境外同业存放				其中：应收及预付利息			
九、同业拆入				四、买入返售资产			
（1）境内同业拆入				五、存放中央银行			
（2）境外同业拆入				其中：缴存准备金			
十、委托基金存款（净）				六、存放同业			
十一、外汇买卖				（1）存放境内同业			
其中：结售汇				（2）存放境外同业			
十二、境内联行存放				七、拆放同业			
十三、境外联行存放				（1）拆放境内同业			
十四、各项准备				（2）拆放境外同业			
其中：贷款损失准备				八、存放境内联行	918	472	105.84
十五、所有者权益	1	2	200	九、存放境外联行			
其中：实收资本				十、库存现金	43	−1	−2.93
十六、其他	55		−0.20				
资金来源总计	961	471	95.90	资金运用总计	961	471	95.90

2-2-3-44 德宏州中资全国性四家大型银行外汇信贷运行情况表

二○一○年十二月三十一日

单位：万美元

项目名称	期末余额	比年初增减	比年初增减%	项目名称	期末余额	比年初增减	比年初增减%
一、各项存款	1004	-64	-5.99	一、各项贷款			
1.单位活期存款	399	45	12.71	（一）境内贷款			
其中：中资存款	349	335	2392.86	1.境内短期贷款			
外商投资企业存款				其中：中资企业贷款			
2.单位定期存款				外商投资企业贷款			
其中：中资企业存款				2.境内中长期贷款			
外商投资企业存款				其中：中资企业贷款			
3.储蓄存款	604	-101	-14.33	外商投资企业贷款			
其中：定期存款	207	-8	-3.72	3.进出口贸易融资			
4.其他存款				4.票据融资			
5.境外存款				其中：贴现			
二、境内中长期筹资				5.各项垫款			
三、卖出回购资产				6.境外筹资转贷款			
四、境外筹资				（二）境外贷款			
五、向中央银行借款				二、投资			
六、中央银行存款				1.购买有价证券			
七、应付及暂收款	9	7	350.00	其中：购买境外有价证券			
其中：应付及预提利息	1	-1	-50.00	2.其他投资			
八、同业存放				其中：投资境外			
（1）境内同业存放				三、应收及预付款			
（2）境外同业存放				其中：应收及预付利息			
九、同业拆入				四、买入返售资产			
（1）境内同业拆入				五、存放中央银行			
（2）境外同业拆入				其中：缴存准备金			
十、委托基金存款（净）				六、存放同业			
十一、外汇买卖				（1）存放境内同业			
其中：结售汇				（2）存放境外同业			
十二、境内联行存放				七、拆放同业			
十三、境外联行存放				（1）拆放境内同业			
十四、各项准备				（2）拆放境外同业			
其中：贷款损失准备				八、存放境内联行	1030	-77	-6.96
十五、所有者权益	3			九、存放境外联行			
其中：实收资本				十、库存现金	86	17	24.64
十六、其他	100	-2	-1.96				
资金来源总计	1116	-60	-5.10	资金运用总计	1116	-60	-5.10

2-2-3-45 丽江市中资全国性四家大型银行外汇信贷运行情况表

二○一○年十二月三十一日　　　　单位：万美元

栏目 / 项目名称	期末余额	比年初增减	比年初增减%	栏目 / 项目名称	期末余额	比年初增减	比年初增减%
一、各项存款	397	67	20.21	一、各项贷款			
1.单位活期存款	179	50	38.19	（一）境内贷款			
其中：中资存款	128	48	61.16	1.境内短期贷款			
外商投资企业存款				其中：中资企业贷款			
2.单位定期存款				外商投资企业贷款			
其中：中资企业存款				2.境内中长期贷款			
外商投资企业存款				其中：中资企业贷款			
3.储蓄存款	217	26	13.61	外商投资企业贷款			
其中：定期存款	77	-10	-11.60	3.进出口贸易融资			
4.其他存款	1	-9	-88.41	4.票据融资			
5.境外存款				其中：贴现			
二、境内中长期筹资				5.各项垫款			
三、卖出回购资产				6.境外筹资转贷款			
四、境外筹资				（二）境外贷款			
五、向中央银行借款				二、投资			
六、中央银行存款				1.购买有价证券			
七、应付及暂收款	11	10	839.25	其中：购买境外有价证券			
其中：应付及预提利息				2.其他投资			
八、同业存放	2	1	119.16	其中：投资境外			
（1）境内同业存放	2	1	119.16	三、应收及预付款			
（2）境外同业存放				其中：应收及预付利息			
九、同业拆入				四、买入返售资产			
（1）境内同业拆入				五、存放中央银行			
（2）境外同业拆入				其中：缴存准备金			
十、委托基金存款（净）				六、存放同业	13	11	1055.51
十一、外汇买卖				（1）存放境内同业	13	11	1055.51
其中：结售汇				（2）存放境外同业			
十二、境内联行存放				七、拆放同业			
十三、境外联行存放				（1）拆放境内同业			
十四、各项准备				（2）拆放境外同业			
其中：贷款损失准备				八、存放境内联行	384	79	26.05
十五、所有者权益	2	1	1382.09	九、存放境外联行			
其中：实收资本				十、库存现金	16	-9	-36.87
十六、其他		-1	-100.00				
资金来源总计	412	78	23.49	资金运用总计	412	78	23.49

2-2-3-46 怒江州中资全国性四家大型银行外汇信贷运行情况表

二〇一〇年十二月三十一日　　单位：万美元

项目名称	期末余额	比年初增减	比年初增减%	项目名称	期末余额	比年初增减	比年初增减%
一、各项存款	6	1	15.09	一、各项贷款			
1.单位活期存款				（一）境内贷款			
其中：中资企业存款				1.境内短期贷款			
外商投资企业存款				其中：中资企业贷款			
2.单位定期存款				外商投资企业贷款			
其中：中资企业存款				2.境内中长期贷款			
外商投资企业存款				其中：中资企业贷款			
3.储蓄存款	6	1	15.58	外商投资企业贷款			
其中：定期存款	1		-6.3	3.进出口贸易融资			
4.信托存款				4.票据融资			
5.委托存款				其中：贴现			
6.其他类存款				5.融资租赁			
7.境外存款				6.信托贷款			
二、境外筹资				7.委托贷款			
三、同业存放				8.各项垫款			
其中：境外同业存放				9.境外筹资转贷款			
四、应付及暂收款				（二）境外贷款			
其中：应付及预提利息				二、有价证券及投资			
五、同业拆入				三、应收及预付款			
其中：境外同业拆入				其中：应收及预付利息			
六、外汇买卖				四、存放同业			
其中：结售汇				其中：存放境外同业			
七、境内联行存放				五、拆放同业			
八、境外联行存放				其中：拆放境外同业			
九、证券业务款项				六、存放境内联行	2	2	925.62
十、各项准备				七、存放境外联行			
其中：贷款损失准备				八、证券业务占款			
十一、所有者权益				九、库存现金	4	-1	-24.5
其中：实收资本							
十二、其他							
资金来源总计	6	1	16.73	资金运用总计	6	1	16.73

2-2-3-47 迪庆州中资全国性四家大型银行外汇信贷运行情况表

二〇一〇年十二月三十一日　　　　单位：万美元

栏目 / 项目名称	期末余额	比年初 增减	比年初 增减%	栏目 / 项目名称	期末余额	比年初 增减	比年初 增减%
一、各项存款	2234	1899	566.88	一、各项贷款			
1.单位活期存款	2223	1898	583.1	（一）境内贷款			
其中：中资存款				1.境内短期贷款			
外商投资企业存款				其中：中资企业贷款			
2.单位定期存款				外商投资企业贷款			
其中：中资企业存款				2.境内中长期贷款			
外商投资企业存款				其中：中资企业贷款			
3.储蓄存款	11	2	17.42	外商投资企业贷款			
其中：定期存款	1		50.1	3.进出口贸易融资			
4.其他存款				4.票据融资			
5.境外存款				其中：贴现			
二、境内中长期筹资				5.各项垫款			
三、卖出回购资产				6.境外筹资转贷款			
四、境外筹资				（二）境外贷款			
五、向中央银行借款				二、投资			
六、中央银行存款				1.购买有价证券			
七、应付及暂收款				其中：购买境外有价证券			
其中：应付及预提利息				2.其他投资			
八、同业存放				其中：投资境外			
（1）境内同业存放				三、应收及预付款			
（2）境外同业存放				其中：应收及预付利息			
九、同业拆入				四、买入返售资产			
（1）境内同业拆入				五、存放中央银行			
（2）境外同业拆入				其中：缴存准备金			
十、委托基金存款（净）				六、存放同业			
十一、外汇买卖				（1）存放境内同业			
其中：结售汇				（2）存放境外同业			
十二、境内联行存放				七、拆放同业			
十三、境外联行存放				（1）拆放境内同业			
十四、各项准备				（2）拆放境外同业			
其中：贷款损失准备				八、存放境内联行	2234	1901	571.49
十五、所有者权益	1		17.58	九、存放境外联行			
其中：实收资本				十、库存现金	1	−2	−60.12
十六、其他							
资金来源总计	2235	1899	565.08	资金运用总计	2235	1899	565.08

2-2-3-48 临沧市中资全国性四家大型银行外汇信贷运行情况表

二〇一〇年十二月三十一日　　单位：万美元

栏目 项目名称	期末余额	比年初		栏目 项目名称	期末余额	比年初	
		增减	增减%			增减	增减%
一、各项存款	196	86	79.08	一、各项贷款			
1.单位活期存款	97	89	999.47	（一）境内贷款			
其中：中资存款	82	37	82.03	1.境内短期贷款			
外商投资企业存款				其中：中资企业贷款			
2.单位定期存款				外商投资企业贷款			
其中：中资企业存款				2.境内中长期贷款			
外商投资企业存款				其中：中资企业贷款			
3.储蓄存款	98	-2	-2.18	外商投资企业贷款			
其中：定期存款	63	-11	-14.76	3.进出口贸易融资			
4.其他存款				4.票据融资			
5.境外存款				其中：贴现			
二、境内中长期筹资				5.各项垫款			
三、卖出回购资产				6.境外筹资转贷款			
四、境外筹资				（二）境外贷款			
五、向中央银行借款				二、投资			
六、中央银行存款				1.购买有价证券			
七、应付及暂收款	1	3	-128.38	其中：购买境外有价证券			
其中：应付及预提利息				2.其他投资			
八、同业存放				其中：投资境外			
（1）境内同业存放				三、应收及预付款			
（2）境外同业存放				其中：应收及预付利息			
九、同业拆入				四、买入返售资产			
（1）境内同业拆入				五、存放中央银行			
（2）境外同业拆入				其中：缴存准备金			
十、委托基金存款（净）				六、存放同业			
十一、外汇买卖				（1）存放境内同业			
其中：结售汇				（2）存放境外同业			
十二、境内联行存放				七、拆放同业			
十三、境外联行存放				（1）拆放境内同业			
十四、各项准备				（2）拆放境外同业			
其中：贷款损失准备				八、存放境内联行	163	-39	-19.18
十五、所有者权益	8	5	151.88	九、存放境外联行			
其中：实收资本				十、库存现金	41	20	93.78
十六、其他		-14	-100.00				
资金来源总计	204	-19	-8.50	资金运用总计	204	-19	-8.50

2-2-3-49 昆明市中资全国性中小型银行外汇信贷运行情况表

二〇一〇年十二月三十一日　　单位：万美元

项目名称	期末余额	比年初增减	比年初增减%	项目名称	期末余额	比年初增减	比年初增减%
一、各项存款	26993	9165	51.41	一、各项贷款	33953	15025	79.38
1.单位活期存款	19615	14289	268.28	（一）境内贷款	33953	15025	79.38
其中：中资存款	1601	−751	−31.92	1.境内短期贷款	5377	3237	151.26
外商投资企业存款	12247	10226		其中：中资企业贷款	5377	3457	180.06
2.单位定期存款	2361	−3819	−61.79	外商投资企业贷款			
其中：中资企业存款	1992	−2569	−56.32	2.境内中长期贷款	516	−542	−51.23
外商投资企业存款	360	360		其中：中资企业贷款	516	1	0.19
3.储蓄存款	3711	−409	−9.92	外商投资企业贷款			
其中：定期存款	2419	−426	−14.98	3.进出口贸易融资	28060	12330	78.38
4.其他存款	1306	−897	−40.72	4.票据融资			
5.境外存款				其中：贴现			
二、境内中长期筹资				5.各项垫款			
三、卖出回购资产				6.境外筹资转贷款			
四、境外筹资				（二）境外贷款			
五、向中央银行借款				二、投资			
六、中央银行存款				1.购买有价证券			
七、应付及暂收款	2197	1691	334.71	其中：购买境外有价证券			
其中：应付及预提利息	26	−14	−35.16	2.其他投资			
八、同业存放	103	−2	−1.9	其中：投资境外			
（1）境内同业存放	103	−2	−1.9	三、应收及预付款	1486	1126	312.64
（2）境外同业存放				其中：应收及预付利息	86	49	131.95
九、同业拆入	3574	2551	249.36	四、买入返售资产			
（1）境内同业拆入		−1023	−100	五、存放中央银行			
（2）境外同业拆入	3574	3574		其中：缴存准备金			
十、委托基金存款（净）	413	25	6.42	六、存放同业	1608	893	124.9
十一、外汇买卖	2592	2566		（1）存放境内同业	1608	893	124.9
其中：结售汇	2583	2568		（2）存放境外同业			
十二、境内联行存放	175	175		七、拆放同业			
十三、境外联行存放				（1）拆放境内同业			
十四、各项准备	212	−352	−62.4	（2）拆放境外同业			
其中：贷款损失准备	212	−352	−62.4	八、存放境内联行		−841	−100
十五、所有者权益	196	340	−236.3	九、存放境外联行			
其中：实收资本				十、库存现金	345	−24	−6.49
十六、其他	939	19	2.1				
资金来源总计	37393	16178	76.26	资金运用总计	37393	16178	76.26

2-2-3-50 曲靖市中资全国性中小型银行外汇信贷运行情况表

二〇一〇年十二月三十一日　　单位：万美元

项目名称 \ 栏目	期末余额	比年初		项目名称 \ 栏目	期末余额	比年初	
		增减	增减%			增减	增减%
一、各项存款	218	58	36.25	一、各项贷款		-359	-100
1.单位活期存款	194	61	45.86	（一）境内贷款		-359	-100
其中：中资存款	170	70	70	1.境内短期贷款			
外商投资企业存款				其中：中资企业贷款			
2.单位定期存款				外商投资企业贷款			
其中：中资企业存款				2.境内中长期贷款			
外商投资企业存款				其中：中资企业贷款			
3.储蓄存款	24	-3	-11.11	外商投资企业贷款			
其中：定期存款	19	-1	-5	3.进出口贸易融资		-359	-100
4.其他存款				4.票据融资			
5.境外存款				其中：贴现			
二、境内中长期筹资				5.各项垫款			
三、卖出回购资产				6.境外筹资转贷款			
四、境外筹资				（二）境外贷款			
五、向中央银行借款				二、投资			
六、中央银行存款				1.购买有价证券			
七、应付及暂收款				其中：购买境外有价证券			
其中：应付及预提利息				2.其他投资			
八、同业存放				其中：投资境外			
（1）境内同业存放				三、应收及预付款			
（2）境外同业存放				其中：应收及预付利息			
九、同业拆入				四、买入返售资产			
（1）境内同业拆入				五、存放中央银行			
（2）境外同业拆入				其中：缴存准备金			
十、委托基金存款（净）				六、存放同业	28	26	1300
十一、外汇买卖				（1）存放境内同业	28	26	1300
其中：结售汇				（2）存放境外同业			
十二、境内联行存放		-205	-100	七、拆放同业			
十三、境外联行存放				（1）拆放境内同业			
十四、各项准备		-8	-100	（2）拆放境外同业			
其中：贷款损失准备		-8	-100	八、存放境内联行	195	195	
十五、所有者权益	10	16	-266.63	九、存放境外联行			
其中：实收资本				十、库存现金	5	-1	-15.84
十六、其他							
资金来源总计	228	-139	-37.9	资金运用总计	228	-139	-37.9

2-2-3-51 玉溪市中资全国性中小型银行外汇信贷运行情况表

二〇一〇年十二月三十一日　　　　单位：万美元

栏目 / 项目名称	期末余额	比年初		栏目 / 项目名称	期末余额	比年初	
		增减	增减%			增减	增减%
一、各项存款	1212	995	458.64	一、各项贷款	9	9	
1.单位活期存款	1036	1031		（一）境内贷款	9	9	
其中：中资存款			-8.85	1.境内短期贷款			
外商投资企业存款	1016	1016		其中：中资企业贷款			
2.单位定期存款				外商投资企业贷款			
其中：中资企业存款				2.境内中长期贷款			
外商投资企业存款				其中：中资企业贷款			
3.储蓄存款	158	-54	-25.63	外商投资企业贷款			
其中：定期存款	140	-61	-30.16	3.进出口贸易融资	9	9	
4.其他存款	18	18		4.票据融资			
5.境外存款				其中：贴现			
二、境内中长期筹资				5.各项垫款			
三、卖出回购资产				6.境外筹资转贷款			
四、境外筹资				（二）境外贷款			
五、向中央银行借款				二、投资			
六、中央银行存款				1.购买有价证券			
七、应付及暂收款		-2	-83.57	其中：购买境外有价证券			
其中：应付及预提利息		-2	-83.57	2.其他投资			
八、同业存放				其中：投资境外			
（1）境内同业存放				三、应收及预付款			
（2）境外同业存放				其中：应收及预付利息			
九、同业拆入				四、买入返售资产			
（1）境内同业拆入				五、存放中央银行			
（2）境外同业拆入				其中：缴存准备金			
十、委托基金存款（净）				六、存放同业			
十一、外汇买卖	28	27		（1）存放境内同业			
其中：结售汇	28	28		（2）存放境外同业			
十二、境内联行存放				七、拆放同业			
十三、境外联行存放				（1）拆放境内同业			
十四、各项准备				（2）拆放境外同业			
其中：贷款损失准备				八、存放境内联行	1210	1007	493.89
十五、所有者权益		3	-93.74	九、存放境外联行			
其中：实收资本				十、库存现金	21	9	69.76
十六、其他							
资金来源总计	1240	1024	473.52	资金运用总计	1240	1024	473.52

2-2-3-52 丽江市中资全国性中小型银行外汇信贷运行情况表

二〇一〇年十二月三十一日　　单位：万美元

项目名称	期末余额	比年初增减	比年初增减%	项目名称	期末余额	比年初增减	比年初增减%
一、各项存款	60	60		一、各项贷款			
1.单位活期存款	59	59		（一）境内贷款			
其中：中资存款				1.境内短期贷款			
外商投资企业存款				其中：中资企业贷款			
2.单位定期存款				外商投资企业贷款			
其中：中资企业存款				2.境内中长期贷款			
外商投资企业存款				其中：中资企业贷款			
3.储蓄存款	1	1		外商投资企业贷款			
其中：定期存款				3.进出口贸易融资			
4.其他存款				4.票据融资			
5.境外存款				其中：贴现			
二、境内中长期筹资				5.各项垫款			
三、卖出回购资产				6.境外筹资转贷款			
四、境外筹资				（二）境外贷款			
五、向中央银行借款				二、投资			
六、中央银行存款				1.购买有价证券			
七、应付及暂收款				其中：购买境外有价证券			
其中：应付及预提利息				2.其他投资			
八、同业存放				其中：投资境外			
（1）境内同业存放				三、应收及预付款			
（2）境外同业存放				其中：应收及预付利息			
九、同业拆入				四、买入返售资产			
（1）境内同业拆入				五、存放中央银行			
（2）境外同业拆入				其中：缴存准备金			
十、委托基金存款（净）				六、存放同业			
十一、外汇买卖				（1）存放境内同业			
其中：结售汇				（2）存放境外同业			
十二、境内联行存放				七、拆放同业			
十三、境外联行存放				（1）拆放境内同业			
十四、各项准备				（2）拆放境外同业			
其中：贷款损失准备				八、存放境内联行	59	59	
十五、所有者权益	1	1		九、存放境外联行			
其中：实收资本				十、库存现金	2	2	
十六、其他							
资金来源总计	61	61		资金运用总计	61	61	

4.大中小型企业情况统计

2-2-4-1 昆明市大中小型企业情况统计表

二〇一〇年十二月三十一日　　单位：万元

项目名称　栏目	贷款余额	比年初增减	项目名称　栏目	贷款余额	比年初增减
1.1境内大型企业贷款合计	29895812	3949575	1.2.20国际组织		
1.1.1农、林、牧、渔业	114900	-34400	1.3境内小型企业贷款合计	7948537	1683656
1.1.2采矿业	1157885	156120	1.3.1农、林、牧、渔业	245505	-41706
1.1.3制造业	3409561	192307	1.3.2采矿业	208859	-60379
1.1.4电力、燃气及水的生产和供应业	6390122	-246905	1.3.3制造业	651322	206278
1.1.5建筑业	767608	251698	1.3.4电力、燃气及水的生产和供应业	436048	-98819
1.1.6交通运输、仓储和邮政业	8642730	2988170	1.3.5建筑业	677545	154405
1.1.7信息传输、计算机服务和软件业	242067	55710	1.3.6交通运输、仓储和邮政业	636868	-223345
1.1.8批发和零售业	293064	15632	1.3.7信息传输、计算机服务和软件业	33296	7746
1.1.9住宿和餐饮业	5980	2535	1.3.8批发和零售业	1580007	725659
1.1.10金融业		-90000	1.3.9住宿和餐饮业	102091	17975
1.1.11房地产业	924367	502300	1.3.10金融业	82025	20375
1.1.12租赁和商务服务业	1139555	101515	1.3.11房地产业	522634	47069
1.1.13科学研究、技术服务和地质勘查业	35000	-1000	1.3.12租赁和商务服务业	1049166	284999
1.1.14水利、环境和公共设施管理业	6515920	162627	1.3.13科学研究、技术服务和地质勘查业	15633	9550
1.1.15居民服务和其他服务业	86000	-106648	1.3.14水利、环境和公共设施管理业	1464692	635612
1.1.16教育业	107800	-4600	1.3.15居民服务和其他服务业	69498	965
1.1.17卫生、社会保障和社会福利业	41234	-686	1.3.16教育业	31385	-19457
1.1.18文化、体育和娱乐业	22020	5200	1.3.17卫生、社会保障和社会福利业	16990	4013
1.1.19公共管理和社会组织			1.3.18文化、体育和娱乐业	15852	-6982
1.1.20国际组织			1.3.19公共管理和社会组织	109121	19697
1.2境内中型企业贷款合计	12349722	1779726	1.3.20国际组织		
1.2.1农、林、牧、渔业	180540	-3288	1.4其中：单户授信小于500万的境内小型企业贷款合计	400233	-95103
1.2.2采矿业	464401	86927	1.4.1农、林、牧、渔业	57315	-51233
1.2.3制造业	1742755	435310	1.4.2采矿业	20317	-8668
1.2.4电力、燃气及水的生产和供应业	1602270	98890	1.4.3制造业	90086	5417
1.2.5建筑业	577477	160305	1.4.4电力、燃气及水的生产和供应业	5760	-1006
1.2.6交通运输、仓储和邮政业	1808871	362165	1.4.5建筑业	32771	-34645
1.2.7信息传输、计算机服务和软件业	57260	895	1.4.6交通运输、仓储和邮政业	5310	-155
1.2.8批发和零售业	1269584	324601	1.4.7信息传输、计算机服务和软件业	6749	5055
1.2.9住宿和餐饮业	19000	-4405	1.4.8批发和零售业	133585	24524
1.2.10金融业	81000	56400	1.4.9住宿和餐饮业	12048	1160
1.2.11房地产业	1608804	279971	1.4.10金融业	71	-7706
1.2.12租赁和商务服务业	845619	-23102	1.4.11房地产	3597	-5910
1.2.13科学研究、技术服务和地质勘查业	38668	1356	1.4.12租赁和商务服务业	14055	-13720
1.2.14水利、环境和公共设施管理业	1695138	123794	1.4.13科学研究、技术服务和地质勘察业	2583	440
1.2.15居民服务和其他服务业	63873	-99819	1.4.14水利、环境和公共设施管理业	1945	-615
1.2.16教育业	209976	4256	1.4.15居民服务和其他服务业	9213	-5264
1.2.17卫生、社会保障和社会福利业	16870	5810	1.4.16教育业	500	-1520
1.2.18文化、体育和娱乐业	23500	-9704	1.4.17卫生、社会保障和社会福利业	818	-454
1.2.19公共管理和社会组织	44115	-20636	1.4.18文化、体育和娱乐业	2290	-609

2-2-4-1 昆明市大中小型企业情况统计表

二〇一〇年十二月三十一日　　单位：万元

项目名称	贷款余额	比年初增减	项目名称	贷款余额	比年初增减
1.4.20国际组织			4.1境内大型企业逾期贷款	55287	−565
2.1境内大型企业贷款合计	29895812	3949575	4.2境内中型企业逾期贷款	77894	−9447
2.1.1正常类贷款	27721996	3741189	4.3境内小型企业逾期贷款	115163	14294
2.1.2关注类贷款	2088529	200551	4.4 其中：单户授信小于500户的境内小型企业逾期贷款	16978	−15974
2.1.3次级类贷款	34295	7935	5.1境内大型企业表外授信额	2807360	−99077
2.1.4可疑类贷款	41992	−100	5.1.1其中：票据承兑	1428173	429232
2.1.5损失类贷款	9000		5.2境内中型企业表外授信额	2792067	502795
2.2境内中型企业贷款合计	12349722	1779726	5.2.1其中：票据承兑	2512912	578313
2.2.1正常类贷款	11292599	1607609	5.3境内小型企业表外授信额	2092448	295775
2.2.2关注类贷款	803880	135706	5.3.1其中：票据承兑	2015548	285139
2.2.3次级类贷款	117676	5128	5.4 其中：单户授信小于500万户的境内小型企业表外授信额	302717	115856
2.2.4可疑类贷款	112477	16545	5.4.1其中：票据承兑	247210	79648
2.2.5损失类贷款	23090	14738	6.1境内大型关停企业贷款	3315	3315
2.3境内小型企业贷款合计	7948537	1683656	6.2境内中型关停企业贷款	20469	6603
2.3.1正常类贷款	7009858	1585599	6.3境内小型关停企业贷款	21826	−13592
2.3.2关注类贷款	772862	174501	6.4 其中：单户授信小于500万的境内小型关停企业贷款	6371	−6092
2.3.3次级类贷款	84883	−43744	7.1境内大型企业票据贴现	303721	−677513
2.3.4可疑类贷款	59763	−30355	7.2境内中型企业票据贴现	460057	−49147
2.3.5损失类贷款	21171	−2345	7.3境内小型企业票据贴现	350274	−7480
2.4 其中：单户授信小于500万户的境内小型企业贷款合计	400233	−95103	7.4 其中：单户授信小于500万的境内小型企业票据贴现	45911	−22775
2.4.1正常类贷款	336635	−53605	8境内小型企业授信户数		
2.4.2关注类贷款	33840	−18606	9单户授信小于500万的境内小型企业授信户数		
2.4.3次级类贷款	11546	−7318	10.1境内大型企业贷款合计	29895812	3949575
2.4.4可疑类贷款	15532	−6244	10.1.1国有控股企业	25761473	2390931
2.4.5损失类贷款	2680	−9330	10.1.2集体控股企业	2675464	985129
3.1境内大型企业贷款合计	29895812	3949575	10.1.3私人控股企业	1314466	594007
3.1.1信用贷款	14412718	264232	10.1.4港澳台商控股企业	105398	998
3.1.2保证贷款	3507820	247683	10.1.5外商控股企业	39010	−21490
3.1.3抵（质）押贷款	11975273	3437660	10.2境内中型企业贷款合计	12349722	1779726
3.2境内中型企业贷款合计	12349722	1779726	10.2.1国有控股企业	6354571	−904226
3.2.1信用贷款	3485652	−468103	10.2.2集体控股企业	1790343	466755
3.2.2保证贷款	3242725	1107382	10.2.3私人控股企业	3936123	2147968
3.2.3抵（质）押贷款	5621345	1140447	10.2.4港澳台商控股企业	104856	−27637
3.3境内小型企业贷款合计	7948537	1683656	10.2.5外商控股企业	163828	96865
3.3.1信用贷款	2052200	−2609	10.3境内小型企业贷款合计	7948537	1683656
3.3.2保证贷款	2577257	797955	10.3.1国有控股企业	3255873	327329
3.3.3抵（质）押贷款	3319080	888310	10.3.2集体控股企业	563806	61933
3.4 其中：单户授信小于500万的境内小型企业贷款合计	400233	−95103	10.3.3私人控股企业	4059897	1282917
3.4.1信用贷款	21234	−1827	10.3.4港澳台商控股企业	60240	32748
3.4.2保证贷款	144505	26103	10.3.5外商控股企业	8720	−21271
3.4.3抵（质）押贷款	234494	−119378			

2-2-4-2 昭通市大中小型企业情况统计表

二〇一〇年十二月三十一日　　单位：万元

项目名称　栏目	贷款余额	比年初增减
1.1 境内大型企业贷款合计	604920	178728
1.1.1 农、林、牧、渔业		
1.1.2 采矿业	24040	−11640
1.1.3 制造业	249700	113100
1.1.4 电力、燃气及水的生产和供应业	207080	75000
1.1.5 建筑业		
1.1.6 交通运输、仓储和邮政业	108500	−500
1.1.7 信息传输、计算机服务和软件业	700	−1184
1.1.8 批发和零售业		
1.1.9 住宿和餐饮业		
1.1.10 金融业		
1.1.11 房地产业		−3198
1.1.12 租赁和商务服务业	2400	2400
1.1.13 科学研究、技术服务和地质勘查业		
1.1.14 水利、环境和公共设施管理业	12500	12500
1.1.15 居民服务和其他服务业		
1.1.16 教育业		
1.1.17 卫生、社会保障和社会福利业		
1.1.18 文化、体育和娱乐业		−7750
1.1.19 公共管理和社会组织		
1.1.20 国际组织		
1.2 境内中型企业贷款合计	592878	123271
1.2.1 农、林、牧、渔业	600	600
1.2.2 采矿业	32200	−9800
1.2.3 制造业	25604	4219
1.2.4 电力、燃气及水的生产和供应业	278040	67965
1.2.5 建筑业	11571	2571
1.2.6 交通运输、仓储和邮政业	131600	7800
1.2.7 信息传输、计算机服务和软件业		
1.2.8 批发和零售业	28470	13970
1.2.9 住宿和餐饮业	1730	1730
1.2.10 金融业		
1.2.11 房地产业	26954	15420
1.2.12 租赁和商务服务业		−2000
1.2.13 科学研究、技术服务和地质勘查业	2500	2500
1.2.14 水利、环境和公共设施管理业	41609	6295
1.2.15 居民服务和其他服务业	3000	3000
1.2.16 教育业		
1.2.17 卫生、社会保障和社会福利业	3000	3000
1.2.18 文化、体育和娱乐业	6000	6000
1.2.19 公共管理和社会组织		
1.2.20 国际组织		
1.3 境内小型企业贷款合计	521700	338215
1.3.1 农、林、牧、渔业	26768	19078
1.3.2 采矿业	44766	40166
1.3.2.1 规模以上	19325	15925
1.3.2.2 规模以下	25441	24241
1.3.3 制造业	45067	37111
1.3.3.1 规模以上	33685	26820
1.3.3.2 规模以下	11382	10292
1.3.4 电力、燃气及水的生产和供应业	70176	57546
1.3.4.1 规模以上	35800	24750
1.3.4.2 规模以下	34376	32796
1.3.5 建筑业	215723	83965
1.3.6 交通运输、仓储和邮政业	8402	8402
1.3.7 信息传输、计算机服务和软件业		
1.3.8 批发和零售业	68855	52290
1.3.8.1 限额以上	56266	44128
1.3.8.2 限额以下	12588	8161
1.3.9 住宿和餐饮业	6193	5193
1.3.9.1 限额以上	4545	4005
1.3.9.2 限额以下	1648	1188
1.3.10 金融业		
1.3.11 房地产业	5773	5773
1.3.12 租赁和商务服务业	2210	2123
1.3.13 科学研究、技术服务和地质勘查业	600	600
1.3.14 水利、环境和公共设施管理业	17335	17335
1.3.15 居民服务和其他服务业	6569	6369
1.3.16 教育业	317	317
1.3.17 卫生、社会保障和社会福利业	2066	2066
1.3.18 文化、体育和娱乐业	80	−920
1.3.19 公共管理和社会组织	800	800
1.3.20 国际组织		
1.4 其中：单户授信小于500万的境内小型企业贷款合计	107212	94020
1.4.1 农、林、牧、渔业	8012	6222
1.4.2 采矿业	22381	22181
1.4.3 制造业	10859	8461
1.4.4 电力、燃气及水的生产和供应业	9583	8783
1.4.5 建筑业	19112	14834
1.4.6 交通运输、仓储和邮政业	4612	4612
1.4.7 信息传输、计算机服务和软件业		
1.4.8 批发和零售业	23004	14304
1.4.9 住宿和餐饮业	2185	2185
1.4.10 金融业		
1.4.11 房地产业	1775	1775
1.4.12 租赁和商务服务业	650	623
1.4.13 科学研究、技术服务和地质勘查业	600	600
1.4.14 水利、环境和公共设施管理业	5955	5955
1.4.15 居民服务和其他服务业	2368	2368
1.4.16 教育业	317	317
1.4.17 卫生、社会保障和社会福利业	720	720
1.4.18 文化、体育和娱乐业	80	80
1.4.19 公共管理和社会组织		
1.4.20 国际组织		

2-2-4-3 曲靖市大中小型企业情况统计表

二〇一〇年十二月三十一日　　单位：万元

项目名称	贷款余额	比年初增减	项目名称	贷款余额	比年初增减
1.1 境内大型企业贷款合计	1751328	462091	1.3.3 制造业	96906	45142
1.1.1 农、林、牧、渔业			1.3.3.1 规模以上	63458	26808
1.1.2 采矿业	7500	–21100	1.3.3.2 规模以下	33448	18334
1.1.3 制造业	804770	152537	1.3.4 电力、燃气及水的生产和供应业	35945	8254
1.1.4 电力、燃气及水的生产和供应业	588872	96918	1.3.4.1 规模以上	21279	398
1.1.5 建筑业			1.3.4.2 规模以下	14666	7856
1.1.6 交通运输、仓储和邮政业	305136	269936	1.3.5 建筑业	113189	45125
1.1.7 信息传输、计算机服务和软件业	1850		1.3.6 交通运输、仓储和邮政业	11454	5859
1.1.8 批发和零售业			1.3.7 信息传输、计算机服务和软件业	497	–814
1.1.9 住宿和餐饮业			1.3.8 批发和零售业	167778	49045
1.1.10 金融业			1.3.8.1 限额以上	61100	22663
1.1.11 房地产业	3000	–11000	1.3.8.2 限额以下	106678	26382
1.1.12 租赁和商务服务业			1.3.9 住宿和餐饮业	10479	5388
1.1.13 科学研究、技术服务和地质勘查业			1.3.9.1 限额以上	8714	5268
1.1.14 水利、环境和公共设施管理业	40200	–25200	1.3.9.2 限额以下	1765	120
1.1.15 居民服务和其他服务业			1.3.10 金融业		
1.1.16 教育业			1.3.11 房地产业	20780	9240
1.1.17 卫生、社会保障和社会福利业			1.3.12 租赁和商务服务业	7869	–5580
1.1.18 文化、体育和娱乐业			1.3.13 科学研究、技术服务和地质勘查业	15252	14670
1.1.19 公共管理和社会组织			1.3.14 水利、环境和公共设施管理业	65146	47126
1.1.20 国际组织			1.3.15 居民服务和其他服务业	8489	–12906
1.2 境内中型企业贷款合计	957564	–207610	1.3.16 教育业	16890	5212
1.2.1 农、林、牧、渔业	8300	7065	1.3.17 卫生、社会保障和社会福利业	7729	2698
1.2.2 采矿业	54521	2399	1.3.18 文化、体育和娱乐业	500	–1200
1.2.3 制造业	279409	80716	1.3.19 公共管理和社会组织	8257	–5699
1.2.4 电力、燃气及水的生产和供应业	111048	2006	1.3.20 国际组织		
1.2.5 建筑业	131886	75613	1.4 其中：单户授信小于500万的境内小型企业贷款合计	237943	–28780
1.2.6 交通运输、仓储和邮政业	183723	–268021	1.4.1 农、林、牧、渔业	36387	–26385
1.2.7 信息传输、计算机服务和软件业			1.4.2 采矿业	61469	–40085
1.2.8 批发和零售业	74544	10798	1.4.3 制造业	29656	10989
1.2.9 住宿和餐饮业	7320	–3320	1.4.4 电力、燃气及水的生产和供应业	6071	1133
1.2.10 金融业			1.4.5 建筑业	33093	11909
1.2.11 房地产业	82413	–78242	1.4.6 交通运输、仓储和邮政业	5061	2066
1.2.12 租赁和商务服务业	14900	8000	1.4.7 信息传输、计算机服务和软件业	497	286
1.2.13 科学研究、技术服务和地质勘查业			1.4.8 批发和零售业	35037	7761
1.2.14 水利、环境和公共设施管理业	1500	–27300	1.4.9 住宿和餐饮业	5929	2138
1.2.15 居民服务和其他服务业	8000	–5500	1.4.10 金融业		
1.2.16 教育业			1.4.11 房地产业	8280	3920
1.2.17 卫生、社会保障和社会福利业		–500	1.4.12 租赁和商务服务业	1132	–8762
1.2.18 文化、体育和娱乐业			1.4.13 科学研究、技术服务和地质勘查业	252	–330
1.2.19 公共管理和社会组织		–11324	1.4.14 水利、环境和公共设施管理业	8466	5591
1.2.20 国际组织			1.4.15 居民服务和其他服务业	3888	–148
1.3 境内小型企业贷款合计	908656	258097	1.4.16 教育业	90	
1.3.1 农、林、牧、渔业	95979	–7069	1.4.17 卫生、社会保障和社会福利业	1229	229
1.3.2 采矿业	225517	53606	1.4.18 文化、体育和娱乐业	500	
1.3.2.1 规模以上	119214	–43011	1.4.19 公共管理和社会组织	907	907
1.3.2.2 规模以下	106303	96617	1.4.20 国际组织		

2-2-4-4 玉溪市大中小型企业情况统计表

二〇一〇年十二月三十一日　　单位：万元

项目名称	贷款余额	比年初增减	项目名称	贷款余额	比年初增减
1.1 境内大型企业贷款合计	520972	97427	1.3.3 制造业	246485	196275
1.1.1 农、林、牧、渔业			1.3.3.1 规模以上	198521	162929
1.1.2 采矿业	111902	5502	1.3.3.2 规模以下	47964	33346
1.1.3 制造业	122580	45815	1.3.4 电力、燃气及水的生产和供应业	60582	30059
1.1.4 电力、燃气及水的生产和供应业	77000	11220	1.3.4.1 规模以上	23141	5751
1.1.5 建筑业			1.3.4.2 规模以下	37441	24308
1.1.6 交通运输、仓储和邮政业	117190	–19410	1.3.5 建筑业	41922	29372
1.1.7 信息传输、计算机服务和软件业			1.3.6 交通运输、仓储和邮政业	27125	8575
1.1.8 批发和零售业	2500	–1500	1.3.7 信息传输、计算机服务和软件业	2975	2325
1.1.9 住宿和餐饮业			1.3.8 批发和零售业	140783	101279
1.1.10 金融业			1.3.8.1 限额以上	110995	85799
1.1.11 房地产业			1.3.8.2 限额以下	29788	15480
1.1.12 租赁和商务服务业	35000	1000	1.3.9 住宿和餐饮业	14047	12447
1.1.13 科学研究、技术服务和地质勘查业			1.3.9.1 限额以上	7750	6150
1.1.14 水利、环境和公共设施管理业	24800	24800	1.3.9.2 限额以下	6297	6297
1.1.15 居民服务和其他服务业			1.3.10 金融业	1510	–5690
1.1.16 教育业			1.3.11 房地产业	29878	9878
1.1.17 卫生、社会保障和社会福利业	30000	30000	1.3.12 租赁和商务服务业	12597	–24661
1.1.18 文化、体育和娱乐业			1.3.13 科学研究、技术服务和地质勘查业	400	
1.1.19 公共管理和社会组织			1.3.14 水利、环境和公共设施管理业	278904	–33573
1.1.20 国际组织			1.3.15 居民服务和其他服务业	8988	8988
1.2 境内中型企业贷款合计	1313443	495888	1.3.16 教育业	821	821
1.2.1 农、林、牧、渔业	13135	5925	1.3.17 卫生、社会保障和社会福利业	9373	5843
1.2.2 采矿业	157650	14420	1.3.18 文化、体育和娱乐业	125	125
1.2.3 制造业	401235	150932	1.3.19 公共管理和社会组织	21376	1376
1.2.4 电力、燃气及水的生产和供应业	178020	103980	1.3.20 国际组织		
1.2.5 建筑业	50300	35870	1.4 其中：单户授信小于500万的境内小型企业贷款合计	159678	122897
1.2.6 交通运输、仓储和邮政业	130107	28122	1.4.1 农、林、牧、渔业	11017	8916
1.2.7 信息传输、计算机服务和软件业	2600	850	1.4.2 采矿业	5481	3491
1.2.8 批发和零售业	167984	81344	1.4.3 制造业	60320	45598
1.2.9 住宿和餐饮业	700	700	1.4.4 电力、燃气及水的生产和供应业	9729	8606
1.2.10 金融业			1.4.5 建筑业	11934	9874
1.2.11 房地产业	42950	24185	1.4.6 交通运输、仓储和邮政业	6172	5604
1.2.12 租赁和商务服务业	11800	–5680	1.4.7 信息传输、计算机服务和软件业	1975	1325
1.2.13 科学研究、技术服务和地质勘查业	13500	13500	1.4.8 批发和零售业	33335	23163
1.2.14 水利、环境和公共设施管理业	129512	38190	1.4.9 住宿和餐饮业	3097	3097
1.2.15 居民服务和其他服务业	9700	–300	1.4.10 金融业		–200
1.2.16 教育业	1000	1000	1.4.11 房地产业	3083	3083
1.2.17 卫生、社会保障和社会福利业	2200	1800	1.4.12 租赁和商务服务业	2897	2639
1.2.18 文化、体育和娱乐业	1050	1050	1.4.13 科学研究、技术服务和地质勘查业	400	
1.2.19 公共管理和社会组织			1.4.14 水利、环境和公共设施管理业	2942	935
1.2.20 国际组织			1.4.15 居民服务和其他服务业	3701	3701
1.3 境内小型企业贷款合计	964213	387056	1.4.16 教育业	121	121
1.3.1 农、林、牧、渔业	32720	27819	1.4.17 卫生、社会保障和社会福利业	2523	1993
1.3.2 采矿业	33602	15798	1.4.18 文化、体育和娱乐业	125	125
1.3.2.1 规模以上	29113	13059	1.4.19 公共管理和社会组织	826	826
1.3.2.2 规模以下	4489	2739	1.4.20 国际组织		

2-2-4-5 红河州大中小型企业情况统计表

二〇一〇年十二月三十一日　　单位：万元

项目名称	贷款余额	比年初增减
1.1 境内大型企业贷款合计	1127384	24.40
1.1.1 农、林、牧、渔业		
1.1.2 采矿业	267550	8.23
1.1.3 制造业	216910	102.89
1.1.4 电力、燃气及水的生产和供应业	430154	13.07
1.1.5 建筑业	18015	42.28
1.1.6 交通运输、仓储和邮政业	164955	27.58
1.1.7 信息传输、计算机服务和软件业		
1.1.8 批发和零售业		
1.1.9 住宿和餐饮业		
1.1.10 金融业		
1.1.11 房地产业		
1.1.12 租赁和商务服务业	29000	
1.1.13 科学研究、技术服务和地质勘查业		
1.1.14 水利、环境和公共设施管理业	800	
1.1.15 居民服务和其他服务业		
1.1.16 教育业		
1.1.17 卫生、社会保障和社会福利业		
1.1.18 文化、体育和娱乐业		
1.1.19 公共管理和社会组织		
1.1.20 国际组织		
1.2 境内中型企业贷款合计	525307	10.28
1.2.1 农、林、牧、渔业		
1.2.2 采矿业	53990	39.73
1.2.3 制造业	112121	8.75
1.2.4 电力、燃气及水的生产和供应业	143685	9.53
1.2.5 建筑业	26374	20.27
1.2.6 交通运输、仓储和邮政业	71194	0.00
1.2.7 信息传输、计算机服务和软件业	5294	0.00
1.2.8 批发和零售业	22035	33.62
1.2.9 住宿和餐饮业	3584	16.21
1.2.10 金融业		
1.2.11 房地产业	30900	
1.2.12 租赁和商务服务业	15700	6.80
1.2.13 科学研究、技术服务和地质勘查业		
1.2.14 水利、环境和公共设施管理业	25500	
1.2.15 居民服务和其他服务业		
1.2.16 教育业		
1.2.17 卫生、社会保障和社会福利业	14930	4.19
1.2.18 文化、体育和娱乐业		
1.2.19 公共管理和社会组织		
1.2.20 国际组织		
1.3 境内小型企业贷款合计	882998	4.73
1.3.1 农、林、牧、渔业	99697	3.04
1.3.2 采矿业	61729	6.05
1.3.2.1 规模以上	16760	-14.75
1.3.2.2 规模以下	44969	16.67
1.3.3 制造业	77592	-4.21
1.3.3.1 规模以上	9129	2.24
1.3.3.2 规模以下	68463	-5.01
1.3.4 电力、燃气及水的生产和供应业	115646	1.24
1.3.4.1 规模以上	19612	1.29
1.3.4.2 规模以下	96034	1.23
1.3.5 建筑业	133490	6.77
1.3.6 交通运输、仓储和邮政业	70244	0.92
1.3.7 信息传输、计算机服务和软件业	130	
1.3.8 批发和零售业	102982	30.98
1.3.8.1 限额以上	24665	11.28
1.3.8.2 限额以下	78318	38.72
1.3.9 住宿和餐饮业	7104	3.57
1.3.9.1 限额以上	545	
1.3.9.2 限额以下	6559	3.88
1.3.10 金融业	490	
1.3.11 房地产业	24831	-1.66
1.3.12 租赁和商务服务业	78807	1.55
1.3.13 科学研究、技术服务和地质勘查业		
1.3.14 水利、环境和公共设施管理业	88766	-0.11
1.3.15 居民服务和其他服务业	7383	13.44
1.3.16 教育业	10474	
1.3.17 卫生、社会保障和社会福利业	2720	11.48
1.3.18 文化、体育和娱乐业	753	-16.15
1.3.19 公共管理和社会组织	160	
1.3.20 国际组织		
1.4 其中：单户授信小于500万的境内小型企业贷款合计	211181	-1.44
1.4.1 农、林、牧、渔业	69860	2.73
1.4.2 采矿业	24668	-9.26
1.4.3 制造业	42475	-17.35
1.4.4 电力、燃气及水的生产和供应业	21345	-0.11
1.4.5 建筑业	8168	22.25
1.4.6 交通运输、仓储和邮政业	3360	3.07
1.4.7 信息传输、计算机服务和软件业	130	
1.4.8 批发和零售业	20454	28.97
1.4.9 住宿和餐饮业	5078	5.07
1.4.10 金融业	470	
1.4.11 房地产业	3201	-8.02
1.4.12 租赁和商务服务业	1580	315.79
1.4.13 科学研究、技术服务和地质勘查业		
1.4.14 水利、环境和公共设施管理业	5310	-1.85
1.4.15 居民服务和其他服务业	2711	-27.16
1.4.16 教育业	370	
1.4.17 卫生、社会保障和社会福利业	1960	16.67
1.4.18 文化、体育和娱乐业	40	
1.4.19 公共管理和社会组织		
1.4.20 国际组织		

2-2-4-6 文山州大中小型企业情况统计表

二〇一〇年十二月三十一日　　　　单位：万元

项目名称　栏目	贷款余额	比年初增减	项目名称　栏目	贷款余额	比年初增减
1.1 境内大型企业贷款合计	219867	16094	1.3.3 制造业	47198	17347
1.1.1 农、林、牧、渔业			1.3.3.1 规模以上		
1.1.2 采矿业	21165	6402	1.3.3.2 规模以下		
1.1.3 制造业	10550	–1950	1.3.4 电力、燃气及水的生产和供应业	163042	–2931
1.1.4 电力、燃气及水的生产和供应业	117152	11642	1.3.4.1 规模以上		
1.1.5 建筑业			1.3.4.2 规模以下		
1.1.6 交通运输、仓储和邮政业	71000	3000	1.3.5 建筑业	11218	2363
1.1.7 信息传输、计算机服务和软件业			1.3.6 交通运输、仓储和邮政业	5363	–6887
1.1.8 批发和零售业			1.3.7 信息传输、计算机服务和软件业		–1300
1.1.9 住宿和餐饮业			1.3.8 批发和零售业	83040	21665
1.1.10 金融业			1.3.8.1 限额以上		
1.1.11 房地产业			1.3.8.2 限额以下		
1.1.12 租赁和商务服务业			1.3.9 住宿和餐饮业	1554	655
1.1.13 科学研究、技术服务和地质勘查业			1.3.9.1 限额以上		
1.1.14 水利、环境和公共设施管理业		–3000	1.3.9.2 限额以下		
1.1.15 居民服务和其他服务业			1.3.10 金融业		
1.1.16 教育业			1.3.11 房地产业	19909	–17329
1.1.17 卫生、社会保障和社会福利业			1.3.12 租赁和商务服务业	2839	1069
1.1.18 文化、体育和娱乐业			1.3.13 科学研究、技术服务和地质勘查业		
1.1.19 公共管理和社会组织			1.3.14 水利、环境和公共设施管理业	79376	23338
1.1.20 国际组织			1.3.15 居民服务和其他服务业	5151	–4813
1.2 境内中型企业贷款合计	602211	88918	1.3.16 教育业	1308	15
1.2.1 农、林、牧、渔业	13440	2489	1.3.17 卫生、社会保障和社会福利业	1750	–1210
1.2.2 采矿业	131900	47900	1.3.18 文化、体育和娱乐业	640	–230
1.2.3 制造业	75961	6508	1.3.19 公共管理和社会组织	830	–365
1.2.4 电力、燃气及水的生产和供应业	237773	5268	1.3.20 国际组织		
1.2.5 建筑业	46000	6000	1.4 其中：单户授信小于500万的境内小型企业贷款合计	81441	–37140
1.2.6 交通运输、仓储和邮政业	3600	1800	1.4.1 农、林、牧、渔业	13405	295
1.2.7 信息传输、计算机服务和软件业	3110	–890	1.4.2 采矿业	8050	645
1.2.8 批发和零售业	19197	3383	1.4.3 制造业	15615	3114
1.2.9 住宿和餐饮业		–6100	1.4.4 电力、燃气及水的生产和供应业	19637	–37556
1.2.10 金融业			1.4.5 建筑业	548	–1882
1.2.11 房地产业	50020	25970	1.4.6 交通运输、仓储和邮政业	1313	–1167
1.2.12 租赁和商务服务业	4820	1460	1.4.7 信息传输、计算机服务和软件业		–90
1.2.13 科学研究、技术服务和地质勘查业			1.4.8 批发和零售业	10032	2523
1.2.14 水利、环境和公共设施管理业	14610	–1200	1.4.9 住宿和餐饮业	1054	155
1.2.15 居民服务和其他服务业	80	–3570	1.4.10 金融业		
1.2.16 教育业			1.4.11 房地产业	5875	–885
1.2.17 卫生、社会保障和社会福利业	1700	–100	1.4.12 租赁和商务服务业	1439	319
1.2.18 文化、体育和娱乐业			1.4.13 科学研究、技术服务和地质勘查业		
1.2.19 公共管理和社会组织			1.4.14 水利、环境和公共设施管理业	1953	1043
1.2.20 国际组织			1.4.15 居民服务和其他服务业	1292	–2164
1.3 境内小型企业贷款合计	516227	55792	1.4.16 教育业	8	–285
1.3.1 农、林、牧、渔业	53769	13202	1.4.17 卫生、社会保障和社会福利业	350	–1110
1.3.2 采矿业	39240	11203	1.4.18 文化、体育和娱乐业	40	–30
1.3.2.1 规模以上			1.4.19 公共管理和社会组织	830	–65
1.3.2.2 规模以下			1.4.20 国际组织		

2-2-4-7 普洱市大中小型企业情况统计表

二〇一〇年十二月三十一日　　单位：万元

项目名称 \ 栏目	贷款余额	比年初增减
1.1 境内大型企业贷款合计	478954	63183
1.1.1 农、林、牧、渔业		
1.1.2 采矿业	5000	
1.1.3 制造业		–6000
1.1.4 电力、燃气及水的生产和供应业	461124	70517
1.1.5 建筑业		
1.1.6 交通运输、仓储和邮政业	12000	–1794
1.1.7 信息传输、计算机服务和软件业	830	460
1.1.8 批发和零售业		
1.1.9 住宿和餐饮业		
1.1.10 金融业		
1.1.11 房地产业		
1.1.12 租赁和商务服务业		
1.1.13 科学研究、技术服务和地质勘查业		
1.1.14 水利、环境和公共设施管理业		
1.1.15 居民服务和其他服务业		
1.1.16 教育业		
1.1.17 卫生、社会保障和社会福利业		
1.1.18 文化、体育和娱乐业		
1.1.19 公共管理和社会组织		
1.1.20 国际组织		
1.2 境内中型企业贷款合计	453529	29753
1.2.1 农、林、牧、渔业	135444	–14240
1.2.2 采矿业	23500	–1300
1.2.3 制造业	72745	28545
1.2.4 电力、燃气及水的生产和供应业	105070	27395
1.2.5 建筑业	92660	9363
1.2.6 交通运输、仓储和邮政业	15620	6800
1.2.7 信息传输、计算机服务和软件业		
1.2.8 批发和零售业		–1560
1.2.9 住宿和餐饮业		
1.2.10 金融业		
1.2.11 房地产业	4500	–10675
1.2.12 租赁和商务服务业	250	–210
1.2.13 科学研究、技术服务和地质勘查业		
1.2.14 水利、环境和公共设施管理业	1200	–10085
1.2.15 居民服务和其他服务业		–2670
1.2.16 教育业		
1.2.17 卫生、社会保障和社会福利业	2540	–1610
1.2.18 文化、体育和娱乐业		
1.2.19 公共管理和社会组织		
1.2.20 国际组织		
1.3 境内小型企业贷款合计	369695	7983
1.3.1 农、林、牧、渔业	100313	44314
1.3.2 采矿业	14425	–941
1.3.2.1 规模以上	300	–400
1.3.2.2 规模以下	14125	–541
1.3.3 制造业	26702	–5544
1.3.3.1 规模以上	10951	–4089
1.3.3.2 规模以下	15751	–1455
1.3.4 电力、燃气及水的生产和供应业	38866	–67353
1.3.4.1 规模以上	16119	–30911
1.3.4.2 规模以下	22747	–36442
1.3.5 建筑业	29988	9292
1.3.6 交通运输、仓储和邮政业	16175	1781
1.3.7 信息传输、计算机服务和软件业	310	–604
1.3.8 批发和零售业	61470	20243
1.3.8.1 限额以上	21127	11838
1.3.8.2 限额以下	40343	8405
1.3.9 住宿和餐饮业	4879	–2442
1.3.9.1 限额以上		
1.3.9.2 限额以下	4879	–2442
1.3.10 金融业		–590
1.3.11 房地产业	24704	–1717
1.3.12 租赁和商务服务业	5180	1365
1.3.13 科学研究、技术服务和地质勘查业		
1.3.14 水利、环境和公共设施管理业	25613	8158
1.3.15 居民服务和其他服务业	10083	299
1.3.16 教育业	1690	–825
1.3.17 卫生、社会保障和社会福利业	8733	2932
1.3.18 文化、体育和娱乐业	549	–83
1.3.19 公共管理和社会组织	16	–302
1.3.20 国际组织		
1.4 其中：单户授信小于500万的境内小型企业贷款合计	97829	–28623
1.4.1 农、林、牧、渔业	35675	–3549
1.4.2 采矿业	8215	44
1.4.3 制造业	10142	–1363
1.4.4 电力、燃气及水的生产和供应业	5728	–2547
1.4.5 建筑业	5934	716
1.4.6 交通运输、仓储和邮政业	5676	1333
1.4.7 信息传输、计算机服务和软件业	310	–604
1.4.8 批发和零售业	9473	–4141
1.4.9 住宿和餐饮业	3159	–2905
1.4.10 金融业		–590
1.4.11 房地产业	4146	–7704
1.4.12 租赁和商务服务业	280	–1720
1.4.13 科学研究、技术服务和地质勘查业		
1.4.14 水利、环境和公共设施管理业	1820	–795
1.4.15 居民服务和其他服务业	3683	–4
1.4.16 教育业	1090	–557
1.4.17 卫生、社会保障和社会福利业	1933	–3868
1.4.18 文化、体育和娱乐业	549	–67
1.4.19 公共管理和社会组织	16	–302
1.4.20 国际组织		

2-2-4-8 版纳州大中小型企业情况统计表

二〇一〇年十二月三十一日　　　　单位：万元

项目名称＼栏目	贷款余额	比年初增减
1.1 境内大型企业贷款合计	404750	47900
1.1.1 农、林、牧、渔业		
1.1.2 采矿业	4000	4000
1.1.3 制造业		
1.1.4 电力、燃气及水的生产和供应业	388750	48250
1.1.5 建筑业		
1.1.6 交通运输、仓储和邮政业	12000	–4000
1.1.7 信息传输、计算机服务和软件业		–350
1.1.8 批发和零售业		
1.1.9 住宿和餐饮业		
1.1.10 金融业		
1.1.11 房地产业		
1.1.12 租赁和商务服务业		
1.1.13 科学研究、技术服务和地质勘查业		
1.1.14 水利、环境和公共设施管理业		
1.1.15 居民服务和其他服务业		
1.1.16 教育业		
1.1.17 卫生、社会保障和社会福利业		
1.1.18 文化、体育和娱乐业		
1.1.19 公共管理和社会组织		
1.1.20 国际组织		
1.2 境内中型企业贷款合计	286276	73871
1.2.1 农、林、牧、渔业	26852	–5695
1.2.2 采矿业	39500	39500
1.2.3 制造业	8650	–15472
1.2.4 电力、燃气及水的生产和供应业	20380	–7415
1.2.5 建筑业	14100	–1100
1.2.6 交通运输、仓储和邮政业	3360	–490
1.2.7 信息传输、计算机服务和软件业		
1.2.8 批发和零售业	29614	11537
1.2.9 住宿和餐饮业		
1.2.10 金融业		
1.2.11 房地产业	31520	–2080
1.2.12 租赁和商务服务业	38800	22086
1.2.13 科学研究、技术服务和地质勘查业		
1.2.14 水利、环境和公共设施管理业	34250	3450
1.2.15 居民服务和其他服务业	6250	6250
1.2.16 教育业	12000	6000
1.2.17 卫生、社会保障和社会福利业	2300	–1400
1.2.18 文化、体育和娱乐业		
1.2.19 公共管理和社会组织	18700	18700
1.2.20 国际组织		
1.3 境内小型企业贷款合计	91147	–2371
1.3.1 农、林、牧、渔业	27498	3243
1.3.2 采矿业	526	–15324
1.3.2.1 规模以上		–15850
1.3.2.2 规模以下	526	526
1.3.3 制造业	12707	4684
1.3.3.1 规模以上	4250	–3673
1.3.3.2 规模以下	8457	8357
1.3.4 电力、燃气及水的生产和供应业	9876	–1164
1.3.4.1 规模以上	8651	–2389
1.3.4.2 规模以下	1225	1225
1.3.5 建筑业	2417	1329
1.3.6 交通运输、仓储和邮政业	2825	2225
1.3.7 信息传输、计算机服务和软件业		
1.3.8 批发和零售业	14318	5108
1.3.8.1 限额以上	5058	1461
1.3.8.2 限额以下	9261	3647
1.3.9 住宿和餐饮业	6482	2202
1.3.9.1 限额以上	4582	1392
1.3.9.2 限额以下	1900	810
1.3.10 金融业	600	590
1.3.11 房地产业	4220	3115
1.3.12 租赁和商务服务业	5840	1340
1.3.13 科学研究、技术服务和地质勘查业		
1.3.14 水利、环境和公共设施管理业	1233	1233
1.3.15 居民服务和其他服务业	1820	–9546
1.3.16 教育业	400	
1.3.17 卫生、社会保障和社会福利业	322	–738
1.3.18 文化、体育和娱乐业	2	–395
1.3.19 公共管理和社会组织	60	–273
1.3.20 国际组织		
1.4 其中：单户授信小于500万的境内小型企业贷款合计	28659	–4208
1.4.1 农、林、牧、渔业	8617	–5346
1.4.2 采矿业	526	476
1.4.3 制造业	8017	–6
1.4.4 电力、燃气及水的生产和供应业	1225	185
1.4.5 建筑业	643	5
1.4.6 交通运输、仓储和邮政业	1100	500
1.4.7 信息传输、计算机服务和软件业		
1.4.8 批发和零售业	5594	851
1.4.9 住宿和餐饮业	810	–470
1.4.10 金融业		
1.4.11 房地产业		–1050
1.4.12 租赁和商务服务业		
1.4.13 科学研究、技术服务和地质勘查业		
1.4.14 水利、环境和公共设施管理业	983	983
1.4.15 居民服务和其他服务业	820	330
1.4.16 教育业		
1.4.17 卫生、社会保障和社会福利业	322	62
1.4.18 文化、体育和娱乐业	2	–395
1.4.19 公共管理和社会组织		–333
1.4.20 国际组织		

2-2-4-9 楚雄州大中小型企业情况统计表

二〇一〇年十二月三十一日　　单位：万元

项目名称	贷款余额	比年初增减
1.1 境内大型企业贷款合计	337949	33700
1.1.1 农、林、牧、渔业		
1.1.2 采矿业		-5000
1.1.3 制造业	23000	
1.1.4 电力、燃气及水的生产和供应业	71949	41200
1.1.5 建筑业		
1.1.6 交通运输、仓储和邮政业	232000	-4000
1.1.7 信息传输、计算机服务和软件业	11000	1500
1.1.8 批发和零售业		
1.1.9 住宿和餐饮业		
1.1.10 金融业		
1.1.11 房地产业		
1.1.12 租赁和商务服务业		
1.1.13 科学研究、技术服务和地质勘查业		
1.1.14 水利、环境和公共设施管理业		
1.1.15 居民服务和其他服务业		
1.1.16 教育业		
1.1.17 卫生、社会保障和社会福利业		
1.1.18 文化、体育和娱乐业		
1.1.19 公共管理和社会组织		
1.1.20 国际组织		
1.2 境内中型企业贷款合计	404973	-56482
1.2.1 农、林、牧、渔业	5177	2027
1.2.2 采矿业	41100	-4600
1.2.3 制造业	96043	8570
1.2.4 电力、燃气及水的生产和供应业	33281	-25697
1.2.5 建筑业	12200	-1290
1.2.6 交通运输、仓储和邮政业	78950	-11850
1.2.7 信息传输、计算机服务和软件业		
1.2.8 批发和零售业	28820	-2613
1.2.9 住宿和餐饮业		
1.2.10 金融业		
1.2.11 房地产业	20622	-1478
1.2.12 租赁和商务服务业	13580	-1250
1.2.13 科学研究、技术服务和地质勘查业		
1.2.14 水利、环境和公共设施管理业	72200	-18600
1.2.15 居民服务和其他服务业		-2300
1.2.16 教育业		
1.2.17 卫生、社会保障和社会福利业		-400
1.2.18 文化、体育和娱乐业	3000	3000
1.2.19 公共管理和社会组织		
1.2.20 国际组织		
1.3 境内小型企业贷款合计	288800	-136098
1.3.1 农、林、牧、渔业	134021	-73442
1.3.2 采矿业	4330	-1462
1.3.2.1 规模以上		
1.3.2.2 规模以下		

项目名称	贷款余额	比年初增减
1.3.3 制造业	37525	5512
1.3.3.1 规模以上		
1.3.3.2 规模以下		
1.3.4 电力、燃气及水的生产和供应业	14676	-4809
1.3.4.1 规模以上		
1.3.4.2 规模以下		
1.3.5 建筑业	6260	-4698
1.3.6 交通运输、仓储和邮政业	214	-9805
1.3.7 信息传输、计算机服务和软件业		-50
1.3.8 批发和零售业	41074	-4048
1.3.8.1 限额以上		
1.3.8.2 限额以下		
1.3.9 住宿和餐饮业	51	-4112
1.3.9.1 限额以上		
1.3.9.2 限额以下		
1.3.10 金融业		
1.3.11 房地产业		-24920
1.3.12 租赁和商务服务业	1100	-1896
1.3.13 科学研究、技术服务和地质勘查业	1350	1350
1.3.14 水利、环境和公共设施管理业	46000	-13650
1.3.15 居民服务和其他服务业	1300	307
1.3.16 教育业		-750
1.3.17 卫生、社会保障和社会福利业	900	375
1.3.18 文化、体育和娱乐业		
1.3.19 公共管理和社会组织		
1.3.20 国际组织		
1.4 其中：单户授信小于500万的境内小型企业贷款合计		
1.4.1 农、林、牧、渔业		
1.4.2 采矿业		
1.4.3 制造业		
1.4.4 电力、燃气及水的生产和供应业		
1.4.5 建筑业		
1.4.6 交通运输、仓储和邮政业		
1.4.7 信息传输、计算机服务和软件业		
1.4.8 批发和零售业		
1.4.9 住宿和餐饮业		
1.4.10 金融业		
1.4.11 房地产业		
1.4.12 租赁和商务服务业		
1.4.13 科学研究、技术服务和地质勘查业		
1.4.14 水利、环境和公共设施管理业		
1.4.15 居民服务和其他服务业		
1.4.16 教育业		
1.4.17 卫生、社会保障和社会福利业		
1.4.18 文化、体育和娱乐业		
1.4.19 公共管理和社会组织		
1.4.20 国际组织		

2-2-4-10 大理州大中小型企业情况统计表

二〇一〇年十二月三十一日　　　　单位：万元

项目名称	贷款余额	比年初增减
1.1 境内大型企业贷款合计	604537	25781
1.1.1 农、林、牧、渔业		
1.1.2 采矿业		
1.1.3 制造业	38500	–11500
1.1.4 电力、燃气及水的生产和供应业	439600	69700
1.1.5 建筑业	8251	3251
1.1.6 交通运输、仓储和邮政业	107300	–1700
1.1.7 信息传输、计算机服务和软件业	2386	1830
1.1.8 批发和零售业		
1.1.9 住宿和餐饮业	7000	
1.1.10 金融业		
1.1.11 房地产业		–500
1.1.12 租赁和商务服务业	600	600
1.1.13 科学研究、技术服务和地质勘查业		
1.1.14 水利、环境和公共设施管理业	900	–35900
1.1.15 居民服务和其他服务业		
1.1.16 教育业		
1.1.17 卫生、社会保障和社会福利业		
1.1.18 文化、体育和娱乐业		
1.1.19 公共管理和社会组织		
1.1.20 国际组织		
1.2 境内中型企业贷款合计	781585	176009
1.2.1 农、林、牧、渔业	12000	–4440
1.2.2 采矿业		
1.2.3 制造业	120568	3374
1.2.4 电力、燃气及水的生产和供应业	110040	53900
1.2.5 建筑业	25925	9055
1.2.6 交通运输、仓储和邮政业	69100	–3300
1.2.7 信息传输、计算机服务和软件业	2000	–340
1.2.8 批发和零售业	78579	15663
1.2.9 住宿和餐饮业	6500	3350
1.2.10 金融业		
1.2.11 房地产业	108900	3930
1.2.12 租赁和商务服务业	55901	–10686
1.2.13 科学研究、技术服务和地质勘查业		
1.2.14 水利、环境和公共设施管理业	152872	88553
1.2.15 居民服务和其他服务业	38700	19950
1.2.16 教育业		–900
1.2.17 卫生、社会保障和社会福利业		–400
1.2.18 文化、体育和娱乐业		–1200
1.2.19 公共管理和社会组织	500	–500
1.2.20 国际组织		
1.3 境内小型企业贷款合计	733566	143310
1.3.1 农、林、牧、渔业	65708	26566
1.3.2 采矿业	14523	2848
1.3.2.1 规模以上	8620	5220
1.3.2.2 规模以下	5903	–2372
1.3.3 制造业	73916	10055
1.3.3.1 规模以上	20522	7115
1.3.3.2 规模以下	53394	2940
1.3.4 电力、燃气及水的生产和供应业	142839	66928
1.3.4.1 规模以上	55730	30169
1.3.4.2 规模以下	87109	36759
1.3.5 建筑业	116374	8050
1.3.6 交通运输、仓储和邮政业	26005	20
1.3.7 信息传输、计算机服务和软件业	1550	240
1.3.8 批发和零售业	91417	11153
1.3.8.1 限额以上	26600	17670
1.3.8.2 限额以下	64817	–6517
1.3.9 住宿和餐饮业	27885	1489
1.3.9.1 限额以上	11621	7745
1.3.9.2 限额以下	16264	–6256
1.3.10 金融业	1200	1200
1.3.11 房地产业	34810	3114
1.3.12 租赁和商务服务业	39290	–22413
1.3.13 科学研究、技术服务和地质勘查业	550	–50
1.3.14 水利、环境和公共设施管理业	50963	26778
1.3.15 居民服务和其他服务业	20892	2060
1.3.16 教育业	2898	1485
1.3.17 卫生、社会保障和社会福利业	22362	7272
1.3.18 文化、体育和娱乐业	300	–500
1.3.19 公共管理和社会组织	85	–2985
1.3.20 国际组织		
1.4 其中：单户授信小于500万的境内小型企业贷款合计	80558	8181
1.4.1 农、林、牧、渔业	13855	–1361
1.4.2 采矿业	4281	1206
1.4.3 制造业	11413	2719
1.4.4 电力、燃气及水的生产和供应业	14021	–4328
1.4.5 建筑业	4609	2275
1.4.6 交通运输、仓储和邮政业	2160	–1215
1.4.7 信息传输、计算机服务和软件业	400	240
1.4.8 批发和零售业	11018	3910
1.4.9 住宿和餐饮业	5325	3689
1.4.10 金融业		
1.4.11 房地产业	1126	–324
1.4.12 租赁和商务服务业	3190	1812
1.4.13 科学研究、技术服务和地质勘查业		
1.4.14 水利、环境和公共设施管理业	4473	2298
1.4.15 居民服务和其他服务业	1217	–2825
1.4.16 教育业	695	–718
1.4.17 卫生、社会保障和社会福利业	2390	1208
1.4.18 文化、体育和娱乐业	300	100
1.4.19 公共管理和社会组织	85	–505
1.4.20 国际组织		

2-2-4-11 保山市大中小型企业情况统计表

二〇一〇年十二月三十一日　　　　单位：万元

项目名称	贷款余额	比年初增减	项目名称	贷款余额	比年初增减
1.1 境内大型企业贷款合计	221947	61320	1.3.3 制造业	62371	22917
1.1.1 农、林、牧、渔业			1.3.3.1 规模以上	30581	11596
1.1.2 采矿业			1.3.3.2 规模以下	31791	11321
1.1.3 制造业	10420	−2580	1.3.4 电力、燃气及水的生产和供应业	73262	−83314
1.1.4 电力、燃气及水的生产和供应业	169527	63900	1.3.4.1 规模以上	25578	−45228
1.1.5 建筑业			1.3.4.2 规模以下	47684	−38086
1.1.6 交通运输、仓储和邮政业	42000		1.3.5 建筑业	56535	28415
1.1.7 信息传输、计算机服务和软件业			1.3.6 交通运输、仓储和邮政业	5405	−9201
1.1.8 批发和零售业			1.3.7 信息传输、计算机服务和软件业	517	−168
1.1.9 住宿和餐饮业			1.3.8 批发和零售业	54336	9390
1.1.10 金融业			1.3.8.1 限额以上	28552	14259
1.1.11 房地产业			1.3.8.2 限额以下	25784	−4869
1.1.12 租赁和商务服务业			1.3.9 住宿和餐饮业	7613	−2347
1.1.13 科学研究、技术服务和地质勘查业			1.3.9.1 限额以上	4390	290
1.1.14 水利、环境和公共设施管理业			1.3.9.2 限额以下	3223	−2637
1.1.15 居民服务和其他服务业			1.3.10 金融业	290	290
1.1.16 教育业			1.3.11 房地产业	13315	−4385
1.1.17 卫生、社会保障和社会福利业			1.3.12 租赁和商务服务业	12560	4130
1.1.18 文化、体育和娱乐业			1.3.13 科学研究、技术服务和地质勘查业	1200	1200
1.1.19 公共管理和社会组织			1.3.14 水利、环境和公共设施管理业	55789	33972
1.1.20 国际组织			1.3.15 居民服务和其他服务业	5130	1933
1.2 境内中型企业贷款合计	581375	172176	1.3.16 教育业	3624	−11
1.2.1 农、林、牧、渔业	6930	−4930	1.3.17 卫生、社会保障和社会福利业	7808	2505
1.2.2 采矿业	37900	19150	1.3.18 文化、体育和娱乐业	114	−1670
1.2.3 制造业	88130	15690	1.3.19 公共管理和社会组织	148	−175
1.2.4 电力、燃气及水的生产和供应业	226442	53192	1.3.20 国际组织		
1.2.5 建筑业	75700	42500	1.4 其中：单户授信小于500万的境内小型企业贷款合计	60512	−24256
1.2.6 交通运输、仓储和邮政业	37860	−4910	1.4.1 农、林、牧、渔业	13534	−968
1.2.7 信息传输、计算机服务和软件业			1.4.2 采矿业	1834	−1809
1.2.8 批发和零售业	12503	−2176	1.4.3 制造业	14084	1049
1.2.9 住宿和餐饮业			1.4.4 电力、燃气及水的生产和供应业	2340	−24545
1.2.10 金融业			1.4.5 建筑业	10437	10050
1.2.11 房地产业	33000	6000	1.4.6 交通运输、仓储和邮政业	1467	−548
1.2.12 租赁和商务服务业	7000	3500	1.4.7 信息传输、计算机服务和软件业	517	−168
1.2.13 科学研究、技术服务和地质勘查业			1.4.8 批发和零售业	7317	−964
1.2.14 水利、环境和公共设施管理业	49910	44160	1.4.9 住宿和餐饮业		−3000
1.2.15 居民服务和其他服务业			1.4.10 金融业		
1.2.16 教育业			1.4.11 房地产业	362	−438
1.2.17 卫生、社会保障和社会福利业	6000		1.4.12 租赁和商务服务业	160	−220
1.2.18 文化、体育和娱乐业			1.4.13 科学研究、技术服务和地质勘查业		
1.2.19 公共管理和社会组织			1.4.14 水利、环境和公共设施管理业	3610	−803
1.2.20 国际组织			1.4.15 居民服务和其他服务业	2323	858
1.3 境内小型企业贷款合计	408934	−10383	1.4.16 教育业	724	−11
1.3.1 农、林、牧、渔业	36995	3168	1.4.17 卫生、社会保障和社会福利业	1549	−886
1.3.2 采矿业	11922	−17032	1.4.18 文化、体育和娱乐业	106	−1678
1.3.2.1 规模以上	7950	−4960	1.4.19 公共管理和社会组织	148	−175
1.3.2.2 规模以下	3972	−12072	1.4.20 国际组织		

2-2-4-12 德宏州大中小型企业情况统计表

二〇一〇年十二月三十一日　　单位：万元

项目名称　栏目	贷款余额	比年初增减	项目名称　栏目	贷款余额	比年初增减
1.1 境内大型企业贷款合计	268550	58290	1.3.3 制造业	81050	76310
1.1.1 农、林、牧、渔业	19300	19300	1.3.3.1 规模以上	2350	–8200
1.1.2 采矿业			1.3.3.2 规模以下	300	250
1.1.3 制造业	24400	4400	1.3.4 电力、燃气及水的生产和供应业	73479	28762
1.1.4 电力、燃气及水的生产和供应业	171000	–15560	1.3.4.1 规模以上	2934	189
1.1.5 建筑业			1.3.4.2 规模以下		
1.1.6 交通运输、仓储和邮政业	33000	30000	1.3.5 建筑业	7100	6299
1.1.7 信息传输、计算机服务和软件业	250	250	1.3.6 交通运输、仓储和邮政业	3407	906
1.1.8 批发和零售业			1.3.7 信息传输、计算机服务和软件业		
1.1.9 住宿和餐饮业	20000	20000	1.3.8 批发和零售业	1380	–4459
1.1.10 金融业			1.3.8.1 限额以上	1345	675
1.1.11 房地产业			1.3.8.2 限额以下		
1.1.12 租赁和商务服务业			1.3.9 住宿和餐饮业	180	180
1.1.13 科学研究、技术服务和地质勘查业			1.3.9.1 限额以上	85	85
1.1.14 水利、环境和公共设施管理业	600	–100	1.3.9.2 限额以下	10	–890
1.1.15 居民服务和其他服务业			1.3.10 金融业		
1.1.16 教育业			1.3.11 房地产业		
1.1.17 卫生、社会保障和社会福利业			1.3.12 租赁和商务服务业		
1.1.18 文化、体育和娱乐业			1.3.13 科学研究、技术服务和地质勘查业		
1.1.19 公共管理和社会组织			1.3.14 水利、环境和公共设施管理业		
1.1.20 国际组织			1.3.15 居民服务和其他服务业		
1.2 境内中型企业贷款合计	362020	–18394	1.3.16 教育业		
1.2.1 农、林、牧、渔业	5200	1700	1.3.17 卫生、社会保障和社会福利业		
1.2.2 采矿业			1.3.18 文化、体育和娱乐业		
1.2.3 制造业	35300	–13350	1.3.19 公共管理和社会组织		
1.2.4 电力、燃气及水的生产和供应业	259726	–12466	1.3.20 国际组织		
1.2.5 建筑业	600	–3850	1.4 其中：单户授信小于500万的境内小型企业贷款合计	36345	–4465
1.2.6 交通运输、仓储和邮政业	22000	–2600	1.4.1 农、林、牧、渔业	6885	–3126
1.2.7 信息传输、计算机服务和软件业			1.4.2 采矿业	1[illegible]90	–1159
1.2.8 批发和零售业	26970	16770	1.4.3 制造业	7[illegible]94	2753
1.2.9 住宿和餐饮业	750	–250	1.4.4 电力、燃气及水的生产和供应业	2[illegible]47	–3553
1.2.10 金融业			1.4.5 建筑业	200	–1120
1.2.11 房地产业	6220	–7630	1.4.6 交通运输、仓储和邮政业	950	
1.2.12 租赁和商务服务业			1.4.7 信息传输、计算机服务和软件业	300	250
1.2.13 科学研究、技术服务和地质勘查业			1.4.8 批发和零售业	11851	3943
1.2.14 水利、环境和公共设施管理业	2830	858	1.4.9 住宿和餐饮业	7[illegible]4	–1011
1.2.15 居民服务和其他服务业			1.4.10 金融业		
1.2.16 教育业			1.4.11 房地产业		–801
1.2.17 卫生、社会保障和社会福利业	2425	2425	1.4.12 租赁和商务服务业	1834	229
1.2.18 文化、体育和娱乐业			1.4.13 科学研究、技术服务和地质勘查业		
1.2.19 公共管理和社会组织			1.4.14 水利、环境和公共设施管理业	580	–320
1.2.20 国际组织			1.4.15 居民服务和其他服务业	345	75
1.3 境内小型企业贷款合计	307932	88789	1.4.16 教育业		
1.3.1 农、林、牧、渔业	10065	–2146	1.4.17 卫生、社会保障和社会福利业	180	180
1.3.2 采矿业	2690	–1159	1.4.18 文化、体育和娱乐业	85	85
1.3.2.1 规模以上	14279	4006	1.4.19 公共管理和社会组织	10	–890
1.3.2.2 规模以下	107279	–12018	1.4.20 国际组织		

2-2-4-13 丽江市大中小型企业情况统计表

二〇一〇年十二月三十一日　　　　单位：万元

栏目 项目名称	贷款余额	比年初增减
1.1 境内大型企业贷款合计	258026	90500
1.1.1 农、林、牧、渔业		
1.1.2 采矿业		
1.1.3 制造业		
1.1.4 电力、燃气及水的生产和供应业	237800	104000
1.1.5 建筑业		
1.1.6 交通运输、仓储和邮政业	4000	
1.1.7 信息传输、计算机服务和软件业		
1.1.8 批发和零售业		
1.1.9 住宿和餐饮业		
1.1.10 金融业		
1.1.11 房地产业	5000	-7000
1.1.12 租赁和商务服务业		
1.1.13 科学研究、技术服务和地质勘查业		
1.1.14 水利、环境和公共设施管理业	11226	-6500
1.1.15 居民服务和其他服务业		
1.1.16 教育业		
1.1.17 卫生、社会保障和社会福利业		
1.1.18 文化、体育和娱乐业		
1.1.19 公共管理和社会组织		
1.1.20 国际组织		
1.2 境内中型企业贷款合计	353733	-47638
1.2.1 农、林、牧、渔业		
1.2.2 采矿业	12600	3600
1.2.3 制造业	13250	-4550
1.2.4 电力、燃气及水的生产和供应业	68143	-82184
1.2.5 建筑业	7300	-3000
1.2.6 交通运输、仓储和邮政业	16600	15600
1.2.7 信息传输、计算机服务和软件业		-1330
1.2.8 批发和零售业	12280	-5610
1.2.9 住宿和餐饮业	8300	2500
1.2.10 金融业		
1.2.11 房地产业	9000	-4100
1.2.12 租赁和商务服务业	22390	4856
1.2.13 科学研究、技术服务和地质勘查业		
1.2.14 水利、环境和公共设施管理业	176980	53090
1.2.15 居民服务和其他服务业	1100	-24100
1.2.16 教育业		
1.2.17 卫生、社会保障和社会福利业		
1.2.18 文化、体育和娱乐业	5790	-2410
1.2.19 公共管理和社会组织		
1.2.20 国际组织		
1.3 境内小型企业贷款合计	404535	132991
1.3.1 农、林、牧、渔业	11940	5670
1.3.2 采矿业	3200	6370
1.3.2.1 规模以上	3200	6370
1.3.2.2 规模以下		
1.3.3 制造业	7132	7865
1.3.3.1 规模以上	4390	4490
1.3.3.2 规模以下	2742	3375
1.3.4 电力、燃气及水的生产和供应业	139173	219358
1.3.4.1 规模以上	35187	118608
1.3.4.2 规模以下	103986	100750
1.3.5 建筑业	19475	-3182
1.3.6 交通运输、仓储和邮政业		-11670
1.3.7 信息传输、计算机服务和软件业	1167	1037
1.3.8 批发和零售业	79591	37582
1.3.8.1 限额以上	59695	15684
1.3.8.2 限额以下	19896	21898
1.3.9 住宿和餐饮业	9462	10668
1.3.9.1 限额以上	5300	3629
1.3.9.2 限额以下	4162	7039
1.3.10 金融业		-119
1.3.11 房地产业	38500	17500
1.3.12 租赁和商务服务业	13850	1780
1.3.13 科学研究、技术服务和地质勘查业		-40
1.3.14 水利、环境和公共设施管理业	54100	-900
1.3.15 居民服务和其他服务业	16275	5125
1.3.16 教育业	80	-120
1.3.17 卫生、社会保障和社会福利业	2200	-400
1.3.18 文化、体育和娱乐业	8390	2505
1.3.19 公共管理和社会组织		
1.3.20 国际组织		
1.4 其中：单户授信小于500万的境内小型企业贷款合计	7514	-6178
1.4.1 农、林、牧、渔业	1590	870
1.4.2 采矿业		
1.4.3 制造业	542	-442
1.4.4 电力、燃气及水的生产和供应业		-3953
1.4.5 建筑业	300	-130
1.4.6 交通运输、仓储和邮政业		
1.4.7 信息传输、计算机服务和软件业	87	-43
1.4.8 批发和零售业	2708	-1341
1.4.9 住宿和餐饮业	962	-500
1.4.10 金融业		-119
1.4.11 房地产业		
1.4.12 租赁和商务服务业	650	-70
1.4.13 科学研究、技术服务和地质勘查业		-40
1.4.14 水利、环境和公共设施管理业		
1.4.15 居民服务和其他服务业	275	-225
1.4.16 教育业		
1.4.17 卫生、社会保障和社会福利业		-400
1.4.18 文化、体育和娱乐业	400	215
1.4.19 公共管理和社会组织		
1.4.20 国际组织		

2-2-4-14 怒江州大中小型企业情况统计表

二〇一〇年十二月三十一日

单位：万元

栏目 项目名称	贷款余额	比年初增减
1.1 境内大型企业贷款合计	107900	–6150
1.1.1 农、林、牧、渔业		
1.1.2 采矿业	107900	6500
1.1.3 制造业		
1.1.4 电力、燃气及水的生产和供应业		–12650
1.1.5 建筑业		
1.1.6 交通运输、仓储和邮政业		
1.1.7 信息传输、计算机服务和软件业		
1.1.8 批发和零售业		
1.1.9 住宿和餐饮业		
1.1.10 金融业		
1.1.11 房地产业		
1.1.12 租赁和商务服务业		
1.1.13 科学研究、技术服务和地质勘查业		
1.1.14 水利、环境和公共设施管理业		
1.1.15 居民服务和其他服务业		
1.1.16 教育业		
1.1.17 卫生、社会保障和社会福利业		
1.1.18 文化、体育和娱乐业		
1.1.19 公共管理和社会组织		
1.1.20 国际组织		
1.2 境内中型企业贷款合计	100078	21868
1.2.1 农、林、牧、渔业		–1000
1.2.2 采矿业	250	–250
1.2.3 制造业		
1.2.4 电力、燃气及水的生产和供应业	77178	37538
1.2.5 建筑业	500	
1.2.6 交通运输、仓储和邮政业	3280	–16070
1.2.7 信息传输、计算机服务和软件业		
1.2.8 批发和零售业	50	50
1.2.9 住宿和餐饮业	1220	–400
1.2.10 金融业		
1.2.11 房地产业	15400	1400
1.2.12 租赁和商务服务业	300	300
1.2.13 科学研究、技术服务和地质勘查业		
1.2.14 水利、环境和公共设施管理业	1900	300
1.2.15 居民服务和其他服务业		
1.2.16 教育业		
1.2.17 卫生、社会保障和社会福利业		
1.2.18 文化、体育和娱乐业		
1.2.19 公共管理和社会组织		
1.2.20 国际组织		
1.3 境内小型企业贷款合计	137412	15296
1.3.1 农、林、牧、渔业	6113	–1120
1.3.2 采矿业	3463	3463
1.3.2.1 规模以上		
1.3.2.2 规模以下		
1.3.3 制造业	3693	2538
1.3.3.1 规模以上		
1.3.3.2 规模以下		
1.3.4 电力、燃气及水的生产和供应业	77725	6978
1.3.4.1 规模以上		
1.3.4.2 规模以下		
1.3.5 建筑业	18900	–4835
1.3.6 交通运输、仓储和邮政业	1180	–1443
1.3.7 信息传输、计算机服务和软件业	31	–3
1.3.8 批发和零售业	10787	1478
1.3.8.1 限额以上		
1.3.8.2 限额以下		
1.3.9 住宿和餐饮业	2135	1335
1.3.9.1 限额以上		
1.3.9.2 限额以下		
1.3.10 金融业		
1.3.11 房地产业	1450	1450
1.3.12 租赁和商务服务业	765	565
1.3.13 科学研究、技术服务和地质勘查业		
1.3.14 水利、环境和公共设施管理业	5093	93
1.3.15 居民服务和其他服务业	615	–665
1.3.16 教育业	5000	5000
1.3.17 卫生、社会保障和社会福利业		
1.3.18 文化、体育和娱乐业	6	6
1.3.19 公共管理和社会组织	456	456
1.3.20 国际组织		
1.4 其中：单户授信小于500万的境内小型企业贷款合计	17182	4716
1.4.1 农、林、牧、渔业	1563	–819
1.4.2 采矿业	1563	1563
1.4.3 制造业	2203	1048
1.4.4 电力、燃气及水的生产和供应业	2305	1883
1.4.5 建筑业	900	165
1.4.6 交通运输、仓储和邮政业	700	–1923
1.4.7 信息传输、计算机服务和软件业	31	–3
1.4.8 批发和零售业	2932	–423
1.4.9 住宿和餐饮业	1550	750
1.4.10 金融业		
1.4.11 房地产业	1300	1300
1.4.12 租赁和商务服务业	465	265
1.4.13 科学研究、技术服务和地质勘查业		
1.4.14 水利、环境和公共设施管理业	1093	1093
1.4.15 居民服务和其他服务业	115	–645
1.4.16 教育业		
1.4.17 卫生、社会保障和社会福利业		
1.4.18 文化、体育和娱乐业	6	6
1.4.19 公共管理和社会组织	456	456
1.4.20 国际组织		

2-2-4-15 迪庆州大中小型企业情况统计表

二〇一〇年十二月三十一日　　　　单位：万元

项目名称　栏目	贷款余额	比年初增减	项目名称　栏目	贷款余额	比年初增减
1.1 境内大型企业贷款合计	14382	5382	1.3 境内小型企业贷款合计	176719	–7322
1.1.1 农、林、牧、渔业			1.3.1 农、林、牧、渔业	32569	–9154
1.1.2 采矿业			1.3.2 采矿业	13080	10185
1.1.3 制造业			1.3.3 制造业	8421	3906
1.1.4 电力、燃气及水的生产和供应业	12382	5382	1.3.4 电力、燃气及水的生产和供应业	79477	–8833
1.1.5 建筑业			1.3.5 建筑业	7664	635
1.1.6 交通运输、仓储和邮政业	2000		1.3.6 交通运输、仓储和邮政业	2108	708
1.1.7 信息传输、计算机服务和软件业			1.3.7 信息传输、计算机服务和软件业		–57
1.1.8 批发和零售业			1.3.8 批发和零售业	14163	2339
1.1.9 住宿和餐饮业			1.3.9 住宿和餐饮业	6037	1658
1.1.10 金融业			1.3.10 金融业		
1.1.11 房地产业			1.3.11 房地产业	2870	–130
1.1.12 租赁和商务服务业			1.3.12 租赁和商务服务业	3400	1690
1.1.13 科学研究、技术服务和地质勘查业			1.3.13 科学研究、技术服务和地质勘查业		
1.1.14 水利、环境和公共设施管理业			1.3.14 水利、环境和公共设施管理业		–16950
1.1.15 居民服务和其他服务业			1.3.15 居民服务和其他服务业	4950	4850
1.1.16 教育业			1.3.16 教育业		
1.1.17 卫生、社会保障和社会福利业			1.3.17 卫生、社会保障和社会福利业	150	
1.1.18 文化、体育和娱乐业			1.3.18 文化、体育和娱乐业	1740	1740
1.1.19 公共管理和社会组织			1.3.19 公共管理和社会组织	90	90
1.1.20 国际组织			1.3.20 国际组织		
1.2 境内中型企业贷款合计	374305	105433	1.4 其中：单户授信小于500万的境内小型企业贷款合计	14871	–1543
1.2.1 农、林、牧、渔业	335	280	1.4.1 农、林、牧、渔业	2397	–447
1.2.2 采矿业	52949	32949	1.4.2 采矿业	130	–165
1.2.3 制造业	7620	–3080	1.4.3 制造业	2711	216
1.2.4 电力、燃气及水的生产和供应业	156301	18561	1.4.4 电力、燃气及水的生产和供应业	1329	–4401
1.2.5 建筑业	3645	3145	1.4.5 建筑业	272	43
1.2.6 交通运输、仓储和邮政业	7100	–300	1.4.6 交通运输、仓储和邮政业	500	500
1.2.7 信息传输、计算机服务和软件业			1.4.7 信息传输、计算机服务和软件业		–57
1.2.8 批发和零售业	2625	1578	1.4.8 批发和零售业	1611	195
1.2.9 住宿和餐饮业	12000	6000	1.4.9 住宿和餐饮业	2001	412
1.2.10 金融业			1.4.10 金融业		
1.2.11 房地产业	1000	500	1.4.11 房地产业	1500	1500
1.2.12 租赁和商务服务业	36030	10930	1.4.12 租赁和商务服务业	990	–70
1.2.13 科学研究、技术服务和地质勘查业			1.4.13 科学研究、技术服务和地质勘查业		
1.2.14 水利、环境和公共设施管理业	70700	34200	1.4.14 水利、环境和公共设施管理业		–450
1.2.15 居民服务和其他服务业	24000	670	1.4.15 居民服务和其他服务业	450	350
1.2.16 教育业			1.4.16 教育业		
1.2.17 卫生、社会保障和社会福利业			1.4.17 卫生、社会保障和社会福利业	150	
1.2.18 文化、体育和娱乐业			1.4.18 文化、体育和娱乐业	740	740
1.2.19 公共管理和社会组织			1.4.19 公共管理和社会组织	90	90
1.2.20 国际组织			1.4.20 国际组织		

2-2-4-16 临沧市大中小型企业情况统计表

二〇一〇年十二月三十一日　　　　单位：万元

项目名称	贷款余额	比年初增减	项目名称	贷款余额	比年初增减
1.1 境内大型企业贷款合计	314738	5550	1.3.3 制造业	25667	8437
1.1.1 农、林、牧、渔业			1.3.3.1 规模以上		
1.1.2 采矿业			1.3.3.2 规模以下	25667	8437
1.1.3 制造业	37600	-12400	1.3.4 电力、燃气及水的生产和供应业	28526	5430
1.1.4 电力、燃气及水的生产和供应业	254480	9050	1.3.4.1 规模以上		
1.1.5 建筑业	1800	1800	1.3.4.2 规模以下	28526	5430
1.1.6 交通运输、仓储和邮政业	8000		1.3.5 建筑业	13445	-575
1.1.7 信息传输、计算机服务和软件业	5858	100	1.3.6 交通运输、仓储和邮政业	1168	617
1.1.8 批发和零售业			1.3.7 信息传输、计算机服务和软件业	150	150
1.1.9 住宿和餐饮业			1.3.8 批发和零售业	40759	8086
1.1.10 金融业			1.3.8.1 限额以上		
1.1.11 房地产业			1.3.8.2 限额以下	40759	8086
1.1.12 租赁和商务服务业			1.3.9 住宿和餐饮业	6880	2460
1.1.13 科学研究、技术服务和地质勘查业			1.3.9.1 限额以上		
1.1.14 水利、环境和公共设施管理业	7000	7000	1.3.9.2 限额以下	6880	2460
1.1.15 居民服务和其他服务业			1.3.10 金融业		
1.1.16 教育业			1.3.11 房地产业	860	160
1.1.17 卫生、社会保障和社会福利业			1.3.12 租赁和商务服务业	8444	-557
1.1.18 文化、体育和娱乐业			1.3.13 科学研究、技术服务和地质勘查业		
1.1.19 公共管理和社会组织			1.3.14 水利、环境和公共设施管理业	54349	32165
1.1.20 国际组织			1.3.15 居民服务和其他服务业	350	-4070
1.2 境内中型企业贷款合计	365076	27158	1.3.16 教育业	376	162
1.2.1 农、林、牧、渔业	21085	-380	1.3.17 卫生、社会保障和社会福利业	862	441
1.2.2 采矿业	7700	-3600	1.3.18 文化、体育和娱乐业		
1.2.3 制造业	125850	15049	1.3.19 公共管理和社会组织	1098	37
1.2.4 电力、燃气及水的生产和供应业	79852	33355	1.3.20 国际组织		
1.2.5 建筑业	11478	1478	1.4 其中：单户授信小于500万的境内小型企业贷款合计	54251	1086
1.2.6 交通运输、仓储和邮政业	57420	-2570	1.4.1 农、林、牧、渔业	22908	3240
1.2.7 信息传输、计算机服务和软件业			1.4.2 采矿业	630	-1570
1.2.8 批发和零售业	10078	-7224	1.4.3 制造业	11423	2663
1.2.9 住宿和餐饮业	3155	-171	1.4.4 电力、燃气及水的生产和供应业	4009	298
1.2.10 金融业			1.4.5 建筑业	2928	-2499
1.2.11 房地产业	16500		1.4.6 交通运输、仓储和邮政业	764	700
1.2.12 租赁和商务服务业	5500	-7200	1.4.7 信息传输、计算机服务和软件业	150	150
1.2.13 科学研究、技术服务和地质勘查业		-150	1.4.8 批发和零售业	4791	-1931
1.2.14 水利、环境和公共设施管理业	25758	1871	1.4.9 住宿和餐饮业	570	-90
1.2.15 居民服务和其他服务业		-3500	1.4.10 金融业		
1.2.16 教育业			1.4.11 房地产业	860	160
1.2.17 卫生、社会保障和社会福利业	700	700	1.4.12 租赁和商务服务业	934	-77
1.2.18 文化、体育和娱乐业			1.4.13 科学研究、技术服务和地质勘查业		
1.2.19 公共管理和社会组织		-500	1.4.14 水利、环境和公共设施管理业	1694	308
1.2.20 国际组织			1.4.15 居民服务和其他服务业	350	-1176
1.3 境内小型企业贷款合计	231727	65735	1.4.16 教育业	318	110
1.3.1 农、林、牧、渔业	44463	12961	1.4.17 卫生、社会保障和社会福利业	862	799
1.3.2 采矿业	4330	-170	1.4.18 文化、体育和娱乐业		
1.3.2.1 规模以上			1.4.19 公共管理和社会组织	1061	
1.3.2.2 规模以下	4330	-170	1.4.20 国际组织		

5.涉农贷款统计

2-2-5-1 昆明市涉农贷款汇总统计表

二○一○年十二月三十一日　　单位：万元

项目名称 栏目	余额	当年新增额
涉农贷款	11590709	2029692
一、按用途分类	11590709	2029692
（一）农林牧渔业贷款	1048984	-149532
（二）农用物资和农副产品流通贷款	841110	205381
（三）农村基础设施建设贷款	4329969	-519384
（四）农产品加工贷款	436669	-79267
（五）农业生产资料制造贷款	907016	181418
（六）农田基本建设贷款	874642	714546
（七）农业科技贷款	63589	27188
（八）其他	3088729	1649342
二、按城乡地域分类	11590709	2029692
（一）农村贷款	5338991	1755327
1、农户贷款	1172145	377825
2、农村企业及各类组织贷款	4166845	1377502
（二）城市企业及各类组织涉农贷款	6251718	274365
三、按受贷主体分类	11590709	2029692
（一）农户贷款	1172145	377825
（二）企业贷款	9373666	1519609
1、农村企业贷款	3635169	1153037
其中：农村中小企业贷款	1620456	612565
2、城市企业涉农贷款	5738497	366572
（三）各类非企业组织贷款	1044897	132258
1、农村各类组织贷款	531676	224465
2、城市各类组织涉农贷款	513221	-92207
附：全金融机构含外资贷款	64985749	10477846

2-2-5-2 昭通市涉农贷款汇总统计表

二〇一〇年十二月三十一日　　单位：万元

项目名称 \ 栏目	余　额	当年新增额
涉农贷款	1807097	527340
一、按用途分类	1807097	527340
（一）农林牧渔业贷款	420292	-112334
（二）农用物资和农副产品流通贷款	68075	17317
（三）农村基础设施建设贷款	527256	161612
（四）农产品加工贷款	37820	9522
（五）农业生产资料制造贷款	281156	142966
（六）农田基本建设贷款	29774	14298
（七）农业科技贷款	4300	1500
（八）其他	438425	292460
二、按城乡地域分类	1807097	527340
（一）农村贷款	1269088	276729
1、农户贷款	506168	157047
2、农村企业及各类组织贷款	762920	119682
（二）城市企业及各类组织涉农贷款	538009	250611
三、按受贷主体分类	1807097	527340
（一）农户贷款	506168	157047
（二）企业贷款	1243280	426754
1、农村企业贷款	717326	178008
其中：农村中小企业贷款	240709	104809
2、城市企业涉农贷款	525954	248745
（三）各类非企业组织贷款	57650	-56460
1、农村各类组织贷款	45594	-58326
2、城市各类组织涉农贷款	12056	1866
附：全金融机构含外资贷款	2863358	729949

2-2-5-3 曲靖市涉农贷款汇总统计表

二〇一〇年十二月三十一日　　单位：万元

项目名称＼栏目	余额	当年新增额
涉农贷款	3664158	790476
一、按用途分类	3664158	790476
（一）农林牧渔业贷款	1182435	227753
（二）农用物资和农副产品流通贷款	218965	-40231
（三）农村基础设施建设贷款	289466	174948
（四）农产品加工贷款	91604	10412
（五）农业生产资料制造贷款	174219	94086
（六）农田基本建设贷款	106806	53006
（七）农业科技贷款	6050	1180
（八）其他	1594613	269322
二、按城乡地域分类	3664158	790476
（一）农村贷款	3442075	786927
1、农户贷款	1189299	289251
2、农村企业及各类组织贷款	2252776	497676
（二）城市企业及各类组织涉农贷款	222084	3549
三、按受贷主体分类	3664158	790476
（一）农户贷款	1189299	289251
（二）企业贷款	2273897	462956
1、农村企业贷款	2064186	457847
其中：农村中小企业贷款	539722	107336
2、城市企业涉农贷款	209711	5109
（三）各类非企业组织贷款	200962	38270
1、农村各类组织贷款	188590	39830
2、城市各类组织涉农贷款	12372	-1560
附：全金融机构含外资贷款	6299319	1036271

2-2-5-4 玉溪市涉农贷款汇总统计表

二〇一〇年十二月三十一日　　单位：万元

项目名称 \ 栏目	余　额	当年新增额
涉农贷款	2183026	370699
一、按用途分类	2183026	370699
（一）农林牧渔业贷款	633974	-53350
（二）农用物资和农副产品流通贷款	247405	80935
（三）农村基础设施建设贷款	259065	73153
（四）农产品加工贷款	115824	39552
（五）农业生产资料制造贷款	159199	73401
（六）农田基本建设贷款	74906	21990
（七）农业科技贷款	12242	7098
（八）其他	680411	127920
二、按城乡地域分类	2183026	370699
（一）农村贷款	1695314	136474
1、农户贷款	723443	141970
2、农村企业及各类组织贷款	971871	-5496
（二）城市企业及各类组织涉农贷款	487712	234225
三、按受贷主体分类	2183026	370699
（一）农户贷款	723443	141970
（二）企业贷款	1427175	274115
1、农村企业贷款	946773	37470
其中：农村中小企业贷款	727710	90226
2、城市企业涉农贷款	480402	236644
（三）各类非企业组织贷款	32408	-45386
1、农村各类组织贷款	25098	-42967
2、城市各类组织涉农贷款	7310	-2419
附：全金融机构含外资贷款	4656585	851965

2-2-5-5 红河州涉农贷款汇总统计表

二〇一〇年十二月三十一日　　单位：万元

项目名称 \ 栏目	余　额	当年新增额
涉农贷款	3527002	416249
一、按用途分类	3527002	416249
（一）农林牧渔业贷款	737919	-49862
（二）农用物资和农副产品流通贷款	123881	32561
（三）农村基础设施建设贷款	589175	125155
（四）农产品加工贷款	36318	-93116
（五）农业生产资料制造贷款	141040	-34185
（六）农田基本建设贷款	41823	8683
（七）农业科技贷款	6584	5047
（八）其他	1850263	421967
二、按城乡地域分类	3527002	416249
（一）农村贷款	3247514	419141
1、农户贷款	1049290	237125
2、农村企业及各类组织贷款	2198224	182016
（二）城市企业及各类组织涉农贷款	279488	-2892
三、按受贷主体分类	3527002	416249
（一）农户贷款	1049290	237125
（二）企业贷款	2310201	115841
1、农村企业贷款	2059632	118733
其中：农村中小企业贷款	566744	192256
2、城市企业涉农贷款	250568	-2892
（三）各类非企业组织贷款	167511	63283
1、农村各类组织贷款	138591	63283
2、城市各类组织涉农贷款	28920	
附：全金融机构含外资贷款	4882527	780185

2-2-5-6 文山州涉农贷款汇总统计表

二〇一〇年十二月三十一日　　　　单位：万元

项目名称 \ 栏目	余　额	当年新增额
涉农贷款	1984824	395462
一、按用途分类	1984824	395462
（一）农林牧渔业贷款	704342	45399
（二）农用物资和农副产品流通贷款	95845	–29042
（三）农村基础设施建设贷款	609264	345324
（四）农产品加工贷款	78256	58624
（五）农业生产资料制造贷款	15218	–4077
（六）农田基本建设贷款	22197	–3697
（七）农业科技贷款	1909	1196
（八）其他	457794	–18267
二、按城乡地域分类	1984824	395462
（一）农村贷款	1777660	286763
1、农户贷款	560558	96918
2、农村企业及各类组织贷款	1217103	189845
（二）城市企业及各类组织涉农贷款	207164	108698
三、按受贷主体分类	1984824	395462
（一）农户贷款	560558	96918
（二）企业贷款	1341263	457025
1、农村企业贷款	1145702	348326
其中：农村中小企业贷款	894827	247805
2、城市企业涉农贷款	195561	108698
（三）各类非企业组织贷款	83003	–158481
1、农村各类组织贷款	71400	–158481
2、城市各类组织涉农贷款	11603	
附：全金融机构含外资贷款	2718742	397834

2-2-5-7 普洱市涉农贷款汇总统计表

二〇一〇年十二月三十一日　　单位：万元

项目名称 \ 栏目	余额	当年新增额
涉农贷款	1266668	247598
一、按用途分类	1266668	247598
（一）农林牧渔业贷款	807244	230278
（二）农用物资和农副产品流通贷款	58645	9797
（三）农村基础设施建设贷款	285352	64077
（四）农产品加工贷款	57943	27592
（五）农业生产资料制造贷款	3940	-15435
（六）农田基本建设贷款	1170	-5526
（七）农业科技贷款	3539	-2367
（八）其他	48835	-60768
二、按城乡地域分类	1266668	247598
（一）农村贷款	915841	173682
1、农户贷款	524404	163077
2、农村企业及各类组织贷款	391437	10605
（二）城市企业及各类组织涉农贷款	350827	73915
三、按受贷主体分类	1266668	247598
（一）农户贷款	524404	163077
（二）企业贷款	692999	126515
1、农村企业贷款	361687	57218
其中：农村中小企业贷款	204236	48916
2、城市企业涉农贷款	331313	69297
（三）各类非企业组织贷款	49264	-41994
1、农村各类组织贷款	29750	-46613
2、城市各类组织涉农贷款	19514	4618
附：全金融机构含外资贷款	2320049	415947

2-2-5-8 版纳州涉农贷款汇总统计表

二〇一〇年十二月三十一日　　单位：万元

项目名称 \ 栏目	余额	当年新增额
涉农贷款	931915	122080
一、按用途分类	931915	122080
（一）农林牧渔业贷款	442844	65440
（二）农用物资和农副产品流通贷款	22945	1147
（三）农村基础设施建设贷款	258202	36713
（四）农产品加工贷款	15731	−2107
（五）农业生产资料制造贷款		−6000
（六）农田基本建设贷款	4737	−2945
（七）农业科技贷款		
（八）其他	187456	29831
二、按城乡地域分类	931915	122080
（一）农村贷款	702277	122578
1、农户贷款	395720	54181
2、农村企业及各类组织贷款	306557	68397
（二）城市企业及各类组织涉农贷款	229638	−498
三、按受贷主体分类	931915	122080
（一）农户贷款	395720	54181
（二）企业贷款	456294	73207
1、农村企业贷款	230680	73645
其中：农村中小企业贷款	179625	45785
2、城市企业涉农贷款	225614	−438
（三）各类非企业组织贷款	79901	−5308
1、农村各类组织贷款	75877	−5248
2、城市各类组织涉农贷款	4024	−60
附：全金融机构含外资贷款	1452936	251413

2-2-5-9 楚雄州涉农贷款汇总统计表

二〇一〇年十二月三十一日　　单位：万元

项目名称 \ 栏目	余　　额	当年新增额
涉农贷款	1714936	301864
一、按用途分类	1714936	301864
（一）农林牧渔业贷款	870810	213032
（二）农用物资和农副产品流通贷款	114378	-1171
（三）农村基础设施建设贷款	503908	133490
（四）农产品加工贷款	42496	5335
（五）农业生产资料制造贷款	43464	24249
（六）农田基本建设贷款	8355	-1381
（七）农业科技贷款	3703	3653
（八）其他	127822	-75343
二、按城乡地域分类	1714936	301864
（一）农村贷款	1332377	285643
1、农户贷款	586181	130122
2、农村企业及各类组织贷款	746196	155521
（二）城市企业及各类组织涉农贷款	382559	16221
三、按受贷主体分类	1714936	301864
（一）农户贷款	586181	130122
（二）企业贷款	1014348	197385
1、农村企业贷款	641955	179963
其中：农村中小企业贷款	323924	51087
2、城市企业涉农贷款	372394	17421
（三）各类非企业组织贷款	114406	-25642
1、农村各类组织贷款	104241	-24442
2、城市各类组织涉农贷款	10165	-1200
附：全金融机构含外资贷款	2652176	488515

2-2-5-10 大理州涉农贷款汇总统计表

二〇一〇年十二月三十一日 单位：万元

项目名称 栏目	余额	当年新增额
涉农贷款	2587955	648382
一、按用途分类	2587955	648382
（一）农林牧渔业贷款	724131	151800
（二）农用物资和农副产品流通贷款	128478	-18760
（三）农村基础设施建设贷款	450353	88886
（四）农产品加工贷款	71634	23154
（五）农业生产资料制造贷款	48805	-21883
（六）农田基本建设贷款	7300	-3588
（七）农业科技贷款	29439	7859
（八）其他	1127815	420914
二、按城乡地域分类	2587955	648382
（一）农村贷款	2248870	578196
1、农户贷款	1067080	394083
2、农村企业及各类组织贷款	1181789	184113
（二）城市企业及各类组织涉农贷款	339085	70186
三、按受贷主体分类	2587955	648382
（一）农户贷款	1067080	394083
（二）企业贷款	1407884	224616
1、农村企业贷款	1073350	154430
其中：农村中小企业贷款	782637	273856
2、城市企业涉农贷款	334534	70186
（三）各类非企业组织贷款	112990	29683
1、农村各类组织贷款	108439	29683
2、城市各类组织涉农贷款	4551	
附：全金融机构含外资贷款	3901011	717676

2-2-5-11 保山市涉农贷款汇总统计表

二〇一〇年十二月三十一日　　单位：万元

项目名称　栏目	余　额	当年新增额
涉农贷款	1210740	182486
一、按用途分类	1210740	182486
（一）农林牧渔业贷款	629416	180857
（二）农用物资和农副产品流通贷款	100575	60011
（三）农村基础设施建设贷款	281322	62456
（四）农产品加工贷款	48303	8717
（五）农业生产资料制造贷款	16200	9750
（六）农田基本建设贷款	880	-2870
（七）农业科技贷款	7000	3000
（八）其他	127043	-139434
二、按城乡地域分类	1210740	182486
（一）农村贷款	958110	87275
1、农户贷款	580384	67454
2、农村企业及各类组织贷款	377726	19821
（二）城市企业及各类组织涉农贷款	252630	95212
三、按受贷主体分类	1210740	182486
（一）农户贷款	580384	67454
（二）企业贷款	581542	127770
1、农村企业贷款	345905	38748
其中：农村中小企业贷款	211815	-8026
2、城市企业涉农贷款	235637	89022
（三）各类非企业组织贷款	48814	-12737
1、农村各类组织贷款	31821	-18927
2、城市各类组织涉农贷款	16993	6190
附：全金融机构含外资贷款	2286986	427535

2-2-5-12 德宏州涉农贷款汇总统计表

二〇一〇年十二月三十一日　　单位：万元

项目名称 栏目	余额	当年新增额
涉农贷款	1117166	150583
一、按用途分类	1117166	150583
（一）农林牧渔业贷款	206041	42682
（二）农用物资和农副产品流通贷款	56780	-6011
（三）农村基础设施建设贷款	359979	98813
（四）农产品加工贷款	24507	8342
（五）农业生产资料制造贷款	8596	567
（六）农田基本建设贷款		-92781
（七）农业科技贷款	1203	1203
（八）其他	460060	97769
二、按城乡地域分类	1117166	150583
（一）农村贷款	1001067	110818
1、农户贷款	308648	68912
2、农村企业及各类组织贷款	692419	41906
（二）城市企业及各类组织涉农贷款	116099	39765
三、按受贷主体分类	1117166	150583
（一）农户贷款	308648	68912
（二）企业贷款	780014	75336
1、农村企业贷款	666037	35221
其中：农村中小企业贷款	294111	61343
2、城市企业涉农贷款	113977	40115
（三）各类非企业组织贷款	28504	6335
1、农村各类组织贷款	26382	6685
2、城市各类组织涉农贷款	2122	-350
附：全金融机构含外资贷款	1622510	306696

2-2-5-13 丽江市涉农贷款汇总统计表

二〇一〇年十二月三十一日　　单位：万元

项目名称＼栏目	余　额	当年新增额
涉农贷款	642982	102893
一、按用途分类	642982	102893
（一）农林牧渔业贷款	148565	-56652
（二）农用物资和农副产品流通贷款	55419	27933
（三）农村基础设施建设贷款	142406	-16528
（四）农产品加工贷款	15937	-1181
（五）农业生产资料制造贷款	18081	5659
（六）农田基本建设贷款	94	-6
（七）农业科技贷款	500	500
（八）其他	261979	143168
二、按城乡地域分类	642982	102893
（一）农村贷款	490593	79213
1、农户贷款	294224	86753
2、农村企业及各类组织贷款	196369	-7540
（二）城市企业及各类组织涉农贷款	152389	23680
三、按受贷主体分类	642982	102893
（一）农户贷款	294224	86753
（二）企业贷款	294857	10663
1、农村企业贷款	175468	18476
其中：农村中小企业贷款	98071	5308
2、城市企业涉农贷款	119388	-7813
（三）各类非企业组织贷款	53901	5476
1、农村各类组织贷款	20901	-26016
2、城市各类组织涉农贷款	33000	31492
附：全金融机构含外资贷款	1939227	413042

2-2-5-14 怒江州涉农贷款汇总统计表

二〇一〇年十二月三十一日　　单位：万元

项目名称 \ 栏目	余　额	当年新增额
涉农贷款	423107	101232
一、按用途分类	423107	101232
（一）农林牧渔业贷款	13052	–11122
（二）农用物资和农副产品流通贷款	19214	5102
（三）农村基础设施建设贷款	111984	34669
（四）农产品加工贷款	1406	1110
（五）农业生产资料制造贷款	1194	–31706
（六）农田基本建设贷款	48010	–14279
（七）农业科技贷款		
（八）其他	228247	117458
二、按城乡地域分类	423107	101232
（一）农村贷款	310026	90207
1、农户贷款	42283	4748
2、农村企业及各类组织贷款	267743	85460
（二）城市企业及各类组织涉农贷款	113081	11025
三、按受贷主体分类	423107	101232
（一）农户贷款	42283	4748
（二）企业贷款	266898	44017
1、农村企业贷款	208610	40018
其中：农村中小企业贷款	153737	69292
2、城市企业涉农贷款	58288	3998
（三）各类非企业组织贷款	113925	52468
1、农村各类组织贷款	59132	45441
2、城市各类组织涉农贷款	54793	7026
附：全金融机构含外资贷款	514453	79683

2-2-5-15 迪庆州涉农贷款汇总统计表

二〇一〇年十二月三十一日　　单位：万元

项目名称 \ 栏目	余额	当年新增额
涉农贷款	646961	261252
一、按用途分类	646961	261252
（一）农林牧渔业贷款	141444	17074
（二）农用物资和农副产品流通贷款	12878	-5147
（三）农村基础设施建设贷款	290303	82160
（四）农产品加工贷款	4200	674
（五）农业生产资料制造贷款	1100	-1600
（六）农田基本建设贷款		
（七）农业科技贷款		
（八）其他	197036	168092
二、按城乡地域分类	646961	261252
（一）农村贷款	645721	343513
1、农户贷款	89207	26428
2、农村企业及各类组织贷款	556514	317085
（二）城市企业及各类组织涉农贷款	1240	-82260
三、按受贷主体分类	646961	261252
（一）农户贷款	89207	26428
（二）企业贷款	531762	217251
1、农村企业贷款	530522	295983
其中：农村中小企业贷款	248255	34009
2、城市企业涉农贷款	1240	-78732
（三）各类非企业组织贷款	25992	17573
1、农村各类组织贷款	25992	21102
2、城市各类组织涉农贷款		-3528
附：全金融机构含外资贷款	873596	170830

2-2-5-16 临沧市涉农贷款汇总统计表

二〇一〇年十二月三十一日　　　　单位：万元

项目名称 \ 栏目	余　额	当年新增额
涉农贷款	506712	-155321
一、按用途分类	506712	-155321
（一）农林牧渔业贷款	65200	-219795
（二）农用物资和农副产品流通贷款	53068	8915
（三）农村基础设施建设贷款	151425	2613
（四）农产品加工贷款	77410	16790
（五）农业生产资料制造贷款	10800	4448
（六）农田基本建设贷款	37170	26567
（七）农业科技贷款	3600	-2470
（八）其他	108039	7611
二、按城乡地域分类	506712	-155321
（一）农村贷款	312467	-166524
1、农户贷款	56762	-169500
2、农村企业及各类组织贷款	255705	2976
（二）城市企业及各类组织涉农贷款	194245	11203
三、按受贷主体分类	506712	-155321
（一）农户贷款	56762	-169500
（二）企业贷款	417594	20819
1、农村企业贷款	240405	18121
其中：农村中小企业贷款	176117	27990
2、城市企业涉农贷款	177189	2698
（三）各类非企业组织贷款	32356	-6640
1、农村各类组织贷款	15300	-15145
2、城市各类组织涉农贷款	17056	8505
附：全金融机构含外资贷款	1681358	269031

（三）各县市区金融统计运行情况

2-3-1 官渡区金融机构人民币信贷运行情况表

二〇一〇年十二月三十一日　　　　单位：万元

栏目 项目名称	期末余额	比年初		栏目 项目名称	期末余额	比年初	
		增减	增减%			增减	增减%
一、各项存款	6863734	1283358	23	一、各项贷款	4688154	822747	21.28
1.单位存款	3558478	581075	19.52	（一）境内贷款	4688154	822747	21.28
其中：活期存款				1.短期贷款	753174		-5.96
定期存款				（1）个人贷款及透支	105023	29394	38.87
通知存款				其中：个人消费贷款	61587	19106	44.98
保证金存款	278558	92293	49.55	（2）单位普通贷款及透支	621718		-12.63
2.个人存款	3273343	733926	28.9	其中：经营贷款	614118		-9.34
储蓄存款	3192182	663773	26.25	固定资产贷款	7600		-77.78
保证金存款1	2668	1702	176.35	（3）普通并购贷款			
结构性存款	78493	68451	681.65	（4）银团贷款			
3.财政性存款	54299	12133	28.77	（5）贸易融资	26433	12744	93.1
4.临时性存款	1132	-28574	-96.19	（6）境外筹资转贷款			
5.委托存款	-23835	-15283	178.71	2.中长期贷款	3343251	854164	34.32
6.其他存款	316	81	34.36	（1）个人贷款	852965	155887	22.36
二、金融债券				其中：个人消费贷款1	732888	120447	19.67
三、中长期借款				（2）单位普通贷款	2470586	678577	37.87
四、应付及暂收款	135866	46583	52.17	其中：经营贷款1	1067622	451056	73.16
其中：应付利息	31471	6267	24.87	固定资产贷款1	1402964	227521	19.36
五、同业往来(来源方)	40323	32992	450.06	（3）普通并购贷款1			
六、系统内资金往来(来源方)		-169968	-100	（4）银团贷款1	19700	19700	
七、外汇买卖(来源方)	271	31	12.76	（5）贸易融资1			
其中：结售汇	31	31		（6）境外筹资转贷款1			
八、各项准备	188492	45099	31.45	3.融资租赁			
其中：贷款损失准备金	178860	45317	33.93	4.票据融资	580503	5886	1.02
九、所有者权益	434325	29909	7.4	其中：贴现	580503	5886	1.02
其中：实收资本	277406			5.各项垫款	11226	10450	1348.06
十、其他	-1932206	-79890	4.31	（二）境外贷款			
				二、有价证券	536772	66817	14.22
				三、股权及其他投资	9894	955	10.68
				四、应收及预付款	25780	2874	12.55
				其中：应收利息	23998	2323	10.72
				五、同业往来(运用方)	11279		-75.9
				六、系统内资金往来(运用方)	296472	296472	
				七、金银占款			
				八、外汇买卖(运用方)	3023	1534	103.01
				其中：结售汇1	1828	524	40.18
				九、固定资产	98046	21444	27.99
				十、库存现金	58596	10971	23.04
				十一、投资性房地产	2788		-6.19
资金来源总计	5730804	1188113	26.15	资金运用总计	5730804	1188113	26.15

2-3-2 西山区金融机构人民币信贷运行情况表

二〇一〇年十二月三十一日　　　　单位：万元

栏目 项目名称	期末余额	比年初		栏目 项目名称	期末余额	比年初	
		增减	增减%			增减	增减%
一、各项存款	5094538	923565	22.14	一、各项贷款	2662974	517467	24.12
1.单位存款	2315588	414970	21.83	（一）境内贷款	2662974	517467	24.12
其中：活期存款				1.短期贷款	799312	173416	27.71
定期存款				（1）个人贷款及透支	71504	19434	37.32
通知存款				其中：个人消费贷款	33813	11718	53.03
保证金存款	174590	28887	19.83	（2）单位普通贷款及透支	688546	172012	33.3
2.个人存款	2772870	508950	22.48	其中：经营贷款	685146	172462	33.64
储蓄存款	2767386	504418	22.29	固定资产贷款	3400	-450	-11.69
保证金存款1	5484	4532	476.05	（3）普通并购贷款			
结构性存款				（4）银团贷款			
3.财政性存款	5418	279	5.43	（5）贸易融资	39261	-18031	-31.47
4.临时性存款	155	-903	-85.35	（6）境外筹资转贷款			
5.委托存款	190	275	-326.19	2.中长期贷款	1844999	362525	24.45
6.其他存款	317	-6	-1.75	（1）个人贷款	582241	184565	46.41
二、金融债券				其中：个人消费贷款1	536643	175327	48.52
三、中长期借款				（2）单位普通贷款	1258758	173960	16.04
四、应付及暂收款	54193	9436	21.08	其中：经营贷款1	620437	-32831	-5.03
其中：应付利息	38162	8365	28.08	固定资产贷款1	638321	206791	47.92
五、同业往来(来源方)	521	15	2.91	（3）普通并购贷款1			
六、系统内资金往来(来源方)				（4）银团贷款1	4000	4000	
七、外汇买卖(来源方)				（5）贸易融资1			
其中：结售汇				（6）境外筹资转贷款1			
八、各项准备	49727	7999	19.17	3.融资租赁			
其中：贷款损失准备金	48826	9787	25.07	4.票据融资	18564	-18464	-49.86
九、所有者权益	128767	50693	64.93	其中：贴现	18564	-18464	-49.86
其中：实收资本	24800	17220	227.18	5.各项垫款	99	-10	-9.17
十、其他	-21070	-81844	-134.67	（二）境外贷款			
				二、有价证券	-8336	-20233	-170.07
				三、股权及其他投资	120		
				四、应收及预付款	4802	-6193	-56.33
				其中：应收利息	4098	-6573	-61.6
				五、同业往来(运用方)			
				六、系统内资金往来(运用方)	2592315	400461	18.27
				七、金银占款			
				八、外汇买卖(运用方)			
				其中：结售汇1			
				九、固定资产	28476	14478	103.43
				十、库存现金	26327	3884	17.3
				十一、投资性房地产			
资金来源总计	5306677	909864	20.69	资金运用总计	5306677	909864	20.69

2-3-3 东川区金融机构人民币信贷运行情况表

二〇一〇年十二月三十一日　　单位：万元

栏目 项目名称	期末余额	比年初		栏目 项目名称	期末余额	比年初	
		增减	增减%			增减	增减%
一、各项存款	658957	101729	18.26	一、各项贷款	302871	44757	17.34
1.单位存款	248822	12576	5.32	（一）境内贷款	302871	44757	17.34
其中：活期存款				1.短期贷款	105434	10484	11.04
定期存款				（1）个人贷款及透支	65454	18000	37.93
通知存款				其中：个人消费贷款	40806	37104	1002.25
保证金存款	5029	1916	61.57	（2）单位普通贷款及透支	39980	−7515	−15.82
2.个人存款	398844	82383	26.03	其中：经营贷款	39980	−7515	−15.82
储蓄存款	398820	82359	26.03	固定资产贷款			
保证金存款1	24	24		（3）普通并购贷款			
结构性存款				（4）银团贷款			
3.财政性存款	11262	6779	151.22	（5）贸易融资			
4.临时性存款		−9	−95.66	（6）境外筹资转贷款			
5.委托存款				2.中长期贷款	197436	34450	21.14
6.其他存款	28		0.54	（1）个人贷款	68686	18616	37.18
二、金融债券				其中：个人消费贷款1	54221	25563	89.2
三、中长期借款				（2）单位普通贷款	127750	14834	13.14
四、应付及暂收款	7055	1742	32.8	其中：经营贷款1	75600	19384	34.48
其中：应付利息	4360	698	19.05	固定资产贷款1	52150	−4550	−8.02
五、同业往来(来源方)				（3）普通并购贷款1			
六、系统内资金往来(来源方)				（4）银团贷款1	1000	1000	
七、外汇买卖(来源方)				（5）贸易融资1			
其中：结售汇				（6）境外筹资转贷款1			
八、各项准备	11060	2374	27.34	3.融资租赁			
其中：贷款损失准备金	10927	2286	26.46	4.票据融资		−177	−100
九、所有者权益	15657	4469	39.94	其中：贴现		−177	−100
其中：实收资本	4690	1000	27.1	5.各项垫款			
十、其他	−122869	−27653	29.04	（二）境外贷款			
				二、有价证券			
				三、股权及其他投资	20		
				四、应收及预付款	366	117	47.02
				其中：应收利息	115	39	51.49
				五、同业往来(运用方)			
				六、系统内资金往来(运用方)	256094	36806	16.78
				七、金银占款			
				八、外汇买卖(运用方)			
				其中：结售汇1			
				九、固定资产	5613	1476	35.68
				十、库存现金	4895	−494	−9.17
				十一、投资性房地产			
资金来源总计	569859	82662	16.97	资金运用总计	569859	82662	16.97

2-3-4 呈贡县金融机构人民币信贷运行情况表

二〇一〇年十二月三十一日　　单位：万元

项目名称	期末余额	比年初增减	比年初增减%	项目名称	期末余额	比年初增减	比年初增减%
一、各项存款	1774429	247654	16.22	一、各项贷款	1147413	234707	25.72
1.单位存款	678675	35817	5.57	（一）境内贷款	1147413	234707	25.72
其中：活期存款				1.短期贷款	158540	6448	4.24
定期存款				（1）个人贷款及透支	33605	8490	33.8
通知存款				其中：个人消费贷款	4899	1542	45.93
保证金存款	8253	2258	37.68	（2）单位普通贷款及透支	122436	640	0.53
2.个人存款	1091400	209199	23.71	其中：经营贷款	121736	3040	2.56
储蓄存款	1091400	209199	23.71	固定资产贷款	700	−2400	−77.42
保证金存款1				（3）普通并购贷款			
结构性存款				（4）银团贷款			
3.财政性存款	4331	2667	160.31	（5）贸易融资	2500	−2682	−51.75
4.临时性存款		−4	−100	（6）境外筹资转贷款			
5.委托存款				2.中长期贷款	988852	228988	30.14
6.其他存款	24	−26	−51.58	（1）个人贷款	91874	23344	34.06
二、金融债券				其中：个人消费贷款1	47700	15752	49.31
三、中长期借款				（2）单位普通贷款	891978	200644	29.02
四、应付及暂收款	28606	9054	46.31	其中：经营贷款1	388744	116082	42.57
其中：应付利息	19043	6756	54.99	固定资产贷款1	503234	84562	20.2
五、同业往来(来源方)				（3）普通并购贷款1			
六、系统内资金往来(来源方)				（4）银团贷款1	5000	5000	
七、外汇买卖(来源方)	3	3		（5）贸易融资1			
其中：结售汇	3	3		（6）境外筹资转贷款1			
八、各项准备	31113	1364	4.59	3.融资租赁			
其中：贷款损失准备金	31072	2152	7.44	4.票据融资	20	−730	−97.33
九、所有者权益	64267	25994	67.92	其中：贴现	20	−730	−97.33
其中：实收资本	19880	9000	82.72	5.各项垫款			
十、其他	−182236	46146	−20.21	（二）境外贷款			
				二、有价证券	−224	−6402	−103.62
				三、股权及其他投资	40		
				四、应收及预付款	1369	−41	−2.92
				其中：应收利息	956	−34	−3.48
				五、同业往来(运用方)			
				六、系统内资金往来(运用方)	538715	92433	20.71
				七、金银占款			
				八、外汇买卖(运用方)			
				其中：结售汇1			
				九、固定资产	11523	8139	240.46
				十、库存现金	17346	1379	8.64
				十一、投资性房地产			
资金来源总计	1716183	330215	23.83	资金运用总计	1716183	330215	23.83

2-3-5 晋宁县金融机构人民币信贷运行情况表

二〇一〇年十二月三十一日　　单位：万元

栏目 项目名称	期末余额	比年初		栏目 项目名称	期末余额	比年初	
		增减	增减%			增减	增减%
一、各项存款	808666	110117	15.76	一、各项贷款	309697	59330	23.7
1.单位存款	338094	41449	13.97	（一）境内贷款	309697	59330	23.7
其中：活期存款				1.短期贷款	106416	-12962	-10.86
定期存款				（1）个人贷款及透支	31045	4542	17.14
通知存款				其中：个人消费贷款	747	-538	-41.87
保证金存款	1130	-174	-13.35	（2）单位普通贷款及透支	75371	-2554	-3.28
2.个人存款	465549	94222	25.37	其中：经营贷款	75371	-2554	-3.28
储蓄存款	465549	94222	25.37	固定资产贷款			
保证金存款1				（3）普通并购贷款			
结构性存款				（4）银团贷款			
3.财政性存款	4959	-8110	-62.06	（5）贸易融资		-14950	-100
4.临时性存款			-20.24	（6）境外筹资转贷款			
5.委托存款	47	-17413	-99.73	2.中长期贷款	201874	73896	57.74
6.其他存款	17	-30	-64.02	（1）个人贷款	86924	47273	119.22
二、金融债券				其中：个人消费贷款1	66826	35741	114.98
三、中长期借款				（2）单位普通贷款	113450	25123	28.44
四、应付及暂收款	9968	2582	34.95	其中：经营贷款1	54950	23523	74.85
其中：应付利息	6561	1230	23.07	固定资产贷款1	58500	1600	2.81
五、同业往来(来源方)				（3）普通并购贷款1			
六、系统内资金往来(来源方)				（4）银团贷款1	1500	1500	
七、外汇买卖(来源方)	1	1		（5）贸易融资1			
其中：结售汇	1	1		（6）境外筹资转贷款1			
八、各项准备	10760	643	6.36	3.融资租赁			
其中：贷款损失准备金	10651	816	8.3	4.票据融资	1407	-1604	-53.27
九、所有者权益	20854	8928	74.86	其中：贴现	1407	-1604	-53.27
其中：实收资本	5388	3000	125.63	5.各项垫款			
十、其他	-170506	19731	-10.37	（二）境外贷款			
				二、有价证券		-13000	-100
				三、股权及其他投资	70		
				四、应收及预付款	1044	535	105.22
				其中：应收利息	738	391	112.33
				五、同业往来(运用方)			
				六、系统内资金往来(运用方)	355266	92871	35.39
				七、金银占款			
				八、外汇买卖(运用方)			
				其中：结售汇1			
				九、固定资产	5211	1247	31.45
				十、库存现金	8455	1019	13.7
				十一、投资性房地产			
资金来源总计	679744	142002	26.41	资金运用总计	679744	142002	26.41

2-3-6 富民县金融机构人民币信贷运行情况表

二〇一〇年十二月三十一日　　　　单位：万元

项目名称 \ 栏目	期末余额	比年初		项目名称 \ 栏目	期末余额	比年初	
		增减	增减%			增减	增减%
一、各项存款	339721	87353	34.61	一、各项贷款	188744	28803	18.01
1.单位存款	122989	32706	36.23	（一）境内贷款	188744	28803	18.01
其中：活期存款				1.短期贷款	90088	−5049	−5.31
定期存款				（1）个人贷款及透支	26039	−7675	−22.76
通知存款				其中：个人消费贷款	615	−649	−51.34
保证金存款				（2）单位普通贷款及透支	64050	2626	4.28
2.个人存款	212066	51846	32.36	其中：经营贷款	64050	2626	4.28
储蓄存款	212066	51846	32.36	固定资产贷款			
保证金存款1				（3）普通并购贷款			
结构性存款				（4）银团贷款			
3.财政性存款	4668	2972	175.17	（5）贸易融资			
4.临时性存款	2	−5	−71.43	（6）境外筹资转贷款			
5.委托存款	−4	−166	−102.47	2.中长期贷款	97773	33214	51.45
6.其他存款				（1）个人贷款	19540	8504	77.06
二、金融债券				其中：个人消费贷款1	10620	4799	82.45
三、中长期借款				（2）单位普通贷款	77233	23710	44.3
四、应付及暂收款	5485	1593	40.93	其中：经营贷款1	39733	23403	143.31
其中：应付利息	3160	591	23.01	固定资产贷款1	37500	307	0.83
五、同业往来(来源方)				（3）普通并购贷款1			
六、系统内资金往来(来源方)				（4）银团贷款1	1000	1000	
七、外汇买卖(来源方)				（5）贸易融资1			
其中：结售汇				（6）境外筹资转贷款1			
八、各项准备	9596	−228	−2.32	3.融资租赁			
其中：贷款损失准备金	9518	−296	−3.02	4.票据融资	882	637	260.2
九、所有者权益	13174	5404	69.54	其中：贴现	882	637	260.2
其中：实收资本	4500	2155	91.9	5.各项垫款			
十、其他	−107587	−39199	57.32	（二）境外贷款			
				二、有价证券			
				三、股权及其他投资	50		
				四、应收及预付款	677	285	72.8
				其中：应收利息	158	23	17.35
				五、同业往来(运用方)			
				六、系统内资金往来(运用方)	64208	23653	58.33
				七、金银占款			
				八、外汇买卖(运用方)			
				其中：结售汇1			
				九、固定资产	3356	1285	62.02
				十、库存现金	3354	896	36.47
				十一、投资性房地产			
资金来源总计	260389	54922	26.73	资金运用总计	260389	54922	26.73

2-3-7 宜良县金融机构人民币信贷运行情况表

二〇一〇年十二月三十一日　　　　单位：万元

栏目 项目名称	期末余额	比年初		栏目 项目名称	期末余额	比年初	
		增减	增减%			增减	增减%
一、各项存款	852589	130103	18.01	一、各项贷款	414738	70282	20.4
1.单位存款	245035	38824	18.83	（一）境内贷款	414738	70282	20.4
其中：活期存款				1.短期贷款	145696	41730	40.14
定期存款				（1）个人贷款及透支	53517	7741	16.91
通知存款				其中：个人消费贷款	3285	904	37.96
保证金存款	6181	1649	36.4	（2）单位普通贷款及透支	87179	29141	50.21
2.个人存款	598614	84557	16.45	其中：经营贷款	87179	29251	50.49
储蓄存款	598614	84557	16.45	固定资产贷款		-110	-100
保证金存款1				（3）普通并购贷款			
结构性存款				（4）银团贷款			
3.财政性存款	4402	2218	101.58	（5）贸易融资	5000	4848	3198.26
4.临时性存款	4510	4504	75066.03	（6）境外筹资转贷款			
5.委托存款				2.中长期贷款	268772	28642	11.93
6.其他存款	27	-1	-2.91	（1）个人贷款	97769	27003	38.16
二、金融债券				其中：个人消费贷款1	56208	23243	70.51
三、中长期借款				（2）单位普通贷款	169503	140	0.08
四、应付及暂收款	12195	458	3.9	其中：经营贷款1	79460	-44557	-35.93
其中：应付利息	11142	1157	11.59	固定资产贷款1	90043	44697	98.57
五、同业往来(来源方)			-100	（3）普通并购贷款1			
六、系统内资金往来(来源方)				（4）银团贷款1	1500	1500	
七、外汇买卖(来源方)				（5）贸易融资1			
其中：结售汇				（6）境外筹资转贷款1			
八、各项准备	13681	3471	34	3.融资租赁			
其中：贷款损失准备金	13679	3485	34.18	4.票据融资	270	-90	-24.99
九、所有者权益	13080	1251	10.58	其中：贴现	270	-90	-24.99
其中：实收资本	4405	3339	313.23	5.各项垫款			
十、其他	-103624	-42849	70.5	（二）境外贷款			
				二、有价证券	-299	-518	-236.48
				三、股权及其他投资	170		
				四、应收及预付款	852	-442	-34.15
				其中：应收利息	399	-79	-16.45
				五、同业往来(运用方)			
				六、系统内资金往来(运用方)	356717	19607	5.82
				七、金银占款			
				八、外汇买卖(运用方)			
				其中：结售汇1			
				九、固定资产	9686	1237	14.64
				十、库存现金	6057	2268	59.86
				十一、投资性房地产			
资金来源总计	787920	92435	13.29	资金运用总计	787920	92435	13.29

2-3-8 石林县金融机构人民币信贷运行情况表

二〇一〇年十二月三十一日　　单位：万元

项目名称	期末余额	比年初增减	比年初增减%	项目名称	期末余额	比年初增减	比年初增减%
一、各项存款	522801	89212	20.58	一、各项贷款	482983	105449	27.93
1.单位存款	252666	43137	20.59	（一）境内贷款	482983	105449	27.93
其中：活期存款				1.短期贷款	77889	8472	12.2
定期存款				（1）个人贷款及透支	32661	-3837	-10.51
通知存款				其中：个人消费贷款	10748	10016	1367.69
保证金存款	8454	2608	44.61	（2）单位普通贷款及透支	45228	12309	37.39
2.个人存款	267477	45345	20.41	其中：经营贷款	45228	12309	37.39
储蓄存款	267477	45345	20.41	固定资产贷款			
保证金存款1				（3）普通并购贷款			
结构性存款				（4）银团贷款			
3.财政性存款	2625	716	37.51	（5）贸易融资			
4.临时性存款				（6）境外筹资转贷款			
5.委托存款				2.中长期贷款	405094	96978	31.47
6.其他存款	33	14	70.05	（1）个人贷款	103523	37024	55.68
二、金融债券				其中：个人消费贷款1	61310	24513	66.62
三、中长期借款				（2）单位普通贷款	300571	58954	24.4
四、应付及暂收款	5614	1019	22.17	其中：经营贷款1	199021	30514	18.11
其中：应付利息	3060	479	18.57	固定资产贷款1	101550	28440	38.9
五、同业往来(来源方)	154	57	59.08	（3）普通并购贷款1			
六、系统内资金往来(来源方)				（4）银团贷款1	1000	1000	
七、外汇买卖(来源方)				（5）贸易融资1			
其中：结售汇				（6）境外筹资转贷款1			
八、各项准备	15253	2131	16.24	3.融资租赁			
其中：贷款损失准备金	15253	2325	17.98	4.票据融资			
九、所有者权益	19451	8245	73.57	其中：贴现			
其中：实收资本	4028	3000	291.83	5.各项垫款			
十、其他	-60842	-13641	28.9	（二）境外贷款			
				二、有价证券			
				三、股权及其他投资	90		
				四、应收及预付款	1139	154	15.67
				其中：应收利息	890	417	88.19
				五、同业往来(运用方)			
				六、系统内资金往来(运用方)	7330	-18369	-71.48
				七、金银占款			
				八、外汇买卖(运用方)			
				其中：结售汇1			
				九、固定资产	5650	776	15.92
				十、库存现金	5240	-988	-15.87
				十一、投资性房地产			
资金来源总计	502432	87023	20.95	资金运用总计	502432	87023	20.95

2-3-9 嵩明县金融机构人民币信贷运行情况表

二〇一〇年十二月三十一日　　　　单位：万元

栏目 项目名称	期末余额	比年初		栏目 项目名称	期末余额	比年初	
		增减	增减%			增减	增减%
一、各项存款	645832	86612	15.49	一、各项贷款	344342	91986	36.45
1.单位存款	285208	23018	8.78	（一）境内贷款	344342	91986	36.45
其中：活期存款				1.短期贷款	164728	12229	8.02
定期存款				（1）个人贷款及透支	137834	27201	24.59
通知存款				其中：个人消费贷款	3402	555	19.51
保证金存款	13659	6803	99.22	（2）单位普通贷款及透支	26894	-14972	-35.76
2.个人存款	357733	67863	23.41	其中：经营贷款	26894	-13472	-33.37
储蓄存款	357733	67863	23.41	固定资产贷款		-1500	-100
保证金存款1				（3）普通并购贷款			
结构性存款				（4）银团贷款			
3.财政性存款	2863	-4281	-59.92	（5）贸易融资			
4.临时性存款				（6）境外筹资转贷款			
5.委托存款				2.中长期贷款	179614	80236	80.74
6.其他存款	28	11	68	（1）个人贷款	103756	63351	156.79
二、金融债券				其中：个人消费贷款1	78451	54166	223.04
三、中长期借款				（2）单位普通贷款	74858	15885	26.94
四、应付及暂收款	8287	1918	30.11	其中：经营贷款1	45858	24918	119
其中：应付利息	4670	290	6.62	固定资产贷款1	29000	-9033	-23.75
五、同业往来(来源方)				（3）普通并购贷款1			
六、系统内资金往来(来源方)				（4）银团贷款1	1000	1000	
七、外汇买卖(来源方)				（5）贸易融资1			
其中：结售汇				（6）境外筹资转贷款1			
八、各项准备	10431	175	1.71	3.融资租赁			
其中：贷款损失准备金	10364	174	1.71	4.票据融资		-479	-100
九、所有者权益	22999	6981	43.58	其中：贴现		-479	-100
其中：实收资本	7500	5140	217.8	5.各项垫款			
十、其他	-88278	-46968	113.7	（二）境外贷款			
				二、有价证券			
				三、股权及其他投资	150		
				四、应收及预付款	855	-11	-1.27
				其中：应收利息	745	198	36.1
				五、同业往来(运用方)			
				六、系统内资金往来(运用方)	242161	-47996	-16.54
				七、金银占款			
				八、外汇买卖(运用方)			
				其中：结售汇1			
				九、固定资产	3233	1004	45.01
				十、库存现金	8530	3735	77.95
				十一、投资性房地产			
资金来源总计	599271	48718	8.85	资金运用总计	599271	48718	8.85

2-3-10 禄劝县金融机构人民币信贷运行情况表

二〇一〇年十二月三十一日　　单位：万元

项目名称	期末余额	比年初增减	比年初增减%	项目名称	期末余额	比年初增减	比年初增减%
一、各项存款	394811	62659	18.86	一、各项贷款	275807	48330	21.25
1.单位存款	170913	14728	9.43	（一）境内贷款	275807	48330	21.25
其中：活期存款				1.短期贷款	65101	-253	-0.39
定期存款				（1）个人贷款及透支	37855	4833	14.63
通知存款				其中：个人消费贷款	763	-1303	-63.09
保证金存款		-57	-99.94	（2）单位普通贷款及透支	27246	-5086	-15.73
2.个人存款	217587	45891	26.73	其中：经营贷款	21791	-10191	-31.86
储蓄存款	215845	44149	25.71	固定资产贷款	5455	5105	1458.57
保证金存款1	1742	1742		（3）普通并购贷款			
结构性存款				（4）银团贷款			
3.财政性存款	6303	2040	47.85	（5）贸易融资			
4.临时性存款	8	-1	-11.07	（6）境外筹资转贷款			
5.委托存款				2.中长期贷款	209042	46969	28.98
6.其他存款				（1）个人贷款	84821	26990	46.67
二、金融债券				其中：个人消费贷款1	42837	21727	102.68
三、中长期借款				（2）单位普通贷款	123221	18979	18.21
四、应付及暂收款	5954	606	11.34	其中：经营贷款1	74752	56922	319.25
其中：应付利息	3078	257	9.13	固定资产贷款1	48459	-37943	-43.91
五、同业往来(来源方)				（3）普通并购贷款1			
六、系统内资金往来(来源方)				（4）银团贷款1	1000	1000	
七、外汇买卖(来源方)				（5）贸易融资1			
其中：结售汇				（6）境外筹资转贷款1			
八、各项准备	11404	-992	-8	3.融资租赁			
其中：贷款损失准备金	10984	-1412	-11.39	4.票据融资	1654	1614	3232.35
九、所有者权益	17255	9159	113.12	其中：贴现	1654	1614	3232.35
其中：实收资本	4456	2500	127.81	5.各项垫款			
十、其他	-83576	-37254	80.42	（二）境外贷款			
				二、有价证券			
				三、股权及其他投资	40		
				四、应收及预付款	650	-2149	-76.52
				其中：应收利息	352	-319	-46.9
				五、同业往来(运用方)			
				六、系统内资金往来(运用方)	58801	-14460	-19.74
				七、金银占款			
				八、外汇买卖(运用方)			
				其中：结售汇1			
				九、固定资产	5346	2292	75.03
				十、库存现金	5195	166	3.29
				十一、投资性房地产			
资金来源总计	345848	34178	10.97	资金运用总计	345848	34178	10.97

2-3-11 寻甸县金融机构人民币信贷运行情况表

二〇一〇年十二月三十一日　　单位：万元

项目名称	期末余额	比年初		项目名称	期末余额	比年初	
		增减	增减%			增减	增减%
一、各项存款	455050	46519	11.39	一、各项贷款	313227	59965	23.68
1.单位存款	175681	-4271	-2.37	（一）境内贷款	313227	59965	23.68
其中：活期存款				1.短期贷款	194360	43653	28.97
定期存款				（1）个人贷款及透支	131858	35214	36.44
通知存款				其中：个人消费贷款	184	-1956	-91.4
保证金存款	2472	2291	1271.35	（2）单位普通贷款及透支	62502	8439	15.61
2.个人存款	274004	56527	25.99	其中：经营贷款	62102	8039	14.87
储蓄存款	271764	55380	25.59	固定资产贷款	400	400	
保证金存款1	2240	1147	104.97	（3）普通并购贷款			
结构性存款				（4）银团贷款			
3.财政性存款	3391	-5712	-62.75	（5）贸易融资			
4.临时性存款	214	205	2239.1	（6）境外筹资转贷款			
5.委托存款	1728	-243	-12.33	2.中长期贷款	118837	17300	17.04
6.其他存款	33	13	65.79	（1）个人贷款	55858	5956	11.94
二、金融债券				其中：个人消费贷款1	21513	3283	18.01
三、中长期借款				（2）单位普通贷款	62979	11344	21.97
四、应付及暂收款	8885	163	1.87	其中：经营贷款1	10029	-9206	-47.86
其中：应付利息	5101	433	9.29	固定资产贷款1	52950	20550	63.43
五、同业往来(来源方)				（3）普通并购贷款1			
六、系统内资金往来(来源方)				（4）银团贷款1			
七、外汇买卖(来源方)				（5）贸易融资1			
其中：结售汇				（6）境外筹资转贷款1			
八、各项准备	10335	-1766	-14.6	3.融资租赁			
其中：贷款损失准备金	10335	-1766	-14.6	4.票据融资	30	-988	-97.05
九、所有者权益	22578	8698	62.67	其中：贴现	30	-988	-97.05
其中：实收资本	3000	1413	89.04	5.各项垫款			
十、其他	-90821	9258	-9.25	（二）境外贷款			
				二、有价证券			
				三、股权及其他投资	100		
				四、应收及预付款	431	167	63.05
				其中：应收利息	295	77	35.15
				五、同业往来(运用方)			
				六、系统内资金往来(运用方)	84591	1150	1.38
				七、金银占款			
				八、外汇买卖(运用方)			
				其中：结售汇1			
				九、固定资产	3802	1228	47.73
				十、库存现金	3876	361	10.26
				十一、投资性房地产			
资金来源总计	406027	62871	18.32	资金运用总计	406027	62871	18.32

2-3-12 安宁县金融机构人民币信贷运行情况表

二〇一〇年十二月三十一日　　　　单位：万元

栏目 项目名称	期末余额	比年初		栏目 项目名称	期末余额	比年初	
		增减	增减%			增减	增减%
一、各项存款	1686704	168397	11.09	一、各项贷款	1257357	280443	28.71
1.单位存款	836816	49125	6.24	（一）境内贷款	1257357	280443	28.71
其中：活期存款				1.短期贷款	626081	159104	34.07
定期存款				（1）个人贷款及透支	61829	15018	32.08
通知存款				其中：个人消费贷款	2900	−2432	−45.61
保证金存款	75684	32446	75.04	（2）单位普通贷款及透支	520328	116412	28.82
2.个人存款	848601	124045	17.12	其中：经营贷款	520328	118412	29.46
储蓄存款	848601	124045	17.12	固定资产贷款		−2000	−100
保证金存款1				（3）普通并购贷款			
结构性存款				（4）银团贷款			
3.财政性存款	1144	−4810	−80.78	（5）贸易融资	43923	27674	170.32
4.临时性存款	18	1	7.41	（6）境外筹资转贷款			
5.委托存款	52	46	701.54	2.中长期贷款	588414	121713	26.08
6.其他存款	73	−11	−12.92	（1）个人贷款	121607	35307	40.91
二、金融债券				其中：个人消费贷款1	101621	22888	29.07
三、中长期借款				（2）单位普通贷款	465807	85406	22.45
四、应付及暂收款	17822	2131	13.58	其中：经营贷款1	303791	110114	56.85
其中：应付利息	9931	1438	16.93	固定资产贷款1	162016	−24708	−13.23
五、同业往来(来源方)				（3）普通并购贷款1			
六、系统内资金往来(来源方)				（4）银团贷款1	1000	1000	
七、外汇买卖(来源方)				（5）贸易融资1			
其中：结售汇				（6）境外筹资转贷款1			
八、各项准备	19426	4535	30.46	3.融资租赁			
其中：贷款损失准备金	18803	4530	31.74	4.票据融资	42862	−374	−0.87
九、所有者权益	59445	25778	76.57	其中：贴现	42862	−374	−0.87
其中：实收资本	14257	10000	234.91	5.各项垫款			
十、其他	−121054	5976	−4.7	（二）境外贷款			
				二、有价证券	−698	−11839	−106.27
				三、股权及其他投资	40	−30	−42.86
				四、应收及预付款	1476	217	17.24
				其中：应收利息	1310	339	34.94
				五、同业往来(运用方)			
				六、系统内资金往来(运用方)	379574	−65334	−14.68
				七、金银占款			
				八、外汇买卖(运用方)			
				其中：结售汇1			
				九、固定资产	12518	1408	12.67
				十、库存现金	12077	1951	19.26
				十一、投资性房地产			
资金来源总计	1662344	206817	14.21	资金运用总计	1662344	206817	14.21

2-3-13 昭阳区金融机构人民币信贷运行情况表

二○一○年十二月三十一日　　　　单位：万元

栏目 项目名称	期末余额	比年初		栏目 项目名称	期末余额	比年初	
		增减	增减%			增减	增减%
一、各项存款	2103395	613672	41.19	一、各项贷款	1189226	296791	33.26
1.企业存款	589660	91906	18.46	（一）境内贷款	1189226	296791	33.26
(1)活期存款	506130	90454	21.76	1、短期贷款	280005	43635	18.46
(2)定期存款	83531	1452	1.77	(1)个人贷款及透支	59498	-4569	-7.13
2.财政存款	265284	192432	264.14	其中：个人消费贷款	9025	527	6.2
3.机关团体存款	319540	123461	62.96	(2)单位贷款及透支	205106	37504	22.38
4.储蓄存款	712172	140086	24.49	其中：经营贷款	194671	37531	23.88
(1)活期储蓄	360912	80089	28.52	固定资产贷款	10435		
(2)定期储蓄	351259	59997	20.6	(3)普通并购贷款			
5.农业存款	124448	31314	33.62	(4)银团贷款			
6.信托存款				(5)贸易融资	15400	10700	227.66
7.委托存款	577	295	105.03	2.中长期贷款	903192	247700	37.79
8.其他存款	91715	34178	59.4	(1)个人贷款	185226	41112	28.53
二、金融债券	2			其中：个人消费贷款	116535	14892	14.65
三、应付及暂收款	34265	8960	35.41	(2)单位贷款	716466	205088	40.11
其中：应付利息	11081	387	3.62	其中：经营贷款	195193	92785	90.6
四、同业往来(来源方)	200	200		固定资产贷款	521273	112303	27.46
其中：境外同业往来				(3)普通并购贷款			
五、行内资金往来(来源方)				(4)银团贷款	1500	1500	
六、各项准备	14507	2918	25.18	(5)贸易融资			
其中：贷款损失准备	13721	2857	26.3	3.信托贷款			
七、所有者权益	29607	11779	66.07	4.融资租赁			
其中：实收资本	11000	1050	10.55	5.委托贷款			
八、其他	-385381	-244382	173.32	6.票据融资	6029	5456	951.26
				其中：贴现	6029	5456	951.26
				7.各项垫款			
				（二）境外贷款			
				二、有价证券及投资	687	-4914	-87.73
				三、应收及预付款	2555	435	20.51
				其中：应收利息	2195	302	15.97
				四、同业往来(运用方)			
				其中：境外同业往来			
				五、行内资金往来(运用方)	558225	94181	20.37
				六、金银占款			
				七、外汇占款			
				八、固定资产	28548	-1964	-6.44
				九、库存现金	17355	8317	92.03
				十、投资性房地产			
资金来源总计	1796596	393146	28.01	资金运用总计	1796596	393146	28.01

2-3-14 鲁甸县金融机构人民币信贷运行情况表

二○一○年十二月三十一日　　单位：万元

项目名称	期末余额	比年初增减	比年初增减%	项目名称	期末余额	比年初增减	比年初增减%
一、各项存款	190156	43295	29.48	一、各项贷款	142267	40862	40.3
1.企业存款	20823	3660	21.33	（一）境内贷款	142267	40862	40.3
⑴活期存款	9264	2309	33.21	1、短期贷款	47612	-6381	-11.82
⑵定期存款	11559	1351	13.23	⑴个人贷款及透支	19489	2738	16.34
2.财政存款	3646	-828	-18.51	其中：个人消费贷款	1570	-507	-24.4
3.机关团体存款	21154	3125	17.33	⑵单位贷款及透支	28123	-9119	-24.49
4.储蓄存款	98512	23955	32.13	其中：经营贷款	27923	-8619	-23.59
⑴活期储蓄	63729	18490	40.87	固定资产贷款	200	-500	-71.43
⑵定期储蓄	34783	5465	18.64	⑶普通并购贷款			
5.农业存款	44032	11556	35.58	⑷银团贷款			
6.信托存款				⑸贸易融资			
7.委托存款	1640	1640		2.中长期贷款	94655	47243	99.64
8.其他存款	349	187	115.68	⑴个人贷款	57865	23831	70.02
二、金融债券				其中：个人消费贷款	31091	12394	66.29
三、应付及暂收款	2086	-95	-4.37	⑵单位贷款	36790	23412	175
其中：应付利息	1461	-33	-2.24	其中：经营贷款	8790	2912	49.54
四、同业往来(来源方)				固定资产贷款	28000	20500	273.33
其中：境外同业往来				⑶普通并购贷款			
五、行内资金往来(来源方)				⑷银团贷款			
六、各项准备	8800	3734	73.69	⑸贸易融资			
其中：贷款损失准备	8719	3653	72.09	3.信托贷款			
七、所有者权益	4108	1085	35.89	4.融资租赁			
其中：实收资本	2743	1414	106.4	5.委托贷款			
八、其他	-28810	-9586	49.86	6.票据融资			
				其中：贴现			
				7.各项垫款			
				（二）境外贷款			
				二、有价证券及投资	10		
				三、应收及预付款	227	94	70.27
				其中：应收利息	192	104	118.15
				四、同业往来(运用方)			
				其中：境外同业往来			
				五、行内资金往来(运用方)	26174	-5314	-16.88
				六、金银占款			
				七、外汇占款			
				八、固定资产	4037	1714	73.81
				九、库存现金	3625	1076	42.23
				十、投资性房地产			
资金来源总计	176340	38432	27.87	资金运用总计	176340	38432	27.87

2-3-15 巧家县金融机构人民币信贷运行情况表

二〇一〇年十二月三十一日　　单位：万元

栏目 项目名称	期末余额	比年初		栏目 项目名称	期末余额	比年初	
		增减	增减%			增减	增减%
一、各项存款	267534	72489	37.17	一、各项贷款	126525	35023	38.28
1.企业存款	39097	9059	30.16	（一）境内贷款	126525	35023	38.28
⑴活期存款	29343	9866	50.66	1、短期贷款	35469	2578	7.84
⑵定期存款	9754	-807	-7.64	⑴个人贷款及透支	22341	1176	5.56
2.财政存款	5045	-2530	-33.39	其中：个人消费贷款	643	118	22.53
3.机关团体存款	12355	356	2.97	⑵单位贷款及透支	13128	1402	11.96
4.储蓄存款	147620	38395	35.15	其中：经营贷款	13128	1402	11.96
⑴活期储蓄	80986	23346	40.5	固定资产贷款			
⑵定期储蓄	66634	15049	29.17	⑶普通并购贷款			
5.农业存款	63391	27245	75.37	⑷银团贷款			
6.信托存款				⑸贸易融资			
7.委托存款			-100	2.中长期贷款	91055	32446	55.36
8.其他存款	25	-36	-58.82	⑴个人贷款	39513	10212	34.85
二、金融债券				其中：个人消费贷款	17365	5260	43.45
三、应付及暂收款	4858	1416	41.12	⑵单位贷款	51542	22234	75.86
其中：应付利息	2499	275	12.39	其中：经营贷款	5812	632	12.2
四、同业往来(来源方)				固定资产贷款	45730	21602	89.53
其中：境外同业往来				⑶普通并购贷款			
五、行内资金往来(来源方)				⑷银团贷款			
六、各项准备	6093	1234	25.41	⑸贸易融资			
其中：贷款损失准备	5915	1118	23.32	3.信托贷款			
七、所有者权益	5321	2073	63.83	4.融资租赁			
其中：实收资本	1994	899	82.1	5.委托贷款			
八、其他	-96849	-57344	145.15	6.票据融资			
				其中：贴现			
				7.各项垫款			
				（二）境外贷款			
				二、有价证券及投资	20		
				三、应收及预付款	419	-149	-26.21
				其中：应收利息	307	216	237.85
				四、同业往来(运用方)			
				其中：境外同业往来			
				五、行内资金往来(运用方)	54352	-15773	-22.49
				六、金银占款			
				七、外汇占款			
				八、固定资产	2411	630	35.34
				九、库存现金	3229	138	4.47
				十、投资性房地产			
资金来源总计	186956	19869	11.89	资金运用总计	186956	19869	11.89

2-3-16 盐津县金融机构人民币信贷运行情况表

二〇一〇年十二月三十一日　　　　单位：万元

项目名称	期末余额	比年初		项目名称	期末余额	比年初	
		增减	增减%			增减	增减%
一、各项存款	228313	42665	22.98	一、各项贷款	82515	8714	11.81
1.企业存款	14841	424	2.94	（一）境内贷款	82515	8714	11.81
⑴活期存款	8451	1502	21.62	1、短期贷款	23714	2137	9.91
⑵定期存款	6390	−1078	−14.43	⑴个人贷款及透支	11594	1667	16.8
2.财政存款	5102	3310	184.72	其中：个人消费贷款	2366	44	1.91
3.机关团体存款	13865	−1484	−9.67	⑵单位贷款及透支	10820	−830	−7.12
4.储蓄存款	142961	26319	22.56	其中：经营贷款	10820	−830	−7.12
⑴活期储蓄	82266	15853	23.87	固定资产贷款			
⑵定期储蓄	60696	10466	20.84	⑶普通并购贷款			
5.农业存款	49311	13694	38.45	⑷银团贷款	1300	1300	
6.信托存款				⑸贸易融资			
7.委托存款	337	121	56.02	2.中长期贷款	58481	7144	13.92
8.其他存款	1896	281	17.39	⑴个人贷款	33859	6622	24.31
二、金融债券				其中：个人消费贷款	14693	3158	27.38
三、应付及暂收款	3740	479	14.68	⑵单位贷款	24622	522	2.17
其中：应付利息	2054	−70	−3.31	其中：经营贷款	19222	18731	3814.87
四、同业往来(来源方)				固定资产贷款	5400	−18209	−77.13
其中：境外同业往来				⑶普通并购贷款			
五、行内资金往来(来源方)				⑷银团贷款			
六、各项准备	3626	360	11.02	⑸贸易融资			
其中：贷款损失准备	3615	353	10.82	3.信托贷款			
七、所有者权益	5961	985	19.79	4.融资租赁			
其中：实收资本	1638			5.委托贷款			
八、其他	−57245	−9987	21.13	6.票据融资	319	−568	−64.01
				其中：贴现	319	−568	−64.01
				7.各项垫款			
				（二）境外贷款			
				二、有价证券及投资	40		
				三、应收及预付款	246	182	287.22
				其中：应收利息	162	123	320.23
				四、同业往来(运用方)			
				其中：境外同业往来			
				五、行内资金往来(运用方)	93072	22474	31.83
				六、金银占款			
				七、外汇占款			
				八、固定资产	3451	1372	66.04
				九、库存现金	5071	1758	53.08
				十、投资性房地产			
资金来源总计	184395	34501	23.02	资金运用总计	184395	34501	23.02

2-3-17 大关县金融机构人民币信贷运行情况表

二〇一〇年十二月三十一日　　　　单位：万元

栏目 / 项目名称	期末余额	比年初		栏目 / 项目名称	期末余额	比年初	
		增减	增减%			增减	增减%
一、各项存款	198018	44483	28.97	一、各项贷款	95904	26206	37.6
1.企业存款	36097	17031	89.32	（一）境内贷款	95904	26206	37.6
⑴活期存款	33578	16822	100.39	1、短期贷款	40959	69	0.17
⑵定期存款	2519	209	9.05	⑴个人贷款及透支	16962	1018	6.39
2.财政存款	3233	−1462	−31.14	其中：个人消费贷款	1687	386	29.7
3.机关团体存款	29683	−661	−2.18	⑵单位贷款及透支	23997	−949	−3.8
4.储蓄存款	100845	20411	25.38	其中：经营贷款	23997	−449	−1.84
⑴活期储蓄	50691	10810	27.1	固定资产贷款		−500	−100
⑵定期储蓄	50154	9602	23.68	⑶普通并购贷款			
5.农业存款	16496	2224	15.58	⑷银团贷款			
6.信托存款				⑸贸易融资			
7.委托存款	7814	7605	3638.76	2.中长期贷款	54925	26216	91.32
8.其他存款	3850	−665	−14.73	⑴个人贷款	25070	5676	29.27
二、金融债券				其中：个人消费贷款	7643	1497	24.36
三、应付及暂收款	3320	922	38.45	⑵单位贷款	29854	20540	220.52
其中：应付利息	2005	289	16.84	其中：经营贷款	9304	2949	46.4
四、同业往来(来源方)	194	−9	−4.43	固定资产贷款	20550	17591	594.49
其中：境外同业往来				⑶普通并购贷款			
五、行内资金往来(来源方)				⑷银团贷款			
六、各项准备	4236	458	12.12	⑸贸易融资			
其中：贷款损失准备	4235	457	12.09	3.信托贷款			
七、所有者权益	5614	2148	61.97	4.融资租赁			
其中：实收资本	1157			5.委托贷款			
八、其他	−31775	−325	1.03	6.票据融资	20	−79	−79.88
				其中：贴现	20	−79	−79.88
				7.各项垫款			
				（二）境外贷款			
				二、有价证券及投资	10		
				三、应收及预付款	297	150	102.14
				其中：应收利息	239	98	69.52
				四、同业往来(运用方)			
				其中：境外同业往来			
				五、行内资金往来(运用方)	79233	21170	36.46
				六、金银占款			
				七、外汇占款			
				八、固定资产	1634	313	23.67
				九、库存现金	2528	−16[illegible]	−6.04
				十、投资性房地产			
资金来源总计	179606	47676	36.14	资金运用总计	179606	47676	36.14

2-3-18 永善县金融机构人民币信贷运行情况表

二〇一〇年十二月三十一日　　　　单位：万元

栏目 项目名称	期末余额	比年初		栏目 项目名称	期末余额	比年初	
		增减	增减%			增减	增减%
一、各项存款	330677	44952	15.73	一、各项贷款	127148	23446	22.61
1.企业存款	39967	−4087	−9.28	（一）境内贷款	127148	23446	22.61
⑴活期存款	39967	−4087	−9.28	1、短期贷款	32484	3873	13.54
⑵定期存款				⑴个人贷款及透支	26258	2358	9.87
2.财政存款	12400	−188	−1.49	其中：个人消费贷款	341	−571	−62.61
3.机关团体存款	33542	10250	44.01	⑵单位贷款及透支	6226	1515	32.16
4.储蓄存款	194205	27278	16.34	其中：经营贷款	6156	1515	32.64
⑴活期储蓄	93436	12870	15.97	固定资产贷款	70		
⑵定期储蓄	100769	14408	16.68	⑶普通并购贷款			
5.农业存款	39804	11506	40.66	⑷银团贷款			
6.信托存款				⑸贸易融资			
7.委托存款	58	58		2.中长期贷款	94664	19573	26.07
8.其他存款	10702	134	1.27	⑴个人贷款	62351	13125	26.66
二、金融债券				其中：个人消费贷款	14765	1723	13.21
三、应付及暂收款	4730	575	13.85	⑵单位贷款	32313	6447	24.93
其中：应付利息	3296	468	16.54	其中：经营贷款	23994	3167	15.21
四、同业往来(来源方)	210	210		固定资产贷款	8319	3280	65.09
其中：境外同业往来				⑶普通并购贷款			
五、行内资金往来(来源方)				⑷银团贷款			
六、各项准备	3146	263	9.14	⑸贸易融资			
其中：贷款损失准备	3122	334	12	3.信托贷款			
七、所有者权益	9289	3224	53.15	4.融资租赁			
其中：实收资本	3334	1276	62	5.委托贷款			
八、其他	−68037	−19196	39.3	6.票据融资			
				其中：贴现			
				7.各项垫款			
				（二）境外贷款			
				二、有价证券及投资	20		
				三、应收及预付款	529	−41	−7.11
				其中：应收利息	434	66	18.01
				四、同业往来(运用方)			
				其中：境外同业往来			
				五、行内资金往来(运用方)	142978	4147	2.99
				六、金银占款			
				七、外汇占款			
				八、固定资产	4363	1685	62.95
				九、库存现金	4976	791	18.91
				十、投资性房地产			
资金来源总计	280014	30029	12.01	资金运用总计	280014	30029	12.01

2-3-19 绥江县金融机构人民币信贷运行情况表

二〇一〇年十二月三十一日　　单位：万元

项目名称	期末余额	比年初增减	比年初增减%	项目名称	期末余额	比年初增减	比年初增减%
一、各项存款	251201	70288	38.85	一、各项贷款	78063	7759	11.04
1.企业存款	30274	14196	88.3	（一）境内贷款	78063	7759	11.04
⑴活期存款	23934	17259	258.58	1、短期贷款	47200	1571	3.44
⑵定期存款	6340	-3063	-32.57	⑴个人贷款及透支	7337	128	1.77
2.财政存款	9622	675	7.54	其中：个人消费贷款	713	261	57.7
3.机关团体存款	12599	5494	77.32	⑵单位贷款及透支	39863	1443	3.76
4.储蓄存款	137217	31707	30.05	其中：经营贷款	39863	1443	3.76
⑴活期储蓄	59367	14221	31.5	固定资产贷款			
⑵定期储蓄	77850	17485	28.97	⑶普通并购贷款			
5.农业存款	61109	17845	41.25	⑷银团贷款			
6.信托存款				⑸贸易融资			
7.委托存款	361	361		2.中长期贷款	30863	6188	25.08
8.其他存款	20	11	135	⑴个人贷款	17664	6161	53.56
二、金融债券				其中：个人消费贷款	10674	5710	115.03
三、应付及暂收款	2463	769	45.36	⑵单位贷款	13199	27	0.2
其中：应付利息	1883	680	56.51	其中：经营贷款	11224	10524	1503.43
四、同业往来(来源方)				固定资产贷款	1975	-10497	-84.16
其中：境外同业往来				⑶普通并购贷款			
五、行内资金往来(来源方)				⑷银团贷款			
六、各项准备	2899	1068	58.31	⑸贸易融资			
其中：贷款损失准备	2659	828	45.2	3.信托贷款			
七、所有者权益	4353	817	23.11	4.融资租赁			
其中：实收资本	2091	178	9.3	5.委托贷款			
八、其他	-110693	-72813	192.22	6.票据融资			
				其中：贴现			
				7.各项垫款			
				（二）境外贷款			
				二、有价证券及投资	10		
				三、应收及预付款	157	-6	-3.83
				其中：应收利息	61	11	21.42
				四、同业往来(运用方)			
				其中：境外同业往来			
				五、行内资金往来(运用方)	66508	-9820	-12.87
				六、金银占款			
				七、外汇占款			
				八、固定资产	1865	782	72.2
				九、库存现金	3620	1415	64.14
				十、投资性房地产			
资金来源总计	150224	130	0.09	资金运用总计	150224	130	0.09

2-3-20 镇雄县金融机构人民币信贷运行情况表

二○一○年十二月三十一日　　单位：万元

项目名称 \ 栏目	期末余额	比年初		项目名称 \ 栏目	期末余额	比年初	
		增减	增减%			增减	增减%
一、各项存款	707487	236852	50.33	一、各项贷款	352392	99400	39.29
1.企业存款	166269	53142	46.98	（一）境内贷款	352392	99400	39.29
⑴活期存款	140453	44735	46.74	1、短期贷款	119505	28242	30.95
⑵定期存款	25816	8407	48.29	⑴个人贷款及透支	40359	-9058	-18.33
2.财政存款	44069	40572	1160.41	其中：个人消费贷款	360	20	5.93
3.机关团体存款	85929	43510	102.57	⑵单位贷款及透支	79146	37300	89.14
4.储蓄存款	318083	73717	30.17	其中：经营贷款	79146	61300	343.49
⑴活期储蓄	216998	55416	34.3	固定资产贷款		-24000	-100
⑵定期储蓄	101085	18301	22.11	⑶普通并购贷款			
5.农业存款	77629	23902	44.49	⑷银团贷款			
6.信托存款				⑸贸易融资			
7.委托存款	649	397	157.54	2.中长期贷款	232807	71577	44.39
8.其他存款	14860	1611	12.16	⑴个人贷款	123032	43798	55.28
二、金融债券				其中：个人消费贷款	62490	17319	38.34
三、应付及暂收款	8429	329	4.07	⑵单位贷款	109775	27779	33.88
其中：应付利息	4154	427	11.46	其中：经营贷款	48295	985	2.08
四、同业往来(来源方)				固定资产贷款	61480	26794	77.25
其中：境外同业往来				⑶普通并购贷款			
五、行内资金往来(来源方)				⑷银团贷款			
六、各项准备	10501	1550	17.31	⑸贸易融资			
其中：贷款损失准备	9772	990	11.27	3.信托贷款			
七、所有者权益	19320	9095	88.94	4.融资租赁			
其中：实收资本	4625	2743	145.75	5.委托贷款			
八、其他	-123816	-32826	36.08	6.票据融资	80	-419	-83.99
				其中：贴现	80	-419	-83.99
				7.各项垫款			
				（二）境外贷款			
				二、有价证券及投资	20		
				三、应收及预付款	1391	295	26.93
				其中：应收利息	398	119	42.82
				四、同业往来(运用方)			
				其中：境外同业往来			
				五、行内资金往来(运用方)	255671	113864	80.29
				六、金银占款			
				七、外汇占款			
				八、固定资产	5532	2424	78
				九、库存现金	6916	-984	-12.45
				十、投资性房地产			
资金来源总计	621922	215000	52.84	资金运用总计	621922	215000	52.84

2-3-21 彝良县金融机构人民币信贷运行情况表

二〇一〇年十二月三十一日　　　　单位：万元

栏目 项目名称	期末余额	比年初		栏目 项目名称	期末余额	比年初	
		增减	增减%			增减	增减%
一、各项存款	338843	69368	25.74	一、各项贷款	98624	17179	21.09
1.企业存款	35299	10336	41.41	（一）境内贷款	98624	17179	21.09
⑴活期存款	29399	11766	66.73	1、短期贷款	43377	-4553	-9.5
⑵定期存款	5900	-1430	-19.51	⑴个人贷款及透支	29296	-5568	-15.97
2.财政存款	13647	4710	52.7	其中：个人消费贷款	1285	-375	-22.61
3.机关团体存款	33029	8657	35.52	⑵单位贷款及透支	14081	1014	7.76
4.储蓄存款	181956	35429	24.18	其中：经营贷款	14081	1014	7.76
⑴活期储蓄	107083	20237	23.3	固定资产贷款			
⑵定期储蓄	74874	15192	25.46	⑶普通并购贷款			
5.农业存款	74250	10706	16.85	⑷银团贷款			
6.信托存款				⑸贸易融资			
7.委托存款	552	-53	-8.76	2.中长期贷款	54997	21702	65.18
8.其他存款	109	-417	-79.26	⑴个人贷款	37742	16055	74.03
二、金融债券				其中：个人消费贷款	12664	3389	36.53
三、应付及暂收款	4967	1467	41.93	⑵单位贷款	17255	5647	48.65
其中：应付利息	2558	218	9.31	其中：经营贷款	745	-815	-52.24
四、同业往来(来源方)				固定资产贷款	16510	6462	64.31
其中：境外同业往来				⑶普通并购贷款			
五、行内资金往来(来源方)				⑷银团贷款			
六、各项准备	3928	-569	-12.65	⑸贸易融资			
其中：贷款损失准备	3926	-571	-12.69	3.信托贷款			
七、所有者权益	10173	4532	80.32	4.融资租赁			
其中：实收资本	2970	1469	97.87	5.委托贷款			
八、其他	-111488	-66758	149.25	6.票据融资	249	31	14.21
				其中：贴现	249	31	14.21
				7.各项垫款			
				（二）境外贷款			
				二、有价证券及投资	20		
				三、应收及预付款	177	-88	-33.23
				其中：应收利息	83	-70	-45.49
				四、同业往来(运用方)			
				其中：境外同业往来			
				五、行内资金往来(运用方)	139494	-9232	-6.21
				六、金银占款			
				七、外汇占款			
				八、固定资产	2727	728	36.42
				九、库存现金	5382	-547	-9.22
				十、投资性房地产			
资金来源总计	246424	8041	3.37	资金运用总计	246424	8041	3.37

2-3-22 威信县金融机构人民币信贷运行情况表

二○一○年十二月三十一日　　单位：万元

项目名称 \ 栏目	期末余额	比年初增减	比年初增减%	项目名称 \ 栏目	期末余额	比年初增减	比年初增减%
一、各项存款	255812	51778	25.38	一、各项贷款	118701	36600	44.58
1.企业存款	32459	1089	3.47	（一）境内贷款	118701	36600	44.58
⑴活期存款	27906	2489	9.79	1、短期贷款	35691	3606	11.24
⑵定期存款	4553	−1400	−23.52	⑴个人贷款及透支	7543	−3437	−31.3
2.财政存款	2364	−7860	−76.88	其中：个人消费贷款	21	−132	−86.23
3.机关团体存款	29864	9947	49.94	⑵单位贷款及透支	28148	7043	33.37
4.储蓄存款	159482	32661	25.75	其中：经营贷款	28148	7043	33.37
⑴活期储蓄	98739	21939	28.57	固定资产贷款			
⑵定期储蓄	60743	10723	21.44	⑶普通并购贷款			
5.农业存款	30969	15661	102.31	⑷银团贷款			
6.信托存款				⑸贸易融资			
7.委托存款	15			2.中长期贷款	83010	32994	65.97
8.其他存款	660	279	73.29	⑴个人贷款	61330	21358	53.43
二、金融债券				其中：个人消费贷款	4969	1446	41.06
三、应付及暂收款	4271	1435	50.61	⑵单位贷款	21680	11636	115.85
其中：应付利息	2224	296	15.37	其中：经营贷款	12000	12000	
四、同业往来(来源方)				固定资产贷款	9680	−364	−3.62
其中：境外同业往来				⑶普通并购贷款			
五、行内资金往来(来源方)				⑷银团贷款			
六、各项准备	4323	834	23.89	⑸贸易融资			
其中：贷款损失准备	4323	834	23.89	3.信托贷款			
七、所有者权益	5987	1537	34.55	4.融资租赁			
其中：实收资本	1072	−1	−0.09	5.委托贷款			
八、其他	−40326	−10019	33.06	6.票据融资			
				其中：贴现			
				7.各项垫款			
				（二）境外贷款			
				二、有价证券及投资	20		
				三、应收及预付款	108	13	13.44
				其中：应收利息	65	−26	−28.84
				四、同业往来(运用方)			
				其中：境外同业往来			
				五、行内资金往来(运用方)	105568	8034	8.24
				六、金银占款			
				七、外汇占款			
				八、固定资产	2896	687	31.08
				九、库存现金	2774	231	9.1
				十、投资性房地产			
资金来源总计	230067	45565	24.7	资金运用总计	230067	45565	24.7

2-3-23 水富县金融机构人民币信贷运行情况表

二〇一〇年十二月三十一日　　单位：万元

栏目 项目名称	期末余额	比年初		栏目 项目名称	期末余额	比年初	
		增减	增减%			增减	增减%
一、各项存款	332081	51902	18.52	一、各项贷款	451992	137968	43.94
1.企业存款	98810	7968	8.77	（一）境内贷款	451992	137968	43.94
⑴活期存款	69421	11457	19.77	1、短期贷款	163732	50445	44.53
⑵定期存款	29388	−3489	−10.61	⑴个人贷款及透支	9442	4404	87.42
2.财政存款	5077	4109	424.56	其中：个人消费贷款	870	−9	−0.98
3.机关团体存款	29963	11282	60.39	⑵单位贷款及透支	119290	11041	10.2
4.储蓄存款	154621	26692	20.86	其中：经营贷款	119290	11041	10.2
⑴活期储蓄	75824	15933	26.6	固定资产贷款			
⑵定期储蓄	78797	10759	15.81	⑶普通并购贷款			
5.农业存款	21788	−1144	−4.99	⑷银团贷款			
6.信托存款				⑸贸易融资	35000	35000	
7.委托存款				2.中长期贷款	288260	91523	46.52
8.其他存款	21823	2995	15.91	⑴个人贷款	44286	9358	26.79
二、金融债券				其中：个人消费贷款	23687	301	1.29
三、应付及暂收款	5568	2639	90.09	⑵单位贷款	243974	82166	50.78
其中：应付利息	1987	434	27.94	其中：经营贷款	114769	28872	33.61
四、同业往来(来源方)	8	4	82.47	固定资产贷款	129205	53294	70.21
其中：境外同业往来				⑶普通并购贷款			
五、行内资金往来(来源方)	135140	81431	151.61	⑷银团贷款			
六、各项准备	2865	40	1.41	⑸贸易融资			
其中：贷款损失准备	2863	40	1.41	3.信托贷款			
七、所有者权益	14041	2736	24.21	4.融资租赁			
其中：实收资本	1590	733	85.53	5.委托贷款			
八、其他	−30373	1736	−5.41	6.票据融资		−4000	−100
				其中：贴现		−4000	−100
				7.各项垫款			
				（二）境外贷款			
				二、有价证券及投资	10		
				三、应收及预付款	758	179	30.94
				其中：应收利息	697	450	181.86
				四、同业往来(运用方)			
				其中：境外同业往来			
				五、行内资金往来(运用方)			
				六、金银占款			
				七、外汇占款			
				八、固定资产	3970	1686	73.8
				九、库存现金	2600	656	33.72
				十、投资性房地产			
资金来源总计	459330	140489	44.06	资金运用总计	459330	140489	44.06

2-3-24 麒麟区金融机构人民币信贷运行情况表

二○一○年十二月三十一日　　单位：万元

项目名称	期末余额	比年初增减	比年初增减%	项目名称	期末余额	比年初增减	比年初增减%
一、各项存款	4819089	860566	21.74	一、各项贷款	2835616	561093	24.67
1.企业存款	1920832	197261	11.44	（一）境内贷款	2835616	561093	24.67
⑴活期存款	1610350	185626	13.03	1、短期贷款	805908	309090	62.21
⑵定期存款	310482	11635	3.89	⑴个人贷款及透支	152467	47725	45.57
2.财政存款	315110	266721	551.2	其中：个人消费贷款	36303	13435	58.75
3.机关团体存款	238713	−30251	−11.25	⑵单位贷款及透支	610373	220885	56.71
4.储蓄存款	1942918	366516	23.25	其中：经营贷款	589876	232231	64.93
⑴活期储蓄	943776	214589	29.43	固定资产贷款	18763	−13080	−41.08
⑵定期储蓄	999142	151927	17.93	⑶普通并购贷款			
5.农业存款	105647	19913	23.23	⑷银团贷款			
6.信托存款				⑸贸易融资	43068	40480	1564.15
7.委托存款	10300	6903	203.17	2.中长期贷款	1887798	247137	15.06
8.其他存款	285568	33503	13.29	⑴个人贷款	613495	170164	38.38
二、金融债券				其中：个人消费贷款	468277	141331	43.23
三、应付及暂收款	86639	9546	12.38	⑵单位贷款	1263102	79773	6.74
其中：应付利息	38591	1412	3.8	其中：经营贷款	502776	68970	15.9
四、同业往来(来源方)	4494	3638	425.01	固定资产贷款	760326	10803	1.44
其中：境外同业往来				⑶普通并购贷款			
五、行内资金往来(来源方)				⑷银团贷款	11200	−2800	−20
六、各项准备	65320	26576	68.6	⑸贸易融资			
其中：贷款损失准备	64189	51038	388.09	3.信托贷款			
七、所有者权益	103338	38586	59.59	4.融资租赁			
其中：实收资本	38189	14435	60.77	5.委托贷款			
八、其他	−967880	−399254	70.21	6.票据融资	141911	4866	3.55
				其中：贴现	141911	4866	3.55
				7.各项垫款			
				（二）境外贷款			
				二、有价证券及投资	−18794	−26949	−330.46
				三、应收及预付款	13332	2549	23.64
				其中：应收利息	7028	2366	50.75
				四、同业往来(运用方)			
				其中：境外同业往来			
				五、行内资金往来(运用方)	1180960	−2229	−0.19
				六、金银占款			
				七、外汇占款	−2	−2	
				八、固定资产	57152	−5941	−9.42
				九、库存现金	40034	8436	26.7
				十、投资性房地产	2701	2701	
资金来源总计	4110999	539658	15.11	资金运用总计	4110999	539658	15.11

2-3-25 马龙县金融机构人民币信贷运行情况表

二〇一〇年十二月三十一日　　单位：万元

栏目 项目名称	期末余额	比年初		栏目 项目名称	期末余额	比年初	
		增减	增减%			增减	增减%
一、各项存款	249063	44267	21.62	一、各项贷款	139139	9593	7.41
1.企业存款	35877	-291	-0.81	（一）境内贷款	139139	9593	7.41
⑴活期存款	34097	3	0.01	1、短期贷款	63159	-7590	-10.73
⑵定期存款	1780	-295	-14.2	⑴个人贷款及透支	51200	2689	5.54
2.财政存款	849	465	121.41	其中：个人消费贷款	1139	760	200.54
3.机关团体存款	12528	4662	59.26	⑵单位贷款及透支	11959	-10279	-46.22
4.储蓄存款	145924	21834	17.6	其中：经营贷款	11959	-9829	-45.11
⑴活期储蓄	81735	15440	23.29	固定资产贷款		-450	-100
⑵定期储蓄	64189	6393	11.06	⑶普通并购贷款			
5.农业存款	52971	17505	49.36	⑷银团贷款			
6.信托存款				⑸贸易融资			
7.委托存款	218	-159	-42.18	2.中长期贷款	75401	19821	35.66
8.其他存款	697	252	56.64	⑴个人贷款	66140	20068	43.56
二、金融债券				其中：个人消费贷款	32034	9571	42.61
三、应付及暂收款	3813	936	32.54	⑵单位贷款	9261	-247	-2.6
其中：应付利息	2060	165	8.73	其中：经营贷款	9055	8255	1031.88
四、同业往来(来源方)				固定资产贷款	206	-8502	-97.63
其中：境外同业往来				⑶普通并购贷款			
五、行内资金往来(来源方)				⑷银团贷款			
六、各项准备	7087	1742	32.58	⑸贸易融资			
其中：贷款损失准备	7087	1742	32.58	3.信托贷款			
七、所有者权益	9172	3361	57.84	4.融资租赁			
其中：实收资本	4000	3000	300	5.委托贷款			
八、其他	-24651	-1017	4.3	6.票据融资	579	-2638	-82
				其中：贴现	579	-2638	-82
				7.各项垫款			
				（二）境外贷款			
				二、有价证券及投资	40		
				三、应收及预付款	223	-373	-62.56
				其中：应收利息	128	20	18.92
				四、同业往来(运用方)			
				其中：境外同业往来			
				五、行内资金往来(运用方)	98576	38675	64.56
				六、金银占款			
				七、外汇占款			
				八、固定资产	3466	1247	56.19
				九、库存现金	3039	148	5.11
				十、投资性房地产			
资金来源总计	244483	49289	25.25	资金运用总计	244483	49289	25.25

2-3-26 陆良县金融机构人民币信贷运行情况表

二〇一〇年十二月三十一日　　　　单位：万元

栏目 项目名称	期末余额	比年初		栏目 项目名称	期末余额	比年初	
		增减	增减%			增减	增减%
一、各项存款	639917	110610	20.9	一、各项贷款	367149	48919	15.37
1.企业存款	170177	26050	18.07	（一）境内贷款	367149	48919	15.37
⑴活期存款	144781	21566	17.5	1、短期贷款	183244	15238	9.07
⑵定期存款	25396	4484	21.44	⑴个人贷款及透支	124303	17482	16.37
2.财政存款	3713	2554	220.29	其中：个人消费贷款	7098	2949	71.08
3.机关团体存款	22674	1439	6.78	⑵单位贷款及透支	58941	-2244	-3.67
4.储蓄存款	405662	68296	20.24	其中：经营贷款	58751	-1584	-2.63
⑴活期储蓄	201235	42670	26.91	固定资产贷款	190	-660	-77.65
⑵定期储蓄	204427	25626	14.33	⑶普通并购贷款			
5.农业存款	31743	12754	67.16	⑷银团贷款			
6.信托存款				⑸贸易融资			
7.委托存款		-1	-100	2.中长期贷款	179688	33960	23.3
8.其他存款	5948	-481	-7.48	⑴个人贷款	115004	26488	29.92
二、金融债券				其中：个人消费贷款	88455	14132	19.01
三、应付及暂收款	11618	4068	53.89	⑵单位贷款	64684	7473	13.06
其中：应付利息	5682	566	11.07	其中：经营贷款	29354	-2209	-7
四、同业往来(来源方)				固定资产贷款	35330	9681	37.74
其中：境外同业往来				⑶普通并购贷款			
五、行内资金往来(来源方)				⑷银团贷款			
六、各项准备	10826	3868	55.58	⑸贸易融资			
其中：贷款损失准备	10702	3773	54.45	3.信托贷款			
七、所有者权益	16291	3800	30.42	4.融资租赁			
其中：实收资本	4869	3800	355.47	5.委托贷款			
八、其他	-46538	15674	-25.19	6.票据融资	4217	-280	-6.22
				其中：贴现	4217	-280	-6.22
				7.各项垫款			
				（二）境外贷款			
				二、有价证券及投资	-895	-1088	-564.8
				三、应收及预付款	838	-638	-43.23
				其中：应收利息	627	-732	-53.86
				四、同业往来(运用方)			
				其中：境外同业往来			
				五、行内资金往来(运用方)	249733	88523	54.91
				六、金银占款			
				七、外汇占款			
				八、固定资产	7384	2780	60.39
				九、库存现金	7904	-475	-5.67
				十、投资性房地产			
资金来源总计	632114	138021	27.93	资金运用总计	632114	138021	27.93

2-3-27 师宗县金融机构人民币信贷运行情况表

二〇一〇年十二月三十一日　　　　单位：万元

栏目 项目名称	期末余额	比年初		栏目 项目名称	期末余额	比年初	
		增减	增减%			增减	增减%
一、各项存款	434124	61934	16.64	一、各项贷款	243392	27781	12.88
1.企业存款	93202	3333	3.71	（一）境内贷款	243392	27781	12.88
⑴活期存款	92208	5997	6.96	1、短期贷款	82037	-21283	-20.6
⑵定期存款	994	-2664	-72.82	⑴个人贷款及透支	42119	-15748	-27.21
2.财政存款	1834	269	17.16	其中：个人消费贷款	2559	726	39.58
3.机关团体存款	39157	4320	12.4	⑵单位贷款及透支	39918	-5536	-12.18
4.储蓄存款	256938	51731	25.21	其中：经营贷款	39633	-5821	-12.81
⑴活期储蓄	162737	40509	33.14	固定资产贷款	285	285	
⑵定期储蓄	94201	11222	13.52	⑶普通并购贷款			
5.农业存款	38151	419	1.11	⑷银团贷款			
6.信托存款				⑸贸易融资			
7.委托存款	8	5	141.69	2.中长期贷款	154208	43750	39.61
8.其他存款	4834	1857	62.42	⑴个人贷款	98558	34538	53.95
二、金融债券				其中：个人消费贷款	28834	6891	31.4
三、应付及暂收款	5340	1108	26.19	⑵单位贷款	55650	9212	19.84
其中：应付利息	3120	177	6.01	其中：经营贷款	12826	-888	-6.48
四、同业往来(来源方)				固定资产贷款	42824	10100	30.86
其中：境外同业往来				⑶普通并购贷款			
五、行内资金往来(来源方)				⑷银团贷款			
六、各项准备	16699	3447	26.01	⑸贸易融资			
其中：贷款损失准备	16697	3446	26	3.信托贷款			
七、所有者权益	12676	8745	222.49	4.融资租赁			
其中：实收资本	4293	3006	233.57	5.委托贷款			
八、其他	-44939	1843	-3.94	6.票据融资	7148	5314	289.8
				其中：贴现	7148	5314	289.8
				7.各项垫款			
				（二）境外贷款			
				二、有价证券及投资	51	1	2
				三、应收及预付款	465	-30	-6.02
				其中：应收利息	365	-2	-0.63
				四、同业往来(运用方)			
				其中：境外同业往来			
				五、行内资金往来(运用方)	167733	45231	36.92
				六、金银占款			
				七、外汇占款			
				八、固定资产	4014	1361	51.3
				九、库存现金	8245	2733	49.59
				十、投资性房地产			
资金来源总计	423900	77077	22.22	资金运用总计	423900	77077	22.22

2-3-28 罗平县金融机构人民币信贷运行情况表

二〇一〇年十二月三十一日　　　　单位：万元

项目名称	期末余额	比年初增减	比年初增减%	项目名称	期末余额	比年初增减	比年初增减%
一、各项存款	467678	105154	29.01	一、各项贷款	303289	43004	16.52
1.企业存款	92702	30121	48.13	（一）境内贷款	303289	43004	16.52
⑴活期存款	76393	15770	26.01	1、短期贷款	172950	26472	18.07
⑵定期存款	16309	14352	733.16	⑴个人贷款及透支	107063	20146	23.18
2.财政存款	1678	1204	253.62	其中：个人消费贷款	17452	-49483	-73.93
3.机关团体存款	46438	15958	52.35	⑵单位贷款及透支	65887	6326	10.62
4.储蓄存款	286632	47223	19.72	其中：经营贷款	65887	23354	54.91
⑴活期储蓄	159426	25292	18.86	固定资产贷款		-17028	-100
⑵定期储蓄	127206	21932	20.83	⑶普通并购贷款			
5.农业存款	34980	8644	32.82	⑷银团贷款			
6.信托存款				⑸贸易融资			
7.委托存款	100	95	1842.53	2.中长期贷款	128529	15905	14.12
8.其他存款	5148	1910	58.99	⑴个人贷款	67978	19804	41.11
二、金融债券				其中：个人消费贷款	52660	9631	22.38
三、应付及暂收款	6978	2303	49.26	⑵单位贷款	60551	-3899	-6.05
其中：应付利息	3238	600	22.75	其中：经营贷款	45951	2855	6.62
四、同业往来(来源方)				固定资产贷款	14600	-6754	-31.63
其中：境外同业往来				⑶普通并购贷款			
五、行内资金往来(来源方)				⑷银团贷款			
六、各项准备	11349	-1491	-11.61	⑸贸易融资			
其中：贷款损失准备	11325	-1497	-11.68	3.信托贷款			
七、所有者权益	20174	11378	129.34	4.融资租赁			
其中：实收资本	4700	3499	291.34	5.委托贷款			
八、其他	-36147	7162	-16.54	6.票据融资	1810	628	53.13
				其中：贴现	1810	628	53.13
				7.各项垫款			
				（二）境外贷款			
				二、有价证券及投资	70		
				三、应收及预付款	726	331	83.72
				其中：应收利息	564	269	90.75
				四、同业往来(运用方)			
				其中：境外同业往来			
				五、行内资金往来(运用方)	147550	77733	111.34
				六、金银占款			
				七、外汇占款			
				八、固定资产	5400	775	16.75
				九、库存现金	12998	2663	25.77
				十、投资性房地产			
资金来源总计	470033	124506	36.03	资金运用总计	470033	124506	36.03

2-3-29 富源县金融机构人民币信贷运行情况表

二〇一〇年十二月三十一日　　　　单位：万元

栏目 项目名称	期末余额	比年初增减	比年初增减%	栏目 项目名称	期末余额	比年初增减	比年初增减%
一、各项存款	1052662	195053	22.74	一、各项贷款	787126	96359	13.95
1.企业存款	257706	45152	21.24	（一）境内贷款	787126	96359	13.95
(1)活期存款	241268	45096	22.99	1、短期贷款	338896	58345	20.8
(2)定期存款	16438	56	0.34	(1)个人贷款及透支	137644	17104	14.19
2.财政存款	9729	1105	12.81	其中：个人消费贷款	975	−91959	−98.95
3.机关团体存款	54497	2094	4	(2)单位贷款及透支	165263	21751	15.16
4.储蓄存款	548520	94971	20.94	其中：经营贷款	165263	21800	15.2
(1)活期储蓄	349344	48979	16.31	固定资产贷款		−49	−100
(2)定期储蓄	199176	45993	30.02	(3)普通并购贷款			
5.农业存款	172012	46426	36.97	(4)银团贷款			
6.信托存款				(5)贸易融资	35990	19490	118.12
7.委托存款	3	−6	−67.21	2.中长期贷款	440545	35331	8.72
8.其他存款	10195	5312	108.78	(1)个人贷款	57578	6027	11.69
二、金融债券				其中：个人消费贷款	19269	−25285	−56.75
三、应付及暂收款	10727	1119	11.65	(2)单位贷款	382967	29305	8.29
其中：应付利息	6481	1262	24.19	其中：经营贷款	121909	−546	−0.45
四、同业往来(来源方)			−100	固定资产贷款	261058	29850	12.91
其中：境外同业往来				(3)普通并购贷款			
五、行内资金往来(来源方)				(4)银团贷款			
六、各项准备	15206	−450	−2.87	(5)贸易融资			
其中：贷款损失准备	15198	−427	−2.73	3.信托贷款			
七、所有者权益	56483	20481	56.89	4.融资租赁			
其中：实收资本	6883	4570	197.58	5.委托贷款			
八、其他	−103569	25318	−19.64	6.票据融资	7685	2682	53.61
				其中：贴现	7685	2682	53.61
				7.各项垫款			
				（二）境外贷款			
				二、有价证券及投资	60		
				三、应收及预付款	1255	656	109.44
				其中：应收利息	1045	476	83.83
				四、同业往来(运用方)			
				其中：境外同业往来			
				五、行内资金往来(运用方)	224781	141900	171.21
				六、金银占款			
				七、外汇占款			
				八、固定资产	5446	1980	57.14
				九、库存现金	12841	625	5.12
				十、投资性房地产			
资金来源总计	1031509	241520	30.57	资金运用总计	1031509	241520	30.57

2-3-30 会泽县金融机构人民币信贷运行情况表

二〇一〇年十二月三十一日　　单位：万元

栏目 项目名称	期末余额	比年初		栏目 项目名称	期末余额	比年初	
		增减	增减%			增减	增减%
一、各项存款	620081	93360	17.72	一、各项贷款	291010	57334	24.54
1.企业存款	105045	16531	18.68	（一）境内贷款	291010	57334	24.54
(1)活期存款	101866	23410	29.84	1、短期贷款	126840	2450	1.97
(2)定期存款	3178	-6879	-68.4	(1)个人贷款及透支	101081	7760	8.32
2.财政存款	13297	12760	2378.61	其中：个人消费贷款	153	-85	-35.81
3.机关团体存款	69045	14414	26.39	(2)单位贷款及透支	25759	-5310	-17.09
4.储蓄存款	369784	43295	13.26	其中：经营贷款	25759	-5310	-17.09
(1)活期储蓄	161929	27223	20.21	固定资产贷款			
(2)定期储蓄	207854	16071	8.38	(3)普通并购贷款			
5.农业存款	44588	6699	17.68	(4)银团贷款			
6.信托存款				(5)贸易融资			
7.委托存款				2.中长期贷款	164171	54883	50.22
8.其他存款	18323	-339	-1.82	(1)个人贷款	93763	35489	60.9
二、金融债券				其中：个人消费贷款	41923	11853	39.42
三、应付及暂收款	14553	4659	47.09	(2)单位贷款	70408	19394	38.02
其中：应付利息	6552	-242	-3.57	其中：经营贷款	32808	494	1.53
四、同业往来(来源方)				固定资产贷款	37600	18900	101.07
其中：境外同业往来				(3)普通并购贷款			
五、行内资金往来(来源方)				(4)银团贷款			
六、各项准备	12686	3433	37.11	(5)贸易融资			
其中：贷款损失准备	12604	3488	38.27	3.信托贷款			
七、所有者权益	16418	5840	55.21	4.融资租赁			
其中：实收资本	6053	3801	168.78	5.委托贷款			
八、其他	-62105	16128	-20.62	6.票据融资			
				其中：贴现			
				7.各项垫款			
				（二）境外贷款			
				二、有价证券及投资	70		
				三、应收及预付款	638	317	98.36
				其中：应收利息	516	202	64.4
				四、同业往来(运用方)			
				其中：境外同业往来			
				五、行内资金往来(运用方)	296923	65117	28.09
				六、金银占款			
				七、外汇占款			
				八、固定资产	5334	1467	37.93
				九、库存现金	7658	-813	-9.6
				十、投资性房地产			
资金来源总计	601633	123420	25.81	资金运用总计	601633	123420	25.81

2-3-31 沾益县金融机构人民币信贷运行情况表

二〇一〇年十二月三十一日　　单位：万元

项目名称	期末余额	比年初增减	比年初增减%	项目名称	期末余额	比年初增减	比年初增减%
一、各项存款	502836	63526	14.46	一、各项贷款	592129	31921	5.7
1.企业存款	127783	–4148	–3.14	（一）境内贷款	592129	31921	5.7
⑴活期存款	114051	–4534	–3.82	1、短期贷款	144489	28410	24.48
⑵定期存款	13732	386	2.89	⑴个人贷款及透支	61256	1258	2.1
2.财政存款	4233	4233		其中：个人消费贷款	1659	–45	–2.63
3.机关团体存款	28773	9620	50.22	⑵单位贷款及透支	70833	15752	28.6
4.储蓄存款	282999	55713	24.51	其中：经营贷款	68833	14152	25.88
⑴活期储蓄	145775	35607	32.32	固定资产贷款	2000	1600	400
⑵定期储蓄	137224	20106	17.17	⑶普通并购贷款			
5.农业存款	53337	–3814	–6.67	⑷银团贷款			
6.信托存款				⑸贸易融资	12400	11400	1140
7.委托存款	89	82	1171.43	2.中长期贷款	433070	–4599	–1.05
8.其他存款	5622	1839	48.63	⑴个人贷款	77010	25132	48.44
二、金融债券				其中：个人消费贷款	29730	9021	43.56
三、应付及暂收款	8537	3100	57.03	⑵单位贷款	328060	–22730	–6.48
其中：应付利息	4063	420	11.54	其中：经营贷款	108032	–135092	–55.57
四、同业往来(来源方)				固定资产贷款	220028	112362	104.36
其中：境外同业往来				⑶普通并购贷款			
五、行内资金往来(来源方)	124864	–57538	–31.54	⑷银团贷款	28000	–7000	–20
六、各项准备	13617	3984	41.36	⑸贸易融资			
其中：贷款损失准备	13616	3984	41.35	3.信托贷款			
七、所有者权益	18898	452	2.45	4.融资租赁			
其中：实收资本	3790	2153	131.52	5.委托贷款			
八、其他	–66162	20427	–23.59	6.票据融资	14570	8109	125.52
				其中：贴现	14570	8109	125.52
				7.各项垫款			
				（二）境外贷款			
				二、有价证券及投资	50		
				三、应收及预付款	1023	–49	–4.56
				其中：应收利息	926	275	42.25
				四、同业往来(运用方)			
				其中：境外同业往来			
				五、行内资金往来(运用方)			
				六、金银占款			
				七、外汇占款			
				八、固定资产	4919	1900	62.91
				九、库存现金	4468	179	4.17
				十、投资性房地产			
资金来源总计	602590	33951	5.97	资金运用总计	602590	33951	5.97

2-3-32 宣威市金融机构人民币信贷运行情况表

二〇一〇年十二月三十一日 单位：万元

项目名称	期末余额	比年初增减	比年初增减%	项目名称	期末余额	比年初增减	比年初增减%
一、各项存款	1380964	279070	25.33	一、各项贷款	740468	160268	27.62
1.企业存款	275596	67095	32.18	（一）境内贷款	740468	160268	27.62
⑴活期存款	262526	64173	32.35	1、短期贷款	299901	25510	9.3
⑵定期存款	13070	2922	28.79	⑴个人贷款及透支	143249	7934	5.86
2.财政存款	34667	23821	219.62	其中：个人消费贷款	3869	1898	96.29
3.机关团体存款	97456	27463	39.24	⑵单位贷款及透支	136152	14076	11.53
4.储蓄存款	857515	137811	19.15	其中：经营贷款	136152	14076	11.53
⑴活期储蓄	414189	83032	25.07	固定资产贷款			
⑵定期储蓄	443327	54779	14.1	⑶普通并购贷款			
5.农业存款	103408	15726	17.94	⑷银团贷款			
6.信托存款				⑸贸易融资	20500	3500	20.59
7.委托存款				2.中长期贷款	426707	125448	41.64
8.其他存款	12322	7155	138.48	⑴个人贷款	172873	39323	29.44
二、金融债券				其中：个人消费贷款	74081	21595	41.14
三、应付及暂收款	17350	635	3.8	⑵单位贷款	253834	86125	51.35
其中：应付利息	13445	1816	15.62	其中：经营贷款	79760	42141	112.02
四、同业往来(来源方)				固定资产贷款	174074	43984	33.81
其中：境外同业往来				⑶普通并购贷款			
五、行内资金往来(来源方)				⑷银团贷款			
六、各项准备	22704	5111	29.05	⑸贸易融资			
其中：贷款损失准备	22668	5201	29.78	3.信托贷款			
七、所有者权益	37565	13167	53.97	4.融资租赁			
其中：实收资本	12360	7815	171.95	5.委托贷款			
八、其他	-250349	-47108	23.18	6.票据融资	13860	9310	204.66
				其中：贴现	13860	9310	204.66
				7.各项垫款			
				（二）境外贷款			
				二、有价证券及投资	-280	-491	-232.32
				三、应收及预付款	2291	1112	94.27
				其中：应收利息	1830	1037	130.73
				四、同业往来(运用方)			
				其中：境外同业往来			
				五、行内资金往来(运用方)	438550	84017	23.7
				六、金银占款			
				七、外汇占款			
				八、固定资产	11813	5157	77.47
				九、库存现金	15391	813	5.58
				十、投资性房地产			
资金来源总计	1208234	250876	26.21	资金运用总计	1208234	250876	26.21

2-3-33 红塔区金融机构人民币信贷运行情况表

二〇一〇年十二月三十一日　　　　单位：万元

项目名称 \ 栏目	期末余额	比年初		项目名称 \ 栏目	期末余额	比年初	
		增减	增减%			增减	增减%
一、各项存款	4730012	551182	13.19	一、各项贷款	2703348	510077	23.26
1.企业存款	2225342	193952	9.55	（一）境内贷款	2703348	510077	23.26
⑴活期存款	1532994	385600	33.61	1、短期贷款	868637	70632	8.85
⑵定期存款	692348	−191648	−21.68	⑴个人贷款及透支	118936	16308	15.89
2.财政存款	2879	−19479	−87.12	其中：个人消费贷款	22331	55	0.25
3.机关团体存款	365770	−9267	−2.47	⑵单位贷款及透支	713723	23721	3.44
4.储蓄存款	1743121	217974	14.29	其中：经营贷款	695950	20613	3.05
⑴活期储蓄	649131	94463	17.03	固定资产贷款	17773	3108	21.19
⑵定期储蓄	1093990	123511	12.73	⑶普通并购贷款			
5.农业存款	201155	73950	58.13	⑷银团贷款	10550	10550	
6.信托存款				(5)贸易融资	25427	20053	373.18
7.委托存款	7305	5330	269.94	2.中长期贷款	1783372	454720	34.22
8.其他存款	184440	88720	92.69	⑴个人贷款	384914	125647	48.46
二、金融债券	2			其中：个人消费贷款	349795	108925	45.22
三、应付及暂收款	69804	13718	24.46	⑵单位贷款	1389958	325573	30.59
其中：应付利息	29815	451	1.54	其中：经营贷款	360819	76636	26.97
四、同业往来(来源方)	18015	15772	702.94	固定资产贷款	1029139	248937	31.91
其中：境外同业往来				⑶普通并购贷款			
五、行内资金往来(来源方)				⑷银团贷款	8500	3500	70.00
六、各项准备	32679	7440	29.48	(5)贸易融资			
其中：贷款损失准备	30128	7618	33.84	3.信托贷款			
七、所有者权益	128447	42421	49.31	4.融资租赁			
其中：实收资本	43476	7348	20.34	5.委托贷款			
八、其他	−660091	−314377	90.94	6.票据融资	51340	−15276	−22.93
				其中：贴现	51340	−15276	−22.93
				7.各项垫款			
				（二）境外贷款			
				二、有价证券及投资	217996	15681	7.75
				三、应收及预付款	9283	1852	24.92
				其中：应收利息	3969	−1957	−33.03
				四、同业往来(运用方)	89700	−6672	−6.92
				其中：境外同业往来			
				五、行内资金往来(运用方)	1219604	−204305	−14.35
				六、金银占款			
				七、外汇占款	165	159	2729.41
				八、固定资产	47804	−5947	−11.06
				九、库存现金	30967	5312	20.71
				十、投资性房地产			
资金来源总计	4318869	316156	7.90	资金运用总计	4318869	316156	7.90

2-3-34 江川县金融机构人民币信贷运行情况表

二〇一〇年十二月三十一日　　单位：万元

项目名称＼栏目	期末余额	比年初增减	比年初增减%	项目名称＼栏目	期末余额	比年初增减	比年初增减%
一、各项存款	548924	111930	25.61	一、各项贷款	292052	101838	53.54
1.企业存款	118885	39069	48.95	（一）境内贷款	292052	101838	53.54
⑴活期存款	77083	39800	106.75	1、短期贷款	122003	27467	29.05
⑵定期存款	41802	−731	−1.72	⑴个人贷款及透支	54112	766	1.44
2.财政存款	7609	5992	370.50	其中：个人消费贷款	1131	670	131.16
3.机关团体存款	46496	−7892	−14.51	⑵单位贷款及透支	67490	26535	64.79
4.储蓄存款	321446	57090	21.60	其中：经营贷款	67490	26535	64.79
⑴活期储蓄	130523	33964	35.17	固定资产贷款			
⑵定期储蓄	190923	23127	13.78	⑶普通并购贷款			
5.农业存款	47924	22186	86.20	⑷银团贷款			
6.信托存款				⑸贸易融资	400	166	71.27
7.委托存款	147	51	53.12	2.中长期贷款	170059	77493	83.72
8.其他存款	6417	−4565	−41.57	⑴个人贷款	111698	56673	103.00
二、金融债券				其中：个人消费贷款	42436	25145	145.00
三、应付及暂收款	6381	1245	24.25	⑵单位贷款	58361	20820	55.46
其中：应付利息	4264	662	18.37	其中：经营贷款	45111	39611	720.20
四、同业往来(来源方)	5212	2740	110.83	固定资产贷款	13250	−18791	−58.65
其中：境外同业往来				⑶普通并购贷款			
五、行内资金往来(来源方)				⑷银团贷款			
六、各项准备	9838	1066	12.15	⑸贸易融资			
其中：贷款损失准备	9838	1066	12.15	3.信托贷款			
七、所有者权益	17071	4819	39.33	4.融资租赁			
其中：实收资本	5000	3142	169.11	5.委托贷款			
八、其他	−106769	−45766	75.02	6.票据融资		−3122	−100.00
				其中：贴现		−3122	−100.00
				7.各项垫款			
				（二）境外贷款			
				二、有价证券及投资	130		
				三、应收及预付款	1006	212	26.62
				其中：应收利息	747	163	27.95
				四、同业往来(运用方)			
				其中：境外同业往来			
				五、行内资金往来(运用方)	175132	−30056	−14.65
				六、金银占款			
				七、外汇占款			
				八、固定资产	7930	2596	48.68
				九、库存现金	4397	1444	48.88
				十、投资性房地产			
资金来源总计	480658	76034	18.79	资金运用总计	480658	76034	18.79

2-3-35 澄江县金融机构人民币信贷运行情况表

二〇一〇年十二月三十一日　　　　单位：万元

项目名称	期末余额	比年初增减	比年初增减%	项目名称	期末余额	比年初增减	比年初增减%
一、各项存款	411730	89298	27.70	一、各项贷款	207870	32128	18.28
1.企业存款	86558	12506	16.89	（一）境内贷款	207870	32128	18.28
⑴活期存款	68034	14829	27.87	1、短期贷款	86316	17061	24.63
⑵定期存款	18524	-2323	-11.15	⑴个人贷款及透支	27554	4006	17.01
2.财政存款	3057	1756	134.97	其中：个人消费贷款	2643	1301	96.97
3.机关团体存款	41061	6059	17.31	⑵单位贷款及透支	58063	12355	27.03
4.储蓄存款	213768	27825	14.96	其中：经营贷款	58063	12355	27.03
⑴活期储蓄	85069	9694	12.86	固定资产贷款			
⑵定期储蓄	128699	18131	16.40	⑶普通并购贷款			
5.农业存款	55537	38392	223.92	⑷银团贷款			
6.信托存款				⑸贸易融资	700	700	
7.委托存款	253	253		2.中长期贷款	121553	17284	16.58
8.其他存款	11497	2508	27.89	⑴个人贷款	59004	16714	39.52
二、金融债券				其中：个人消费贷款	40152	10682	36.25
三、应付及暂收款	4429	581	15.09	⑵单位贷款	62549	570	0.92
其中：应付利息	3201	484	17.82	其中：经营贷款	46790	4650	11.03
四、同业往来(来源方)		-2689	-100.00	固定资产贷款	15759	-4080	-20.57
其中：境外同业往来				⑶普通并购贷款			
五、行内资金往来(来源方)				⑷银团贷款			
六、各项准备	9760	1103	12.74	⑸贸易融资			
其中：贷款损失准备	9754	1103	12.75	3.信托贷款			
七、所有者权益	11501	2313	25.17	4.融资租赁			
其中：实收资本	5765	4298	292.98	5.委托贷款			
八、其他	-58858	-33039	127.96	6.票据融资		-1420	-100.00
				其中：贴现		-1420	-100.00
				7.各项垫款		-797	-100.00
				（二）境外贷款			
				二、有价证券及投资	-419	-571	-375.41
				三、应收及预付款	710	3	0.42
				其中：应收利息	582	-59	-9.15
				四、同业往来(运用方)			
				其中：境外同业往来			
				五、行内资金往来(运用方)	162216	24873	18.11
				六、金银占款			
				七、外汇占款			
				八、固定资产	4354	738	20.40
				九、库存现金	3831	396	11.52
				十、投资性房地产			
资金来源总计	378562	57567	17.93	资金运用总计	378562	57567	17.93

2-3-36 通海县金融机构人民币信贷运行情况表

二〇一〇年十二月三十一日　　单位：万元

项目名称	期末余额	比年初增减	比年初增减%	项目名称	期末余额	比年初增减	比年初增减%
一、各项存款	697545	121994	21.20	一、各项贷款	417512	68080	19.48
1.企业存款	140332	29086	26.15	（一）境内贷款	417512	68080	19.48
⑴活期存款	113820	24978	28.11	1、短期贷款	235907	30157	14.66
⑵定期存款	26512	4108	18.34	⑴个人贷款及透支	123720	16765	15.68
2.财政存款	3709	−1072	−22.41	其中：个人消费贷款	3896	1366	54.02
3.机关团体存款	18474	−4361	−19.10	⑵单位贷款及透支	110297	12975	13.33
4.储蓄存款	490108	91545	22.97	其中：经营贷款	109297	14975	15.88
⑴活期储蓄	208319	42479	25.61	固定资产贷款	1000	−2000	−66.67
⑵定期储蓄	281789	49066	21.08	⑶普通并购贷款			
5.农业存款	23381	3424	17.16	⑷银团贷款			
6.信托存款				⑸贸易融资	1890	417	28.31
7.委托存款	3	−1	−25.00	2.中长期贷款	179595	39878	28.54
8.其他存款	21537	3372	18.57	⑴个人贷款	93119	29441	46.23
二、金融债券				其中：个人消费贷款	48511	19267	65.88
三、应付及暂收款	8988	1654	22.55	⑵单位贷款	86476	10437	13.73
其中：应付利息	6610	925	16.27	其中：经营贷款	68701	5237	8.25
四、同业往来(来源方)	1	1		固定资产贷款	17775	5200	41.35
其中：境外同业往来				⑶普通并购贷款			
五、行内资金往来(来源方)				⑷银团贷款			
六、各项准备	8435	952	12.72	⑸贸易融资			
其中：贷款损失准备	8001	559	7.51	3.信托贷款			
七、所有者权益	20098	6132	43.90	4.融资租赁			
其中：实收资本	5000	2617	109.82	5.委托贷款			
八、其他	−83475	−21526	34.75	6.票据融资	2010	−1956	−49.31
				其中：贴现	2010	−1956	−49.31
				7.各项垫款			
				（二）境外贷款			
				二、有价证券及投资	−211	−481	−177.96
				三、应收及预付款	1313	392	42.57
				其中：应收利息	839	123	17.24
				四、同业往来(运用方)		0	−100.00
				其中：境外同业往来			
				五、行内资金往来(运用方)	220332	41019	22.88
				六、金银占款			
				七、外汇占款	−1	−1	
				八、固定资产	5375	1751	48.31
				九、库存现金	7273	−1553	−17.59
				十、投资性房地产			
资金来源总计	651593	109207	20.13	资金运用总计	651593	109207	20.13

2-3-37 华宁县金融机构人民币信贷运行情况表

二〇一〇年十二月三十一日　　单位：万元

项目名称	期末余额	比年初增减	比年初增减%	项目名称	期末余额	比年初增减	比年初增减%
一、各项存款	298791	63757	27.13	一、各项贷款	183729	33794	22.54
1.企业存款	49813	6753	15.68	（一）境内贷款	183729	33794	22.54
⑴活期存款	35633	5713	19.09	1、短期贷款	50603	−1987	−3.78
⑵定期存款	14180	1040	7.92	⑴个人贷款及透支	28287	208	0.74
2.财政存款	495	−703	−58.65	其中：个人消费贷款	779	−421	−35.10
3.机关团体存款	19312	7442	62.69	⑵单位贷款及透支	22316	−2195	−8.96
4.储蓄存款	188736	36048	23.61	其中：经营贷款	20516	−3995	−16.30
⑴活期储蓄	92376	20157	27.91	固定资产贷款	1800	1800	
⑵定期储蓄	96360	15890	19.75	⑶普通并购贷款			
5.农业存款	32884	11088	50.87	⑷银团贷款			
6.信托存款				⑸贸易融资			
7.委托存款	164	92	127.78	2.中长期贷款	132955	35736	36.76
8.其他存款	7387	3038	69.85	⑴个人贷款	93887	32811	53.72
二、金融债券				其中：个人消费贷款	30060	11883	65.38
三、应付及暂收款	4369	1029	30.79	⑵单位贷款	39068	2925	8.09
其中：应付利息	2983	456	18.05	其中：经营贷款	17941	9633	115.95
四、同业往来(来源方)				固定资产贷款	21127	−6708	−24.10
其中：境外同业往来				⑶普通并购贷款			
五、行内资金往来(来源方)				⑷银团贷款			
六、各项准备	5861	695	13.45	⑸贸易融资			
其中：贷款损失准备	5850	694	13.47	3.信托贷款			
七、所有者权益	10481	2771	35.94	4.融资租赁			
其中：实收资本	3293	1900	136.40	5.委托贷款			
八、其他	−51477	−2053	4.15	6.票据融资	171	45	35.62
				其中：贴现	171	45	35.62
				7.各项垫款			
				（二）境外贷款			
				二、有价证券及投资	70		
				三、应收及预付款	604	171	39.52
				其中：应收利息	528	346	190.35
				四、同业往来(运用方)			
				其中：境外同业往来			
				五、行内资金往来(运用方)	76609	30869	67.49
				六、金银占款			
				七、外汇占款			
				八、固定资产	3201	671	26.53
				九、库存现金	3812	694	22.25
				十、投资性房地产			
资金来源总计	268025	66199	32.80	资金运用总计	268025	56199	32.80

2-3-38 易门县金融机构人民币信贷运行情况表

二〇一〇年十二月三十一日　　　　单位：万元

项目名称	期末余额	比年初增减	比年初增减%	项目名称	期末余额	比年初增减	比年初增减%
一、各项存款	369615	74528	25.26	一、各项贷款	209990	32076	18.03
1.企业存款	64493	10839	20.20	（一）境内贷款	209990	32076	18.03
⑴活期存款	40396	7070	21.21	1、短期贷款	120509	15583	14.85
⑵定期存款	24097	3769	18.54	⑴个人贷款及透支	39123	-4567	-10.45
2.财政存款	370	-532	-58.96	其中：个人消费贷款	851	-45	-5.05
3.机关团体存款	19591	1859	10.48	⑵单位贷款及透支	81386	20150	32.91
4.储蓄存款	207143	35256	20.51	其中：经营贷款	80136	20550	34.49
⑴活期储蓄	100197	18597	22.79	固定资产贷款	1250	-400	-24.24
⑵定期储蓄	106946	16659	18.45	⑶普通并购贷款			
5.农业存款	71963	26458	58.14	⑷银团贷款			
6.信托存款				⑸贸易融资			
7.委托存款				2.中长期贷款	89481	17103	23.63
8.其他存款	6054	648	12.00	⑴个人贷款	48183	11695	32.05
二、金融债券				其中：个人消费贷款	15841	2102	15.30
三、应付及暂收款	4389	799	22.26	⑵单位贷款	41298	5408	15.07
其中：应付利息	3262	710	27.83	其中：经营贷款	29123	23628	429.99
四、同业往来(来源方)	110	-58	-34.52	固定资产贷款	12175	-18220	-59.94
其中：境外同业往来				⑶普通并购贷款			
五、行内资金往来(来源方)				⑷银团贷款			
六、各项准备	5995	1538	34.52	⑸贸易融资			
其中：贷款损失准备	5766	1537	36.35	3.信托贷款			
七、所有者权益	12186	1234	11.27	4.融资租赁			
其中：实收资本	4100	1000	32.26	5.委托贷款			
八、其他	-96899	-18075	22.93	6.票据融资		-609	-100.00
				其中：贴现		-609	-100.00
				7.各项垫款			
				（二）境外贷款			
				二、有价证券及投资	60		
				三、应收及预付款	474	154	48.34
				其中：应收利息	353	206	139.52
				四、同业往来(运用方)			
				其中：境外同业往来			
				五、行内资金往来(运用方)	77836	26768	52.42
				六、金银占款			
				七、外汇占款			
				八、固定资产	4306	999	26.25
				九、库存现金	2229	-32	-1.42
				十、投资性房地产			
资金来源总计	295395	59966	25.47	资金运用总计	295395	59966	25.47

2-3-39 峨山县金融机构人民币信贷运行情况表

二〇一〇年十二月三十一日 单位：万元

项目名称	期末余额	比年初增减	比年初增减%	项目名称	期末余额	比年初增减	比年初增减%
一、各项存款	374976	45962	13.97	一、各项贷款	205562	40196	24.31
1.企业存款	80849	−6684	−7.64	（一）境内贷款	205562	40196	24.31
⑴活期存款	59223	−5465	−8.45	1、短期贷款	98683	21049	27.11
⑵定期存款	21625	−1219	−5.33	⑴个人贷款及透支	40040	5960	17.49
2.财政存款	11454	7124	164.54	其中：个人消费贷款	2223	−600	−21.26
3.机关团体存款	15202	6351	71.76	⑵单位贷款及透支	58643	15089	34.64
4.储蓄存款	202122	32992	19.51	其中：经营贷款	58643	15589	36.20
⑴活期储蓄	107961	18112	20.16	固定资产贷款		−500	−100.00
⑵定期储蓄	94161	14880	18.77	⑶普通并购贷款			
5.农业存款	59027	5605	10.49	⑷银团贷款			
6.信托存款				⑸贸易融资			
7.委托存款	25	−4	−13.79	2.中长期贷款	100972	21089	26.40
8.其他存款	6297	578	10.11	⑴个人贷款	26234	7075	36.93
二、金融债券				其中：个人消费贷款	11026	2419	28.11
三、应付及暂收款	3293	486	17.32	⑵单位贷款	74738	14014	23.08
其中：应付利息	2354	157	7.13	其中：经营贷款	41858	−4676	−10.05
四、同业往来(来源方)				固定资产贷款	32880	18690	131.71
其中：境外同业往来				⑶普通并购贷款			
五、行内资金往来(来源方)				⑷银团贷款			
六、各项准备	7163	2412	50.75	⑸贸易融资			
其中：贷款损失准备	7109	2425	51.75	3.信托贷款			
七、所有者权益	9759	4052	71.02	4.融资租赁			
其中：实收资本	5801	4200	262.34	5.委托贷款			
八、其他	−66288	−16514	33.18	6.票据融资	5902	−1942	−24.76
				其中：贴现	5902	−1942	−24.76
				7.各项垫款			
				（二）境外贷款			
				二、有价证券及投资	30		
				三、应收及预付款	465	−125	−21.18
				其中：应收利息	401	−128	−24.25
				四、同业往来(运用方)			
				其中：境外同业往来			
				五、行内资金往来(运用方)	116526	−4504	−3.72
				六、金银占款			
				七、外汇占款			
				八、固定资产	2691	1013	60.40
				九、库存现金	3629	−183	−4.79
				十、投资性房地产			
资金来源总计	328904	36398	12.44	资金运用总计	328904	36398	12.44

2-3-40 新平县金融机构人民币信贷运行情况表

二〇一〇年十二月三十一日　　单位：万元

栏目 / 项目名称	期末余额	比年初增减	比年初增减%	栏目 / 项目名称	期末余额	比年初增减	比年初增减%
一、各项存款	459903	66091	16.78	一、各项贷款	291618	16531	6.01
1.企业存款	112512	1828	1.65	（一）境内贷款	291618	16531	6.01
⑴活期存款	78126	−2927	−3.61	1、短期贷款	93169	31919	52.11
⑵定期存款	34386	4755	16.05	⑴个人贷款及透支	36108	7039	24.22
2.财政存款	7213	1274	21.45	其中：个人消费贷款	3519	2253	178.05
3.机关团体存款	27733	5374	24.04	⑵单位贷款及透支	57061	24880	77.31
4.储蓄存款	231868	39712	20.67	其中：经营贷款	56861	24680	76.69
⑴活期储蓄	131704	22498	20.60	固定资产贷款	200	200	
⑵定期储蓄	100164	17214	20.75	⑶普通并购贷款			
5.农业存款	76896	16365	27.04	⑷银团贷款			
6.信托存款				⑸贸易融资			
7.委托存款		−8	−100.00	2.中长期贷款	198449	−11076	−5.29
8.其他存款	3682	1546	72.39	⑴个人贷款	69360	6271	9.94
二、金融债券				其中：个人消费贷款	33628	6421	23.60
三、应付及暂收款	4719	1193	33.85	⑵单位贷款	129089	−17347	−11.85
其中：应付利息	3025	473	18.55	其中：经营贷款	34589	−6382	−15.58
四、同业往来(来源方)		−7	−100.00	固定资产贷款	94500	−10965	−10.40
其中：境外同业往来				⑶普通并购贷款			
五、行内资金往来(来源方)				⑷银团贷款			
六、各项准备	6813	1393	25.70	⑸贸易融资			
其中：贷款损失准备	6778	1393	25.87	3.信托贷款			
七、所有者权益	13602	3486	34.47	4.融资租赁			
其中：实收资本	4210	2200	109.45	5.委托贷款			
八、其他	−128424	−28496	28.52	6.票据融资		−4312	−100.00
				其中：贴现		−4312	−100.00
				7.各项垫款			
				（二）境外贷款			
				二、有价证券及投资	70		
				三、应收及预付款	666	173	35.18
				其中：应收利息	573	92	19.21
				四、同业往来(运用方)			
				其中：境外同业往来			
				五、行内资金往来(运用方)	55649	24796	80.37
				六、金银占款			
				七、外汇占款			
				八、固定资产	3686	931	33.79
				九、库存现金	4924	1229	33.28
				十、投资性房地产			
资金来源总计	356613	43661	13.95	资金运用总计	356613	43661	13.95

2-3-41 元江县金融机构人民币信贷运行情况表

二○一○年十二月三十一日　　　　单位：万元

栏目 项目名称	期末余额	比年初		栏目 项目名称	期末余额	比年初	
		增减	增减%			增减	增减%
一、各项存款	268568	41633	18.35	一、各项贷款	144893	17245	13.51
1.企业存款	64256	5337	9.06	（一）境内贷款	144893	17245	13.51
⑴活期存款	56036	7262	14.89	1、短期贷款	66242	−7365	−10.01
⑵定期存款	8220	−1925	−18.97	⑴个人贷款及透支	21065	3402	19.26
2.财政存款	575	−232	−28.76	其中：个人消费贷款	1402	390	38.58
3.机关团体存款	11247	4258	60.92	⑵单位贷款及透支	45177	−10767	−19.25
4.储蓄存款	148248	21625	17.08	其中：经营贷款	44477	−10767	−19.49
⑴活期储蓄	75345	10097	15.47	固定资产贷款	700		
⑵定期储蓄	72903	11528	18.78	⑶普通并购贷款			
5.农业存款	37460	8750	30.48	⑷银团贷款			
6.信托存款				⑸贸易融资			
7.委托存款	179	−38	−17.51	2.中长期贷款	78057	24037	44.50
8.其他存款	6603	1934	41.40	⑴个人贷款	47576	16079	51.05
二、金融债券				其中：个人消费贷款	16694	1193	7.70
三、应付及暂收款	2633	58	2.24	⑵单位贷款	30481	7958	35.33
其中：应付利息	1814	−72	−3.79	其中：经营贷款	17223	9623	126.62
四、同业往来(来源方)				固定资产贷款	13258	−1665	−11.16
其中：境外同业往来				⑶普通并购贷款			
五、行内资金往来(来源方)				⑷银团贷款			
六、各项准备	3750	169	4.72	⑸贸易融资			
其中：贷款损失准备	3709	169	4.77	3.信托贷款			
七、所有者权益	6203	2159	53.41	4.融资租赁			
其中：实收资本	2800	980	53.85	5.委托贷款			
八、其他	−43046	−5343	14.17	6.票据融资	593	573	2865.06
				其中：贴现	593	573	2865.06
				7.各项垫款			
				（二）境外贷款			
				二、有价证券及投资	−402	−546	−378.13
				三、应收及预付款	541	147	37.41
				其中：应收利息	417	157	60.42
				四、同业往来(运用方)			
				其中：境外同业往来			
				五、行内资金往来(运用方)	85794	19696	29.80
				六、金银占款			
				七、外汇占款			
				八、固定资产	3353	819	32.31
				九、库存现金	3929	1315	50.29
				十、投资性房地产			
资金来源总计	238108	38676	19.39	资金运用总计	238108	38676	19.39

2-3-42 个旧市金融机构人民币信贷运行情况表

二〇一〇年十二月三十一日　　单位：万元

项目名称	期末余额	比年初增减	比年初增减%	项目名称	期末余额	比年初增减	比年初增减%
一、各项存款	1806849	453917	33.55	一、各项贷款	992383	200613	25.34
1.企业存款	314702	80046	34.11	（一）境内贷款	992383	200613	25.34
⑴活期存款	285687	78763	38.06	1、短期贷款	392169	-33529	-7.88
⑵定期存款	29015	1282	4.62	⑴个人贷款及透支	80316	5943	7.99
2.财政存款	260519	183910	240.06	其中：个人消费贷款	10938	3526	47.57
3.机关团体存款	116628	11283	10.71	⑵单位贷款及透支	297833	-48271	-13.95
4.储蓄存款	1038234	163458	18.69	其中：经营贷款	297833	-48271	-13.95
⑴活期储蓄	500971	102663	25.77	固定资产贷款			
⑵定期储蓄	537263	60794	12.76	⑶普通并购贷款			
5.农业存款	59920	12506	26.38	⑷银团贷款			
6.信托存款				⑸贸易融资	14020	8799	168.53
7.委托存款	32	-35	-51.89	2.中长期贷款	582751	234330	67.25
8.其他存款	16814	2750	19.55	⑴个人贷款	169300	64954	62.25
二、金融债券				其中：个人消费贷款	131700	61129	86.62
三、应付及暂收款	14871	3596	31.90	⑵单位贷款	413451	169376	69.40
其中：应付利息	9549	1027	12.05	其中：经营贷款	198542	121941	159.19
四、同业往来(来源方)	9	7	350.61	固定资产贷款	214909	47435	28.32
其中：境外同业往来				⑶普通并购贷款			
五、行内资金往来(来源方)				⑷银团贷款			
六、各项准备	12576	2070	19.70	⑸贸易融资			
其中：贷款损失准备	12495	2027	19.36	3.信托贷款			
七、所有者权益	34532	6355	22.56	4.融资租赁			
其中：实收资本	6925	4000	136.75	5.委托贷款			
八、其他	-341358	-162635	91.00	6.票据融资	17463	-188	-1.06
				其中：贴现	17463	-188	-1.06
				7.各项垫款			
				（二）境外贷款			
				二、有价证券及投资	-1284	-1870	-319.13
				三、应收及预付款	2082	-288	-12.15
				其中：应收利息	1735	-575	-24.89
				四、同业往来(运用方)			
				其中：境外同业往来			
				五、行内资金往来(运用方)	505424	100446	24.80
				六、金银占款			
				七、外汇占款	-5	-5	
				八、固定资产	18865	4968	35.75
				九、库存现金	10016	-553	-5.24
				十、投资性房地产			
资金来源总计	1527480	303311	24.78	资金运用总计	1527480	303311	24.78

2-3-43 开远市金融机构人民币信贷运行情况表

二〇一〇年十二月三十一日　　　　单位：万元

栏目 项目名称	期末余额	比年初		栏目 项目名称	期末余额	比年初	
		增减	增减%			增减	增减%
一、各项存款	1056260	124599	13.37	一、各项贷款	683242	70990	11.59
1.企业存款	392714	42608	12.17	（一）境内贷款	683242	70990	11.59
⑴活期存款	385490	40653	11.79	1、短期贷款	248013	9030	3.78
⑵定期存款	7224	1956	37.12	⑴个人贷款及透支	57944	7616	15.13
2.财政存款	2649	577	27.82	其中：个人消费贷款	4349	538	14.12
3.机关团体存款	38361	6968	22.20	⑵单位贷款及透支	171836	-10819	-5.92
4.储蓄存款	553948	67621	13.90	其中：经营贷款	125806	-6549	-4.95
⑴活期储蓄	234102	41272	21.40	固定资产贷款	46030	-4270	-8.49
⑵定期储蓄	319846	26349	8.98	⑶普通并购贷款			
5.农业存款	48088	6451	15.49	⑷银团贷款			
6.信托存款				⑸贸易融资	18233	12233	203.88
7.委托存款				2.中长期贷款	429941	77551	22.01
8.其他存款	20501	375	1.86	⑴个人贷款	136556	51392	60.34
二、金融债券				其中：个人消费贷款	114883	44408	63.01
三、应付及暂收款	9592	2604	37.26	⑵单位贷款	293385	26159	9.79
其中：应付利息	6055	663	12.30	其中：经营贷款	135585	11749	9.49
四、同业往来(来源方)	146	-2383	-94.24	固定资产贷款	157800	14410	10.05
其中：境外同业往来				⑶普通并购贷款			
五、行内资金往来(来源方)				⑷银团贷款			
六、各项准备	13722	4782	53.48	⑸贸易融资			
其中：贷款损失准备	12556	4783	61.53	3.信托贷款			
七、所有者权益	26501	-1827	-6.45	4.融资租赁			
其中：实收资本	7000	1000	16.67	5.委托贷款			
八、其他	-47990	29186	-37.82	6.票据融资	5287	-15591	-74.68
				其中：贴现	5287	-15591	-74.68
				7.各项垫款			
				（二）境外贷款			
				二、有价证券及投资	-1176	-1539	-423.73
				三、应收及预付款	1226	-527	-30.07
				其中：应收利息	1029	-522	-37.69
				四、同业往来(运用方)	25000	25000	
				其中：境外同业往来			
				五、行内资金往来(运用方)	329365	57206	21.02
				六、金银占款			
				七、外汇占款			
				八、固定资产	13417	5525	70.01
				九、库存现金	7156	305	4.46
				十、投资性房地产			
资金来源总计	1058230	156961	17.42	资金运用总计	1058230	156961	17.42

2-3-44 蒙自县金融机构人民币信贷运行情况表

二〇一〇年十二月三十一日　　单位：万元

项目名称	期末余额	比年初增减	比年初增减%	项目名称	期末余额	比年初增减	比年初增减%
一、各项存款	1989586	599429	43.12	一、各项贷款	1186243	211493	21.70
1.企业存款	615740	116575	23.35	（一）境内贷款	1186243	211493	21.70
⑴活期存款	517561	48709	10.39	1、短期贷款	260162	135071	107.98
⑵定期存款	98179	67866	223.89	⑴个人贷款及透支	92800	47270	103.82
2.财政存款	18488	6404	52.99	其中：个人消费贷款	34140	25738	306.30
3.机关团体存款	383503	125303	48.53	⑵单位贷款及透支	150336	74375	97.91
4.储蓄存款	602985	135619	29.02	其中：经营贷款	148336	72875	96.57
⑴活期储蓄	335012	81876	32.34	固定资产贷款	2000	1500	300.00
⑵定期储蓄	267973	53743	25.09	⑶普通并购贷款			
5.农业存款	49101	6972	16.55	⑷银团贷款			
6.信托存款				⑸贸易融资	17027	13427	372.96
7.委托存款	128	128		2.中长期贷款	921925	81599	9.71
8.其他存款	319642	208428	187.41	⑴个人贷款	259472	7283	2.89
二、金融债券				其中：个人消费贷款	230439	34299	17.49
三、应付及暂收款	36331	9192	33.87	⑵单位贷款	662453	74316	12.64
其中：应付利息	22845	5319	30.35	其中：经营贷款	243577	65499	36.78
四、同业往来(来源方)	6	-5	-47.17	固定资产贷款	418876	8817	2.15
其中：境外同业往来				⑶普通并购贷款			
五、行内资金往来(来源方)				⑷银团贷款			
六、各项准备	20139	4881	31.99	⑸贸易融资			
其中：贷款损失准备	19866	4813	31.97	3.信托贷款			
七、所有者权益	21976	25451	-732.48	4.融资租赁			
其中：实收资本	7000	4116	142.72	5.委托贷款			
八、其他	-74493	575	-0.77	6.票据融资	4155	-5176	-55.47
				其中：贴现	4155	-5176	-55.47
				7.各项垫款			
				（二）境外贷款			
				二、有价证券及投资	4295	-4481	-51.06
				三、应收及预付款	3474	-3297	-48.69
				其中：应收利息	2566	-3330	-56.48
				四、同业往来(运用方)			
				其中：境外同业往来			
				五、行内资金往来(运用方)	762560	443983	139.36
				六、金银占款			
				七、外汇占款			
				八、固定资产	23384	-12065	-34.03
				九、库存现金	13588	3889	40.10
				十、投资性房地产			
资金来源总计	1993544	639523	47.23	资金运用总计	1993544	639523	47.23

2-3-45 屏边县金融机构人民币信贷运行情况表

二○一○年十二月三十一日　　单位：万元

项目名称	期末余额	比年初增减	比年初增减%	项目名称	期末余额	比年初增减	比年初增减%
一、各项存款	134142	29394	28.06	一、各项贷款	59827	10537	21.38
1.企业存款	5136	−954	−15.66	（一）境内贷款	59827	10537	21.38
⑴活期存款	5022	−852	−14.50	1、短期贷款	18979	8348	78.53
⑵定期存款	114	−102	−47.22	⑴个人贷款及透支	17139	7425	76.44
2.财政存款	3471	3080	787.88	其中：个人消费贷款	130	−192	−59.64
3.机关团体存款	29589	6890	30.35	⑵单位贷款及透支	640	−277	−30.21
4.储蓄存款	76425	15148	24.72	其中：经营贷款	640	−277	−30.21
⑴活期储蓄	49090	10320	26.62	固定资产贷款			
⑵定期储蓄	27335	4828	21.45	⑶普通并购贷款			
5.农业存款	19434	5258	37.09	⑷银团贷款	1200	1200	
6.信托存款				⑸贸易融资			
7.委托存款				2.中长期贷款	40848	2189	5.66
8.其他存款	86	−29	−25.13	⑴个人贷款	25418	1304	5.41
二、金融债券				其中：个人消费贷款	3003	−307	−9.27
三、应付及暂收款	1546	310	25.11	⑵单位贷款	14930	385	2.65
其中：应付利息	958	142	17.47	其中：经营贷款	1930	−11801	−85.94
四、同业往来(来源方)				固定资产贷款	13000	12186	1497.05
其中：境外同业往来				⑶普通并购贷款			
五、行内资金往来(来源方)				⑷银团贷款	500	500	
六、各项准备	2011	165	8.95	⑸贸易融资			
其中：贷款损失准备	2011	165	8.95	3.信托贷款			
七、所有者权益	4064	1346	49.54	4.融资租赁			
其中：实收资本	1185	300	33.90	5.委托贷款			
八、其他	−31362	−3144	11.14	6.票据融资			
				其中：贴现			
				7.各项垫款			
				（二）境外贷款			
				二、有价证券及投资	10		
				三、应收及预付款	67	21	45.35
				其中：应收利息	48	9	22.92
				四、同业往来(运用方)			
				其中：境外同业往来			
				五、行内资金往来(运用方)	44964	15406	52.12
				六、金银占款			
				七、外汇占款			
				八、固定资产	1793	520	40.85
				九、库存现金	3740	1588	73.76
				十、投资性房地产			
资金来源总计	110400	28072	34.10	资金运用总计	110400	28072	34.10

2-3-46 建水县金融机构人民币信贷运行情况表

二〇一〇年十二月三十一日　　　　单位：万元

栏目 项目名称	期末余额	比年初		栏目 项目名称	期末余额	比年初	
		增减	增减%			增减	增减%
一、各项存款	826641	163981	24.75	一、各项贷款	407515	101562	33.20
1.企业存款	82594	18121	28.11	（一）境内贷款	407515	101562	33.20
⑴活期存款	77575	23395	43.18	1、短期贷款	113624	16572	17.08
⑵定期存款	5019	−5274	−51.24	⑴个人贷款及透支	87225	22457	34.67
2.财政存款	6690	−23925	−78.15	其中：个人消费贷款	1114	−51	−4.42
3.机关团体存款	105454	54519	107.04	⑵单位贷款及透支	26399	−5885	−18.23
4.储蓄存款	605803	110092	22.21	其中：经营贷款	22409	−3985	−15.10
⑴活期储蓄	267686	57519	27.37	固定资产贷款	3990	−1900	−32.26
⑵定期储蓄	338117	52574	18.41	⑶普通并购贷款			
5.农业存款	24829	4614	22.83	⑷银团贷款			
6.信托存款				⑸贸易融资			
7.委托存款	6	6		2.中长期贷款	293836	84955	40.67
8.其他存款	1265	553	77.63	⑴个人贷款	187791	40423	27.43
二、金融债券				其中：个人消费贷款	85357	28407	49.88
三、应付及暂收款	11612	3256	38.96	⑵单位贷款	106045	44532	72.39
其中：应付利息	8082	978	13.77	其中：经营贷款	79435	42356	114.23
四、同业往来(来源方	1500	1500		固定资产贷款	26610	2176	8.91
其中：境外同业往来				⑶普通并购贷款			
五、行内资金往来(来源方)				⑷银团贷款			
六、各项准备	8456	781	10.18	⑸贸易融资			
其中：贷款损失准备	8275	690	9.09	3.信托贷款			
七、所有者权益	25042	11398	83.53	4.融资租赁			
其中：实收资本	6775	3160	87.41	5.委托贷款			
八、其他	−99337	19421	−16.35	6.票据融资	55	35	173.87
				其中：贴现	55	35	173.87
				7.各项垫款			
				（二）境外贷款			
				二、有价证券及投资	60		
				三、应收及预付款	1080	471	77.24
				其中：应收利息	1002	458	84.25
				四、同业往来(运用方)			
				其中：境外同业往来			
				五、行内资金往来(运用方)	349504	98194	39.07
				六、金银占款			
				七、外汇占款			
				八、固定资产	8766	1964	28.88
				九、库存现金	6989	−1854	−20.96
				十、投资性房地产			
资金来源总计	773914	200337	34.93	资金运用总计	773914	200337	34.93

2-3-47 石屏县金融机构人民币信贷运行情况表

二〇一〇年十二月三十一日　　单位：万元

项目名称	期末余额	比年初增减	比年初增减%	项目名称	期末余额	比年初增减	比年初增减%
一、各项存款	443837	94844	27.18	一、各项贷款	186695	22752	13.88
1.企业存款	74133	17147	30.09	（一）境内贷款	186695	22752	13.88
(1)活期存款	66604	16628	33.27	1、短期贷款	50458	3733	7.99
(2)定期存款	7528	519	7.41	(1)个人贷款及透支	42549	4664	12.31
2.财政存款	1175	-704	-37.45	其中：个人消费贷款	236	-702	-74.85
3.机关团体存款	31055	7265	30.54	(2)单位贷款及透支	7909	-931	-10.53
4.储蓄存款	308357	56461	22.41	其中：经营贷款	7909	-931	-10.53
(1)活期储蓄	111251	26195	30.80	固定资产贷款			
(2)定期储蓄	197106	30266	18.14	(3)普通并购贷款			
5.农业存款	24738	14471	140.95	(4)银团贷款			
6.信托存款				(5)贸易融资			
7.委托存款	833	830		2.中长期贷款	136187	18969	16.18
8.其他存款	3546	-627	-15.03	(1)个人贷款	104158	16615	18.98
二、金融债券				其中：个人消费贷款	37990	12307	47.92
三、应付及暂收款	5822	541	10.25	(2)单位贷款	32029	2354	7.93
其中：应付利息	4191	555	15.27	其中：经营贷款	12029	6734	127.17
四、同业往来(来源方)				固定资产贷款	20000	-4380	-17.97
其中：境外同业往来				(3)普通并购贷款			
五、行内资金往来(来源方)				(4)银团贷款			
六、各项准备	6048	2527	71.80	(5)贸易融资			
其中：贷款损失准备	6048	2527	71.80	3.信托贷款			
七、所有者权益	9129	2738	42.83	4.融资租赁			
其中：实收资本	4700	2100	80.77	5.委托贷款			
八、其他	-51096	-7272	16.59	6.票据融资	49	49	
				其中：贴现	49	49	
				7.各项垫款			
				（二）境外贷款			
				二、有价证券及投资	40		
				三、应收及预付款	455	116	34.34
				其中：应收利息	404	94	30.53
				四、同业往来(运用方)			
				其中：境外同业往来			
				五、行内资金往来(运用方)	218576	69410	46.53
				六、金银占款			
				七、外汇占款			
				八、固定资产	3344	995	42.35
				九、库存现金	4629	104	2.31
				十、投资性房地产			
资金来源总计	413739	93378	29.15	资金运用总计	413739	93378	29.15

2-3-48 弥勒县金融机构人民币信贷运行情况表

二○一○年十二月三十一日　　单位：万元

栏目 项目名称	期末余额	比年初		栏目 项目名称	期末余额	比年初	
		增减	增减%			增减	增减%
一、各项存款	1046223	175009	20.09	一、各项贷款	622690	47816	8.32
1.企业存款	336795	22051	7.01	（一）境内贷款	622690	47816	8.32
⑴活期存款	191448	36565	23.61	1、短期贷款	222758	-56512	-20.24
⑵定期存款	145347	-14515	-9.08	⑴个人贷款及透支	80382	16839	26.50
2.财政存款	9546	5301	124.90	其中：个人消费贷款	4695	1759	59.93
3.机关团体存款	63086	11112	21.38	⑵单位贷款及透支	142376	-73051	-33.91
4.储蓄存款	506583	78150	18.24	其中：经营贷款	142376	-73051	-33.91
⑴活期储蓄	237612	43645	22.50	固定资产贷款			
⑵定期储蓄	268971	34505	14.72	⑶普通并购贷款			
5.农业存款	123139	53253	76.20	⑷银团贷款			
6.信托存款				⑸贸易融资		-300	-100.00
7.委托存款	71	-253	-78.09	2.中长期贷款	399760	104313	35.31
8.其他存款	7004	5395	335.33	⑴个人贷款	193416	61293	46.39
二、金融债券				其中：个人消费贷款	77375	24684	46.85
三、应付及暂收款	11742	2606	28.53	⑵单位贷款	206344	43020	26.34
其中：应付利息	8688	1703	24.39	其中：经营贷款	116044	12975	12.59
四、同业往来(来源方	9	9		固定资产贷款	90300	30045	49.86
其中：境外同业往来				⑶普通并购贷款			
五、行内资金往来(来源方)				⑷银团贷款			
六、各项准备	10256	-1351	-11.64	⑸贸易融资			
其中：贷款损失准备	9664	-1351	-12.27	3.信托贷款			
七、所有者权益	39430	10797	37.71	4.融资租赁			
其中：实收资本	6609	3000	83.13	5.委托贷款			
八、其他	-167987	-54860	48.49	6.票据融资	171	16	10.26
				其中：贴现	171	16	10.26
				7.各项垫款			
				（二）境外贷款			
				二、有价证券及投资	-239	-45302	-100.53
				三、应收及预付款	1097	-19	-1.72
				其中：应收利息	974	-74	-7.05
				四、同业往来(运用方)			
				其中：境外同业往来			
				五、行内资金往来(运用方)	298655	124903	71.89
				六、金银占款			
				七、外汇占款			
				八、固定资产	7805	3531	82.62
				九、库存现金	9668	1280	15.27
				十、投资性房地产			
资金来源总计	939674	132210	16.37	资金运用总计	939674	132210	16.37

2-3-49 泸西县金融机构人民币信贷运行情况表

二〇一〇年十二月三十一日　　单位：万元

项目名称	期末余额	比年初增减	比年初增减%	项目名称	期末余额	比年初增减	比年初增减%
一、各项存款	473563	62784	15.28	一、各项贷款	291649	59999	25.90
1.企业存款	61408	−3095	−4.80	（一）境内贷款	291649	59999	25.90
⑴活期存款	59676	−2547	−4.09	1、短期贷款	114625	−5057	−4.23
⑵定期存款	1732	−548	−24.04	⑴个人贷款及透支	61866	2535	4.27
2.财政存款	2057	369	21.84	其中：个人消费贷款	653	−856	−56.73
3.机关团体存款	25402	−3472	−12.03	⑵单位贷款及透支	52759	−7592	−12.58
4.储蓄存款	353908	71198	25.18	其中：经营贷款	52759	−7592	−12.58
⑴活期储蓄	206625	48523	30.69	固定资产贷款			
⑵定期储蓄	147283	22675	18.20	⑶普通并购贷款			
5.农业存款	29495	−2225	−7.01	⑷银团贷款			
6.信托存款				⑸贸易融资			
7.委托存款	4	4		2.中长期贷款	161655	55745	52.63
8.其他存款	1289	5	0.39	⑴个人贷款	77048	21408	38.48
二、金融债券				其中：个人消费贷款	45818	10174	28.54
三、应付及暂收款	8684	3084	55.07	⑵单位贷款	84608	34336	68.30
其中：应付利息	4554	495	12.18	其中：经营贷款	26673	12281	85.34
四、同业往来(来源方)	112	47	70.96	固定资产贷款	57935	22055	61.47
其中：境外同业往来				⑶普通并购贷款			
五、行内资金往来(来源方)				⑷银团贷款			
六、各项准备	8862	2183	32.68	⑸贸易融资			
其中：贷款损失准备	8855	2176	32.57	3.信托贷款			
七、所有者权益	20882	5875	39.15	4.融资租赁			
其中：实收资本	4568	1300	39.78	5.委托贷款			
八、其他	−68877	11250	−14.04	6.票据融资	15368	9312	153.75
				其中：贴现	15368	9312	153.75
				7.各项垫款			
				（二）境外贷款			
				二、有价证券及投资	50		
				三、应收及预付款	467	130	38.63
				其中：应收利息	344	104	43.30
				四、同业往来(运用方)			
				其中：境外同业往来			
				五、行内资金往来(运用方)	140198	24133	20.79
				六、金银占款			
				七、外汇占款			
				八、固定资产	5527	1101	24.88
				九、库存现金	5336	−142	−2.59
				十、投资性房地产			
资金来源总计	443227	85222	23.8	资金运用总计	443227	85222	23.80

2-3-50 元阳县金融机构人民币信贷运行情况表

二〇一〇年十二月三十一日　　　　单位：万元

项目名称	期末余额	比年初增减	比年初增减%	项目名称	期末余额	比年初增减	比年初增减%
一、各项存款	240167	47997	24.98	一、各项贷款	88048	5196	6.27
1.企业存款	52921	12333	30.39	（一）境内贷款	88048	5196	6.27
⑴活期存款	52001	11431	28.18	1、短期贷款	29160	47	0.16
⑵定期存款	920	902	5011.11	⑴个人贷款及透支	10208	1807	21.50
2.财政存款	4158	2369	132.40	其中：个人消费贷款	29	14	98.37
3.机关团体存款	22779	6478	39.74	⑵单位贷款及透支	18952	−1759	−8.50
4.储蓄存款	130525	28197	27.56	其中：经营贷款	18952	−1759	−8.50
⑴活期储蓄	79430	17715	28.71	固定资产贷款			
⑵定期储蓄	51096	10482	25.81	⑶普通并购贷款			
5.农业存款	28961	−400	−1.36	⑷银团贷款			
6.信托存款				⑸贸易融资			
7.委托存款	1	−1597	−99.94	2.中长期贷款	58889	5149	9.58
8.其他存款	821	617	301.60	⑴个人贷款	37257	5139	16.00
二、金融债券				其中：个人消费贷款	6696	869	14.91
三、应付及暂收款	2834	842	42.30	⑵单位贷款	21632	10	0.05
其中：应付利息	1851	380	25.83	其中：经营贷款	6632	10	0.15
四、同业往来(来源方)	300	300		固定资产贷款	15000		
其中：境外同业往来				⑶普通并购贷款			
五、行内资金往来(来源方)				⑷银团贷款			
六、各项准备	2000	2	0.12	⑸贸易融资			
其中：贷款损失准备	2000	2	0.12	3.信托贷款			
七、所有者权益	7194	3014	72.09	4.融资租赁			
其中：实收资本	2900	400	16.00	5.委托贷款			
八、其他	−76353	−47576	165.32	6.票据融资			
				其中：贴现			
				7.各项垫款			
				（二）境外贷款			
				二、有价证券及投资	10		
				三、应收及预付款	105	39	60.26
				其中：应收利息	65	5	9.14
				四、同业往来(运用方)			
				其中：境外同业往来			
				五、行内资金往来(运用方)	80162	−1890	−2.30
				六、金银占款			
				七、外汇占款			
				八、固定资产	3676	913	33.05
				九、库存现金	4140	321	8.40
				十、投资性房地产			
资金来源总计	176142	4580	2.67	资金运用总计	176142	4580	2.67

2-3-51 红河县金融机构人民币信贷运行情况表

二〇一〇年十二月三十一日　　单位：万元

栏目 项目名称	期末余额	比年初		栏目 项目名称	期末余额	比年初	
		增减	增减%			增减	增减%
一、各项存款	158895	42223	36.19	一、各项贷款	65074	7185	12.41
1.企业存款	10865	2354	27.65	（一）境内贷款	65074	7185	12.41
⑴活期存款	10793	2354	27.89	1、短期贷款	18828	2022	12.03
⑵定期存款	72			⑴个人贷款及透支	10728	2973	38.34
2.财政存款	3788	120	3.26	其中：个人消费贷款	207	74	55.26
3.机关团体存款	62396	23434	60.15	⑵单位贷款及透支	8100	-951	-10.51
4.储蓄存款	80067	17372	27.71	其中：经营贷款	8100	4570	129.46
⑴活期储蓄	33376	8439	33.84	固定资产贷款		-5521	-100.00
⑵定期储蓄	46691	8933	23.66	⑶普通并购贷款			
5.农业存款	1508	-1270	-45.72	⑷银团贷款			
6.信托存款				⑸贸易融资			
7.委托存款		-1	-100.00	2.中长期贷款	46246	5163	12.57
8.其他存款	272	214	372.90	⑴个人贷款	28486	3507	14.04
二、金融债券				其中：个人消费贷款	8732	1268	16.99
三、应付及暂收款	1983	259	14.99	⑵单位贷款	17760	1656	10.28
其中：应付利息	1628	274	20.22	其中：经营贷款	2760	-12325	-81.70
四、同业往来(来源方)				固定资产贷款	15000	13981	1372.03
其中：境外同业往来				⑶普通并购贷款			
五、行内资金往来(来源方)				⑷银团贷款			
六、各项准备	2150	952	79.49	⑸贸易融资			
其中：贷款损失准备	2142	951	79.88	3.信托贷款			
七、所有者权益	3056	48	1.58	4.融资租赁			
其中：实收资本	1389	125	9.89	5.委托贷款			
八、其他	-22920	913	-3.83	6.票据融资			
				其中：贴现			
				7.各项垫款			
				（二）境外贷款			
				二、有价证券及投资	10		
				三、应收及预付款	195	45	29.69
				其中：应收利息	85	4	4.43
				四、同业往来(运用方)	146	145	
				其中：境外同业往来			
				五、行内资金往来(运用方)	72406	35718	97.35
				六、金银占款			
				七、外汇占款			
				八、固定资产	1754	658	60.01
				九、库存现金	3579	643	21.90
				十、投资性房地产			
资金来源总计	143163	44394	44.95	资金运用总计	143163	44394	44.95

2-3-52 金平县金融机构人民币信贷运行情况表

二〇一〇年十二月三十一日　　单位：万元

项目名称	期末余额	比年初增减	比年初增减%	项目名称	期末余额	比年初增减	比年初增减%
一、各项存款	229058	60638	36.00	一、各项贷款	104610	10742	11.44
1.企业存款	17882	2135	13.56	（一）境内贷款	104610	10742	11.44
⑴活期存款	17799	2135	13.63	1、短期贷款	28887	12378	74.98
⑵定期存款	83			⑴个人贷款及透支	25914	12882	98.85
2.财政存款	384	-382	-49.88	其中：个人消费贷款	17	17	
3.机关团体存款	52778	11429	27.64	⑵单位贷款及透支	2973	-504	-14.50
4.储蓄存款	123643	34436	38.60	其中：经营贷款	2973	-504	-14.50
⑴活期储蓄	90481	28256	45.41	固定资产贷款			
⑵定期储蓄	33162	6180	22.90	⑶普通并购贷款			
5.农业存款	33308	12091	56.99	⑷银团贷款			
6.信托存款				⑸贸易融资			
7.委托存款	992	991	99134.50	2.中长期贷款	75723	-1635	-2.11
8.其他存款	72	-62	-46.35	⑴个人贷款	29105	1155	4.13
二、金融债券				其中：个人消费贷款	1441	93	6.90
三、应付及暂收款	1853	501	37.07	⑵单位贷款	46618	-2790	-5.65
其中：应付利息	1125	154	15.84	其中：经营贷款	14163	-410	-2.81
四、同业往来(来源方)				固定资产贷款	32455	-2380	-6.83
其中：境外同业往来				⑶普通并购贷款			
五、行内资金往来(来源方)				⑷银团贷款			
六、各项准备	3686	77	2.14	⑸贸易融资			
其中：贷款损失准备	3686	77	2.14	3.信托贷款			
七、所有者权益	6632	2044	44.56	4.融资租赁			
其中：实收资本	1525	700	84.85	5.委托贷款			
八、其他	-52645	-32740	164.48	6.票据融资			
				其中：贴现			
				7.各项垫款			
				（二）境外贷款			
				二、有价证券及投资	10		
				三、应收及预付款	127	14	12.15
				其中：应收利息	91	1	0.85
				四、同业往来(运用方)	199	199	
				其中：境外同业往来			
				五、行内资金往来(运用方)	73690	17664	31.53
				六、金银占款			
				七、外汇占款			
				八、固定资产	2755	712	34.82
				九、库存现金	7192	1190	19.83
				十、投资性房地产			
资金来源总计	188584	30521	19.31	资金运用总计	188584	30521	19.31

2-3-53 绿春县金融机构人民币信贷运行情况表

二〇一〇年十二月三十一日　　　　单位：万元

项目名称	期末余额	比年初增减	比年初增减%	项目名称	期末余额	比年初增减	比年初增减%
一、各项存款	117741	29616	33.61	一、各项贷款	68422	7468	12.25
1.企业存款	7460	1244	20.02	（一）境内贷款	68422	7468	12.25
⑴活期存款	4377	763	21.12	1、短期贷款	11796	3882	49.05
⑵定期存款	3083	481	18.49	⑴个人贷款及透支	7856	1912	32.17
2.财政存款	1068	−980	−47.84	其中：个人消费贷款		−52	−100.00
3.机关团体存款	26093	12298	89.15	⑵单位贷款及透支	3940	1970	100.00
4.储蓄存款	61153	13274	27.73	其中：经营贷款	3940	1970	100.00
⑴活期储蓄	42139	9520	29.19	固定资产贷款			
⑵定期储蓄	19015	3755	24.60	⑶普通并购贷款			
5.农业存款	18938	937	5.21	⑷银团贷款			
6.信托存款				⑸贸易融资			
7.委托存款				2.中长期贷款	56626	3586	6.76
8.其他存款	3029	2842	1527.32	⑴个人贷款	28046	5440	24.07
二、金融债券				其中：个人消费贷款	6309	1094	20.98
三、应付及暂收款	969	252	35.07	⑵单位贷款	28580	−1854	−6.09
其中：应付利息	579	107	22.60	其中：经营贷款	8580	−1854	−17.77
四、同业往来(来源方)				固定资产贷款	20000		
其中：境外同业往来				⑶普通并购贷款			
五、行内资金往来(来源方)				⑷银团贷款			
六、各项准备	8100	1114	15.94	⑸贸易融资			
其中：贷款损失准备	8071	1085	15.53	3.信托贷款			
七、所有者权益	2810	3295	−678.55	4.融资租赁			
其中：实收资本	1600			5.委托贷款			
八、其他	−28553	−4848	20.45	6.票据融资			
				其中：贴现			
				7.各项垫款			
				（二）境外贷款			
				二、有价证券及投资	30		
				三、应收及预付款	106	11	11.72
				其中：应收利息	85	4	5.07
				四、同业往来(运用方)			
				其中：境外同业往来			
				五、行内资金往来(运用方)	26274	205[illegible]2	361.63
				六、金银占款			
				七、外汇占款			
				八、固定资产	1653	[illegible]29	61.44
				九、库存现金	4581	7[illegible]3	19.21
				十、投资性房地产			
资金来源总计	101067	29429	41.08	资金运用总计	101067	29429	41.08

2-3-54 河口县金融机构人民币信贷运行情况表

二〇一〇年十二月三十一日　　　　单位：万元

栏目 项目名称	期末余额	比年初 增减	比年初 增减%	栏目 项目名称	期末余额	比年初 增减	比年初 增减%
一、各项存款	273021	41504	17.93	一、各项贷款	126131	23830	23.29
1.企业存款	56749	4684	9.00	（一）境内贷款	126131	23830	23.29
⑴活期存款	53417	4160	8.45	1、短期贷款	31992	2503	8.49
⑵定期存款	3332	524	18.66	⑴个人贷款及透支	20125	51	0.26
2.财政存款	4050	3531	680.61	其中：个人消费贷款	1051	−36	−3.30
3.机关团体存款	8951	172	1.96	⑵单位贷款及透支	11867	2452	26.04
4.储蓄存款	164963	27972	20.42	其中：经营贷款	11867	2452	26.04
⑴活期储蓄	108158	22181	25.80	固定资产贷款			
⑵定期储蓄	56805	5791	11.35	⑶普通并购贷款			
5.农业存款	36021	5564	18.27	⑷银团贷款			
6.信托存款				⑸贸易融资			
7.委托存款	192	118	159.46	2.中长期贷款	94139	21327	29.29
8.其他存款	2095	−537	−20.41	⑴个人贷款	51662	11230	27.78
二、金融债券				其中：个人消费贷款	16424	3323	25.37
三、应付及暂收款	1694	123	7.86	⑵单位贷款	42478	10097	31.18
其中：应付利息	1370	100	7.91	其中：经营贷款	15398	6729	77.63
四、同业往来(来源方)	9772	4573	87.94	固定资产贷款	27080	3368	14.20
其中：境外同业往来	9469	4270	82.12	⑶普通并购贷款			
五、行内资金往来(来源方)				⑷银团贷款			
六、各项准备	3358	439	15.03	⑸贸易融资			
其中：贷款损失准备	3358	458	15.78	3.信托贷款			
七、所有者权益	9945	3435	52.77	4.融资租赁			
其中：实收资本	2086	486	30.38	5.委托贷款			
八、其他	−38974	9680	−19.90	6.票据融资			
				其中：贴现			
				7.各项垫款			
				（二）境外贷款			
				二、有价证券及投资	−352	−459	−429.51
				三、应收及预付款	1717	1118	186.36
				其中：应收利息	1693	1109	189.82
				四、同业往来(运用方)			49.82
				其中：境外同业往来			49.82
				五、行内资金往来(运用方)	119780	31589	35.82
				六、金银占款			
				七、外汇占款	−14	−14	
				八、固定资产	6820	1795	35.72
				九、库存现金	4736	1895	66.69
				十、投资性房地产			
资金来源总计	258817	59754	30.02	资金运用总计	258817	59754	30.02

2-3-55 文山市金融机构人民币信贷运行情况表

二〇一〇年十二月三十一日　　　　单位：万元

栏目 项目名称	期末余额	比年初		栏目 项目名称	期末余额	比年初	
		增减	增减%			增减	增减%
一、各项存款	1507017	291851	24.02	一、各项贷款	1391009	271936	24.30
1.企业存款	413858	65871	18.93	（一）境内贷款	1391009	271936	24.30
⑴活期存款	379606	47791	14.4	1、短期贷款	231902	9950	4.48
⑵定期存款	34252	18079	111.79	⑴个人贷款及透支	35786	−1481	−3.97
2.财政存款	85820	43801	104.24	其中：个人消费贷款	9482	2359	33.12
3.机关团体存款	218806	34834	18.93	⑵单位贷款及透支	170036	−5282	−3.01
4.储蓄存款	716837	123813	20.88	其中：经营贷款	167136	−1012	−0.60
⑴活期储蓄	434651	98313	29.23	固定资产贷款	2900	−4270	−59.55
⑵定期储蓄	282187	25500	9.93	⑶普通并购贷款			
5.农业存款	42340	13943	49.1	⑷银团贷款			
6.信托存款				⑸贸易融资	26080	16713	178.42
7.委托存款	5	−11	−67.17	2.中长期贷款	1148131	258290	29.03
8.其他存款	29349	9600	48.61	⑴个人贷款	373513	66883	21.81
二、金融债券				其中：个人消费贷款	269313	49271	22.39
三、应付及暂收款	19247	307	1.62	⑵单位贷款	764618	181407	31.10
其中：应付利息	6704	521	8.43	其中：经营贷款	321549	−83507	−20.62
四、同业往来(来源方)	97	1	0.8	固定资产贷款	443069	264914	148.70
其中：境外同业往来				⑶普通并购贷款			
五、行内资金往来(来源方)				⑷银团贷款	10000	10000	
六、各项准备	33856	4215	14.22	⑸贸易融资			
其中：贷款损失准备	33820	4230	14.3	3.信托贷款			
七、所有者权益	33799	20052	145.86	4.融资租赁			
其中：实收资本	15007	7089	89.53	5.委托贷款			
八、其他	−143630	−72395	101.63	6.票据融资	10976	3696	50.76
				其中：贴现	10976	3696	50.76
				7.各项垫款			
				（二）境外贷款			
				二、有价证券及投资	23	−1742	−98.70
				三、应收及预付款	3274	694	26.90
				其中：应收利息	2364	682	40.54
				四、同业往来(运用方)			
				其中：境外同业往来			
				五、行内资金往来(运用方)	7447	−29580	−79.89
				六、金银占款			
				七、外汇占款		−3	−105.85
				八、固定资产	33149	−2511	−7.04
				九、库存现金	15486	5235	51.06
				十、投资性房地产			
资金来源总计	1450386	244030	20.23	资金运用总计	1450386	244030	20.23

2-3-56 砚山县金融机构人民币信贷运行情况表

二〇一〇年十二月三十一日　　单位：万元

栏目 项目名称	期末余额	比年初		栏目 项目名称	期末余额	比年初	
		增减	增减%			增减	增减%
一、各项存款	376585	70338	22.97	一、各项贷款	234350	30466	14.94
1.企业存款	53584	15391	40.3	（一）境内贷款	234350	30466	14.94
⑴活期存款	48401	10893	29.04	1、短期贷款	60904	−42047	−40.84
⑵定期存款	5183	4498	656.64	⑴个人贷款及透支	29585	−40806	−57.97
2.财政存款	2269	−2211	−49.35	其中：个人消费贷款	343	−39746	−99.14
3.机关团体存款	68070	10326	17.88	⑵单位贷款及透支	26268	−6291	−19.32
4.储蓄存款	228366	43476	23.51	其中：经营贷款	26268	−6291	−19.32
⑴活期储蓄	156531	32932	26.64	固定资产贷款			
⑵定期储蓄	71835	10544	17.2	⑶普通并购贷款			
5.农业存款	20625	2946	16.67	⑷银团贷款			
6.信托存款				⑸贸易融资	5050	5050	
7.委托存款				2.中长期贷款	159706	66681	71.68
8.其他存款	3670	410	12.56	⑴个人贷款	121518	48362	66.11
二、金融债券				其中：个人消费贷款	70945	10608	17.58
三、应付及暂收款	3541	508	16.73	⑵单位贷款	38188	18318	92.19
其中：应付利息	1680	186	12.48	其中：经营贷款	14988	3411	29.47
四、同业往来(来源方)				固定资产贷款	23200	14907	179.75
其中：境外同业往来				⑶普通并购贷款			
五、行内资金往来(来源方)				⑷银团贷款			
六、各项准备	7692	1746	29.37	⑸贸易融资			
其中：贷款损失准备	7477	1748	30.52	3.信托贷款			
七、所有者权益	12847	5364	71.69	4.融资租赁			
其中：实收资本	4380	2107	92.7	5.委托贷款			
八、其他	−23218	10475	−31.09	6.票据融资	13421	5632	72.30
				其中：贴现	13421	5632	72.30
				7.各项垫款	320	200	166.67
				（二）境外贷款			
				二、有价证券及投资	10		
				三、应收及预付款	661	222	50.55
				其中：应收利息	553	160	40.65
				四、同业往来(运用方)			
				其中：境外同业往来			
				五、行内资金往来(运用方)	133468	56936	74.39
				六、金银占款			
				七、外汇占款			
				八、固定资产	4454	447	11.15
				九、库存现金	4503	361	8.72
				十、投资性房地产			
资金来源总计	377446	88431	30.6	资金运用总计	377446	88431	30.60

2-3-57 西畴县金融机构人民币信贷运行情况表

二〇一〇年十二月三十一日　　单位：万元

栏目 项目名称	期末余额	比年初增减	比年初增减%	栏目 项目名称	期末余额	比年初增减	比年初增减%
一、各项存款	204795	47176	29.93	一、各项贷款	104107	6105	6.23
1.企业存款	13011	−482	−3.57	（一）境内贷款	104107	6105	6.23
⑴活期存款	13011	−482	−3.57	1、短期贷款	17782	−564	−3.07
⑵定期存款				⑴个人贷款及透支	9069	4	0.04
2.财政存款	9240	6174	201.3	其中：个人消费贷款	71	2	2.90
3.机关团体存款	22253	3125	16.34	⑵单位贷款及透支	8713	−568	−6.12
4.储蓄存款	108213	23503	27.75	其中：经营贷款	8713	−568	−6.12
⑴活期储蓄	56763	13468	31.11	固定资产贷款			
⑵定期储蓄	51450	10036	24.23	⑶普通并购贷款			
5.农业存款	48740	13288	37.48	⑷银团贷款			
6.信托存款				⑸贸易融资			
7.委托存款	453	446	6371.43	2.中长期贷款	86325	6668	8.37
8.其他存款	2884	1122	63.71	⑴个人贷款	45803	8283	22.08
二、金融债券				其中：个人消费贷款	13929	1475	11.85
三、应付及暂收款	2231	605	37.18	⑵单位贷款	40522	−1615	−3.83
其中：应付利息	1352	270	24.94	其中：经营贷款	10782	−1015	−8.60
四、同业往来(来源方)				固定资产贷款	29740	−600	−1.98
其中：境外同业往来				⑶普通并购贷款			
五、行内资金往来(来源方)				⑷银团贷款			
六、各项准备	4507	1175	35.26	⑸贸易融资			
其中：贷款损失准备	4500	1168	35.05	3.信托贷款			
七、所有者权益	6160	2061	50.28	4.融资租赁			
其中：实收资本	2512	803	46.99	5.委托贷款			
八、其他	−53415	−21112	65.36	6.票据融资			
				其中：贴现			
				7.各项垫款			
				（二）境外贷款			
				二、有价证券及投资	10		
				三、应收及预付款	207	16	8.11
				其中：应收利息	168	−14	−7.95
				四、同业往来(运用方)			
				其中：境外同业往来			
				五、行内资金往来(运用方)	55188	24217	78.19
				六、金银占款			
				七、外汇占款			
				八、固定资产	2178	706	48.00
				九、库存现金	2587	−1138	−30.56
				十、投资性房地产			
资金来源总计	164277	29905	22.26	资金运用总计	164277	29905	22.26

2-3-58 麻栗坡县金融机构人民币信贷运行情况表

二○一○年十二月三十一日　　单位：万元

项目名称	期末余额	比年初增减	比年初增减%	项目名称	期末余额	比年初增减	比年初增减%
一、各项存款	305626	47406	18.36	一、各项贷款	211086	32245	18.03
1.企业存款	40431	75	0.19	（一）境内贷款	211086	32245	18.03
⑴活期存款	40088	2733	7.32	1、短期贷款	10271	−26848	−72.33
⑵定期存款	343	−2658	−88.57	⑴个人贷款及透支	4748	−24185	−83.59
2.财政存款	3358	1574	88.29	其中：个人消费贷款	1780	−22505	−92.67
3.机关团体存款	65604	15772	31.65	⑵单位贷款及透支	5523	−2663	−32.53
4.储蓄存款	169923	21573	14.54	其中：经营贷款	5523	−2663	−32.53
⑴活期储蓄	79269	10946	16.02	固定资产贷款			
⑵定期储蓄	90654	10627	13.28	⑶普通并购贷款			
5.农业存款	21934	5018	29.66	⑷银团贷款			
6.信托存款				⑸贸易融资			
7.委托存款	3217	3217		2.中长期贷款	200815	59094	41.70
8.其他存款	1158	176	17.93	⑴个人贷款	74777	38263	104.79
二、金融债券				其中：个人消费贷款	54140	35029	183.29
三、应付及暂收款	3673	432	13.33	⑵单位贷款	126038	20831	19.80
其中：应付利息	2899	435	17.63	其中：经营贷款	26312	17774	208.18
四、同业往来(来源方)				固定资产贷款	99726	3057	3.16
其中：境外同业往来				⑶普通并购贷款			
五、行内资金往来(来源方)				⑷银团贷款			
六、各项准备	4954	1607	48.04	⑸贸易融资			
其中：贷款损失准备	4819	1607	50.06	3.信托贷款			
七、所有者权益	9811	2587	35.81	4.融资租赁			
其中：实收资本	2720	1447	113.67	5.委托贷款			
八、其他	−35602	−346	0.98	6.票据融资			
				其中：贴现			
				7.各项垫款			
				（二）境外贷款			
				二、有价证券及投资	10		
				三、应收及预付款	339	68	24.95
				其中：应收利息	302	87	40.52
				四、同业往来(运用方)			
				其中：境外同业往来			
				五、行内资金往来(运用方)	69752	17780	34.21
				六、金银占款			
				七、外汇占款			
				八、固定资产	3995	1331	49.97
				九、库存现金	3279	261	8.66
				十、投资性房地产			
资金来源总计	288462	51686	21.83	资金运用总计	288462	51686	21.83

2-3-59 马关县金融机构人民币信贷运行情况表

二〇一〇年十二月三十一日　　　　单位：万元

项目名称	期末余额	比年初		项目名称	期末余额	比年初	
		增减	增减%			增减	增减%
一、各项存款	403816	111725	38.25	一、各项贷款	230204	1959	0.86
1.企业存款	38113	1353	3.68	（一）境内贷款	230204	1959	0.86
⑴活期存款	37944	1383	3.78	1、短期贷款	43261	-33943	-43.97
⑵定期存款	169	-30	-15.17	⑴个人贷款及透支	20471	-41753	-67.10
2.财政存款	6964	2260	48.03	其中：个人消费贷款	16277	-29905	-64.75
3.机关团体存款	62577	24437	64.07	⑵单位贷款及透支	22790	7810	52.14
4.储蓄存款	246457	55724	29.22	其中：经营贷款	22790	7810	52.14
⑴活期储蓄	143382	35146	32.47	固定资产贷款			
⑵定期储蓄	103076	20578	24.94	⑶普通并购贷款			
5.农业存款	44596	25457	133.01	⑷银团贷款			
6.信托存款				⑸贸易融资			
7.委托存款	16	-730	-97.86	2.中长期贷款	186943	35903	23.77
8.其他存款	5093	3226	172.69	⑴个人贷款	85992	56604	192.61
二、金融债券				其中：个人消费贷款	32422	7451	29.84
三、应付及暂收款	3831	413	12.08	⑵单位贷款	100951	-20701	-17.02
其中：应付利息	2831	523	22.64	其中：经营贷款	79039	-17487	-18.12
四、同业往来(来源方)				固定资产贷款	21912	-3214	-12.79
其中：境外同业往来				⑶普通并购贷款			
五、行内资金往来(来源方)				⑷银团贷款			
六、各项准备	9548	2005	26.58	⑸贸易融资			
其中：贷款损失准备	9432	2034	27.49	3.信托贷款			
七、所有者权益	13069	2475	23.36	4.融资租赁			
其中：实收资本	3738	1880	101.18	5.委托贷款			
八、其他	-73798	-24237	48.9	6.票据融资			
				其中：贴现			
				7.各项垫款			
				（二）境外贷款			
				二、有价证券及投资	10		
				三、应收及预付款	486	103	26.83
				其中：应收利息	426	62	16.91
				四、同业往来(运用方)			
				其中：境外同业往来			
				五、行内资金往来(运用方)	116868	88198	307.63
				六、金银占款			
				七、外汇占款			
				八、固定资产	2836	598	26.71
				九、库存现金	6061	1523	33.55
				十、投资性房地产			
资金来源总计	356466	92381	34.98	资金运用总计	356466	92381	34.98

2-3-60 丘北县金融机构人民币信贷运行情况表

二〇一〇年十二月三十一日　　　　单位：万元

项目名称	期末余额	比年初增减	比年初增减%	项目名称	期末余额	比年初增减	比年初增减%
一、各项存款	283487	78453	38.26	一、各项贷款	163139	28856	21.49
1.企业存款	37835	9634	34.16	（一）境内贷款	163139	28856	21.49
⑴活期存款	37034	9720	35.58	1、短期贷款	37569	−17465	−31.74
⑵定期存款	800	−86	−9.7	⑴个人贷款及透支	15891	−21544	−57.55
2.财政存款	4216	−601	−12.48	其中：个人消费贷款	107	−113	−51.23
3.机关团体存款	60189	23101	62.29	⑵单位贷款及透支	21677	4079	23.18
4.储蓄存款	151190	31967	26.81	其中：经营贷款	21077	3779	21.85
⑴活期储蓄	108277	26746	32.8	固定资产贷款	600	300	100.00
⑵定期储蓄	42914	5221	13.85	⑶普通并购贷款			
5.农业存款	24225	11114	84.77	⑷银团贷款			
6.信托存款				⑸贸易融资			
7.委托存款	11	9	450	2.中长期贷款	125571	46321	58.45
8.其他存款	5821	3230	124.66	⑴个人贷款	100516	39083	63.62
二、金融债券				其中：个人消费贷款	69495	14311	25.93
三、应付及暂收款	1690	216	14.66	⑵单位贷款	25055	7238	40.62
其中：应付利息	966	93	10.6	其中：经营贷款	8912	3778	73.59
四、同业往来(来源方)				固定资产贷款	16143	3460	27.28
其中：境外同业往来				⑶普通并购贷款			
五、行内资金往来(来源方)				⑷银团贷款			
六、各项准备	5733	1844	47.44	⑸贸易融资			
其中：贷款损失准备	5567	1844	49.55	3.信托贷款			
七、所有者权益	8057	2543	46.1	4.融资租赁			
其中：实收资本	2687	1102	69.53	5.委托贷款			
八、其他	−42816	−12778	42.54	6.票据融资			
				其中：贴现			
				7.各项垫款			
				（二）境外贷款			
				二、有价证券及投资	10		
				三、应收及预付款	613	128	26.46
				其中：应收利息	384	76	24.77
				四、同业往来(运用方)			
				其中：境外同业往来			
				五、行内资金往来(运用方)	84585	40142	90.32
				六、金银占款			
				七、外汇占款			
				八、固定资产	3361	736	28.06
				九、库存现金	4443	416	10.33
				十、投资性房地产			
资金来源总计	256151	70279	37.81	资金运用总计	256151	70279	37.81

2-3-61 广南县金融机构人民币信贷运行情况表

二〇一〇年十二月三十一日　　单位：万元

栏目 / 项目名称	期末余额	比年初		栏目 / 项目名称	期末余额	比年初	
		增减	增减%			增减	增减%
一、各项存款	466445	122767	35.72	一、各项贷款	217757	20439	10.36
1.企业存款	40760	-21549	-34.58	（一）境内贷款	217757	20439	10.36
(1)活期存款	40060	-21564	-34.99	1、短期贷款	40969	-4687	-10.27
(2)定期存款	700	15	2.25	(1)个人贷款及透支	20533	-1669	-7.52
2.财政存款	17567	14089	405.04	其中：个人消费贷款	880	102	13.10
3.机关团体存款	105228	43437	70.3	(2)单位贷款及透支	20436	-3017	-12.86
4.储蓄存款	244247	68749	39.17	其中：经营贷款	19436	-4017	-17.13
(1)活期储蓄	153296	49452	47.62	固定资产贷款	1000	1000	
(2)定期储蓄	90951	19297	26.93	(3)普通并购贷款			
5.农业存款	53703	17268	47.39	(4)银团贷款			
6.信托存款				(5)贸易融资			
7.委托存款	2	-2	-50	2.中长期贷款	176788	25126	16.57
8.其他存款	4938	776	18.64	(1)个人贷款	107186	18797	21.27
二、金融债券				其中：个人消费贷款	52061	11387	28.00
三、应付及暂收款	4638	1126	32.07	(2)单位贷款	69602	6329	10.00
其中：应付利息	2824	453	19.08	其中：经营贷款	44212	6994	18.79
四、同业往来(来源方)				固定资产贷款	25390	-665	-2.55
其中：境外同业往来				(3)普通并购贷款			
五、行内资金往来(来源方)				(4)银团贷款			
六、各项准备	10735	2872	36.53	(5)贸易融资			
其中：贷款损失准备	10735	2872	36.53	3.信托贷款			
七、所有者权益	14544	4166	40.15	4.融资租赁			
其中：实收资本	4999	1454	41.02	5.委托贷款			
八、其他	-91113	-35174	62.88	6.票据融资			
				其中：贴现			
				7.各项垫款			
				（二）境外贷款			
				二、有价证券及投资	10		
				三、应收及预付款	617	54	9.59
				其中：应收利息	503	146	40.77
				四、同业往来(运用方)			
				其中：境外同业往来			
				五、行内资金往来(运用方)	177993	74445	71.89
				六、金银占款			
				七、外汇占款			
				八、固定资产	3568	712	24.94
				九、库存现金	5303	109	2.10
				十、投资性房地产			
资金来源总计	405248	95759	30.94	资金运用总计	405248	95759	30.94

2-3-62 富宁县金融机构人民币信贷运行情况表

二〇一〇年十二月三十一日　　单位：万元

栏目 项目名称	期末余额	比年初		栏目 项目名称	期末余额	比年初	
		增减	增减%			增减	增减%
一、各项存款	325835	79321	32.18	一、各项贷款	166808	8482	5.36
1.企业存款	41936	11265	36.73	（一）境内贷款	166808	8482	5.36
(1)活期存款	41906	12515	42.58	1、短期贷款	15918	-700	-4.21
(2)定期存款	30	-1250	-97.66	(1)个人贷款及透支	7417	-516	-6.50
2.财政存款	12060	3552	41.74	其中：个人消费贷款	492	-12	-2.36
3.机关团体存款	52038	1938	3.87	(2)单位贷款及透支	8501	-184	-2.12
4.储蓄存款	175960	47276	36.74	其中：经营贷款	8501	-184	-2.12
(1)活期储蓄	124341	37723	43.55	固定资产贷款			
(2)定期储蓄	51619	9553	22.71	(3)普通并购贷款			
5.农业存款	42017	15086	56.02	(4)银团贷款			
6.信托存款				(5)贸易融资			
7.委托存款	280	-222	-44.22	2.中长期贷款	150891	9181	6.48
8.其他存款	1544	427	38.21	(1)个人贷款	105626	13141	14.21
二、金融债券				其中：个人消费贷款	69508	6536	10.38
三、应付及暂收款	2400	628	35.41	(2)单位贷款	45265	-3960	-8.04
其中：应付利息	1344	210	18.54	其中：经营贷款	26915	7765	40.55
四、同业往来(来源方)				固定资产贷款	18350	-11725	-38.99
其中：境外同业往来				(3)普通并购贷款			
五、行内资金往来(来源方)				(4)银团贷款			
六、各项准备	4268	715	20.12	(5)贸易融资			
其中：贷款损失准备	4268	715	20.12	3.信托贷款			
七、所有者权益	10745	3894	56.83	4.融资租赁			
其中：实收资本	2966	1610	118.73	5.委托贷款			
八、其他	-45211	902	-1.96	6.票据融资			
				其中：贴现			
				7.各项垫款			
				（二）境外贷款			
				二、有价证券及投资	10		
				三、应收及预付款	370	-20	-5.02
				其中：应收利息	320	-1	-0.42
				四、同业往来(运用方)			
				其中：境外同业往来			
				五、行内资金往来(运用方)	124345	76051	157.47
				六、金银占款			
				七、外汇占款			
				八、固定资产	3318	579	21.12
				九、库存现金	3186	368	13.04
				十、投资性房地产			
资金来源总计	298038	85459	40.2	资金运用总计	298038	85459	40.20

2-3-63 思茅区金融机构人民币信贷运行情况表

二〇一〇年十二月三十一日　　　　单位：万元

项目名称	期末余额	比年初增减	比年初增减%	项目名称	期末余额	比年初增减	比年初增减%
一、各项存款	1418057	422831	42.5	一、各项贷款	1188329	222401	23.0
1.企业存款	407378	131491	47.7	（一）境内贷款	1188329	222401	23.0
⑴活期存款	364100	109446	43.0	1、短期贷款	350917	62388	21.8
⑵定期存款	43278	22045	103.8	⑴个人贷款及透支	70253	21344	43.6
2.财政存款	134458	99370	283.2	其中：个人消费贷款	6236	2874	85.5
3.机关团体存款	200040	56643	39.5	⑵单位贷款及透支	271963	41078	17.8
4.储蓄存款	593093	101887	20.7	其中：经营贷款	267670	38985	17.1
⑴活期储蓄	313024	61919	24.7	固定资产贷款	4293	2093	95.1
⑵定期储蓄	280069	39968	16.7	⑶普通并购贷款			
5.农业存款	67927	25042	58.4	⑷银团贷款			
6.信托存款				⑸贸易融资	8701	466	5.7
7.委托存款	82	47	133.5	2.中长期贷款	837362	161043	23.8
8.其他存款	15079	8351	124.1	⑴个人贷款	240419	86256	56.0
二、金融债券				其中：个人消费贷款	178997	74394	71.1
三、应付及暂收款	14230	1405	11.0	⑵单位贷款	596943	74787	14.3
其中：应付利息	7261	986	15.7	其中：经营贷款	75249	59967	392.4
四、同业往来(来源方)	8111	1490	22.5	固定资产贷款	521694	14620	2.9
其中：境外同业往来				⑶普通并购贷款			
五、行内资金往来(来源方)		−76121	−100.0	⑷银团贷款			
六、各项准备	20656	3636	21.4	⑸贸易融资			
其中：贷款损失准备	20651	3637	21.4	3.信托贷款			
七、所有者权益	24639	7747	45.9	4.融资租赁			
其中：实收资本	5374	2321	76.0	5.委托贷款			
八、其他	−176670	−57106	47.8	6.票据融资	50	−1530	−96.8
				其中：贴现	50	−1530	−96.8
				7.各项垫款			
				（二）境外贷款			
				二、有价证券及投资	725	−2067	−74.0
				三、应收及预付款	2005	361	22.0
				其中：应收利息	1743	496	39.7
				四、同业往来(运用方)			
				其中：境外同业往来			
				五、行内资金往来(运用方)	84953	84953	
				六、金银占款			
				七、外汇占款			−100.0
				八、固定资产	24383	−3802	−13.5
				九、库存现金	8628	2036	30.9
				十、投资性房地产			
资金来源总计	1309023	303882	30.2	资金运用总计	1309023	303882	30.2

2-3-64 宁洱县金融机构人民币信贷运行情况表

二〇一〇年十二月三十一日　　单位：万元

栏目 项目名称	期末余额	比年初增减	比年初增减%	栏目 项目名称	期末余额	比年初增减	比年初增减%
一、各项存款	231572	18501	8.7	一、各项贷款	153252	22156	16.9
1.企业存款	35401	−13572	−27.7	（一）境内贷款	153252	22156	16.9
⑴活期存款	33807	−11956	−26.1	1、短期贷款	34540	−26282	−43.2
⑵定期存款	1594	−1615	−50.3	⑴个人贷款及透支	18273	−22583	−55.3
2.财政存款	1359	342	33.6	其中：个人消费贷款	191	−2568	−93.1
3.机关团体存款	17668	1818	11.5	⑵单位贷款及透支	14397	−4704	−24.6
4.储蓄存款	161513	28758	21.7	其中：经营贷款	14397	−4704	−24.6
⑴活期储蓄	78114	16540	26.9	固定资产贷款			
⑵定期储蓄	83399	12219	17.2	⑶普通并购贷款			
5.农业存款	14258	1390	10.8	⑷银团贷款			
6.信托存款				⑸贸易融资	1870	1005	116.2
7.委托存款	100	−298	−74.8	2.中长期贷款	118712	48438	68.9
8.其他存款	1272	62	5.1	⑴个人贷款	44500	32272	263.9
二、金融债券				其中：个人消费贷款	10634	2773	35.3
三、应付及暂收款	3137	651	26.2	⑵单位贷款	74212	16167	27.9
其中：应付利息	1999	216	12.1	其中：经营贷款	11837	−23222	−66.2
四、同业往来(来源方)	520	506	3581.2	固定资产贷款	62375	39389	171.4
其中：境外同业往来				⑶普通并购贷款			
五、行内资金往来(来源方)				⑷银团贷款			
六、各项准备	4970	645	14.9	⑸贸易融资			
其中：贷款损失准备	4956	667	15.6	3.信托贷款			
七、所有者权益	6997	1042	17.5	4.融资租赁			
其中：实收资本	1612	349	27.6	5.委托贷款			
八、其他	−18751	1130	−5.7	6.票据融资			
				其中：贴现			
				7.各项垫款			
				（二）境外贷款			
				二、有价证券及投资	10		
				三、应收及预付款	335	134	66.9
				其中：应收利息	214	95	79.8
				四、同业往来(运用方)			
				其中：境外同业往来			
				五、行内资金往来(运用方)	67728	429	0.6
				六、金银占款			
				七、外汇占款			
				八、固定资产	4163	1486	55.5
				九、库存现金	2958	−1730	−36.9
				十、投资性房地产			
资金来源总计	228445	22475	10.9	资金运用总计	228445	22475	10.9

2-3-65 墨江县金融机构人民币信贷运行情况表

二〇一〇年十二月三十一日　　　　单位：万元

项目名称 \ 栏目	期末余额	比年初		项目名称 \ 栏目	期末余额	比年初	
		增减	增减%			增减	增减%
一、各项存款	308530	52131	20.3	一、各项贷款	153058	31578	26.0
1.企业存款	54595	17379	46.7	（一）境内贷款	153058	31578	26.0
⑴活期存款	51840	16442	46.5	1、短期贷款	32845	9685	41.8
⑵定期存款	2754	938	51.6	⑴个人贷款及透支	18487	9819	113.3
2.财政存款	2567	807	45.9	其中：个人消费贷款	171	65	61.5
3.机关团体存款	39059	1008	2.7	⑵单位贷款及透支	14358	−134	−0.9
4.储蓄存款	160362	24090	17.7	其中：经营贷款	14358	1316	10.1
⑴活期储蓄	79759	15810	24.7	固定资产贷款		−1150	−100.0
⑵定期储蓄	80603	8280	11.5	⑶普通并购贷款			
5.农业存款	49903	8365	20.1	⑷银团贷款			
6.信托存款				⑸贸易融资			
7.委托存款	105	−22	−17.4	2.中长期贷款	120213	21893	22.3
8.其他存款	1940	504	35.1	⑴个人贷款	57337	10110	21.4
二、金融债券				其中：个人消费贷款	14282	5478	62.2
三、应付及暂收款	4061	1023	33.7	⑵单位贷款	62876	11783	23.1
其中：应付利息	2490	271	12.2	其中：经营贷款	9726	7226	289.0
四、同业往来(来源方)	2	2		固定资产贷款	53150	4557	9.4
其中：境外同业往来				⑶普通并购贷款			
五、行内资金往来(来源方)				⑷银团贷款			
六、各项准备	6756	1244	22.6	⑸贸易融资			
其中：贷款损失准备	6722	1211	22.0	3.信托贷款			
七、所有者权益	6700	1279	23.6	4.融资租赁			
其中：实收资本	2050	639	45.3	5.委托贷款			
八、其他	−16737	10431	−38.4	6.票据融资			
				其中：贴现			
				7.各项垫款			
				（二）境外贷款			
				二、有价证券及投资	30		
				三、应收及预付款	416	−91	−17.9
				其中：应收利息	330	57	20.7
				四、同业往来(运用方)	22414	22411	
				其中：境外同业往来			
				五、行内资金往来(运用方)	125947	10930	9.5
				六、金银占款			
				七、外汇占款			
				八、固定资产	3250	738	29.4
				九、库存现金	4195	521	14.2
				十、投资性房地产			
资金来源总计	309311	66110	27.2	资金运用总计	309311	66110	27.2

2-3-66 景东县金融机构人民币信贷运行情况表

二〇一〇年十二月三十一日　　　　单位：万元

项目名称	期末余额	比年初增减	比年初增减%	项目名称	期末余额	比年初增减	比年初增减%
一、各项存款	292009	71775	32.6	一、各项贷款	164375	41384	33.7
1.企业存款	29628	6453	27.8	（一）境内贷款	164375	41384	33.7
⑴活期存款	27605	6188	28.9	1、短期贷款	92383	22185	31.6
⑵定期存款	2023	265	15.1	⑴个人贷款及透支	57654	14317	33.0
2.财政存款	11221	354	3.3	其中：个人消费贷款	1934	327	20.4
3.机关团体存款	21040	4903	30.4	⑵单位贷款及透支	34729	7868	29.3
4.储蓄存款	173920	44157	34.0	其中：经营贷款	34729	7868	29.3
⑴活期储蓄	106285	31995	43.1	固定资产贷款			
⑵定期储蓄	67636	12162	21.9	⑶普通并购贷款			
5.农业存款	53324	15114	39.6	⑷银团贷款			
6.信托存款				⑸贸易融资			
7.委托存款	2565	575	28.9	2.中长期贷款	71992	19199	36.4
8.其他存款	310	219	239.9	⑴个人贷款	58209	10579	22.2
二、金融债券				其中：个人消费贷款	24205	−774	−3.1
三、应付及暂收款	3978	1060	36.3	⑵单位贷款	13783	8620	167.0
其中：应付利息	2622	362	16.0	其中：经营贷款	4933	3533	252.4
四、同业往来(来源方)		−136	−100.0	固定资产贷款	8850	5087	135.2
其中：境外同业往来				⑶普通并购贷款			
五、行内资金往来(来源方)				⑷银团贷款			
六、各项准备	5654	740	15.1	⑸贸易融资			
其中：贷款损失准备	5654	740	15.1	3.信托贷款			
七、所有者权益	9782	4988	104.0	4.融资租赁			
其中：实收资本	3352	1598	91.1	5.委托贷款			
八、其他	−77231	−41625	116.9	6.票据融资			
				其中：贴现			
				7.各项垫款			
				（二）境外贷款			
				二、有价证券及投资	40		
				三、应收及预付款	358	109	44.0
				其中：应收利息	187	40	27.6
				四、同业往来(运用方)		−283	−100.0
				其中：境外同业往来			
				五、行内资金往来(运用方)	62546	−6133	−8.9
				六、金银占款			
				七、外汇占款			
				八、固定资产	3931	1658	73.0
				九、库存现金	2942	67	2.3
				十、投资性房地产			
资金来源总计	234192	36802	18.6	资金运用总计	234192	36802	18.6

2-3-67 景谷县金融机构人民币信贷运行情况表

二〇一〇年十二月三十一日　　单位：万元

项目名称	期末余额	比年初增减	比年初增减%	项目名称	期末余额	比年初增减	比年初增减%
一、各项存款	298755	79299	36.1	一、各项贷款	183081	12629	7.4
1.企业存款	37289	9144	32.5	（一）境内贷款	183081	12629	7.4
(1)活期存款	31688	7943	33.5	1、短期贷款	55962	−2281	−3.9
(2)定期存款	5601	1201	27.3	(1)个人贷款及透支	21042	13314	172.3
2.财政存款	5243	5140		其中：个人消费贷款	50	−110	−68.8
3.机关团体存款	35292	3612	11.4	(2)单位贷款及透支	34920	−15594	−30.9
4.储蓄存款	182396	48365	36.1	其中：经营贷款	34920	−14444	−29.3
(1)活期储蓄	112717	34821	44.7	固定资产贷款		−1150	−100.0
(2)定期储蓄	69679	13544	24.1	(3)普通并购贷款			
5.农业存款	36377	13447	58.6	(4)银团贷款			
6.信托存款				(5)贸易融资			
7.委托存款		−225	−100.0	2.中长期贷款	127119	14909	13.3
8.其他存款	2157	−184	−7.8	(1)个人贷款	60157	4912	8.9
二、金融债券				其中：个人消费贷款	19361	899	4.9
三、应付及暂收款	3260	817	33.4	(2)单位贷款	66962	9997	17.6
其中：应付利息	2185	232	11.9	其中：经营贷款	28159	20030	246.4
四、同业往来(来源方)				固定资产贷款	38803	−10033	−20.5
其中：境外同业往来				(3)普通并购贷款			
五、行内资金往来(来源方)				(4)银团贷款			
六、各项准备	11761	3173	37.0	(5)贸易融资			
其中：贷款损失准备	11692	3104	36.1	3.信托贷款			
七、所有者权益	6419	−891	−12.2	4.融资租赁			
其中：实收资本	2027	657	48.0	5.委托贷款			
八、其他	−62922	−25893	69.9	6.票据融资			
				其中：贴现			
				7.各项垫款			
				（二）境外贷款			
				二、有价证券及投资	20		
				三、应收及预付款	767	−65	−7.8
				其中：应收利息	643	28	4.6
				四、同业往来(运用方)			
				其中：境外同业往来			
				五、行内资金往来(运用方)	66149	43306	189.6
				六、金银占款			
				七、外汇占款			
				八、固定资产	2322	202	9.5
				九、库存现金	4935	433	9.6
				十、投资性房地产			
资金来源总计	257274	56505	28.1	资金运用总计	257274	56505	28.1

2-3-68 镇沅县金融机构人民币信贷运行情况表

二○一○年十二月三十一日　　单位：万元

项目名称＼栏目	期末余额	比年初		项目名称＼栏目	期末余额	比年初	
		增减	增减%			增减	增减%
一、各项存款	215968	49110	29.4	一、各项贷款	109078	18982	21.1
1.企业存款	8868	1676	23.3	（一）境内贷款	109078	18982	21.1
⑴活期存款	5521	1198	27.7	1、短期贷款	59711	8978	17.7
⑵定期存款	3347	478	16.7	⑴个人贷款及透支	52556	8363	18.9
2.财政存款	3899	-4244	-52.1	其中：个人消费贷款	614	19	3.1
3.机关团体存款	15677	5858	59.7	⑵单位贷款及透支	7155	615	9.4
4.储蓄存款	133226	27943	26.5	其中：经营贷款	7155	615	9.4
⑴活期储蓄	78575	21151	36.8	固定资产贷款			
⑵定期储蓄	54651	6792	14.2	⑶普通并购贷款			
5.农业存款	52790	17110	48.0	⑷银团贷款			
6.信托存款				⑸贸易融资			
7.委托存款	964	570	144.8	2.中长期贷款	49367	10004	25.4
8.其他存款	544	198	57.4	⑴个人贷款	38486	10176	36.0
二、金融债券				其中：个人消费贷款	3690	1534	71.2
三、应付及暂收款	3865	719	22.8	⑵单位贷款	10881	-172	-1.6
其中：应付利息	2859	344	13.7	其中：经营贷款	9181	6431	233.9
四、同业往来(来源方)				固定资产贷款	1700	-6603	-79.5
其中：境外同业往来				⑶普通并购贷款			
五、行内资金往来(来源方)				⑷银团贷款			
六、各项准备	5978	-30	-0.5	⑸贸易融资			
其中：贷款损失准备	5978	-30	-0.5	3.信托贷款			
七、所有者权益	10625	4419	71.2	4.融资租赁			
其中：实收资本	3021	1456	93.0	5.委托贷款			
八、其他	-43560	-7508	20.8	6.票据融资			
				其中：贴现			
				7.各项垫款			
				（二）境外贷款			
				二、有价证券及投资	40		
				三、应收及预付款	97	41	73.8
				其中：应收利息	50	13	35.8
				四、同业往来(运用方)			
				其中：境外同业往来			
				五、行内资金往来(运用方)	78122	26447	51.2
				六、金银占款			
				七、外汇占款			
				八、固定资产	3219	599	22.9
				九、库存现金	2320	640	38.1
				十、投资性房地产			
资金来源总计	192876	46710	32.0	资金运用总计	192876	46710	32.0

2-3-69 江城县金融机构人民币信贷运行情况表

二〇一〇年十二月三十一日　　　　单位：万元

项目名称 \ 栏目	期末余额	比年初增减	比年初增减%	项目名称 \ 栏目	期末余额	比年初增减	比年初增减%
一、各项存款	135247	38607	40.0	一、各项贷款	101674	12941	14.6
1.企业存款	16889	6494	62.5	（一）境内贷款	101674	12941	14.6
⑴活期存款	15742	5399	52.2	1、短期贷款	11949	599	5.3
⑵定期存款	1147	1095	2105.8	⑴个人贷款及透支	5790	2658	84.9
2.财政存款	7091	5096	255.4	其中：个人消费贷款	197	196	
3.机关团体存款	24997	7142	40.0	⑵单位贷款及透支	6159	−2059	−25.1
4.储蓄存款	64194	12832	25.0	其中：经营贷款	6159	−2059	−25.1
⑴活期储蓄	43343	10312	31.2	固定资产贷款			
⑵定期储蓄	20851	2521	13.8	⑶普通并购贷款			
5.农业存款	21642	7710	55.3	⑷银团贷款			
6.信托存款				⑸贸易融资			
7.委托存款				2.中长期贷款	89725	12342	16.0
8.其他存款	434	−667	−60.6	⑴个人贷款	28942	6879	31.2
二、金融债券				其中：个人消费贷款	2493	1129	82.7
三、应付及暂收款	1029	260	33.7	⑵单位贷款	60783	5463	9.9
其中：应付利息	489	75	18.1	其中：经营贷款	56783	52589	1254.0
四、同业往来(来源方)				固定资产贷款	4000	−47126	−92.2
其中：境外同业往来				⑶普通并购贷款			
五、行内资金往来(来源方)		−7721	−100.0	⑷银团贷款			
六、各项准备	3182	788	32.9	⑸贸易融资			
其中：贷款损失准备	3147	753	31.5	3.信托贷款			
七、所有者权益	4837	1065	28.2	4.融资租赁			
其中：实收资本	1727	583	51.0	5.委托贷款			
八、其他	−23895	−3672	18.2	6.票据融资			
				其中：贴现			
				7.各项垫款			
				（二）境外贷款			
				二、有价证券及投资	10		
				三、应收及预付款	173	−104	−37.7
				其中：应收利息	149	25	19.8
				四、同业往来(运用方)			
				其中：境外同业往来			
				五、行内资金往来(运用方)	14621	14621	
				六、金银占款			
				七、外汇占款			
				八、固定资产	1779	932	110.0
				九、库存现金	2143	938	77.8
				十、投资性房地产			
资金来源总计	120399	29327	32.2	资金运用总计	120399	29327	32.2

2-3-70 孟连县金融机构人民币信贷运行情况表

二〇一〇年十二月三十一日　　单位：万元

项目名称	期末余额	比年初增减	比年初增减%	项目名称	期末余额	比年初增减	比年初增减%
一、各项存款	236844	48276	25.6	一、各项贷款	97045	7721	8.6
1.企业存款	15412	2273	17.3	（一）境内贷款	97045	7721	8.6
⑴活期存款	12682	5793	84.1	1、短期贷款	16914	−781	−4.4
⑵定期存款	2730	−3520	−56.3	⑴个人贷款及透支	6601	−45	−0.7
2.财政存款	10197	2152	26.8	其中：个人消费贷款	320	214	201.9
3.机关团体存款	20067	12965	182.6	⑵单位贷款及透支	10313	−736	−6.7
4.储蓄存款	163995	23535	16.8	其中：经营贷款	9888	−1161	−10.5
⑴活期储蓄	90592	14795	19.5	固定资产贷款	425	425	
⑵定期储蓄	73403	8741	13.5	⑶普通并购贷款			
5.农业存款	26900	8875	49.2	⑷银团贷款			
6.信托存款				⑸贸易融资			
7.委托存款		−1	−100.0	2.中长期贷款	80131	8501	11.9
8.其他存款	274	−1524	−84.8	⑴个人贷款	31414	6347	25.3
二、金融债券				其中：个人消费贷款	8262	2019	32.3
三、应付及暂收款	2359	478	25.4	⑵单位贷款	48717	2154	4.6
其中：应付利息	1681	221	15.1	其中：经营贷款	28217	21267	306.0
四、同业往来(来源方)				固定资产贷款	20500	−19113	−48.3
其中：境外同业往来				⑶普通并购贷款			
五、行内资金往来(来源方)				⑷银团贷款			
六、各项准备	9538	−1340	−12.3	⑸贸易融资			
其中：贷款损失准备	9536	−1342	−12.3	3.信托贷款			
七、所有者权益	8411	4557	118.2	4.融资租赁			
其中：实收资本	2944	1440	95.7	5.委托贷款			
八、其他	−44572	−16047	56.3	6.票据融资			
				其中：贴现			
				7.各项垫款			
				（二）境外贷款			
				二、有价证券及投资	10		
				三、应收及预付款	78	−213	−73.2
				其中：应收利息	50	−234	−82.4
				四、同业往来(运用方)			
				其中：境外同业往来			
				五、行内资金往来(运用方)	110832	27544	33.1
				六、金银占款			
				七、外汇占款	1	1	
				八、固定资产	2232	866	63.3
				九、库存现金	2381	6	0.2
				十、投资性房地产			
资金来源总计	212580	35923	20.3	资金运用总计	212580	35923	20.3

2-3-71 澜沧县金融机构人民币信贷运行情况表

二○一○年十二月三十一日　　单位：万元

项目名称（栏目）	期末余额	比年初		项目名称（栏目）	期末余额	比年初	
		增减	增减%			增减	增减%
一、各项存款	402774	109338	37.3	一、各项贷款	149803	40272	36.8
1.企业存款	69062	26071	60.6	（一）境内贷款	149803	40272	36.8
⑴活期存款	66246	24724	59.5	1、短期贷款	47091	6916	17.2
⑵定期存款	2816	1347	91.7	⑴个人贷款及透支	12559	−966	−7.1
2.财政存款	5806	2622	82.3	其中：个人消费贷款	86	−615	−87.7
3.机关团体存款	73297	18696	34.2	⑵单位贷款及透支	34532	7882	29.6
4.储蓄存款	161145	31686	24.5	其中：经营贷款	34132	9806	40.3
⑴活期储蓄	97500	23966	32.6	固定资产贷款	400	−1924	−82.8
⑵定期储蓄	63645	7721	13.8	⑶普通并购贷款			
5.农业存款	89738	31477	54.0	⑷银团贷款			
6.信托存款				⑸贸易融资			
7.委托存款	1208	115	10.5	2.中长期贷款	102712	33356	48.1
8.其他存款	2518	−1330	−34.6	⑴个人贷款	67962	32958	94.2
二、金融债券				其中：个人消费贷款	20239	5826	50.9
三、应付及暂收款	2947	972	49.2	⑵单位贷款	34750	398	1.2
其中：应付利息	1631	275	20.3	其中：经营贷款	24295	−4117	−14.5
四、同业往来(来源方)	274	1	0.4	固定资产贷款	10455	4515	76.0
其中：境外同业往来				⑶普通并购贷款			
五、行内资金往来(来源方)				⑷银团贷款			
六、各项准备	5322	2187	69.7	⑸贸易融资			
其中：贷款损失准备	5270	2187	70.9	3.信托贷款			
七、所有者权益	8749	2089	31.4	4.融资租赁			
其中：实收资本	4975	1958	64.9	5.委托贷款			
八、其他	−44253	−6479	17.2	6.票据融资			
				其中：贴现			
				7.各项垫款			
				（二）境外贷款			
				二、有价证券及投资	10		
				三、应收及预付款	551	345	167.1
				其中：应收利息	486	342	236.2
				四、同业往来(运用方)	45000	40000	800.0
				其中：境外同业往来			
				五、行内资金往来(运用方)	172254	25788	17.6
				六、金银占款			
				七、外汇占款			
				八、固定资产	4605	1487	47.7
				九、库存现金	3591	216	6.4
				十、投资性房地产			
资金来源总计	375814	108107	40.4	资金运用总计	375814	108107	40.4

2-3-72 西盟县金融机构人民币信贷运行情况表

二〇一〇年十二月三十一日　　单位：万元

项目名称	期末余额	比年初增减	比年初增减%	项目名称	期末余额	比年初增减	比年初增减%
一、各项存款	99309	22938	30.0	一、各项贷款	20354	5884	40.7
1.企业存款	11651	1605	16.0	（一）境内贷款	20354	5884	40.7
⑴活期存款	11149	1736	18.4	1、短期贷款	5129	1999	63.9
⑵定期存款	503	-131	-20.7	⑴个人贷款及透支	3637	907	33.3
2.财政存款	2226	742	50.0	其中：个人消费贷款	2572	2550	
3.机关团体存款	32498	8562	35.8	⑵单位贷款及透支	1492	1092	273.0
4.储蓄存款	31717	7600	31.5	其中：经营贷款	1492	1092	273.0
⑴活期储蓄	21669	5873	37.2	固定资产贷款			
⑵定期储蓄	10049	1727	20.8	⑶普通并购贷款			
5.农业存款	20164	3995	24.7	⑷银团贷款			
6.信托存款				⑸贸易融资			
7.委托存款	561	554		2.中长期贷款	15225	3885	34.3
8.其他存款	491	-121	-19.7	⑴个人贷款	9443	948	11.2
二、金融债券				其中：个人消费贷款	2105	609	40.7
三、应付及暂收款	425	119	38.8	⑵单位贷款	5782	2937	103.2
其中：应付利息	335	127	61.1	其中：经营贷款	5782	5782	
四、同业往来(来源方)				固定资产贷款		-2845	-100.0
其中：境外同业往来				⑶普通并购贷款			
五、行内资金往来(来源方)				⑷银团贷款			
六、各项准备	863	328	61.2	⑸贸易融资			
其中：贷款损失准备	863	328	61.2	3.信托贷款			
七、所有者权益	2122	451	27.0	4.融资租赁			
其中：实收资本	919	189	25.9	5.委托贷款			
八、其他	-17964	4168	-18.8	6.票据融资			
				其中：贴现			
				7.各项垫款			
				（二）境外贷款			
				二、有价证券及投资	10		
				三、应收及预付款	51	15	41.3
				其中：应收利息	20	4	24.4
				四、同业往来(运用方)			
				其中：境外同业往来			
				五、行内资金往来(运用方)	61524	21110	52.2
				六、金银占款			
				七、外汇占款			
				八、固定资产	2031	978	92.9
				九、库存现金	785	16	2.1
				十、投资性房地产			
资金来源总计	84755	28004	49.3	资金运用总计	84755	28004	49.3

2-3-73 景洪市金融机构人民币信贷运行情况表

二〇一〇年十二月三十一日　　　　单位：万元

栏目 项目名称	期末余额	比年初		栏目 项目名称	期末余额	比年初	
		增减	增减%			增减	增减%
一、各项存款	1670613	376312	29.07	一、各项贷款	1090038	201451	22.67
1.企业存款	470493	122148	35.07	（一）境内贷款	1090038	201451	22.67
⑴活期存款	425656	108219	34.09	1、短期贷款	182154	15211	9.11
⑵定期存款	44837	13929	45.07	⑴个人贷款及透支	24463	8547	53.7
2.财政存款	23598	2209	10.33	其中：个人消费贷款	7264	3681	102.74
3.机关团体存款	185375	53946	41.05	⑵单位贷款及透支	153551	2814	1.87
4.储蓄存款	903022	170103	23.21	其中：经营贷款	153311	2574	1.71
⑴活期储蓄	504748	119370	30.97	固定资产贷款	240	240	
⑵定期储蓄	398274	50733	14.6	⑶普通并购贷款			
5.农业存款	44524	6345	16.62	⑷银团贷款			
6.信托存款				⑸贸易融资	4140	3850	1327.59
7.委托存款		-78	-100	2.中长期贷款	907754	187709	26.07
8.其他存款	43601	21639	98.52	⑴个人贷款	346253	74520	27.42
二、金融债券				其中：个人消费贷款	168959	29696	21.32
三、应付及暂收款	17237	2772	19.17	⑵单位贷款	561501	113189	25.25
其中：应付利息	9711	1053	12.17	其中：经营贷款	63321	29468	87.05
四、同业往来(来源方)	47	47		固定资产贷款	498180	83721	20.2
其中：境外同业往来				⑶普通并购贷款			
五、行内资金往来(来源方)				⑷银团贷款			
六、各项准备	20088	2646	15.17	⑸贸易融资			
其中：贷款损失准备	19790	2639	15.39	3.信托贷款			
七、所有者权益	33266	14403	76.35	4.融资租赁			
其中：实收资本	6655	3543	113.85	5.委托贷款			
八、其他	-78272	27966	-26.32	6.票据融资	130	-1469	-91.87
				其中：贴现	130	-1469	-91.87
				7.各项垫款			
				（二）境外贷款			
				二、有价证券及投资	341	-1881	-84.64
				三、应收及预付款	2180	-768	-26.04
				其中：应收利息	1842	-502	-21.42
				四、同业往来(运用方)		-279	-100
				其中：境外同业往来			
				五、行内资金往来(运用方)	520538	217671	71.87
				六、金银占款			
				七、外汇占款	-2	-3	-352.63
				八、固定资产	28427	-75	-0.26
				九、库存现金	21458	8029	59.79
				十、投资性房地产			
资金来源总计	1662979	424145	34.24	资金运用总计	1662979	424145	34.24

2-3-74 勐海县金融机构人民币信贷运行情况表

二〇一〇年十二月三十一日　　　　单位：万元

项目名称	期末余额	比年初增减	比年初增减%	项目名称	期末余额	比年初增减	比年初增减%
一、各项存款	395076	74331	23.17	一、各项贷款	161038	15708	10.81
1.企业存款	84956	17631	26.19	（一）境内贷款	161038	15708	10.81
⑴活期存款	81790	33152	68.16	1、短期贷款	47778	3484	7.86
⑵定期存款	3166	−15521	−83.06	⑴个人贷款及透支	30741	10398	51.12
2.财政存款	3691	−753	−16.94	其中：个人消费贷款	3347	1494	80.61
3.机关团体存款	39915	7168	21.89	⑵单位贷款及透支	17037	−4915	−22.39
4.储蓄存款	245124	60604	32.84	其中：经营贷款	17037	−4915	−22.39
⑴活期储蓄	141255	40641	40.39	固定资产贷款			
⑵定期储蓄	103869	19963	23.79	⑶普通并购贷款			
5.农业存款	14086	−10518	−42.75	⑷银团贷款			
6.信托存款				⑸贸易融资		−2000	−100
7.委托存款	3238	1081	50.12	2.中长期贷款	113260	12225	12.1
8.其他存款	4066	−882	−17.83	⑴个人贷款	73983	9639	14.98
二、金融债券				其中：个人消费贷款	14542	570	4.08
三、应付及暂收款	2177	368	20.32	⑵单位贷款	39277	2586	7.05
其中：应付利息	1358	62	4.76	其中：经营贷款	14057	6357	82.56
四、同业往来(来源方)	61	61		固定资产贷款	25220	−3771	−13.01
其中：境外同业往来				⑶普通并购贷款			
五、行内资金往来(来源方)				⑷银团贷款			
六、各项准备	6693	1408	26.65	⑸贸易融资			
其中：贷款损失准备	6623	1414	27.16	3.信托贷款			
七、所有者权益	11069	3613	48.46	4.融资租赁			
其中：实收资本	5059	2059	68.63	5.委托贷款			
八、其他	−7330	22435	−75.37	6.票据融资			
				其中：贴现			
				7.各项垫款			
				（二）境外贷款			
				二、有价证券及投资	320		
				三、应收及预付款	769	207	36.9
				其中：应收利息	547	66	13.71
				四、同业往来(运用方)		−130	−100
				其中：境外同业往来			
				五、行内资金往来(运用方)	233881	82909	54.92
				六、金银占款			
				七、外汇占款			
				八、固定资产	3354	309	10.15
				九、库存现金	8384	3213	62.14
				十、投资性房地产			
资金来源总计	407746	102217	33.46	资金运用总计	407746	102217	33.46

2-3-75 勐腊县金融机构人民币信贷运行情况表

二〇一〇年十二月三十一日　　　　单位：万元

栏目 项目名称	期末余额	比年初增减	比年初增减%	栏目 项目名称	期末余额	比年初增减	比年初增减%
一、各项存款	503123	99028	24.51	一、各项贷款	201859	34254	20.44
1.企业存款	67015	-2		（一）境内贷款	201859	34254	20.44
⑴活期存款	60763	2675	4.61	1、短期贷款	39815	5866	17.28
⑵定期存款	6251	-2678	-29.99	⑴个人贷款及透支	26881	4511	20.17
2.财政存款	6827	755	12.43	其中：个人消费贷款	75	-485	-86.66
3.机关团体存款	33556	5979	21.68	⑵单位贷款及透支	12934	1355	11.7
4.储蓄存款	348549	89370	34.48	其中：经营贷款	12934	1355	11.7
⑴活期储蓄	199509	60312	43.33	固定资产贷款			
⑵定期储蓄	149041	29058	24.22	⑶普通并购贷款			
5.农业存款	45408	3734	8.96	⑷银团贷款			
6.信托存款				⑸贸易融资			
7.委托存款		-8	-100	2.中长期贷款	162044	28388	21.24
8.其他存款	1767	-800	-31.17	⑴个人贷款	137631	29042	26.74
二、金融债券				其中：个人消费贷款	29543	7734	35.46
三、应付及暂收款	4733	756	19.01	⑵单位贷款	24413	-654	-2.61
其中：应付利息	3518	486	16.03	其中：经营贷款	7013	4453	173.95
四、同业往来(来源方)	24	-45	-65.2	固定资产贷款	17400	-5107	-22.69
其中：境外同业往来	3	0	-12.88	⑶普通并购贷款			
五、行内资金往来(来源方)				⑷银团贷款			
六、各项准备	7642	691	9.94	⑸贸易融资			
其中：贷款损失准备	7464	691	10.2	3.信托贷款			
七、所有者权益	15368	7570	97.07	4.融资租赁			
其中：实收资本	4654	1724	58.84	5.委托贷款			
八、其他	-54479	15805	-22.49	6.票据融资			
				其中：贴现			
				7.各项垫款			
				（二）境外贷款			
				二、有价证券及投资	320		
				三、应收及预付款	660	131	24.72
				其中：应收利息	563	44	8.45
				四、同业往来(运用方)			
				其中：境外同业往来			
				五、行内资金往来(运用方)	259482	84810	48.55
				六、金银占款			
				七、外汇占款	-1	-1	
				八、固定资产	5858	2109	56.27
				九、库存现金	8234	2502	43.65
				十、投资性房地产			
资金来源总计	476411	123804	35.11	资金运用总计	476411	123804	35.11

2-3-76 楚雄市金融机构人民币信贷运行情况表

二〇一〇年十二月三十一日　　单位：万元

项目名称	期末余额	比年初增减	比年初增减%	项目名称	期末余额	比年初增减	比年初增减%
一、各项存款	1995143	247733	14.18	一、各项贷款	1432229	227902	18.92
1.企业存款	711937	-2262	-0.32	（一）境内贷款	1432229	227902	18.92
⑴活期存款	599032	50111	9.13	1、短期贷款	262177	-8563	-3.16
⑵定期存款	112905	-52373	-31.69	⑴个人贷款及透支	67239	16908	33.59
2.财政存款	131136	70555	116.46	其中：个人消费贷款	7214	3526	95.59
3.机关团体存款	169806	-1290	-0.75	⑵单位贷款及透支	193573	-26337	-11.98
4.储蓄存款	856976	136518	18.95	其中：经营贷款	189673	-28437	-13.04
⑴活期储蓄	399554	71576	21.82	固定资产贷款	3900	2100	116.67
⑵定期储蓄	457421	64942	16.55	⑶普通并购贷款			
5.农业存款	80055	13351	20.01	⑷银团贷款			
6.信托存款				⑸贸易融资	1365	865	173.06
7.委托存款	1992	1264	173.49	2.中长期贷款	1164796	231410	24.79
8.其他存款	43242	29597	216.91	⑴个人贷款	381489	99865	35.46
二、金融债券				其中：个人消费贷款	306222	77280	33.76
三、应付及暂收款	32662	9168	39.02	⑵单位贷款	783307	131545	20.18
其中：应付利息	12911	332	2.64	其中：经营贷款	264363	30440	13.01
四、同业往来(来源方)	243	3	1.41	固定资产贷款	518944	101105	24.20
其中：境外同业往来				⑶普通并购贷款			
五、行内资金往来(来源方)				⑷银团贷款			
六、各项准备	19251	5259	37.59	⑸贸易融资			
其中：贷款损失准备	18123	4504	33.08	3.信托贷款			
七、所有者权益	42480	22486	112.47	4.融资租赁			
其中：实收资本	17204	12914	301.03	5.委托贷款			
八、其他	-246754	-130115	111.55	6.票据融资	5255	5055	2527.58
				其中：贴现	5255	5055	2527.58
				7.各项垫款			
				（二）境外贷款			
				二、有价证券及投资	3971	-5163	-56.53
				三、应收及预付款	3406	-2960	-46.50
				其中：应收利息	3020	-2853	-48.58
				四、同业往来(运用方)	430	430	
				其中：境外同业往来			
				五、行内资金往来(运用方)	350499	-68904	-16.43
				六、金银占款			
				七、外汇占款	-10	-10	
				八、固定资产	33602	-122	-0.36
				九、库存现金	18897	3360	21.63
				十、投资性房地产			
资金来源总计	1843024	154535	9.15	资金运用总计	1843024	154535	9.15

2-3-77 双柏县金融机构人民币信贷运行情况表

二〇一〇年十二月三十一日　　　　单位：万元

项目名称 \ 栏目	期末余额	比年初		项目名称 \ 栏目	期末余额	比年初	
		增减	增减%			增减	增减%
一、各项存款	169339	46186	37.50	一、各项贷款	60023	13822	29.92
1.企业存款	32923	15681	90.95	（一）境内贷款	60023	13822	29.92
⑴活期存款	24608	11884	93.40	1、短期贷款	20801	5758	38.28
⑵定期存款	8315	3797	84.05	⑴个人贷款及透支	13295	2960	28.65
2.财政存款	2326	1024	78.71	其中：个人消费贷款	1969	242	14.03
3.机关团体存款	26404	5240	24.76	⑵单位贷款及透支	7506	2798	59.43
4.储蓄存款	93828	17919	23.61	其中：经营贷款	7506	2798	59.43
⑴活期储蓄	55431	11376	25.82	固定资产贷款			
⑵定期储蓄	38397	6543	20.54	⑶普通并购贷款			
5.农业存款	13216	6217	88.83	⑷银团贷款			
6.信托存款				⑸贸易融资			
7.委托存款	25	18	265.26	2.中长期贷款	39222	8064	25.88
8.其他存款	617	86	16.22	⑴个人贷款	23994	4329	22.01
二、金融债券				其中：个人消费贷款	6441	725	12.68
三、应付及暂收款	1874	349	22.91	⑵单位贷款	15228	3735	32.49
其中：应付利息	1218	132	12.13	其中：经营贷款	11125	9425	554.41
四、同业往来(来源方)				固定资产贷款	4103	-5690	-58.10
其中：境外同业往来				⑶普通并购贷款			
五、行内资金往来(来源方)				⑷银团贷款			
六、各项准备	2719	630	30.14	⑸贸易融资			
其中：贷款损失准备	2719	630	30.14	3.信托贷款			
七、所有者权益	4883	1116	29.62	4.融资租赁			
其中：实收资本	2181	1076	97.38	5.委托贷款			
八、其他	-14104	3819	-21.31	6.票据融资			
				其中：贴现			
				7.各项垫款			
				（二）境外贷款			
				二、有价证券及投资	10		
				三、应收及预付款	378	171	82.60
				其中：应收利息	320	144	81.81
				四、同业往来(运用方)			
				其中：境外同业往来			
				五、行内资金往来(运用方)	99010	36350	58.01
				六、金银占款			
				七、外汇占款			
				八、固定资产	1752	647	58.55
				九、库存现金	3539	1109	45.66
				十、投资性房地产			
资金来源总计	164712	52099	46.26	资金运用总计	164712	52099	46.26

2-3-78 牟定县金融机构人民币信贷运行情况表

二〇一〇年十二月三十一日　　　　单位：万元

项目名称	期末余额	比年初增减	比年初增减%	项目名称	期末余额	比年初增减	比年初增减%
一、各项存款	188251	28322	17.71	一、各项贷款	85837	16525	23.84
1.企业存款	31900	6154	23.90	(一)境内贷款	85837	16525	23.84
⑴活期存款	28447	6674	30.65	1、短期贷款	36588	8927	32.27
⑵定期存款	3453	-520	-13.09	⑴个人贷款及透支	29349	7139	32.15
2.财政存款	6348	1961	44.70	其中：个人消费贷款	311	-346	-52.69
3.机关团体存款	15051	438	3.00	⑵单位贷款及透支	7239	1788	32.80
4.储蓄存款	120995	15435	14.62	其中：经营贷款	7239	1788	32.80
⑴活期储蓄	60273	7225	13.62	固定资产贷款			
⑵定期储蓄	60722	8210	15.64	⑶普通并购贷款			
5.农业存款	12298	5477	80.30	⑷银团贷款			
6.信托存款				⑸贸易融资			
7.委托存款	16	-3	-15.79	2.中长期贷款	49249	7598	18.24
8.其他存款	1641	-1140	-41.00	⑴个人贷款	23211	7111	44.17
二、金融债券				其中：个人消费贷款	9138	3842	72.56
三、应付及暂收款	2081	303	17.05	⑵单位贷款	26038	487	1.91
其中：应付利息	1506	180	13.57	其中：经营贷款	10678	10298	
四、同业往来(来源方)				固定资产贷款	15360	-9811	-38.98
其中：境外同业往来				⑶普通并购贷款			
五、行内资金往来(来源方)				⑷银团贷款			
六、各项准备	2706	660	32.27	⑸贸易融资			
其中：贷款损失准备	2706	660	32.27	3.信托贷款			
七、所有者权益	6468	3628	127.76	4.融资租赁			
其中：实收资本	4515	3117	222.96	5.委托贷款			
八、其他	-28711	-1627	6.01	6.票据融资			
				其中：贴现			
				7.各项垫款			
				(二)境外贷款			
				二、有价证券及投资	20		
				三、应收及预付款	508	-6	-1.09
				其中：应收利息	441	148	50.25
				四、同业往来(运用方)			
				其中：境外同业往来			
				五、行内资金往来(运用方)	79239	13889	21.25
				六、金银占款			
				七、外汇占款			
				八、固定资产	2599	526	25.36
				九、库存现金	2592	353	15.76
				十、投资性房地产			
资金来源总计	170796	31287	22.43	资金运用总计	170796	31287	22.43

2-3-79 南华县金融机构人民币信贷运行情况表

二〇一〇年十二月三十一日　　　　单位：万元

项目名称	期末余额	比年初		项目名称	期末余额	比年初	
		增减	增减%			增减	增减%
一、各项存款	226777	45828	25.33	一、各项贷款	162438	27157	20.07
1.企业存款	16963	-2060	-10.83	（一）境内贷款	162438	27157	20.07
⑴活期存款	11270	-1421	-11.19	1、短期贷款	35453	-6653	-15.80
⑵定期存款	5693	-639	-10.09	⑴个人贷款及透支	18783	-1827	-8.86
2.财政存款	4883	2789	133.20	其中：个人消费贷款	7562	5816	333.13
3.机关团体存款	29353	6866	30.53	⑵单位贷款及透支	16670	-4826	-22.45
4.储蓄存款	132811	24628	22.77	其中：经营贷款	16670	-4826	-22.45
⑴活期储蓄	82292	18362	28.72	固定资产贷款			
⑵定期储蓄	50518	6266	14.16	⑶普通并购贷款			
5.农业存款	40948	13510	49.24	⑷银团贷款			
6.信托存款				⑸贸易融资			
7.委托存款	360	180	99.99	2.中长期贷款	125485	32310	34.68
8.其他存款	1459	-85	-5.51	⑴个人贷款	62522	18944	43.47
二、金融债券				其中：个人消费贷款	19866	10011	101.58
三、应付及暂收款	3203	447	16.22	⑵单位贷款	62963	13366	26.95
其中：应付利息	1959	214	12.27	其中：经营贷款	62063	12966	26.41
四、同业往来(来源方)				固定资产贷款	900	400	80.00
其中：境外同业往来				⑶普通并购贷款			
五、行内资金往来(来源方)				⑷银团贷款			
六、各项准备	5339	753	16.42	⑸贸易融资			
其中：贷款损失准备	5339	753	16.42	3.信托贷款			
七、所有者权益	7726	2791	56.55	4.融资租赁			
其中：实收资本	3198	1923	150.82	5.委托贷款			
八、其他	-54735	-33468	157.38	6.票据融资	1500	1500	
				其中：贴现	1500	1500	
				7.各项垫款			
				（二）境外贷款			
				二、有价证券及投资	10		
				三、应收及预付款	458	52	12.68
				其中：应收利息	377	26	7.27
				四、同业往来(运用方)			
				其中：境外同业往来			
				五、行内资金往来(运用方)	18049	-13527	-42.84
				六、金银占款			
				七、外汇占款			
				八、固定资产	3444	801	30.31
				九、库存现金	3912	1868	91.38
				十、投资性房地产			
资金来源总计	188311	16350	9.51	资金运用总计	188311	16350	9.51

2-3-80 姚安县金融机构人民币信贷运行情况表

二〇一〇年十二月三十一日 单位：万元

栏目 项目名称	期末余额	比年初增减	比年初增减%	栏目 项目名称	期末余额	比年初增减	比年初增减%
一、各项存款	199691	12415	6.63	一、各项贷款	83343	14915	21.80
1.企业存款	15591	−6200	−28.45	（一）境内贷款	83343	14915	21.80
⑴活期存款	12763	−5176	−28.85	1、短期贷款	20419	6964	51.76
⑵定期存款	2828	−1024	−26.58	⑴个人贷款及透支	14917	5935	66.08
2.财政存款	1575	242	18.18	其中：个人消费贷款	1484	1028	225.42
3.机关团体存款	24401	6609	37.14	⑵单位贷款及透支	5502	1029	23.01
4.储蓄存款	127015	17672	16.16	其中：经营贷款	5502	1029	23.01
⑴活期储蓄	64804	6824	11.77	固定资产贷款			
⑵定期储蓄	62210	10848	21.12	⑶普通并购贷款			
5.农业存款	30520	−5890	−16.18	⑷银团贷款			
6.信托存款				⑸贸易融资			
7.委托存款	20	−292	−93.51	2.中长期贷款	62925	7961	14.48
8.其他存款	570	273	91.91	⑴个人贷款	49750	1824	3.81
二、金融债券				其中：个人消费贷款	9091	1471	19.30
三、应付及暂收款	2602	−189	−6.77	⑵单位贷款	13175	6137	87.20
其中：应付利息	1870	6	0.30	其中：经营贷款	12175	5137	72.99
四、同业往来(来源方)				固定资产贷款	1000	1000	
其中：境外同业往来				⑶普通并购贷款			
五、行内资金往来(来源方)				⑷银团贷款			
六、各项准备	4007	88	2.23	⑸贸易融资			
其中：贷款损失准备	4006	87	2.21	3.信托贷款			
七、所有者权益	6830	3093	82.77	4.融资租赁			
其中：实收资本	2611	1610	160.84	5.委托贷款			
八、其他	−40128	−7453	22.81	6.票据融资		−10	−100.00
				其中：贴现		−10	−100.00
				7.各项垫款			
				（二）境外贷款			
				二、有价证券及投资	20		
				三、应收及预付款	299	−158	−34.65
				其中：应收利息	213	23	11.87
				四、同业往来(运用方)			
				其中：境外同业往来			
				五、行内资金往来(运用方)	85072	−7645	−8.25
				六、金银占款			
				七、外汇占款			
				八、固定资产	2173	766	54.47
				九、库存现金	2096	75	3.70
				十、投资性房地产			
资金来源总计	173002	7953	4.82	资金运用总计	173002	7953	4.82

2-3-81 大姚县金融机构人民币信贷运行情况表

二〇一〇年十二月三十一日　　　　单位：万元

项目名称	期末余额	比年初增减	比年初增减%	项目名称	期末余额	比年初增减	比年初增减%
一、各项存款	289788	27134	10.33	一、各项贷款	205371	63799	45.06
1.企业存款	38599	-18293	-32.15	（一）境内贷款	205371	63799	45.06
⑴活期存款	30670	-6327	-17.10	1、短期贷款	106820	33477	45.65
⑵定期存款	7929	-11966	-60.15	⑴个人贷款及透支	33508	3116	10.25
2.财政存款	8527	3141	58.31	其中：个人消费贷款	1259	-772	-38.01
3.机关团体存款	38058	2462	6.92	⑵单位贷款及透支	73312	30361	70.69
4.储蓄存款	170692	29318	20.74	其中：经营贷款	73312	30361	70.69
⑴活期储蓄	92080	17751	23.88	固定资产贷款			
⑵定期储蓄	78613	11567	17.25	⑶普通并购贷款			
5.农业存款	31901	9486	42.32	⑷银团贷款			
6.信托存款				⑸贸易融资			
7.委托存款	184	-23	-11.28	2.中长期贷款	98552	30321	44.44
8.其他存款	1828	1044	133.29	⑴个人贷款	57811	18540	47.21
二、金融债券				其中：个人消费贷款	14553	1998	15.92
三、应付及暂收款	3364	462	15.93	⑵单位贷款	40741	11781	40.68
其中：应付利息	2087	183	9.61	其中：经营贷款	26238	13258	102.14
四、同业往来(来源方)	41	41		固定资产贷款	14503	-1477	-9.24
其中：境外同业往来				⑶普通并购贷款			
五、行内资金往来(来源方)				⑷银团贷款			
六、各项准备	5231	1747	50.14	⑸贸易融资			
其中：贷款损失准备	5231	1747	50.14	3.信托贷款			
七、所有者权益	8599	3015	53.99	4.融资租赁			
其中：实收资本	3320	2122	177.13	5.委托贷款			
八、其他	-20840	9156	-30.52	6.票据融资			
				其中：贴现			
				7.各项垫款			
				（二）境外贷款			
				二、有价证券及投资	20		
				三、应收及预付款	758	260	52.27
				其中：应收利息	686	243	54.87
				四、同业往来(运用方)	14000	14000	
				其中：境外同业往来			
				五、行内资金往来(运用方)	57216	-39678	-40.95
				六、金银占款			
				七、外汇占款	-1	-1	
				八、固定资产	3132	758	31.90
				九、库存现金	5686	2418	73.98
				十、投资性房地产			
资金来源总计	286182	41555	16.99	资金运用总计	286182	41555	16.99

2-3-82 永仁县金融机构人民币信贷运行情况表

二〇一〇年十二月三十一日　　单位：万元

项目名称	期末余额	比年初增减	比年初增减%	项目名称	期末余额	比年初增减	比年初增减%
一、各项存款	150146	30275	25.26	一、各项贷款	46524	10248	28.25
1.企业存款	47480	2201	4.86	（一）境内贷款	46524	10248	28.25
⑴活期存款	45221	2174	5.05	1、短期贷款	11952	1626	15.74
⑵定期存款	2260	27	1.20	⑴个人贷款及透支	8239	535	6.94
2.财政存款	3465	670	23.95	其中：个人消费贷款	160	-125	-43.82
3.机关团体存款	20132	8711	76.28	⑵单位贷款及透支	3713	1091	41.61
4.储蓄存款	72270	15522	27.35	其中：经营贷款	3713	1091	41.61
⑴活期储蓄	46280	10420	29.06	固定资产贷款			
⑵定期储蓄	25991	5102	24.42	⑶普通并购贷款			
5.农业存款	5390	2354	77.54	⑷银团贷款			
6.信托存款				⑸贸易融资			
7.委托存款		-3	-100.00	2.中长期贷款	34472	8795	34.25
8.其他存款	1409	821	139.81	⑴个人贷款	17307	4424	34.34
二、金融债券				其中：个人消费贷款	3074	811	35.83
三、应付及暂收款	1275	226	21.58	⑵单位贷款	17165	4371	34.16
其中：应付利息	799	45	5.91	其中：经营贷款	11465	9285	425.92
四、同业往来(来源方)				固定资产贷款	5700	-4914	-46.30
其中：境外同业往来				⑶普通并购贷款			
五、行内资金往来(来源方)				⑷银团贷款			
六、各项准备	2390	463	24.06	⑸贸易融资			
其中：贷款损失准备	2190	263	13.68	3.信托贷款			
七、所有者权益	3475	866	33.17	4.融资租赁			
其中：实收资本	1557	770	97.84	5.委托贷款			
八、其他	-15986	-4404	38.02	6.票据融资	100	-173	-63.40
				其中：贴现	100	-173	-63.40
				7.各项垫款			
				（二）境外贷款			
				二、有价证券及投资	20		
				三、应收及预付款	468	50	11.91
				其中：应收利息	206	114	123.77
				四、同业往来(运用方)			
				其中：境外同业往来			
				五、行内资金往来(运用方)	89539	16537	22.65
				六、金银占款			
				七、外汇占款			
				八、固定资产	2421	837	52.84
				九、库存现金	2329	-244	-9.50
				十、投资性房地产			
资金来源总计	141301	27427	24.09	资金运用总计	141301	27427	24.09

2-3-83 元谋县金融机构人民币信贷运行情况表

二〇一〇年十二月三十一日　　单位：万元

栏目 项目名称	期末余额	比年初		栏目 项目名称	期末余额	比年初	
		增减	增减%			增减	增减%
一、各项存款	204558	27460	15.51	一、各项贷款	83012	17906	27.50
1.企业存款	29349	−4285	−12.74	（一）境内贷款	83012	17906	27.50
⑴活期存款	25712	−4088	−13.72	1、短期贷款	24088	3145	15.02
⑵定期存款	3637	−198	−5.16	⑴个人贷款及透支	16474	4201	34.23
2.财政存款	6889	3685	115.00	其中：个人消费贷款	350	−1	−0.42
3.机关团体存款	10696	5162	93.29	⑵单位贷款及透支	7614	−1056	−12.18
4.储蓄存款	136525	16806	14.04	其中：经营贷款	7614	−1056	−12.18
⑴活期储蓄	78962	9106	13.04	固定资产贷款			
⑵定期储蓄	57563	7700	15.44	⑶普通并购贷款			
5.农业存款	20368	6224	44.00	⑷银团贷款			
6.信托存款				⑸贸易融资			
7.委托存款	101	11	12.09	2.中长期贷款	58924	14761	33.42
8.其他存款	630	−143	−18.51	⑴个人贷款	43028	12255	39.82
二、金融债券				其中：个人消费贷款	18388	7450	68.11
三、应付及暂收款	2790	704	33.76	⑵单位贷款	15896	2506	18.72
其中：应付利息	1853	213	12.97	其中：经营贷款	15896	15566	4716.97
四、同业往来(来源方)				固定资产贷款		−13060	−100.00
其中：境外同业往来				⑶普通并购贷款			
五、行内资金往来(来源方)				⑷银团贷款			
六、各项准备	3365	452	15.51	⑸贸易融资			
其中：贷款损失准备	3365	452	15.51	3.信托贷款			
七、所有者权益	6291	2003	46.70	4.融资租赁			
其中：实收资本	2628	1500	132.98	5.委托贷款			
八、其他	−42264	−2978	7.58	6.票据融资			
				其中：贴现			
				7.各项垫款			
				（二）境外贷款			
				二、有价证券及投资	20		
				三、应收及预付款	297	−10	−3.10
				其中：应收利息	243	−24	−8.81
				四、同业往来(运用方)			
				其中：境外同业往来			
				五、行内资金往来(运用方)	84385	112[illegible]2	15.40
				六、金银占款			
				七、外汇占款			
				八、固定资产	2033	831	69.14
				九、库存现金	4994	−2350	−32.00
				十、投资性房地产			
资金来源总计	174740	27640	18.79	资金运用总计	174740	27640	18.79

2-3-84 武定县金融机构人民币信贷运行情况表

二〇一〇年十二月三十一日　　单位：万元

项目名称	期末余额	比年初增减	比年初增减%	项目名称	期末余额	比年初增减	比年初增减%
一、各项存款	278488	39288	16.42	一、各项贷款	173644	31549	22.20
1.企业存款	59719	−434	−0.72	（一）境内贷款	173644	31549	22.20
⑴活期存款	55740	4778	9.38	1、短期贷款	69026	1407	2.08
⑵定期存款	3979	−5212	−56.71	⑴个人贷款及透支	25658	3187	14.18
2.财政存款	1537	−608	−28.34	其中：个人消费贷款	410	101	32.79
3.机关团体存款	3707	855	29.97	⑵单位贷款及透支	43368	−1780	−3.94
4.储蓄存款	171680	37807	28.24	其中：经营贷款	43368	−1780	−3.94
⑴活期储蓄	105556	24165	29.69	固定资产贷款			
⑵定期储蓄	66124	13642	25.99	⑶普通并购贷款			
5.农业存款	40249	983	2.50	⑷银团贷款			
6.信托存款				⑸贸易融资			
7.委托存款	21	18	600.00	2.中长期贷款	102405	27980	37.59
8.其他存款	1575	667	73.39	⑴个人贷款	74965	15960	27.05
二、金融债券				其中：个人消费贷款	14886	1743	13.26
三、应付及暂收款	4133	148	3.72	⑵单位贷款	27440	12020	77.95
其中：应付利息	2155	98	4.76	其中：经营贷款	11912	11912	
四、同业往来(来源方)	48	48		固定资产贷款	15528	108	0.70
其中：境外同业往来				⑶普通并购贷款			
五、行内资金往来(来源方)				⑷银团贷款			
六、各项准备	6370	1399	28.14	⑸贸易融资			
其中：贷款损失准备	6370	1399	28.14	3.信托贷款			
七、所有者权益	8839	3529	66.46	4.融资租赁			
其中：实收资本	2450	1038	73.51	5.委托贷款			
八、其他	−55055	−11285	25.78	6.票据融资	2213	2163	4333.18
				其中：贴现	2213	2163	4333.18
				7.各项垫款			
				（二）境外贷款			
				二、有价证券及投资	20		
				三、应收及预付款	271	−219	−44.72
				其中：应收利息	193	12	6.70
				四、同业往来(运用方)			
				其中：境外同业往来			
				五、行内资金往来(运用方)	60808	1454	2.45
				六、金银占款			
				七、外汇占款			
				八、固定资产	3341	557	20.01
				九、库存现金	4740	−215	−4.33
				十、投资性房地产			
资金来源总计	242823	33127	15.80	资金运用总计	242823	33127	15.80

2-3-85 禄丰县金融机构人民币信贷运行情况表

二〇一〇年十二月三十一日　　单位：万元

栏目 项目名称	期末余额	比年初		栏目 项目名称	期末余额	比年初	
		增减	增减%			增减	增减%
一、各项存款	677647	143889	26.96	一、各项贷款	319754	64692	25.36
1.企业存款	155519	35178	29.23	（一）境内贷款	319754	64692	25.36
⑴活期存款	145701	37288	34.39	1、短期贷款	140132	13869	10.98
⑵定期存款	9818	−2111	−17.69	⑴个人贷款及透支	49366	4458	9.93
2.财政存款	10933	9838	897.99	其中：个人消费贷款	721	−1168	−61.85
3.机关团体存款	54638	14457	35.98	⑵单位贷款及透支	88766	7411	9.11
4.储蓄存款	402326	73546	22.37	其中：经营贷款	88166	6811	8.37
⑴活期储蓄	201878	42747	26.86	固定资产贷款	600	600	
⑵定期储蓄	200448	30800	18.15	⑶普通并购贷款			
5.农业存款	39023	13297	51.68	⑷银团贷款			
6.信托存款				⑸贸易融资	2000	2000	
7.委托存款	4	−6	−60.47	2.中长期贷款	159737	44400	38.50
8.其他存款	15204	−2420	−13.73	⑴个人贷款	89291	29179	48.54
二、金融债券				其中：个人消费贷款	42754	16257	61.36
三、应付及暂收款	7854	561	7.69	⑵单位贷款	70446	15222	27.56
其中：应付利息	5720	355	6.61	其中：经营贷款	31898	22103	225.65
四、同业往来(来源方)	1	−18	−94.76	固定资产贷款	38548	−6881	−15.15
其中：境外同业往来				⑶普通并购贷款			
五、行内资金往来(来源方)				⑷银团贷款			
六、各项准备	6838	2008	41.59	⑸贸易融资			
其中：贷款损失准备	6838	2008	41.59	3.信托贷款			
七、所有者权益	16328	5838	55.65	4.融资租赁			
其中：实收资本	7270	4424	155.45	5.委托贷款			
八、其他	−73068	−25726	54.34	6.票据融资	19885	6422	47.70
				其中：贴现	19885	6422	47.70
				7.各项垫款			
				（二）境外贷款			
				二、有价证券及投资	4086	4036	8072.47
				三、应收及预付款	1019	−72	−6.60
				其中：应收利息	819	−130	−13.67
				四、同业往来(运用方)			
				其中：境外同业往来			
				五、行内资金往来(运用方)	295379	54083	22.41
				六、金银占款			
				七、外汇占款			
				八、固定资产	6950	1634	30.73
				九、库存现金	8413	2180	34.96
				十、投资性房地产			
资金来源总计	635601	126552	24.86	资金运用总计	635601	126552	24.86

2-3-86 大理市金融机构人民币信贷运行情况表

二○一○年十二月三十一日　　单位：万元

项目名称	期末余额	比年初增减	比年初增减%	项目名称	期末余额	比年初增减	比年初增减%
一、各项存款	2950401	578361	24.38	一、各项贷款	2169021	405237	22.98
1.企业存款	755328	131847	21.15	（一）境内贷款	2169021	405237	22.98
⑴活期存款	624253	124777	24.98	1、短期贷款	679241	50113	7.97
⑵定期存款	131075	7071	5.70	⑴个人贷款及透支	222635	48566	27.90
2.财政存款	176333	85939	95.07	其中：个人消费贷款	21691	6287	40.81
3.机关团体存款	334216	58579	21.25	⑵单位贷款及透支	452612	−714	−0.16
4.储蓄存款	1469375	251895	20.69	其中：经营贷款	448202	2076	0.47
⑴活期储蓄	674717	145061	27.39	固定资产贷款	4410	−2790	−38.75
⑵定期储蓄	794659	106834	15.53	⑶普通并购贷款			
5.农业存款	120583	31615	35.54	⑷银团贷款			
6.信托存款				⑸贸易融资	3993	2260	130.41
7.委托存款	10	10		2.中长期贷款	1467764	336897	29.79
8.其他存款	94554	18476	24.29	⑴个人贷款	357975	84196	30.75
二、金融债券				其中：个人消费贷款	315256	82104	35.21
三、应付及暂收款	39616	−7209	−15.40	⑵单位贷款	1109789	252701	29.48
其中：应付利息	22579	2408	11.94	其中：经营贷款	545503	125410	29.85
四、同业往来(来源方)	17	−630	−97.37	固定资产贷款	564286	127291	29.13
其中：境外同业往来				⑶普通并购贷款			
五、行内资金往来(来源方)				⑷银团贷款			
六、各项准备	53680	19457	56.85	⑸贸易融资			
其中：贷款损失准备	52018	19718	61.05	3.信托贷款			
七、所有者权益	75070	20816	38.37	4.融资租赁			
其中：实收资本	32257	6000	22.85	5.委托贷款			
八、其他	−230113	−27088	13.34	6.票据融资	1357	−752	−35.66
				其中：贴现	1357	−752	−35.66
				7.各项垫款	20660	18979	1129.03
				（二）境外贷款			
				二、有价证券及投资	1016	−4810	−82.56
				三、应收及预付款	9626	3845	66.51
				其中：应收利息	5933	2465	71.08
				四、同业往来(运用方)	540	−20	−3.57
				其中：境外同业往来			
				五、行内资金往来(运用方)	647414	177390	37.74
				六、金银占款			
				七、外汇占款	−3	−8	−160.00
				八、固定资产	41939	−1517	−3.49
				九、库存现金	19116	3590	23.12
				十、投资性房地产			
资金来源总计	2888671	583707	25.32	资金运用总计	2888671	583707	25.32

2-3-87 漾濞县金融机构人民币信贷运行情况表

二〇一〇年十二月三十一日 单位：万元

项目名称	期末余额	比年初增减	比年初增减%	项目名称	期末余额	比年初增减	比年初增减%
一、各项存款	118794	26220	28.32	一、各项贷款	47093	5270	12.60
1.企业存款	13182	−666	−4.81	（一）境内贷款	47093	5270	12.60
⑴活期存款	12862	−723	−5.32	1、短期贷款	31454	8207	35.30
⑵定期存款	320	57	21.67	⑴个人贷款及透支	27376	6209	29.33
2.财政存款	7085	−1070	−13.12	其中：个人消费贷款	1043	19	1.90
3.机关团体存款	26932	12757	89.99	⑵单位贷款及透支	3978	1898	91.25
4.储蓄存款	63895	12362	23.99	其中：经营贷款	3978	1898	91.25
⑴活期储蓄	40513	9767	31.77	固定资产贷款			
⑵定期储蓄	23382	2595	12.48	⑶普通并购贷款			
5.农业存款	7440	2882	63.22	⑷银团贷款	100	100	
6.信托存款				⑸贸易融资			
7.委托存款	71	71		2.中长期贷款	15638	−2937	−15.81
8.其他存款	188	−116	−38.05	⑴个人贷款	3193	−1882	−37.08
二、金融债券				其中：个人消费贷款	1562	−441	−22.00
三、应付及暂收款	1206	160	15.35	⑵单位贷款	12445	−1055	−7.81
其中：应付利息	537	46	9.41	其中：经营贷款	2195	−4075	−64.99
四、同业往来(来源方)				固定资产贷款	10250	3020	41.77
其中：境外同业往来				⑶普通并购贷款			
五、行内资金往来(来源方)				⑷银团贷款			
六、各项准备	2044	272	15.36	⑸贸易融资			
其中：贷款损失准备	1875	272	16.98	3.信托贷款			
七、所有者权益	3970	901	29.36	4.融资租赁			
其中：实收资本	1203	347	40.54	5.委托贷款			
八、其他	−14171	3003	−17.49	6.票据融资			
				其中：贴现			
				7.各项垫款			
				（二）境外贷款			
				二、有价证券及投资	30		
				三、应收及预付款	216	88	68.94
				其中：应收利息	186	62	50.19
				四、同业往来(运用方)			
				其中：境外同业往来			
				五、行内资金往来(运用方)	60505	24670	68.84
				六、金银占款			
				七、外汇占款			
				八、固定资产	2331	347	17.52
				九、库存现金	1667	182	12.27
				十、投资性房地产			
资金来源总计	111842	30557	37.59	资金运用总计	111842	30557	37.59

2-3-88 祥云县金融机构人民币信贷运行情况表

二〇一〇年十二月三十一日　　单位：万元

项目名称	期末余额	比年初增减	比年初增减%	项目名称	期末余额	比年初增减	比年初增减%
一、各项存款	545514	130613	31.48	一、各项贷款	260319	42703	19.62
1.企业存款	85709	34785	68.31	（一）境内贷款	260319	42703	19.62
⑴活期存款	82509	36927	81.01	1、短期贷款	162060	34026	26.58
⑵定期存款	3200	–2142	–40.10	⑴个人贷款及透支	87522	20190	29.99
2.财政存款	11166	5693	104.01	其中：个人消费贷款	2200	117	5.61
3.机关团体存款	74410	17683	31.17	⑵单位贷款及透支	74538	13836	22.79
4.储蓄存款	334674	63252	23.30	其中：经营贷款	74538	14636	24.43
⑴活期储蓄	162238	40828	33.63	固定资产贷款		–800	–100.00
⑵定期储蓄	172436	22425	14.95	⑶普通并购贷款			
5.农业存款	29282	7255	32.94	⑷银团贷款			
6.信托存款				⑸贸易融资			
7.委托存款		–2	–100.00	2.中长期贷款	93461	29457	46.02
8.其他存款	10273	1947	23.39	⑴个人贷款	53101	17029	47.21
二、金融债券				其中：个人消费贷款	34324	12551	57.64
三、应付及暂收款	6923	732	11.82	⑵单位贷款	40360	12428	44.50
其中：应付利息	5860	709	13.77	其中：经营贷款	12310	1028	9.12
四、同业往来(来源方)		–13	–100.00	固定资产贷款	28050	11400	68.47
其中：境外同业往来				⑶普通并购贷款			
五、行内资金往来(来源方)				⑷银团贷款			
六、各项准备	3793	83	2.25	⑸贸易融资			
其中：贷款损失准备	3782	83	2.26	3.信托贷款			
七、所有者权益	18785	4777	34.10	4.融资租赁			
其中：实收资本	4078	2000	96.25	5.委托贷款			
八、其他	–42640	10220	–19.33	6.票据融资	4798	–20780	–81.24
				其中：贴现	4798	–20780	–81.24
				7.各项垫款			
				（二）境外贷款			
				二、有价证券及投资	70		
				三、应收及预付款	613	287	88.08
				其中：应收利息	568	246	76.46
				四、同业往来(运用方)			
				其中：境外同业往来			
				五、行内资金往来(运用方)	262060	100585	62.29
				六、金银占款			
				七、外汇占款	–1	–1	
				八、固定资产	5155	1818	54.47
				九、库存现金	4160	1021	32.53
				十、投资性房地产			
资金来源总计	532376	146412	37.93	资金运用总计	532376	146412	37.93

2-3-89 宾川县金融机构人民币信贷运行情况表

二〇一〇年十二月三十一日　　单位：万元

项目名称	期末余额	比年初增减	比年初增减%	项目名称	期末余额	比年初增减	比年初增减%
一、各项存款	383534	76172	24.78	一、各项贷款	216466	39809	22.53
1.企业存款	81795	2854	3.62	（一）境内贷款	216466	39809	22.53
⑴活期存款	73775	3362	4.78	1、短期贷款	106074	13398	14.46
⑵定期存款	8019	-508	-5.96	⑴个人贷款及透支	68755	6334	10.15
2.财政存款	7889	903	12.93	其中：个人消费贷款	1504	616	69.33
3.机关团体存款	24288	5381	28.46	⑵单位贷款及透支	37319	7064	23.35
4.储蓄存款	236499	61053	34.80	其中：经营贷款	30319	12949	74.55
⑴活期储蓄	165728	44027	36.18	固定资产贷款	7000	-5885	-45.67
⑵定期储蓄	70771	17026	31.68	⑶普通并购贷款			
5.农业存款	29072	4546	18.53	⑷银团贷款			
6.信托存款				⑸贸易融资			
7.委托存款	71	47	195.83	2.中长期贷款	110392	26411	31.45
8.其他存款	3920	1389	54.85	⑴个人贷款	36449	8429	30.08
二、金融债券				其中：个人消费贷款	23128	4020	21.04
三、应付及暂收款	3294	596	22.08	⑵单位贷款	73943	17982	32.13
其中：应付利息	2299	360	18.58	其中：经营贷款	37143	11592	45.37
四、同业往来(来源方)				固定资产贷款	36800	6390	21.01
其中：境外同业往来				⑶普通并购贷款			
五、行内资金往来(来源方)				⑷银团贷款			
六、各项准备	5962	1133	23.45	⑸贸易融资			
其中：贷款损失准备	5598	1133	25.36	3.信托贷款			
七、所有者权益	12607	3177	33.68	4.融资租赁			
其中：实收资本	3000	1090	57.07	5.委托贷款			
八、其他	-75586	-33467	79.46	6.票据融资			
				其中：贴现			
				7.各项垫款			
				（二）境外贷款			
				二、有价证券及投资	40		
				三、应收及预付款	667	224	50.67
				其中：应收利息	560	129	29.83
				四、同业往来(运用方)			
				其中：境外同业往来			
				五、行内资金往来(运用方)	103430	5381	5.49
				六、金银占款			
				七、外汇占款			
				八、固定资产	4389	278	6.76
				九、库存现金	4819	1918	66.10
				十、投资性房地产			
资金来源总计	329812	47610	16.87	资金运用总计	329812	47610	16.87

2-3-90 弥渡县金融机构人民币信贷运行情况表

二〇一〇年十二月三十一日　　单位：万元

项目名称	期末余额	比年初增减	比年初增减%	项目名称	期末余额	比年初增减	比年初增减%
一、各项存款	282844	44784	18.81	一、各项贷款	136166	19928	17.14
1.企业存款	41476	8254	24.84	（一）境内贷款	136166	19928	17.14
⑴活期存款	36708	8908	32.04	1、短期贷款	90049	22046	32.42
⑵定期存款	4768	-654	-12.06	⑴个人贷款及透支	73109	11728	19.11
2.财政存款	8436	3132	59.03	其中：个人消费贷款	385	-1489	-79.44
3.机关团体存款	2553	-1068	-29.50	⑵单位贷款及透支	16940	10318	155.81
4.储蓄存款	180291	26759	17.43	其中：经营贷款	16940	10618	167.95
⑴活期储蓄	99944	17961	21.91	固定资产贷款		-300	-100.00
⑵定期储蓄	80347	8797	12.30	⑶普通并购贷款			
5.农业存款	48890	7500	18.12	⑷银团贷款			
6.信托存款				⑸贸易融资			
7.委托存款	34	-168	-83.17	2.中长期贷款	46117	-2118	-4.39
8.其他存款	1163	376	47.85	⑴个人贷款	26117	7930	43.60
二、金融债券				其中：个人消费贷款	14505	2729	23.17
三、应付及暂收款	3018	183	6.46	⑵单位贷款	20000	-10048	-33.44
其中：应付利息	2607	262	11.19	其中：经营贷款		-50	-100.00
四、同业往来(来源方)				固定资产贷款	20000	-9998	-33.33
其中：境外同业往来				⑶普通并购贷款			
五、行内资金往来(来源方)				⑷银团贷款			
六、各项准备	3333	-181	-5.16	⑸贸易融资			
其中：贷款损失准备	3193	-181	-5.37	3.信托贷款			
七、所有者权益	13987	5853	71.95	4.融资租赁			
其中：实收资本	4000	1800	81.82	5.委托贷款			
八、其他	-47821	6277	-11.60	6.票据融资			
				其中：贴现			
				7.各项垫款			
				（二）境外贷款			
				二、有价证券及投资	50		
				三、应收及预付款	343	2	0.49
				其中：应收利息	287	-41	-12.58
				四、同业往来(运用方)			
				其中：境外同业往来			
				五、行内资金往来(运用方)	114974	37670	48.73
				六、金银占款			
				七、外汇占款			
				八、固定资产	2255	204	9.92
				九、库存现金	1572	-887	-36.06
				十、投资性房地产			
资金来源总计	255360	56916	28.68	资金运用总计	255360	56916	28.68

2-3-91 南涧县金融机构人民币信贷运行情况表

二〇一〇年十二月三十一日　　　　单位：万元

栏目 项目名称	期末余额	比年初		栏目 项目名称	期末余额	比年初	
		增减	增减%			增减	增减%
一、各项存款	180302	36621	25.49	一、各项贷款	227332	25094	12.41
1.企业存款	38880	12274	46.13	（一）境内贷款	227332	25094	12.41
⑴活期存款	37311	10936	41.46	1、短期贷款	87383	13671	18.37
⑵定期存款	1568	1337	579.23	⑴个人贷款及透支	47796	3110	22.62
2.财政存款	3878	644	19.93	其中：个人消费贷款	[illegible]739	657	20.27
3.机关团体存款	32921	8339	33.94	⑵单位贷款及透支	38587	4561	11.82
4.储蓄存款	91259	11714	14.73	其中：经营贷款	38587	4561	11.82
⑴活期储蓄	51274	8273	19.24	固定资产贷款			
⑵定期储蓄	39985	3441	9.41	⑶普通并购贷款			
5.农业存款	12309	4771	63.30	⑷银团贷款			
6.信托存款				⑸贸易融资	1000	1000	
7.委托存款		−52	−100.00	2.中长期贷款	139554	11027	8.63
8.其他存款	1057	−1069	−50.04	⑴个人贷款	29242	12334	70.57
二、金融债券				其中：个人消费贷款	19820	7308	49.59
三、应付及暂收款	2153	435	25.34	⑵单位贷款	110125	−285	−0.26
其中：应付利息	1350	197	17.08	其中：经营贷款	10125	−285	−2.47
四、同业往来(来源方)	44	−25	−35.78	固定资产贷款	100000		
其中：境外同业往来				⑶普通并购贷款			
五、行内资金往来(来源方)	55670	−11731	−17.41	⑷银团贷款			
六、各项准备	1874	304	19.40	⑸贸易融资	187	−21	−10.32
其中：贷款损失准备	1871	303	19.36	3.信托贷款			
七、所有者权益	9594	1977	25.96	4.融资租赁			
其中：实收资本	2500	1060	73.61	5.委托贷款			
八、其他	−16348	−1959	13.61	6.票据融资	395	395	
				其中：贴现	395	395	
				7.各项垫款			
				（二）境外贷款			
				二、有价证券及投资	30		
				三、应收及预付款	509	356	232.93
				其中：应收利息	475	331	230.07
				四、同业往来(运用方)			
				其中：境外同业往来			
				五、行内资金往来(运用方)			
				六、金银占款			
				七、外汇占款			
				八、固定资产	1961	−76	−3.74
				九、库存现金	3457	250	7.79
				十、投资性房地产			
资金来源总计	233290	25624	12.34	资金运用总计	233290	25624	12.34

2-3-92 巍山县金融机构人民币信贷运行情况表

二〇一〇年十二月三十一日　　单位：万元

项目名称	期末余额	比年初增减	比年初增减%	项目名称	期末余额	比年初增减	比年初增减%
一、各项存款	242722	50773	26.45	一、各项贷款	102191	16522	19.29
1.企业存款	17840	2627	17.27	（一）境内贷款	102191	16522	19.29
⑴活期存款	17599	3865	28.15	1、短期贷款	68087	−4179	−5.78
⑵定期存款	241	−1238	−83.70	⑴个人贷款及透支	51458	8479	19.73
2.财政存款	7009	2196	45.63	其中：个人消费贷款	1545	772	99.92
3.机关团体存款	24331	8134	50.22	⑵单位贷款及透支	16629	−12658	−43.22
4.储蓄存款	153043	26702	21.14	其中：经营贷款	16629	−11858	−41.63
⑴活期储蓄	77349	18029	30.39	固定资产贷款		−800	−100.00
⑵定期储蓄	75694	8673	12.94	⑶普通并购贷款			
5.农业存款	34833	9045	35.07	⑷银团贷款			
6.信托存款				⑸贸易融资			
7.委托存款	1623	1129	228.54	2.中长期贷款	34104	20701	154.45
8.其他存款	4044	939	30.26	⑴个人贷款	16082	6179	62.39
二、金融债券				其中：个人消费贷款	6002	1339	28.71
三、应付及暂收款	3374	123	3.79	⑵单位贷款	18022	14522	414.91
其中：应付利息	2733	348	14.60	其中：经营贷款	13022	11722	901.69
四、同业往来(来源方)				固定资产贷款	5000	2800	127.27
其中：境外同业往来				⑶普通并购贷款			
五、行内资金往来(来源方)				⑷银团贷款			
六、各项准备	5011	−465	−8.50	⑸贸易融资			
其中：贷款损失准备	4950	−451	−8.36	3.信托贷款			
七、所有者权益	8671	5335	159.90	4.融资租赁			
其中：实收资本	3116	1500	92.82	5.委托贷款			
八、其他	−46016	−11354	32.76	6.票据融资			
				其中：贴现			
				7.各项垫款			
				（二）境外贷款			
				二、有价证券及投资	50		
				三、应收及预付款	582	165	39.64
				其中：应收利息	545	137	33.66
				四、同业往来(运用方)			
				其中：境外同业往来			
				五、行内资金往来(运用方)	105244	26789	34.15
				六、金银占款			
				七、外汇占款			
				八、固定资产	2416	627	35.04
				九、库存现金	3278	309	10.39
				十、投资性房地产			
资金来源总计	213761	44412	26.22	资金运用总计	213761	44412	26.22

2-3-93 永平县金融机构人民币信贷运行情况表

二〇一〇年十二月三十一日　　单位：万元

项目名称 \ 栏目	期末余额	比年初		项目名称 \ 栏目	期末余额	比年初	
		增减	增减%			增减	增减%
一、各项存款	170091	27547	19.33	一、各项贷款	94710	15204	19.12
1.企业存款	17922	7348	69.50	（一）境内贷款	94710	15204	19.12
⑴活期存款	17120	7431	76.69	1、短期贷款	52103	531	1.03
⑵定期存款	802	–82	–9.31	⑴个人贷款及透支	46203	8770	23.43
2.财政存款	6504	5642	654.09	其中：个人消费贷款	2813	–1615	–36.47
3.机关团体存款	15508	–3778	–19.59	⑵单位贷款及透支	5900	–8239	–58.27
4.储蓄存款	93972	17135	22.30	其中：经营贷款	5900	–8239	–58.27
⑴活期储蓄	54296	12694	30.51	固定资产贷款			
⑵定期储蓄	39676	4441	12.60	⑶普通并购贷款			
5.农业存款	34761	767	2.26	⑷银团贷款			
6.信托存款				⑸贸易融资			
7.委托存款	10	–50	–83.33	2.中长期贷款	42607	14672	52.52
8.其他存款	1413	483	51.90	⑴个人贷款	10434	4224	68.03
二、金融债券				其中：个人消费贷款	2269	292	14.78
三、应付及暂收款	1946	532	37.68	⑵单位贷款	32173	10448	48.09
其中：应付利息	1091	202	22.66	其中：经营贷款	12173	9503	355.92
四、同业往来(来源方)				固定资产贷款	20000	945	4.96
其中：境外同业往来				⑶普通并购贷款			
五、行内资金往来(来源方)				⑷银团贷款			
六、各项准备	3180	501	18.70	⑸贸易融资			
其中：贷款损失准备	3153	501	18.89	3.信托贷款			
七、所有者权益	6922	3116	81.85	4.融资租赁			
其中：实收资本	2700	1481	121.49	5.委托贷款			
八、其他	–38706	–527	1.38	6.票据融资			
				其中：贴现			
				7.各项垫款			
				（二）境外贷款			
				二、有价证券及投资	10		
				三、应收及预付款	281	38	15.50
				其中：应收利息	241	71	41.53
				四、同业往来(运用方)			
				其中：境外同业往来			
				五、行内资金往来(运用方)	44398	14837	50.19
				六、金银占款			
				七、外汇占款			
				八、固定资产	1680	453	36.91
				九、库存现金	2354	633	37.22
				十、投资性房地产			
资金来源总计	143432	31170	27.76	资金运用总计	143432	31170	27.76

2-3-94 云龙县金融机构人民币信贷运行情况表

二○一○年十二月三十一日　　单位：万元

栏目 项目名称	期末余额	比年初		栏目 项目名称	期末余额	比年初	
		增减	增减%			增减	增减%
一、各项存款	238176	80990	51.53	一、各项贷款	153413	50701	49.36
1.企业存款	18898	3383	21.81	（一）境内贷款	153413	50701	49.36
⑴活期存款	14658	1883	14.74	1、短期贷款	73302	−6164	−7.76
⑵定期存款	4241	1500	54.75	⑴个人贷款及透支	49904	15147	43.58
2.财政存款	7112	4917	223.98	其中：个人消费贷款	449	−9660	−95.56
3.机关团体存款	31237	11804	60.74	⑵单位贷款及透支	23398	−21311	−47.67
4.储蓄存款	103963	26725	34.60	其中：经营贷款	23398	−21311	−47.67
⑴活期储蓄	65008	18636	40.19	固定资产贷款			
⑵定期储蓄	38955	8090	26.21	⑶普通并购贷款			
5.农业存款	76327	34552	82.71	⑷银团贷款			
6.信托存款				⑸贸易融资			
7.委托存款	35	−37	−51.22	2.中长期贷款	80111	56865	244.62
8.其他存款	603	−354	−36.97	⑴个人贷款	14650	4464	43.83
二、金融债券				其中：个人消费贷款	11063	4773	75.89
三、应付及暂收款	2372	742	45.48	⑵单位贷款	65461	52401	401.23
其中：应付利息	1201	283	30.83	其中：经营贷款	3970	−690	−14.81
四、同业往来(来源方)				固定资产贷款	61491	53091	632.03
其中：境外同业往来				⑶普通并购贷款			
五、行内资金往来(来源方)				⑷银团贷款			
六、各项准备	5733	697	13.84	⑸贸易融资			
其中：贷款损失准备	5733	697	13.84	3.信托贷款			
七、所有者权益	7951	4885	159.31	4.融资租赁			
其中：实收资本	2633	1299	97.38	5.委托贷款			
八、其他	−76585	−40055	109.65	6.票据融资			
				其中：贴现			
				7.各项垫款			
				（二）境外贷款			
				二、有价证券及投资	30		
				三、应收及预付款	333	224	204.83
				其中：应收利息	241	156	181.95
				四、同业往来(运用方)			
				其中：境外同业往来			
				五、行内资金往来(运用方)	16172	−5848	−26.56
				六、金银占款			
				七、外汇占款			
				八、固定资产	2967	1322	80.37
				九、库存现金	4730	859	22.20
				十、投资性房地产			
资金来源总计	177646	47258	36.24	资金运用总计	177646	47258	36.24

2-3-95 洱源县金融机构人民币信贷运行情况表

二〇一〇年十二月三十一日　　　　单位：万元

栏目 项目名称	期末余额	比年初		栏目 项目名称	期末余额	比年初	
		增减	增减%			增减	增减%
一、各项存款	272282	83198	44.00	一、各项贷款	149568	46720	45.43
1.企业存款	52057	25058	92.81	（一）境内贷款	149568	46720	45.43
⑴活期存款	44020	19130	76.86	1、短期贷款	100804	22261	28.34
⑵定期存款	8037	5928	281.15	⑴个人贷款及透支	71265	14188	24.86
2.财政存款	5374	190	3.67	其中：个人消费贷款	783	-75	-8.76
3.机关团体存款	14677	1514	11.50	⑵单位贷款及透支	29539	8073	37.61
4.储蓄存款	154986	36096	30.36	其中：经营贷款	29539	8073	37.61
⑴活期储蓄	95380	27903	41.35	固定资产贷款			
⑵定期储蓄	59606	8192	15.93	⑶普通并购贷款			
5.农业存款	41010	19457	90.28	⑷银团贷款			
6.信托存款				⑸贸易融资			
7.委托存款		-10		2.中长期贷款	48764	24459	100.63
8.其他存款	4178	893	27.17	⑴个人贷款	17719	2846	19.13
二、金融债券				其中：个人消费贷款	5124	-71	-1.36
三、应付及暂收款	2732	116	4.42	⑵单位贷款	31045	21613	
其中：应付利息	2044	217	11.85	其中：经营贷款	8275	143	
四、同业往来(来源方)				固定资产贷款	22770	21470	
其中：境外同业往来				⑶普通并购贷款			
五、行内资金往来(来源方)				⑷银团贷款			
六、各项准备	2919	-101	-3.33	⑸贸易融资			
其中：贷款损失准备	2914	-101	-3.34	3.信托贷款			
七、所有者权益	7838	1872	31.38	4.融资租赁			
其中：实收资本	2120			5.委托贷款			
八、其他	-61913	-28620	85.96	6.票据融资			
				其中：贴现			
				7.各项垫款			
				（二）境外贷款			
				二、有价证券及投资	30		
				三、应收及预付款	151	22	17.24
				其中：应收利息	148	35	31.31
				四、同业往来(运用方)			
				其中：境外同业往来			
				五、行内资金往来(运用方)	67367	9397	16.21
				六、金银占款			
				七、外汇占款			
				八、固定资产	4661	1251	36.68
				九、库存现金	2081	-924	-30.75
				十、投资性房地产			
资金来源总计	223858	56465	33.73	资金运用总计	223858	56465	33.73

2-3-96 剑川县金融机构人民币信贷运行情况表

二〇一〇年十二月三十一日　　　　单位：万元

栏目 项目名称	期末余额	比年初		栏目 项目名称	期末余额	比年初	
		增减	增减%			增减	增减%
一、各项存款	209747	65463	45.37	一、各项贷款	83658	6406	8.29
1.企业存款	21855	5365	32.54	（一）境内贷款	83658	6406	8.29
⑴活期存款	14511	3069	26.82	1、短期贷款	43238	6186	16.69
⑵定期存款	7344	2296	45.49	⑴个人贷款及透支	32368	5709	21.41
2.财政存款	4674	2072	79.66	其中：个人消费贷款	7634	4031	111.87
3.机关团体存款	18238	8117	80.20	⑵单位贷款及透支	10870	477	4.59
4.储蓄存款	113340	24484	27.56	其中：经营贷款	10870	477	4.59
⑴活期储蓄	63887	16346	34.38	固定资产贷款			
⑵定期储蓄	49452	8138	19.70	⑶普通并购贷款			
5.农业存款	50690	25367	100.17	⑷银团贷款			
6.信托存款				⑸贸易融资			
7.委托存款	3	−55	−94.83	2.中长期贷款	40420	221	0.55
8.其他存款	946	111	13.32	⑴个人贷款	8506	1454	20.61
二、金融债券				其中：个人消费贷款	5256	1706	48.04
三、应付及暂收款	1916	350	22.37	⑵单位贷款	31914	−1233	−3.72
其中：应付利息	1458	180	14.07	其中：经营贷款	8329	−4228	−33.67
四、同业往来(来源方)				固定资产贷款	23585	2995	14.55
其中：境外同业往来				⑶普通并购贷款			
五、行内资金往来(来源方)				⑷银团贷款			
六、各项准备	3790	−237	−5.90	⑸贸易融资			
其中：贷款损失准备	3732	−238	−6.01	3.信托贷款			
七、所有者权益	7749	3703	91.52	4.融资租赁			
其中：实收资本	1626	533	48.76	5.委托贷款			
八、其他	−58906	−33788	134.51	6.票据融资			
				其中：贴现			
				7.各项垫款			
				（二）境外贷款			
				二、有价证券及投资	30		
				三、应收及预付款	219	49	28.58
				其中：应收利息	155	−8	−5.07
				四、同业往来(运用方)			
				其中：境外同业往来			
				五、行内资金往来(运用方)	74908	27362	57.55
				六、金银占款			
				七、外汇占款			
				八、固定资产	1684	463	37.94
				九、库存现金	3797	1210	46.79
				十、投资性房地产			
资金来源总计	164296	35491	27.55	资金运用总计	164296	35491	27.55

2-3-97 鹤庆县金融机构人民币信贷运行情况表

二〇一〇年十二月三十一日　　　　单位：万元

项目名称	期末余额	比年初增减	比年初增减%	项目名称	期末余额	比年初增减	比年初增减%
一、各项存款	380884	74792	24.43	一、各项贷款	256438	46400	22.09
1.企业存款	48301	6082	14.41	（一）境内贷款	256438	46400	22.09
⑴活期存款	41724	5195	14.22	1、短期贷款	116531	6920	6.31
⑵定期存款	6577	886	15.58	⑴个人贷款及透支	28988	4391	17.85
2.财政存款	11020	7645	226.55	其中：个人消费贷款	1989	585	41.67
3.机关团体存款	61011	7228	13.44	⑵单位贷款及透支	87542	2529	2.97
4.储蓄存款	226472	38803	20.68	其中：经营贷款	47542	4029	9.26
⑴活期储蓄	127264	27237	27.23	固定资产贷款	40000	−1500	−3.61
⑵定期储蓄	99208	11566	13.20	⑶普通并购贷款			
5.农业存款	27522	11974	77.01	⑷银团贷款			
6.信托存款				⑸贸易融资			
7.委托存款				2.中长期贷款	139908	42194	43.18
8.其他存款	6558	3060	87.51	⑴个人贷款	70115	15304	27.92
二、金融债券				其中：个人消费贷款	16258	1613	11.02
三、应付及暂收款	3911	656	20.14	⑵单位贷款	69793	26891	62.68
其中：应付利息	2619	318	13.81	其中：经营贷款	2863	41	1.44
四、同业往来(来源方)	160	30	22.59	固定资产贷款	66930	26850	66.99
其中：境外同业往来				⑶普通并购贷款			
五、行内资金往来(来源方)				⑷银团贷款			
六、各项准备	3929	34	0.87	⑸贸易融资			
其中：贷款损失准备	3905	34	0.88	3.信托贷款			
七、所有者权益	13861	3531	34.19	4.融资租赁			
其中：实收资本	2135	1000	88.11	5.委托贷款			
八、其他	−47375	−14631	44.68	6.票据融资		−2714	−100.00
				其中：贴现		−2714	−100.00
				7.各项垫款			
				（二）境外贷款			
				二、有价证券及投资	70		
				三、应收及预付款	443	300	210.77
				其中：应收利息	416	275	198.11
				四、同业往来(运用方)			
				其中：境外同业往来			
				五、行内资金往来(运用方)	91212	15020	19.71
				六、金银占款			
				七、外汇占款			
				八、固定资产	3728	1035	38.47
				九、库存现金	3479	1655	90.84
				十、投资性房地产			
资金来源总计	355370	64412	22.14	资金运用总计	355370	64412	22.14

2-3-98 隆阳区金融机构人民币信贷运行情况表

二〇一〇年十二月三十一日　　单位：万元

栏目 项目名称	期末余额	比年初增减	比年初增减%	栏目 项目名称	期末余额	比年初增减	比年初增减%
一、各项存款	1420780	289217	25.56	一、各项贷款	1052007	204171	24.08
1.企业存款	280562	65039	30.18	（一）境内贷款	1052007	204171	24.08
⑴活期存款	255253	51967	25.56	1、短期贷款	236830	2148	0.92
⑵定期存款	25309	13072	106.82	⑴个人贷款及透支	81426	7388	9.98
2.财政存款	90612	59803	194.11	其中：个人消费贷款	5499	1686	44.22
3.机关团体存款	206739	19377	10.34	⑵单位贷款及透支	131603	−7639	−5.49
4.储蓄存款	719727	103568	16.81	其中：经营贷款	131603	−7639	−5.49
⑴活期储蓄	349974	66919	23.64	固定资产贷款			
⑵定期储蓄	369752	36649	11.00	⑶普通并购贷款			
5.农业存款	98273	31949	48.17	⑷银团贷款			
6.信托存款				⑸贸易融资	23800	2400	11.21
7.委托存款	8	8		2.中长期贷款	813979	201999	33.01
8.其他存款	24859	9473	61.57	⑴个人贷款	262993	50248	23.62
二、金融债券				其中：个人消费贷款	146696	28995	24.63
三、应付及暂收款	26237	5023	23.68	⑵单位贷款	550986	151751	38.01
其中：应付利息	14226	1410	11.00	其中：经营贷款	136565	71425	109.65
四、同业往来(来源方)	311	−18	−5.40	固定资产贷款	414421	80326	24.04
其中：境外同业往来				⑶普通并购贷款			
五、行内资金往来(来源方)				⑷银团贷款			
六、各项准备	21203	3012	16.56	⑸贸易融资			
其中：贷款损失准备	21041	3018	16.74	3.信托贷款			
七、所有者权益	28574	12253	75.07	4.融资租赁			
其中：实收资本	9996	4262	74.33	5.委托贷款			
八、其他	−71711	41674	−36.75	6.票据融资	1198	23	1.96
				其中：贴现	1198	23	1.96
				7.各项垫款			
				（二）境外贷款			
				二、有价证券及投资	−177	−1357	−114.96
				三、应收及预付款	2634	1021	63.31
				其中：应收利息	1519	469	44.69
				四、同业往来(运用方)			
				其中：境外同业往来			
				五、行内资金往来(运用方)	326730	148172	82.98
				六、金银占款			
				七、外汇占款	−1	−1	
				八、固定资产	30019	−3231	−9.72
				九、库存现金	14182	2387	20.24
				十、投资性房地产			
资金来源总计	1425395	351162	32.69	资金运用总计	1425395	351162	32.69

2-3-99 施甸县金融机构人民币信贷运行情况表

二〇一〇年十二月三十一日　　　　单位：万元

栏目 / 项目名称	期末余额	比年初增减	比年初增减%
一、各项存款	278565	83097	42.51
1.企业存款	58785	15277	35.11
⑴活期存款	58705	15728	36.60
⑵定期存款	80	−451	−84.94
2.财政存款	20533	17779	645.48
3.机关团体存款	21506	4894	29.46
4.储蓄存款	152708	32603	27.15
⑴活期储蓄	70253	17608	33.45
⑵定期储蓄	82456	14995	22.23
5.农业存款	22974	11440	99.19
6.信托存款			
7.委托存款	125	125	
8.其他存款	1934	979	102.61
二、金融债券			
三、应付及暂收款	3146	285	9.97
其中：应付利息	2828	401	16.54
四、同业往来(来源方)			
其中：境外同业往来			
五、行内资金往来(来源方)			
六、各项准备	3571	1158	48.01
其中：贷款损失准备	3567	1158	48.09
七、所有者权益	7339	2693	57.96
其中：实收资本	3369	1500	80.26
八、其他	−52143	−15760	43.32
资金来源总计	240479	71474	42.29

栏目 / 项目名称	期末余额	比年初增减	比年初增减%
一、各项贷款	118553	30561	34.89
(一)境内贷款	118553	30561	34.89
1、短期贷款	48787	2999	6.55
⑴个人贷款及透支	33115	5581	20.27
其中：个人消费贷款		−156	−100.00
⑵单位贷款及透支	15672	−2582	−14.14
其中：经营贷款	15672	−2580	−14.13
固定资产贷款		−2	
⑶普通并购贷款			
⑷银团贷款			
⑸贸易融资			
2.中长期贷款	69766	27662	65.70
⑴个人贷款	52530	18378	53.81
其中：个人消费贷款	10537	3011	40.01
⑵单位贷款	17236	9284	116.75
其中：经营贷款	1681	360	27.25
固定资产贷款	15555	8924	134.58
⑶普通并购贷款			
⑷银团贷款			
⑸贸易融资			
3.信托贷款			
4.融资租赁			
5.委托贷款			
6.票据融资			
其中：贴现			
7.各项垫款			
(二)境外贷款			
二、有价证券及投资	30		
三、应收及预付款	199	62	44.93
其中：应收利息	195	58	41.98
四、同业往来(运用方)			
其中：境外同业往来			
五、行内资金往来(运用方)	116733	41067	54.27
六、金银占款			
七、外汇占款			
八、固定资产	2704	691	34.31
九、库存现金	2261	−1007	−30.81
十、投资性房地产			
资金运用总计	240479	71474	42.29

2-3-100 腾冲县金融机构人民币信贷运行情况表

二〇一〇年十二月三十一日　　　　单位：万元

项目名称	期末余额	比年初增减	比年初增减%	项目名称	期末余额	比年初增减	比年初增减%
一、各项存款	1086456	312934	40.46	一、各项贷款	714507	153505	27.36
1.企业存款	259636	109464	72.89	（一）境内贷款	714507	153505	27.36
⑴活期存款	254025	110534	77.03	1、短期贷款	148272	23421	18.76
⑵定期存款	5612	-1070	-16.01	⑴个人贷款及透支	69455	14760	26.99
2.财政存款	18781	17149	1050.84	其中：个人消费贷款	3811	1615	73.52
3.机关团体存款	88541	20627	30.37	⑵单位贷款及透支	78817	9411	13.56
4.储蓄存款	677930	150271	28.48	其中：经营贷款	78664	9791	14.22
⑴活期储蓄	342430	90903	36.14	固定资产贷款	153	-380	-71.29
⑵定期储蓄	335500	59368	21.50	⑶普通并购贷款			
5.农业存款	26810	6609	32.72	⑷银团贷款			
6.信托存款				⑸贸易融资		-750	-100.00
7.委托存款				2.中长期贷款	566235	130083	29.83
8.其他存款	14757	8814	148.30	⑴个人贷款	283622	77478	37.58
二、金融债券				其中：个人消费贷款	139927	47236	50.96
三、应付及暂收款	12343	1938	18.62	⑵单位贷款	282613	52605	22.87
其中：应付利息	10001	1358	15.71	其中：经营贷款	48077	13766	40.12
四、同业往来(来源方)	65	65		固定资产贷款	234536	38839	19.85
其中：境外同业往来	65	65		⑶普通并购贷款			
五、行内资金往来(来源方)				⑷银团贷款			
六、各项准备	16340	3814	30.45	⑸贸易融资			
其中：贷款损失准备	16286	3814	30.58	3.信托贷款			
七、所有者权益	30396	8294	37.52	4.融资租赁			
其中：实收资本	9272	5219	128.77	5.委托贷款			
八、其他	-73863	35288	-32.33	6.票据融资			
				其中：贴现			
				7.各项垫款			
				（二）境外贷款			
				二、有价证券及投资	-196	-424	-186.20
				三、应收及预付款	1104	518	88.24
				其中：应收利息	934	374	66.71
				四、同业往来(运用方)	60000	60000	
				其中：境外同业往来			
				五、行内资金往来(运用方)	277812	144970	109.13
				六、金银占款			
				七、外汇占款	-10	-10	
				八、固定资产	10942	4700	75.31
				九、库存现金	7580	-926	-10.88
				十、投资性房地产			
资金来源总计	1071739	362332	51.08	资金运用总计	1071739	362332	51.08

2-3-101 龙陵县金融机构人民币信贷运行情况表

二〇一〇年十二月三十一日　　　　单位：万元

项目名称	期末余额	比年初增减	比年初增减%	项目名称	期末余额	比年初增减	比年初增减%
一、各项存款	346857	81524	30.73	一、各项贷款	222413	37077	20.01
1.企业存款	51795	12481	31.75	（一）境内贷款	222413	37077	20.01
⑴活期存款	48494	11262	30.25	1、短期贷款	63229	13254	26.52
⑵定期存款	3301	1219	58.56	⑴个人贷款及透支	40991	13230	47.66
2.财政存款	32662	17994	122.68	其中：个人消费贷款	309	–329	–51.60
3.机关团体存款	34983	4635	15.27	⑵单位贷款及透支	21838	–377	–1.70
4.储蓄存款	205786	48235	30.62	其中：经营贷款	21838	–377	–1.70
⑴活期储蓄	104561	29071	38.51	固定资产贷款			
⑵定期储蓄	101225	19164	23.35	⑶普通并购贷款			
5.农业存款	17419	–1096	–5.92	⑷银团贷款			
6.信托存款				⑸贸易融资	400	400	
7.委托存款	1126	1126		2.中长期贷款	158690	23330	17.24
8.其他存款	3087	–1850	–37.48	⑴个人贷款	59931	17203	40.26
二、金融债券				其中：个人消费贷款	26467	9606	56.97
三、应付及暂收款	4825	1071	28.51	⑵单位贷款	98759	6127	6.61
其中：应付利息	3093	457	17.32	其中：经营贷款	21499	749	3.61
四、同业往来(来源方)				固定资产贷款	77260	5378	7.48
其中：境外同业往来				⑶普通并购贷款			
五、行内资金往来(来源方)				⑷银团贷款			
六、各项准备	5087	1105	27.76	⑸贸易融资			
其中：贷款损失准备	5071	1108	27.97	3.信托贷款			
七、所有者权益	10997	3032	38.07	4.融资租赁			
其中：实收资本	4409	2952	202.61	5.委托贷款			
八、其他	–87208	–47918	121.96	6.票据融资	494	494	
				其中：贴现	494	494	
				7.各项垫款			
				（二）境外贷款			
				二、有价证券及投资	40		0.00
				三、应收及预付款	346	195	130.04
				其中：应收利息	312	173	125.20
				四、同业往来(运用方)			
				其中：境外同业往来			
				五、行内资金往来(运用方)	52629	430	0.82
				六、金银占款			
				七、外汇占款			
				八、固定资产	2393	659	38.03
				九、库存现金	2738	452	19.79
				十、投资性房地产			
资金来源总计	280559	38814	16.06	资金运用总计	280559	38814	16.06

2-3-102 昌宁县金融机构人民币信贷运行情况表

二〇一〇年十二月三十一日　　单位：万元

项目名称	期末余额	比年初增减	比年初增减%	项目名称	期末余额	比年初增减	比年初增减%
一、各项存款	336804	98977	41.62	一、各项贷款	179507	32121	21.79
1.企业存款	59612	33871	131.59	（一）境内贷款	179507	32121	21.79
(1)活期存款	59234	34671	141.15	1、短期贷款	58129	11947	25.87
(2)定期存款	378	-800	-67.91	(1)个人贷款及透支	23230	4501	24.03
2.财政存款	22783	738	3.35	其中：个人消费贷款	405	-98	-19.40
3.机关团体存款	47579	9911	26.31	(2)单位贷款及透支	34899	7446	27.12
4.储蓄存款	161064	27754	20.82	其中：经营贷款	34899	7446	27.12
(1)活期储蓄	95525	19321	25.35	固定资产贷款			
(2)定期储蓄	65539	8432	14.77	(3)普通并购贷款			
5.农业存款	39156	23601	151.73	(4)银团贷款			
6.信托存款				(5)贸易融资			
7.委托存款	715	83	13.13	2.中长期贷款	121378	20174	19.93
8.其他存款	5894	3019	105.01	(1)个人贷款	86859	11196	14.80
二、金融债券				其中：个人消费贷款	28127	3010	11.98
三、应付及暂收款	3690	344	10.27	(2)单位贷款	34519	8978	35.15
其中：应付利息	2530	233	10.16	其中：经营贷款	15214	4685	44.50
四、同业往来(来源方)	51	1	1.15	固定资产贷款	19305	4293	28.60
其中：境外同业往来				(3)普通并购贷款			
五、行内资金往来(来源方)				(4)银团贷款			
六、各项准备	7845	1534	24.31	(5)贸易融资			
其中：贷款损失准备	7822	1511	23.94	3.信托贷款			
七、所有者权益	10790	2729	33.86	4.融资租赁			
其中：实收资本	2853	1305	84.30	5.委托贷款			
八、其他	-72026	-22107	44.29	6.票据融资			
				其中：贴现			
				7.各项垫款			
				（二）境外贷款			
				二、有价证券及投资	50		
				三、应收及预付款	424	141	49.75
				其中：应收利息	361	107	42.05
				四、同业往来(运用方)	2	2	
				其中：境外同业往来			
				五、行内资金往来(运用方)	101328	47983	89.95
				六、金银占款			
				七、外汇占款			
				八、固定资产	3510	734	26.42
				九、库存现金	2333	498	27.11
				十、投资性房地产			
资金来源总计	287154	81478	39.61	资金运用总计	287154	81478	39.61

2-3-103 瑞丽市金融机构人民币信贷运行情况表

二〇一〇年十二月三十一日　　　　单位：万元

栏目 项目名称	期末余额	比年初		栏目 项目名称	期末余额	比年初	
		增减	增减%			增减	增减%
一、各项存款	1132855	357350	46.08	一、各项贷款	448036	171892	64.03
1.企业存款	111259	53820	93.70	（一）境内贷款	448036	171892	64.03
⑴活期存款	98982	45197	84.03	1、短期贷款	188186	76195	68.04
⑵定期存款	12277	8623	236.05	⑴个人贷款及透支	120085	68364	132.18
2.财政存款	13459	395	3.03	其中：个人消费贷款	8105	3164	64.03
3.机关团体存款	68853	22539	48.66	⑵单位贷款及透支	66051	5781	9.59
4.储蓄存款	890212	253228	39.75	其中：经营贷款	66051	6634	11.16
⑴活期储蓄	555073	197755	55.34	固定资产贷款		-353	-100.00
⑵定期储蓄	335139	55474	19.84	⑶普通并购贷款			
5.农业存款	38547	22856	145.66	⑷银团贷款			
6.信托存款				(5)贸易融资	2050	2050	
7.委托存款				2.中长期贷款	259850	98697	61.24
8.其他存款	10525	4512	75.04	⑴个人贷款	157469	39387	33.36
二、金融债券				其中：个人消费贷款	66690	25399	61.51
三、应付及暂收款	6577	1249	23.43	⑵单位贷款	102381	59310	137.70
其中：应付利息	4783	731	18.04	其中：经营贷款	38652	19582	102.69
四、同业往来(来源方)	3219	157	5.11	固定资产贷款	63729	39728	165.53
其中：境外同业往来	3219	157	5.11	⑶普通并购贷款			
五、行内资金往来(来源方)				⑷银团贷款			
六、各项准备	7528	1139	17.82	(5)贸易融资			
其中：贷款损失准备	6887	1138	19.78	3.信托贷款			
七、所有者权益	20362	3564	21.22	4.融资租赁			
其中：实收资本	3268	87	2.73	5.委托贷款			
八、其他	-45995	21536	-31.89	6.票据融资			
				其中：贴现			
				7.各项垫款			
				（二）境外贷款			
				二、有价证券及投资	-478	-671	-348.31
				三、应收及预付款	1046	-168	-13.87
				其中：应收利息	936	-92	-8.96
				四、同业往来(运用方)	21000	21000	
				其中：境外同业往来			
				五、行内资金往来(运用方)	636117	185079	41.03
				六、金银占款			
				七、外汇占款			
				八、固定资产	9060	1566	22.53
				九、库存现金	9765	3197	48.66
				十、投资性房地产			
资金来源总计	1124546	384994	52.06	资金运用总计	1124546	384994	52.06

2-3-104 潞西市金融机构人民币信贷运行情况表

二〇一〇年十二月三十一日　　　　单位：万元

项目名称	期末余额	比年初增减	比年初增减%	项目名称	期末余额	比年初增减	比年初增减%
一、各项存款	1000149	281987	39.27	一、各项贷款	701839	97351	16.10
1.企业存款	187095	25093	15.49	（一）境内贷款	701839	97351	16.10
⑴活期存款	147587	19361	15.10	1、短期贷款	120662	443	0.37
⑵定期存款	39508	5732	16.97	⑴个人贷款及透支	24130	6582	37.50
2.财政存款	13271	−14792	−52.71	其中：个人消费贷款	3812	649	20.52
3.机关团体存款	168684	61364	57.18	⑵单位贷款及透支	87539	−10131	−10.37
4.储蓄存款	470988	96069	25.62	其中：经营贷款	87449	−10221	−10.46
⑴活期储蓄	265471	66449	33.39	固定资产贷款	90	90	
⑵定期储蓄	205517	29621	16.84	⑶普通并购贷款			
5.农业存款	42474	10248	31.80	⑷银团贷款			
6.信托存款				⑸贸易融资	8993	3993	79.86
7.委托存款	1616	1181	271.49	2.中长期贷款	581047	96808	19.99
8.其他存款	116021	102824	779.15	⑴个人贷款	161895	30809	23.50
二、金融债券				其中：个人消费贷款	74087	10680	16.84
三、应付及暂收款	15754	5191	49.14	⑵单位贷款	419151	66000	18.69
其中：应付利息	9074	3017	49.81	其中：经营贷款	54477	3137	6.11
四、同业往来(来源方)				固定资产贷款	364674	62863	20.83
其中：境外同业往来				⑶普通并购贷款			
五、行内资金往来(来源方)				⑷银团贷款			
六、各项准备	14314	−568	−3.82	⑸贸易融资			
其中：贷款损失准备	13868	−628	−4.33	3.信托贷款			
七、所有者权益	14817	11186	308.07	4.融资租赁			
其中：实收资本	4129	172	4.35	5.委托贷款			
八、其他	−78665	8238	−9.48	6.票据融资	130	100	333.33
				其中：贴现	130	100	333.33
				7.各项垫款			
				（二）境外贷款			
				二、有价证券及投资	−264	−1584	−119.95
				三、应收及预付款	1613	164	11.30
				其中：应收利息	1077	85	8.57
				四、同业往来(运用方)			
				其中：境外同业往来			
				五、行内资金往来(运用方)	241606	211887	712.99
				六、金银占款			
				七、外汇占款			
				八、固定资产	15870	−2148	−11.92
				九、库存现金	5704	363	6.79
				十、投资性房地产			
资金来源总计	966367	306033	46.35	资金运用总计	966367	306033	46.35

2-3-105 梁河县金融机构人民币信贷运行情况表

二〇一〇年十二月三十一日　　　　单位：万元

栏目 项目名称	期末余额	比年初		栏目 项目名称	期末余额	比年初	
		增减	增减%			增减	增减%
一、各项存款	159299	36883	30.13	一、各项贷款	101985	20334	24.90
1.企业存款	14864	3025	25.55	（一）境内贷款	101985	20334	24.90
⑴活期存款	7507	2917	63.54	1、短期贷款	17137	2423	16.47
⑵定期存款	7357	108	1.49	⑴个人贷款及透支	16819	3005	21.76
2.财政存款	1457	−3465	−70.41	其中：个人消费贷款	154	−7010	−97.85
3.机关团体存款	21966	644	3.02	⑵单位贷款及透支	318	−582	−64.67
4.储蓄存款	105314	26924	34.35	其中：经营贷款	318	118	59.00
⑴活期储蓄	55386	16275	41.61	固定资产贷款		−700	−100.00
⑵定期储蓄	49927	10649	27.11	⑶普通并购贷款			
5.农业存款	14650	8758	148.64	⑷银团贷款			
6.信托存款				⑸贸易融资			
7.委托存款				2.中长期贷款	84848	17911	26.76
8.其他存款	1049	999	2017.63	⑴个人贷款	31486	10321	48.76
二、金融债券				其中：个人消费贷款	6650	909	15.82
三、应付及暂收款	2209	619	38.93	⑵单位贷款	53363	7590	16.58
其中：应付利息	1265	250	24.59	其中：经营贷款	11329	7722	214.11
四、同业往来(来源方)				固定资产贷款	42034	−132	−0.31
其中：境外同业往来				⑶普通并购贷款			
五、行内资金往来(来源方)				⑷银团贷款			
六、各项准备	5730	1601	38.76	⑸贸易融资			
其中：贷款损失准备	5730	1619	39.37	3.信托贷款			
七、所有者权益	4467	1230	37.99	4.融资租赁			
其中：实收资本	3198	1052	49.02	5.委托贷款			
八、其他	−34785	−12206	54.06	6.票据融资			
				其中：贴现			
				7.各项垫款			
				（二）境外贷款			
				二、有价证券及投资	20		
				三、应收及预付款	135	36	36.63
				其中：应收利息	117	28	31.73
				四、同业往来(运用方)			
				其中：境外同业往来			
				五、行内资金往来(运用方)	31736	7510	31.00
				六、金银占款			
				七、外汇占款			
				八、固定资产	1705	539	46.24
				九、库存现金	1340	−292	−17.91
				十、投资性房地产			
资金来源总计	136921	28127	25.85	资金运用总计	136921	28127	25.85

2-3-106 盈江县金融机构人民币信贷运行情况表

二○一○年十二月三十一日　　单位：万元

项目名称	期末余额	比年初增减	比年初增减%	项目名称	期末余额	比年初增减	比年初增减%
一、各项存款	382522	81045	26.88	一、各项贷款	244584	-1986	-0.81
1.企业存款	78149	10068	14.79	（一）境内贷款	244584	-1986	-0.81
⑴活期存款	76660	9280	13.77	1、短期贷款	55878	1951	3.62
⑵定期存款	1489	789	112.60	⑴个人贷款及透支	37005	971	2.70
2.财政存款	11238	5778	105.81	其中：个人消费贷款	282	-146	-34.10
3.机关团体存款	20138	-2233	-9.98	⑵单位贷款及透支	18873	979	5.47
4.储蓄存款	244336	61051	33.31	其中：经营贷款	18576	979	5.57
⑴活期储蓄	177846	53841	43.42	固定资产贷款	297		
⑵定期储蓄	66490	7211	12.16	⑶普通并购贷款			
5.农业存款	25513	6000	30.75	⑷银团贷款			
6.信托存款				⑸贸易融资			
7.委托存款	297	295		2.中长期贷款	188706	-3937	-2.04
8.其他存款	2849	86	3.11	⑴个人贷款	51567	8891	20.84
二、金融债券				其中：个人消费贷款	15338	2322	17.84
三、应付及暂收款	3853	198	5.42	⑵单位贷款	137140	-12828	-8.55
其中：应付利息	2307	225	10.82	其中：经营贷款	4622	-18612	-80.11
四、同业往来(来源方)				固定资产贷款	132518	5784	4.56%
其中：境外同业往来				⑶普通并购贷款			
五、行内资金往来(来源方)				⑷银团贷款			
六、各项准备	8973	17	0.19	⑸贸易融资			
其中：贷款损失准备	8973	17	0.19	3.信托贷款			
七、所有者权益	15514	1562	11.19	4.融资租赁			
其中：实收资本	3494	1002	40.21	5.委托贷款			
八、其他	-39995	4638	-10.39	6.票据融资			
				其中：贴现			
				7.各项垫款			
				（二）境外贷款			
				二、有价证券及投资	20		
				三、应收及预付款	387	-391	-50.22
				其中：应收利息	302	21	7.49
				四、同业往来(运用方)	15000	15000	
				其中：境外同业往来			
				五、行内资金往来(运用方)	102881	73345	248.33
				六、金银占款			
				七、外汇占款			
				八、固定资产	5156	1722	50.17
				九、库存现金	2838	-231	-7.52
				十、投资性房地产			
资金来源总计	370866	87461	30.86	资金运用总计	370866	87461	30.86

2-3-107 陇川县金融机构人民币信贷运行情况表

二〇一〇年十二月三十一日　　　　单位：万元

栏目 项目名称	期末余额	比年初		栏目 项目名称	期末余额	比年初	
		增减	增减%			增减	增减%
一、各项存款	230075	45811	24.86	一、各项贷款	126065	16105	14.65
1.企业存款	22509	528	2.40	（一）境内贷款	126065	16105	14.65
⑴活期存款	14219	−219	−1.52	1、短期贷款	31158	1439	4.84
⑵定期存款	8290	747	9.90	⑴个人贷款及透支	14864	1854	14.25
2.财政存款	15834	5244	49.52	其中：个人消费贷款	191	−130	−40.50
3.机关团体存款	31750	6476	25.63	⑵单位贷款及透支	16294	−415	−2.48
4.储蓄存款	121141	22171	22.40	其中：经营贷款	16294	185	1.15
⑴活期储蓄	77665	17947	30.05	固定资产贷款		−600	−100.00
⑵定期储蓄	43477	4224	10.76	⑶普通并购贷款			
5.农业存款	37752	10692	39.51	⑷银团贷款			
6.信托存款				⑸贸易融资			
7.委托存款		−1	−100.00	2.中长期贷款	94907	14665	18.28
8.其他存款	1089	701	180.39	⑴个人贷款	37547	9584	34.28
二、金融债券				其中：个人消费贷款	8154	2332	40.05
三、应付及暂收款	2124	326	18.10	⑵单位贷款	57360	5081	9.72
其中：应付利息	1383	116	9.14	其中：经营贷款	3425	1380	67.48
四、同业往来(来源方)				固定资产贷款	53935	3701	7.37
其中：境外同业往来				⑶普通并购贷款			
五、行内资金往来(来源方)				⑷银团贷款			
六、各项准备	2852	906	46.59	⑸贸易融资			
其中：贷款损失准备	2746	800	41.14	3.信托贷款			
七、所有者权益	6497	−184	−2.76	4.融资租赁			
其中：实收资本	2274	270	13.47	5.委托贷款			
八、其他	−43417	−8906	25.80	6.票据融资			
				其中：贴现			
				7.各项垫款			
				（二）境外贷款			
				二、有价证券及投资	10		
				三、应收及预付款	184	−10	−5.19
				其中：应收利息	168	8	4.98
				四、同业往来(运用方)			
				其中：境外同业往来			
				五、行内资金往来(运用方)	66204	19872	42.89
				六、金银占款			
				七、外汇占款			
				八、固定资产	3441	1390	67.79
				九、库存现金	2227	596	36.57
				十、投资性房地产			
资金来源总计	198131	37953	23.69	资金运用总计	198131	37953	23.69

2-3-108 古城区金融机构人民币信贷运行情况表

二〇一〇年十二月三十一日　　单位：万元

项目名称	期末余额	比年初增减	比年初增减%	项目名称	期末余额	比年初增减	比年初增减%
一、各项存款	1722548	530928	44.56	一、各项贷款	1376543	271839	24.61
1.企业存款	690640	235285	51.67	（一）境内贷款	1376543	271839	24.61
⑴活期存款	635388	213023	50.44	1、短期贷款	275960	−71282	−20.53
⑵定期存款	55251	22263	67.49	⑴个人贷款及透支	40198	25650	176.32
2.财政存款	44224	32316	271.39	其中：个人消费贷款	22937	19060	491.65
3.机关团体存款	212427	98390	86.28	⑵单位贷款及透支	235763	−91813	−28.03
4.储蓄存款	685040	128710	23.14	其中：经营贷款	235736	−91840	−28.04
⑴活期储蓄	438652	102743	30.59	固定资产贷款			
⑵定期储蓄	246388	25966	11.78	⑶普通并购贷款			
5.农业存款	52899	25371	92.16	⑷银团贷款			
6.信托存款				⑸贸易融资		−5119	
7.委托存款				2.中长期贷款	1070303	313491	41.42
8.其他存款	37319	10857	41.03	⑴个人贷款	321290	78552	32.36
二、金融债券				其中：个人消费贷款	261312	72901	38.69
三、应付及暂收款	16171	1153	7.68	⑵单位贷款	699013	232939	49.98
其中：应付利息	6944	710	11.39	其中：经营贷款	166158	24656	17.42
四、同业往来(来源方)	13418	13418		固定资产贷款	532855	208283	64.17
其中：境外同业往来				⑶普通并购贷款			
五、行内资金往来(来源方)				⑷银团贷款	50000	2000	4.17
六、各项准备	34783	5345	18.16	⑸贸易融资			
其中：贷款损失准备	34476	5346	18.35	3.信托贷款			
七、所有者权益	31819	5794	22.26	4.融资租赁			
其中：实收资本	8700	6492	294.02	5.委托贷款			
八、其他	−70276	−16042	29.58	6.票据融资	30280	29630	4558.46
				其中：贴现	30280	29630	4558.46
				7.各项垫款			
				（二）境外贷款			
				二、有价证券及投资	880	−819	−48.20
				三、应收及预付款	3212	1051	48.64
				其中：应收利息	2492	920	58.49
				四、同业往来(运用方)			
				其中：境外同业往来			
				五、行内资金往来(运用方)	327306	265726	431.51
				六、金银占款			
				七、外汇占款		−4	
				八、固定资产	26994	−371	−1.36
				九、库存现金	13527	3175	30.67
				十、投资性房地产			
资金来源总计	1748463	540597	44.76	资金运用总计	1748463	540597	44.76

2-3-109 玉龙县金融机构人民币信贷运行情况表

二○一○年十二月三十一日　　单位：万元

栏目 / 项目名称	期末余额	比年初 增减	比年初 增减%	栏目 / 项目名称	期末余额	比年初 增减	比年初 增减%
一、各项存款	161420	53276	49.26	一、各项贷款	96879	29128	42.99
1.企业存款	2122	1880	776.86	（一）境内贷款	96879	29128	42.99
(1)活期存款				1、短期贷款	21543	1215	5.98
(2)定期存款	2122	1880	776.86	(1)个人贷款及透支	19763	7236	57.76
2.财政存款	2	−23	−92.00	其中：个人消费贷款	2297	1180	105.64
3.机关团体存款	19267	12564	187.44	(2)单位贷款及透支	1780	−6021	−77.18
4.储蓄存款	110597	25421	29.85	其中：经营贷款	1080	−6721	−86.16
(1)活期储蓄	71861	19505	37.25	固定资产贷款	700	700	
(2)定期储蓄	38736	5916	18.03	(3)普通并购贷款			
5.农业存款	29329	13383	83.93	(4)银团贷款			
6.信托存款				(5)贸易融资			
7.委托存款	103	51		2.中长期贷款	75336	27913	58.86
8.其他存款				(1)个人贷款	43577	9430	27.62
二、金融债券				其中：个人消费贷款	11733	7386	169.91
三、应付及暂收款	3245	720	28.51	(2)单位贷款	31759	18483	139.22
其中：应付利息	1873	374	24.95	其中：经营贷款	24359	11083	83.48
四、同业往来(来源方)				固定资产贷款	7400	7400	
其中：境外同业往来				(3)普通并购贷款			
五、行内资金往来(来源方)				(4)银团贷款			
六、各项准备	4231	546	14.82	(5)贸易融资			
其中：贷款损失准备	4164	546	15.09	3.信托贷款			
七、所有者权益	6020	3841	176.27	4.融资租赁			
其中：实收资本	4000	2156	116.92	5.委托贷款			
八、其他	−69894	−30444	77.17	6.票据融资			
				其中：贴现			
				7.各项垫款			
				（二）境外贷款			
				二、有价证券及投资	40		0.00
				三、应收及预付款	327	−1264	−79.45
				其中：应收利息			
				四、同业往来(运用方)			
				其中：境外同业往来			
				五、行内资金往来(运用方)	1640	−2191	−57.19
				六、金银占款			
				七、外汇占款			
				八、固定资产	3134	993	46.38
				九、库存现金	3002	1273	73.63
				十、投资性房地产			
资金来源总计	105022	27939	36.25	资金运用总计	105022	27939	36.25

2-3-110 永胜县金融机构人民币信贷运行情况表

二〇一〇年十二月三十一日　　　　单位：万元

栏目 项目名称	期末余额	比年初		栏目 项目名称	期末余额	比年初	
		增减	增减%			增减	增减%
一、各项存款	404106	71158	21.37	一、各项贷款	193277	38538	24.9
1.企业存款	51560	−3818	−6.89	(一)境内贷款	193277	38538	24.9
(1)活期存款	49720	−3864	−7.21	1、短期贷款	54524	6163	12.74
(2)定期存款	1840	46	2.56	(1)个人贷款及透支	32487	2256	7.46
2.财政存款	3848	679	21.41	其中：个人消费贷款	4063	488	13.14
3.机关团体存款	40156	10474	35.29	(2)单位贷款及透支	22037	3907	21.55
4.储蓄存款	263214	50374	23.67	其中：经营贷款	22037	3907	21.55
(1)活期储蓄	153955	36960	31.59	固定资产贷款			
(2)定期储蓄	109260	13415	14	(3)普通并购贷款			
5.农业存款	41290	13384	47.96	(4)银团贷款			
6.信托存款				(5)贸易融资			
7.委托存款	3	−34	−91.89	2.中长期贷款	138753	33362	31.65
8.其他存款	4035	100	2.54	(1)个人贷款	97273	25426	35.39
二、金融债券				其中：个人消费贷款	40230	11078	37.49
三、应付及暂收款	5516	1068	24.01	(2)单位贷款	41480	7936	23.66
其中：应付利息	3691	337	10.06	其中：经营贷款	16668	9748	140.87
四、同业往来(来源方)				固定资产贷款	24812	−1812	−6.81
其中：境外同业往来				(3)普通并购贷款			
五、行内资金往来(来源方)				(4)银团贷款			
六、各项准备	7148	1307	22.36	(5)贸易融资			
其中：贷款损失准备	7122	1283	21.96	3.信托贷款			
七、所有者权益	11505	1499	14.98	4.融资租赁			
其中：实收资本	2564	3	0.12	5.委托贷款			
八、其他	−72986	4376	−5.66	6.票据融资		−987	−100
				其中：贴现			
				7.各项垫款			
				(二)境外贷款			
				二、有价证券及投资	40	0	0
				三、应收及预付款	298	129	76.29
				其中：应收利息	235	73	44.86
				四、同业往来(运用方)			
				其中：境外同业往来			
				五、行内资金往来(运用方)	154111	39708	34.71
				六、金银占款			
				七、外汇占款			
				八、固定资产	3740	852	29.53
				九、库存现金	3823	181	4.98
				十、投资性房地产			
资金来源总计	335289	79408	28.78	资金运用总计	355289	79408	28.78

2-3-111 华坪县金融机构人民币信贷运行情况表

二〇一〇年十二月三十一日　　　　单位：万元

栏目 项目名称	期末余额	比年初		栏目 项目名称	期末余额	比年初	
		增减	增减%			增减	增减%
一、各项存款	465755	78174	20.17	一、各项贷款	222282	57463	34.86
1.企业存款	60409	−7743	−11.36	（一）境内贷款	222282	57463	34.86
⑴活期存款	55450	−2782	−4.78	1、短期贷款	84494	21492	40.82
⑵定期存款	4959	−4961	−50.01	⑴个人贷款及透支	38897	20863	115.68
2.财政存款	1123	536	91.46	其中：个人消费贷款	961	511	113.25
3.机关团体存款	55485	4875	9.63	⑵单位贷款及透支	38497	529	1.39
4.储蓄存款	310464	68029	28.06	其中：经营贷款	37236	−32	−0.09
⑴活期储蓄	192016	46050	31.55	固定资产贷款	1261	561	80.17
⑵定期储蓄	118449	21979	22.78	⑶普通并购贷款			
5.农业存款	33581	10284	44.14	⑷银团贷款			
6.信托存款				⑸贸易融资	7100	3100	77.5
7.委托存款		−4	−100	2.中长期贷款	123204	34699	39.21
8.其他存款	4693	2197	88.04	⑴个人贷款	79240	20030	33.83
二、金融债券				其中：个人消费贷款	39919	12499	45.58
三、应付及暂收款	4813	1350	38.99	⑵单位贷款	43964	14669	50.07
其中：应付利息	2746	473	20.82	其中：经营贷款	8985	1190	15.27
四、同业往来(来源方)				固定资产贷款	34979	13479	62.69
其中：境外同业往来				⑶普通并购贷款			
五、行内资金往来(来源方)				⑷银团贷款			
六、各项准备	7438	65	0.88	⑸贸易融资			
其中：贷款损失准备	7422	65	0.88	3.信托贷款			
七、所有者权益	14311	10136	242.75	4.融资租赁			
其中：实收资本	3900	1800	85.71	5.委托贷款			
八、其他	−60684	−20698	51.76	6.票据融资	14584	−1728	−10.59
				其中：贴现	14584	−1728	−10.59
				7.各项垫款			
				（二）境外贷款			
				二、有价证券及投资	20		
				三、应收及预付款	427	200	88.23
				其中：应收利息	403	177	78.43
				四、同业往来(运用方)			
				其中：境外同业往来			
				五、行内资金往来(运用方)	201951	10425	5.44
				六、金银占款			
				七、外汇占款			
				八、固定资产	3577	538	17.69
				九、库存现金	3377	402	13.5
				十、投资性房地产			
资金来源总计	431634	69027	19.04	资金运用总计	431634	69027	19.04

2-3-112 宁蒗县金融机构人民币信贷运行情况表

二〇一〇年十二月三十一日　　单位：万元

项目名称	期末余额	比年初增减	比年初增减%	项目名称	期末余额	比年初增减	比年初增减%
一、各项存款	222342	55562	33.31	一、各项贷款	50247	16074	47.04
1.企业存款	19549	4226	27.58	（一）境内贷款	50247	16074	47.04
⑴活期存款	16311	4205	34.73	1、短期贷款	12027	2855	31.13
⑵定期存款	3238	21	0.65	⑴个人贷款及透支	5996	2053	52.05
2.财政存款	4741	2667	128.62	其中：个人消费贷款	45	–105	–70.10
3.机关团体存款	54835	5706	11.61	⑵单位贷款及透支	6031	802	15.35
4.储蓄存款	104429	29281	38.96	其中：经营贷款	6031	802	15.35
⑴活期储蓄	73602	20932	39.74	固定资产贷款			
⑵定期储蓄	30827	8349	37.15	⑶普通并购贷款			
5.农业存款	37833	13294	54.17	⑷银团贷款			
6.信托存款				⑸贸易融资			
7.委托存款	0	–2	–100.00	2.中长期贷款	38220	13219	52.87
8.其他存款	955	390	68.98	⑴个人贷款	26907	8743	48.14
二、金融债券				其中：个人消费贷款	4423	–1098	–19.88
三、应付及暂收款	1764	435	32.70	⑵单位贷款	11313	4476	65.47
其中：应付利息	883	157	21.62	其中：经营贷款	5113	2783	119.44
四、同业往来(来源方)				固定资产贷款	6200	1693	37.56
其中：境外同业往来				⑶普通并购贷款			
五、行内资金往来(来源方)				⑷银团贷款			
六、各项准备	1670	21	1.30	⑸贸易融资			
其中：贷款损失准备	1519	21	1.43	3.信托贷款			
七、所有者权益	5905	820	16.13	4.融资租赁			
其中：实收资本	2447	115	4.93	5.委托贷款			
八、其他	–37148	–17184	–86.08	6.票据融资			
				其中：贴现			
				7.各项垫款			
				（二）境外贷款			
				二、有价证券及投资	10	0	0.00
				三、应收及预付款	322	–33	–9.17
				其中：应收利息	63	26	69.21
				四、同业往来(运用方)			
				其中：境外同业往来			
				五、行内资金往来(运用方)	139124	22193	18.98
				六、金银占款			
				七、外汇占款			
				八、固定资产	2370	455	23.79
				九、库存现金	2460	964	64.50
				十、投资性房地产			
资金来源总计	194533	39654	25.60	资金运用总计	194533	39654	25.60

2-3-113 泸水县金融机构人民币信贷运行情况表

二〇一〇年十二月三十一日　　单位：万元

项目名称	期末余额	比年初增减	比年初增减%	项目名称	期末余额	比年初增减	比年初增减%
一、各项存款	449178	93832	26.41	一、各项贷款	286258	46941	19.61
1.企业存款	140808	37595	36.42	（一）境内贷款	286258	46941	19.61
(1)活期存款	139118	47021	51.06	1、短期贷款	54292	-583	-1.06
(2)定期存款	1690	-9426	-84.8	(1)个人贷款及透支	9381	5917	170.83
2.财政存款	47055	14111	42.83	其中：个人消费贷款	3821	2855	295.69
3.机关团体存款	97629	8968	10.12	(2)单位贷款及透支	38411	-6501	-14.47
4.储蓄存款	144035	28052	24.19	其中：经营贷款	38411	-6500	-14.47
(1)活期储蓄	95536	17675	22.7	固定资产贷款		-1	-100
(2)定期储蓄	48499	10378	27.22	(3)普通并购贷款			
5.农业存款	16146	5887	57.39	(4)银团贷款			
6.信托存款				(5)贸易融资	6500		
7.委托存款	329	-30	-8.36	2.中长期贷款	230966	51752	28.88
8.其他存款	3176	-752	-19.15	(1)个人贷款	41128	3180	8.38
二、金融债券				其中：个人消费贷款	33478	7175	27.28
三、应付及暂收款	5455	799	17.17	(2)单位贷款	189837	48572	34.38
其中：应付利息	1919	190	10.97	其中：经营贷款	22919	-14521	-38.78
四、同业往来(来源方)				固定资产贷款	166918	63093	60.77
其中：境外同业往来				(3)普通并购贷款			
五、行内资金往来(来源方)				(4)银团贷款			
六、各项准备	3901	1395	55.66	(5)贸易融资			
其中：贷款损失准备	3899	1394	55.65	3.信托贷款			
七、所有者权益	2521	1553	160.39	4.融资租赁			
其中：实收资本	1112	-1	-0.09	5.委托贷款			
八、其他	-72699	-24566	51.04	6.票据融资	1000	-4227	-80.87
				其中：贴现	1000	-4227	-80.87
				7.各项垫款			
				（二）境外贷款			
				二、有价证券及投资	466	-363	-43.83
				三、应收及预付款	1077	305	39.59
				其中：应收利息	460	128	38.43
				四、同业往来(运用方)			
				其中：境外同业往来			
				五、行内资金往来(运用方)	87559	28064	47.17
				六、金银占款			
				七、外汇占款			
				八、固定资产	9448	-2829	-23.04
				九、库存现金	3548	894	33.67
				十、投资性房地产			
资金来源总计	388356	73013	23.15	资金运用总计	388356	73013	23.15

2-3-114 福贡县金融机构人民币信贷运行情况表

二〇一〇年十二月三十一日　　单位：万元

栏目 项目名称	期末余额	比年初 增减	比年初 增减%	栏目 项目名称	期末余额	比年初 增减	比年初 增减%
一、各项存款	88257	25800	41.31	一、各项贷款	38736	9726	33.53
1.企业存款	6988	−4123	−37.11	（一）境内贷款	38736	9726	33.53
⑴活期存款	6977	−4123	−37.15	1、短期贷款	2344	32	1.39
⑵定期存款	11			⑴个人贷款及透支	846	−393	−31.71
2.财政存款	3928	2849	264.05	其中：个人消费贷款	97	4	3.85
3.机关团体存款	19938	13303	200.51	⑵单位贷款及透支	1498	425	39.61
4.储蓄存款	29475	6521	28.41	其中：经营贷款	1498	925	161.43
⑴活期储蓄	22370	5523	32.78	固定资产贷款		−500	−100
⑵定期储蓄	7104	998	16.34	⑶普通并购贷款			
5.农业存款	26661	6954	35.29	⑷银团贷款			
6.信托存款				⑸贸易融资			
7.委托存款	306	306		2.中长期贷款	36392	9694	36.31
8.其他存款	962	−10	−1.02	⑴个人贷款	7745	2101	37.22
二、金融债券				其中：个人消费贷款	3233	1560	93.22
三、应付及暂收款	276	63	29.56	⑵单位贷款	28647	7593	36.06
其中：应付利息	186	23	13.95	其中：经营贷款	1827	−392	−17.67
四、同业往来(来源方)				固定资产贷款	26820	7985	42.39
其中：境外同业往来				⑶普通并购贷款			
五、行内资金往来(来源方)				⑷银团贷款			
六、各项准备	4192	2533	152.7	⑸贸易融资			
其中：贷款损失准备	4192	2533	152.7	3.信托贷款			
七、所有者权益	−412	−1395	−141.9	4.融资租赁			
其中：实收资本	613	74	13.73	5.委托贷款			
八、其他	−26814	−8037	42.8	6.票据融资			
				其中：贴现			
				7.各项垫款			
				（二）境外贷款			
				二、有价证券及投资	10		
				三、应收及预付款	62	34	117.05
				其中：应收利息	40	15	56.83
				四、同业往来(运用方)			
				其中：境外同业往来			
				五、行内资金往来(运用方)	23737	8206	52.83
				六、金银占款			
				七、外汇占款			
				八、固定资产	1421	461	48.04
				九、库存现金	1532	538	54.12
				十、投资性房地产			
资金来源总计	65498	18964	40.75	资金运用总计	65498	18964	40.75

2-3-115 贡山县金融机构人民币信贷运行情况表

二〇一〇年十二月三十一日　　　　单位：万元

栏目 项目名称	期末余额	比年初		栏目 项目名称	期末余额	比年初	
		增减	增减%			增减	增减%
一、各项存款	72961	30651	72.44	一、各项贷款	19331	3994	26.04
1.企业存款	7914	3466	77.91	（一）境内贷款	19331	3994	26.04
⑴活期存款	7914	3466	77.91	1、短期贷款	1763	597	51.17
⑵定期存款				⑴个人贷款及透支	1505	675	81.27
2.财政存款	2095	472	29.11	其中：个人消费贷款	472	422	850.81
3.机关团体存款	34632	17723	104.81	⑵单位贷款及透支	258	-78	-23.21
4.储蓄存款	19616	3648	22.84	其中：经营贷款	258	-78	-23.21
⑴活期储蓄	15341	3131	25.64	固定资产贷款			
⑵定期储蓄	4275	517	13.75	⑶普通并购贷款			
5.农业存款	7862	5006	175.28	⑷银团贷款			
6.信托存款				⑸贸易融资			
7.委托存款				2.中长期贷款	17567	3397	23.97
8.其他存款	842	336	66.61	⑴个人贷款	3828	876	29.66
二、金融债券				其中：个人消费贷款	2186	818	59.76
三、应付及暂收款	336	31	10.08	⑵单位贷款	13739	2521	22.47
其中：应付利息	110	8	7.72	其中：经营贷款	479	-621	-56.45
四、同业往来(来源方)				固定资产贷款	13260	3142	31.05
其中：境外同业往来				⑶普通并购贷款			
五、行内资金往来(来源方)				⑷银团贷款			
六、各项准备	1843	844	84.49	⑸贸易融资			
其中：贷款损失准备	1843	844	84.49	3.信托贷款			
七、所有者权益	396	-721	-64.53	4.融资租赁			
其中：实收资本	144	-31	-17.71	5.委托贷款			
八、其他	-7904	-2865	56.85	6.票据融资			
				其中：贴现			
				7.各项垫款			
				（二）境外贷款			
				二、有价证券及投资			
				三、应收及预付款	265	93	53.9
				其中：应收利息	64	8	13.9
				四、同业往来(运用方)			
				其中：境外同业往来			
				五、行内资金往来(运用方)	46144	23216	101.25
				六、金银占款			
				七、外汇占款			
				八、固定资产	1031	402	63.91
				九、库存现金	861	235	37.59
				十、投资性房地产			
资金来源总计	67632	27939	70.39	资金运用总计	67632	27939	70.39

2-3-116 兰坪县金融机构人民币信贷运行情况表

二〇一〇年十二月三十一日　　单位：万元

栏目 / 项目名称	期末余额	比年初		栏目 / 项目名称	期末余额	比年初	
		增减	增减%			增减	增减%
一、各项存款	305343	49333	19.27	一、各项贷款	170128	19022	12.59
1.企业存款	79348	9285	13.25	（一）境内贷款	170128	19022	12.59
⑴活期存款	79348	9535	13.66	1、短期贷款	116268	14837	14.63
⑵定期存款		-250	-100	⑴个人贷款及透支	25923	6462	33.21
2.财政存款	4914	-570	-10.39	其中：个人消费贷款	14309	8386	141.56
3.机关团体存款	55346	12059	27.86	⑵单位贷款及透支	71845	-2125	-2.87
4.储蓄存款	145391	25648	21.42	其中：经营贷款	71845	-2125	-2.87
⑴活期储蓄	106985	22510	26.65	固定资产贷款			
⑵定期储蓄	38407	3138	8.9	⑶普通并购贷款			
5.农业存款	15973	4456	38.69	⑷银团贷款			
6.信托存款				⑸贸易融资	18500	10500	131.25
7.委托存款				2.中长期贷款	53860	4185	8.42
8.其他存款	4371	-1546	-26.12	⑴个人贷款	18111	399	2.26
二、金融债券				其中：个人消费贷款	8798	-756	-7.91
三、应付及暂收款	3037	882	40.93	⑵单位贷款	35749	3785	11.84
其中：应付利息	2280	434	23.52	其中：经营贷款	29291	6291	27.35
四、同业往来(来源方)				固定资产贷款	6458	-2506	-27.95
其中：境外同业往来				⑶普通并购贷款			
五、行内资金往来(来源方)				⑷银团贷款			
六、各项准备	3307	1391	72.62	⑸贸易融资			
其中：贷款损失准备	3307	1391	72.62	3.信托贷款			
七、所有者权益	7748	85	1.11	4.融资租赁			
其中：实收资本	2652	1405	112.67	5.委托贷款			
八、其他	-29052	-14854	104.62	6.票据融资			
				其中：贴现			
				7.各项垫款			
				（二）境外贷款			
				二、有价证券及投资	10		
				三、应收及预付款	417	99	31
				其中：应收利息	417	99	31
				四、同业往来(运用方)			
				其中：境外同业往来			
				五、行内资金往来(运用方)	110776	14159	14.65
				六、金银占款			
				七、外汇占款			
				八、固定资产	5186	2656	104.97
				九、库存现金	3866	902	30.41
				十、投资性房地产			
资金来源总计	290383	36837	14.53	资金运用总计	290383	36837	14.53

2-3-117 香格里拉县金融机构人民币信贷运行情况表

二〇一〇年十二月三十一日　　单位：万元

项目名称	期末余额	比年初增减	比年初增减%	项目名称	期末余额	比年初增减	比年初增减%
一、各项存款	425215	125319	41.79	一、各项贷款	455160	[illegible]4906	16.63
1.企业存款	159910	69463	76.8	（一）境内贷款	455160	[illegible]4906	16.63
⑴活期存款	158363	69736	78.68	1、短期贷款	58418	−[illegible]1665	−16.64
⑵定期存款	1547	−272	−14.97	⑴个人贷款及透支	25852	[illegible]2035	87.1
2.财政存款	34909	−7486	−17.66	其中：个人消费贷款	11542	9481	459.93
3.机关团体存款	39345	18607	89.73	⑵单位贷款及透支	32567	−[illegible]3700	−42.12
4.储蓄存款	156755	31201	24.85	其中：经营贷款	32567	−[illegible]3700	−42.12
⑴活期储蓄	118170	27511	30.35	固定资产贷款			
⑵定期储蓄	38585	3690	10.57	⑶普通并购贷款			
5.农业存款	33684	13893	70.2	⑷银团贷款			
6.信托存款				⑸贸易融资			
7.委托存款		−14	−100	2.中长期贷款	396542	7[illegible]371	23.85
8.其他存款	613	−345	−36.04	⑴个人贷款	53540	[illegible]271	2.43
二、金融债券				其中：个人消费贷款	20097	−[illegible]036	−13.12
三、应付及暂收款	4833	519	12.02	⑵单位贷款	343002	7[illegible]100	28.03
其中：应付利息	1243	−157	−11.23	其中：经营贷款	223053	14[illegible]302	179.69
四、同业往来(来源方)		−644	−100	固定资产贷款	119949	−6[illegible]202	−36.25
其中：境外同业往来				⑶普通并购贷款			
五、行内资金往来(来源方)	80061	−61743	−43.54	⑷银团贷款			
六、各项准备	25287	2098	9.05	⑸贸易融资			
其中：贷款损失准备	25197	2008	8.66	3.信托贷款			
七、所有者权益	12660	9584	311.57	4.融资租赁			
其中：实收资本	1793	1004	127.25	5.委托贷款			
八、其他	−71795	−6351	9.7	6.票据融资	200	[illegible]00	
				其中：贴现	200	[illegible]00	
				7.各项垫款			
				（二）境外贷款			
				二、有价证券及投资	20		
				三、应收及预付款	3018	[illegible]25	4.33
				其中：应收利息	1066	−[illegible]01	−27.34
				四、同业往来(运用方)			
				其中：境外同业往来			
				五、行内资金往来(运用方)			
				六、金银占款			
				七、外汇占款	−2	−2	
				八、固定资产	13494	24[illegible]7	22.38
				九、库存现金	4571	12[illegible]5	39.11
				十、投资性房地产			
资金来源总计	476261	68782	16.88	资金运用总计	476261	687[illegible]2	16.88

2-3-118 德钦县金融机构人民币信贷运行情况表

二〇一〇年十二月三十一日　　单位：万元

栏目 项目名称	期末余额	比年初		栏目 项目名称	期末余额	比年初	
		增减	增减%			增减	增减%
一、各项存款	140454	33798	31.69	一、各项贷款	48131	17660	57.96
1.企业存款	33706	9988	42.11	（一）境内贷款	48131	17660	57.96
(1)活期存款	30606	8288	37.14	1、短期贷款	7522	4861	182.69
(2)定期存款	3100	1700	121.43	(1)个人贷款及透支	5450	4391	414.71
2.财政存款	13985	6802	94.71	其中：个人消费贷款	124	29	29.84
3.机关团体存款	25534	3406	15.39	(2)单位贷款及透支	2072	470	29.34
4.储蓄存款	43736	10917	33.26	其中：经营贷款	2072	470	29.34
(1)活期储蓄	34140	9826	40.41	固定资产贷款			
(2)定期储蓄	9596	1090	12.82	(3)普通并购贷款			
5.农业存款	23228	2677	13.03	(4)银团贷款			
6.信托存款				(5)贸易融资			
7.委托存款	1	-14	-93.65	2.中长期贷款	40609	12799	46.02
8.其他存款	264	22	8.94	(1)个人贷款	11296	317	2.89
二、金融债券				其中：个人消费贷款	4247	316	8.04
三、应付及暂收款	708	-165	-18.89	(2)单位贷款	29313	12482	74.16
其中：应付利息	311	-93	-22.93	其中：经营贷款	29313	22307	318.4
四、同业往来(来源方)	12	11	1100	固定资产贷款		-9825	-100
其中：境外同业往来				(3)普通并购贷款			
五、行内资金往来(来源方)				(4)银团贷款			
六、各项准备	3459	-40	-1.15	(5)贸易融资			
其中：贷款损失准备	3443	-56	-1.61	3.信托贷款			
七、所有者权益	3056	3062		4.融资租赁			
其中：实收资本	1009	413	69.3	5.委托贷款			
八、其他	-35941	-21167	143.27	6.票据融资			
				其中：贴现			
				7.各项垫款			
				（二）境外贷款			
				二、有价证券及投资	10		
				三、应收及预付款	94	-4	-3.94
				其中：应收利息	55	18	48.84
				四、同业往来(运用方)		-483	-100
				其中：境外同业往来			
				五、行内资金往来(运用方)	59339	-3075	-4.93
				六、金银占款			
				七、外汇占款			
				八、固定资产	1610	525	48.4
				九、库存现金	2562	875	51.82
				十、投资性房地产			
资金来源总计	111747	15498	16.1	资金运用总计	111747	15498	16.1

2-3-119 维西县金融机构人民币信贷运行情况表

二〇一〇年十二月三十一日　　单位：万元

项目名称	期末余额	比年初增减	比年初增减%	项目名称	期末余额	比年初增减	比年初增减%
一、各项存款	211088	50613	31.54	一、各项贷款	65362	14696	29.01
1.企业存款	17900	2871	19.1	（一）境内贷款	65362	14696	29.01
⑴活期存款	13845	1671	13.72	1、短期贷款	17262	5907	52.02
⑵定期存款	4056	1200	42.02	⑴个人贷款及透支	2632	1985	306.79
2.财政存款	481	-300	-38.45	其中：个人消费贷款	1131	859	316.03
3.机关团体存款	62934	9394	17.55	⑵单位贷款及透支	14631	3923	36.63
4.储蓄存款	80640	21509	36.37	其中：经营贷款	13631	3223	30.96
⑴活期储蓄	60514	18780	45	固定资产贷款	1000	700	233.33
⑵定期储蓄	20126	2729	15.68	⑶普通并购贷款			
5.农业存款	48029	17055	55.06	⑷银团贷款			
6.信托存款				⑸贸易融资			
7.委托存款				2.中长期贷款	48100	8789	22.36
8.其他存款	1104	85	8.38	⑴个人贷款	27430	7366	36.71
二、金融债券				其中：个人消费贷款	18556	7921	74.48
三、应付及暂收款	1334	197	17.29	⑵单位贷款	20670	1423	7.39
其中：应付利息	766	91	13.44	其中：经营贷款	9470	-3976	-29.57
四、同业往来(来源方)				固定资产贷款	11200	5399	93.07
其中：境外同业往来				⑶普通并购贷款			
五、行内资金往来(来源方)				⑷银团贷款			
六、各项准备	1632	31	1.94	⑸贸易融资			
其中：贷款损失准备	1619	18	1.13	3.信托贷款			
七、所有者权益	4059	1857	84.29	4.融资租赁			
其中：实收资本	1830	1055	136.13	5.委托贷款			
八、其他	-46264	-17525	60.98	6.票据融资			
				其中：贴现			
				7.各项垫款			
				（二）境外贷款			
				二、有价证券及投资	10		
				三、应收及预付款	64	-20	-23.78
				其中：应收利息	49	-9	-15.8
				四、同业往来(运用方)			
				其中：境外同业往来			
				五、行内资金往来(运用方)	97860	17668	22.03
				六、金银占款			
				七、外汇占款			
				八、固定资产	2326	773	49.77
				九、库存现金	6229	2054	49.21
				十、投资性房地产			
资金来源总计	171850	35172	25.73	资金运用总计	171850	35172	25.73

2-3-120 临翔区金融机构人民币信贷运行情况表

二〇一〇年十二月三十一日　　单位：万元

项目名称	期末余额	比年初增减	比年初增减%	项目名称	期末余额	比年初增减	比年初增减%
一、各项存款	898655	132558	17.30	一、各项贷款	808930	114732	16.53
1.企业存款	319709	33865	11.85	（一）境内贷款	808930	114732	16.53
⑴活期存款	316410	33114	11.69	1、短期贷款	148946	−33116	−18.19
⑵定期存款	3298	751	29.49	⑴个人贷款及透支	28040	5625	25.09
2.财政存款	22514	11964	113.40	其中：个人消费贷款	9892	4440	81.45
3.机关团体存款	215420	4273	2.02	⑵单位贷款及透支	89577	−64206	−41.75
4.储蓄存款	314503	69834	28.54	其中：经营贷款	89577	−64191	−41.75
⑴活期储蓄	195429	50589	34.93	固定资产贷款			
⑵定期储蓄	119074	19245	19.28	⑶普通并购贷款			
5.农业存款	14849	8839	147.06	⑷银团贷款			
6.信托存款				⑸贸易融资	31329	25465	434.26
7.委托存款	235	233		2.中长期贷款	659984	147849	28.87
8.其他存款	11424	3550	45.08	⑴个人贷款	126851	36081	39.75
二、金融债券				其中：个人消费贷款	87775	21422	32.29
三、应付及暂收款	10263	508	5.21	⑵单位贷款	533132	111768	26.53
其中：应付利息	2797	−1222	−30.40	其中：经营贷款	239837	68773	40.20
四、同业往来(来源方)	14475	4238	41.40	固定资产贷款	293295	42995	17.18
其中：境外同业往来				⑶普通并购贷款			
五、行内资金往来(来源方)				⑷银团贷款			
六、各项准备	12467	2110	20.38	⑸贸易融资			
其中：贷款损失准备	12340	2062	20.06	3.信托贷款			
七、所有者权益	19009	12281	182.52	4.融资租赁			
其中：实收资本	3078	1522	97.81	5.委托贷款			
八、其他	−32959	9745	−22.82	6.票据融资			
				其中：贴现			
				7.各项垫款			
				（二）境外贷款			
				二、有价证券及投资	744	−964	−56.42
				三、应收及预付款	1708	711	71.29
				其中：应收利息	1303	477	57.79
				四、同业往来(运用方)			
				其中：境外同业往来			
				五、行内资金往来(运用方)	83776	45729	120.19
				六、金银占款			
				七、外汇占款			
				八、固定资产	17628	−1741	−8.99
				九、库存现金	9125	2973	48.32
				十、投资性房地产			
资金来源总计	921910	161441	21.23	资金运用总计	921910	161441	21.23

2-3-121 凤庆县金融机构人民币信贷运行情况表

二〇一〇年十二月三十一日　　　　单位：万元

项目名称	期末余额	比年初		项目名称	期末余额	比年初	
		增减	增减%			增减	增减%
一、各项存款	263896	56328	27.14	一、各项贷款	248795	26066	11.70
1.企业存款	22157	6248	39.27	（一）境内贷款	248795	26066	11.70
(1)活期存款	21607	6038	38.78	1、短期贷款	87987	10356	13.34
(2)定期存款	550	210	61.76	(1)个人贷款及透支	13786	1508	12.28
2.财政存款	17331	7091	69.25	其中：个人消费贷款	33	15	81.42
3.机关团体存款	20732	2829	15.80	(2)单位贷款及透支	74201	8848	13.54
4.储蓄存款	159772	30363	23.46	其中：经营贷款	74201	8848	13.54
(1)活期储蓄	92472	20422	28.34	固定资产贷款			
(2)定期储蓄	67300	9942	17.33	(3)普通并购贷款			
5.农业存款	42191	9830	30.37	(4)银团贷款			
6.信托存款				(5)贸易融资			
7.委托存款	15	-110	-88.00	2.中长期贷款	160807	15710	10.83
8.其他存款	1699	77	4.77	(1)个人贷款	68089	11067	19.41
二、金融债券				其中：个人消费贷款	46643	14698	46.01
三、应付及暂收款	3629	681	23.08	(2)单位贷款	92718	4643	5.27
其中：应付利息	2582	339	15.11	其中：经营贷款	9918	9918	
四、同业往来(来源方)				固定资产贷款	82800	-5275	-5.99
其中：境外同业往来				(3)普通并购贷款			
五、行内资金往来(来源方)	28714	-42540		(4)银团贷款			
六、各项准备	4527	509	12.67	(5)贸易融资			
其中：贷款损失准备	4527	509	12.67	3.信托贷款			
七、所有者权益	8476	-869	-9.30	4.融资租赁			
其中：实收资本	1902	628	49.29	5.委托贷款			
八、其他	-46346	20414	-30.58	6.票据融资			
				其中：贴现			
				7.各项垫款			
				（二）境外贷款			
				二、有价证券及投资	20		
				三、应收及预付款	660	270	69.10
				其中：应收利息	328	-55	-14.42
				四、同业往来(运用方)			
				其中：境外同业往来			
				五、行内资金往来(运用方)			
				六、金银占款			
				七、外汇占款			
				八、固定资产	2648	808	43.90
				九、库存现金	10773	7380	217.52
				十、投资性房地产			
资金来源总计	262896	34523	15.12	资金运用总计	262896	34523	15.12

2-3-122 云县金融机构人民币信贷运行情况表

二〇一〇年十二月三十一日　　单位：万元

项目名称	期末余额	比年初增减	比年初增减%	项目名称	期末余额	比年初增减	比年初增减%
一、各项存款	265057	56442	27.06	一、各项贷款	185537	41147	28.50
1.企业存款	30588	6490	26.93	（一）境内贷款	185537	41147	28.50
⑴活期存款	30556	6890	29.11	1、短期贷款	81098	514	0.64
⑵定期存款	31	−400	−92.74	⑴个人贷款及透支	21902	−3832	−14.89
2.财政存款	2786	505	22.13	其中：个人消费贷款	43	−334	−88.51
3.机关团体存款	29895	4309	16.84	⑵单位贷款及透支	59195	4346	7.92
4.储蓄存款	173693	34410	24.71	其中：经营贷款	59195	4346	7.92
⑴活期储蓄	99490	23619	31.13	固定资产贷款			
⑵定期储蓄	74203	10791	17.02	⑶普通并购贷款			
5.农业存款	25039	8617	52.47	⑷银团贷款			
6.信托存款				⑸贸易融资			
7.委托存款				2.中长期贷款	104440	40633	63.68
8.其他存款	3056	2111	223.51	⑴个人贷款	70815	20608	41.05
二、金融债券				其中：个人消费贷款	35739	12123	51.33
三、应付及暂收款	3802	622	19.55	⑵单位贷款	33625	20025	147.24
其中：应付利息	2657	341	14.73	其中：经营贷款	10975	1025	10.30
四、同业往来(来源方)				固定资产贷款	22650	19000	520.55
其中：境外同业往来				⑶普通并购贷款			
五、行内资金往来(来源方)				⑷银团贷款			
六、各项准备	6249	1487	31.22	⑸贸易融资			
其中：贷款损失准备	6211	1488	31.50	3.信托贷款			
七、所有者权益	7906	−627	−7.35	4.融资租赁			
其中：实收资本	2483	1323	114.05	5.委托贷款			
八、其他	−5780	13322	−69.74	6.票据融资			
				其中：贴现			
				7.各项垫款			
				（二）境外贷款			
				二、有价证券及投资	20		
				三、应收及预付款	464	−116	−19.92
				其中：应收利息	433	−116	−21.19
				四、同业往来(运用方)	25731	25694	69443.24
				其中：境外同业往来			
				五、行内资金往来(运用方)	58135	4738	8.87
				六、金银占款			
				七、外汇占款			
				八、固定资产	3634	306	9.20
				九、库存现金	3713	−524	−12.36
				十、投资性房地产			
资金来源总计	277234	71246	34.59	资金运用总计	277234	71246	34.59

2-3-123 永德县金融机构人民币信贷运行情况表

二〇一〇年十二月三十一日　　单位：万元

项目名称	期末余额	比年初增减	比年初增减%	项目名称	期末余额	比年初增减	比年初增减%
一、各项存款	212232	63594	42.78	一、各项贷款	120526	27866	30.07
1.企业存款	20593	7929	62.61	（一）境内贷款	120526	27866	30.07
⑴活期存款	20573	8659	72.67	1、短期贷款	26324	-3544	-11.87
⑵定期存款	20	-730	-97.33	⑴个人贷款及透支	8709	2565	44.09
2.财政存款	9794	3071	45.69	其中：个人消费贷款	241	130	117.36
3.机关团体存款	43604	9036	26.14	⑵单位贷款及透支	17614	-6210	-26.06
4.储蓄存款	115650	32793	39.58	其中：经营贷款	17614	-6210	-26.06
⑴活期储蓄	74157	23920	47.61	固定资产贷款			
⑵定期储蓄	41493	8873	27.20	⑶普通并购贷款			
5.农业存款	21160	12874	155.37	⑷银团贷款			
6.信托存款				⑸贸易融资			
7.委托存款	390	390		2.中长期贷款	94202	31410	50.02
8.其他存款	1041	-2499	-70.59	⑴个人贷款	46613	4850	11.61
二、金融债券				其中：个人消费贷款	20502	1077	5.54
三、应付及暂收款	2524	860	51.72	⑵单位贷款	47589	26550	126.30
其中：应付利息	1414	254	21.93	其中：经营贷款	6882	4110	148.27
四、同业往来(来源方)	2	2		固定资产贷款	40707	22450	122.97
其中：境外同业往来				⑶普通并购贷款			
五、行内资金往来(来源方)				⑷银团贷款			
六、各项准备	5127	376	7.90	⑸贸易融资			
其中：贷款损失准备	5127	376	7.90	3.信托贷款			
七、所有者权益	6678	2658	66.10	4.融资租赁			
其中：实收资本	1765	537	43.73	5.委托贷款			
八、其他	-43930	-20105	84.39	6.票据融资			
				其中：贴现			
				7.各项垫款			
				（二）境外贷款			
				二、有价证券及投资	10		
				三、应收及预付款	253	91	55.93
				其中：应收利息	200	38	23.65
				四、同业往来(运用方)	1445	1445	
				其中：境外同业往来			
				五、行内资金往来(运用方)	51763	14347	38.34
				六、金银占款			
				七、外汇占款			
				八、固定资产	3510	1382	64.95
				九、库存现金	5126	2255	78.52
				十、投资性房地产			
资金来源总计	182633	47385	35.04	资金运用总计	182633	47385	35.04

2-3-124 镇康县金融机构人民币信贷运行情况表

二〇一〇年十二月三十一日　　单位：万元

项目名称	期末余额	比年初增减	比年初增减%	项目名称	期末余额	比年初增减	比年初增减%
一、各项存款	200866	19007	10.45	一、各项贷款	101496	14486	16.65
1.企业存款	8556	-1578	-15.57	（一）境内贷款	101496	14486	16.65
(1)活期存款	6504	-1528	-19.03	1、短期贷款	16920	3509	26.16
(2)定期存款	2051	-50	-2.38	(1)个人贷款及透支	3135	915	41.24
2.财政存款	9100	-1774	-16.31	其中：个人消费贷款	45	-8	-14.93
3.机关团体存款	40664	8348	25.83	(2)单位贷款及透支	13785	2593	23.17
4.储蓄存款	100165	2267	2.32	其中：经营贷款	13785	2593	23.17
(1)活期储蓄	66589	1896	2.93	固定资产贷款			
(2)定期储蓄	33576	371	1.12	(3)普通并购贷款			
5.农业存款	42143	12226	40.87	(4)银团贷款			
6.信托存款				(5)贸易融资			
7.委托存款	14	1	7.69	2.中长期贷款	84576	10977	14.91
8.其他存款	224	-483	-68.28	(1)个人贷款	43515	2539	6.20
二、金融债券				其中：个人消费贷款	15316	1754	12.94
三、应付及暂收款	1973	550	38.63	(2)单位贷款	41061	8438	25.87
其中：应付利息	1069	55	5.44	其中：经营贷款	11531	2308	25.02
四、同业往来(来源方)				固定资产贷款	29530	6130	26.20
其中：境外同业往来				(3)普通并购贷款			
五、行内资金往来(来源方)				(4)银团贷款			
六、各项准备	17501	-97	-0.55	(5)贸易融资			
其中：贷款损失准备	17451	-98	-0.56	3.信托贷款			
七、所有者权益	3163	612	24.01	4.融资租赁			
其中：实收资本	1555	-1	-0.06	5.委托贷款			
八、其他	-56498	-32549	135.91	6.票据融资			
				其中：贴现			
				7.各项垫款			
				（二）境外贷款			
				二、有价证券及投资	10		
				三、应收及预付款	248	-48	-16.19
				其中：应收利息	248	-48	-16.19
				四、同业往来(运用方)			
				其中：境外同业往来			
				五、行内资金往来(运用方)	57673	14169	32.57
				六、金银占款			
				七、外汇占款			
				八、固定资产	2972	1085	57.54
				九、库存现金	4606	949	25.95
				十、投资性房地产			
资金来源总计	167005	-12477	-6.95	资金运用总计	167005	30641	22.47

2-3-125 双江县金融机构人民币信贷运行情况表

二〇一〇年十二月三十一日　　　　单位：万元

项目名称（栏目）	期末余额	比年初		项目名称（栏目）	期末余额	比年初	
		增减	增减%			增减	增减%
一、各项存款	160900	41577	34.84	一、各项贷款	63139	5506	9.55
1.企业存款	23833	10035	72.72	（一）境内贷款	63139	5506	9.55
⑴活期存款	23768	10233	75.61	1、短期贷款	21195	−11096	−34.36
⑵定期存款	65	−199	−75.46	⑴个人贷款及透支	6822	−7250	−51.52
2.财政存款	9407	−1065	−10.17	其中：个人消费贷款	138	−492	−78.10
3.机关团体存款	24492	1070	4.57	⑵单位贷款及透支	14373	−3846	−21.11
4.储蓄存款	74458	20187	37.20	其中：经营贷款	14373	−3846	−21.11
⑴活期储蓄	48528	15519	47.02	固定资产贷款			
⑵定期储蓄	25930	4668	21.95	⑶普通并购贷款			
5.农业存款	28380	11098	64.22	⑷银团贷款			
6.信托存款				⑸贸易融资			
7.委托存款	11	6	120.00	2.中长期贷款	41944	16602	65.51
8.其他存款	319	246	338.70	⑴个人贷款	30231	10689	54.70
二、金融债券				其中：个人消费贷款	19176	439	2.34
三、应付及暂收款	1196	387	47.92	⑵单位贷款	11713	5913	101.95
其中：应付利息	580	98	20.30	其中：经营贷款	7128	6328	791.00
四、同业往来(来源方)	13	13		固定资产贷款	4585	−415	−8.30
其中：境外同业往来				⑶普通并购贷款			
五、行内资金往来(来源方)				⑷银团贷款			
六、各项准备	2263	168	8.03	⑸贸易融资			
其中：贷款损失准备	2231	211	10.46	3.信托贷款			
七、所有者权益	4403	1261	40.14	4.融资租赁			
其中：实收资本	1943	996	105.17	5.委托贷款			
八、其他	−15978	3547	−18.17	6.票据融资			
				其中：贴现			
				7.各项垫款			
				（二）境外贷款			
				二、有价证券及投资	10		
				三、应收及预付款	97	39	69.05
				其中：应收利息	69	22	48.67
				四、同业往来(运用方)	9543	7554	
				其中：境外同业往来			
				五、行内资金往来(运用方)	73585	32905	80.88
				六、金银占款			
				七、外汇占款			
				八、固定资产	2332	459	24.53
				九、库存现金	4090	490	13.62
				十、投资性房地产			
资金来源总计	152796	46954	44.36	资金运用总计	152796	46954	44.36

2-3-126 耿马县金融机构人民币信贷运行情况表

二〇一〇年十二月三十一日　　单位：万元

项目名称	期末余额	比年初增减	比年初增减%	项目名称	期末余额	比年初增减	比年初增减%
一、各项存款	274709	68930	33.50	一、各项贷款	101605	23932	30.81
1.企业存款	27336	7549	38.15	（一）境内贷款	101605	23932	30.81
(1)活期存款	27333	7949	41.01	1、短期贷款	21250	-30885	-59.24
(2)定期存款	3	-400	-99.26	(1)个人贷款及透支	8053	-17498	-68.48
2.财政存款	12337	2313	23.07	其中：个人消费贷款	196	-17997	-98.92
3.机关团体存款	21834	4423	25.41	(2)单位贷款及透支	13197	-13387	-50.36
4.储蓄存款	164709	37310	29.29	其中：经营贷款	12707	-13877	-52.20
(1)活期储蓄	108362	31128	40.30	固定资产贷款	490	490	
(2)定期储蓄	56347	6182	12.32	(3)普通并购贷款			
5.农业存款	47526	19108	67.24	(4)银团贷款			
6.信托存款				(5)贸易融资			
7.委托存款	521	-2116	-80.26	2.中长期贷款	80355	54817	214.65
8.其他存款	446	344	335.49	(1)个人贷款	46971	25454	118.29
二、金融债券				其中：个人消费贷款	21507	2937	15.82
三、应付及暂收款	2842	674	31.06	(2)单位贷款	33383	29363	
其中：应付利息	1598	110	7.39	其中：经营贷款	28093	24073	
四、同业往来(来源方)	820	753		固定资产贷款	5290	5290	
其中：境外同业往来				(3)普通并购贷款			
五、行内资金往来(来源方)				(4)银团贷款			
六、各项准备	7729	1932	33.32	(5)贸易融资			
其中：贷款损失准备	7683	1916	33.22	3.信托贷款			
七、所有者权益	5880	-472	-7.43	4.融资租赁			
其中：实收资本	2608	1405	116.79	5.委托贷款			
八、其他	-62279	-21040	51.02	6.票据融资			
				其中：贴现			
				7.各项垫款			
				（二）境外贷款			
				二、有价证券及投资	10		
				三、应收及预付款	236	-71	-23.17
				其中：应收利息	144	-84	-36.80
				四、同业往来(运用方)			
				其中：境外同业往来			
				五、行内资金往来(运用方)	119732	24529	25.77
				六、金银占款			
				七、外汇占款			
				八、固定资产	3473	1079	45.09
				九、库存现金	4647	1307	39.13
				十、投资性房地产			
资金来源总计	229703	50776	28.38	资金运用总计	229703	50776	28.38

2-3-127 沧源县金融机构人民币信贷运行情况表

二〇一〇年十二月三十一日　　单位：万元

栏目 项目名称	期末余额	比年初		栏目 项目名称	期末余额	比年初	
		增减	增减%			增减	增减%
一、各项存款	178245	46294	35.08	一、各项贷款	51330	15296	42.45
1.企业存款	32704	995	3.14	（一）境内贷款	51330	15296	42.45
⑴活期存款	32696	1195	3.79	1、短期贷款	7601	−2726	−26.40
⑵定期存款	8	−200	−96.10	⑴个人贷款及透支	2981	−1535	−33.99
2.财政存款	29413	20241	220.68	其中：个人消费贷款	582	−2056	−77.94
3.机关团体存款	21528	3562	19.82	⑵单位贷款及透支	4619	−1191	−20.50
4.储蓄存款	86226	18110	26.59	其中：经营贷款	4619	−1191	−20.50
⑴活期储蓄	56731	14167	33.28	固定资产贷款			
⑵定期储蓄	29495	3944	15.43	⑶普通并购贷款			
5.农业存款	7670	2943	62.26	⑷银团贷款			
6.信托存款				⑸贸易融资			
7.委托存款				2.中长期贷款	43730	18022	70.11
8.其他存款	704	443	170.09	⑴个人贷款	22461	7681	51.97
二、金融债券				其中：个人消费贷款	13840	3862	38.70
三、应付及暂收款	1072	60	5.90	⑵单位贷款	21269	10341	94.63
其中：应付利息	674	−4	−0.61	其中：经营贷款	13519	2591	23.71
四、同业往来(来源方)		−36	−100.00	固定资产贷款	7750	7750	
其中：境外同业往来				⑶普通并购贷款			
五、行内资金往来(来源方)				⑷银团贷款			
六、各项准备	1292	173	15.47	⑸贸易融资			
其中：贷款损失准备	1291	173	15.49	3.信托贷款			
七、所有者权益	2714	−1294	−32.28	4.融资租赁			
其中：实收资本	776	77	11.02	5.委托贷款			
八、其他	−28702	−12647	78.78	6.票据融资			
				其中：贴现			
				7.各项垫款			
				（二）境外贷款			
				二、有价证券及投资	10		
				三、应收及预付款	222	58	35.32
				其中：应收利息	62	10	19.12
				四、同业往来(运用方)		−66	
				其中：境外同业往来			
				五、行内资金往来(运用方)	98789	17363	21.32
				六、金银占款			
				七、外汇占款			
				八、固定资产	1751	724	70.53
				九、库存现金	2520	−826	−24.68
				十、投资性房地产			
资金来源总计	154622	32549	26.66	资金运用总计	154622	32549	26.66

2-3-128 云南省各县市区各项存款统计表

二〇一〇年十二月三十一日　　单位：亿元

地　区	各项存款	地　区	各项存款	地　区	各项存款
全省合计	13411.49	绥江县	25.12	弥勒县	104.62
昆明市	6739.51	镇雄县	70.75	泸西县	47.36
五华区	4729.76	彝良县	33.88	元阳县	24.02
盘龙区		威信县	25.58	红河县	15.89
官渡区	686.34	水富县	33.21	金平县	22.91
西山区	509.45	**丽江市**	297.61	绿春县	11.77
东川区	65.9	古城区	172.25	河口县	27.30
呈贡县	177.44	玉龙县	16.14	**文山州**	387.36
晋宁县	80.87	永胜县	40.41	文山县	150.71
富民县	33.97	华坪县	46.58	砚山县	37.66
宜良县	85.26	宁蒗县	22.23	西畴县	20.48
石林县	52.28	**普洱市**	363.91	麻栗坡县	30.56
嵩明县	64.58	思茅区	141.81	马关县	40.38
禄劝县	39.48	宁洱县	23.16	丘北县	28.35
寻甸县	45.51	墨江县	30.85	广南县	46.64
安宁市	168.67	景东县	29.20	富宁县	32.58
曲靖市	1016.64	景谷县	29.88	**西双版纳州**	256.88
麒麟区	481.91	镇沅县	21.60	景洪市	167.06
马龙县	24.91	江城县	13.52	勐海县	50.31
陆良县	63.99	孟连县	23.68	勐腊县	39.51
师宗县	43.41	澜沧县	40.28	**大理州**	597.53
罗平县	46.77	西盟县	9.93	大理市	295.04
富源县	105.26	**临沧市**	245.46	漾濞县	11.88
会泽县	62.01	临翔区	89.87	祥云县	54.55
沾益县	50.28	凤庆县	26.39	宾川县	38.35
宣威市	138.10	云县	26.51	弥渡县	28.28
玉溪市	816.01	永德县	21.22	南涧县	18.03
红塔区	473	镇康县	20.09	巍山县	24.27
江川县	54.89	双江县	16.09	永平县	17.01
澄江县	41.17	耿马县	27.47	云龙县	23.82
通海县	69.75	沧源县	17.82	洱源县	27.23
华宁县	29.88	**楚雄州**	437.98	剑川县	20.97
易门县	36.96	楚雄市	199.51	鹤庆县	38.09
峨山县	37.51	双柏县	16.93	**德宏州**	290.49
新平县	45.99	牟定县	18.83	瑞丽市	113.29
元江县	26.86	南华县	22.68	潞西市	100.01
保山市	346.95	姚安县	19.97	梁河县	15.93
隆阳区	142.08	大姚县	28.98	盈江县	38.25
施甸县	27.86	永仁县	15.01	陇川县	23.01
腾冲县	108.65	元谋县	20.46	**怒江州**	91.57
龙陵县	34.69	武定县	27.85	泸水县	44.92
昌宁县	33.68	禄丰县	67.76	福贡县	8.83
昭通市	520.35	**红河州**	884.68	贡山县	7.30
昭阳区	210.34	个旧市	180.68	兰坪县	30.53
鲁甸县	19.02	开远市	105.63	**迪庆州**	118.55
巧家县	26.75	蒙自县	198.96	香格里拉县	83
盐津县	22.83	屏边县	13.41	德钦县	14
大关县	19.80	建水县	82.66	维西县	21
永善县	33.07	石屏县	44.38		

2-3-129 云南省各县市区各项贷款统计表

二〇一〇年十二月三十一日　　　　单位：亿元

地　区	各项贷款	地　区	各项贷款	地　区	各项贷款
全省合计	10568.78	绥江县	7.81	弥勒县	62.27
昆明市	6498.57	镇雄县	35.24	泸西县	29.16
五华区	5259.74	彝良县	9.86	元阳县	8.80
盘龙区		威信县	11.87	红河县	6.51
官渡区	468.82	水富县	45.20	金平县	10.46
西山区	266.3	**丽江市**	193.92	绿春县	6.84
东川区	30.29	古城区	137.65	河口县	12.61
呈贡县	114.74	玉龙县	9.69	**文山州**	271.85
晋宁县	30.97	永胜县	19.33	文山县	139.1
富民县	18.87	华坪县	22.23	砚山县	23.44
宜良县	41.47	宁蒗县	5.02	西畴县	10.41
石林县	48.3	**普洱市**	232.00	麻栗坡县	21.11
嵩明县	34.43	思茅区	118.83	马关县	23.02
禄劝县	27.58	宁洱县	15.32	丘北县	16.31
寻甸县	31.32	墨江县	15.31	广南县	21.78
安宁市	125.74	景东县	16.44	富宁县	16.68
曲靖市	629.93	景谷县	18.30	**西双版纳州**	145.29
麒麟区	283.56	镇沅县	10.91	景洪市	109.00
马龙县	13.91	江城县	10.17	勐海县	20.19
陆良县	36.72	孟连县	9.70	勐腊县	16.10
师宗县	24.34	澜沧县	14.98	**大理州**	389.64
罗平县	30.33	西盟县	2.04	大理市	216.90
富源县	78.71	**临沧市**	168.13	漾濞县	4.71
会泽县	29.10	临翔区	80.89	祥云县	26.03
沾益县	59.21	凤庆县	24.88	宾川县	21.65
宣威市	74.05	云　县	18.56	弥渡县	13.62
玉溪市	465.66	永德县	12.05	南涧县	22.73
红塔区	270.33	镇康县	10.15	巍山县	10.22
江川县	29.21	双江县	6.31	永平县	9.47
澄江县	20.79	耿马县	10.16	云龙县	15.34
通海县	41.75	沧源县	5.13	洱源县	14.96
华宁县	18.37	**楚雄州**	265.22	剑川县	8.37
易门县	21	楚雄市	143.24	鹤庆县	25.64
峨山县	20.56	双柏县	6.00	**德宏州**	162.25
新平县	29.16	牟定县	8.58	瑞丽市	44.80
元江县	14.49	南华县	16.24	潞西市	70.18
保山市	228.7	姚安县	8.33	梁河县	10.20
隆阳区	105.2	大姚县	20.54	盈江县	24.46
施甸县	11.86	永仁县	4.65	陇川县	12.61
腾冲县	71.45	元谋县	8.30	**怒江州**	51.45
龙陵县	22.24	武定县	17.36	泸水县	28.63
昌宁县	17.95	禄丰县	31.98	福贡县	3.87
昭通市	286.34	**红河州**	488.25	贡山县	1.93
昭阳区	118.92	个旧市	99.24	兰坪县	17.01
鲁甸县	14.23	开远市	68.32	**迪庆州**	87.36
巧家县	12.65	蒙自县	118.62	香格里拉县	76
盐津县	8.25	屏边县	5.98	德钦县	5
大关县	9.59	建水县	40.75	维西县	6
永善县	12.71	石屏县	18.67		

2-3-130 云南省各县市区储蓄存款统计表

二〇一〇年十二月三十一日　　单位：亿元

地区	储蓄存款	地区	储蓄存款	地区	储蓄存款
全省合计	5719.55	绥江县	13.72	弥勒县	50.66
昆明市	2341.55	镇雄县	31.81	泸西县	35.39
五华区	1264.96	彝良县	18.20	元阳县	13.05
盘龙区		威信县	15.95	红河县	8.01
官渡区	327.07	水富县	15.46	金平县	12.36
西山区	276.74	丽江市	147.37	绿春县	6.12
东川区	39.88	古城区	68.5	河口县	16.50
呈贡县	109.14	玉龙县	11.06	文山州	204.12
晋宁县	46.55	永胜县	26.32	文山县	71.68
富民县	21.21	华坪县	31.05	砚山县	22.84
宜良县	59.86	宁蒗县	10.44	西畴县	10.82
石林县	26.75	普洱市	182.56	麻栗坡县	16.99
嵩明县	35.77	思茅区	59.31	马关县	24.65
禄劝县	21.58	宁洱县	16.15	丘北县	15.12
寻甸县	27.18	墨江县	16.04	广南县	24.42
安宁市	84.86	景东县	17.39	富宁县	17.6
曲靖市	509.68	景谷县	18.24	西双版纳州	149.67
麒麟区	194.29	镇沅县	13.33	景洪市	90.30
马龙县	14.59	江城县	6.42	勐海县	34.85
陆良县	40.57	孟连县	16.40	勐腊县	24.51
师宗县	25.69	澜沧县	16.11	大理州	322.18
罗平县	28.66	西盟县	3.17	大理市	146.94
富源县	54.85	临沧市	118.92	漾濞县	6.39
会泽县	36.98	临翔区	31.44	祥云县	33.47
沾益县	28.3	凤庆县	15.98	宾川县	23.65
宣威市	85.75	云县	17.37	弥渡县	18.03
玉溪市	374.66	永德县	11.57	南涧县	9.13
红塔区	174.32	镇康县	10.02	巍山县	15.30
江川县	32.15	双江县	7.45	永平县	9.40
澄江县	21.38	耿马县	16.47	云龙县	10.4
通海县	49.01	沧源县	8.62	洱源县	15.50
华宁县	18.87	楚雄州	228.51	剑川县	11.33
易门县	20.71	楚雄市	85.70	鹤庆县	22.65
峨山县	20.21	双柏县	9.38	德宏州	183.20
新平县	23.19	牟定县	12.10	瑞丽市	89.02
元江县	14.82	南华县	13.28	潞西市	47.10
保山市	191.72	姚安县	12.70	梁河县	10.53
隆阳区	71.97	大姚县	17.07	盈江县	24.43
施甸县	15.27	永仁县	7.23	陇川县	12.11
腾冲县	67.79	元谋县	13.65	怒江州	33.85
龙陵县	20.58	武定县	17.17	泸水县	14.40
昌宁县	16.11	禄丰县	40.23	福贡县	2.95
昭通市	234.77	红河州	460.71	贡山县	1.96
昭阳区	71.22	个旧市	103.82	兰坪县	14.54
鲁甸县	9.85	开远市	55.39	迪庆州	36.09
巧家县	14.76	蒙自县	60.30	香格里拉县	24
盐津县	14.30	屏边县	7.64	德钦县	4
大关县	10.08	建水县	60.58	维西县	8
永善县	19.42	石屏县	30.84		

三、金融统计部分指标时间序列表

（一）信贷运行情况主要指标时间序列表（人民币）

3-1-1 云南省信贷运行情况主要指标时间序列表

项目名称	2010-1-31	2010-2-28	2010-3-31	2010-4-30	2010-5-31	2010-6-30	2010-7-31	2010-8-31	2010-9-30	2010-10-31	2010-11-30	2010-12-31
各项存款	114339203	115607786	118584787	121219981	122925134	125676481	127029751	129014403	129486679	130813090	132620584	134114884
一、企业存款	39378993	37989905	39656155	40899680	41439587	41845151	42056149	42497727	41402571	42246253	43050552	44624227
二、财政存款	4428476	4937981	4782802	5426887	5721774	6671063	7101310	7503198	7056787	7334729	6427058	3277718
三、机关团体存款	11159326	10984866	11356715	11249475	11263437	11492451	11497088	11742454	11984332	12217663	12976118	13726565
四、储蓄存款	47481441	49979186	50869771	51230438	51804126	52967512	53367806	53726373	55379653	55301312	55879972	57195525
五、农业存款	6007770	5668505	5651470	5837670	6009962	5829807	6029941	6305553	6335926	6501673	7069547	7549157
六、信托存款												
七、委托存款	355642	384442	488788	663991	681445	611585	619480	692690	514895	432356	407284	385534
八、其他存款	5527555	5662901	5779086	5911839	6004803	6258911	6357977	6546409	6812514	6779104	6810053	7356157
各项贷款	90746617	92493312	93218726	95143253	97028911	97985378	100118915	101026658	102156899	102781345	104697906	105687767
一、境内贷款	90746617	92493312	93218726	95143253	97028911	97985378	100118915	101026658	102156899	102781345	104697906	105642767
（一）短期贷款	25725163	25752674	25904252	26013508	26039111	25552250	25623442	26010170	26329859	26407319	26352704	26711214
1、个人贷款及透支	5772101	5697754	6002319	6061753	6177046	6237100	6241706	6335660	6404964	6413012	6452696	6392102
2、单位贷款及透支	19249490	19282651	19034147	19038655	18913464	18390264	18430450	18693834	18869942	18840650	18751144	19062901
3、普通并购贷款												12012
4、银团贷款	5500	10500	10500	10500	10500	8700	25200	25200	24700	35550	36650	36650
5、贸易融资	698072	761769	857286	902600	938101	916186	926086	955476	1030252	1118106	1112215	1207550
（二）中长期贷款	62879986	64796694	65594995	67325966	69010537	70696597	72909931	73567209	74479166	75042287	76843425	77244671
1、个人贷款	14008582	14616352	15101486	15614792	15958561	16311994	16644413	16867423	17214229	17466563	17840776	18057301
2、单位贷款	48085342	49392282	49679270	50895524	52222327	53508454	55342469	55773245	56337180	56590217	57660129	57789471
3、普通并购贷款	81780	81780	99000	99000	99000	99000	99000	99000	99000	102000	120048	142998
4、银团贷款	584064	586064	595030	596440	610440	656940	703840	707340	708560	763310	882550	919990
5、贸易融资	120219	120216	120209	120209	120209	120209	120209	120201	120197	120197	339922	334912
（三）信托贷款												
（四）融资租赁												
（五）委托贷款				30000	30000	35000	35000	35000	34000	34000	34000	34000
（六）票据融资	2133894	1931685	1702568	1752568	1925242	1677002	1519170	1366782	1245473	1228758	1398106	1598039
（七）各项垫款	7574	12259	16910	21211	24021	24529	31372	47496	68401	68981	69671	54842
二、境外贷款												

3-1-2 昆明市信贷运行情况主要指标时间序列表

项目名称	2010-1-31	2010-2-28	2010-3-31	2010-4-30	2010-5-31	2010-6-30	2010-7-31	2010-8-31	2010-9-30	2010-10-31	2010-11-30	2010-12-31
各项存款	59819623	60803814	62014276	63004358	64795877	66928455	67096742	67744986	67542671	67611727	67927613	67395135
一、企业存款	24638009	24144019	24852169	25636962	26162802	26345182	26164155	26186509	25506111	26191669	26771135	27978999
二、财政存款	2739320	2866032	2963313	2973022	3736706	4750791	4828007	5041184	4723737	4471477	3686624	859324
三、机关团体存款	5459462	5678883	6062015	5941254	5965755	6105411	6102778	6107139	6243062	6246961	6536376	6599509
四、储蓄存款	19641443	20661482	20971932	21002067	21266208	21935151	22046288	22153042	22928728	22702093	22788419	23415460
五、农业存款	2543922	2492788	2310231	2317879	2423302	2405274	2509878	2583141	2474875	2454808	2616259	2569259
六、信托存款												
七、委托存款	337841	367725	472343	642289	651223	589243	594768	660416	462817	379321	353628	329274
八、其他存款	4459627	4592882	4382273	4490885	4589881	4797402	4850869	5013557	5203342	5165399	5175172	5643309
各项贷款	56206728	57226865	56933163	58280855	59512930	59861050	61498170	62101353	62789810	62921770	64204602	64985749
一、境内贷款	56206728	57226865	56933163	58280855	59512930	59861050	61498170	62101353	62789810	62921770	64204602	64940749
（一）短期贷款	13899774	13926190	13850035	13857642	13841942	13406078	13435414	13784955	14089504	14100547	13958357	14422074
1、个人贷款及透支	1340291	1369687	1497693	1505880	1558442	1674798	1639095	1667901	1727187	1745037	1757123	1797010
2、单位贷款及透支	12015589	11979539	11709504	11668917	11569574	11079371	11108004	11393893	11591907	11535509	11445974	11791277
3、普通并购贷款												12012
4、银团贷款	5500	10500	10500	10500	10500	7500	23500	23500	23500	23500	23500	23500
5、贸易融资	538394	566465	632338	672345	703426	644409	664815	699661	746909	796501	731759	798275
（二）中长期贷款	40479235	41696515	41676930	42894994	43999372	45010863	46783091	47163619	47649707	47871018	49167302	49303947
1、个人贷款	6207286	6412881	6589811	6819734	6974213	7105183	7205393	7266285	7342877	7439250	7555705	7639558
2、单位贷款	33588094	34599779	34377628	35364360	36301758	37133330	38766447	39082583	39492909	39558098	40380913	40376376
3、普通并购贷款	81780	81780	99000	99000	99000	99000	99000	99000	99000	102000	120048	142998
4、银团贷款	482064	482064	490480	491890	504390	553340	592240	595740	594910	651660	770900	810290
5、贸易融资	120011	120011	120011	120011	120011	120011	120011	120011	120011	120011	339736	334725
（三）信托贷款												
（四）融资租赁												
（五）委托贷款				30000	30000	35000	35000	35000	34000	34000	34000	34000
（六）票据融资	1826142	1602047	1403588	1495607	1638475	1405559	1234573	1091263	969178	868204	996252	1146865
（七）各项垫款	1577	2113	2611	2612	3141	3549	10092	26517	47421	48001	48691	33863
二、境外贷款												

3-1-3 昭通市信贷运行情况主要指标时间序列表

项目名称	2010-1-31	2010-2-28	2010-3-31	2010-4-30	2010-5-31	2010-6-30	2010-7-31	2010-8-31	2010-9-30	2010-10-31	2010-11-30	2010-12-31
各项存款	4037132	4083226	4168585	4368100	4366675	4392151	4549452	4694728	4741683	4831972	4964777	5203518
一、企业存款	993550	940831	1004613	1046424	1086622	1047113	1147040	1181810	1125751	1130528	1142170	1103594
二、财政存款	183284	223605	215295	293138	252018	293211	312809	348698	325525	381573	322953	369488
三、机关团体存款	421330	389769	418223	420735	420398	416782	419411	457239	507047	511808	563883	621523
四、储蓄存款	1947571	2061475	2065586	2096385	2104259	2154766	2184565	2199955	2245940	2250982	2287817	2347674
五、农业存款	379961	352191	352838	388175	383312	362358	362422	386277	416579	428031	505161	603228
六、信托存款												
七、委托存款	2299	2120	1262	1440	2494	3319	3321	2476	2811	3993	6354	12002
八、其他存款	109137	113234	110767	121802	117571	114603	119885	118273	118031	125057	136439	146008
各项贷款	2224140	2302604	2386531	2457397	2524281	2580901	2622701	2685376	2762260	2788226	2860346	2863358
一、境内贷款	2224140	2302604	2386531	2457397	2524281	2580901	2622701	2685376	2762260	2788226	2860346	2863358
（一）短期贷款	790184	808560	822853	778785	790416	817352	814062	840085	854385	846153	878909	869750
1、个人贷款及透支	302808	305823	322856	297082	296609	291640	288242	283282	277870	265814	261341	250121
2、单位贷款及透支	484176	499538	491296	473003	487306	514812	515420	546403	546116	543139	565868	567929
3、普通并购贷款												
4、银团贷款										300	1300	1300
5、贸易融资	3200	3200	8700	8700	6500	10900	10400	10400	30400	36900	50400	50400
（二）中长期贷款	1427995	1488323	1560694	1675532	1730878	1758993	1803164	1840223	1902864	1936181	1972653	1986910
1、个人贷款	479451	495907	508390	562901	574329	584412	600399	620591	644318	658146	676082	687940
2、单位贷款	948544	992415	1049304	1109631	1152050	1170082	1198265	1215133	1254046	1276535	1295072	1297471
3、普通并购贷款												
4、银团贷款			3000	3000	4500	4500	4500	4500	4500	1500	1500	1500
5、贸易融资												
（三）信托贷款												
（四）融资租赁												
（五）委托贷款												
（六）票据融资	5962	5721	2984	3079	2987	4555	5475	5067	5010	5892	8783	6697
（七）各项垫款												
二、境外贷款												

3-1-4 曲靖市信贷运行情况主要指标时间序列表

项目名称	2010-1-31	2010-2-28	2010-3-31	2010-4-30	2010-5-31	2010-6-30	2010-7-31	2010-8-31	2010-9-30	2010-10-31	2010-11-30	2010-12-31
各项存款	8463803	8541064	8772761	8991790	8979974	9079007	9244378	9498693	9584693	9682019	9806852	10166414
一、企业存款	2728053	2590438	2778603	2800025	2772732	2872644	2910415	3008495	2879588	2951099	2910020	3078919
二、财政存款	163631	219001	162231	326740	280957	281803	346801	375039	369474	395815	374333	385109
三、机关团体存款	524979	495950	471314	498019	495281	477739	480330	486254	520223	522341	571545	609281
四、储蓄存款	4254325	4511203	4578724	4564689	4588696	4658154	4683171	4747966	4924039	4900327	5004683	5096892
五、农业存款	499965	434876	485791	505242	547602	485483	516871	563709	557656	574315	601908	636836
六、信托存款												
七、委托存款	2287	1762	1736	2253	3460	195	3049	9276	13397	10992	11396	10718
八、其他存款	290562	287833	294362	294822	291246	302989	303740	307954	320317	327130	332967	348657
各项贷款	5432599	5560131	5718698	5766052	5837511	5881213	5984647	6020306	6026242	6171435	6242626	6299319
一、境内贷款	5432599	5560131	5718698	5766052	5837511	5881213	5984647	6020306	6026242	6171435	6242626	6299319
（一）短期贷款	1940541	1964137	2059507	2091159	2102762	2116464	2137835	2170151	2141916	2201551	2211941	2217423
1、个人贷款及透支	936246	952173	996918	1007269	1018957	1002276	1014359	1014183	980273	961896	956711	920381
2、单位贷款及透支	957585	963689	1006288	1024617	1018211	1040648	1061559	1078965	1074047	1144938	1144456	1185083
3、普通并购贷款												
4、银团贷款												
5、贸易融资	46709	48275	56302	59273	65594	73540	61917	77003	87595	94717	110773	111958
（二）中长期贷款	3390404	3497459	3577398	3608757	3641970	3673509	3733259	3752435	3798045	3838211	3872717	3890116
1、个人贷款	975341	1028272	1067489	1094143	1120356	1148218	1173833	1206265	1254587	1270967	1311962	1362399
2、单位贷款	2366063	2420187	2463359	2468063	2475064	2481191	2515326	2502070	2501808	2525594	2519105	2488517
3、普通并购贷款												
4、银团贷款	49000	49000	46550	46550	46550	44100	44100	44100	41650	41650	41650	39200
5、贸易融资												
（三）信托贷款												
（四）融资租赁												
（五）委托贷款												
（六）票据融资	101654	98535	81792	66136	92779	91240	113553	97720	86281	131673	157968	191780
（七）各项垫款												
二、境外贷款												

3-1-5 玉溪市信贷运行情况主要指标时间序列表

项 目 名 称	2010-1-31	2010-2-28	2010-3-31	2010-4-30	2010-5-31	2010-6-30	2010-7-31	2010-8-31	2010-9-30	2010-10-31	2010-11-30	2010-12-31
各项存款	7611791	7373455	7606739	7789821	7795770	7830948	7938670	7862504	7960763	7957238	7903815	8160064
一、企业存款	3119273	2830832	2960256	3047337	3045053	3038596	3100768	2923055	2927877	2851942	2790774	2943040
二、财政存款	153552	193485	135126	212550	171055	107816	143648	152013	85766	138934	124970	37361
三、机关团体存款	582186	496056	543175	516611	522015	558502	534340	575773	557751	547966	534972	564886
四、储蓄存款	3180301	3308877	3426659	3414563	3424520	3478391	3478355	3501214	3649263	3637069	3660132	3746560
五、农业存款	416707	389564	395948	440065	457651	451573	469212	473286	464805	517972	532686	606227
六、信托存款												
七、委托存款	3141	4651	3154	5283	6702	4025	3915	6478	8127	13929	13591	8076
八、其他存款	156630	149990	142422	153411	168775	192045	208434	230686	267173	249425	246691	253914
各项贷款	3930897	4024988	4202469	4326690	4414107	4482105	4475254	4457490	4520554	4553351	4668788	4656585
一、境内贷款	3930897	4024988	4202469	4326690	4414107	4482105	4475254	4457490	4520554	4553351	4668788	4656585
（一）短期贷款	1594734	1613470	1638228	1690457	1741140	1725179	1675345	1682163	1713732	1687371	1757908	1742075
1、个人贷款及透支	487353	462777	487960	503455	505474	496885	481033	494214	496750	493159	496090	488946
2、单位贷款及透支	1099163	1121158	1120350	1160484	1208524	1198322	1164745	1181969	1211353	1161261	1225182	1214161
3、普通并购贷款												
4、银团贷款										10550	10550	10550
5、贸易融资	8219	29536	29918	26518	27142	29972	29568	5980	5629	22402	26087	28417
（二）中长期贷款	2280679	2343950	2491586	2572252	2610546	2702279	2740514	2719736	2744400	2801813	2838093	2854495
1、个人贷款	639456	681815	707140	733897	754701	774104	813281	823655	852444	873353	901110	933977
2、单位贷款	1636223	1657135	1779446	1833355	1850845	1923175	1922233	1891081	1882456	1919960	1928484	1912018
3、普通并购贷款												
4、银团贷款	5000	5000	5000	5000	5000	5000	5000	5000	9500	8500	8500	8500
5、贸易融资												
（三）信托贷款												
（四）融资租赁												
（五）委托贷款												
（六）票据融资	54687	66771	72655	63981	62421	54647	59394	55590	62423	64167	72786	60016
（七）各项垫款												
二、境外贷款												

3-1-6 红河州信贷运行情况主要指标时间序列表

项目名称	2010-1-31	2010-2-28	2010-3-31	2010-4-30	2010-5-31	2010-6-30	2010-7-31	2010-8-31	2010-9-30	2010-10-31	2010-11-30	2010-12-31
各项存款	7252409	7333494	7675499	7828601	7870408	7902436	7985156	8146003	8243882	8370835	8524176	8846785
一、企业存款	1836339	1738714	1846688	1851367	1890702	1926889	1860720	1918377	1899505	1902919	1952825	2079425
二、财政存款	198549	237050	212538	283841	254736	262327	354543	372555	371456	441596	349682	318043
三、机关团体存款	776471	793234	747658	736964	731071	725013	762638	762706	737016	747134	848304	966073
四、储蓄存款	3862664	4040982	4120805	4196239	4229902	4267646	4297663	4332422	4458207	4499042	4562024	4607071
五、农业存款	382800	359497	374854	391687	398410	353066	343189	391315	401651	403263	435095	497479
六、信托存款												
七、委托存款	279	342	2768	2380	4277	5223	3831	2676	2684	5549	3998	2260
八、其他存款	195308	163675	370188	366123	361310	362273	362572	365950	373362	371334	372250	376435
各项贷款	4415303	4436579	4517343	4584071	4639639	4702529	4755452	4792465	4845803	4898392	4940814	4882527
一、境内贷款	4415303	4436579	4517343	4584071	4639639	4702529	4755452	4792465	4845803	4898392	4940814	4882527
（一）短期贷款	1844081	1652026	1675395	1626502	1571774	1559451	1576959	1574220	1589986	1597356	1597607	1541451
1、个人贷款及透支	722682	605993	612488	596136	602573	597735	607669	612039	614615	618049	606276	595052
2、单位贷款及透支	1103678	1021298	1034582	999561	945679	928893	932163	922905	936922	936591	943221	895920
3、普通并购贷款												
4、银团贷款						1200	1700	1700	1200	1200	1200	1200
5、贸易融资	17721	24735	28325	30805	23522	31622	35427	37576	37249	41516	46910	49279
（二）中长期贷款	2516559	2729249	2790406	2914868	3015448	3096439	3138852	3177021	3214384	3251840	3307219	3298527
1、个人贷款	861642	1033324	1085672	1146807	1182927	1200953	1224384	1230590	1268864	1288921	1329717	1327715
2、单位贷款	1654916	1695925	1704734	1768061	1832521	1895486	1914469	1946432	1945519	1962919	1977502	1970312
3、普通并购贷款												
4、银团贷款												500
5、贸易融资												
（三）信托贷款												
（四）融资租赁												
（五）委托贷款												
（六）票据融资	54664	55305	51542	42702	52417	46639	39641	41224	41434	49196	35989	42549
（七）各项垫款												
二、境外贷款												

3-1-7 文山州信贷运行情况主要指标时间序列表

项 目 名 称	2010-1-31	2010-2-28	2010-3-31	2010-4-30	2010-5-31	2010-6-30	2010-7-31	2010-8-31	2010-9-30	2010-10-31	2010-11-30	2010-12-31
各项存款	3040713	3109415	3173086	3300007	3266694	3338544	3426811	3506120	3519799	3581021	3733900	3873605
一、企业存款	588339	584233	598258	657269	651446	638987	702334	717208	716189	671578	693953	679527
二、财政存款	101298	123918	111044	158989	110335	105063	144905	155368	137070	172914	158628	141496
三、机关团体存款	493231	439393	434068	435420	431583	465864	439986	479030	491666	511911	562391	654766
四、储蓄存款	1645279	1753199	1800873	1820048	1835733	1887230	1897587	1901434	1932776	1946080	2008758	2041194
五、农业存款	174142	170543	182431	182705	188674	193874	193973	200373	195959	216438	255794	298180
六、信托存款												
七、委托存款	969	750	247	83	2009	311	618	1628	2575	2093	975	3984
八、其他存款	37455	37380	46165	45493	46914	47214	47407	51080	43564	60006	53401	54457
各项贷款	2378323	2414243	2453190	2478508	2490966	2524223	2545870	2588560	2609980	2624991	2638738	2718460
一、境内贷款	2378323	2414243	2453190	2478508	2490966	2524223	2545870	2588560	2609980	2624991	2638738	2718460
（一）短期贷款	450666	441815	437664	437705	429090	433954	428555	427810	431212	429906	441333	458575
1、个人贷款及透支	156062	153549	149057	149530	147292	148173	147044	145750	147005	144201	145637	143500
2、单位贷款及透支	284836	277499	275230	274798	265202	267100	259754	261990	263897	261695	269966	283945
3、普通并购贷款												
4、银团贷款												
5、贸易融资	9767	10767	13377	13377	16597	18681	21758	20070	20310	24010	25730	31130
（二）中长期贷款	1914640	1959342	2001774	2028252	2051099	2079559	2107662	2150345	2167752	2177833	2178981	2235169
1、个人贷款	867938	882111	906160	931305	952921	963998	977506	983746	999941	1008317	1012290	1014930
2、单位贷款	1046701	1077230	1095614	1096948	1098177	1115560	1122156	1158599	1159810	1159515	1156690	1210239
3、普通并购贷款												
4、银团贷款							8000	8000	8000	10000	10000	10000
5、贸易融资												
（三）信托贷款												
（四）融资租赁												
（五）农业贷款												
（六）票据融资	12698	12766	13432	12231	10457	10390	9333	10085	10696	16932	18104	24397
（七）各项垫款	320	320	320	320	320	320	320	320	320	320	320	320
二、境外贷款												

3-1-8 普洱市信贷运行情况主要指标时间序列表

项 目 名 称	2010-1-31	2010-2-28	2010-3-31	2010-4-30	2010-5-31	2010-6-30	2010-7-31	2010-8-31	2010-9-30	2010-10-31	2010-11-30	2010-12-31
各项存款	2780087	2855340	2896842	3047748	3041859	3033822	3176358	3263825	3318472	3402789	3552004	3639065
一、企业存款	497753	489084	504407	541849	570628	555561	604207	656066	628260	620968	681806	686173
二、财政存款	122996	161263	159497	187738	148568	141924	173718	176542	171395	237919	265053	184067
三、机关团体存款	348573	335366	320264	327794	327655	328181	332513	341261	352046	357270	386517	479635
四、储蓄存款	1487385	1566622	1590858	1635911	1654575	1674762	1726182	1729715	1786592	1779225	1797545	1825561
五、农业存款	305935	287751	306836	339710	328162	319798	325184	346946	354420	387653	400277	433024
六、信托存款												
七、委托存款	2443	838	474	2049	1641	1420	3142	2129	11830	5145	3611	5586
八、其他存款	15003	14416	14506	12697	10629	12175	11413	11166	13929	14608	17194	25019
各项贷款	1972029	2006908	2065088	2137138	2162469	2185224	2262115	2300707	2312615	2323538	2361993	2320049
一、境内贷款	1972029	2006908	2065088	2137138	2162469	2185224	2262115	2300707	2312615	2323538	2361993	2320049
（一）短期贷款	634049	636867	666799	698313	693688	651708	697479	713971	716869	736520	749665	707441
1、个人贷款及透支	225659	231029	254345	255741	262165	238832	240850	245801	257254	263838	273769	266853
2、单位贷款及透支	399390	397548	400555	430576	422408	402251	446117	456059	448614	461131	464775	430017
3、普通并购贷款												
4、银团贷款												
5、贸易融资	9000	8290	11899	11995	9115	10625	10511	12111	11001	11551	11121	10571
（二）中长期贷款	1336435	1368681	1395374	1436279	1466529	1530034	1560307	1582638	1592663	1585249	1610969	1612558
1、个人贷款	459722	474341	494581	522202	536442	573300	594696	603059	613380	621773	635924	636870
2、单位贷款	876713	894340	900792	914077	930087	956733	965611	979578	979282	963476	975045	975689
3、普通并购贷款												
4、银团贷款												
5、贸易融资												
（三）信托贷款												
（四）融资租赁												
（五）委托贷款												
（六）票据融资	1545	1360	2916	2546	2252	3483	4329	4098	3083	1769	1359	50
（七）各项垫款												
二、境外贷款												

3-1-9 版纳州信贷运行情况主要指标时间序列表

项目名称	2010-1-31	2010-2-28	2010-3-31	2010-4-30	2010-5-31	2010-6-30	2010-7-31	2010-8-31	2010-9-30	2010-10-31	2010-11-30	2010-12-31
各项存款	2037187	2043258	2101138	2137145	2188890	2205657	2248963	2246599	2279361	2374828	2477094	2568812
一、企业存款	496777	448586	464252	453358	497463	482819	488456	476089	476969	529665	539827	622463
二、财政存款	49926	63106	52574	80606	59077	67850	57183	54968	41273	51896	75443	34116
三、机关团体存款	179142	187186	61151	191897	190311	200083	201812	205394	206877	211727	231978	258846
四、储蓄存款	1176667	1221528	1263378	1292259	1324577	1343770	1369813	1378485	1413751	1441324	1476807	1496695
五、农业存款	94480	87832	81209	79141	80364	75244	84515	85169	92632	94464	104198	104018
六、信托存款												
七、委托存款	1268	1332	3006	1318	1710	640	724	913	678	684	2611	3238
八、其他存款	38927	33688	34188	38568	35388	35251	46461	45580	47180	45069	46230	49435
各项贷款	1218890	1256256	1281256	1304098	1330866	1377754	1395392	1402967	1425005	1438077	1458260	1452936
一、境内贷款	1218890	1256256	1281256	1304098	1330866	1377754	1395392	1402967	1425005	1438077	1458260	1452936
（一）短期贷款	380621	250127	253726	268794	260634	259231	261219	262569	260757	269343	269370	269747
1、个人贷款及透支	193085	71790	76479	77236	79190	78869	79405	80593	82219	83018	81911	82085
2、单位贷款及透支	185246	176046	174958	189268	179154	180072	181523	180586	175739	182675	183309	183522
3、普通并购贷款												
4、银团贷款												
5、贸易融资	2290	2290	2290	2290	2290	290	290	1390	2800	3650	4150	4140
（二）中长期贷款	838031	1005953	1027466	1035058	1069716	1117956	1133523	1139878	1164238	1168609	1188766	1183059
1、个人贷款	330088	470977	485030	488964	496284	499176	509001	516283	529713	539470	554975	557868
2、单位贷款	507943	534976	542436	546094	573432	618781	624522	623595	634525	629139	633791	625191
3、普通并购贷款												
4、银团贷款												
5、贸易融资												
（三）信托贷款												
（四）融资租赁												
（五）委托贷款												
（六）票据融资	237	177	63	246	516	566	650	520	10	125	125	130
（七）各项垫款												
二、境外贷款												

3-1-10 楚雄州信贷运行情况主要指标时间序列表

项目名称	2010-1-31	2010-2-28	2010-3-31	2010-4-30	2010-5-31	2010-6-30	2010-7-31	2010-8-31	2010-9-30	2010-10-31	2010-11-30	2010-12-31
各项存款	3779151	3810562	3885903	3942920	3924670	3966443	4022828	4112011	4124582	4281325	4342500	4379830
一、企业存款	1085950	1029313	1070823	1076795	1064600	1112556	1101123	1164511	1117488	1175720	1183398	1139980
二、财政存款	128329	183459	178743	196355	173411	134398	161395	184843	160503	221758	240534	177618
三、机关团体存款	349768	304186	298262	314964	301007	309520	296209	312927	309921	331505	352593	392246
四、储蓄存款	1908529	2012546	2033442	2050385	2075031	2106571	2130496	2119531	2173301	2203291	2209206	2285118
五、农业存款	257996	231291	249807	252112	256312	245301	266206	264274	286412	275818	284677	313968
六、信托存款												
七、委托存款	1114	1291	1023	1456	3120	2707	2627	2895	3652	3424	3678	2723
八、其他存款	47465	48475	53802	50854	51189	55391	64773	63031	73306	69809	68414	68175
各项贷款	2245523	2270344	2334064	2368336	2403144	2419874	2467747	2507974	2562924	2608885	2623223	2652176
一、境内贷款	2245523	2270344	2334064	2368336	2403144	2419874	2467747	2507974	2562924	2608885	2623223	2652176
（一）短期贷款	751317	684694	667332	673443	685249	658646	678141	695508	711125	728211	730395	727456
1、个人贷款及透支	293174	250055	253282	268351	278923	256471	266419	282400	279492	284642	281454	276829
2、单位贷款及透支	457643	434139	414051	404792	404026	399830	409377	410763	429312	441227	446576	447262
3、普通并购贷款												
4、银团贷款												
5、贸易融资	500	500		300	2300	2345	2345	2345	2322	2342	2365	3365
（二）中长期贷款	1472083	1558812	1635100	1668414	1693326	1739024	1774229	1790300	1825327	1842675	1859038	1895768
1、个人贷款	587274	647921	684705	694690	703314	746888	765521	777174	799217	810643	824940	823369
2、单位贷款	884810	910891	950395	973724	990012	992136	1008708	1013125	1026110	1032033	1034098	1072399
3、普通并购贷款												
4、银团贷款												
5、贸易融资												
（三）信托贷款												
（四）融资租赁												
（五）委托贷款												
（六）票据融资	22122	26837	31632	26480	24568	22204	15378	22167	26471	37998	33790	28953
（七）各项垫款												
二、境外贷款												

3-1-11 大理州信贷运行情况主要指标时间序列表

项目名称	2010-1-31	2010-2-28	2010-3-31	2010-4-30	2010-5-31	2010-6-30	2010-7-31	2010-8-31	2010-9-30	2010-10-31	2010-11-30	2010-12-31
各项存款	4924691	4990272	5171517	5336996	5199775	5309601	5372553	5604241	5638370	5766068	5913981	5975291
一、企业存款	1094677	1016791	1157176	1232290	1095704	1149633	1158352	1268431	1180430	1193485	1224154	1193244
二、财政存款	177970	210610	196717	232139	190180	202744	206098	238064	276598	353162	278430	256479
三、机关团体存款	525660	493387	496123	506142	525848	543426	546850	561088	563337	554551	623483	660323
四、储蓄存款	2672816	2848564	2891142	2916558	2938500	2971593	3004598	3050186	3098732	3124567	3168712	3221770
五、农业存款	346197	314317	327153	341702	343318	333037	348175	369394	391398	420396	493478	512719
六、信托存款												
七、委托存款	1380	752	885	2451	534	711	341	552	692	1070	1424	1857
八、其他存款	105991	105851	102321	105714	105691	108456	108139	116525	127183	118838	124301	128899
各项贷款	3293395	3352728	3382493	3446858	3560814	3624487	3668300	3703892	3782084	3815850	3927274	3896376
一、境内贷款	3293395	3352728	3382493	3446858	3560814	3624487	3668300	3703892	3782084	3815850	3927274	3896376
（一）短期贷款	1469977	1500691	1505852	1545234	1578965	1593732	1597583	1624951	1611870	1610102	1647085	1610326
1、个人贷款及透支	677328	697699	729604	745576	757648	767800	770422	794315	806101	806921	829056	807380
2、单位贷款及透支	790097	798596	771447	791366	812330	816511	819440	820930	795498	795316	811093	797853
3、普通并购贷款												
4、银团贷款											100	100
5、贸易融资	2552	4395	4801	8292	8988	9422	7721	9706	10271	7865	6836	4993
（二）中长期贷款	1787382	1805599	1840489	1863247	1943299	1992811	2033400	2047293	2139288	2176576	2251245	2258840
1、个人贷款	516742	518065	522556	531586	541284	556066	578936	586208	601085	607034	629876	643582
2、单位贷款	1270432	1287329	1317735	1331462	1401817	1436547	1454265	1460893	1538016	1569356	1621183	1615071
3、普通并购贷款												
4、银团贷款												
5、贸易融资	208	205	199	199	199	199	199	191	187	187	187	187
（二）信托贷款												
（四）融资租赁												
（五）委托贷款												
（六）票据融资	31155	37408	22172	20098	17989	17284	16357	10989	10267	8512	8285	6551
（七）各项垫款	4881	9030	13980	18280	20560	20660	20960	20660	20660	20660	20660	20660
二、境外贷款												

3-1-12 保山市信贷运行情况主要指标时间序列表

项目名称	2010-1-31	2010-2-28	2010-3-31	2010-4-30	2010-5-31	2010-6-30	2010-7-31	2010-8-31	2010-9-30	2010-10-31	2010-11-30	2010-12-31
各项存款	2668288	2714824	2827003	3007092	3053699	3122947	3223372	3273842	3277991	3317621	3420737	3469462
一、企业存款	509695	512358	578847	689278	713405	742026	768830	793875	726277	739746	767847	710391
二、财政存款	98258	104105	81891	117445	103720	110293	126060	137006	141176	161087	149875	185371
三、机关团体存款	313458	298698	308079	315799	315308	307265	326606	335789	347882	344902	367364	399349
四、储蓄存款	1567961	1643837	1690780	1707184	1754533	1794519	1816048	1838052	1881493	1880388	1897943	1917215
五、农业存款	138915	127942	137044	138320	134446	132671	146105	135374	146476	155733	198310	204632
六、信托存款												
七、委托存款	230	298	117	113	342	1348	282	126	1814	1488	1997	1974
八、其他存款	39771	27587	30245	38953	31944	34827	39441	33620	32872	34278	37401	50531
各项贷款	1909519	1991902	2089777	2091763	2148098	2182815	2200322	2198672	2211089	2226399	2234194	2286986
一、境内贷款	1909519	1991902	2089777	2091763	2148098	2182815	2200322	2198672	2211089	2226399	2234194	2286986
（一）短期贷款	529734	566364	578761	568207	566654	565319	567726	555742	560534	561326	560470	555246
1、个人贷款及透支	212097	217775	230482	236109	238159	238922	242333	245851	245127	246910	251448	248216
2、单位贷款及透支	295487	326439	319979	305729	303125	299194	298616	283379	291408	290417	284522	282830
3、普通并购贷款												
4、银团贷款												
5、贸易融资	22150	22150	28300	26370	25370	27203	26777	26512	23999	23999	24500	24200
（二）中长期贷款	1378603	1424487	1510029	1522561	1580219	1617361	1631967	1641868	1649500	1663868	1672531	1730049
1、个人贷款	596434	610503	636375	650442	660118	671028	680285	691745	709662	722328	736665	745936
2、单位贷款	782169	813984	873654	872119	920101	946334	951682	950124	939838	941540	935866	984113
3、普通并购贷款												
4、银团贷款												
5、贸易融资												
（三）信托贷款												
（四）融资租赁												
（五）委托贷款												
（六）票据融资	1183	1051	987	995	1225	134	629	1062	1055	1205	1193	1692
（七）各项垫款												
二、境外贷款												

3-1-13 德宏州信贷运行情况主要指标时间序列表

项目名称	2010-1-31	2010-2-28	2010-3-31	2010-4-30	2010-5-31	2010-6-30	2010-7-31	2010-8-31	2010-9-30	2010-10-31	2010-11-30	2010-12-31
各项存款	2154789	2192737	2313198	2482147	2524540	2514792	2527493	2569069	2604770	2702226	2834110	2904898
一、企业存款	337168	335475	319823	399603	420883	381986	393807	408184	388633	427589	471232	413876
二、财政存款	74580	57347	50223	71331	39491	33867	29366	21281	21387	32489	50407	55258
三、机关团体存款	218465	214410	216603	207345	217154	215464	229814	240247	248977	277549	301602	311391
四、储蓄存款	1399976	1474807	1514837	1587734	1617759	1650895	1647460	1660046	1699799	1723441	1752787	1831991
五、农业存款	101179	86728	86936	91366	99599	103903	97504	110886	116872	111412	127133	158936
六、信托存款												
七、委托存款	568	1191	370	761	1791	1203	1851	2008	1972	2647	2887	1913
八、其他存款	22854	22780	124405	124007	127862	127475	127690	126418	127129	127098	128062	131533
各项贷款	1351513	1385689	1417279	1485685	1502388	1496137	1482564	1473987	1492440	1516995	1567153	1622510
一、境内贷款	1351513	1385689	1417279	1485685	1502388	1496137	1482564	1473987	1492440	1516995	1567153	1622510
（一）短期贷款	351142	356548	370188	384734	386455	365054	343284	341172	350010	360149	377716	413021
1、个人贷款及透支	144145	120586	130870	143457	148896	151706	158205	171354	182581	192062	202397	212903
2、单位贷款及透支	201997	230462	233818	237777	233838	208826	180557	167631	164642	165300	168323	189075
3、普通并购贷款												
4、银团贷款												
5、贸易融资	5000	5500	5500	3500	3721	4522	4522	2187	2787	2787	6995	11043
（二）中长期贷款	1000341	1029141	1047091	1100951	1115933	1131083	1139280	1132815	1142430	1156846	1189437	1209359
1、个人贷款	340564	367184	377050	384821	389018	390280	395188	393130	404840	416587	433150	439964
2、单位贷款	659777	661956	670041	716131	726915	740803	744092	739685	737590	740258	756287	769395
3、普通并购贷款												
4、银团贷款												
5、贸易融资												
（三）信托贷款												
（四）融资租赁												
（五）委托贷款												
（六）票据融资	30											
（七）各项垫款												
二、境外贷款												

3-1-14 丽江市信贷运行情况主要指标时间序列表

项 目 名 称	2010-1-31	2010-2-28	2010-3-31	2010-4-30	2010-5-31	2010-6-30	2010-7-31	2010-8-31	2010-9-30	2010-10-31	2010-11-30	2010-12-31
各项存款	2228373	2252956	2384858	2369874	2365043	2421888	2461446	2583093	2638504	2821465	2926998	2976171
一、企业存款	581368	543018	641872	613670	624110	652316	667119	737434	728128	753778	845870	824280
二、财政存款	41798	59584	46374	67065	45805	46993	41289	58576	60088	64903	64317	53937
三、机关团体存款	250169	245320	250006	240877	232170	239039	234933	241594	247035	347434	334257	382169
四、储蓄存款	1196602	1262888	1282022	1284325	1303281	1318106	1347492	1367459	1402430	1430780	1443881	1473745
五、农业存款	122514	110392	127986	129684	123253	126321	132403	143028	166138	184895	197584	194931
六、信托存款												
七、委托存款	194	72	73	79	5	8	2	4	30	206	61	106
八、其他存款	35729	31681	36525	34174	36419	39107	38207	34998	34655	39469	41027	47002
各项贷款												
一、境内贷款	1573226	1659630	1789174	1720134	1751546	1765494	1790546	1822129	1847395	1870732	1880469	1939227
（一）短期贷款	497098	530763	560833	548534	545198	542454	542117	551180	561048	544835	445658	448548
1、个人贷款及透支	99231	99963	108371	112399	115123	118853	125048	128556	133356	134743	134950	137341
2、单位贷款及透支	388866	422500	443163	427835	422575	414381	407849	413224	420522	404192	304608	304108
3、普通并购贷款												
4、银团贷款												
5、贸易融资	9000	8300	9300	8300	7500	9220	9220	9400	7170	5900	6100	7100
（二）中长期贷款	1059260	1109985	1210712	1156680	1193141	1208689	1235801	1255399	1266951	1305296	1412066	1445815
1、个人贷款	428966	442297	459255	473626	488421	504464	518679	528660	540802	548488	564775	568286
2、单位贷款	582294	617688	701457	633054	654720	654224	667122	676739	676148	706808	797291	827529
3、普通并购贷款												
4、银团贷款	48000	50000	50000	50000	50000	50000	50000	50000	50000	50000	50000	50000
5、贸易融资												
（三）信托贷款												
（四）融资租赁												
（五）委托贷款												
（六）票据融资	16868	18881	17628	14920	13207	14351	12628	15549	19397	20601	22745	44864
（七）各项垫款												
二、境外贷款												

3-1-15 怒江州信贷运行情况主要指标时间序列表

项目名称	2010-1-31	2010-2-28	2010-3-31	2010-4-30	2010-5-31	2010-6-30	2010-7-31	2010-8-31	2010-9-30	2010-10-31	2010-11-30	2010-12-31
各项存款	697868	681162	677293	703187	704793	703375	753904	752471	770541	797859	885044	915738
一、企业存款	167931	143311	134292	142461	156545	143642	187702	178143	188888	190271	243312	235057
二、财政存款	55438	69507	70029	80233	69833	76551	78629	76110	70324	78472	91485	57991
三、机关团体存款	143695	133822	130043	135861	135901	137686	137321	146185	149615	165076	174561	207545
四、储蓄存款	276355	282019	286294	288889	293145	300034	301289	302555	309425	308551	318492	338517
五、农业存款	41510	38032	40328	39801	39456	36730	41351	42875	44953	46664	49825	66642
六、信托存款												
七、委托存款	473	688	422	608	549	915	333	645	914	1019	687	635
八、其他存款	12465	13783	15885	15334	9364	7817	7279	5958	6422	7807	6683	9351
各项贷款	422547	426987	429015	437661	458732	483263	492649	492644	498963	501698	506468	514453
一、境内贷款	422547	426987	429015	437661	458732	483263	492649	492644	498963	501698	506468	514453
（一）短期贷款	159318	165791	166410	174596	176773	183485	181993	178243	174449	175654	177267	174668
1、个人贷款及透支	26343	26757	26896	26598	29676	32480	35657	36448	36832	38211	38747	37655
2、单位贷款及透支	118475	124534	125014	133497	127097	126005	121336	116795	112617	112443	113520	112012
3、普通并购贷款												
4、银团贷款												
5、贸易融资	14500	14500	14500	14500	20000	25000	25000	25000	25000	25000	25000	25000
（二）中长期贷款	258353	256369	261428	263066	281958	299778	309375	313121	324514	326045	328200	338785
1、个人贷款	63400	63997	67098	69378	66409	64326	63696	64319	65975	67046	68584	70813
2、单位贷款	194953	192372	194329	193688	215549	235452	245679	248802	258539	258999	259616	267973
3、普通并购贷款												
4、银团贷款												
5、贸易融资												
（三）信托贷款												
（四）融资租赁												
（五）委托贷款												
（六）票据融资	4877	4827	1177				1280	1280			1000	1000
（七）各项垫款												
二、境外贷款												

3-1-16 迪庆州信贷运行情况主要指标时间序列表

项目名称	2010-1-31	2010-2-28	2010-3-31	2010-4-30	2010-5-31	2010-6-30	2010-7-31	2010-8-31	2010-9-30	2010-10-31	2010-11-30	2010-12-31
各项存款	854252	825966	919116	907985	896439	949806	987363	1018653	1057702	1066033	1081379	1185537
一、企业存款	274335	240795	338995	331193	330805	381165	400733	399689	429019	411411	386876	449782
二、财政存款	48845	62439	52534	56629	35636	24247	35451	45139	42186	59475	89719	49375
三、机关团体存款	147819	143352	149782	144097	144881	147723	148650	149563	147900	159590	164059	200855
四、储蓄存款	304997	315410	311866	312278	316064	326278	333118	343556	354369	350094	351775	360885
五、农业存款	67688	57745	57866	56888	63562	63438	61204	72147	74738	75091	81998	120118
六、信托存款												
七、委托存款	1	6	4	104	1	35			282			1
八、其他存款	10567	6218	8068	6796	5491	6922	8207	8560	9207	10371	6951	4521
各项贷款	705616	759667	782655	787694	787618	830304	833667	834976	843331	855003	861417	873596
一、境内贷款	705616	759667	782655	787694	78618	830304	833667	834976	843331	855003	861417	873596
（一）短期贷款	132226	124145	135055	131558	131558	136025	137206	136301	138945	143932	136547	142095
1、个人贷款及透支	26787	16318	17178	17949	19091	19845	28639	29418	30371	31101	35000	34401
2、单位贷款及透支	101539	100130	108680	102912	103171	104483	98167	97535	99225	103482	89198	91345
3、普通并购贷款												
4、银团贷款												
5、贸易融资	3900	7697	9197	10697	9297	11697	10400	9349	9349	9349	12349	16349
（二）中长期贷款	573320	635523	647600	655939	655861	694081	696261	698675	704387	711070	724869	731237
1、个人贷款	123742	134329	134270	137158	139920	144470	140600	144721	146558	149426	149866	148547
2、单位贷款	449578	501194	513330	518781	515941	549611	555661	553954	557829	561644	575003	582690
3、普通并购贷款												
4、银团贷款												
5、贸易融资												
（三）信托贷款												
（四）融资租赁												
（五）委托贷款												
（六）票据融资	70			197	198	199	200					264
（七）各项垫款												
二、境外贷款												

3-1-17 临沧市信贷运行情况主要指标时间序列表

项 目 名 称	2010-1-31	2010-2-28	2010-3-31	2010-4-30	2010-5-31	2010-6-30	2010-7-31	2010-8-31	2010-9-30	2010-10-31	2010-11-30	2010-12-31
各项存款	1989047	1996242	1996975	2002211	1950030	1976608	2014263	2137565	2182894	2247929	2325602	2454559
一、企业存款	429777	402108	405083	379799	356086	374036	400390	479851	483458	503885	445352	485475
二、财政存款	90702	103468	86095	89067	50247	31187	61407	65813	58828	71124	104604	112681
三、机关团体存款	352830	335852	317145	315697	307098	314755	302899	340264	353978	379937	422235	418169
四、储蓄存款	957335	1013746	1040572	1060924	1077343	1099646	1103681	1100758	1120806	1124059	185165	1189176
五、农业存款	133859	127016	134211	143195	142539	141738	131750	137357	150361	154721	185165	228959
六、信托存款												
七、委托存款	1156	623	903	1323	1586	283	677	468	620	796	386	1186
八、其他存款	23387	13429	12967	12205	15131	14963	13460	13055	14843	13406	16869	18913
各项贷款	1460979	1417791	1436532	1470312	1503803	1588006	1643520	1638744	1621985	1645921	1681816	1681358
一、境内贷款	1460979	1417791	1436532	1470312	1503803	1588006	1643520	1638744	1621985	1645921	1681816	1681358
（一）短期贷款	507600	530485	515615	537847	536813	538118	547913	471150	423517	414363	412477	411321
1、个人贷款及透支	113425	115777	107840	118983	118829	121814	117284	103557	107932	103410	100786	93429
2、单位贷款及透支	389005	409538	405235	413523	411243	409564	425213	360807	308124	301334	290552	286563
3、普通并购贷款												
4、银团贷款												
5、贸易融资	5170	5170	2540	5340	6740	6740	5416	6786	7461	9619	21139	31329
（二）中长期贷款	953379	887306	920917	929116	961240	1044138	1089857	1161844	1192718	1229157	1269339	1270037
1、个人贷款	347043	352427	375903	373139	377902	385128	403015	430993	439963	444813	455157	455546
2、单位贷款	606336	534879	545014	555977	583338	659010	686842	730851	752755	784344	814182	814491
3、普通并购贷款												
4、银团贷款												
5、贸易融资												
（三）信托贷款												
（四）融资租赁												
（五）委托贷款												
（六）票据融资				3350	5750	5750	5750	5750	5750	2400		
（七）各项垫款												
二、境外贷款												

（二）贷款按行业分类统计时间序列表（人民币）

3-2-1 云南省贷款按行业分类统计时间序列表

项目名称	2010-1-31	2010-2-28	2010-3-31	2010-4-30	2010-5-31	2010-6-30	2010-7-31	2010-8-31	2010-9-30	2010-10-31	2010-11-30	2010-12-31
贷款总计	88607333	90561627	91516158	93360685	95073669	96273376	98564745	99624876	100877426	101518587	103265800	104055728
A.农、林、牧、渔业	1910521	1967753	1911926	1830354	1735061	1678575	1671858	1772841	1708638	1733965	1735693	1713979
B.采矿业	3166500	3303565	3293899	3321297	3371451	3249845	3392892	3559236	3631725	3633295	3635218	3680279
C.制造业	8354307	8828829	8803238	8873428	9107230	9148633	9306464	9422981	9611337	9644439	9963642	9986315
D.电力、燃气及水的生产和供应业	14935624	14909139	15065447	15172101	15156906	15273763	15235523	15060230	15163831	15182479	15476083	15417367
E.建筑业	2665995	2764278	2884157	2914367	3067057	3135529	3146733	3162917	3281252	3324736	3498079	3477609
F.交通运输、仓储和邮政业	11953855	12265315	11938078	12598590	12973858	13195226	14431655	14649443	14770781	14962790	15170163	15550284
G.信息传输、计算机服务和软件业	326098	331977	364755	372712	371609	376436	313231	314173	313887	313726	349666	385358
H.批发和零售业	3640334	3655136	3830864	3906105	3993214	4122448	4268459	4454361	4642200	4697907	4939720	5098937
I.住宿和餐饮业	280105	276499	280781	289195	299912	307236	315888	328722	327579	320127	327300	337002
J.金融业	307091	261549	512528	612291	400601	237587	246599	236515	238721	233932	167929	167115
K.房地产业	3495795	3714172	3760116	3926111	3905961	3989549	4074696	4156970	4096633	4143775	4231714	4191513
L.租赁和商务服务业	3294757	3373342	3474676	3468752	3766784	3675765	3642550	3694601	3710819	3669728	3584221	3612661
M.科学研究、技术服务和地质勘查业	125447	124202	144146	129221	124968	174053	124051	132911	132406	137258	148343	133397
N.水利、环境和公共设施管理业	11066311	11161371	10656508	10625490	10671726	11265295	11537895	11470383	11605136	11613097	11654896	11744313
O.居民服务和其他服务业	807077	839409	845335	795215	792344	620621	611569	542159	535496	532659	521505	492832
P.教育	1101409	1121785	1155408	1226925	1240603	1267522	1301768	1303441	1327796	1329578	1346367	1402347
Q.卫生、社会保障和社会福利业	445752	455061	465148	478715	489971	521418	531405	537078	539345	548070	568859	561894
R.文化、体育和娱乐业	112920	112770	130712	126423	122699	111047	121397	122134	137298	133104	135722	124198
S.公共管理和社会组织	836752	781368	894631	1016846	1346107	1373735	1403992	1500698	1483353	1484347	1517210	1483925
T.国际组织												
对境外贷款												45000
个人贷款	19780682	20314106	21103805	21676545	22135607	22549094	22886118	23203083	23619193	23879575	24293472	24449403
其中：农户贷款	6897585	7130955	7831771	8295343	8617768	8625980	8798443	8947139	9030753	9143472	9305661	9385373

3-2-2 昆明市贷款按行业分类统计时间序列表

项 目 名 称	2010-1-31	2010-2-28	2010-3-31	2010-4-30	2010-5-31	2010-6-30	2010-7-31	2010-8-31	2010-9-30	2010-10-31	2010-11-30	2010-12-31
贷款总计	54380586	55624817	55529575	56755248	57844455	58420491	60228597	60975090	61786632	62019566	63174350	63804883
A.农、林、牧、渔业	660061	683557	675449	634872	573948	603890	597520	692028	618130	604943	585916	569355
B.采矿业	1638811	1724743	1695444	1691811	1783821	1647669	1776114	1938344	1993058	1982400	1990109	1949636
C.制造业	5043297	5448348	5328589	5328104	5489160	5505855	5592103	5738947	5899340	5836926	6103052	6127125
D.电力、燃气及水的生产和供应业	8814594	8717102	8667096	8730441	8608160	8621223	8494752	8324576	8408564	8411159	8589700	8494090
E.建筑业	1646830	1728753	1743932	1718215	1865841	1890749	1868086	1885904	1914625	1930583	2072749	2032213
F.交通运输、仓储和邮政业	9159515	9426082	9067566	9589086	9792446	9745899	10982802	11161192	11322881	11504641	11717467	12021074
G.信息传输、计算机服务和软件业	277493	281161	316217	322357	321578	327649	264652	266131	268357	270469	302493	339352
H.批发和零售业	2124781	2119603	2292398	2342273	2413245	2521489	2664843	2775589	2885045	2925149	3090725	3213598
I.住宿和餐饮业	113037	111030	110320	108182	115781	123821	122497	121876	126876	125293	125681	127556
J.金融业	298664	252160	437157	537421	324586	161332	171029	160425	162831	163842	163839	163025
K.房地产业	2546661	2748283	2788358	2998520	2991697	3092992	3155520	3257295	3210109	3242603	3326351	3337435
L.租赁和商务服务业	2725939	2778192	2788695	2773482	3143532	3043185	3005779	3075692	3129078	3088020	3015051	3037742
M.科学研究、技术服务和地质勘查业	103895	99515	112148	96923	85131	135616	86060	89560	92460	96160	106480	90156
N.水利、环境和公共设施管理业	9470948	9564693	9095685	9054131	8967051	9497078	9785481	9707354	9819195	9785799	9736768	9863858
O.居民服务和其他服务业	511023	507842	508348	479799	481300	319113	326594	262635	253429	252086	247681	229693
P.教育	878308	890848	916003	983713	999181	1023326	1061339	1063205	1089313	1090716	1108757	1175003
Q.卫生、社会保障和社会福利业	185465	185886	193360	198815	197658	199414	208466	204226	205809	208628	225998	216261
R.文化、体育和娱乐业	80449	80425	95584	90679	88154	76596	79883	79153	83792	80617	84012	82421
S.公共管理和社会组织	553238	494028	609722	750809	1069529	1103614	1140589	1236773	1233674	1235244	1268694	1253722
T.国际组织												
对境外贷款												45000
个人贷款	7547577	7782567	8087505	8325614	8532656	8779981	8844488	8934186	9070065	9184287	9312828	9436568
其中：农户贷款	817323	825813	940035	1051180	1031756	1078700	1106206	1118382	1121606	1127157	1169743	1172145

3-2-3 昭通市贷款按行业分类统计时间序列表

项 目 名 称	2010-1-31	2010-2-28	2010-3-31	2010-4-30	2010-5-31	2010-6-30	2010-7-31	2010-8-31	2010-9-30	2010-10-31	2010-11-30	2010-12-31
贷款总计	2218179	2296883	2383547	2454317	2521294	2576345	2617226	2680309	2757249	2782334	2851562	2856661
A.农、林、牧、渔业	96387	105292	67195	39469	36795	21520	23017	24129	24599	24623	25962	28118
B.采矿业	93095	96395	97855	104102	103825	104473	102778	110919	107303	108814	103885	101508
C.制造业	183359	196514	208880	204750	228786	249644	254377	260454	306983	308029	323796	324954
D.电力、燃气及水的生产和供应业	402130	410202	444146	461932	467810	478093	501210	511478	514633	522518	564573	555917
E.建筑业	188363	188809	204700	221937	217341	222127	229658	229613	230290	228757	223647	227294
F.交通运输、仓储和邮政业	258780	271908	295208	318348	341685	361596	377205	368125	390825	391735	386715	388541
G.信息传输、计算机服务和软件业	2149	2149	2084	2084	1584	1584	1584	1584	1584	1584	1584	900
H.批发和零售业	76021	78190	82104	83655	88582	95684	101405	106372	113151	110342	117093	123158
I.住宿和餐饮业	6413	7011	7958	8453	8451	9885	10834	18884	9942	8440	7780	8111
J.金融业	7	7										
K.房地产业	23344	23106	21946	25296	27536	27165	26153	30200	29728	29688	31069	33017
L.租赁和商务服务业	2065	2086	2047	2047	1977	2977	1833	1127	1827	4997	5200	5140
M.科学研究、技术服务和地质勘查业	2500	5500	5500	5800	6300	6300	5800	5800	2800	2800	2800	3100
N.水利、环境和公共设施管理业	60589	64089	67014	71371	77671	77071	51324	71719	58234	73204	75237	73427
O.居民服务和其他服务业	18975	20570	21825	20075	17431	17679	16929	11573	12223	12723	16073	15567
P.教育	5527	5527	5700	5297	4852	4869	4869	4869	4869	4869	4231	3651
Q.卫生、社会保障和社会福利业	14601	15182	15454	15633	15615	15547	15528	16511	16591	16792	16134	18846
R.文化、体育和娱乐业	135	135	185	85	85	50	50	50	8050	7080	7080	6080
S.公共管理和社会组织	1480	2480	2500	4000	4030	4030	4030	3030	1430	1380	1280	1270
T.国际组织												
对境外贷款												
个人贷款	782259	801730	831246	859984	870938	876052	888642	903873	922187	923960	937423	938061
其中：农户贷款	351122	365287	392844	421492	482038	435813	459106	468155	469416	494163	498893	506168

3-2-4 曲靖市贷款按行业分类统计时间序列表

项目名称	2010-1-31	2010-2-28	2010-3-31	2010-4-30	2010-5-31	2010-6-30	2010-7-31	2010-8-31	2010-9-30	2010-10-31	2010-11-30	2010-12-31
贷款总计	5330945	5461596	5636905	5699916	5744732	5789973	5871094	5922585	5939961	6039762	6084658	6107539
A.农、林、牧、渔业	123066	128312	118218	117209	119846	120588	115918	115190	104391	108235	105336	106700
B.采矿业	230613	255567	270068	278788	277034	288693	302655	297800	297748	275839	288032	300614
C.制造业	984696	975600	995755	1021133	1013167	1029346	1064832	1074113	1080506	1175507	1153934	1182676
D.电力、燃气及水的生产和供应业	660595	672651	692357	684249	690904	702169	706865	711318	712494	724075	734913	736155
E.建筑业	147765	157309	194023	195646	199104	205490	209634	207213	208430	231936	237269	245596
F.交通运输、仓储和邮政业	503145	505539	505459	509759	521859	528122	528422	528422	527114	521991	515427	515363
G.信息传输、计算机服务和软件业	2041	2011	2011	2011	2111	2111	2157	2158	2157	207	2287	2347
H.批发和零售业	234702	237662	240112	242199	244859	243155	244264	251083	264720	268284	276540	284584
I.住宿和餐饮业	12290	12342	13103	16595	16399	15991	16487	16470	16935	17172	18816	17799
J.金融业												
K.房地产业	200355	197699	196270	175601	172717	159321	150614	148513	143799	146353	140253	120483
L.租赁和商务服务业	21909	15699	16049	14969	23369	22219	23269	23309	23406	22549	23149	22949
M.科学研究、技术服务和地质勘查业	582	582	8433	8433	11432	11432	11432	15432	15432	15432	15252	15252
N.水利、环境和公共设施管理业	117588	127745	127470	134490	124441	124385	121362	120727	116458	111609	120060	107846
O.居民服务和其他服务业	38166	41554	40788	40383	34615	32409	31383	34323	33377	34842	33582	32907
P.教育	39880	42480	42872	46406	45226	46229	45476	45726	45726	43416	42986	40766
Q.卫生、社会保障和社会福利业	37164	40410	40529	41629	42049	42505	42820	45677	49275	49120	49667	49565
R.文化、体育和娱乐业	11483	11483	11363	11463	10628	10628	10628	10328	10328	10328	10328	8700
S.公共管理和社会组织	53317	56506	57620	57540	55660	54685	54685	54335	52805	50005	48155	34457
T.国际组织												
对境外贷款												
个人贷款	1911587	1980445	2064406	2101412	2139313	2150494	2188192	2220448	2234861	2232863	2268673	2282781
其中：农户贷款	930647	981893	1096663	1123918	1167379	1143598	1142866	1153615	1140705	1154917	1175173	1189299

3-2-5 玉溪市贷款按行业分类统计时间序列表

项目名称	2010-1-31	2010-2-28	2010-3-31	2010-4-30	2010-5-31	2010-6-30	2010-7-31	2010-8-31	2010-9-30	2010-10-31	2010-11-30	2010-12-31
贷款总计	3876210	3958217	4129814	4262709	4351686	4427458	4415859	4401899	4458132	4489184	4596002	4596570
A.农、林、牧、渔业	38130	37878	38007	40826	36938	38961	38510	40048	42449	47031	48241	47326
B.采矿业	296139	316914	320274	311181	316802	315539	314616	296523	313218	314625	303543	305154
C.制造业	623690	660688	670199	684734	719208	720555	713783	723331	713629	715794	787543	774772
D.电力、燃气及水的生产和供应业	217748	224198	312418	311380	319235	318265	320362	318920	312734	313371	313549	315602
E.建筑业	71375	70515	74231	80765	75181	74204	79394	79979	85637	89794	91491	92652
F.交通运输、仓储和邮政业	347790	350625	344288	355118	380963	416961	416349	420627	420421	408920	413878	407633
G.信息传输、计算机服务和软件业	5850	5850	5850	5850	5865	5785	5315	5375	5775	5275	4875	5575
H.批发和零售业	261863	263583	263051	290088	294514	304826	299468	312946	330932	319981	334545	335891
I.住宿和餐饮业	14538	14546	14746	15436	15366	14978	14976	15025	14724	15317	15298	14947
J.金融业	7950	7912	73900	73400	73670	73910	74210	74710	74510	67510	1510	1510
K.房地产业	147465	145055	133740	132715	132537	132135	134765	104290	105665	129530	133473	133818
L.租赁和商务服务业	142829	145619	150617	129637	106237	102587	101712	99337	99428	98057	95027	89172
M.科学研究、技术服务和地质勘查业	13200	13200	12700	12700	16700	16200	16200	16200	15800	16800	16780	18280
N.水利、环境和公共设施管理业	438032	428308	390843	450739	461973	466398	442410	428418	426140	433560	496687	489436
O.居民服务和其他服务业	22240	27235	27217	28880	33148	31897	24095	22736	24606	24032	19953	20149
P.教育	17614	17614	17596	17915	17916	18085	18373	18745	18548	18483	18436	17920
Q.卫生、社会保障和社会福利业	11196	11688	12839	12791	19183	43174	44466	43818	43849	43721	43463	43303
R.文化、体育和娱乐业	152	152	152	152	644	644	1189	1649	1649	1649	1649	1645
S.公共管理和社会组织	71601	72046	72046	71051	65431	61366	61353	61353	59223	59222	58862	58861
T.国际组织												
对境外贷款												
个人贷款	1126809	1144592	1195100	1237353	1260175	1270989	1294314	1317869	1349194	1366512	1397199	1422924
其中：农户贷款	590074	603937	623939	648193	688672	683486	696903	709020	716811	712604	725159	723443

3-2-6 红河州贷款按行业分类统计时间序列表

项 目 名 称	2010-1-31	2010-2-28	2010-3-31	2010-4-30	2010-5-31	2010-6-30	2010-7-31	2010-8-31	2010-9-30	2010-10-31	2010-11-30	2010-12-31
贷款总计	4360639	4381275	4465801	4541369	4587222	4655890	4715812	4751241	4804369	4849196	4904826	4839978
A.农、林、牧、渔业	169694	175399	172833	157468	146349	99094	101539	101758	98572	99028	101400	100585
B.采矿业	425271	402999	404709	410075	369933	364024	353852	372105	374470	396203	397067	399349
C.制造业	401049	370607	394576	401526	421094	417310	454122	450481	461922	465180	453786	410683
D.电力、燃气及水的生产和供应业	707798	706659	704110	695962	702862	704213	696797	686144	679781	679120	690883	700747
E.建筑业	104139	112394	122963	148387	149169	186523	189651	186729	188169	187402	204236	189974
F.交通运输、仓储和邮政业	398242	417762	410872	431457	465073	517654	516612	528434	529650	531802	529553	544334
G.信息传输、计算机服务和软件业	5354	5354	5095	5099	5424	5443	5443	5424	5424	5424	5424	5424
H.批发和零售业	119766	124022	123382	122368	123117	125182	127125	138440	142803	149084	151157	152323
I.住宿和餐饮业	19529	11064	10116	12446	14977	17995	20695	20642	20204	12755	13100	13805
J.金融业	470	470	470	470	555	555	470	490	490	490	490	490
K.房地产业	87421	76687	79056	62646	58020	68475	69145	67830	69594	63365	74973	67356
L.租赁和商务服务业	99405	101570	99430	120450	142130	143873	141460	142059	143028	138254	133821	126707
M.科学研究、技术服务和地质勘查业					40	140	135	130	125	127	92	70
N.水利、环境和公共设施管理业	149156	144656	147372	144102	117851	118440	118471	118281	117778	117791	121484	116231
O.居民服务和其他服务业	14431	14531	14419	7734	7142	8692	8245	8632	9766	12064	9218	9013
P.教育	37235	37355	36955	36955	36896	36935	36935	36518	36018	35920	33922	33294
Q.卫生、社会保障和社会福利业	31957	34257	34215	34215	33862	34824	35148	36637	35836	37005	37021	35815
R.文化、体育和娱乐业	340	340	1235	1235	1236	1837	1922	1920	1873	1834	1828	1634
S.公共管理和社会组织	5833	5833	5833	5833	5993	5993	5993	5960	5388	9378	9378	9378
T.国际组织												
对境外贷款												
个人贷款	1583550	1639317	1698160	1742943	1785500	1798689	1832052	1842629	1883479	1906971	1935993	1922767
其中：农户贷款	752683	845742	914298	949685	989822	993212	1006686	1009061	1028816	1031270	1046952	1049290

3-2-7 文山州贷款按行业分类统计时间序列表

项目名称	2010-1-31	2010-2-28	2010-3-31	2010-4-30	2010-5-31	2010-6-30	2010-7-31	2010-8-31	2010-9-30	2010-10-31	2010-11-30	2010-12-31
贷款总计	2365625	2401477	2439758	2466277	2480509	2513833	2536537	2578475	2599284	2608058	2620634	2694064
A.农、林、牧、渔业	67025	71605	72630	73563	67633	67386	63462	58340	62463	62623	66499	69825
B.采矿业	123054	120387	117632	120709	122651	117702	130038	129250	128790	127910	128510	192305
C.制造业	118038	120338	127003	128258	132637	132804	133136	136157	137552	137817	139842	137798
D.电力、燃气及水的生产和供应业	513299	516302	539895	536620	525950	525884	523682	529286	529971	530651	528541	522117
E.建筑业	53962	59699	55565	56365	56941	56236	56690	57752	59122	60422	59207	57689
F.交通运输、仓储和邮政业	133030	130780	136780	142890	146830	159440	156840	178816	177916	178046	177946	192829
G.信息传输、计算机服务和软件业	5711	5711	5711	5211	5211	5211	5701	4501	4101	4391	3911	3521
H.批发和零售业	104782	103759	103335	101168	99975	106903	106242	116103	117119	118741	136067	136751
I.住宿和餐饮业	11522	11912	11654	11654	11704	11704	11475	11475	11635	11633	1723	1712
J.金融业												
K.房地产业	73172	82872	76668	73880	70808	69781	68467	71092	69602	69358	67209	70579
L.租赁和商务服务业	6020	5822	7398	7408	7208	7058	7159	7409	7709	7709	7909	7659
M.科学研究、技术服务和地质勘查业	3800	3800	3800	3800	3800	2800	2800	3150	3150	3150	3150	2700
N.水利、环境和公共设施管理业	75273	80173	77173	77173	82705	94240	102830	102410	99410	98610	98445	97335
O.居民服务和其他服务业	13710	13438	12368	10322	9219	6925	5576	6126	6496	6496	6496	6641
P.教育	11667	11667	11967	11967	13037	13395	13395	13075	13332	13082	12552	11694
Q.卫生、社会保障和社会福利业	20014	19996	19708	19200	18962	20334	20036	19578	19510	20442	20226	20100
R.文化、体育和娱乐业	70	70	70	70	40	40	640	640	640	640	640	640
S.公共管理和社会组织	7475	7484	5184	5184	4984	3819	3819	3819	3819	3819	3833	3738
T.国际组织												
对境外贷款												
个人贷款	1024001	1035660	1055217	1080835	1100213	1112171	1124549	1129495	1146947	1152518	1157927	1158430
其中：农户贷款	428697	430653	443504	458566	524358	514346	531343	526732	527795	540708	537701	560558

3-2-8 普洱市贷款按行业分类统计时间序列表

项目名称	2010-1-31	2010-2-28	2010-3-31	2010-4-30	2010-5-31	2010-6-30	2010-7-31	2010-8-31	2010-9-30	2010-10-31	2010-11-30	2010-12-31
贷款总计	1970484	2005548	2062173	2134592	2160217	2181741	2257786	2296609	2309531	2321768	2360634	2319999
A.农、林、牧、渔业	209621	207149	210315	212881	211059	211301	217421	218628	220213	229664	232940	235807
B.采矿业	45855	40495	42685	47355	41175	41960	43115	42495	43195	47195	46570	42925
C.制造业	84933	80065	84633	80997	83867	89944	92704	89273	89220	97018	98017	100237
D.电力、燃气及水的生产和供应业	581001	585616	589402	614759	617060	618017	628302	631421	620699	601555	603354	605060
E.建筑业	108521	109034	110099	108560	107966	107159	109305	107630	107512	108452	120018	122648
F.交通运输、仓储和邮政业	68480	78620	79623	93708	100608	109208	110418	114788	113618	114384	121385	122110
G.信息传输、计算机服务和软件业	1524	1864	1864	1934	1964	1964	1794	1794	1794	1794	1620	1140
H.批发和零售业	67937	69811	71489	71982	72834	73016	72358	85532	88260	82757	82021	86246
I.住宿和餐饮业	5771	6630	5089	5078	6130	5807	6896	6896	6746	5246	5206	4879
J.金融业												
K.房地产业	39596	45866	44449	44299	42389	40739	67355	70380	70369	71254	68394	29204
L.租赁和商务服务业	4308	4508	7020	7120	7400	7725	8600	10938	10230	9190	5590	5430
M.科学研究、技术服务和地质勘查业		135	135	135	135	135	135					
N.水利、环境和公共设施管理业	25345	27805	24630	25080	25545	18815	17970	22770	22525	22770	27918	26943
O.居民服务和其他服务业	16169	15320	14354	14615	15698	15746	16565	15491	15795	16232	9525	10083
P.教育	4127	4527	4535	4497	4237	3725	3785	3785	3140	3177	3177	3157
Q.卫生、社会保障和社会福利业	20441	21431	21671	22396	22336	23861	20099	20487	20485	20374	20376	19843
R.文化、体育和娱乐业	1126	1232	1232	1232	1187	467	5396	5420	5080	5080	4814	549
S.公共管理和社会组织	349	70	21	21	21	21	22	22	16	16	16	16
T.国际组织												
对境外贷款												
个人贷款	685381	705370	748926	777943	798607	812132	835546	848860	870634	885610	909692	903723
其中：农户贷款	375447	386080	408073	449468	468049	475299	503247	508546	521317	520470	531783	524404

3-2-9 版纳州贷款按行业分类统计时间序列表

项目名称	2010-1-31	2010-2-28	2010-3-31	2010-4-30	2010-5-31	2010-6-30	2010-7-31	2010-8-31	2010-9-30	2010-10-31	2010-11-30	2010-12-31
贷款总计	1218652	1256079	1281193	1303852	1330350	1377188	1394742	1402447	1424995	1437952	1458135	1452806
A.农、林、牧、渔业	62703	57605	58791	58932	60464	60368	59395	70872	58137	56172	68552	54350
B.采矿业	24800	25550	25550	33550	35550	35545	34545	40545	42526	43026	43526	44026
C.制造业	33923	38873	39053	39653	37973	28393	23643	21733	18733	22045	23622	21357
D.电力、燃气及水的生产和供应业	353335	353335	352395	367805	366285	411279	422227	415824	421319	421795	414486	419006
E.建筑业	15478	15268	15418	15418	15418	14998	15770	15695	15395	16544	17018	16517
F.交通运输、仓储和邮政业	20460	25960	25460	25060	25060	24960	21235	21235	22035	21485	22185	23185
G.信息传输、计算机服务和软件业	350	350	350	350	350	350	350	350	350	350	350	
H.批发和零售业	41249	42783	41614	41843	41924	43573	45240	46735	50493	53529	54675	57265
I.住宿和餐饮业	4330	4830	4830	4820	6080	5970	6070	5691	6427	6602	6597	6592
J.金融业							600	600	600	600	600	600
K.房地产业	39705	39755	47340	41990	40450	39950	46185	44955	44255	42535	42320	35740
L.租赁和商务服务业	22115	32050	31550	31550	34949	40449	40150	33150	45640	43640	40140	46238
M.科学研究、技术服务和地质勘查业												
N.水利、环境和公共设施管理业	47399	47399	47199	46699	42600	42608	43609	35009	40509	41004	35479	41483
O.居民服务和其他服务业	14884	14463	15279	15279	14529	11448	8220	10220	7720	7221	10221	8070
P.教育	6550	6550	6550	6550	6400	12400	12400	12400	12400	12400	12400	12400
Q.卫生、社会保障和社会福利业	7826	7812	7575	7566	7557	7565	7531	7392	7360	7304	7268	7262
R.文化、体育和娱乐业	397	397	397	397	397	397	397	397	397	397	2	2
S.公共管理和社会组织	333	333	333	190	18890	18890	18768	22768	18767	18815	21809	18760
T.国际组织												
对境外贷款												
个人贷款	522816	542767	561509	566200	575474	578045	588407	596876	611932	622487	636885	639953
其中：农户贷款	342330	353729	369714	380366	384238	381669	383937	385818	386727	389054	397954	395720

3-2-10 楚雄州贷款按行业分类统计时间序列表

项目名称	2010-1-31	2010-2-28	2010-3-31	2010-4-30	2010-5-31	2010-6-30	2010-7-31	2010-8-31	2010-9-30	2010-10-31	2010-11-30	2010-12-31
贷款总计	2223400	2243507	2302432	2341857	2378576	2397669	2452370	2485807	2536453	2570886	2589433	2623224
A.农、林、牧、渔业	212426	220947	220042	223917	218818	192788	196570	193771	198297	199173	202008	200862
B.采矿业	65770	62289	61849	65624	65853	70174	67411	63712	61224	66671	64465	65863
C.制造业	145403	146195	147182	153239	157290	167280	181169	185940	191483	195573	197175	197141
D.电力、燃气及水的生产和供应业	108684	110497	113581	114711	114111	120304	122974	123399	143869	144364	140564	140394
E.建筑业	26085	26212	33622	32098	38130	38631	39684	38521	39492	38958	38502	36847
F.交通运输、仓储和邮政业	352913	354448	356283	362913	365059	366156	362656	367596	368596	367346	368318	421345
G.信息传输、计算机服务和软件业	9550	11055	9055	11054	11054	11004	11020	11020	11020	8020	11020	11020
H.批发和零售业	102637	106255	112145	107635	113829	113334	107926	108740	107958	110940	110693	111261
I.住宿和餐饮业	4163	5668	6619	6619	8687	8693	8678	8668	8668	10008	10508	10450
J.金融业												
K.房地产业	47615	46145	48225	46155	41425	44875	41175	43175	44830	50152	53232	54252
L.租赁和商务服务业	47826	48331	48320	48620	48930	49573	49351	49321	48191	48391	48151	48151
M.科学研究、技术服务和地质勘查业	200	200	200	200	200	200	200	200	200	350	1350	1550
N.水利、环境和公共设施管理业	150671	138772	136522	132572	137382	141624	161644	161774	161774	162383	161574	150852
O.居民服务和其他服务业	3244	3498	3238	2468	4685	5291	5759	5169	5119	5119	4869	5419
P.教育	39758	39012	41562	41845	41665	37374	35331	35731	34731	34246	36706	34599
Q.卫生、社会保障和社会福利业	26006	25501	25997	28143	28129	25405	26480	27096	26892	28508	28504	28629
R.文化、体育和娱乐业		505	4	1004	1084	1126	1923	1923	4923	4923	4923	3923
S.公共管理和社会组织	2				9	480	479	478	478	478	478	469
T.国际组织												
对境外贷款												
个人贷款	880448	897977	937986	963041	982237	1003358	1031940	1059574	1078709	1095285	1106393	1100197
其中：农户贷款	419816	421738	476888	525738	528983	533574	554385	572829	585680	585479	588192	588518

3-2-11 大理州贷款按行业分类统计时间序列表

项 目 名 称	2010-1-31	2010-2-28	2010-3-31	2010-4-30	2010-5-31	2010-6-30	2010-7-31	2010-8-31	2010-9-30	2010-10-31	2010-11-30	2010-12-31
贷款总计	3262240	3315320	3360321	3426761	3542824	3607203	3651943	3692903	3771817	3807338	3918989	3889825
A.农、林、牧、渔业	66457	61989	58043	51509	53558	55218	61836	59504	77032	82965	81191	81258
B.采矿业	12175	12495	11859	14549	12764	12509	12474	12024	12444	14723	14523	14523
C.制造业	232250	230980	232414	246943	234205	232625	235463	237116	237697	233158	234914	233518
D.电力、燃气及水的生产和供应业	530871	531753	524529	520549	593776	601244	614121	615589	646970	650845	696776	693379
E.建筑业	139229	138679	143201	144021	149031	145468	145094	153099	154410	156860	156834	150750
F.交通运输、仓储和邮政业	289545	289977	289384	287758	312449	352359	347349	346573	348223	364139	360513	360313
G.信息传输、计算机服务和软件业	5626	5776	5526	5776	5686	5886	5886	5936	5436	6042	5936	5936
H.批发和零售业	149064	149474	150153	158562	157151	155191	159951	167601	168952	172378	184387	182742
I.住宿和餐饮业	30472	32973	32703	34689	33237	34452	38395	38721	40921	42413	41903	41805
J.金融业										1200	1200	1200
K.房地产业	136410	147560	154820	162320	161790	152890	151340	153340	146540	139690	137760	143710
L.租赁和商务服务业	132032	148602	153500	165928	146177	148868	149800	139194	92609	96859	95881	95791
M.科学研究、技术服务和地质勘查业	600	600	600	600	600	600	600	550	550	550	550	550
N.水利、环境和公共设施管理业	154358	155704	155910	159900	185390	185362	187461	192581	230933	228018	243445	236364
O.居民服务和其他服务业	48170	45936	47191	47362	46099	45930	46769	47512	66194	66842	64709	59779
P.教育	37628	43108	43628	44123	43787	43782	44780	44774	44749	44409	44413	43338
Q.卫生、社会保障和社会福利业	26590	27570	28278	31886	35408	38405	40323	40363	38354	38714	42845	43024
R.文化、体育和娱乐业	2200	2200	2400	2100	2100	2100	900	900	300	300	300	300
S.公共管理和社会组织	74493	74180	74022	71024	70685	70448	60044	57005	52320	53280	51980	50585
T.国际组织												
对境外贷款												
个人贷款	1194070	1215764	1252160	1277162	1298932	1323866	1349358	1380523	1407186	1413955	1458932	1450962
其中：农户贷款	708994	723720	870153	926743	948168	959667	980224	997980	1008531	1032959	1057976	1067080

3-2-12 保山市贷款按行业分类统计时间序列表

项目名称	2010-1-31	2010-2-28	2010-3-31	2010-4-30	2010-5-31	2010-6-30	2010-7-31	2010-8-31	2010-9-30	2010-10-31	2010-11-30	2010-12-31
贷款总计	1908336	1990852	2088790	2090768	2146873	2182680	2199692	2197610	2210034	2225194	2233000	2285295
A.农、林、牧、渔业	44793	52011	54775	55318	44540	44517	46098	44869	46592	47422	44756	43925
B.采矿业	50595	53112	56009	45894	46903	50293	54543	54933	52763	52763	50763	49822
C.制造业	143658	152337	160066	160010	163447	166157	169567	161761	161495	158857	153715	161121
D.电力、燃气及水的生产和供应业	449573	490613	490743	487883	495113	493212	481463	478783	478141	478141	473199	469231
E.建筑业	61012	60210	88242	88215	86113	90312	105313	101893	103320	103294	103021	132235
F.交通运输、仓储和邮政业	102132	103453	107784	107667	111713	128467	128467	125388	122387	122387	122287	120571
G.信息传输、计算机服务和软件业	685	685	987	985	785	285	285	160	217	517	517	517
H.批发和零售业	79567	83110	82609	80179	79850	80335	78568	78112	77441	79419	83821	84268
I.住宿和餐饮业	11260	11260	15187	14897	13353	8952	8953	8953	8253	8253	7653	8413
J.金融业		1000	1000	1000	1790	1790	290	290	290	290	290	290
K.房地产业	53700	52698	52148	50048	45338	45248	44548	44548	44451	47405	45858	46315
L.租赁和商务服务业	10430	10050	10200	9910	10220	14620	14620	14320	13370	13360	14760	21560
M.科学研究、技术服务和地质勘查业								1200	1200	1200	1200	1200
N.水利、环境和公共设施管理业	46357	46367	56075	56075	100204	99992	98693	98093	97143	95143	96213	105699
O.居民服务和其他服务业	3648	3638	4028	4028	5163	5163	5128	5128	5668	5817	5817	5130
P.教育	9505	9495	9495	9495	9472	9426	6886	6886	6826	6726	6656	6656
Q.卫生、社会保障和社会福利业	30555	30555	30817	30817	33663	33063	32753	33844	34844	34118	33618	33448
R.文化、体育和娱乐业	1484	1127	1127	1127	259	259	259	214	214	214	114	114
S.公共管理和社会组织	853	853	640	670	670	640	640	640	630	630	630	627
T.国际组织												
对境外贷款												
个人贷款	808530	828279	866857	886551	898277	909950	922618	937595	954789	969238	988113	994152
其中：农户贷款	466670	476356	503848	510740	514498	517022	523997	528881	541155	548924	560588	580384

3-2-13 德宏州贷款按行业分类统计时间序列表

项目名称	2010-1-31	2010-2-28	2010-3-31	2010-4-30	2010-5-31	2010-6-30	2010-7-31	2010-8-31	2010-9-30	2010-10-31	2010-11-30	2010-12-31
贷款总计	1351483	1385689	1417279	1485685	1502388	1496137	1482564	1473987	1492440	1516995	1567153	1622380
A.农、林、牧、渔业	14292	17293	14515	14080	14097	13470	13059	13672	12579	22534	25533	34630
B.采矿业	3049	3049	3049	3049	2990	2990	2990	2990	2990	2990	2690	2690
C.制造业	102574	125857	133293	137863	136372	119910	94892	81984	67478	58130	56144	73979
D.电力、燃气及水的生产和供应业	581432	582515	590070	589029	587577	570177	568792	563086	558919	539849	536174	538005
E.建筑业	10445	7700	7259	10842	11250	10401	8637	7690	81747	80717	81507	81707
F.交通运输、仓储和邮政业	49350	50270	50770	96270	106950	133950	133950	133950	59350	69350	67350	67350
G.信息传输、计算机服务和软件业	350	600	600	600	600	600	600	600	550	550	550	550
H.批发和零售业	72333	76916	75680	72960	71154	69971	69547	70924	88460	101420	112369	117023
I.住宿和餐饮业	3209	3089	3045	2842	2578	1625	1621	1418	1495	1491	17938	23684
J.金融业												
K.房地产业	14420	14420	16070	14470	14470	13400	16000	14000	11600	11600	11520	13720
L.租赁和商务服务业	2833	2868	2873	2513	2424	3139	3494	3559	3723	3422	3452	3411
M.科学研究、技术服务和地质勘查业												
N.水利、环境和公共设施管理业	9983	10283	10211	10311	9800	9776	9774	9761	9653	9424	9024	5472
O.居民服务和其他服务业	780	780	342	423	853	903	1220	1168	1540	1422	1422	1397
P.教育			3	3	3	3	223	220	303	303	303	303
Q.卫生、社会保障和社会福利业	570	1216	1210	1784	1722	2202	2712	3038	3024	3535	4005	4014
R.文化、体育和娱乐业	124	154	303	304	304	304	304	144	256	256	256	256
S.公共管理和社会组织	1030	910	65	65	1330	1330	1355	1300	1354	1354	1371	1322
T.国际组织												
对境外贷款												
个人贷款	484709	487771	507921	528278	537914	541986	553393	564483	587421	608649	635547	652868
其中：农户贷款												

3-2-14 丽江市贷款按行业分类统计时间序列表

项目名称	2010-1-31	2010-2-28	2010-3-31	2010-4-30	2010-5-31	2010-6-30	2010-7-31	2010-8-31	2010-9-30	2010-10-31	2010-11-30	2010-12-31
贷款总计	1556358	1640749	1771545	1705214	1738339	1751143	1777918	1806579	1827999	1850131	1857724	1894363
A.农、林、牧、渔业	31445	33095	33044	32156	30397	30047	21092	21177	23677	24610	25722	29800
B.采矿业	21064	18564	18611	22609	19111	21056	21654	21704	22254	20394	19794	20544
C.制造业	32836	34517	34306	30592	33183	31466	38123	39124	35754	35737	35337	32054
D.电力、燃气及水的生产和供应业	333009	399816	420551	419460	420060	425443	427105	425375	424291	439661	434543	457528
E.建筑业	38380	38457	38432	37416	36923	35210	31307	33084	34001	33388	33906	33282
F.交通运输、仓储和邮政业	22464	21464	21464	20964	20964	20464	18970	19310	33570	33570	27900	23900
G.信息传输、计算机服务和软件业	3316	3313	3309	3306	3302	2468	2385	3081	3058	3044	3040	3017
H.批发和零售业	107209	103826	104666	104521	104839	101845	102983	106017	111468	110617	106226	108899
I.住宿和餐饮业	21213	21302	22472	24789	24559	24759	24281	23341	23741	25262	25262	25822
J.金融业												
K.房地产业	49750	57850	64850	61525	64725	61875	62115	66250	64900	60250	61450	67600
L.租赁和商务服务业	31929	32729	102889	102179	32592	31242	34262	34126	33196	32696	33305	40205
M.科学研究、技术服务和地质勘查业	520	520	480	480	480	480	539	539	539	539	539	539
N.水利、环境和公共设施管理业	220826	221106	221106	161276	246176	244676	251276	247376	251656	259396	259016	253406
O.居民服务和其他服务业	54439	53589	57319	47569	47318	45318	41581	49941	32738	26938	31213	31633
P.教育	4233	4233	4233	3880	3680	3660	3660	3660	3580	7580	7580	6580
Q.卫生、社会保障和社会福利业	12897	12877	12857	13237	13256	14696	14656	15056	14815	15315	15274	17855
R.文化、体育和娱乐业	14700	13300	15400	15300	15300	15190	16573	17573	17973	17973	17963	16143
S.公共管理和社会组织	27930	27930	27930	17930	17930	17930	.21630	22630	22630	19930	19930	19930
T.国际组织												
对境外贷款												
个人贷款	528197	542261	567625	586025	603543	623318	643727	657216	674158	683231	699725	705627
其中：农户贷款	216273	218963	229933	238444	246402	246624	250255	278105	285630	289810	292534	294224

3-2-15 怒江州贷款按行业分类统计时间序列表

项目名称	2010-1-31	2010-2-28	2010-3-31	2010-4-30	2010-5-31	2010-6-30	2010-7-31	2010-8-31	2010-9-30	2010-10-31	2010-11-30	2010-12-31
贷款总计	417670	422160	427838	437661	458732	483263	491369	491364	498963	501698	505468	513453
A.农、林、牧、渔业	8708	8130	8590	7289	7645	7605	7206	7195	6934	6834	6834	6725
B.采矿业	97670	104670	105220	105700	106753	111633	111633	107633	111633	111633	111633	112613
C.制造业	641	1001	601	1401	2604	2394	2733	2631	2630	3566	3805	3693
D.电力、燃气及水的生产和供应业	124069	124169	125319	135799	137720	140229	145475	148355	149626	150076	150583	154903
E.建筑业	24235	21179	19379	18879	19777	19777	19777	19497	19520	19220	19420	19400
F.交通运输、仓储和邮政业	24632	24671	24571	22506	38903	54913	54913	54913	54893	53593	53546	53546
G.信息传输、计算机服务和软件业	34	34	31	31	31	31	31	31	31	31	31	31
H.批发和零售业	16241	15661	14971	15548	15178	15071	14696	14822	16233	16029	16286	17670
I.住宿和餐饮业	2893	3128	3028	2785	2485	2485	3285	3385	3385	3385	3355	3355
J.金融业												
K.房地产业	14500	14500	14500	14500	16650	17450	17450	17450	16450	16450	16450	16912
L.租赁和商务服务业	200	200	160	160	160	160	140	140	165	1065	1265	1265
M.科学研究、技术服务和地质勘查业												
N.水利、环境和公共设施管理业	8173	8173	6673	6573	6473	6473	6473	6473	6473	6493	6993	6993
O.居民服务和其他服务业	1747	1590	1532	1477	840	840	840	740	740	740	640	615
P.教育			5000	5000	5000	5000	5000	5000	5000	5000	5000	5000
Q.卫生、社会保障和社会福利业	1972	2200	2159	2127	2095	2063	2032	2000	1968	1862	1830	1798
R.文化、体育和娱乐业	10		10	10	16	16	16	16	16	6	6	6
S.公共管理和社会组织	2203	2100	2100	1900	316	316	316	316	459	459	459	459
T.国际组织												
对境外贷款												
个人贷款	89743	90754	93994	95976	96085	96806	99354	100767	102807	105257	107332	108468
其中：农户贷款	35276	27925	30245	30302	32698	31078	32268	35447	36442	37419	35457	42283

3-2-16 迪庆州贷款按行业分类统计时间序列表

项目名称	2010-1-31	2010-2-28	2010-3-31	2010-4-30	2010-5-31	2010-6-30	2010-7-31	2010-8-31	2010-9-30	2010-10-31	2010-11-30	2010-12-31
贷款总计	705546	759667	782655	787497	787420	830105	833467	834976	843331	855003	861417	873332
A.农、林、牧、渔业	41567	41567	41727	41803	41802	42293	42514	43662	43711	44260	43685	33787
B.采矿业	23305	51102	50502	53502	53487	53487	52190	55479	55479	55479	55479	66179
C.制造业	16085	16085	16076	18067	18307	20757	20447	15537	16922	16906	16141	16041
D.电力、燃气及水的生产和供应业	233768	234278	245908	247343	248598	242991	238531	232131	233243	236493	240744	251875
E.建筑业	7529	7529	7524	9599	11099	10671	10696	10696	12137	12124	12104	11428
F.交通运输、仓储和邮政业	56040	50040	49490	49010	40120	49820	50210	49690	49318	49717	50516	50514
G.信息传输、计算机服务和软件业	57	57	57	57	57	57						
H.批发和零售业	16602	17102	16684	16300	16274	17861	17436	17271	20331	20635	21061	20585
I.住宿和餐饮业	11029	11279	10974	11174	11469	11464	12090	18569	18219	18119	17819	18037
J.金融业												
K.房地产业	4480	4476	4476	4966	6229	4573	3788	3386	3986	4286	4026	3996
L.租赁和商务服务业	27316	27316	38188	38188	38288	41948	44657	44657	43357	45657	45657	47298
M.科学研究、技术服务和地质勘查业												
N.水利、环境和公共设施管理业	39001	38986	38987	39866	40164	67005	68005	77505	77505	78605	77123	81798
O.居民服务和其他服务业	41171	71145	72615	70486	70486	70986	71785	59886	59736	59736	59736	56386
P.教育	60	60										
Q.卫生、社会保障和社会福利业	1750	1750	1750	1750	1750	1600	1600	1600	1600	1600	1600	1600
R.文化、体育和娱乐业	250	1250	1250	1265	1265	1265	1265	1755	1755	1755	1755	1755
S.公共管理和社会组织	35000	35000	35000	29015	29015	29015	29015	29015	29105	29105	29105	29105
T.国际组织												
对境外贷款												
个人贷款	150538	150647	151448	155107	159011	164314	169239	174138	176928	180527	184866	182948
其中：农户贷款	61838	61960	62081	68435	69335	72004	73903	76785	79718	81415	92396	89207

3-2-17 临沧市贷款按行业分类统计时间序列表

项 目 名 称	2010-1-31	2010-2-28	2010-3-31	2010-4-30	2010-5-31	2010-6-30	2010-7-31	2010-8-31	2010-9-30	2010-10-31	2010-11-30	2010-12-31
贷款总计	1460979	1417791	1436532	1466962	1498053	1582256	1637770	1632994	1616235	1643521	1681816	1681358
A.农、林、牧、渔业	64147	65924	67752	69061	71171	69530	66700	67998	70862	73847	71117	70925
B.采矿业	15234	15234	12584	12800	12800	12100	12285	12780	12630	12630	14630	12530
C.制造业	207876	230826	230612	236159	235931	234193	235372	204399	189989	184196	182819	189165
D.电力、燃气及水的生产和供应业	323719	249434	252929	254181	261686	301022	342867	344547	328577	338807	363501	363358
E.建筑业	22646	22531	25567	28004	27774	27572	28038	27923	27446	26286	27153	27378
F.交通运输、仓储和邮政业	162837	163717	173077	186077	203177	225258	225258	230386	229986	229686	235179	237679
G.信息传输、计算机服务和软件业	6008	6008	6008	6008	6008	6008	6028	6028	4033	6028	6028	6028
H.批发和零售业	65582	63379	56468	54825	55888	55011	56406	58075	58838	58603	62054	66672
I.住宿和餐饮业	8436	8436	8936	8736	8655	8655	8655	8708	9408	8738	8662	10035
J.金融业												
K.房地产业	17200	17200	17200	17180	19180	18680	20076	20266	20756	19256	17376	17376
L.租赁和商务服务业	17601	17701	15741	14591	21191	16141	16264	16264	15864	15864	15864	13944
M.科学研究、技术服务和地质勘查业	150	150	150	150	150	150	150	150	150	150	150	
N.水利、环境和公共设施管理业	57113	57113	53638	55132	46300	71352	71112	70132	69751	89289	89431	87171
O.居民服务和其他服务业	4280	4280	4473	4315	3818	2281	881	880	350	350	350	350
P.教育	9318	9310	9310	9280	9252	9313	9317	8847	9261	9251	9248	7987
Q.卫生、社会保障和社会福利业	16749	16729	16729	16726	16726	16760	16755	19755	19133	21032	21030	20530
R.文化、体育和娱乐业						128	52	52	52	52	52	30
S.公共管理和社会组织	1615	1615	1615	1615	1615	1159	1255	1255	1255	1232	1230	1226
T.国际组织												
对境外贷款												
个人贷款	460468	468204	483743	492122	496732	506942	520299	534550	547895	548224	555943	548975
其中：农户贷款	169543	178328	234121	264555	276740	273309	283394	306909	297286	306254	299075	294001

（三）房地产贷款投向统计时间序列表（人民币）

3-3-1 云南省房地产贷款投向统计时间序列表

项 目 名 称	2010-1-31	2010-2-28	2010-3-31	2010-4-30	2010-5-31	2010-6-30	2010-7-31	2010-8-31	2010-9-30	2010-10-31	2010-11-30	2010-12-31
合 计	13117137	13502095	14071975	14458013	14792003	14967636	14955235	14862721	14982641	15174944	15214100	15338641
一、房地产开发贷款	3424101	3515131	3799223	3847733	3987891	3987688	3945162	3784196	3728101	3789677	3711771	3701894
1. 地产开发贷款	1241294	1177856	1332071	1252421	1410811	1490011	1471921	1405026	1382632	1476332	1293082	1362712
其中：政府土地储备机构贷款	1163390	1109890	1168090	1106590	1211730	1209730	1175940	1088427	1082711	1150911	1040661	1099591
2. 房产开发贷款	2182806	2337275	2467152	2595312	2577080	2497677	2473241	2379170	2345469	2313345	2418689	2339182
(1)住房开发贷款	1499453	1550505	1782255	1772079	1715678	1682494	1740783	1618995	1612389	1601288	1557392	1536890
其中：经济适用房开发贷款	148159	142734	141078	118038	146989	130400	109883	118204	118567	109566	111566	108073
其中：集资、合作建房贷款	10054	3054	2618	2618	2618	2618	2618	2618	2181	2181	2181	2181
(2)商业用房开发贷款	273700	332282	302605	442470	456533	437300	381093	400728	399257	382178	391093	376062
(3)其他房产开发贷款	409653	454488	382292	380763	404869	377883	351365	359447	333823	329880	470204	426231
二、购房贷款	9693037	9986964	10272752	10610280	10804112	10979948	11010072	11078525	11254540	11385267	11502329	11636747
1. 企业购房贷款	24236	21486	17356	20097	27133	20556	20366	24321	19486	28434	25685	23816
(1)商业用房贷款	12580	13182	13689	16843	18734	16197	16277	16300	16289	16289	16250	16910
(2)住房贷款	11656	8304	3667	3254	8400	4359	4090	8020	3197	12145	9436	6906
2. 个人购房贷款	9668800	9965478	10255396	10590183	10776978	10959391	10989706	11054205	11235055	11356833	11476644	11612931
(1)个人商业用房贷款	943025	948928	980694	991052	1018612	1051404	1079223	1091794	1127890	1153508	1162983	1192464
(2)个人住房贷款	8725774	9016551	9274702	9599130	9758366	9907987	9910483	9962410	10107164	10203326	10313661	10420467
1)新建房贷款	7350277	7631488	7871637	8084176	8230904	8363322	8308335	8321232	8390689	8345531	8406492	8483361
其中：抵押贷款	5640754	5808817	6079247	6289965	6371523	6497406	6392350	6399970	6536466	6461760	6491783	6551151
2)再交易房贷款	1375497	1385063	1403064	1514955	1527462	1544664	1602148	1641179	1716474	1857793	1907169	1937106
三、证券化的房地产贷款												
1. 证券化个人住房贷款												
2. 其他证券化房地产贷款												
附：个人购买经济适用房贷款	79628	76988	81890	83489	87453	72200	68518	77974	63214	55226	55697	59205

3-3-2 昆明市房地产贷款投向统计时间序列表

项目名称	2010-1-31	2010-2-28	2010-3-31	2010-4-30	2010-5-31	2010-6-30	2010-7-31	2010-8-31	2010-9-30	2010-10-31	2010-11-30	2010-12-31
合计	7755198	7994550	8402317	8676925	8920593	9047866	9029791	8895596	8931848	9042640	8978009	9093116
一、房地产开发贷款	2431700	2502408	2770517	2846814	3005612	3035563	2964059	2802313	2765893	2831875	2726423	2791014
1. 地产开发贷款	904670	857170	1003870	922920	1102170	1184870	1141620	1058488	1041430	1146930	927430	1065660
其中：政府土地储备机构贷款	844670	795170	844870	781870	907870	909370	851220	753370	752930	832930	686430	812660
2. 房产开发贷款	1527030	1645238	1766647	1923894	1903442	1850693	1822439	1743825	1724463	1684945	1798993	1725354
(1)住房开发贷款	1006387	1025941	1234544	1230066	1184250	1171125	1215105	1087304	1080138	1061116	1018262	1007413
其中：经济适用房开发贷款	87054	80054	77618	72618	101618	101618	76618	76618	76181	76181	79181	83181
其中：集资、合作建房贷款	10054	3054	2618	2618	2618	2618	2618	2618	2181	2181	2181	2181
(2)商业用房开发贷款	255770	312172	285320	424520	439573	420040	359706	379991	379497	359003	367908	352097
(3)其他房产开发贷款	264873	307125	246783	269308	279619	259528	247628	276530	264828	264826	412823	365844
二、购房贷款	5323498	5492142	5631799	5830111	5914981	6012303	6065732	6093283	6165955	6210765	6251586	6302103
1. 企业购房贷款	12454	13058	13359	16843	16816	16197	16269	16293	16289	20562	16250	16237
(1)商业用房贷款	12454	13058	13359	16843	16816	16197	16269	16293	16289	16289	16250	16237
(2)住房贷款										4273		
2. 个人购房贷款	5311043	5479083	5618440	5813267	5898164	5996106	6049463	6076990	6149665	6190202	6235337	6285866
(1)个人商业用房贷款	420292	420357	441869	447507	466562	495133	516862	524442	543216	560869	568256	582861
(2)个人住房贷款	4890753	5058727	5176570	5365760	5431602	5500973	5532600	5552548	5606449	5629334	5667080	5703004
1)新建房贷款	3720079	3890955	3990717	4084462	4173189	4230248	4234270	4208538	4194575	4076716	4079053	4090923
其中：抵押贷款	2921588	2960991	3153774	3215731	3275733	3314556	3249450	3218434	3292493	3182766	3176445	3187839
2)再交易房贷款	1170673	1167773	1185853	1281297	1258412	1270724	1298330	1344010	1411874	1552619	1588026	1612081
三、证券化的房地产贷款												
1. 证券化个人住房贷款												
2. 其他证券化房地产贷款												
附：个人购买经济适用房贷款	54	53	54	32	37	7074	7081	21563	6910	7041	7268	7379

3-3-3 昭通市房地产贷款投向统计时间序列表

项目名称	2010-1-31	2010-2-28	2010-3-31	2010-4-30	2010-5-31	2010-6-30	2010-7-31	2010-8-31	2010-9-30	2010-10-31	2010-11-30	2010-12-31
合 计	306641	312569	322798	334255	333153	337640	299570	278163	284011	292064	293482	293788
一、房地产开发贷款	19129	20591	19431	22051	20091	21149	21097	21085	22237	22197	21467	21153
1. 地产开发贷款	3198											
其中：政府土地储备机构贷款												
2. 房产开发贷款	15931	20591	19431	22051	20091	21149	21097	21085	22237	22197	21467	21153
(1)住房开发贷款	14331	16031	17831	20451	20091	19872	16280	16280	16280	16280	15780	15660
其中：经济适用房开发贷款	465	465	465	465	465	426	406	406	406	406	406	406
其中：集资、合作建房贷款												
(2)商业用房开发贷款		2960					3572	3572	3400	3360	3360	3166
(3)其他房产开发贷款	1600	1600	1600	1600		1277	1245	1233	2557	2557	2327	2327
二、购房贷款	287512	291978	303367	312204	313062	316491	278473	257078	261774	269867	272015	272635
1. 企业购房贷款												
(1)商业用房贷款												
(2)住房贷款												
2. 个人购房贷款	287512	291978	303367	312204	313062	316491	278473	257078	261774	269867	272015	272635
(1)个人商业用房贷款	45017	46565	48249	49383	50792	55746	57053	57096	60165	61571	61684	61843
(2)个人住房贷款	242494	245413	255117	262820	262270	260745	221420	199983	201609	208296	210331	210792
1)新建房贷款	242457	245201	254121	258466	257726	256138	221047	199602	201190	207837	209878	210331
其中：抵押贷款	227064	229674	234437	240261	228423	227291	210060	189991	190260	197458	199263	196443
2)再交易房贷款	38	213	997	4355	4544	4608	373	381	419	458	453	461
三、证券化的房地产贷款												
1. 证券化个人住房贷款												
2. 其他证券化房地产贷款												
附：个人购买经济适用房贷款	32159	32931	33167	33409	33602	4012	2895	2357	2328	2293	2260	6286

3-3-4 曲靖市房地产贷款投向统计时间序列表

项 目 名 称	2010-1-31	2010-2-28	2010-3-31	2010-4-30	2010-5-31	2010-6-30	2010-7-31	2010-8-31	2010-9-30	2010-10-31	2010-11-30	2010-12-31
合 计	771153	799466	814707	847464	861043	863178	864788	882181	911909	916953	932126	917934
一、房地产开发贷款	169476	159293	158057	158399	144561	131171	159184	159723	156047	150601	152500	121229
1. 地产开发贷款	32260	22260	22260	22260	19600	18000	48000	48000	48000	50500	50500	19000
其中：政府土地储备机构贷款	22260	22260	22260	22260	19600	18000	48000	48000	48000	50500	50500	19000
2. 房产开发贷款	137216	137033	135797	136139	124961	113171	111184	111723	108047	100101	102000	102229
(1)住房开发贷款	126016	125828	125583	125935	114837	103047	110553	111093	107378	99461	101362	100598
其中：经济适用房开发贷款	18340	18335	18325	15335	15326	3026	3019	3020	3020	3049	3049	3056
其中：集资、合作建房贷款												
(2)商业用房开发贷款	240	240	240	240	650	650	650	650	650	650	650	1650
(3)其他房产开发贷款	10960	10965	9975	9965	9474	9474	-19	-20	19	-10	-12	-19
二、购房贷款	601677	640172	656649	689064	716482	732007	705604	722458	755862	766352	779626	796705
1. 企业购房贷款	1324	1321	1305	1269	1247	4359	1198	1177	1813	2203	2313	2776
(1)商业用房贷款												
(2)住房贷款	1324	1321	1305	1269	1247	4359	1198	1177	1813	2203	2313	2776
2. 个人购房贷款	600352	638851	655344	687795	715235	727648	704405	721281	754049	764149	777313	793929
(1)个人商业用房贷款	44410	45479	46310	50316	50928	51286	52641	53847	56682	56923	57247	61131
(2)个人住房贷款	555943	593372	609034	637479	664307	676362	651764	667434	697367	707226	720066	732799
1)新建房贷款	547375	584323	599677	627930	654024	661420	636178	648929	677890	686916	698295	710118
其中：抵押贷款	507997	539981	545134	561880	586963	597974	582998	592360	619077	626358	635770	647722
2)再交易房贷款	8568	9049	9357	9549	10283	14942	15586	18505	19477	20310	21771	22681
三、证券化的房地产贷款												
1. 证券化个人住房贷款												
2. 其他证券化房地产贷款												
附：个人购买经济适用房贷款	8246	8120	8318	7995	7571	8173	10063	11688	11797	11799	11769	11820

3-3-5 玉溪市房地产贷款投向统计时间序列表

项 目 名 称	2010-1-31	2010-2-28	2010-3-31	2010-4-30	2010-5-31	2010-6-30	2010-7-31	2010-8-31	2010-9-30	2010-10-31	2010-11-30	2010-12-31
合 计	545645	554485	554576	567575	570763	578943	587089	564600	579520	594052	638182	666953
一、房地产开发贷款	200925	197785	187070	186045	186825	186445	189050	158450	159820	163840	188283	188628
1. 地产开发贷款	141700	140960	141660	139960	139960	139960	143360	127160	127100	113100	138100	138100
其中：政府土地储备机构贷款	139700	137700	138700	135700	135700	135700	138300	122500	122500	108500	133500	133500
2. 房产开发贷款	59225	56825	45410	46085	46865	46485	45690	31290	32720	50740	50183	50528
(1)住房开发贷款	38930	36530	24600	25440	26220	26040	25320	22270	23770	41635	42078	42428
其中：经济适用房开发贷款	300	300	100	100	100	100	100	100	100	100	100	100
其中：集资、合作建房贷款												
(2)商业用房开发贷款	8030	8030	8545	8380	8380	8180	8105	7955	7950	8105	8105	8100
(3)其他房产开发贷款	12265	12265	12265	12265	12265	12265	12265	1065	1000	1000		
二、购房贷款	344720	356700	367506	381530	383938	392498	398039	406150	419700	430212	449899	478325
1. 企业购房贷款	2396	2375	2361									
(1)商业用房贷款												
(2)住房贷款	2396	2375	2361									
2. 个人购房贷款	342324	354325	365144	381530	383938	392498	398039	406150	419700	430212	449899	478325
(1)个人商业用房贷款	8902	9086	9145	8949	9158	9844	10356	10863	11131	11952	12335	12234
(2)个人住房贷款	333422	345238	355999	372581	374779	382653	387683	395287	408569	418261	437564	466091
1)新建房贷款	292147	302164	312680	324356	317273	324356	316767	334370	343976	352756	370617	398153
其中：抵押贷款	188628	195298	192566	206771	191849	210962	191876	219255	225416	228702	236604	258258
2)再交易房贷款	41275	43074	43319	48224	57506	58298	70916	60918	64593	65505	66947	67938
三、证券化的房地产贷款												
1. 证券化个人住房贷款												
2. 其他证券化房地产贷款												
附：个人购买经济适用房贷款	2359	2456	2628	2641	2191	4114	4135	4299	4352	4771	4782	4963

3-3-6 红河州房地产贷款投向统计时间序列表

项目名称	2010-1-31	2010-2-28	2010-3-31	2010-4-30	2010-5-31	2010-6-30	2010-7-31	2010-8-31	2010-9-30	2010-10-31	2010-11-30	2010-12-31
合计	589875	605039	647501	672235	688630	697104	708057	715876	729036	741281	758195	754918
一、房地产开发贷款	53016	49451	66020	57570	57700	57700	59000	59380	61270	59970	72520	64810
1. 地产开发贷款	5240	5240	10240	10240	10240	10240	10240	11540	11540	10540	20290	18990
其中：政府土地储备机构贷款	5240	5240	10240	10240	10240	10240	10240	5240	5240	4240	13990	13990
2. 房产开发贷款	47776	44211	55780	47330	47460	47460	48760	47840	49730	49430	52230	45820
(1)住房开发贷款	40150	40035	51630	45130	45260	45260	45860	45440	47360	46560	49860	43590
其中：经济适用房开发贷款	34250	34230	34930	21430	21430	21430	21230	27030	27030	27030	26030	19230
其中：集资、合作建房贷款												
(2)商业用房开发贷款							700	200	200	1200	1200	1200
(3)其他房产开发贷款	7626	4176	4150	2200	2200	2200	2200	2200	2170	1670	1170	1030
二、购房贷款	536859	555588	581481	614665	630930	639404	649057	656496	667766	681311	685675	690108
1. 企业购房贷款							2899	3158				
(1)商业用房贷款							8	7				
(2)住房贷款							2891	3151				
2. 个人购房贷款	536859	555588	581481	614665	630930	639404	646158	653338	667766	681311	685675	690108
(1)个人商业用房贷款	66853	68327	70978	69613	67262	67082	68104	68270	70114	71959	71028	71351
(2)个人住房贷款	470006	487261	510503	545053	563668	572322	578053	585068	597652	609353	614647	618757
1)新建房贷款	443465	455377	479267	510487	514319	521642	526545	532650	545048	555926	560154	563372
其中：抵押贷款	284047	295334	309462	324829	318385	324478	328632	331786	335079	340455	343068	344804
2)再交易房贷款	26542	31885	31236	34566	49349	50681	51508	52418	52604	53427	54495	55385
三、证券化的房地产贷款												
1. 证券化个人住房贷款												
2. 其他证券化房地产贷款												
附：个人购买经济适用房贷款	13562	7395	13231	14340	8226	5678	5496	5539	5824	5553	5417	4428

3-3-7 文山州房地产贷款投向统计时间序列表

项 目 名 称	2010-1-31	2010-2-28	2010-3-31	2010-4-30	2010-5-31	2010-6-30	2010-7-31	2010-8-31	2010-9-30	2010-10-31	2010-11-30	2010-12-31
合 计	625668	645984	637247	643928	652312	652262	655356	658318	661400	664014	662762	671929
一、房地产开发贷款	74283	84283	78148	75420	72388	69956	68612	71407	70267	70053	67904	71304
1. 地产开发贷款	7106	7106	6421	5921	5921	4021	4021	4021	4021	4021	4021	3971
其中：政府土地储备机构贷款	5900	5900	5900	5400	5400	3500	3500	3500	3500	3500	3500	3450
2. 房产开发贷款	67177	77177	71727	69499	66467	65935	64591	67386	66246	66032	63883	67333
(1)住房开发贷款	48424	59424	55574	53874	50914	50414	49714	52514	51414	51114	49164	52714
其中：经济适用房开发贷款												
其中：集资、合作建房贷款												
(2)商业用房开发贷款												
(3)其他房产开发贷款	18753	17753	16153	15625	15553	15521	14877	14872	14832	14918	14719	14619
二、购房贷款	551385	561701	559099	568508	579924	582306	586744	586911	591133	593961	594858	600625
1. 企业购房贷款	4597	4608			4371							
(1)商业用房贷款												
(2)住房贷款	4597	4608			4371							
2. 个人购房贷款	546788	557093	559099	568508	575553	582306	586744	586911	591133	593961	594858	600625
(1)个人商业用房贷款	57034	58028	59290	59849	60393	59406	59622	59199	58759	58781	58575	60282
(2)个人住房贷款	489754	499065	499809	508659	515160	522900	527122	527712	532374	535180	536283	540343
1)新建房贷款	463998	471191	470755	478099	483726	489346	487863	488796	491838	493934	494132	497656
其中：抵押贷款	333895	343561	350874	370512	376823	387801	383804	386672	388596	390356	389827	389740
2)再交易房贷款	25756	27874	29055	30560	31433	33554	39259	38916	40536	41246	42150	42688
三、证券化的房地产贷款												
1. 证券化个人住房贷款												
2. 其他证券化房地产贷款												
附：个人购买经济适用房贷款	2252	2238	1811	1787	4802	4149	3967	3887	3799	3779	3578	3440

3-3-8 普洱市房地产贷款投向统计时间序列表

项目名称	2010-1-31	2010-2-28	2010-3-31	2010-4-30	2010-5-31	2010-6-30	2010-7-31	2010-8-31	2010-9-30	2010-10-31	2010-11-30	2010-12-31
合计	234504	249024	262579	265605	282167	279905	285154	322499	326261	332655	336133	298099
一、房地产开发贷款	29146	35446	35479	32429	37589	36639	36305	70380	70354	71254	68394	29204
1. 地产开发贷款	2930	2930	4480	2980	2980	2980	2980	37717	37641	37641	39141	4391
其中：政府土地储备机构贷款	1430	1430	2980	2980	2980	2980	2980	37717	37641	37641	39141	4391
2. 房产开发贷款	26216	32516	30999	29449	34609	33659	33325	32663	32713	33613	29253	24813
(1)住房开发贷款	10970	12720	12720	13170	18840	17290	17056	20294	20394	21494	18269	14099
其中：经济适用房开发贷款		750	1150	1000	1000	1000	800	600	400	400	400	
其中：集资、合作建房贷款												
(2)商业用房开发贷款	3350	1570	1200	2700	1090	1090	1090	1090	1090	1090	1100	1080
(3)其他房产开发贷款	11896	18226	17079	13579	14679	15279	15179	11279	11229	11029	9884	9634
二、购房贷款	205438	213578	227100	233176	244578	243266	248849	252119	255907	261401	267739	268895
1. 企业购房贷款	126	124	330		4700						3569	
(1)商业用房贷款	126	124	330		1917							
(2)住房贷款					2782						3569	
2. 个人购房贷款	205313	213454	226770	233176	239879	243266	248849	252119	255907	261401	264170	268895
(1)个人商业用房贷款	31795	31922	31715	31532	31783	30806	32260	32300	33394	33490	33517	34495
(2)个人住房贷款	173517	181533	195055	201644	208096	212460	216589	219819	222513	227911	230653	234400
1)新建房贷款	168631	176202	189655	196241	202735	207217	211425	213565	216309	220394	223139	226840
其中：抵押贷款	108199	115852	126348	133466	136048	137278	140794	139619	140986	144279	145920	158347
2)再交易房贷款	4886	5331	5400	5403	5361	5243	5164	6254	6204	7517	7514	7559
三、证券化的房地产贷款												
1. 证券化个人住房贷款												
2. 其他证券化房地产贷款												
附：个人购买经济适用房贷款	16795	16897	15685	15567	22457	22630	22499	16417	15864	8456	8332	8933

3-3-9 版纳州房地产贷款投向统计时间序列表

项 目 名 称	2010-1-31	2010-2-28	2010-3-31	2010-4-30	2010-5-31	2010-6-30	2010-7-31	2010-8-31	2010-9-30	2010-10-31	2010-11-30	2010-12-31
合 计	246964	250538	258415	258779	264179	268256	280351	282036	288728	290127	292137	288639
一、房地产开发贷款	41400	42250	47340	44490	44150	42450	48610	47380	46680	45000	44600	38520
1. 地产开发贷款												
其中：政府土地储备机构贷款												
2. 房产开发贷款	41400	42250	47340	44490	44150	42450	48610	47380	46680	45000	44600	38520
(1)住房开发贷款	29900	30750	35840	33090	32750	32450	40110	39080	46680	45000	44600	38520
其中：经济适用房开发贷款		950	840	340	300	300	260	180	180			
其中：集资、合作建房贷款												
(2)商业用房开发贷款												
(3)其他房产开发贷款	11500	11500	11500	11400	11400	10000	8500	8300				
二、购房贷款	205564	208288	211075	214289	220029	225806	231741	234656	242048	245127	247537	250119
1. 企业购房贷款												
(1)商业用房贷款												
(2)住房贷款												
2. 个人购房贷款	205564	208288	211075	214289	220029	225806	231741	234656	242048	245127	247537	250119
(1)个人商业用房贷款	35635	35614	35289	35550	37210	38086	40454	42464	44359	44589	47024	48073
(2)个人住房贷款	169928	172674	175786	178739	182820	187720	191287	192191	197688	200538	200513	202046
1)新建房贷款	157381	160267	163649	166772	171001	176140	168767	181021	186723	189744	189883	191552
其中：抵押贷款	114685	116663	118797	121617	123873	128098	119295	130698	134539	135398	135567	136876
2)再交易房贷款	12548	12407	12137	11968	11818	11579	22520	11170	10965	10795	10631	10494
三、证券化的房地产贷款												
1. 证券化个人住房贷款												
2. 其他证券化房地产贷款												
附：个人购买经济适用房贷款						3659	3619	3579	3544	3508	3464	3263

3-3-10 楚雄州房地产贷款投向统计时间序列表

项目名称	2010-1-31	2010-2-28	2010-3-31	2010-4-30	2010-5-31	2010-6-30	2010-7-31	2010-8-31	2010-9-30	2010-10-31	2010-11-30	2010-12-31
合计	354613	358499	373088	383529	393289	407491	404716	413051	421227	434094	442691	447245
一、房地产开发贷款	38645	38145	37020	36150	35420	36300	33600	35200	36400	42502	45602	46752
1. 地产开发贷款												
其中：政府土地储备机构贷款												
2. 房产开发贷款	38645	38145	37020	36150	35420	36300	33600	35200	36400	42502	45602	46752
(1)住房开发贷款	19105	17905	16180	15680	15070	19450	17050	20350	20750	26352	29352	30502
其中：经济适用房开发贷款												
其中：集资、合作建房贷款												
(2)商业用房开发贷款	970	970	970	800	800	800	800	800		1300	1300	1300
(3)其他房产开发贷款	18570	19270	19870	19670	19550	16050	15750	14050	15650	14850	14950	14950
二、购房贷款	315968	320354	336068	347379	357869	371191	371116	377851	384827	391592	397089	400493
1. 企业购房贷款	1800			1985								2977
(1)商业用房贷款												673
(2)住房贷款	1800			1985								2304
2. 个人购房贷款	314168	320354	336068	345394	357869	371191	371116	377851	384827	391592	397089	397516
(1)个人商业用房贷款	26593	27249	27808	29337	30921	32324	28263	29749	31403	31672	30351	31038
(2)个人住房贷款	287575	293105	308260	316056	326948	338867	342853	348102	353423	359920	366738	366478
1)新建房贷款	281911	279733	300650	309192	311863	328895	333155	331786	336238	348589	349192	348678
其中：抵押贷款	187775	215507	202656	256359	263800	270493	276190	275937	284222	279974	284234	285389
2)再交易房贷款	5664	13372	7610	6864	15086	9972	9698	16317	17185	11331	17546	17799
三、证券化的房地产贷款												
1. 证券化个人住房贷款												
2. 其他证券化房地产贷款												
附：个人购买经济适用房贷款		2382	1557	1456	2456	1390	1363	1242	1239	1215	1221	1165

3-3-11 大理州房地产贷款投向统计时间序列表

项目名称	2010-1-31	2010-2-28	2010-3-31	2010-4-30	2010-5-31	2010-6-30	2010-7-31	2010-8-31	2010-9-30	2010-10-31	2010-11-30	2010-12-31
合 计	523663	546137	558222	569273	573272	571899	570261	568091	561942	561223	566122	580110
一、房地产开发贷款	210760	222760	230020	234620	229390	219790	209350	202250	190850	183000	177760	178210
1. 地产开发贷款	121890	121890	121890	136890	118690	118690	109300	105200	100000	100000	100000	100000
其中：政府土地储备机构贷款	121890	121890	121890	136890	118690	118690	109300	105200	100000	100000	100000	100000
2. 房产开发贷款	88870	100870	108130	97730	110700	101100	100050	97050	90850	83000	77760	78210
(1)住房开发贷款	55090	67090	83053	90318	87600	83000	81950	80850	77250	70400	68360	68310
其中：经济适用房开发贷款	1900	1800	1800	1000	1000	2500	2500	2400	2400	2400	2400	2100
其中：集资、合作建房贷款												
(2)商业用房开发贷款	1300	1300	1290	790								
(3)其他房产开发贷款	32480	32480	23787	6622	23100	18100	18100	16200	13600	12600	9400	9900
二、购房贷款	312903	323377	328202	334653	343882	352109	360911	365841	371092	378223	388362	401900
1. 企业购房贷款												
(1)商业用房贷款												
(2)住房贷款												
2. 个人购房贷款	312903	323377	328202	334653	343882	352109	360911	365841	371092	378223	388362	401900
(1)个人商业用房贷款	36585	32925	33191	33117	36453	33372	34645	34698	34574	34534	34647	34372
(2)个人住房贷款	276317	290452	295011	301535	307430	318737	326266	331143	336518	343688	353714	367529
1)新建房贷款	262682	275739	279056	284765	289738	299511	306037	310250	314857	321294	330581	343378
其中：抵押贷款	168479	180361	183210	188691	184686	200152	203827	203264	205225	209201	216067	216461
2)再交易房贷款	13635	14713	15954	16771	17692	19226	20229	20893	21661	22394	23133	24150
三、证券化的房地产贷款												
1. 证券化个人住房贷款												
2. 其他证券化房地产贷款												
附：个人购买经济适用房贷款	592	948	2039	2165	2043	2511	2781	2832	2942	3114	3172	3256

3-3-12 保山市房地产贷款投向统计时间序列表

项目名称	2010-1-31	2010-2-28	2010-3-31	2010-4-30	2010-5-31	2010-6-30	2010-7-31	2010-8-31	2010-9-30	2010-10-31	2010-11-30	2010-12-31
合 计	315152	318528	329684	338588	339805	343978	349263	357175	351225	363534	361495	363745
一、房地产开发贷款	53200	52198	51650	49550	44350	44260	41560	43558	39963	46415	44868	45771
1. 地产开发贷款	11500	9500	9500	9500	9500	9500	6500	6500	6500	6500	6500	5500
其中：政府土地储备机构贷款	11500	9500	9500	9500	9500	9500	6500	6500	6500	6500	6500	5500
2. 房产开发贷款	41700	42698	42150	40050	34850	34760	35060	37058	33463	39915	38368	40271
(1)住房开发贷款	29100	29100	28550	27050	23350	23350	23650	25650	25555	28505	28455	28355
其中：经济适用房开发贷款												
其中：集资、合作建房贷款												
(2)商业用房开发贷款	3970	4970	4970	4970	4970	4970	4970	4970	4970	4970	4970	3969
(3)其他房产开发贷款	8630	8628	8630	8030	6530	6440	6440	6438	2938	6440	4943	7947
二、购房贷款	261952	266330	278034	289038	295455	299718	307703	313617	311262	317119	316627	317974
1. 企业购房贷款								3693		4068		
(1)商业用房贷款												
(2)住房贷款								3693		4068		
2. 个人购房贷款	261952	266330	278034	289038	295455	299718	307704	309925	311263	313051	316627	317974
(1)个人商业用房贷款	22895	22944	23119	23747	24441	25627	25499	25965	25572	25396	25600	27074
(2)个人住房贷款	239056	243386	254916	265291	271014	274091	282205	283960	285690	287655	291028	290899
1)新建房贷款	212906	236314	246618	256746	261857	263632	268103	269235	270941	272708	275608	275471
其中：抵押贷款	143335	169218	178381	187164	192049	194401	204626	205379	207192	208940	211349	211055
2)再交易房贷款	26150	7071	8298	8545	9157	10460	14102	14725	14748	14947	15420	15429
三、证券化的房地产贷款												
1. 证券化个人住房贷款												
2. 其他证券化房地产贷款												
附：个人购买经济适用房贷款						84	83	83	83	83	82	82

3-3-13 德宏州房地产贷款投向统计时间序列表

项 目 名 称	2010-1-31	2010-2-28	2010-3-31	2010-4-30	2010-5-31	2010-6-30	2010-7-31	2010-8-31	2010-9-30	2010-10-31	2010-11-30	2010-12-31
合 计	185371	187255	190801	189625	188721	186225	190218	188926	189750	194338	199911	206892
一、房地产开发贷款	14420	14420	15370	13770	13770	12770	15300	13300	10900	10900	10820	11020
1. 地产开发贷款			950	950	950	950	5100	5100	5100	5100	5100	5100
其中：政府土地储备机构贷款			950	950	950	950	5100	5100	5100	5100	5100	5100
2. 房产开发贷款	14420	14420	14420	12820	12820	11820	10200	8200	5800	5800	5720	5920
(1)住房开发贷款	14350	14350	14350	12750	12750	6000	6000	5900	5800	5800	5720	5920
其中：经济适用房开发贷款	5850	5850	5850	5750	5750							
其中：集资、合作建房贷款												
(2)商业用房开发贷款	70	70	70	70	70	70						
(3)其他房产开发贷款						5750	4200	2300				
二、购房贷款	170951	172835	175431	175855	174951	173455	174918	175626	178850	183438	189091	195872
1. 企业购房贷款												
(1)商业用房贷款												
(2)住房贷款												
2. 个人购房贷款	170951	172835	175431	175855	174951	173455	174918	175626	178850	183438	189091	195872
(1)个人商业用房贷款	60742	60314	60057	59055	57766	57014	56275	56189	60373	63207	63771	69363
(2)个人住房贷款	110208	112521	115374	116801	117186	116441	118643	119437	118477	120230	125320	126509
1)新建房贷款	108702	110526	112441	113207	113408	110699	112544	112225	110899	112436	116773	118023
其中：抵押贷款	67961	67807	71003	73989	74556	70212	71131	69593	69456	72616	75420	76490
2)再交易房贷款	1507	1995	2933	3594	3778	5742	6100	7213	7578	7794	8546	8486
三、证券化的房地产贷款												
1. 证券化个人住房贷款												
2. 其他证券化房地产贷款												
附：个人购买经济适用房贷款	1283	1263	1228	1211	1232	1273	1238	1243	1323	1310	1286	1243

3-3-14 丽江市房地产贷款投向统计时间序列表

项目名称	2010-1-31	2010-2-28	2010-3-31	2010-4-30	2010-5-31	2010-6-30	2010-7-31	2010-8-31	2010-9-30	2010-10-31	2010-11-30	2010-12-31
合 计	292583	311722	332274	326856	333426	336656	347853	357650	361019	359547	363650	367320
一、房地产开发贷款	54800	62900	69900	56975	60175	57425	62115	66250	64900	60250	60950	63600
1. 地产开发贷款	10800	10800	10800	800	800	800	800	1300	1300	2000	2000	2000
其中：政府土地储备机构贷款	10800	10800	10800	800	800	800	800	1300	1300	2000	2000	2000
2. 房产开发贷款	44000	52100	59100	56175	59375	56625	61315	64950	63600	58250	58950	61600
(1)住房开发贷款	34000	42100	49100	46175	49375	50625	56315	59950	58600	58250	58950	61600
其中：经济适用房开发贷款							4950	7850	8850			
其中：集资、合作建房贷款												
(2)商业用房开发贷款												
(3)其他房产开发贷款	10000	10000	10000	10000	10000	6000	5000	5000	5000			
二、购房贷款	237783	248822	262374	269881	273251	279231	285738	291400	296119	299297	302700	303720
1. 企业购房贷款												
(1)商业用房贷款												
(2)住房贷款												
2. 个人购房贷款	237783	248822	262374	269881	273251	279231	285738	291400	296119	299297	302700	303720
(1)个人商业用房贷款	31582	31094	31552	31405	31871	31098	32032	31966	31506	31628	31211	31350
(2)个人住房贷款	206201	217728	230822	238476	241380	248133	253706	259434	264613	267668	271489	272370
1)新建房贷款	186281	197248	209711	216177	217975	222713	228595	233087	238890	241402	243890	243480
其中：抵押贷款	178601	189210	201550	205310	209170	222713	225425	233087	238890	241402	243181	243480
2)再交易房贷款	19920	20480	21111	22300	23405	25421	25111	26347	25723	26266	27600	28889
三、证券化的房地产贷款												
1. 证券化个人住房贷款												
2. 其他证券化房地产贷款												
附：个人购买经济适用房贷款						477	492	483	480	476	472	468

3-3-15 怒江州房地产贷款投向统计时间序列表

项 目 名 称	2010-1-31	2010-2-28	2010-3-31	2010-4-30	2010-5-31	2010-6-30	2010-7-31	2010-8-31	2010-9-30	2010-10-31	2010-11-30	2010-12-31
合 计	50108	50253	51950	51925	53177	53640	51209	51116	51446	54403	54145	55336
一、房地产开发贷款	13000	13000	13000	13000	14000	14500	14500	14500	13500	13500	13500	14500
1. 地产开发贷款												
其中：政府土地储备机构贷款												
2. 房产开发贷款	13000	13000	13000	13000	14000	14500	14500	14500	13500	13500	13500	14500
(1)住房开发贷款	13000	13000	13000	13000	13000	13000	13000	13000	12000	12000	12000	12000
其中：经济适用房开发贷款												
其中：集资、合作建房贷款												
(2)商业用房开发贷款					1000	1500	1500	1500	1500	1500	1500	2500
(3)其他房产开发贷款												
二、购房贷款	37108	37253	38950	38925	39177	39140	36709	36616	37946	40903	40645	40836
1. 企业购房贷款									1385	1600	1797	1826
(1)商业用房贷款												
(2)住房贷款									1385	1600	1797	1826
2. 个人购房贷款	37108	37253	38950	38925	39177	39140	36709	36616	36561	39302	38848	39010
(1)个人商业用房贷款	3377	3336	4034	3947	3943	4087	4078	4024	3966	3938	3862	3807
(2)个人住房贷款	33732	33918	34917	34978	35234	35052	32632	32591	32595	35365	34985	35203
1)新建房贷款	33459	33652	34651	33589	34930	33324	30888	30858	30874	33679	33264	33455
其中：抵押贷款	28637	29604	30741	29487	29955	28669	26323	26399	26438	28460	28935	29214
2)再交易房贷款	273	266	265	1388	304	1728	1744	1734	1721	1686	1721	1749
三、证券化的房地产贷款												
1. 证券化个人住房贷款												
2. 其他证券化房地产贷款												
附：个人购买经济适用房贷款	787	865	746	707	670	1524	1465	1445	1448	568	1360	1270

3-3-16 迪庆州房地产贷款投向统计时间序列表

项 目 名 称	2010-1-31	2010-2-28	2010-3-31	2010-4-30	2010-5-31	2010-6-30	2010-7-31	2010-8-31	2010-9-30	2010-10-31	2010-11-30	2010-12-31
合 计	80218	78231	79044	81213	83481	85962	71492	71187	71130	72502	74150	72359
一、房地产开发贷款	3000	3000	3000	3270	2690	2890	2760	2460	2460	3260	3000	3000
1. 地产开发贷款												
其中：政府土地储备机构贷款												
2. 房产开发贷款	3000	3000	3000	3270	2690	2890	2760	2460	2460	3260	3000	3000
(1)住房开发贷款	3000	3000	3000	3270	2690	2890	2760	2460	2460	2260	2000	2000
其中：经济适用房开发贷款												
其中：集资、合作建房贷款												
(2)商业用房开发贷款										1000	1000	1000
(3)其他房产开发贷款												
二、购房贷款	77218	75231	76044	77943	80791	83072	68732	68727	68670	69242	71150	69359
1. 企业购房贷款	1539										1757	
(1)商业用房贷款												
(2)住房贷款	1539										1757	
2. 个人购房贷款	75679	75231	76044	77943	80791	83072	68732	68727	68670	69242	69393	69359
(1)个人商业用房贷款	9987	9581	10216	9966	10392	10261	10304	10238	10039	10210	10142	9800
(2)个人住房贷款	65691	65650	65828	67977	70399	72811	58428	58489	58632	59032	59251	59559
1)新建房贷款	53988	42923	43249	45512	48032	60352	47026	47211	47483	47859	48216	48528
其中：抵押贷款	40017	28670	26973	28560	29670	35524	30852	31639	31472	29051	30537	29928
2)再交易房贷款	11703	22727	22579	22465	22367	12460	11402	11278	11149	11173	11035	11031
三、证券化的房地产贷款												
1. 证券化个人住房贷款												
2. 其他证券化房地产贷款												
附：个人购买经济适用房贷款				785	785	4093	5	5	4	7	4	4

3-3-17 临沧市房地产贷款投向统计时间序列表

项目名称	2010-1-31	2010-2-28	2010-3-31	2010-4-30	2010-5-31	2010-6-30	2010-7-31	2010-8-31	2010-9-30	2010-10-31	2010-11-30	2010-12-31
合计	239683	239815	256773	250239	253991	256633	260067	256258	262189	261517	260911	260259
一、房地产开发贷款	17200	17200	17200	17180	19180	18680	20060	16560	16560	15060	13180	13180
1. 地产开发贷款												
其中：政府土地储备机构贷款												
2. 房产开发贷款	17200	17200	17200	17180	19180	18680	20060	16560	16560	15060	13180	13180
(1)住房开发贷款	16700	16700	16700	16680	18680	18680	20060	16560	16560	15060	13180	13180
其中：经济适用房开发贷款												
其中：集资、合作建房贷款												
(2)商业用房开发贷款												
(3)其他房产开发贷款	500	500	500	500	500							
二、购房贷款	222483	222615	239573	233059	234811	237953	240007	239698	245629	246457	247731	247079
1. 企业购房贷款												
(1)商业用房贷款												
(2)住房贷款												
2. 个人购房贷款	222483	222615	239573	233059	234811	237953	240007	239698	245629	246457	247731	247079
(1)个人商业用房贷款	41325	46108	47872	47778	48738	50234	50774	50485	52636	52789	53732	53391
(2)个人住房贷款	181158	176506	191701	185281	186073	187719	189233	189213	192994	193668	193999	193688
1)新建房贷款	174817	169674	184740	178176	179106	177691	179125	179111	182958	183343	183817	183402
其中：抵押贷款	139845	131085	153340	145339	149539	146806	147065	145856	147126	146343	139595	139105
2)再交易房贷款	6342	6832	6961	7105	6968	10028	10108	10102	10036	10325	10182	10286
三、证券化的房地产贷款												
1. 证券化个人住房贷款												
2. 其他证券化房地产贷款												
附：个人购买经济适用房贷款	1539	1440	1427	1394	1381	1359	1337	1311	1276	1254	1230	1204

（四）消费贷款明细情况统计时间序列表（人民币）

3-4-1 云南省消费贷款明细情况统计表

项 目 名 称	2010-1-31	2010-2-28	2010-3-31	2010-4-30	2010-5-31	2010-6-30	2010-7-31	2010-8-31	2010-9-30	2010-10-31	2010-11-30	2010-12-31
消费贷款合计	11130746	11391657	11727136	12066564	12283159	12525584	12696368	12820167	12991933	13129613	13357374	13532862
一.短期消费贷款	1067943	973523	996351	1002149	1046947	1090977	1081093	1083575	1070695	1065237	1075241	1099474
1.住房贷款	127112	137927	132263	145583	146041	140055	102759	94712	96188	94112	86815	77732
2.装修贷款												
3.汽车贷款	18104	18127	17235	18552	18151	18427	16846	16964	16994	17324	18171	19853
4.助学贷款	739	385	467	354	354	493	492	428	438	372	388	473
其中:国家贴息助学贷款												
5.大件耐用消费品贷款												
6.旅游贷款												
7.其他贷款	921987	817085	846386	837661	882401	932002	960997	971471	957075	953428	969866	1001416
二.中长期个人消费贷款	10062802	10418134	10730785	11064415	11236212	11434607	11615275	11736592	11921238	12064376	12282133	12433388
1.个人住房贷款	8600228	8880073	9143785	9455766	9614999	9777867	9813430	9874023	10018261	10116727	10235278	10350168
2.个人装修贷款												
3.个人汽车贷款	238520	243234	247322	251251	254357	257357	260654	260706	258080	258075	262448	268445
4.个人助学贷款	62593	63160	64152	63979	64339	60555	60945	60478	60504	59936	94204	93623
其中:国家贴息个人助学贷款												
5.大件耐用消费品个人贷款												
6.个人旅游贷款												
7.个人其他贷款	1161462	1231667	1275525	1293418	1302517	1338828	1480246	1541385	1584393	1629638	1690203	1721153

3-4-2 昆明市消费贷款明细情况统计表

项目名称	2010-1-31	2010-2-20	2010-3-31	2010-4-30	2010-5-31	2010-6-30	2010-7-31	2010-8-31	2010-9-30	2010-10-31	2010-11-30	2010-12-31
消费贷款合计	6047905	6221049	6393052	6608979	6747429	6894349	6947290	6995112	7072297	7134249	7240160	7317196
一.短期消费贷款	589402	578732	600378	601026	636688	690604	663883	665968	675302	677701	683599	700428
1.住房贷款	48174	45208	41527	41157	42815	43721	40694	36410	37779	34580	29854	25294
2.装修贷款												
3.汽车贷款	9451	9355	8335	8320	8721	9055	9285	9407	9492	9634	9883	11927
4.助学贷款	325	346	445	333	331	473	472	408	419	354	371	459
其中:国家贴息助学贷款												
5.大件耐用消费品贷款												
6.旅游贷款												
7.其他贷款	531452	523823	550072	551216	584821	637356	613432	619743	627612	633133	643490	662748
二.中长期个人消费贷款	5458503	5642317	5792673	6007953	6110741	6203744	6283407	6329144	6396995	6456548	6556561	6616768
1.个人住房贷款	4842578	5013520	5135045	5324605	5388788	5457250	5491905	5516139	5568671	5594755	5637224	5677711
2.个人装修贷款												
3.个人汽车贷款	112609	109913	106253	102539	102485	101322	101223	99691	98381	96034	95189	95731
4.个人助学贷款	49859	50558	51621	50800	51151	48219	48084	47695	47881	47387	81628	81160
其中:国家贴息个人助学贷款												
5.大件耐用消费品个人贷款												
6.个人旅游贷款												
7.个人其他贷款	453457	468326	499755	530009	568316	596953	642194	665618	682062	718372	742519	762165

3-4-3 昭通市消费贷款明细情况统计表

项 目 名 称	2010-1-31	2010-2-28	2010-3-31	2010-4-30	2010-5-31	2010-6-30	2010-7-31	2010-8-31	2010-9-30	2010-10-31	2010-11-30	2010-12-31
消费贷款合计	278379	291759	292156	302434	306648	307478	311124	318252	328575	332353	336508	335457
一.短期消费贷款	19648	30274	20660	22060	21098	20076	20133	20047	22292	21787	21191	18881
1.住房贷款	14234	15009	14934	15223	14448	13549	8134	6716	5634	5286	5293	4501
2.装修贷款												
3.汽车贷款	1054	1064	1042	957	933	895	782	712	731	677	667	622
4.助学贷款												
其中:国家贴息助学贷款												
5.大件耐用消费品贷款												
6.旅游贷款												
7.其他贷款	4360	14201	4684	5880	5717	5632	11217	12619	15926	15824	15231	13759
二.中长期个人消费贷款	258731	261485	271495	280374	285551	287402	290991	298205	306283	310567	315318	316575
1.个人住房贷款	228326	230432	240211	247625	247850	247264	213352	193322	196029	203073	205126	206734
2.个人装修贷款												
3.个人汽车贷款	5560	5574	5593	6141	6104	6314	6454	6535	6739	6655	7201	7508
4.个人助学贷款	870	869	881	871	847	717	709	699	693	683	677	753
其中:国家贴息个人助学贷款												
5.大件耐用消费品个人贷款												
6.个人旅游贷款												
7.个人其他贷款	23975	24610	24810	25736	30751	33108	70476	97649	102822	100154	102315	101580

3-4-4 曲靖市消费贷款明细情况统计表

项目名称	2010-1-31	2010-2-28	2010-3-31	2010-4-30	2010-5-31	2010-6-30	2010-7-31	2010-8-31	2010-9-30	2010-10-31	2010-11-30	2010-12-31
消费贷款合计	783131	779864	816157	819063	849337	861814	868331	887090	873670	874478	890062	906471
一.短期消费贷款	115256	102731	121027	116429	119926	113404	109781	109868	79182	70906	70250	71207
1.住房贷款	5412	19243	20328	31385	33950	27922	737	735	5342	5938	6256	5437
2.装修贷款												
3.汽车贷款	738	811	1087	2536	2581	2974	1003	1006	778	938	897	943
4.助学贷款												
其中:国家贴息助学贷款												
5.大件耐用消费品贷款												
6.旅游贷款												
7.其他贷款	109105	82677	99612	82507	83395	82509	108042	108127	73062	64030	63096	64826
二.中长期个人消费贷款	667875	677133	695131	702634	729411	748410	758549	777222	794488	803572	819812	835264
1.个人住房贷款	550943	574256	588858	606626	630888	648970	651627	667300	692627	701610	714762	727528
2.个人装修贷款												
3.个人汽车贷款	7755	6975	7557	9385	9793	10620	11106	11378	10082	10228	11011	11423
4.个人助学贷款	1278	1254	1240	1245	1102	1266	1234	1219	1208	1194	1272	1258
其中:国家贴息个人助学贷款												
5.大件耐用消费品个人贷款												
6.个人旅游贷款												
7.个人其他贷款	107899	94648	97475	85379	87627	87554	94583	97325	90571	90540	92767	95055

3-4-5 玉溪市消费贷款明细情况统计表

项目名称	2010-1-31	2010-2-28	2010-3-31	2010-4-30	2010-5-31	2010-6-30	2010-7-31	2010-8-31	2010-9-30	2010-10-31	2010-11-30	2010-12-31
消费贷款合计	455076	469388	488972	509450	520435	530437	535255	545216	562725	573405	596520	627017
一.短期消费贷款	35346	34428	35768	34618	36719	36331	34232	35052	36841	36089	37424	38825
1.住房贷款	8419	8204	7827	7910	6125	5702	5516	5322	5072	5019	4530	4131
2.装修贷款												
3.汽车贷款	788	664	660	755	730	663	665	662	553	550	540	541
4.助学贷款	3	3	3	3	4	3	3	5	5	4	4	4
其中:国家贴息助学贷款												
5.大件耐用消费品贷款												
6.旅游贷款												
7.其他贷款	26136	25557	27278	25950	29859	29963	28048	29062	31211	30516	32349	34149
二.中长期个人消费贷款	419730	434960	453205	474831	483717	494106	501023	510164	525884	537316	559097	588192
1.个人住房贷款	325765	337842	348989	365603	369687	377968	383142	390825	404409	414132	433943	462802
2.个人装修贷款												
3.个人汽车贷款	35106	36316	40007	41716	41758	42400	42133	41968	41540	41371	41481	40714
4.个人助学贷款	330	319	307	299	290	281	273	257	251	246	238	203
其中:国家贴息个人助学贷款												
5.大件耐用消费品个人贷款												
6.个人旅游贷款												
7.个人其他贷款	58529	60484	63902	67213	71981	73457	75474	77114	79683	81568	83435	84473

3-4-6 红河州消费贷款明细情况统计表

项目名称	2010-1-31	2010-2-28	2010-3-31	2010-4-30	2010-5-31	2010-6-30	2010-7-31	2010-8-31	2010-9-30	2010-10-31	2010-11-30	2010-12-31
消费贷款合计	678097	656054	687205	736324	761891	753427	767450	775594	790130	804478	815551	823723
一.短期消费贷款	97402	56640	56624	56056	56999	56013	59402	58490	57417	57416	58733	57558
1.住房贷款	13666	9880	7540	9969	9862	8848	8726	7541	7233	7571	7295	7022
2.装修贷款												
3.汽车贷款	1160	1252	1198	1150	1218	1040	1235	1230	1429	1142	1541	1169
4.助学贷款												
其中:国家贴息助学贷款												
5.大件耐用消费品贷款												
6.旅游贷款												
7.其他贷款	82576	45508	47886	44937	45919	46126	49441	49718	48756	48702	49896	49367
二.中长期个人消费贷款	580695	599414	630581	680268	704892	697414	708048	717104	732713	747062	756818	766166
1.个人住房贷款	456340	477381	502962	535084	553806	563474	569328	577526	590420	601782	607352	611735
2.个人装修贷款												
3.个人汽车贷款	34261	40405	43248	45116	47269	49372	51158	51775	51871	53837	56562	61253
4.个人助学贷款	317	309	299	290	275	255	244	230	221	215	206	202
其中:国家贴息个人助学贷款												
5.大件耐用消费品个人贷款												
6.个人旅游贷款												
7.个人其他贷款	89777	81319	84071	99778	103543	84312	87318	87572	90201	91229	92698	92976

3-4-7 文山州消费贷款明细情况统计表

项目名称	2010-1-31	2010-2-28	2010-3-31	2010-4-30	2010-5-31	2010-6-30	2010-7-31	2010-8-31	2010-9-30	2010-10-31	2010-11-30	2010-12-31
消费贷款合计	612391	623664	635204	638855	622595	631537	637875	640754	651935	654617	658890	661243
一.短期消费贷款	33377	30260	27362	28049	29204	29572	29118	30066	30472	29175	29959	29431
1.住房贷款	3267	3109	3024	3363	3306	3266	3091	3648	3310	3545	3399	3050
2.装修贷款												
3.汽车贷款	270	283	383	397	400	553	516	461	394	442	464	475
4.助学贷款												
其中:国家贴息助学贷款												
5.大件耐用消费品贷款												
6.旅游贷款												
7.其他贷款	29840	26868	23954	24289	25498	25753	25511	25957	26768	25188	26096	25906
二.中长期个人消费贷款	579014	593404	607842	610806	593391	601965	608757	610687	621463	625442	628930	631812
1.个人住房贷款	486763	496251	497039	505900	512353	520144	524615	525316	530002	533118	534469	538417
2.个人装修贷款												
3.个人汽车贷款	6275	6357	6226	6418	6376	6494	6504	6494	6452	6520	6436	6504
4.个人助学贷款	987	976	962	951	921	899	890	899	899	921	991	980
其中:国家贴息个人助学贷款												
5.大件耐用消费品个人贷款												
6.个人旅游贷款												
7.个人其他贷款	84989	89820	103614	97537	73741	74428	76748	77979	84110	84883	87034	85911

3-4-8 普洱市消费贷款明细情况统计表

项目名称	2010-1-31	2010-2-28	2010-3-31	2010-4-30	2010-5-31	2010-6-30	2010-7-31	2010-8-31	2010-9-30	2010-10-31	2010-11-30	2010-12-31
消费贷款合计	220649	258045	249655	244491	252574	258160	271304	269747	274703	281989	290669	296639
一.短期消费贷款	17379	16635	15535	8211	8399	8497	12887	9680	10189	10760	11831	12370
1.住房贷款	1502	1397	1694	907	781	693	640	644	548	478	424	405
2.装修贷款												
3.汽车贷款	774	795	819	748	752	723	633	725	684	706	705	704
4.助学贷款	1											
其中:国家贴息助学贷款												
5.大件耐用消费品贷款												
6.旅游贷款												
7.其他贷款	15102	14443	13022	6556	6866	7081	11615	8311	8957	9576	10702	11261
二.中长期个人消费贷款	203270	241411	234121	236280	244175	249663	258416	260067	264514	271229	278838	284269
1.个人住房贷款	172015	180136	193361	200737	207315	211767	215950	219175	221965	227433	230230	233995
2.个人装修贷款												
3.个人汽车贷款	3921	3932	4044	4193	4111	4130	4062	4141	4057	4069	4087	4361
4.个人助学贷款	442	440	413	382	355	301	343	334	330	325	321	317
其中:国家贴息个人助学贷款												
5.大件耐用消费品个人贷款												
6.个人旅游贷款												
7.个人其他贷款	26891	56903	36303	30968	32394	33464	38061	36417	38162	39401	44200	45595

3-4-9 版纳州消费贷款明细情况统计表

项 目 名 称	2010-1-31	2010-2-28	2010-3-31	2010-4-30	2010-5-31	2010-6-30	2010-7-31	2010-8-31	2010-9-30	2010-10-31	2010-11-30	2010-12-31
消费贷款合计	186652	197281	205159	208342	203809	206745	210826	211377	217415	221212	221484	223729
一.短期消费贷款	6272	6655	7991	8313	8445	8753	9466	9436	11136	11682	10429	10685
1.住房贷款	3478	3798	4117	4285	4094	4161	4211	4400	5565	5401	4076	3826
2.装修贷款												
3.汽车贷款	149	162	242	223	160	180	190	229	322	339	340	332
4.助学贷款												
其中:国家贴息助学贷款												
5.大件耐用消费品贷款												
6.旅游贷款												
7.其他贷款	2645	2694	3632	3805	4190	4412	5065	4808	5249	5942	6012	6527
二.中长期个人消费贷款	180380	190626	197167	200028	195364	197993	201360	201941	206279	209530	211055	213044
1.个人住房贷款	166450	168876	171669	174454	178725	183560	187076	187792	192123	195137	196437	198220
2.个人装修贷款												
3.个人汽车贷款	3845	3679	3461	3339	3343	3044	2930	2772	2696	2594	2569	2528
4.个人助学贷款	57	56	55	55	49	48	48	48	47	47	47	47
其中:国家贴息个人助学贷款												
5.大件耐用消费品个人贷款												
6.个人旅游贷款												
7.个人其他贷款	10028	18015	21982	22180	13246	11341	11306	11329	11413	11752	12002	12249

3-4-10 楚雄州消费贷款明细情况统计表

项 目 名 称	2010-1-31	2010-2-28	2010-3-31	2010-4-30	2010-5-31	2010-6-30	2010-7-31	2010-8-31	2010-9-30	2010-10-31	2010-11-30	2010-12-31
消费贷款合计	407936	403418	417705	399635	407941	430718	445786	449183	454681	457576	465882	465851
一.短期消费贷款	46215	18545	17303	21500	23757	23685	23751	25521	24716	21979	21393	21439
1.住房贷款	5318	6857	4832	4802	5830	5857	5837	5678	4740	4742	4463	4025
2.装修贷款												
3.汽车贷款	692	763	754	802	413	375	328	347	315	344	341	311
4.助学贷款												
其中:国家贴息助学贷款												
5.大件耐用消费品贷款												
6.旅游贷款												
7.其他贷款	40205	10924	11717	15896	17514	17452	17586	19496	19661	16893	16589	17103
二.中长期个人消费贷款	361721	384873	400402	378135	384184	407033	422035	423662	429965	435596	444489	444412
1.个人住房贷款	282306	286437	303523	311376	321701	340822	340495	345979	353461	359934	367077	367163
2.个人装修贷款												
3.个人汽车贷款	6140	7064	7729	8091	8472	8752	9369	9728	9388	9310	9757	10019
4.个人助学贷款	2733	2706	2686	2878	2897	2477	3116	3164	3134	3191	3169	3139
其中:国家贴息个人助学贷款												
5.大件耐用消费品个人贷款												
6.个人旅游贷款												
7.个人其他贷款	70543	88665	86464	55790	51114	54983	69056	64790	63981	63161	64485	64091

3-4-11 大理州消费贷款明细情况统计表

项目名称	2010-1-31	2010-2-28	2010-3-31	2010-4-30	2010-5-31	2010-6-30	2010-7-31	2010-8-31	2010-9-30	2010-10-31	2010-11-30	2010-12-31
消费贷款合计	384631	392777	398199	410144	415790	428842	442992	449106	456876	466571	477957	497342
一.短期消费贷款	30694	31356	32356	34843	32868	34592	35390	34833	35329	36567	38224	42775
1.住房贷款	11878	13474	14006	14119	13004	14772	13728	13280	12229	12106	12396	11527
2.装修贷款												
3.汽车贷款	1762	1744	1403	1327	1008	877	1070	998	1071	1248	1394	1306
4.助学贷款	377	4	4	4	4	4	4	3	3	3	3	3
其中:国家贴息助学贷款												
5.大件耐用消费品贷款												
6.旅游贷款												
7.其他贷款	16677	16134	16942	19392	18852	18939	20588	20553	22026	23210	24431	29939
二.中长期个人消费贷款	353937	361421	365843	375301	382922	394250	407603	414273	421546	430004	439732	454567
1.个人住房贷款	264439	276979	281004	287416	294426	303965	312538	317863	324289	331582	341318	356001
2.个人装修贷款												
3.个人汽车贷款	4433	4285	4075	4218	4037	3911	3753	3579	3775	3812	3755	3634
4.个人助学贷款	3895	3849	3794	4367	4574	4397	4306	4263	4194	4143	4098	4032
其中:国家贴息个人助学贷款												
5.大件耐用消费品个人贷款												
6.个人旅游贷款												
7.个人其他贷款	81170	76308	76970	79300	79885	81976	87006	88568	89289	90468	90562	90900

3-4-12 保山市消费贷款明细情况统计表

项目名称	2010-1-31	2010-2-28	2010-3-31	2010-4-30	2010-5-31	2010-6-30	2010-7-31	2010-8-31	2010-9-30	2010-10-31	2010-11-30	2010-12-31
消费贷款合计	284681	294357	308990	321513	329098	334193	339619	344575	348808	353272	360269	361779
一.短期消费贷款	7408	7384	8490	8352	9011	8867	9166	9461	10083	10216	10168	10025
1.住房贷款	2118	2106	2212	2243	2099	1943	2002	1909	1852	1747	1627	1537
2.装修贷款												
3.汽车贷款	511	488	472	460	442	435	399	394	381	369	357	326
4.助学贷款	2	2	2	2	2	1	1	1	1	1	1	1
其中:国家贴息助学贷款												
5.大件耐用消费品贷款												
6.旅游贷款												
7.其他贷款	4776	4788	5805	5647	6468	6488	6764	7157	7850	8099	8183	8161
二.中长期个人消费贷款	277273	286973	300499	313161	320086	325325	330453	335114	338725	343056	350101	351754
1.个人住房贷款	236938	241280	252703	263048	268915	272149	280203	282051	283839	285908	289401	289363
2.个人装修贷款												
3.个人汽车贷款	5589	5338	5533	5799	5650	5603	6011	5912	5982	6257	6728	6930
4.个人助学贷款	1328	1316	1295	1273	1248	1145	1133	1117	1106	1080	1059	1044
其中:国家贴息个人助学贷款												
5.大件耐用消费品个人贷款												
6.个人旅游贷款												
7.个人其他贷款	33417	39040	40969	43041	44274	46428	43106	46034	47798	49812	52913	54416

3-4-13 德宏州消费贷款明细情况统计表

项 目 名 称	2010-1-31	2010-2-28	2010-3-31	2010-4-30	2010-5-31	2010-6-30	2010-7-31	2010-8-31	2010-9-30	2010-10-31	2010-11-30	2010-12-31
消费贷款合计	140723	144744	150152	153838	155660	156991	160315	163491	170143	173713	181204	183463
一.短期消费贷款	9364	9634	10504	10805	10922	11844	10769	11681	12178	12791	11929	12544
1.住房贷款	826	762	731	623	538	467	496	418	508	446	472	475
2.装修贷款												
3.汽车贷款	93	74	74	64	69	78	69	69	64	87	83	84
4.助学贷款												
其中:国家贴息助学贷款												
5.大件耐用消费品贷款												
6.旅游贷款												
7.其他贷款	8444	8798	9699	10118	10315	11299	10204	11194	11606	12259	11374	11985
二.中长期个人消费贷款	131359	135111	139648	143032	144737	145147	149546	151809	157964	160922	169275	170919
1.个人住房贷款	109382	111759	114643	116177	116648	115974	118146	119019	117969	119784	124848	126035
2.个人装修贷款												
3.个人汽车贷款	1302	1274	1192	1258	1253	1336	1317	1320	1327	1307	1357	1291
4.个人助学贷款							30	29	28			
其中:国家贴息个人助学贷款												
5.大件耐用消费品个人贷款												
6.个人旅游贷款												
7.个人其他贷款	20676	22077	23813	25597	26837	27837	30053	31441	38640	39830	43070	43594

3-4-14 丽江市消费贷款明细情况统计表

项目名称	2010-1-31	2010-2-28	2010-3-31	2010-4-30	2010-5-31	2010-6-30	2010-7-31	2010-8-31	2010-9-30	2010-10-31	2010-11-30	2010-12-31
消费贷款合计	270295	283002	298141	307742	315356	327679	339275	349798	356866	361673	376945	387920
一.短期消费贷款	14360	15056	16279	16487	16838	19528	21118	21939	23699	24540	25671	30303
1.住房贷款	4931	4810	5333	5402	4837	4821	4647	4186	2389	2894	2756	2698
2.装修贷款												
3.汽车贷款	411	417	419	457	384	239	243	218	237	248	302	404
4.助学贷款												
其中:国家贴息助学贷款												
5.大件耐用消费品贷款												
6.旅游贷款												
7.其他贷款	9018	9829	10527	10628	11617	14468	16227	17535	21074	21398	22613	27201
二.中长期个人消费贷款	255935	267946	281862	291255	298518	308151	318157	327859	333167	337133	351274	357617
1.个人住房贷款	201270	212918	225489	233074	236543	243312	249059	255248	262224	264774	268828	269819
2.个人装修贷款												
3.个人汽车贷款	4616	4875	4670	4780	5064	5294	5246	5413	5546	5548	5643	5797
4.个人助学贷款	253	248	270	266	277	271	261	256	252	248	246	240
其中:国家贴息个人助学贷款												
5.大件耐用消费品个人贷款												
6.个人旅游贷款												
7.个人其他贷款	49796	49905	51433	53135	56634	59274	63591	66942	65145	66563	76556	81762

3-4-15 怒江州消费贷款明细情况统计表

项目名称	2010-1-31	2010-2-28	2010-3-31	2010-4-30	2010-5-31	2010-6-30	2010-7-31	2010-8-31	2010-9-30	2010-10-31	2010-11-30	2010-12-31
消费贷款合计	53508	54099	54892	54401	55052	57087	62831	63037	64175	65329	67030	66394
一.短期消费贷款	13317	13512	12862	12457	13123	15077	19642	19741	19283	19789	20276	18699
1.住房贷款	1526	1590	1631	1740	1820	1767	1587	1504	1603	1861	1538	1431
2.装修贷款												
3.汽车贷款	114	122	160	149	139	123	117	107	123	123	110	99
4.助学贷款	14	13	13	12	12	12	11	11	10	10	9	6
其中:国家贴息助学贷款												
5.大件耐用消费品贷款												
6.旅游贷款												
7.其他贷款	11663	11787	11059	10556	11152	13176	17926	18119	17547	17794	18619	17163
二.中长期个人消费贷款	40191	40586	42029	41944	41929	42010	43189	43296	44892	45540	46755	47696
1.个人住房贷款	32205	32327	33286	33237	33414	33286	31045	31087	30992	33503	33448	33772
2.个人装修贷款												
3.个人汽车贷款	319	321	336	335	354	348	360	358	402	412	315	324
4.个人助学贷款	40	39	38	36	37	36	37	34	34	34	32	31
其中:国家贴息个人助学贷款												
5.大件耐用消费品个人贷款												
6.个人旅游贷款												
7.个人其他贷款	7626	7899	8369	8336	8125	8340	11748	11816	13464	11592	12960	13568

3-4-16 迪庆州消费贷款明细情况统计表

项目名称	2010-1-31	2010-2-28	2010-3-31	2010-4-30	2010-5-31	2010-6-30	2010-7-31	2010-8-31	2010-9-30	2010-10-31	2010-11-30	2010-12-31
消费贷款合计	87721	88003	91237	93966	91887	95346	99546	101810	103455	106465	107194	106969
一.短期消费贷款	2873	3012	3423	3353	3530	3641	11912	12322	12579	13425	13352	13133
1.住房贷款	1773	1996	2002	2044	2112	2110	2232	1861	1905	1997	2006	1869
2.装修贷款												
3.汽车贷款	70	76	124	138	151	164	274	330	354	394	443	465
4.助学贷款	17	16										
其中:国家贴息助学贷款												
5.大件耐用消费品贷款												
6.旅游贷款												
7.其他贷款	1013	924	1297	1171	1267	1366	9406	10131	10320	11033	10903	10799
二.中长期个人消费贷款	84848	84992	87814	90613	88357	91705	87634	89488	90875	93041	93842	93836
1.个人住房贷款	63918	63654	63827	65933	68287	70701	56196	56628	56727	57035	57245	57690
2.个人装修贷款												
3.个人汽车贷款	1442	1653	1993	2253	2544	2703	3325	3631	3643	3924	4098	4088
4.个人助学贷款		16	15	15	13	13	13	12	8	7	6	6
其中:国家贴息个人助学贷款												
5.大件耐用消费品个人贷款												
6.个人旅游贷款												
7.个人其他贷款	19488	19669	21980	22412	17513	18288	28100	29217	30498	32074	32493	32051

3-4-17 临沧市消费贷款明细情况统计表

项 目 名 称	2010-1-31	2010-2-28	2010-3-31	2010-4-30	2010-5-31	2010-6-30	2010-7-31	2010-8-31	2010-9-30	2010-10-31	2010-11-30	2010-12-31
消费贷款合计	239502	234152	240260	257389	247657	250781	256549	256025	265481	268233	271051	271669
一.短期消费贷款	30141	18671	9787	19590	19421	10493	10442	9469	9996	10415	10814	11170
1.住房贷款	588	483	525	410	420	458	480	460	479	499	429	505
2.装修贷款												
3.汽车贷款	64	56	63	68	49	53	36	69	67	83	103	144
4.助学贷款												
其中:国家贴息助学贷款												
5.大件耐用消费品贷款												
6.旅游贷款												
7.其他贷款	29489	18131	9199	19112	18952	9982	9926	8941	9450	9832	10283	10521
二.中长期个人消费贷款	209360	215482	230473	237799	228236	240288	246107	246556	255485	257818	260236	260498
1.个人住房贷款	180570	176023	191176	184871	185654	187261	188753	188753	192514	193168	193570	193183
2.个人装修贷款												
3.个人汽车贷款	5347	5273	5404	5668	5745	5714	5704	6011	6198	6196	6257	6339
4.个人助学贷款	205	204	278	252	302	229	223	221	218	216	213	211
其中:国家贴息个人助学贷款												
5.大件耐用消费品个人贷款												
6.个人旅游贷款												
7.个人其他贷款	23238	33981	33616	47007	36535	47084	51427	51572	56554	58238	60195	60765

四、云南经济调查主要指标

（一）云南省银行家问卷调查

4-1-1 云南省银行家问卷调查机构名录

二〇一〇年十二月三十一日

所在地区	机构名称
昆明	国家开发银行云南省分行
	中国农业发展银行云南省分行
	中国工商银行云南省分行
	中国农业银行云南省分行
	中国银行云南省分行
	中国建设银行云南省分行
	交通银行云南省分行
	中信银行昆明分行
	中国光大银行昆明分行
	华夏银行昆明分行
	招商银行昆明分行
	深圳发展银行昆明分行
	上海浦东发展银行昆明分行
	中国银行昆明市东风支行
	中国建设银行昆明城东支行
	富滇银行总行
	兴业银行昆明分行
	泰京银行昆明分行
	中国民生银行昆明分行
	昆明官渡农村合作银行
	广东发展银行昆明分行
	西山区农村信用合作联社
	晋宁县农村信用合作联社
	嵩明县农村信用合作联社
	寻甸县农村信用合作联社
丽江	中国农业发展银行丽江市分行
	中国工商银行丽江分行
	中国农业银行丽江市分行
	中国银行丽江支行
	中国建设银行丽江市分行
	宁蒗县农村信用合作联社
普洱	中国农业发展银行普洱市分行
	中国工商银行普洱分行
	中国农业银行普洱市分行
	中国银行普洱市分行
	中国建设银行普洱市分行
	思茅区农村信用合作联社
临沧	中国农业发展银行临沧市分行
	中国工商银行临沧分行
	中国农业银行临沧市分行
	中国银行临沧市分行
	中国建设银行临沧市分行
楚雄	中国农业发展银行楚雄州分行
	中国工商银行楚雄分行
	中国农业银行楚雄州分行
	中国银行楚雄州分行
	中国建设银行楚雄州分行
红河	中国农业发展银行红河州分行
	中国工商银行红河分行
	中国农业银行红河州分行
	中国银行红河州分行
	中国建设银行红河州分行
	屏边县农村信用合作联社
曲靖	中国农业发展银行曲靖市分行
	中国工商银行曲靖分行
	中国农业银行曲靖市分行
	中国银行曲靖市分行
	中国建设银行曲靖市分行
	曲靖市农村信用合作联社
玉溪	中国农业发展银行玉溪市分行
	中国工商银行玉溪分行
	中国农业银行玉溪市分行
	中国银行玉溪市分行
	中国建设银行玉溪市分行
	通海县农村信用合作联社
	新平县农村信用合作联社
保山	中国农业发展银行保山市分行
	中国工商银行保山分行
	中国农业银行保山市分行
	中国银行保山市分行
	中国建设银行保山市分行
	隆阳区农村信用合作联社
昭通	中国农业发展银行昭通市分行
	中国工商银行昭通分行
	中国农业银行昭通市分行
	中国银行昭通支行
	中国建设银行昭通市分行
	巧家县农村信用合作联社
文山	中国农业发展银行文山州分行
	中国工商银行文山分行
	中国农业银行文山州分行
	中国银行文山州分行
	中国建设银行文山州分行
版纳	中国农业发展银行西双版纳州分行
	中国工商银行西双版纳分行
	中国农业银行西双版纳州分行
	中国银行西双版纳州分行
	中国建设银行西双版纳州分行
大理	中国农业发展银行大理州分行
	中国工商银行大理分行
	中国农业银行大理州分行
	中国银行大理州分行
	中国建设银行大理州分行
	洱源县农村信用合作联社
德宏	中国农业发展银行德宏州分行
	中国工商银行德宏分行
	中国农业银行德宏州分行
	中国银行德宏州分行
	中国建设银行德宏州分行
怒江	中国农业发展银行怒江州分行
	中国工商银行怒江分行
	中国农业银行怒江州分行
	中国建设银行怒江州分行
迪庆	中国农业发展银行迪庆州分行
	中国工商银行香格里拉支行
	中国农业银行迪庆州分行
	中国建设银行迪庆州分行

4-1-2 云南省银行家问卷调查当期指数表（2010）

二〇一〇年十二月三十一日　　　　单位：%

序号	指数名称	一季度	二季度	三季度	四季度
1	银行家宏观经济信心指数	54.67	61.32	49.51	68.87
2	货币政策感受指数	43.46	33.18	36.79	37.38
3	货币政策效果指数	97.20	93.93	95.33	92.52
4	存款利率感受指数	43.93	37.85	40.19	36.32
5	贷款利率感受指数	41.12	38.79	44.86	43.40
6	贷款需求指数	89.62	83.18	87.38	84.11
7	贷款审批条件感受指数	44.81	34.76	39.62	36.19
8	银行业景气指数	79.44	77.57	78.97	78.97
9	银行盈利指数	85.51	86.92	86.45	91.59

4-1-3 云南省银行家问卷调查预期指数表（2010）

二〇一〇年十二月三十一日　　　　单位：%

序号	指数名称	一季度	二季度	三季度	四季度
1	经济热度预测指数	53.77	60.48	48.02	67.14
2	工业品价格预测指数	78.04	74.77	74.30	86.92
3	居民消费价格预测指数	79.44	82.24	85.51	94.86
4	货币政策预测指数	32.71	27.10	33.49	27.57
5	利率走势预测指数	69.52	65.09	55.19	71.90
6	银行业经营预测指数	80.84	81.31	82.24	82.24
7	中间业务量需求预测指数	82.08	82.24	83.96	84.29
8	资金头寸预测指数	55.61	50.93	51.87	58.41
9	贷款资产质量预测指数	64.95	69.63	75.23	70.09
10	营业收入预测指数	83.64	87.85	86.92	84.58
11	净利息收入预测指数	82.24	86.45	87.38	84.58
12	净手续费收入预测指数	75.70	82.71	79.44	78.50
13	盈利预测指数	89.25	89.72	90.65	90.19

（二）云南省工业企业景气调查

4-2-1 云南省工业企业景气调查企业名录

二○一○年十二月三十一日

所在地区	机构名称	所在地区	机构名称
昆 明	昆明市刃具工贸有限公司	昆 明	昆明铣床厂股份有限公司
	云南铝业股份有限公司		云南省医疗器械厂
	昆明联亚有色金属材料公司		沈机集团昆明机床股份有限公司
	云南铜业股份有限公司		云南北方光学仪器有限公司
	昆明钢铁控股有限公司		云南航天工业总公司
	昆明轧钢厂		云南西仪工业股份有限公司
	昆明市攀钢集团物业管理中心		昆明克林轻工机械有限责任公司
	昆明市耐火材料有限公司		云南电力线路器材厂
	云南国资水泥富民有限公司		昆明云内动力股份有限公司
	云南塑料厂		云南金沙矿业股份有限公司
	昆明市三叶车胎制造有限公司		东川铝业有限责任公司
	云南生物制药有限公司		昆明市云山广卫饲料有限公司
	云南白药(集团)股份有限公司		云南广联畜禽有限公司
	云天化国际化工股份公司三环分公司		云南通讯线路器材有限公司
	云南盐化（集团）股份有限公司		东风云南汽车有限公司
	昆明中华涂料有限责任公司		昆明电机厂有限公司
	昆明农药有限公司		云南变压器电气股份有限公司
	昆明锦洋化学工业有限公司		昆明电缆股份有限公司
	昆明马龙化工有限公司		昆明平板玻璃厂
	昆明彩印有限责任公司		昆明制药集团股份有限公司
	云南新华印刷实业总公司		云南南磷集团电化有限公司
	云南金华针织有限公司		云南国能化工有限公司
	云南纺织（集团）股份有限公司		云南金柯制药有限公司
	昆明食品（集团）股份有限公司		昆明远达光学有限公司
	昆明吉庆祥食品有限公司		云天化富瑞分公司
	昆明华狮啤酒有限公司		昆明凤凰橡胶有限公司
	昆明德和罐头厂		云南安宁化工厂
	红云红河烟草（集团）有限责任公司		昆明明利丰通讯铁塔制造有限公司
	昆明金大厨味精有限责任公司		国电阳宗海发电有限公司
	云南磷化集团有限公司		嵩明银重起重机械制造有限公司
	昆明船舶设备集团有限公司		云南合信源机床有限责任公司
	云南CY集团有限公司		昆明富华恒宇工贸有限公司
	云南金马动力机械总厂		宜良金珠水泥有限公司
	云南省金马机械总厂		昆明东升冶化有限责任公司
	南天电子信息产业股份有限公司		

4-2-1 云南省工业企业景气调查企业名录

二〇一〇年十二月三十一日

所在地区	机构名称
昭通	云南云天化股份有限公司
	昭通侨通公司
	华新水泥（昭通）有限公司
曲靖	云南省后所煤矿
	云南曲靖塑料集团有限公司
	云南云维集团有限公司
	一汽红塔云南汽车公司
	云南驰宏锌锗股份有限公司
	云峰化学公司
	云南电网公司曲靖供电局
	国电集团大寨水力发电厂
	宣威电厂
	曲靖珠源纺织有限公司
	羊场煤矿
	云南陆良银河纸业有限公司
	云南陆良福牌彩印有限公司
玉溪	云南省玉溪印刷有限责任公司
	红塔烟草（集团）有限责任公司
	玉溪矿业有限公司
	云南活发集团刘总旗水泥有限公司
	玉溪机床有限责任公司
	易门中瑞（集团）建材有限公司
红河	云南建水东糖糖业有限公司
	云天化国际化工股份公司红磷分公司
	个旧市有色金属加工有限公司
	云南锡业集团有限责任公司
	云南国资水泥红河有限公司
	云南解化集团有限公司
	蒙自县城镇供水有限责任公司
	开远市泸江纸业有限责任公司
	云南开远市明威有限公司
	云南力量生物制品有限公司
	云南省小龙潭矿务局
	云南建水锰矿有限责任公司
	云南省个旧市沙甸电冶厂
文山	云南华联锌铟股份有限公司
	云南特安呐制药股份有限公司
	云南壮山实业股份有限公司
	云南文山电力股份有限公司
普洱	云南龙生茶业股份有限公司
	云南景谷林业股份有限公司
楚雄	楚雄矿冶股份有限公司
	云南开关厂
	德胜集团楚雄钢铁有限公司
	云南燃料二厂
	大姚县兴达纺织有限公司
	一平浪盐矿
	一平浪煤矿
	云南金碧制药有限公司
大理	云南祥云飞龙有色金属股份有限公司
	大理啤酒有限公司
	云南力帆骏马车辆有限公司
	云南红塔滇西水泥股份有限公司
	云南电网公司大理供电局
	大理滇西纺织有限责任公司
	云南下关沱茶（集团）股份有限公司
保山	云南保山市腾龙糖业有限公司
	昌宁恒盛糖业有限责任公司
	云南龙陵康丰糖业有限公司
	保升龙糖业有限责任公司
	昌宁贞元冶炼硅有限公司
	云南永昌硅业股份有限公司
德宏	德宏电力股份有限公司
	云南德宏英茂糖业有限公司
	德宏州三象通用水泥有限责任公司
丽江	云南永保特种水泥股份公司
怒江	怒江再峰水电开发有限公司
	云南金鼎锌业有限公司
临沧	耿马南华糖业有限公司

4-2-2 云南省企业家问卷调查当期指数表（2009）

二〇一〇年十二月三十一日　　单位：%

序号	景气指标	一季度	二季度	三季度	四季度
1	企业经营景气指数	7.89	19.64	17.86	23.21
2	企业家信心指数	-59.65	-40.18	-26.78	-24.11
3	市场需求指数	-20.18	-7.14	-2.67	10.71
4	国内订单指数	-14.91	-10.72	-7.14	-5.35
5	出口订单指数	-21.06	-21.43	-12.5	-10.71
6	企业支付能力指数	7.02	8.93	5.36	8.93
7	原材料购进价格指数	-0.88	21.43	26.79	26.78
8	企业固定投资指数	-4.38	2.68	4.47	9.82

4-2-3 云南省企业家问卷调查预期指数表（2009）

二〇一〇年十二月三十一日　　单位：%

序号	指数名称	一季度	二季度	三季度	四季度
1	企业经营景气预测指数	7.02	17.86	23.21	24.11
2	企业家信心预测指数	-49.12	-37.5	-20.54	-19.64
3	市场需求预测指数	-21.05	-8.93	8.04	8.03
4	国内订单预测指数	-13.16	-8.93	-1.79	-1.78
5	出口订单预测指数	-18.42	-19.64	-14.29	-9.82
6	支付能力预测指数	7.9	7.15	3.57	8.04
7	原材料购进价格预测指数	-0.87	16.07	24.11	32.14
8	企业固定投资预测指数	-10.53	-2.68	7.14	1.78

4-2-4 云南省企业家问卷调查当期指数表（2010）

二〇一〇年十二月三十一日　　单位：%

序号	景气指标	一季度	二季度	三季度	四季度
1	企业经营景气指数	31.25	22.32	28.98	29.71
2	企业家信心指数	−16.07	−8.03	−11.6	6.52
3	市场需求指数	27.68	25.9	23.18	32.61
4	国内订单指数	8.03	3.57	4.35	7.24
5	出口订单指数	−16.96	−8.93	−5.79	−6.52
6	企业支付能力指数	13.39	15.18	17.39	21.01
7	原材料购进价格指数	43.75	49.11	40.58	56.53
8	企业固定投资指数	−8.04	8.04	10.87	15.94

4-2-5 云南省企业家问卷调查预期指数表（2010）

二〇一〇年十二月三十一日　　单位：%

序号	指数名称	一季度	二季度	三季度	四季度
1	企业经营景气预测指数	29.47	26.78	37.68	32.6
2	企业家信心预测指数	−12.5	−5.36	−13.77	−2.17
3	市场需求预测指数	18.75	21.42	26.08	37.68
4	国内订单预测指数	−3.57	−0.89	5.08	7.97
5	出口订单预测指数	−14.29	−6.25	−4.35	−5.8
6	支付能力预测指数	10.72	8.93	18.12	23.92
7	原材料购进价格预测指数	41.96	41.96	35.51	57.97
8	企业固定投资预测指数	−7.15		6.52	2.9

（三）云南省城镇储户问卷调查

4-3-1 大理市城镇储户问卷调查机构名录

二〇一〇年十二月三十一日　　单位：%

序号	机构名称
1	中国工商银行股份有限公司大理新桥支行
2	中国工商银行股份有限公司大理苍山中路支行
3	中国工商银行股份有限公司大理牡丹支行
4	中国工商银行股份有限公司大理建设中路支行
5	中国建设银行股份有限公司大理庆丰支行
6	中国建设银行股份有限公司大理南诏支行
7	中国建设银行股份有限公司大理建东支行
8	中国农业银行股份有限公司大理百乐分理处

4-3-2 大理市城镇储户问卷调查指数本期时序表（2009-2010）

二〇一〇年十二月三十一日 单位：%

年度	季度	就业感受指数	收入感受指数	物价满意指数
2009	一季度	16.89	47.88	38.75
	二季度	18.83	41.12	29.62
	三季度	28.22	39.62	33.00
	四季度	23.38	47.38	31.62
2010	一季度	27.82	46.50	30.75
	二季度	25.07	45.38	16.38
	三季度	26.33	49.62	23.25
	四季度	26.92	45.12	10.00

4-3-3 大理市城镇储户问卷调查指数预期时序表（2009-2010）

二〇一〇年十二月三十一日 单位：%

年度	季度	就业感受指数	收入感受指数	物价满意指数
2009	一季度	36.43	49.72	53.25
	二季度	44.92	50.14	52.71
	三季度	46.95	44.79	64.58
	四季度	48.90	51.85	68.79
2010	一季度	46.02	45.26	68.29
	二季度	42.64	45.08	67.41
	三季度	47.23	51.47	73.17
	四季度	47.76	50.00	83.99

（四）云南省企业商品交易价格调查企业名录

4-4-1 中国人民银行全国企业商品交易价格调查定点企业名录

二○一○年十二月三十一日

所在地区	机构名称	所在地区	机构名称
昆 明	云南省科学器材公司	昆 明	昆明黄龙山饲料粮油总公司
	云南省付食果品公司		云南金沙矿业股份有限公司
	昆明市百货集团五金股份公司		昆明五里多粮食批发市场
	昆明市大商汇建材市场		昆明食用油批发市场
	云南农垦电子商务中心		云南铜业凯通有色金属有限公司
	昆明市衡器制造公司		昆明市东川金桂有限公司
	云南省茶叶公司		东川铝业有限责任公司
	昆明小街禽蛋批发市场		昆明金水铜冶炼有限公司
	云南铜业股份有限公司		云南锻压机床有限公司
	中石化股份云南石油分公司		昆明东川众智铜业有限公司
	云南纺织集团股份有限公司		昆明滇北建材有限公司
	云南CY集团有限公司		东川冶金工业总公司钢铁厂
	昆明市耐火材料厂		呈贡古城蔬菜批发市场
	昆明中华涂料有限公司		呈贡龙城蔬菜批发市场
	云南铝业股份有限公司		嵩明县大营皮毛批发市场
	昆明钢友经贸有限公司		武钢集团昆明钢铁股份公司
	昆明螺丝湾综合市场		云南鑫盛物流有限公司
	昆明东站水果批发市场		云南华泰光学有限公司
	昆明金太阳电脑城		云南西南木材市场
	昆明市商品中心批发市场		昆明西南大型百货城
	昆明电缆有限公司		石林生龙生态有限公司
	云南国资水泥昆明有限公司		石林小云石工艺品加工厂
	昆明龙门日用洗化有限公司		宜良县粮食局
	云南昆阳磷肥厂		云南安宁化工厂
	昆明市轧钢厂		云南南磷集团电化有限公司
	云南烟草昆明公司		云南国能化工有限公司
	云南云天化国际化工有限公司		云南金柯制药有限公司
	云南塑料厂		宜良县农贸综合市场
	东风云南汽车有限公司		晋宁县磷都矿业有限公司
	云南变压器有限公司		呈贡斗南花卉市场

4-4-1 中国人民银行全国企业商品交易价格调查定点企业名录

二〇一〇年十二月三十一日

所在地区	机构名称	所在地区	机构名称
昆明	石林伊美卤腐厂	曲靖	云南电网公司曲靖供电局
	寻甸先锋煤碳开发有限公司		陆良县造纸厂
	石林双龙集贸市场		罗平县蜂业基地项目中心
	昆明钢铁股份销售有限公司		云南罗平丰瑞粮油产业有限公司
	云南富瑞化工有限公司		一汽红塔云南汽车公司
	富民宏宇实业有限公司		云南三旺饲料有限公司
	云南大互通工贸有限公司钛白粉厂		云南云峰化学工业有限公司
	云南新龙矿物质饲料有限公司		云南省后所煤矿
	富民金锐水泥建材有限公司		云南云维股份有限责任公司
	昆明钢艺工贸有限公司		云南省陆良化工实业有限公司
	寻甸县仁德农副产品批发市场		曲靖市石林瓷业有限责任公司
	寻甸仁德农副产品批发市场	玉溪	红塔（烟草）集团有限责任公司
	昆明德和罐头厂		云南省玉溪医药有限责任公司
	昆明小街干菜批发市场		云南瑞彪集团有限公司
	昆明吴井文化体育用品批发市场		玉溪市莲池水泥制造有限公司
	关上蔬菜猪肉批发市场		通海县民族银饰制品厂
昭通	云南昭阳威力淀粉有限公司		云南省通海伞厂有限公司
	昭通宝清果业有限责任公司		云南通变电器有限公司
	云南东源镇雄煤业有限公司		云南江川天湖化工有限公司
	云南昊龙实业集团有限公司		元江县金珂集团糖业有限责任公司
	红塔烟草集团昭通卷烟厂		云南纳山钢铁有限公司
曲靖	云南曲靖珠源纺织有限公司		云南玉溪银河化工有限责任公司
	云南宣威医药有限责任公司		易门天成矿泉水工业有限公司
	陆良县磊奉建材有限责任公司		华宁向阳煤炭建材有限责任公司
	宣威市煤炭供销公司	红河	开远市泸江纸业有限责任公司
	曲靖塑料集团有限公司		云南省小龙潭矿务局
	云南省宣威市荣升火腿有限公司		云南开远市明威有限公司
	云南驰宏锌锗股份有限公司		红河啤酒有限公司
	云南省富源县铸锅厂		云南解化集团有限公司
	陆良县丝绸厂		泸西县兰益酿造有限公司

4-4-1 中国人民银行全国企业商品交易价格调查定点企业名录

二〇一〇年十二月三十一日

所在地区	机构名称
红 河	云南红河煤焦化有限责任公司
	云南建水锰矿有限责任公司
	建水县包家山铅锌洗选厂
	个旧市变压器厂
	云南红亚机械有限责任公司
	云南云河药业有限公司
	红云红河烟草集团红河卷烟厂
	云南力量生物制品有限公司
	云南省个旧市水泥总厂
	云南锡业集团有限公司
	云南省个旧市沙甸电冶厂
	云南省石屏县北门豆腐厂
文 山	云南华联锌铟股份有限公司
	云南壮山实业股份有限公司
	文山州煤业有限责任公司
	丘北县宏科养殖有限责任公司
	丘北县达平食品有限责任公司
普 洱	云南龙生茶业股份有限公司
	思茅建峰水泥有限公司
	云南思茅山水铜业有限公司
	云南普洱天壁水泥有限公司
	云南鑫煌林业开发有限公司
	景东力奥林产集团有限责任公司
	景东恒东制糖有限公司
	景东县佳浩蚕丝绸有限责任公司
	云南景谷林业股份有限公司
	普洱景谷力量生物制品有限公司
	镇沅松香厂
	镇沅县五一茶有限责任公司
	孟连昌裕糖业有限责任公司
普 洱	云南中云勐滨糖业有限公司
	云南普洱茶集团有限公司
	澜沧古茶公司
	云南澜沧铅矿有限公司
	镇沅县林产品有限责任公司
	墨江矿业有限责任公司
	云南天然橡胶产业墨江有限公司
	孟连县勐马橡胶有限责任公司
版 纳	景洪市粮食局
	西双版纳百果洲天然食品有限公司
	景洪市英华橡胶有限责任公司
	景洪红塔建材有限责任公司
	云南天然橡胶产业公司木业公司
	勐海茶业有限责任公司
	西双版纳医药有限责任公司
楚 雄	云南燃二化工有限公司
	楚雄市粮食局
	云南省烟草公司楚雄州公司
	云南楚雄思远投资有限公司
	云南省元谋县蔬菜有限公司
	南华县华鑫购物中心有限公司
	云南牟定金塔经贸有限责任公司
	牟定县香料厂
	武定县畜牧局
	大姚县百草岭蜂业有限责任公司
	大姚亿利丰农产品有限公司
	云南嘉宏纺织集团有限公司
	云南双柏妥甸酱油有限公司
	双柏县白竹山茶叶有限公司
	云南盐业股份有限公司
	一平浪煤矿

4-4-1 中国人民银行全国企业商品交易价格调查定点企业名录

二〇一〇年十二月三十一日

所在地区	机构名称
大 理	大理粮食购销储备中心
	云南滇西红塔水泥股份有限公司
	云南下关沱茶（集团）有限公司
	大理滇西纺织有限责任公司
	云南电网公司大理供电局
	大理啤酒有限公司
	云南新希望邓川蝶泉乳业有限公司
	云南东骏药业滇西配送中心
	大理市军雄大理石材厂
保 山	祥云飞龙有色金属股份有限公司
	云南博闻科技实业股份有限公司
	云南省烟草公司保山市公司
	保山永吉食品有限公司
	保山变压器有限责任公司
	保山市星达塑料编织有限公司
	云南昌宁建星纸业有限公司
	云南昌宁恒盛糖业有限责任公司
	云南省永昌铅锌股份有限公司
	腾冲县高黎贡山生态茶叶有限公司
	云南省腾冲县供销合作社土产公司
	云南省腾冲制药厂
	腾冲县双虹油业有限公司
	龙陵县龙山硅有限责任公司
	保山云潞咖啡产业开发有限公司
	腾冲县古林牧业有限责任公司
	云南省澜沧江啤酒集团公司
德 宏	德宏州农业生产资料公司
	盈恳盈江实业总公司
	云南省陇川县护撒刀铺
	梁河县遮岛工商所
	潞西市收储公司贡米经营部
	衡利农机经营部
	德康药店
	瑞丽市工商局(综合农贸市场)
	云南陇川景罕糖业有限公司
德 宏	云南锡业集团梁河矿业有限公司
	梁河回龙生态茶叶有限责任公司
	梁河县小厂乡小河头茶厂
	云南象都黄酒有限公司
	潞西市城郊水泥厂
	姐妹文化用品店
	德宏州傣乡米业有限公司
	云南德宏永虹牛奶有限责任公司
	德宏电力股份有限公司
丽 江	丽江市古城区金龙塑料有限公司
	丽江市盐业公司
	丽江河源煤炭工业有限公司
	云南黑白水电力集团股份公司
	华坪县炎光实业有限公司
	华坪大华煤炭有限责任公司
	华坪县富荣植养化有限责任公司
	云南华盛化工有限公司
	华坪县乌木春茶叶有限公司
	古城区大研粮油工贸有限公司
	古城区忠义市场
	永胜县永保水泥有限公司
	永胜县粮油公司
	永胜县滇蜂公司
	永胜县三川火腿有限公司
	永胜县丝绸公司
	丽江得一食品有限公司
	丽江玉元食品有限公司
	丽江映华生物药业有限公司
怒 江	云南金鼎锌业有限公司
	泸水县粮油购销有限责任公司
迪 庆	香格里拉县洪鑫矿业有限公司
临 沧	临沧市南华晶莹糖业有限公司
	云南茅粮酒业集团有限公司
	云南省滇红集团股份有限公司
	凤庆县宏达食品有限责任公司

五、云南省经济、证券业、保险业运行主要指标

5-1 云南省经济运行主要指标

二〇一〇年十二月三十一日　　单位：万元

指　　标	单　位	2006年	2007年	2008年	2009年	2010年
一、年末人口数	万 人	4483.00	4514.00	4543.00	4571.00	4601.60
二、生产总值	亿 元	4006.72	4741.31	5700.10	6168.23	7224.18
第一产业	亿 元	749.81	837.35	1020.94	1063.96	1108.38
第二产业	亿 元	1712.60	2051.08	2451.09	2580.34	3223.49
第三产业	亿 元	1544.31	1852.88	2228.07	2523.93	2892.31
三、规模以上工业企业增加值	亿 元	1240.36	1494.38	1803.62	1904.38	2246.91
轻工业	亿 元	598.51	691.08	818.61	884.66	1037.45
重工业	亿 元	641.85	803.30	985.02	1019.72	1209.46
四、全社会固定资产投资总额	亿 元	2220.45	2798.89	3526.60	4527.02	5528.71
分产业：第一产业	亿 元	65.34	72.19	174.02	197.06	176.82
第二产业	亿 元	798.54	997.47	1259.04	1524.87	1772.59
第三产业	亿 元	1356.57	1729.23	2093.54	2805.09	3579.30
五、房地产开发投资	亿 元	332.15	422.86	557.69	737.46	900.4
商品房施工面积	万平方米	3322.00	4302.00	5367.64	6837.88	8785.0
商品房竣工面积	万平方米	1160.00	1017.00	1051.65	1680.56	1536.0
商品房销售面积	万平方米	1683.00	1974.00	1643.08	2229.95	2959.4
商品房销售额	亿 元	402.95	483.93	440.31	653.53	934.6
六、社会消费品零售总额	亿 元	1188.88	1394.54	1718.54	2051.06	2500.14
城市	亿 元	651.05	771.32	959.73	1154.57	1992.72
农村	亿 元	537.83	623.23	758.81	896.49	507.42
七、进出口总额	亿美元	62.30	87.80	95.99	80.19	133.68
出口总额	亿美元	33.91	47.36	49.87	45.14	76.06
进口总额	亿美元	28.40	40.44	46.12	35.05	57.62
八、财政总收入	亿 元	887.00	1111.30	1360.20	1490.70	
地方一般预算收入	亿 元	379.97	486.71	613.63	698.22	871.19
地方一般预算支出	亿 元	893.58	1135.22	1470.24	1949.79	2285.72
九、居民消费价格指数	%	101.90	105.90	105.70	100.40	103.70
城市	%	101.90	105.90	105.40	100.50	103.80
农村	%	101.80	105.90	106.00	100.20	103.60
工业生产者出厂价格指数	%	104.60	105.70	105.80	91.50	108.80
工业生产者购进价格指数	%	107.60	108.20	111.60	95.00	109.00
农业生产资料价格指数	%					101.40
十、城镇人均可支配收入	元	10070.00	11496.00	13250.00	14424.00	15064.54
农民人均纯收入	元	2250.00	2634.00	3103.00	3369.00	3952.00

5-2 云南省证券业主要指标（2006-2010）

二〇一〇年十二月三十一日

项目 \ 年度	单位	2006年	2007年	2008年	2009年	2010年
上市公司数	家	24	26	27	26	28
证券公司数	家	2	2	2	2	2
证券营业部数	家	34	35	32	46	63
证券服务部数	家	24	24	25	11	0
股票累计开户数	户	60.41	110.92	122.94	151.05	173.3
上市公司境内募集资金总额	亿元	18.47	90.12	60.00	81.60	46.33
市价总值	亿元	720.58	3509.13	1123.40	2590.10	2777.68
证券经营机构证券累计成交量	亿元	1457.86	7418.91	5187.28	9853.01	8845.83

5-3 云南省保险业主要指标

二〇一〇年十二月三十一日

单位：万元

州市名称	产险公司合计					寿险公司合计				
	本年累计	上年同期	同比增长(%)	地区占比(%)	赔付支出	本年累计	上年同期	同比增长(%)	地区占比(%)	赔付支出
昆明	373893.54	256108.33	45.99	37.78	138698.53	602186.01	438740.71	37.25	44.04	118820.85
曲靖	100895.65	74632.10	35.19	10.20	46917.71	135663.59	109241.15	24.19	9.92	20192.35
红河	88057.31	62493.99	40.91	8.90	38631.57	116868.15	95635.17	22.20	8.55	22722.05
玉溪	82376.14	68414.35	20.41	8.32	31288.31	107718.14	98562.43	9.29	7.88	21054.08
大理	61296.72	43299.06	41.57	6.19	24655.58	68615.04	61945.92	10.77	5.02	11887.60
楚雄	40707.49	31190.58	30.51	4.11	17378.13	66507.47	56056.18	18.64	4.86	14395.00
文山	33993.74	26905.76	26.34	3.44	16698.65	27802.30	22124.14	25.67	2.03	7145.51
昭通	33354.91	24707.92	35.00	3.37	15464.26	31074.95	19202.24	61.83	2.27	4838.51
普洱	29848.64	23485.46	27.09	3.02	12490.20	38235.49	28838.93	32.58	2.80	7060.19
保山	28971.15	21082.77	37.42	2.93	12270.45	38260.24	32059.23	19.34	2.80	4601.53
丽江	23747.30	17275.36	37.46	2.40	10188.29	34402.44	30257.24	13.70	2.52	6547.87
临沧	20886.35	16450.97	26.96	2.11	10033.59	21854.01	17740.59	23.19	1.60	3865.74
西双版纳	20597.52	15531.31	32.62	2.08	6835.98	40281.26	31133.71	29.38	2.95	7692.11
德宏	20584.24	15815.64	30.15	2.08	8742.40	33153.44	29817.16	11.19	2.42	7020.53
迪庆	10103.18	6058.28	66.77	1.02	4284.58	2443.57	2198.09	11.17	0.18	510.26
怒江	6540.45	5625.18	16.27	0.66	3821.42	2193.04	1373.39	59.68	0.16	612.41
省本级	13701.64	16821.25	−18.55	1.38	5698.76	0.02	0.00	–	0.00	–
总计	989555.97	725898.30	36.32	100.00	404098.41	1367259.17	1074926.26	27.20	100.00	258966.59

图书在版编目（CIP）数据

云南金融统计. 2011 / 《云南金融统计》编辑委员会著. -- 昆明：云南人民出版社, 2011.12

ISBN 978-7-222-08565-7

Ⅰ. ①云… Ⅱ. ①云… Ⅲ. ①金融统计 - 统计资料 - 云南省 - 2011 Ⅳ. ①F832.774

中国版本图书馆CIP数据核字（2011）第245209号

责任编辑：马　清　周　碧

装帧设计：顾云海

责任印制：段金华

云南金融统计-2011

作　者：云南金融统计编辑委员会

出　版：云南出版集团有限责任公司　　云南人民出版社有限责任公司

发　行：云南人民出版社有限责任公司

社　址：昆明市环城西路609号

邮　编：650034

网　址：www.ynpph.com.cn

E-mail：rmszbs@public.km.yn.cn

开　本：889×1194　1/16

印　张：24.5

印　数：1500册

字　数：450千字

版　别：2011年12月第1版

版　次：2011年12月第1次印刷

印　刷：昆明市鑫美印刷美术工艺厂

书　号：ISBN　978-7-222-08565-7

定　价：280.00元